古文观止 下

中华经典轻松读

陈明星◎主编

施中狱◎编注

北京时代华文书局

目　录

卷十 宋文

欧阳修

苏洵

苏轼

卷十一 宋文

苏轼

卷八 唐文

一 原道（韩愈）

【原文】

博爱之谓仁，行而宜之之谓义，由是而之焉之谓道①，足乎己无待于外之谓德②。仁与义为定名，道与德为虚位。故道有君子小人，而德有凶有吉。老子之小仁义，非毁之也，其见者小也。坐井而观天，曰天小者，非天小也。彼以煦煦为仁，孑孑为义，其小之也则宜③。其所谓道，道其所道，非吾所谓道也；其所谓德，德其所德，非吾所谓德也。凡吾所谓道德云者，合仁与义言之也，天下之公言也④。老子之所谓道德云者，去仁与义言之也，一人之私言也。

周道衰，孔子没，火于秦。黄、老于汉，佛于晋、魏、梁、隋之间。其言道德仁义者，不入于杨，则入于墨；不入于老，则入于佛。入于彼，必出于此。入者主之，出者奴之。入者附之，出者污之。噫，后之人其欲闻仁义道德之说，孰从而听之？老者曰："孔子，吾师之弟子也。"佛者曰："孔子，吾师之弟子也。"为孔子者，习闻其说，乐其诞而自小也，亦曰"吾师亦尝师之"云尔。不惟举之于其口，而又笔之于其书。噫，后之人虽欲闻仁义道德之说，其孰从而求之？甚矣！人之好怪也。不求其端，不讯其末，惟怪之欲闻。

古之为民者四，今之为民者六。古之教者处其一，今之教者处其三。农之家一，而食粟之家六；工之家一，而用器之家六；贾之家一，而资焉⑤

之家六。奈之何民不穷且盗也？古之时，人之害多矣。有圣人者立，然后教之以相生相养之道。为之君，为之师。驱其虫蛇禽兽而处之中土。寒然后为之衣，饥然后为之食。木处而颠，土处而病也⑥，然后为之宫室。为之工以赡其器用，为之贾以通其有无，为之医药以济其夭死，为之葬埋、祭祀以长其恩爱，为之礼以次其先后，为之乐以宣其湮郁，为之政以率其怠倦，为之刑以锄其强梗。相欺也，为之符玺、斗斛、权衡以信之；相夺也，为之城郭、甲兵以守之。害至而为之备，患生而为之防。今其言曰："圣人不死，大盗不止。剖斗折衡，而民不争。"呜呼！其亦不思而已矣。如古之无圣人，人之类灭久矣。何也？无羽毛鳞介以居寒热也，无爪牙以争食也。

是故君者，出令者也；臣者，行君之令而致之民者也；民者，出粟米麻丝、作器皿、通货财，以事其上者也。君不出令，则失其所以为君；臣不行君之令而致之民，则失其所以为臣；民不出粟米麻丝、作器皿、通货财，以事其上，则诛。今其法曰："必弃而君臣，去而父子，禁而相生相养之道⑦。以求其所谓清净寂灭者。"呜呼！其亦幸而出于三代之后，不见黜于禹、汤、文、武、周公、孔子也；其亦不幸而不出于三代之前，不见正于禹、汤、文、武、周公、孔子也。

帝之与王，其号虽殊，其所以为圣一也。夏葛而冬裘，渴饮而饥食，其事虽殊，其所以为智一也。今其言曰："曷不为太古之无事？"是亦责冬之裘者曰："曷不为葛之之易也？"责饥之食者曰："曷不为饮之之易也。"

传曰："古之欲明明德于天下者，先治其国；欲治其国者，先齐其家；欲齐其家者，先修其身；欲修其身者，先正其心；欲正其心者，先诚其意。"然则古之所谓正心而诚意者，将以有为也。今也欲治其心，而外天下国家，灭其天常，子焉而不父其父，臣焉而不君其君，民焉而不事其事。孔子之作《春秋》也，诸侯用夷礼，则夷之；进于中国，则中国之。经曰："夷狄之有君，不如诸夏之亡。"《诗》曰："戎狄是膺，荆舒是惩。"今也，举夷狄之法，而加之先王之教之上，几何其不胥而为夷也？

夫所谓先王之教者，何也？博爱之谓仁，行而宜之之谓义，由是而之焉之谓道，足乎己无待于外之谓德。其文，《诗》《书》《易》《春秋》；其法，礼、乐、刑、政；其民，士、农、工、贾；其位，君臣、父子、师友、宾主、昆弟、夫妇；其服，麻丝；其居，宫室；其食，粟米、果蔬、鱼肉。其为道易明，而其为教易行也。是故以之为己，则顺而祥；以之为人，则爱而公；以之为心，则和而平；以之为天下国家，无所处而不当。是故生则得其情，死则尽其常⑧。郊焉而天神假⑨，庙焉而人鬼飨。曰："斯道也，何道也？"曰："斯吾所谓道也，非向所谓老与佛之道也。尧以是传之舜，舜以是传之禹，禹以是传之汤，汤以是传之文、武、周公，文、武、周公传之孔子，孔子传之孟轲。轲之死，不得其传焉。荀与扬也，择焉而不精，语焉而不详。由周公而上，上而为君，故其事行。由周公而下，下而为臣，故其说长。"

然则如之何而可也？曰："不塞不流⑩，不止不行。人其人，火其书，庐其居⑪，明先王之道以道之，鳏寡、孤独、废疾者有养也，其亦庶乎其可也。"

【注释】

①是：指上文所说的仁义。之：往，这里指进修。道：应该行走的路，应该遵循的道理。

②足乎：是说仁义发于内心，有足够的自我修养。外：外界的影响。

③"彼以煦煦为仁"二句：意谓老子不了解仁义的巨大意义，而停留在言辞颜色或生活小节上。

④合：包括。公言：公理。

⑤资焉：依靠商贾以取得生活资料。

⑥木处：树上架巢而居。土处：穴居野处。

⑦"必弃而君臣"三句：指僧人见君不下拜，所以说弃而君臣；弃世出家，所以说去而父子；不事生产劳动，所以说禁而相生相养之道。

⑧死则尽其常：常，即上文的天常。意谓尽了君臣、父子之义，能够终其天年。

⑨郊：指祭天，古代祭天在南郊。假：通作"格"，感通，降临的意思。

⑩"不塞不流"二句：意谓老、佛之道不加塞止，则儒家的圣人之道不得流行。

⑪庐其居：意谓把僧尼、道士住的寺观庙宇改为民用的庐舍。

【译文】

泛爱大众叫作仁，行动适宜叫作义，从仁义出发去立身行事叫作道，自己的心中本来充满仁义而不求之于外来影响叫作德。仁和义是有具体内容的定名，道和德是不具体的虚位。所以道就有君子之道和小人之道的分别，德有凶德和吉德的不同。老子贬低仁义的意义，不是有意诋毁仁义，而是由于他所见狭小的缘故。这就像是坐在井中观天，说天很小，其实并不是天很小。老子把巧言令色看作仁，把细谨小节看作义，因而贬低仁义的意义，就不足为怪了。老子所讲的道，是把他对道的理解当作道，不是我讲的道；老子所讲的德，是把他对德的理解当作德，不是我讲的德。我所讲的道和德，都是包括仁与义来谈的，是天下的公理；老子所讲的道与德，都是抛开仁与义来谈的，是一己的私见。

自从周王朝权力衰微，孔子去世后，诗书史籍被秦烧毁，黄、老之学盛行于汉，佛教盛行晋、魏、梁、隋之间。所以谈论道德仁义的人，不是信奉杨朱的学说，就是信奉墨翟的学说；不信奉黄老学说，就是信奉佛教学说。推崇那一说，一定排斥这一说；推崇一说，就奉为宗主；排斥一说，就看作隶属；推崇一说，就极力吹捧它；排斥一说，就肆意诋毁它。唉！后世的人想听仁义道德的学说，到底听从谁呢？崇尚老子学说的人说："孔子是我们先师的弟子。"信奉佛教的人说："孔子是我们佛祖的弟子。"推崇孔子学说的人，听惯了老、佛两家的说法，喜欢这些怪诞的说法而轻视自己，也跟着说："我们的老师曾经向老子、佛教学习呢。"不但说在嘴上，而且写在书上。唉！后世的人虽然想听到仁义道德的学说，但他们从哪里去探求呢？太厉害了，人们爱好怪诞之说！不推求事物的开端，不探究其发展情况和影响，只要是怪诞之说就想听。

古时候的百姓只有四种，士、商、农、工；现在增为六种了，士、商、农、工、僧、道。古时候只有士民主教化，居四民之一；现在士和僧、道并主教化，居六民之三。这样，一户农民，要供六户人家的口粮；一户工匠，要供六户人家的器具；一户商民，要供六户人家的生活资料；怎么能不使百姓穷困，被迫去做盗贼啊！古时候，人类遇到的危害很多。有圣人出来，教导人们共同生活和长育的道理、方法；为他们设立君主，为他们设立师长，替他们驱走虫、蛇、禽兽而定居在中原。冷了帮他们找穿的，饿了帮他们找吃的。住在树上容易掉下来，住在洞里容易生病，就帮他们建筑宫室。为人们分设工民，来充分供应他们的器具；为人们分设商民，来互通他们的有无；为人们寻找医药，来拯救他们的夭折死亡；为人们倡导葬埋祭祀，来增长他们的恩爱感情；为人们规定礼节，来叙列他们的尊卑长幼；为人们制作音乐，来宣泄他们的抑郁苦闷；为人们布施政教，来督率怠情；为人们设立刑罚，来锄除强暴。有欺骗别人的事，便为人们设置符节、印章、斗斛、权衡，来表明诚信；有侵略别人的事，便为人们筑城墙、制武器来防守。总之，祸害到来而圣人给他们先作了准备，患难发生而圣人给他们先作了预防。现在老子一派人的言论说："如果圣人不死，大盗窃国的事就不会停止；只有打碎了斗斛，折断了秤杆，百姓才不会争夺。"唉！说这种话的人也实在是没仔细想一想罢了！如果古时候没有圣人，人类早已灭迹。为什么这样说呢？人类没有羽毛鳞甲来适应严寒酷热的环境，没有锐爪利牙来与禽兽争夺食物。

因此，君主是发布命令的；臣子是执行君王的命令而施行到百姓身上的；百姓是生产粟米麻丝、制作器皿、流通货物钱财来事奉上面的统治者的。君主不发布命令，就失去了他做君王的职责；臣子不奉行君王的命令而施行到百姓，就失去了他做臣子的职责；百姓不生产粟麻丝、制作器皿、流通货物钱财来事奉上面的统治者，就应该受到责罚。现在的佛法说："必须废弃你的君臣礼节，断绝你的父子亲属关系，取消你的共同生活和长育的道理、方法。"以求得他们所谓的清净寂灭的境界。唉！这些荒诞的说法侥幸地出现在夏、商、周三代之后，没有被禹、汤、文、武、周公、孔子废黜掉；这些荒诞的教法，又不幸没有出现在夏、商、周三代之前，没有得到禹、汤、文、武、周公、孔子的纠正。

五帝和三王，他们的名字虽然不同，而都有功德于民却是相同的。夏天穿粗麻布衣服，冬天穿皮袄，口渴了饮水，肚子饿了吃饭，这些事情虽然不同，但做得很明智却是一样的。现在老子一派人的言论说："为什么不像太古时代那样无为而治呢？"这也就好像指责冬天穿皮袄的人说："为什么不做穿麻布衣那样容易的事呢？"责备肚子饿了而吃饭的人说："为什么不做饮水那样容易的事呢？"

　　《礼记》说："古时候想宣扬大德于天下的人，先要治理他的国家；要治理他的国家，先整肃他的家庭；要整肃他的家庭，先要修养他自身；要修养他自身，先要端正他的思想；想端正他的思想，先要他有诚意。"因此，古时候所谓端正思想而有诚意的人，是将要有所作为（即治国平天下）呢。现在崇奉佛教、老子学说的人也想整治他们的思想，却把天下国家当作外物，废止人类的天然秩序，做儿子的不孝敬他的父亲，做臣子的不遵奉他的君主，做百姓的不履行他的义务。孔子写作《春秋》的时候，凡中原地区的诸侯如果采用夷礼的，便把他看作夷人；夷人如果能采用中原地区礼节的，便把他看作中原地区的诸侯。《论语》说："夷狄虽然有君主，但没有礼义，不如中原虽然也偶尔无君，却礼义不废。"《诗经》说："要攻打西方北方的戎、狄，要惩罚南方的荆、舒。"现在却把夷狄的教法，加在先王的教化之上，那么与叫大家都成为夷人有什么差别吗？

　　所谓先王的教导是什么呢？泛爱大众叫作仁，做事行动适宜叫作义，从仁义出发去立身行事叫作道，自己心中本来具有仁义而不求之于外来影响叫作德。先王之教的文字是《诗经》《尚书》《周易》《春秋》；治国的办法是礼节、音乐、刑法、政治；它的人民就是士、农、工、商；秩序伦理就是君臣、父子、师友、宾主、兄弟、夫妇；衣服是麻布和丝绸；住宅是宫室；食物就是粟米、果蔬、鱼肉。总之，先王之教的道理容易明了，教化容易施行。因此，用它来律己，就和顺而吉祥；用它来待人，就仁爱而公正；用它来涵养心性，就气和心平；用它来治理天下国家，就没有什么事情处理不恰当。因此，人活着就能够顺他的情意生活，人死时就可以享尽他的天年，祭天神就使天神感动，祭祖庙就使祖宗享用。有人会问："这个道是什么道呢？"我说："这正是我所说的道，不是前面说的老子和佛教的道。"尧把这个道传给舜，舜把这个道传给禹，禹把这个道传给汤，汤把这个道传给文王、武王、周公，文王、武王、周公传给孔子，孔子传给孟轲，孟轲死后，此道就没有传下来。后来的荀况和扬雄，虽然都有成就，但荀况的言论还欠简择、不精辟，扬雄阐述的道理还欠详尽。从周公上推，尧、舜、禹、汤、文、武在上做君王，所以他们的功德广泛施行；从周公下推，孔子、孟轲在下为臣民，所以他们的言论长久流传。

既然这样，对这种情况怎么办才可以呢？回答说："佛老之道不加堵塞、不禁止，先王之道就不能流传，不能施行。必须迫使僧尼道士还俗于四民之中各就其业，烧毁传布佛老教义的书，把他们住的寺观庙宇改为民用庐舍，大力宣传先王之道来引导他们，使天下的鳏夫、寡妇、孤儿、孤老、残疾，生活都有保障，这样也就差不多算可以了。"

【评析】

此文是体现韩愈政治思想和文风特点的代表作之一。原道，探求道的本源，这本源就是篇中所说的儒家"仁义"之道，用以排斥佛老之说。此文系统地阐述所谓"先王之教"即封建的伦理、教化和等级制度，指出僧侣寄生阶层严重影响国计民生，对社会危机深刻的中唐有其现实意义。但文中轻视人民群众在历史上的作用，还表现了大汉族主义的思想，这是应该批判的。行文波澜曲折，句式错综复杂，气势磅礴，表现出韩式文章雄健宏伟的特色。

二 杂说一（韩愈）

【原文】

龙嘘气成云，云固弗灵于龙也。然龙乘是气，茫洋穷乎玄间，薄日月，伏光景①，感②震电，神变化③，水下土④，汨⑤陵谷，云亦灵怪矣哉！云，龙之所能使为灵也。若龙之灵，则非云之所能使为灵也。然龙弗得云，无以神其灵矣。失其所凭依，信不可欤！异哉！其所凭依，乃其所自为也。《易》曰："云从龙。"既曰龙，云从之矣！

【注释】

①薄：同"迫"，靠近。伏光景：指龙驾着云常常可以遮蔽日月的光亮。

②感：同"撼"，撼动。

③神变化：神奇变化。

④水：降雨。下土：大地。

⑤汨（gǔ）：水奔流的样子，这里指淹没。

【译文】

龙吐出气来化成云，云不会比龙更神灵。然而龙乘着这云气，腾云驾雾地游遍天空，靠近日月，遮蔽它们的光辉，激动那电闪雷鸣，风雨变化，雨落到地上，淹没了山谷，云也是有灵性的啊！云，是龙使得它灵异的，至于龙的灵异，就不是云能够赋予它的。但是，龙没有云，便不能显示它的灵异。失去它所凭借依靠的东西，就不行！奇妙啊！龙所凭借依靠的东西却是它自己创造出来的。《易经》说："云是跟着龙的。"既然叫作龙，云自然会跟着它了。

【评析】

本文论述了龙和云的相生相依关系："云从龙""龙乘是气"，两者不可分离；文章又从"云，龙之所能使为灵也。若龙之灵，则非云之所能使为灵也"比较了它们的地位孰轻孰重，由此可以看出他们的关系是不分上下，从而更加证明两者相生相依的关系。

此文的云和龙不单单是简单地说明一项事物，而是有所指的。作者以龙比喻圣君；以云比喻贤臣；以龙能够使云变得灵异，比喻臣子要得到君主的重用才能表现他的贤明；以龙没有得到云也无法显示它的灵异，比喻君主没有贤臣的辅佐也不能表现他的圣智。

全篇用比喻，写得委婉曲折，寓意深长，耐人寻味。

三 杂说四（韩愈）

【原文】

世有伯乐，然后有千里马①。千里马常有，而伯乐不常有。故虽有名马，只辱于奴隶人之手，骈死于槽枥之间②，不以千里称也③。马之千里者，一食或尽粟一石。食马者，不知其能千里而食也④。是马也，虽有千里之能，食不饱，力不足，才美不外见，且欲与常马等不可得，安求其能千里也？策之不以其道，食之不能尽其材⑤，鸣之而不能通其意，执策而临之曰："天下无马！"呜呼！其真无马邪？其真不知马也！

【注释】

①"世有伯乐"二句：谓有伯乐才能发现千里马。

②骈死于槽枥之间：谓和一般的马同死在马厩里。

③不以千里称也：不被人称为千里马。

④不知其能千里而食也：不当千里马去饲养它。食（sì）：通"饲"，喂养。

⑤材：本能，指千里马的食量。

【译文】

世上先有善于相马的伯乐，然后千里马才能被发现。千里马是经常有的，但伯乐却不常有。所以，即使有日行千里的名马，也只能埋没在养马人的手里，和普通马一起死在马厩里，不能凭借千里马的才力受到人们称赞。日行千里的马，每吃一餐大约要吃一石粮食。养马的人不知道它能日行千里，不按千里马的食量去喂饱它。这匹马，即使有驰骋千里的才能，但由于没有吃饱，力气不足，才能和优点不能显露出来，甚至想要它达到普通马的水平都办不到，又怎么能要求它日行千里呢？驾驭它不能掌握方法，饲养它不能满足它的食量，听到它嘶鸣又不能理解它的意思，反而拿着马鞭指着它说："天下没有好马！"唉！难道真是没有好马？那是真的不认识好马啊！

【评析】

"世有伯乐，然后有千里马"这是中华民族妇孺皆知的真理，可见这篇文章对后世的影响。

本文借千里马不遇伯乐，来说明奇才异能之士多沉沦于下僚，不能施展自己的抱负而郁郁寡欢，慨叹封建统治者不知如何识别和任用人才。作者抒发怀才不遇的愤慨，同时也反映出了封建社会英雄豪杰知音难觅的普遍遭遇。

文章矫健挺拔，篇幅短小，字里行间充满着作者抑郁不得志的愤慨之情，感情淋漓尽致，动人心弦。

四　原毁（韩愈）

【原文】

古之君子，其责①己也重以周②，其待人也轻以约③。重以周，故不怠；轻以约，故人乐为善。闻古之人有舜者，其为人也，仁义人也。求其所以为舜者，责于己曰："彼，人也；予，人也。彼能是，而我乃不能是！"早夜以思，去其不如舜者，就④其如舜者。闻古之人有周公者，其为人也，多才与艺人也。求其所以为周公者，责于己曰："彼，人也；予，人也。彼能是，而我乃不能是。"早夜以思，去其不如周公者，就其如周公者。舜，大圣人也，后世无及焉；周公，大圣人也，后世无及焉。是人也，乃曰："不如舜，不如周公，吾之病也。"是不亦责于身者重以周乎？其于⑤人也，曰："彼人也，能有是⑥，是足为良人矣。能善是，是足为艺人矣。"取其一，不责其二；即其新，不究其旧。恐恐然惟惧其人之不得为善之利。一善，易修也。一艺，易能也。其于人也，乃曰："能有是，是亦足矣。"曰："能善是，是亦足矣。"不亦待于人者轻以约乎！

【注释】

①责：要求。

②重以周：严格而周全。

③轻以约：宽容而简单。

④就：追求。

⑤于：对待。

⑥是：优点。

【译文】

　　古时候的君子严格而全面地要求自己，宽容而简约地对待他人。因为要求严格，所以他们在道德修养的方面从不懈怠。因为待人宽容，所以别人都乐意做好事。他们听说舜是位大仁大义的圣人，便思考舜之所以成为圣人的原因，同时质问自己："舜是人，我也是人，他能做到的，而我却做不到。"于是，他们冥思苦想，想方设法地改正不如舜的地方，尽力地向舜的为人靠拢。他们听说周公是位多才多艺的古人，便思考周公之所以多才多艺的原因，同时质问自己："周公是人，我也是人，他能做到的，为什么我却做不到？！"于是，他们冥思苦想，想方设法地改正不如周公的地方，尽力地向周公的行为靠拢。舜和周公都是古代的大圣人，后世没有人能与他们相媲美。但是他们却说："我比不上舜，也比不上周公，这是我的缺点。"他们这些行为不就是严格而全面地要求自我吗？然而，对待他人，他们却宽容而简约，"哪个人能有这样的优点，就算得上是善良的人了，能擅长做这件事，就算得上是才能出众的人了。"对对方的某个方面予以肯定，而不再对其他方面予以苛求，只肯定对方今日的成绩，而不追究他往日的过错，小心谨慎地对待对方，生怕对方的长处和成绩得不到应有的待遇。做一件好事很容易，要掌握一项技能也不是难事，他们面对他人时，却说："能做到这样，就够了。"还说："能擅长做这个，就够了。"这不正是宽容而简约地对待他人吗？

【原文】

今之君子则不然。其责人也详，其待己也廉①。详，故人难于为善。廉，故自取也少。己未有善，曰："我善是，是亦足矣。"己未有能，曰："我能是，是亦足矣。"外以欺于人，内以欺于心，未少有得而止矣。不亦待其身者已廉乎？其于人也，曰："彼虽能是，其人不足称也。彼虽善是，其用②不足称也。"举其一，不计其十；究其旧，不图③其新。恐恐然惟惧其人之有闻④也。是不亦责于人者已详乎！夫是之谓不以众人待⑤其身，而以圣人望⑥于人，吾未见其尊己也。

【注释】

①廉：少。
②用：才能，本领。
③图：考虑。
④闻：名望。
⑤待：对待。
⑥望：期望、希望。

【译文】

今天的君子则不一样，他们往往严格地要求别人，对自身的要求却很低。因为要求过于严格，所以他人做好事就不容易了，而对自己实行低标准，自己就难以进步了。他们没有做成什么好事，却说："我能够做到这样，已经足够了。"他们没有什么过人的才能，却说："我能有这样的本事，已经足够了。"这样一来，他们对外欺骗了别人，对内欺骗了自己的良心，还没有取得什么进步就停滞不前了。这不正是以低标准要求自己吗？他们面对他人时，却说："虽然那个人具备这样的能力，但他的人品不值得称道。那个人虽然擅长这个，但他的才能不值得称道。"现在的君子往往喜欢抓住他人某方面的不足，而对他人其他方面的长处视而不见，往往喜欢追究他人过去的过失，而忽视他人今日的进步，整天惶惶不安，生怕别人拥有了好名声。这不正是严格地要求别人吗？这就是用低于常人的标准来要求自己，却以圣人的标准去要求别人，我看不出他们是尊重自己的啊！

【原文】

虽然，为是者，有本有原，怠①与忌之谓也。怠者不能修②，而忌者畏人修。吾尝试之矣。尝试语于众曰："某良士，某良士。"其应者，必其人之与也，不然，则其所疏远不与同其利者也。不然，则其畏也。不若是，强者必怒于言，懦者必怒于色矣。又尝语于众曰："某非良士，某非良士。"其不应者，必其人之与也，不然，则其所疏远不与同其利者也。不然，则其畏也。不若是，强者必说③于言，懦者必说于色矣。是故事修而谤兴，德高而毁来。呜呼！士之处此世，而望名誉之光、道德之行，难已④！将有作于上者，得吾说而存之，其国家可几而理欤！

【注释】

①怠：懒惰。

②修：上进。

③说：同"悦"。

④已：同"矣"。

【译文】

尽管如此，这些人做出这些行为还是有根源可寻的，其根源就是懒惰和嫉妒。懒惰之人无法取得进步，而心怀嫉妒之心的人则害怕他人取得进步。我曾经做过试验，我对众人说："某某是贤良的人，某某是贤良的人。"那些随声附和、极力肯定我所说的，必定是与某某关系亲密的人，要不就是与某某关系疏远没有利益冲突的人，或者是害怕他的人。否则的话，性格强硬的人必定会愤怒地出言反对，而个性软弱的人也会表现出愤愤之色。我也曾经试探地对众人说："某某不是贤良的人，某某不是贤良的人。"那些保持沉默，不附和我的观点的人，十之八九是某某的亲朋好友，要不就是与他关系疏远没有利益冲突的人，或者是害怕他的人。否则的话，性格强硬的人必定会高兴地出言赞同，而个性软弱的人也会喜形于色。正因为这样，事业成功之后，诽谤随之而来，德望提高之后，恶言也会接踵而至。唉！读书人身处如今这样的世界，想要实现名誉的光大，德行的推广，实在是难如登天。想要身居上位而又想有所作为的人，如果能听到我所说的话并牢记心中，那么国家就差不多能治理好了！

【评析】

《原毁》论述和探究毁谤产生的原因。作者认为士大夫之间毁谤之风的盛行是道德败坏的一种表现，其根源在于"怠"和"忌"，即怠于自我修养且又妒忌别人；不怠不忌，毁谤便无从产生。文章先从正面开导，说明一个人应该如何正确对待自己和对待别人才符合君子之德、君子之风，然后将不合这个准则的行为拿来对照，最后指出其根源及危害性。通篇采用对比手法，并且全篇行文严肃而恳切，句式整齐中有变化，语言生动而形象，刻画当时士风，可谓入木三分。

本文抒发了作者个人的愤懑，但在不平之鸣中道出了一个真理：只有爱护人才，尊重人才，方能使人"乐于为善"。此文从"责己""待人"两个方面，进行古今对比，指出当时社会风气浇薄，毁谤滋多，并剖析其原因在于"怠"与"忌"。行文严肃而恳切，句式整齐有变化，语言生动形象，刻画入木三分。

五　讳辩（韩愈）

【原文】

愈与李贺书，劝贺举进士。贺举进士有名，与贺争名者毁^①之，曰："贺父名晋肃，贺不举进士为是，劝之举者为非。"听者不察^②也，和而倡之^③，同然一辞。皇甫湜曰："若不明白^④，子与贺且^⑤得罪^⑥。"愈曰："然。"

【注释】

①毁：毁谤，非议。

②察：仔细想。

③和而倡之：倡同"唱"。此唱彼和，结成一气。

④明白：动词，说明白。

⑤且：将要。

⑥得罪：获罪。

【译文】

我给李贺写信，鼓励他去参加进士考试。已经有人推荐提名李贺去参加考试，但是李贺的竞争者攻击李贺说："李贺父亲名叫晋肃，李贺不应该参加进士科的考试，那些劝他来考试的人都是颠倒是非的人。"听到这些话的人不认真考虑，就异口同声地跟着附和，说着一样的话。皇甫湜对我说："要是不把这事说个明白，你和李贺两人都得获罪。"我说："是的。"

【原文】

律①曰："二名不偏讳②。"释之者曰："谓若言'征'不称'在'，言'在'不称'征'是也。"律曰："不讳嫌名③。"释之者曰："谓若'禹'与'雨''丘'与'蓲'之类是也。"今贺父名晋肃，贺举进士，为犯二名律乎？为犯嫌名律乎④？父名"晋肃"，子不得举⑤进士。若父名"仁"，子不得为人乎？

【注释】

①律：这里指《礼记》。

②二名不偏讳：语出《礼记》。两个字的名字不用两个字全部避讳。下文说的"二名律"指的就是这个。

③不讳嫌名：意思是说臣子避讳君父的名讳时，不需要避讳声音相近的字，即下文说的"嫌名律"。

④为……乎：相当于"是……吗？"的反诘句。

⑤举：参加。

【译文】

《礼记》上说："两个字的名字可以只避讳其中的一个字。"注释《礼记》的人说："就好比孔子的母亲名叫'征在'，如果避讳了'征'就不用避讳'在'，如果避讳了'在'字，'征'就不必避讳。"《礼记》上又说："声音相近的字也不用避讳。"注释的人说："就像'禹'和'雨''丘'和'蓲'这类读音相同的字。"现在李贺父亲的名字是晋肃，李贺去参加进士考试，是违犯了名字的两个字不必全部避讳的二名律呢？还是违犯了声音相近的字不用避讳的嫌名律呢？父亲的名字叫晋肃，儿子就不能参加进士考试，倘若父亲叫'仁'，他的儿子难道就不是人了吗？

【原文】

夫讳始于何时？作法制以教①天下者，非周公、孔子钦？周公作诗不讳，孔子不偏讳二名，《春秋》不讥②不讳嫌名。康王钊之孙，实为昭王。曾参之父名皙，曾子不讳"昔"。周之时有骐期，汉之时有杜度，此其子宜如何讳？将讳其嫌，遂讳其姓乎？将不讳其嫌者乎？汉讳武帝名"彻"为"通"，不闻又讳车辙之"辙"为某字也。讳吕后名"雉"为"野鸡"，不闻又讳"治天下"之"治"为某字也。今上章③及诏④，不闻讳"浒""势""秉""机"也。惟宦者宫妾，乃不敢言"谕"及"机"，以为触犯。士君子⑤立言行事，宜何所法守⑥也？今考⑦之于经，质⑧之于律，稽⑨之以国家之典⑩，贺举进士为可邪？为不可邪？

【注释】

①教：教育、教化。

②讥：讥讽，嘲笑。

③上章：上呈奏折。

④及诏：颁布诏书。

⑤士君子：古时候指有情操和学问的人。

⑥法守：效法和遵守。

⑦考：考察。

⑧质：询问，对照。

⑨稽：考核，考查。

⑩典：法典。

【译文】

"避讳"这个规矩究竟是什么时候有的呢？制定了礼法和制度来教化天下百姓的人，难道不是周公和孔子吗？周公写诗的时候从来不避讳，就算是孔子也不会同时避讳名字里的两个字，《春秋》也没有讽刺那些声音相近的名字。周康王周钊，他的孙子死后的谥号就是昭王。曾参的父亲名叫皙，但是也没看见曾参避讳"昔"这个同音字。周朝有人叫骐期，汉朝有人叫杜度，那他们的子孙又该如何避讳先人的名字呢？难道为了避讳与名字声音相同的字，就连姓氏也不要了吗？那到底要不要避讳和名字声音相近的字呢？汉朝时为了避讳汉武帝的名字，把所有的"彻"都改成了"通"，但也没有听说为了避讳汉武帝的名字，把车辙的"辙"全部改成别的字。为了避讳吕后的名字，就把"雉"称为野鸡，可是也没有因为要避讳吕后的名字就把治理天下的"治"字改成别的字。现在大臣给皇帝递奏折、皇上颁发诏谕的时候，也没有避讳"浒""势""秉""饥"这几个字，只有宦官和宫妾才不敢说"谕"和"机"字，因为他们认为说这两个字是以下犯上。君子说话做事，到底遵守什么礼法才是最合适的呢？考证儒家经典，参照国家律法，对比法典制度，李贺参加进士考试到底是对还是不对呢？

【原文】

凡事①父母，得如曾参，可以无讥矣。作人得如周公、孔子，亦可以止矣。今世之士，不务行曾参、周公、孔子之行，而讳亲之名则务胜于曾参、周公、孔子，亦见其惑也。夫周公、孔子、曾参，卒不可胜，胜周公、孔子、曾参，乃比于宦官、宫妾。则是宦官、宫妾之孝于其亲，贤于周公、孔子、曾参者邪？

【注释】

①事：同"侍"，侍奉。

【译文】

大凡侍奉父母，能做到曾参那样，就没有什么可以指责的。做人能像周公、孔子那样，也可以说是到了极致了。现在的读书人不努力学习曾参、周公、孔子的品行，反而在避讳亲长姓名的事情上却一定要超越周公、孔子、曾参他们，那就相当于把自己等同于宦官、宫妾了。那么那些宦官、宫妾孝顺父母，倒比周公、孔子、曾参他们还好吗？

【评析】

封建时代对于君主和尊长的名字谥号等，不能直接写出或说出，必须用其他字来代替，如汉高祖名邦，改"邦"为"国"；唐太宗名世民，改"世"为"代"，改"民"为"人"，尚书六部中的"民部"，则改为"户部"，等等。刻印古书时，也要把当世应讳的字改掉或缺笔。这叫作避讳。避讳的要求很严格，违犯者会招致非议，甚或得罪。唐代著名诗人李贺，才气横溢，少年成名，但因为他的父亲名晋肃，在他准备参加进士科考试时就遭到了非议（晋、进同音），终于不能如当时其他读书人那样取得功名。韩愈曾鼓励李贺应进士试，也被人指责。面对这种陈腐的时尚，韩愈十分愤慨，《讳辩》就是为这件事而写的。韩愈不敢反对避讳，他只能巧妙地引用经典和法律依据，找出矛盾，从而反对将避讳搞得过滥。文章层层设问，一波三折，语言辛辣，说理痛快。全文没有一句从正面说出作者的主张，读者却可从中得出同作者相一致的结论。

六 送石处士序（韩愈）

【原文】

河阳军节度、御史大夫乌公为节度之三月，求士于从事①之贤者。有荐石先生者。公曰："先生何如？"曰："先生居嵩、邙、瀍、谷之间，冬一裘，夏一葛。食，朝夕饭一盂、蔬一盘。人与之钱，则辞，请与出游，未尝以事免，劝之仕，不应。坐一室，左右图书。与之语道理，辨古今事当否，论人高下，事后当成败，若河决下流而东注，若驷马驾轻车、就熟路，而王良、造父为之先后也，若烛照，数计而龟卜②也。"大夫曰："先生有以自老，无求于人，其肯为某来邪？"

【注释】

①从事：官名，五代以前州郡长官自己聘用的幕僚属官，称为"从事"。

②龟卜：用龟甲占卜，古人用火灼龟甲，依据裂纹以推测吉凶。

【译文】

河阳军节度使、御史大夫乌公，当了三个月的节度使后，就在贤能的手下中征求人才。有人向乌公举荐石先生，乌公问道："石先生怎么样？"那人回答说："石先生居住在嵩、邙山两座山和瀍、谷两条河的中间，冬天就穿一件皮裘大衣，夏天就穿一身麻布衣服；吃饭的话，早晚吃饭只吃一碗饭和一盘蔬菜。别人送钱给他，他都推辞掉，有人请他一起出游，他从不找借口推辞，劝石先生出仕，他也不肯回应。石先生经常坐的一个房间里，房间里面全是书籍。跟石先生谈道论理，辩论古今事物的得失，讨论人物的高下，事后的成败与否，他的话就如同河流决堤之后向下游奔流，然后注入东海一般滔滔不绝，就如同四匹骏马拉着轻便的马车，在熟悉的道路上奔走，而且还是王良、造父那样的高手坐在前面驾驶一样，不仅流利而且连贯。就如同用明亮的烛火照着察看那样透彻细致、就如同用蓍草算卦，龟甲占卜那样准确灵验。"乌公说："石先生有志于隐居终老，对人对事没什么要求，他愿意为了我出仕吗？"

【原文】

从事①曰："大夫文武忠孝，求士为国，不私于家。方今寇集于恒，师环其疆②，农不耕收，财粟殚亡。吾所处地，归输之涂③，治法征谋④，宜有所出。先生仁且勇，若以义请而强委重焉，其何说之辞？"于是撰书词，具马币，卜日以授使者，求先生之庐而请焉。

【注释】

①从事：下属。

②寇聚于恒，师还其疆：指王承宗叛乱，中央集权受到威胁。

③归输：运输军用物资。涂：同"途"，路途。

④征谋：征战的谋略。

【译文】

乌公的手下说："大夫您文武双全，忠孝仁义，搜寻人才也是为国家着想，又不是偷偷为您自己。现如今反寇聚集在恒州，军队还围绕着边境驻扎，农田也不能耕种，农民们都没有收成，钱财粮草都耗尽了。而我们所在的这块地方是运送粮草的必经之路，治理的方略和征讨的谋划，都应该找个合适的人来帮您出主意。石先生仁义勇敢，若是凭借大义去邀请他并许诺委以重任，他能说什么来推辞这件事呢？"于是乌公撰写书信，准备好车马和礼物，选个黄道吉日，把东西全部交给使者，让使者找到石先生的住处之后请求他出来做官。

【原文】

先生不告于妻子，不谋于朋友，冠带①出见客，拜受书礼于门内。宵②

则沐浴，戒③行李，载书册，问道所由，告行于常所来往。晨则毕至张④上东门外，酒三行，且起，有执爵⑤而言者曰："大夫真能以义取人，先生真能以道自任，决去就。为先生别。"又酌而祝曰："凡去就出处何常？惟义之归。遂以为先生寿。"又酌而祝曰："使大夫恒无变其初，无务富其家而饥其师，无甘受佞人而外敬正士，无昧于谄言，惟先生是听，以能有成功，保天子之宠命。"又祝曰："使先生无图利于大夫，而私便其身。"先生起拜祝辞曰："敢不敬早夜以求从祝规！"于是东都之人士咸知大夫与先生果能相与以有成也。遂各为歌诗六韵，遣愈为之序云。

【注释】

①冠带：名词作动词，戴好帽子系好衣带。

②宵：夜晚。

③戒：准备。

④张：为宴会设置器具。

⑤爵：酒杯。

【译文】

石先生（知道这事后）没有告诉妻子儿女，也没有和朋友们讨论，戴好帽子系好衣带出来见了使者。石先生在家里恭恭敬敬地接受了乌公的书信和礼物。晚上石先生就沐浴更衣，准备好行装，带着书籍，问清楚路线，然后把自己要远行的消息告诉了几个经常来往的朋友。第二天清晨，石先生的朋友们就全到了，他们在东门外布置好饯行仪式为石先生送别，酒过三巡，石先生将要起身离开的时候，有人拿着酒杯说："乌公既然能够凭仁义选取人才，先生您也定能按照道义来承担自己的责任，决定自己的去留。为先生您饯行。"又有人敬酒祝愿说："不管先生你是出仕还是隐居，这世上有什么事是长久不变的呢？唯一不变的就是把道义作为归向啊。这杯酒就祝先生长命百岁。"又有人斟酒祝道："愿先生能让乌大夫始终不改变初衷，不要让乌公为了让自己家变得富裕而使军队的将士挨饿，不要让他心里喜欢奸佞小人的花言巧语但是表面上却尊敬正直人士，希望乌公大人不要被谗言蒙昧，能够认真听取先生你的意见，以此来保证你们的成功，保全天子对乌公的宠信和任命。"又有人祝愿道："希望先生不要想着在乌公大人那里图谋利益，为了自身的私利而假公济私。"石先生起身拜谢道："我怎敢不谨慎地时时刻刻勉励自己，按照你们的祝愿和规劝去做呢？"东都洛阳的人士，都知道乌公和石先生一定能够互相合作干出一番事业。于是在座的人便各自赋诗六韵，让韩愈我为他们写了序文。

【评析】

《送石处士序》的主旨一为阐明石处士此次出仕不违初衷，为行其所当行；二为借此时机，对他作一些规诫，并且通过此事对节度使乌公也含蓄地有所规诫。韩愈主要就是在这两层上作文章。但从表面上看，文章却无处不在赞扬处士的"惟义之归"与乌公的"求士为国"，赞之正所以规之、励之也。文章的结构仅为两段：上段写乌公与从事讨论求贤之事，由两人之间的问答，写出石处士其人。笔法活络，控御自如。既赞处士之贤，同时也赞乌公之能知贤、求贤。双方的共同点在一个"义"字上，并以此"义"解众人对处士出仕之疑。下段写处士的应聘与众人的饯行。写其应聘之果，赴行之速，可以看出行事自有决断，与前面写其议论古今人物之当、料事成败之神颇能呼应，让我们感到此人果非常人。规劝处士与乌公的话，则通过送行者口中各各道出，委婉而得体。古文家笔法之妙，在于貌似自然地随物宛转，对材料似乎毫无取舍，而实际上极文心结构之能事。读韩愈文章正应该从这些地方加深体会。

七 送温处士赴河阳军序（韩愈）

【原文】

伯乐一过冀北之野，而马群遂空。夫冀北马多天下，伯乐虽善知马，安能空其群邪？解之者曰："吾所谓'空'，非无马也，无良马也。伯乐知马，遇其良，辄取之，群无留良焉。苟无良，虽谓无马，不为虚语矣。"

【译文】

伯乐一走过冀北的郊野，那里的马群就变得空空如也。冀北的马比天下任何一个地方都多，伯乐虽然擅长相马，但是又怎么能让冀北的马群全部空了呢？解释的人说："我所说的空，不是指一匹马也没有了，而是指没有好马。伯乐他懂马，一旦遇到好马，就把马挑走了，久而久之马群中就没有良驹了。倘若马群中没了好马，就算说没有马，也不是假话。"

【原文】

东都，固士大夫之冀北也。恃才能深藏而不市①者，洛之北涯曰石生，其南涯曰温生。大夫乌公以铁钺②镇河阳之三月，以石生为才，以礼为罗③，罗而致之幕下。未数月也，以温生为才，于是以石生为媒④，以礼为罗，又罗而致之幕下。东都虽信多才士，朝取一人焉，拔其尤⑤，暮取一人焉，拔其尤。自居守⑥、河南尹以及百司之执事，与吾辈二县之大夫，政有所不通，事有所可疑，奚所⑦谘而处焉？

【注释】

①市：原意是指做买卖，此处指出仕。

②铁钺：原指斫刀和大斧，此指帝王赐予的专征专杀之权。同"斧钺"。

③罗：网罗，此处指网罗人才的手段。

④媒：中介。

⑤尤：杰出的，突出的。

⑥居守：指东都留守。

⑦奚所：哪里。

【译文】

东都洛阳，原本也是聚集了很有才学的士大夫的"冀北"之地。身负出众的才能但是却隐居在乡野不愿出仕的人，（有一个是）住在洛水北岸的石生，（还有一个是）住在洛水南岸的温生。御史大夫乌公，以节度使的身份镇守河阳的第三个月，就认为石生是人才，准备了礼物，将他网罗到自己门下。没过几个月，乌公又认为温生也是人才，于是让石生做介绍人，又准备了礼物，把温生招揽到自己门下。东都确实有很多才能出众的人，但是早晨挑走一个优秀的人才，晚上又领走一个最出色的贤士。这样一来，留守东都的官员，河南府尹，以及各个部门的主管官员，再加上我们两县的官员，如果在政务上有什么不理解的地方，有什么疑惑的事情，又该去找谁咨询、然后妥善地处理这些问题呢？

【原文】

士大夫之去①位而巷处者，谁与嬉游？小子后生，于何考德而问业焉？缙绅②之东西行过是都者，无所礼③于其庐。若是而称曰：大夫乌公一镇河阳，而东都处士之庐无人焉，岂不可也？

【注释】

①去：离开，辞去。

②缙绅：也作"搢绅"，古代称有官职的或做过官的人，此处泛指官员。

③礼：拜访。

【译文】

士大夫们辞去官位，闲居里巷，他们和谁一起去嬉戏游玩呢？年轻的后辈，到哪里去考核自己的品行是否合格，询问学业上的疑惑呢？东西往来经过洛阳的官员们，也没法登门拜访这些高人了。遇到这样的情况，人们就说："乌公大人一镇守河阳，东部隐居者住的茅庐中就没有人了！难道不是这样吗？"

【原文】

夫南面①而听②天下，其所托重而恃力者惟相与将耳。相为天子得人于朝廷，将为天子得文武士于幕下，求内外无治，不可得也。愈縻③于兹，不能自引去，资二生以待老。今皆为有力者夺之，其何能无介然于怀邪？生既至，拜公于军门，其为吾以前所称，为天下贺，以后所称，为吾致私怨于尽取也。留守相公④首为四韵诗歌其事，愈因推其意而序之。

【注释】

①南面：指皇帝。

②听：治理。

③縻：系住，此处指羁留。

④相公：指宰相。

【译文】

天子朝南而坐治理天下，他所托重和依靠，指望能够出力的人，只有宰相和将军罢了。宰相在朝廷上为天子求取人才，将军在幕府下为天子网罗谋士和武将。这样的话，想让国家内外得不到治理，根本就是不可能的。我滞留在这里当县令，自己也不能隐退，想在石先生和温先生的帮助下终老。而现在两位先生都被有权力的乌公夺去了，我怎么能做到心中毫不介怀呢？温先生去乌公府上时，在军门拜见乌公，就像我前面说的，我本应替天下人得到了这样的人才而庆贺；但是，请把我后面说的，关于我对乌公大人把东都贤人全部选空了的抱怨告诉他。洛阳留守宰相，首先作诗四韵歌颂这件事，我就顺水推舟按着他的意思写了这篇序文。

【评析】

尽管此文与《送石处士序》为姐妹篇，事件与人物均相关涉，然而在写法上却有所变化，所以有相得益彰之美。例如前文体势自然，而本文则颇有造奇的文势。文章开头的一段譬喻，说"伯乐一过冀北之野，而马群遂空"，用来比喻"大夫乌公一镇河阳，而东都处士之庐无人焉"。但却不紧接着说出来，而是先论述"马群遂空"的原因来比喻乌公搜罗东都贤士的情况。作者在文中既设奇喻，又在正文中反复议论以求其合，显得煞有介事，将本是韩愈个人的一个想法写成似颠扑不破的真理。为此，论其章法，该文比《送石处士序》那篇文章要显得曲折离奇。此外，该篇的立意要比前一篇单纯一些，无非是变着法儿赞扬温、石二人。以伯乐喻乌公，是为了赞扬温、石；极说温、石一去，东都政府和士群无所依恃，也是为了赞扬温、石。看来似乎说得过分了，但作者更深一层的意思，是在强调人才的可贵，提醒朝廷要高度重视人才。

八　师说（韩愈）

【原文】

古之学者必有师。师者，所以传道、受业、解惑也。人非生而知之者，孰能无惑？惑而不从师，其为惑也，终不解矣。生乎吾前，其闻道也，固先乎吾，吾从而师之；生乎吾后，其闻道也，亦先乎吾，吾从而师之。吾师道也，夫庸知①其年之先后生于吾乎？是故无②贵无贱，无长无少，道之所存，师之所存也。嗟乎！师道③之不传也久矣，欲人之无惑也难矣。古之圣人，其出人也远矣，犹且从师而问焉；今之众人，其下圣人也亦远矣，而耻学于师。是故圣益圣，愚益愚，圣人之所以为圣，愚人之所以为愚，其皆出于此乎？

爱其子，择师而教之；于其身也，则耻师焉，惑矣！彼童子之师，授之书而习其句读者也，非吾所谓传其道、解其惑者也。句读之不知，惑之不解，或师焉，或不④焉，小学而大遗，吾未见其明也。

巫医、乐师、百工之人，不耻相师；士大夫之族，曰师、曰弟子云者，则群聚而笑之。问之，则曰："彼与彼年相若也，道相似也。"位卑则足羞，官盛则近谀⑤。呜呼！师道之不复，可知矣。巫医、乐师、百工之人，君子不齿，今其智乃反不能及，其可怪也欤！圣人无常师，孔子师郯子、苌弘、师襄、老聃。郯子之徒，其贤不及孔子。孔子曰："三人行，则必有我师。"是故弟子不必不如师，师不必贤于弟子，闻道有先后，术业有专攻，如是而已。李氏子蟠，年十七，好古文，六艺经传⑥皆通习之；不拘于时，学于余。余嘉其能行古道，作《师说》以贻之。

【注释】

①庸知：岂知。

②无：无论。

③师道：从师学道的风尚，从师求学的道理。

④或师：指不知句读而从师学习。或不：指惑之不解则不从师学习。

⑤"位卑"二句：意谓以位卑于己的人为师，则有失身份，感到耻辱；以大官为师，则又有近于谄谀的嫌疑。

⑥六艺经传：六经的经文和传文。六艺：六经，就是《诗》《书》《礼》《乐》《易》《春秋》。经：六经的正文。传：解释经的著作。

【译文】

古代求学的人一定要有老师。老师，是传授道理、讲授六艺经传、解答疑难的。人不是一生下来就有知识、懂道理的，谁能没有疑难呢？有疑难而不从师学习，他的疑难就永远不能解决了。出生在我前面的，他懂得"道"自然比我早，我跟着他学习；出生在我后面的，他懂得"道"也比我早，我也跟着他学习。我是学"道"呀，难道管他比我先出生还是后出生吗？因此，不论地位高低，不论年龄大小，"道"在哪里，老师就在哪里。唉！从师学道的风尚已经失传很久了，想要人没有疑难问题也太难了。古时候的圣人，远远超过一般人，尚且向老师请教；现在的普通人，远远低于圣人，但却耻于向老师学习。因此，圣人就更加圣明，愚人就更加愚昧。圣人之所以成为圣人，愚人之所以成为愚人的原因，大概就是由于这一点吧。

一个人爱自己的孩子，就选择老师来教他，自己却耻于向老师学习，这太糊涂了。那些孩子们的老师，只是拿着书本教孩子学会其中的句读，并不是我所说的传授道理、解答疑难的老师。句读不理解，疑难不能解答，前者还请教老师，后者都不这样。小的方面学了而大的方面却遗弃了，我看不出这是明智。

巫医、乐师及各种工师，他们不以互相学习为耻辱，而士大夫这类人，如果有人说起"老师""学生"等，那么大家就会聚在一起加以嘲笑。问他们为什么嘲笑，就说："他和他年龄差不多，懂得的道理也差不多。称地位低的人为老师就感到羞耻；称官职高的人为老师就认为近于谄谀。"唉！从师学道的风尚不能恢复，由此可知了！巫医、乐师和各种工匠，是君子瞧不起的人，现在君子的见识反而不如他们，这真是奇怪啊！圣人没有固定的老师，孔子曾经向郯子、苌弘、师襄、老聃请教。郯子这些人，他们的学识道德比不上孔子。孔子说："三个人走在一起，一定有可以做我的老师的人。"因此，学生不一定不如老师，老师也不一定比学生高明，懂得"道"有先有后，学问也各有专长，不过如此罢了。李家有个孩子名叫蟠的，今年十七岁，爱好古文，六经的经文传文全都学习了，不受时俗的束缚，在我这里求学。我赞赏他能实行古人的从师之道，就写了这篇《师说》赠给他。

【评析】

孔子说："三人行，必有我师。"这种尊师重道的说法是中国几千年来遗留下来的传统美德，本文就是从理论上阐明老师的作用和从师的重要性。文章开篇就提出"师者，所以传道、受业、解惑也"的观点，本文从这一观点出发，通过古今于师态度之不同作对比，以"巫医、乐师、百工之人"与"士大夫之族"于师之不同作对比，从而批评了当时士大夫阶层耻于相师的不良社会风气而发的。作者在文中提出"道之所存，师之所存""弟子不必不如师，师不必贤于弟子"等观点，在今天仍不失其积极意义。由于作者的阶级局限，文中不免透露出轻视"巫医、乐师、百工"的思想。

全文立意高远，错综复杂，反复引证，笔势纵横，意味无穷。

九 进学解（韩愈）

【原文】

国子先生晨入太学，召诸生立馆下，诲之曰："业精于勤，荒于嬉；行成于思，毁于随。方今圣贤相逢，治具毕张。拔去凶邪，登崇俊良。占小善者率以录，名一艺者无不庸。爬罗剔抉，刮垢磨光。盖有幸而获选，孰云多而不扬？诸生业患不能精，无患有司之不明。行患不能成，无患有司之不公。"

言未既，有笑于列者曰："先生欺余哉！弟子事先生①，于兹有年②矣。先生口不绝吟于六艺之文，手不停披于百家之编。纪事者必提其要，纂言者必钩其玄。贪多务得，细大不捐。焚膏油以继晷③，恒兀兀以穷年：先生之业，可谓勤矣。觝排异端④，攘斥佛老；补苴罅⑤漏，张皇幽眇；寻坠绪之茫茫，独旁搜而远绍⑥；障百川而东之，回狂澜于既倒⑦：先生之于儒，可谓劳矣。沉浸浓郁，含英咀华⑧。作为文章，其书满家。上规姚姒⑨，浑浑无涯；周诰殷盘，佶屈聱牙；《春秋》谨严，《左氏》浮夸；《易》奇而法，《诗》正而葩；下逮《庄》《骚》，太史所录；子云、相如，同工异曲：先生之于文，可谓闳其中而肆其外矣⑩！少始知学，勇于敢为；长通于方，左右具宜：先生之于为人，可谓成矣。然而公不见信于人，私不见助于友。跋前踬后，动辄得咎。暂为御史，遂窜南夷。三年博士，冗不见治。命与仇谋，取败几时！冬暖而儿号寒，年丰而妻啼饥。头童齿豁，竟死何裨？不知虑此，反教人为！"

先生曰："吁，子来前！夫大木为杗⑪，细木为桷⑫，欂栌、侏儒⑬，椳、闑、扂、楔⑭，各得其宜，施以成室者，匠氏之工也。玉札、丹砂，赤箭、青芝，牛溲、马勃，败鼓之皮，俱收并蓄，待用无遗者，医师之良也。登明选公，杂进巧拙，纡余为妍，卓荦⑮为杰，校短量长，惟器是适者，宰相之方也。昔者孟轲好辩，孔道以明，辙环天下，卒老于行。荀卿守正，大论是宏，逃谗于楚，废死兰陵。是二儒者，吐辞为经，举足为法，绝类离伦，优入圣域，其遇于世何如也？今先生学虽勤而不由其统，言虽多而不要其中，文虽奇而不济于用，行虽修而不显于众。犹且月费俸钱、岁靡廪粟⑯，子不知耕，妇不知织，乘马从徒，安坐而食，踵常途之役役，窥陈编以盗窃；然而圣主不加诛，宰臣不见斥，非其幸欤！动而得谤，名亦随之，投闲置散，乃分之宜。若夫商财贿之有亡，计班资之崇庳⑰，忘己量之所称，指前人之瑕疵，是所谓诘匠氏之不以杙⑱为楹，而訾⑲医师以昌阳引年，欲进其豨苓⑳也。"

【注释】

①事先生：事，侍奉。旧时代学生跟老师学习，这种关系也称"事"。

②兹：此，今。有年：多年。

③晷（guǐ）：日影。

④觚（dǐ）排：排斥。

⑤补苴（jū）：弥补。罅（xià）：裂缝，漏洞。

⑥寻：理出。坠绪：指已衰落不振的儒学。旁：广泛。绍：继承。

⑦障：防堵。东之：使百川向东流。狂澜：狂涛，比喻异端。既倒：已经倾倒。

⑧醲郁：指内容醇厚馥郁的作品。含英咀华：指对文章的精华，细细咀嚼体味。

⑨规：取法。姚，虞舜的姓。姒：夏禹的姓。

⑩闳：大。中：文章内容。肆：恣肆。外：文章形式。

⑪宗（māng）：屋梁。

⑫桷（jué）：屋椽。

⑬欂栌（bō lú）：斗拱。侏儒：梁上椽。

⑭椳（wēi）：门臼，用来承门枢。闑（niè）：门中央所竖短木。扂（biàn）：门闩。楔（xiē）：门两旁所竖的长木柱。

⑮卓荦（luò）：指突出，不凡。

⑯靡：耗费。廪（lǐn）粟：米仓的米。

⑰崇庳（bēi）：高低。

⑱杙（yì）：小木桩。

⑲訾（zǐ）：诋毁，指责。

⑳豨苓：又名猪苓，利尿药，久服损肾。

【译文】

国子先生一大早就走进太学，召集全部学生站在学馆下，教导他们说："学业靠勤奋而进步，因贪玩而荒废；德行靠深思熟虑而成就，因随俗苟且而毁败。当今贤臣圣主相聚在一起，国家法度政令能贯彻执行。铲除凶险奸邪的坏人，选拔德才兼备的好人，具有一点优点的人都已录用，有一技之长的人没有不被提拔使用的。国家搜罗人才，别除不好的，选择优秀的，让这些人克服缺点，做出成绩。可能有无才而侥幸得到提拔的，谁说能力强而不被举用呢？你们怕的应是自己学业不能进步，不要担心主管官吏不明察；怕的应是自己德行不能成就，不必担心主管官吏的不公正。"

话还没有说完，有一个学生就在队伍中嘲笑说："先生欺骗我们！我跟先生学习，已经有几年的时间了。先生嘴不停地吟诵六经的文章，手不停地翻阅诸子百家的著作。对史籍一类的著作必提出书中要点，对理论性的著作，必探索其中精深的义理。贪图多学而又要求有所收获，知识不管大小都不会舍弃，点灯熬油，夜以继日，常常终年苦学不倦。先生对于学业，可称勤奋了。先生抵制儒家之外的学说，排斥佛教和道家。补充儒学的缺漏不足，阐发其精致的义理。寻求茫无头绪的失传了的儒学，独自广泛搜求，远承孔孟，防堵大小河流泛滥，引它们东流入海，把已经倾泻的狂涛挽转过来。先生对于儒家，可称劳苦功高了。您沉浸在内容醇厚的儒家典籍之中，玩味其中的精华，写起文章来，参考书满屋子都是。向上学习虞书、夏书的深远无穷，周书、殷书的曲折艰深，《春秋》的一字不苟，《左传》的铺张华美，《周易》的变化无穷而又有规律，《诗经》的内容纯正和辞藻华丽。向下学习《庄子》《离骚》，司马迁的《史记》，扬雄、司马相如的辞赋，好像不同的乐曲同样美妙动听。先生对于写文章，可说内容精深博大，文辞波澜壮阔了。您少年时刚懂得学习，就勇于实践，长大后通晓为人行事的道理，事事都处理适当。先生对于为人处世，可称成熟完备了。但是，却不被人信任，也得不到朋友的帮助，处境困顿，动不动就获罪惹祸。只短暂地做了御史，便被贬谪到南方边远地区；三年当博士，担任个闲散职务，表现不出您的政治才能。命运跟您的仇敌相勾结，使您屡遭挫败。即使在温暖的冬天，儿子也叫冷；在丰收年成，妻子也挨饿哭泣。头秃齿落，到死有什么好处呢？不知道去考虑这里的原因，反而教别人去跟着做。"

先生说："哎！你到前面来。你要知道，大木头做屋梁，小木头作椽子。斗拱、梁上椽、门臼、门中短木、门闩、门楔，每一种木都得到合理使用，用来建成房屋，这是木匠的技术。地榆、朱砂、天麻、龙芝、车前草、马屁菌、破败的鼓皮，兼收并蓄，备齐待用而没有一样被遗漏。这是医师的高明技术。选拔人才，公正无私，好的和差的一起量才录用。以屈曲稳重、不露锋芒的为可嘉，以超凡出众的为英杰。比较优劣长短，务必做到人尽其才，这是宰相的治国之术。从前孟轲喜欢辩论，孔子的学说才得以传播，他周游列国，终于在周游中过完一辈子，荀况遵守正道，发扬光大了博大精深的儒学，为逃避别人的诋毁跑到楚国，后来被废为平民，死在兰陵。这两位先儒，言论成为经典，行为树为榜样，远远超过一般人，绰有余裕地进入圣人的行列。他们在当时社会上遭遇怎么样呢？现在先生我学习虽勤奋而不遵循儒学的纲领，言论虽多而不切合儒学的主旨。文章虽出众而无益于用，举止虽有修养而不比众人显著。尚且月月耗费俸钱，年年浪费国库的粮食；儿子不知耕种，妻子不知纺织。出门时骑着马带着服侍的随众，安稳地享受一切。我不过是追随世俗之道而劳苦奔走，看看古书东抄西摘而没有创见。虽然如此，皇帝都不予惩罚，宰相也不予斥责，这难道不是先生我的幸运吗？虽然一举一动都被毁谤，但名声也跟着来了。把我放在闲散的位置上，这是理所当然的。如果计较俸禄的多少，较量官位的高低，忘记了自己的能力同什么职位相称，却去指责当权者的过失，这就好比责备木匠不用小木桩做柱子，批评医师不该用菖蒲使病人延年益寿，而要他用对延年益寿不起作用的豨苓一样。"

【评析】

唐宪宗元和七年（812年），韩愈再度降为国子学博士，大材小用，韩愈不能不感到愤懑，后作此文以自喻来抒发心中的不满情绪。但是韩愈没有从正面写自己的不满情绪，而是通过设问设答、反话正说的形式，道出了自己长期不受重用、反遭贬斥的不满情绪，也暗寓着对当时执政者不以德才取人、用人不公不明的讽刺。这篇文章的高明之处在于无一愤懑不平之语，实际上处处含怨怼愤激之情，更具打动人心的力量。同时文章还指出了增进学、行的方法在于"勤"与"思"，并且"业精于勤，荒于嬉；行成于思，毁于随。"这句名言对于激励今天的世人仍有着显著的意义。

文章属于辞赋，押韵、排比和对偶句的运用，使文章音调和谐，语句整齐流畅，增强了艺术感染力。

十 圬者王承福传（韩愈）

【原文】

圬①之为技，贱且劳者也。有业之，其色若自得者。听其言，约而尽②。问之，王其姓，承福其名，世为京兆长安农夫。天宝之乱，发人为兵，持弓矢十三年，有官勋，弃之来归。丧其土田，手镘衣食③。余三十年，舍于市之主人，而归其屋食之当焉④。视时屋食之贵贱，而上下其圬之佣以偿之。有余，则以与道路之废疾饿者焉。

又曰：粟，稼而生者也。若布与帛，必蚕绩而后成者也。其他所以养生之具，皆待人力而后完也。吾皆赖之。然人不可遍为，宜乎各致其能以相生也⑤。故君者，理我所以生者也，而百官者，承君之化者也。任有大小，惟其所能，若器皿焉。食焉而怠其事，必有天殃。故吾不敢一日舍镘以嬉。夫镘易能，可力焉。又诚有功，取其直。虽劳无愧，吾心安焉。夫力易强而有功也；心难强而有智也。用力者使于人，用心者使人，亦其宜也。吾特择其易为而无愧者取焉。

嘻！吾操镘以入富贵之家有年矣。有一至者焉，又往过之，则为墟矣。有再至、三至者焉，而往过之，则为墟矣。问之其邻，或曰：噫！刑戮也。或曰：身既死而其子孙不能有也。或曰：死而归之官也。吾以是观之，非所谓食焉怠其事而得天殃者邪？非强心以智而不足，不择其才之称否而冒之者邪⑥？非多行可愧、知其不可而强为之者邪？将富贵难守、薄功而厚飨之者邪⑦？抑丰悴有时⑧、一去一来而不可常者邪？吾之心悯焉，是故择其力之可能者行焉。乐富贵而悲贫贱，我岂异于人哉？又曰：功大者，其所以自奉也博。妻与子，皆养于我者也，吾能薄而功小，不有之可也。又吾所谓劳力者，若立吾家而力不足，则心又劳也。一身而二任焉，虽圣者不可为也。

愈始闻而惑之，又从而思之，盖贤者也，盖所谓独善其身者也。然吾有讥焉，谓其自为也过多，其为人也过少。其学杨朱之道者邪？杨之道，不肯拔我一毛而利天下。而夫人以有家为劳心，不肯一动其心以畜其妻子，其肯劳其心以为人乎哉？虽然，其贤于世之患不得之而患失之者⑨，以济其生之欲、贪邪而亡道⑩、以丧其身者，其亦远矣！又其言有可以警余者，故余为之传，而自鉴焉。

【注释】

①圬（wū）：粉刷墙壁。

②约：简约，简单扼要。尽：详尽，这里可引申为透彻。

③镘（màn）：抹墙用的抹子。俗称泥刀。衣食：作动词，维持生活。

④屋食：房租和伙食费。当：相当的价值。

⑤遍：全部。致：尽。

⑥称：相当，相配。冒：假冒，这里是勉强充任，滥竽充数的意思。

⑦将：还是。飨：指享受。

⑧丰悴有时：即富贵贫贱有定数。

⑨患不得之而患失之：指一些贪求富贵的人，当他没有得到富贵时，心中只怕得不到；当他得到富贵后，又怕失掉富贵。语出《论语》。

⑩济：满足。亡：同"无"。

【译文】

粉刷墙壁这种手艺，是卑贱而且劳苦的。有一个以这作为职业的人，样子却好像自得其乐。听他讲的话，言词简明，意思却很透彻。我问他姓名，知道他姓王，名叫承福。他家世代都是京兆长安的农民。天宝年间爆发"安史之乱"时，抽调百姓当兵，他也被征入伍，手持弓箭当了十三年兵，有官府授给的勋级。但他却放弃官职回到家乡，他家的田地已经没有了，就拿起泥刀维持生活，到如今已经三十多年了。他寄居在街上的屋主家里，并付给他们一定的房租、伙食费。根据当时房租、伙食费的高低，来增减他粉刷墙壁的工价，归还给主人。有余钱，就拿去给流落在道路上的残废、贫病、饥饿的人。

他又说："粮食，是人们种植才长出来的。像布匹丝绸，一定要养蚕、纺织才能制成。其他用来维持生活的物品，都是靠人们劳动然后才能完成，这些东西我要赖以为生。但是，一个人不可能样样亲手去做，应该各自尽他的能力，相互协作来求得生存。所以国君的责任是治理我们，教导我们怎样生活，而各种官吏的责任则是辅佐国君来教化百姓。责任有大有小，只是各尽所能，就像器皿的大小虽然不一，但是各有各的用途一样。如果光吃饭不做事，一定会有天降的灾祸。所以我一天也不敢丢下泥刀去游玩嬉戏。粉刷墙壁是比较容易掌握的技能，可以努力做好，又确实有成效，还能取得应有的报酬，虽然劳累却问心无愧，因此我心里十分坦然。体力是容易强行发挥并做出成绩来的，脑力就难以强行使它聪明了。这样，干体力活的人被人役使，用脑力的人役使人，也是理所当然的。我只是选择那种容易做而又问心无愧的活来取得报酬呢！

"唉！我拿着泥刀到富贵人家干活有好多年了。有的人家只到过一次的，再经过那里时，当年的房屋就成为废墟了。有到过两次、三次的，后来经过那里时，也变为废墟了。向他们的邻居打听，有的说：'被判死罪杀掉了。'有的说：'主人已经死了，他们的子孙不能守住遗产。'也有的说：'主人死后财产归公了。'由此看来，不正是光吃饭不做事遭到了天降的灾祸吗？不正是勉强自己去干才智达不到的事，不选择与他的才能相称的事却要充数居高位的结果吗？不正是做了很多亏心事，明知不能做而硬要去做的结果吗？也可能是富贵难以保住，少贡献却多享受造成的结果吧？也许是富贵贫贱都有一定时运，一来一去，不能经常保有吧？我的心很怜悯这些人，所以选择力所能及的事情去做，喜爱富贵而嫌弃贫贱，我难道与别人不同吗？"他还说："功劳大的人，他的物资多，妻子和儿女都由自己来养活。我能力小，功劳少，没有妻子儿女也可以。再则我是个做体力活的人，如果成家而能力不足以养活妻子儿女，就又要劳心了。一个人要担负劳力、劳心双重任务，即使是圣人也不能做到啊！"

我刚听到他的话感到迷惑不解，接着又想了想，这大概是位贤明的人，大概就是人们所说的"独善其身"的人吧。但是，我对他也要批评一下，他为自己想得太多，为别人想得太少，该是个学杨朱哲学的人吧？杨朱的哲学是不肯拔掉自己一根毫毛去造福于天下的。这个王承福把有家当劳心，竟不肯动一点脑筋去养活妻子儿女，他还肯动脑筋来为别人吗？虽然这样，他比世上那些患得患失，只求满足自己的生活欲望，贪婪邪恶，没有道德以至丢掉性命的人，还是好多了。而且，他的话有些是可使我警惕的，所以我给他写了这篇传记，作为自己的鉴戒。

【评析】

本文是韩愈为一个泥工王承福写的传记，有简要的生平叙述和作者的评议，其主旨是表达作者的人生观。文章强调了人生在世，应该自食其力，问心无愧地生活，不能干力所不能及的事情，不能贪图非分的享受，表现了作者的"穷则独善其身，达则兼济天下"的处世态度。文中肯定了凭劳动自食其力的人，批判了怠惰其事、才低位高的当权者。这在当时是难能可贵的。

但文中宣扬了"用力者使于人，用心者使人"的错误观点，这是一种潜意识里的剥削和压迫，是不足取的。文章论说有理有据，夹叙夹议，错落有致。最后以自鉴作结尾，实际是规劝世人，意极含蓄。

十一 送李愿归盘谷序（韩愈）

【原文】

太行之阳有盘谷。盘谷之间，泉甘而土肥，草木丛茂，居民鲜少。或曰：谓其环两山之间，故曰盘。或曰：是谷也，宅幽而势阻，隐者之所盘旋。友人李愿居之。愿之言曰："人之称大丈夫者，我知之矣。利泽施于人，名声昭于时。坐于庙朝，进退百官，而佐天子出令。其在外，则树旗旄①，罗弓矢，武夫前呵，从者塞途，供给之人，各执其物，夹道而疾驰。喜有赏、怒有刑，才俊满前，道古今而誉盛德，入耳而不烦。曲眉丰颊，清声而便体，秀外而惠中、飘轻裾，翳长袖，粉白黛绿者，列屋而闲居。妒宠而负恃，争妍而取怜②。大丈夫之遇知于天子、用力于当世者之所为也。吾非恶此而逃之，是有命焉，不可幸而致也。

"穷居而野处，升高而望远。坐茂树以终日，濯清泉以自洁。采于山，美可茹③；钓于水，鲜可食。起居无时，惟适之安。与其有誉于前，孰若无毁于其后；与其有乐于身，孰若无忧于其心。车服不维，刀锯不加，理乱不知，黜陟不闻④。大丈夫不遇于时者之所为也，我则行之。

"伺候于公卿之门，奔走于形势之途，足将进而趑趄，口将言而嗫嚅⑤。处污秽而不羞，触刑辟而诛戮。侥幸于万一，老死而后止者，其于为人贤不肖何如也？"

昌黎韩愈，闻其言而壮之。与之酒，而为之歌曰："盘之中，维子之宫；盘之土，可以稼；盘之泉，可濯可沿；盘之阻，谁争子所？窈而深，廓其有容⑥；缭而曲，如往而复。嗟盘之乐兮，乐且无央⑦。虎豹远迹兮，蛟龙遁藏；鬼神守护兮，呵禁不祥。饮且食兮寿而康，无不足兮奚所望？膏吾车兮秣吾马，从子于盘兮，终吾生以徜徉。"

【注释】

①旄（máo）：古代大臣出使，大将出征，皇帝赐旗，旗上系旄牛尾或鸟羽，作为有指挥权的标志。

②负恃：自以有恃仗，意即自恃美貌。妍：美丽。取怜：得到爱怜。

③美：味美。茹：食、吃。

④理乱：治和乱。唐人避高宗李治的名号，凡是用"治"的地方，都改写为"理"。黜（chù）陟（zhì）：贬黜、升迁。

⑤趑趄（zì jū）：迟疑不前的样子。嗫嚅（niè rú）：想说又吞吞吐吐不敢说的样子。

⑥窈：幽静。廓：空阔。其：助词，无意义。有容：可以容纳许多东西。

⑦无央：没有完尽，无穷无尽。

【译文】

太行山的南面有一个盘谷。盘谷中间，泉水甘美，土地肥沃，草木茂盛，居民稀少。有人说，因为它环绕在两山之间，所以叫盘谷。有人说，这个山谷，地方幽静而形势险要，是隐士盘桓往来的地方。我的朋友李愿住在那里。李愿说："那些被称为大丈夫的人，我是知道的。他有利益恩惠施给别人，名望声誉显赫于当世。他坐在朝廷之上，决定百官的进退升降，辅佐皇帝发号施令。他在外面，便树立旗帜，排列着弓箭，武士在前面吆喝开道，随从人员挤满了道路；服侍的仆役，各人拿着东西，排列在道路的两旁迅速地奔走。他高兴了就有奖赏，他发怒了就有刑罚。许多才学出众的人在他面前，说古道今，称颂他的美好品德，听在耳朵里并不感到满足。那些眉毛弯曲，脸颊丰腴，声音清亮，体态轻盈，外貌秀美，资质聪慧的美人；穿着轻软的衣服，拖着长长的衣袖，脸上擦满白粉，眉毛画得黛黑的姬妾，住在一间间房子里闲着没事，嫉妒别人得宠，总以为自己是天姿国色，互相比赛打扮，希望得到怜爱。这些就是得到皇帝赏识信任，在当时拥有很大权势的大丈夫的所作所为。我不是讨厌这些人才逃避它；那是命运注定，不能侥幸得到呀。

"住在穷乡僻壤，登上高山眺望远景。逍遥地坐在茂密的树荫下过日子，用清冽的泉水把自己洗得干干净净。山里采的野菜，甜美可口；水里钓的鱼虾，味鲜可吃。起居没有一定时间，只求舒适安逸。与其先受人称赞，不如以后没人毁谤；与其享受形体上的快乐，不如精神上没有忧虑。功名利禄不会束缚我，残酷的刑罚不会触及我；政事的好坏不理会，官职的升降不关心。这是没有遇上时机的大丈夫的所作所为，我就要这样做。

"守在贵族大官的门口，等待接见；在有权势的人家，来往奔走。脚将要跨进人家的大门又不敢进去，口将要说话又不敢说出。处在卑下污辱的地位却不觉得羞耻，触犯了刑律就被杀死。这种为了侥幸得到一个机会，直到老死才肯罢休的人，他们的为人到底是好还是不好呢？"

韩愈听了他的话非常赞赏。敬了他一杯酒，并为他写了一首歌：盘谷的中间，是你的宫室。盘谷的土地，可以耕种。盘谷的泉水，可以洗浴，可以沿着散步。盘谷的险阻，谁来和你争夺。盘谷寂静幽深，空阔得能包容万物。盘谷回环曲折，行人好像向前走，不知不觉又绕回。啊，盘谷中的快乐无穷无尽。虎豹跑得远远的啊，蛟龙也逃开躲藏。鬼神守护着啊，呵斥禁止各种不祥之物。喝着盘谷的水吃着盘谷的食物啊，延年益寿又安康。没有什么不满足的啊，还有什么更高的欲望？准备好我的车啊，喂饱我的马，跟你去盘谷隐居啊，且让我这一生也逍遥游玩。

【评析】

本文作于公元801年，作者34岁。当时，韩愈失官之后来到京师求官，遭到一些挫折，心情郁闷，满腹牢骚。于是，他便在这篇送朋友归隐的诗中，赞美了隐士的清高和自由。文章借李愿之口写出了三种人：第一种是仕途得意之人，是天子的宠臣，效力于当世者；第二种人是闲居之人，远离政治，是自己愿意成为的角色；第三种是伺候于公卿之门，为利禄而终日忙碌，作者对这种人有"其为人贤不肖"

的评价。文章讽刺了权贵的志得意满和穷奢极欲，嘲笑了趋炎附势者的阿谀逢迎和投机钻营，同时还表现出了作者不得意的愤懑之情。文中对这三种人的刻画，惟妙惟肖，对照鲜明。语言流畅，音调和谐，文中夹杂了许多对偶句，看得出保留了六朝骈文的遗迹。

做闲云野鹤是人生一大幸事，可是又有几人能放下功名利禄去过这种神仙般的生活呢？人都被眼前的名和利冲昏了头脑，从来不会想到真正快乐的生活才是最重要的。不论身在何处只求活得幸福，这才是最重要的。

十二 祭十二郎文（韩愈）

【原文】

年、月、日，季父愈闻汝丧之七日，乃能衔哀致诚，使建中远具时羞之奠，告汝十二郎之灵：

呜呼！吾少孤，及长，不省所怙，惟兄嫂是依。中年，兄殁南方，吾与汝俱幼，从嫂归葬河阳。既又与汝就食江南①，零丁孤苦，未尝一日相离也。吾上有三兄，皆不幸早世。承先人后者，在孙惟汝，在子惟吾。两世一身，形单影只。嫂尝抚汝指吾而言曰："韩氏两世，惟此而已！"汝时尤小，当不复记忆；吾时虽能记忆，亦未知其言之悲也！

吾年十九，始来京城。其后四年，而归视汝。又四年，吾往河阳省坟墓，遇汝从嫂丧来葬。又二年，吾佐董丞相于汴州，汝来省吾，止一岁，请归取其孥。明年，丞相薨②，吾去汴州，汝不果来。是年，吾佐戎徐州，使取汝者始行，吾又罢去，汝又不果来。吾念汝从于东，东亦客也，不可以久；图久远者，莫如西归，将成家而致汝。呜呼！孰谓汝遽去吾而殁乎？吾与汝俱少年，以为虽暂相别，终当久与相处。故舍汝而旅食京师，以求斗斛之禄。诚知其如此，虽万乘之公相，吾不以一日辍汝而就也③！

去年，孟东野往，吾书与汝曰："吾年未四十，而视茫茫，而发苍苍，而齿牙动摇。念诸父与诸兄，皆康强而早世，如吾之衰者，其能久存乎？吾不可去，汝不肯来，恐旦暮死，而汝抱无涯之戚也。"孰谓少者殁而长者存，强者夭而病者全乎？呜呼！其信然邪？其梦邪？其传之非其真邪？信也，吾兄之盛德而夭其嗣乎？汝之纯明而不克蒙其泽乎④？少者、强者而夭殁，长者、衰者而存全乎？未可以为信也！梦也，传之非其真也，东野之书，耿兰之报，何为而在吾侧也？呜呼！其信然矣！吾兄之盛德而夭其嗣矣，汝之纯明宜业其家者，不克蒙其泽矣。所谓天者诚难测，而神者诚难明矣！所谓理者不可推，而寿者不可知矣！虽然，吾自今年来，苍苍者或化而为白矣，动摇者，或脱而落矣，毛血日益衰，志气日益微[5]，几何不从汝而死也。死而有知，其几何离？其无知，悲不几时，而不悲者无穷期矣。汝之子始十岁，吾之子始五岁，少而强者不可保，如此孩提者，又可冀其成立邪？呜呼哀哉！呜呼哀哉！

汝去年书云："比得软脚病，往往而剧。"吾曰："是疾也，江南之人，常常有之。"未始以为忧也。呜呼，其竟以此而殒其生乎？抑别有疾而致斯乎？

汝之书，六月十七日也；东野云：汝殁以六月二日；耿兰之报无月日。盖东野之使者不知问家人以月日；如耿兰之报，不知当言月日。东野与吾书，乃问使者，使者妄称以应之耳？其然乎？其不然乎？

今吾使建中祭汝，吊汝之孤与汝之乳母。彼有食可守以待终丧，则待终丧而取以来；如不能守以终丧，则遂取以来。其余奴婢，并令守汝丧。吾力能改葬，终葬汝于先人之兆，然后惟其所愿。

呜呼！汝病吾不知时，汝殁吾不知日；生不能相养以共居，殁不能抚汝以尽哀；敛不凭其棺，窆不临其穴。吾行负神明，而使汝夭。不孝不慈，而不得与汝相养以生，相守以死。一在天之涯，一在地之角，生而影不与吾形相依，死而魂不与吾梦相接。吾实为之，其又何尤！"彼苍者天"，"曷其有极"！自今已往，吾其无意于人世[6]矣！当求数顷之田于伊、颍之上[7]，以待余年。教吾子与汝子，幸其成；长吾女与汝女，待其嫁：如此而已。

呜呼！言有穷而情不可终，汝其知也邪？其不知也邪？呜呼哀哉！尚飨[8]！

【注释】

①就食江南：去江南谋生。

②薨（hōng）：古时诸侯和二品以上大官死亡称薨。

③辍：中止，离开。就：趋从，接受。

④克：能够。蒙：承受。

⑤毛血：指体质。志气：指精神。

⑥人世：人世间事，意指做官。

⑦顷：一百亩为一顷。伊、颍：伊水和颍水，这里指韩愈的家乡。

⑧尚飨：也作"尚享"，旧时祭文常用作结尾。尚：庶几，希望。

飨：用酒食款待人，泛指请人享受。

【译文】

　　某年某月某日，叔父韩愈听到你去世的消息的第七天，才能够怀着悲痛来表达真诚的心意，派了建中从远道备办时鲜食作为祭品，在你十二郎的灵前倾诉衷情：

　　唉！我从小就失去了父亲，到长大成人，不知道依靠谁，全赖大哥大嫂的抚养。大哥正当中年的时候，在南方去世，我和你都还小，跟着大嫂回到河阳安葬大哥，接着又和你一起去江南谋生，孤苦伶仃，从来不曾分开过一天。我上面有三个哥哥，都不幸死得早，继承先人的后代，孙一辈只有你，儿一辈只有我，两代人都是一个，好不形影孤单！大嫂曾经抚摸着你又指着我说："韩氏两代，只有这两个了！"你那时还很小，一定不记得了；我当时虽然能够记住，也不懂得嫂嫂话中包含的悲伤之情啊！

　　我十九岁那年，才来到京城，过了四年，我回家去看你。又过了四年，我去河阳扫墓，碰到你归葬嫂嫂回来。又过了两年，我在汴州辅佐董丞相，你来探望我，只住了一年，你要求回家去接妻子。第二年，董丞相逝世，我离开汴州，结果你没有来。这一年，我在徐州节度使手下辅佐军事工作，派去迎接你的人才动身，我又罢官辞职，结果你又没有来。我想你跟我东来徐州，徐州也是异乡客地，不可以长久停留；为长远打算，不如西归河阳乡，把家安置好再去接你来。唉，谁料到你突然离开我而去世了呢！我和你当时都还很年轻，以为虽然暂时分别，最后一定会长久住在一起，所以我离开你而旅居到京师谋生，以求得一点点俸禄；如果知道会是现在这样的情形，就是拥有车马万乘的公卿宰相，我也不会离开你一天而去上任啊！

　　去年，孟东野去江南，我写信给你：我年纪不满四十，已经视力模糊，头发花白，牙齿松动。想起伯叔和两位哥哥，都身体强壮却过早地去世，像我这样衰弱的人，能够活得长久吗？我不能离开这里，你又不肯来这里，恐怕有一天死了，使你抱着无限的忧伤啊！谁知道年轻的你死了而年长的我活着，身强的你短命，而体弱的我倒还保全了。唉！难道是真的如此呢？还是做梦呢？还是传来的消息不真呢？如果是真的，我哥哥具有美好的德行而他的儿子却天亡了吗？你那样纯正贤明而不能够承受我哥哥的福泽吗？年轻身强的早死而年长体弱的却活下来吗？不能认为这是真的啊？如果是梦，传来的消息不真，那么，孟东野的信、耿兰的报告，为什么却在我的身边呢？唉！这是真的如此啊！我哥哥具有美好的德行而他的儿子却过早地死去了！你纯正贤明可以继承家业的人，却不能够承受我哥哥的福泽啊！这就是说，老天爷真难猜测，神灵真难明白了！这就是事理不能够推求，年寿也不能预先知道了！虽然这样，我自从今年以来，花白的头发已经变为全白了，松动的牙齿已经脱落，体质一天天更加衰弱，精神一天天更加萎靡，没有多久时间也可能跟你一道死啊！人死后如果有知觉，眼下的分离就没有多少时间了；人死后如果没有知觉，这悲伤也不会有多久了，不悲伤倒是无穷无尽的。你的儿子才十岁，我的儿子才五岁，年轻身强的人尚且不能保全活下来，像这样的幼小孩童，又可以期望他们成长自立吗？唉，可悲可痛啊！唉，可悲可痛啊！

你去年的信中说，近来得了腿脚无力的病，时常发作很厉害。我说，这个病，江南的人经常有，就没有替你担忧。唉！难道竟是因为这个病夺去了你的生命吗？还是另外有别的病才到这个地步？你的信，是去年六月十七日写的。孟东野说，你去世是今年六月二日；耿兰的报告没有月和日。那是因为东野的使者不知道向家人问你去世的月日；耿兰的报告，不知道应当讲明月日。东野为了给我写信，才问使者，使者就随便讲个月日回答他，是这样的呢？或者不是这样的呢？

现在我派建中来祭你，安慰你的儿子和你的乳母，他们有钱粮可以守到丧期完毕，那就等到丧期完毕我再接他们来；如果不能守到丧期完毕，那就现在接了来。其余的仆人婢女，都要他们守你的丧。我有能力给你改葬，总归要把你葬在祖先的墓地，这样做了以后，才算了却我的心愿。

唉！你得病我不知道在什么时候，你去世我不知道是什么日子；你活着的时候我们不能住在一起互相照顾，你死了我不能抚摸着你的尸体哭泣哀悼；你入殓时我不能在棺材旁守灵，你安葬时我不能亲自送你到墓穴。我的所作所为对不起神明，使你短命而死。我对父兄不孝，对侄儿不慈，不能和你生活在一起互相照顾，守在一起直到老死。一个在天边，一个在地角。你活着的时候，影子不和我的形体互相依靠；你死了，灵魂不和我在梦中接触。这实在都是我造成的，能够怨谁呢？那苍苍的老天爷啊，这悲痛难道有个尽头吗！从今以后，我没有心思再去做官了，应当在伊水、颍河一带置办几项田地，来消磨剩下的日子，教育我的儿子和你的儿子，期望他们长大成材；抚养我的女儿和你的女儿，等到把她们嫁出去。就这样罢了！

唉！话有说完的时候而哀痛之情没办法终止。你知道呢？还是不知道呢？唉，可悲可痛啊！你来享用这些祭品吧！

【评析】

此文是韩愈在侄子十二郎死后做的一篇祭文。文章写韩愈和侄子十二郎从小生活在一起的点滴生活，年龄相差不大，感情深厚，所以他得到十二郎骤然去世的消息之后，非常悲痛，含泪写下这篇祭文，文中字字是血，句句含泪，表现了他和侄儿间深厚的感情。祭文细致地叙述了韩愈和十二郎幼年时患难与共，长大后生离死别的情形，诉说了韩愈在十二郎死后的极度悲伤和一些打算。

古代的祭文一般是用整齐的四言韵语或骈文来写的，这篇祭文却打破常套，纯用散文来写，所以不受束缚，感情真挚，语不惊人，却能打动人心，被称为祭文中的"千年绝调"。

十三 祭鳄鱼文（韩愈）

【原文】

维年月日，潮州刺史韩愈，使军事衙推①秦济，以羊一、猪一，投恶溪②之潭水，以与鳄鱼食，而告之曰：

昔先王既有天下，列山泽，网绳擉刃，以除虫蛇恶物为民害者，驱而出之四海之外③。及后王德薄，不能远有，则江、汉之间，尚皆弃之，以与蛮夷、楚越，况潮，岭、海之间，去京师万里哉？鳄鱼之涵淹卵育于此，亦固其所。

今天子嗣唐位，神圣慈武。四海之外，六合之内，皆抚而有之。况禹迹所揜④，扬州之近地，刺史、县令之所治，出贡赋以供天地、宗庙、百神之祀之壤者哉？鳄鱼其不可与刺史杂处此土也！

刺史受天子命，守此土，治此民，而鳄鱼睅然⑤不安溪潭，据处食民畜、熊、豕、鹿、獐，以肥其身，以种其子孙；与刺史亢拒⑥，争为长雄。刺史虽驽弱，亦安肯为鳄鱼低首下心，伈伈睍睍⑦，为民吏羞，以偷活于此邪？且承天子命以来为吏，固其势不得不与鳄鱼辩。

鳄鱼有知，其听刺史言：潮之州，大海在其南。鲸鹏之大，虾蟹之细，无不容归，以生以食，鳄鱼朝发而夕至也。今与鳄鱼约：尽三日，其率丑类⑧南徙于海，以避天子之命吏！三日不能，至五日；五日不能，至七日；七日不能，是终不肯徙也；是不有刺史听从其言也；不然，则是鳄鱼冥顽不灵，刺史虽有言，不闻不知也。夫傲天子之命吏，不听其言，不徙以避之，与冥顽不灵而为民物害者，皆可杀。刺史则选材技吏民，操强弓毒矢，以与鳄鱼从事，必尽杀乃止。其无悔！

【注释】

①军事衙推：刺史的属官。

②恶溪：即潮安县境内的韩江。

③揬（chuō）：同"戳"，刺。四海之外：古人认为中国四面都是海，因称异域为四海之外。

④揜：通"掩"。

⑤睅（hàn）然。同"悍然"。勇猛，无所畏惧的样子。

⑥亢拒：通"抗拒"。

⑦伈（xǐn）伈：恐惧的样子。睍睍（xiàn）：不敢正视的样子。

⑧丑类：众类，指大小鳄鱼。

【译文】

某年某月某日，潮州刺史韩愈派遣军事衙推秦济，把一只羊、一只猪，投进韩江的深水中，给鳄鱼吃，同时劝诫它们说：

从前三皇五帝统治了天下，焚烧山野里的草木，结绳为网，使用锋利的刀枪，去掉危害民间的虫蛇恶物，把它们赶到四海以外的地方。到了东周以后的君主，德行浅薄，不能领有远处的地方，就是长江和汉水流域的土地，尚且抛弃给了蛮、夷、楚、越，何况潮州在五岭和大海的中间，距离京师万里呢？鳄鱼在这里潜伏、繁殖，也本来是自然的。

现在的天子继承唐朝的帝位，神圣仁慈而又英武，四海之外、宇宙以内的地方，都属唐朝统治。何况潮州是大禹的足迹所曾经到达过的与古代扬州相邻的地方，是刺史、县令所治理的区域，是进呈贡物，缴纳捐税，以供天子对天地、祖宗和各种神明的祭祀的地方呢！鳄鱼是不能跟刺史同住在这个地方的。刺史受了天子的命令，镇守这块土地，管理这里的百姓，而鳄鱼胆敢不安分守己，潜伏在溪底，盘踞在栖息之处，吃掉老百姓的牲口和熊、猪、鹿、獐一类野物，来养肥自己的身体，繁殖自己的子孙；和刺史抗拒，要争个上风，刺史即使无能懦弱，又怎肯对鳄鱼低头屈服？胆小怕事，给治理人民的官吏们丢脸，在这里苟且偷生呢！而且我奉皇上命令来这里做官，因此不能不和鳄鱼说清道理。

鳄鱼有知，且听刺史的话：潮州这地方，大海在它的南面，大到鲸鱼和大鹏，小到虾子和螃蟹，没有哪一种不可以在大海里安居乐业，在那里生存，在那里吃喝；鳄鱼从恶溪早上动身晚上就可以到那里。现在，我和鳄鱼约定：三天之内，希望你带领你的同伴向南边迁移到大海去，避开皇上派来治理百姓的官吏；三天不行，就五天；五天不行，就七天；如果七天不行，那就是永远不肯迁移；那是你不把刺史放在眼里，不听从我的话；要不然，就是鳄鱼愚蠢顽劣，不可教化，所以刺史虽然说了这么一番话，你仍然等于没听到，不理会。要知道，藐视皇上派遣的官吏，不听他的话，不迁移出去避开他，以及愚蠢顽劣、不可教化，成为人民大害的，都可以杀掉。那么，刺史就要挑选武艺高强的差役和健壮民丁，拿了强弓毒箭，跟鳄鱼进行战斗，必定要完全杀尽方才罢休。希望你那时不要后悔！

【评析】

据《新唐书·韩愈传》说，韩愈初到潮州，知道恶溪有鳄鱼为患，便写这篇祭文劝诫它，结果恶溪的水西迁六十里，潮州永无鳄鱼为患了。这自然是故弄玄虚的传说，但本文确实表现了韩愈为民除害的思想。

文章也意指一些势力庞大的地方封建官僚，仗着自己远离宫廷而作威作福，韩愈以神话的形式透露出要为封建统治者肃清余孽的决心。此文说理充分，跌宕多姿，富于抑扬变化。

十四 柳子厚墓志铭（韩愈）

【原文】

子厚讳宗元。七世祖庆，为拓跋魏侍中，封济阴公。曾伯祖奭，为唐宰相，与褚遂良、韩瑗，俱得罪武后，死高宗朝。皇考①讳镇，以事母弃太常博士，求为县令江南。其后以不能媚权贵，失御史，权贵人死，乃复拜侍御史。号为刚直，所与游，皆当世名人。

子厚少精敏，无不通达，逮其父时，虽少年，已自成人。能取进士第，崭然见头角，众谓柳氏有子矣。其后以博学宏词，授集贤殿正字。俊杰廉悍，议论证据今古，出入经史百子，踔厉风发，率常屈其座人，名声大振，一时皆慕与之交。诸公要人，争欲令出我门下，交口荐誉②之。

贞元十九年，由蓝田尉拜监察御史。顺宗即位，拜礼部员外郎。遇用事者得罪，例出为刺史。未至，又例贬州司马。居闲，益自刻苦，务记览，为词章，泛滥停蓄③，为深博无涯涘，而自肆于山水间。

元和中，尝例召至京师，又偕出为刺史，而子厚得柳州。既至，叹曰："是岂不足为政邪？"因其土俗，为设教禁，州人顺赖。其俗以男女质钱，约不时赎，子本相侔④，则没为奴婢。子厚与设方计⑤，悉令赎归。其尤贫力不能者，令书其佣，足相当，则使归其质。观察使下其法于他州，比一岁，免而归者且千人。衡、湘以南，为进士者，皆以子厚为师。其经承子厚口讲指画为文词者，悉有法度可观。

其召至京师而复为刺史也，中山刘梦得禹锡，亦在遣中，当诣播州。子厚泣曰："播州，非人所居，而梦得亲在堂，吾不忍梦得之穷，无辞以白其大人，且万无母子俱往理。"请于朝，将拜疏，愿以柳易播，虽重得罪，死不恨。遇有以梦得事白上者，梦得于是改刺连州。呜呼！士穷乃见节义。今夫平居里巷相慕悦，酒食游戏相征逐，诩诩强笑语以相取下⑥，握手出肺肝相示，指天日涕泣，誓生死不相背负，真若可信；一旦临小利害，仅如毛发比，反眼若不相识；落陷阱，不一引手救，反挤之又下石焉者，皆是也。此宜禽兽夷狄所不忍为，而其人自视以为得计，闻子厚之风，亦可以少愧矣。

子厚前时少年，勇于为人，不自贵重顾藉⑦，谓功业可立就，故坐废退⑧。既退，又无相知有气力得位者推挽，故卒死于穷裔。材不为世用，道不行于时也。使子厚在台省时，自持其身，已能如司马、刺史时，亦自不斥。斥时有人力能举之，且必复用不穷。然子厚斥不久，穷不极，虽有出于人，其文学辞章，必不能自力以致必传于后如今，无疑也。虽使子厚得所愿，为将相于一时，以彼易此，孰得孰失，必有能辨之者。

子厚以元和十四年十一月八日卒，年四十七。以十五年七月十日，归葬万年先人墓侧。子厚有子男二人：长曰周六，始四岁；季曰周七，子厚卒，乃生。女子二人，皆幼。其得归葬也，费皆出观察使河东裴君行立。行立有节概，重然诺，与子厚结交，子厚亦为之尽，竟赖其力。葬子厚于万年之墓者，舅弟卢遵。遵，涿人，性谨慎，学问不厌，自子厚之斥，遵从而家焉，逮其死不去。既往葬子厚，又将经纪⑨其家，庶几有始终者。

铭曰：是惟子厚之室，既固既安，以利其嗣人。

【注释】

①皇考：死去的父亲。镇：柳镇，曾被命为太常博士，他辞谢，愿为宣城（今属安徽）令。这时他的母亲已死，"以事母弃太常博士"不确。

②交口荐誉：众口一词予以推荐，赞誉。

③泛滥停蓄：形容学问文章的广博和深厚。

④子本：利息和本钱。相侔：相等。

⑤与设方计：替债务人设法。

⑥诩诩：能说会道，取悦别人。以相取下：互相谦虚，表示尊重。

⑦不自贵重顾藉：不尊重、爱惜自己，结交不应结交的人，指柳宗元参加王叔文集团，韩愈认为这是柳宗元的失误。

⑧坐：获罪。废退，指远谪边地，不用于朝廷。

⑨经纪：经营，料理。

【译文】

柳子厚，名宗元。他的第七世祖柳庆，做过北魏王朝的侍中，封为济阴公。曾伯祖柳奭，做过唐朝的宰相，和褚遂良、韩瑗都得罪了武则天，在高宗时候被杀。父亲名柳镇，因为要侍奉母亲，辞掉太常博士，要求到江南道做县令。后来升到殿中侍御史，因为不愿巴结有权势的贵人，被免除了御史官职。那位贵人死了，才又担任侍御史，被人们称赞刚强而正直，因此和他来往的都是当代有名的人物。

子厚年轻时就精明聪敏，没有什么不通晓。当他父亲还在世的时候，虽然年轻，却已自立成人，能够取得进士及第，才能表现得很突出。大家说柳氏有好儿子了。后来因为考中博学宏词科，授予集贤殿正字的官职。他为人才能出众而且很有锋芒，所发议论，能用现在的事和古时的事作证据，广泛而深入地引用经史百子的著作，刚劲有力，意气风发，经常使同座的人折服，因此名声大振，一时人们都很仰慕，愿意和他交友。当政的人都争着使他成为自己的门下士，互相推荐赞誉他。

贞元十九年，他由蓝田尉提升为监察御史。顺宗继承皇位，被任为礼部员外郎，碰到当权的王叔文等得罪了宪宗皇帝，被贬逐，子厚也照例被放出朝廷去做刺史。还没有到任，又照例贬永州司马。处在闲散的虚职上，更加刻苦学习，特别注意背诵和阅读。写起文章来，文笔既汪洋恣肆，又雄厚精练，学问广博深厚。同时任意在山水之中游览，排遣自己心中的郁闷。

元和年间，曾经照例被召回到国都长安，又和原先一道被贬的人都到偏远的州郡担任刺史，子厚被派到柳州。到了那里，他叹道："这里难道不值得我施展政治才能吗？"按照当地的习惯，对人民进行教化，颁布禁令，柳州的人都服从他，信任他。那里的习惯，穷人们借债，常常用儿女去抵押，预先约好，如果不按时赎回，到了利息和本钱相等时，就没收抵押的儿女做奴仆和婢女。子厚给穷人们想办法，全部叫他们把儿女赎回去。那些特别贫困实在没有能力赎回的，子厚就叫他们把自己所劳动的工资数目记下来，等到这数目完全和债款本利相等了，就命令债主放回抵押的儿女。观察使把这种办法推行到其他的州，到了一年，被免除奴隶身份而回到自己家里的人将近一千个。衡山和湘水以南应考进士科的人，都拜子厚做老师，那些曾经受到子厚亲自指点写文章的人，文章都写得合乎规范，值得欣赏。

当他召到京师再出来做刺史的时候，中山人刘禹锡也在派出者之列，应当去播州。子厚流着泪说："播州不是中原人可以住的地方，而梦得还有老母在堂，我不忍看着梦得困难，没有理由把去播州的事告诉他的老母亲，并且万万没有母子同往播州的道理。"将要向朝廷请求，上书皇帝，愿意把柳州换播州，即使因此再加一重罪，死了也不怨恨。正碰上有人把刘禹锡的困难向皇上说明，刘禹锡因此改做连州刺史。唉！士人遇上穷困才能表现出节操。现今平时同住在里巷中，互相仰慕要好，吃喝玩乐你来我往很密切，虚伪地奉承对方，装模作样地说笑，互相亲热尊重，握着手像要挖出肺肝给人看，指天对日哭泣，发誓生死都不背离变心，那诚恳的样子，像真可以相信；一旦遇到小小的利害，小得仅像毛发一样，就翻着眼睛像不认识；对方落入陷阱，不仅不肯伸手去救，反而挤他下去再投块石头的人，到处都是。这样的事情，连禽兽和野蛮人都不忍做，而那种人却自以为得计。听了子厚的风格，也可以稍稍知道惭愧了吧。

子厚从前年轻时，做人敢作敢为，不懂得爱惜自己，以为可以很快建功立业，因此受到牵连而被贬谪。既遭贬谪，又无知心朋友、担任重要官职的人推荐提携，所以终于死在边远的地方，才能不被当世使用，主张不能在当时推行。假使子厚在御史台和尚书省时，自己知道怎样对待自己，已经能够像后来当州司马和刺史那样，也自然不会遭到贬斥；被贬斥之后，如果有人能够极力保举他，也一定可以再起用而不至于穷困。然而如果子厚被贬斥的时间不长，困穷不到极点，即使有某方面可以超过别人，他在文学创作方面，一定不能自己努力达到这样大的成就，留传于后世，这是无疑的。即使子厚达到自己的目的，在有限的一段时间里做了将相，拿那功名事业来换这文传后世，哪是得，哪是失，这一定有人能够辨明的。

子厚在元和十四年十一月八日逝世，享年四十七岁。在元和十二年七月十日，把灵柩运回去，安葬在万年县祖墓旁。子厚有两个儿子，大的叫周六，才六岁；小的叫周七，子厚逝世以后才出生。两个女儿，都很小。他的灵柩能运回去安葬，一切费用都是观察使河东裴行立君负担的。行立有气节，答应人家的话就一定做到。跟子厚交情很深，子厚也很替他尽力，结果得到了行立的帮助。安葬子厚到万年县墓地上的，是他舅父的儿子卢遵。卢遵是涿州人，生性谨慎，好学不倦。从子厚被贬那天起，卢遵就带了自己一家跟着一起住，直到他死了也不离开。他已经去万年县安葬了子厚，还要代替子厚经营管理家务，这也可算是一个有始有终的人。

铭道："这是子厚的墓穴，既坚固、又安稳，以利于他的后代。"

【评析】

本文是韩愈为柳宗元写的一篇墓志铭，他们的感情极深，所以在写这篇文章时感情极其真挚自然。在本文中，作者概述了柳宗元的生平事迹，着重论述了他政治和文学两方面的成就以及他的高风亮节。作者和柳宗元共同致力于古文运动，都有很高的成就，本文特别歌颂了他笃于友谊，从而感叹世俗友情之薄。但由于两人政治见解不同，柳宗元参加王叔文集团的革新运动，因而遭到反动势力的打击、迫害；韩愈不理解，反而批评他"勇于为人，不自贵重顾藉"，这是不恰当的。

本文语言简练，句法灵活多变，具有强烈的艺术感染力。

十五 捕蛇者说（柳宗元）

【原文】

永州之野产异蛇，黑质而白章。触草木，尽死；以啮人，无御之者。然得而腊之以为饵①，可以已大风、挛踠、瘘疬，去死肌，杀三虫。其始，太医以王命聚之，岁赋其二。募有能捕之者，当其租入。永之人争奔走焉。

有蒋氏者，专其利三世矣。问之，则曰："吾祖死于是，吾父死于是，今吾嗣为之十二年，几②死者数矣。"言之貌若甚戚者。余悲之，且曰："若毒之乎？余将告于莅事者③，更若役，复若赋，则如何？"蒋氏大戚，汪然出涕曰："君将哀而生之乎？则吾斯役之不幸，未若复吾赋不幸之甚也！向吾不为斯役，则久已病矣。自吾氏三世居是乡，积于今六十岁矣。而乡邻之生日蹙，殚其地之出，竭其庐之入，号呼而转徙，饥渴而顿踣④。触风雨，犯寒暑，呼嘘毒疠，往往而死者相藉也⑤。曩⑥与吾祖居者，今其室十无一焉；与吾父居者，今其室十无二三焉。与吾居十二年者，今其室十无四五焉。非死即徙尔，而吾以捕蛇独存。悍吏之来吾乡，叫嚣乎东西，隳突⑦乎南北，哗然而骇者，虽鸡狗不得宁焉。吾恂恂而起，视其缶，而吾蛇尚存，则弛然而卧⑧。谨食之，时而献焉。退而甘食其土之有，以尽吾齿。盖一岁之犯死者二焉，其余则熙熙而乐，岂若吾乡邻之旦旦有是哉！今虽死乎此，比吾乡邻之死，则已后矣，又安敢毒邪？"

余闻而愈悲。孔子曰："苛政猛于虎也！"吾尝疑乎是，今以蒋氏观之，犹信。呜呼！孰知赋敛之毒有甚是蛇者乎！故为之说，以俟夫观人风者得焉。

【注释】

①腊：干肉。这里作动词。饵：食物。这里指药物。

②几：几乎，差一点。数：多次。

③莅事者：管这事的官吏。莅：临，管理。

④顿踣（bó）：困顿僵仆。

⑤毒疠：毒气。疠，疫气。籍：迭。

⑥曩：从前。

⑦隳（huī）突：破坏奔突，极言骚扰。

⑧恂恂：担心的样子。缶：大肚小口的瓦罐。弛然：安心的样子。

【译文】

永州的山野中出产一种特异的蛇，黑的底色，上面有许多白色的斑纹。这种蛇碰到草木，草木都要死亡、如被这种蛇咬伤，那就无药可治，非死不可。但把它抓住晒干做成药品，却可以治好麻风病、手足弯曲不直的毛病，还可以治好脖子肿、恶疮，除掉死掉的肌肉，杀死身体内的寄生虫。开始的时候，太医用皇帝的命令去收集这种毒蛇，每年征收两次。招募那些有能力捕到这种蛇的人，充当他们的租税。永州的人争先恐后地去捉这种蛇。

有一个姓蒋的人，他们家专门享受这种捕蛇抵税的好处已经有三代了。我问他，他就说："我祖父被这种蛇咬死，我父亲也被这种蛇咬死，如今我继承捕蛇这种职业已经有十二年了，有好几次都差点没命了。"说着，脸上显示出忧郁的神色。

我为他感到悲哀，就说："你讨厌做这事吗？我将告诉管这事的官员，更换你的差使，恢复你的赋税，怎么样？"

姓蒋的听后，非常忧伤，眼泪汪汪地哭着说："您想可怜我，让我活下去吗？可是我做这种活的不幸，还不至于像恢复我赋税的不幸那么严重。如果我不做这活的话，那我早就困苦不堪了。自从我们家三代住在这儿，到如今已经有六十年了，而乡邻们的生活一天比一天窘迫。用尽了他们田中生产出的物品，花完了家中的收入，哭号着四处迁徙，由于饥渴倒地而死。人们受到狂风暴雨、严寒酷暑的摧残，呼吸着毒气，常常可见到死者的尸体互相叠压。从前和我祖父住在一起的人，如今是十家没有一家存在了；和我父亲住在一起的人，如今是十家没有两三家存在了；和我同住十二年的人，如今是十家没有四五家存在了。不是死了就是搬走了，但我却因为捕蛇而侥幸单独活了下来。凶悍的官吏来到我们乡里，到处吆喝叫骂，冲撞骚扰，因此受惊骇而呼喊的，不仅是百姓，连鸡狗都不得安宁。我提心吊胆地爬起来，看看那个装蛇的罐子，如果蛇还在那里面，那我就可以放心地去睡觉。我小心谨慎地喂养它，到时候了就献上去。回来之后就可以香甜地吃着自己田里收获的东西，来度过我的余年。一年之中冒生命危险的时候只有两次，其余的日子就可以快快乐乐地度过了，怎么会像我的乡邻一样，天天都面临死亡的威胁呢？如今我就是被蛇咬死，也死在我乡邻的后面了，又怎么敢憎恨这个职业呢？"

我听后更加悲伤。孔子说："暴政比老虎还凶猛。"我曾经怀疑过这句话。今天从蒋氏的遭遇看来，才相信了。唉！谁能想到赋敛的毒害比这种蛇更厉害呢？因此我写下这篇文章，等待那些考察民情的官员对这有所了解。

【评析】

本文是一篇说文体的文章，作者以捕蛇者的口吻批评了中唐赋税之重。文章运用叙事手法，先写永州异蛇的剧毒，令人毛骨悚然，然后写捕蛇者蒋氏祖、父都死于这种蛇，以之为佐证。但蒋氏仍有心以捕蛇为业，不愿恢复赋税，原因何在？接着便详细叙述原因，最后做出结论：赋敛之毒甚于异蛇。文章写得抑扬起伏，生动曲折，最后以孔子的"苛政猛于虎"作为结束，表达了作者对统治阶级横征暴敛的极端不满和对劳动人民的深切同情。

文章结构波澜起伏，流转自如；语言骈散相间，错落有致，字里行间表达了作者的忧民之意。

十六 种树郭橐驼传（柳宗元）

【原文】

郭橐驼①，不知始何名。病偻，隆然伏行，有类橐驼者，故乡人号之"驼"。驼闻之曰："甚善，名我固当。"因舍其名，亦自谓"橐驼"云。

其乡曰丰乐乡，在长安西。驼业种树，凡长安豪家富人为观游及卖果者，皆争迎取养。视驼所种树，或迁徙，无不活；且硕茂，蚤实以蕃。他植者，虽窥伺效慕，莫能如也。

有问之，对曰："橐驼非能使木寿且孳也，能顺木之天，以致其性焉尔②。凡植木之性，其本欲舒，其培欲平，其土欲故，其筑欲密。既然已，勿动勿虑，去不复顾。其莳也若子，其置也若弃，则其天者全，而其性得矣。故吾不害其长而已，非有能硕茂之也。不抑耗其实而已，非有能蚤而蕃之也。他植者则不然：根拳而土易③，其培之也，若不过焉则不及。苟有能反是者，则又爱之太殷，忧之太勤，旦视而暮抚，已去而复顾；甚者爪其肤以验其生枯，摇其本以观其疏密，而木之性日以离矣。虽曰爱之，其实害之；虽曰忧之，其实仇之。故不我若也。吾又何能为哉！"

问者曰："以子之道，移之官理，可乎？"驼曰："我知种树而已，官理，非吾业也。然吾居乡，见长人者④，好烦其令，若甚怜焉，而卒以祸。旦暮吏来而呼曰：'官命促尔耕，勖尔植，督尔获，蚤缫而绪，蚤织而缕，字而幼孩，遂而鸡豚⑤！'鸣鼓而聚之，击木⑥而召之。吾小人辍飧饔以劳吏者，且不得暇，又何以蕃吾生安吾性邪？故病且怠。若是，则与吾业者，其亦有类乎？"

问者嘻曰："不亦善夫！吾问养树，得养人术。"传其事，以为官戒也。

【注释】

①橐（tuó）驼：骆驼。这里指驼背。

②孳（zī）：繁殖。天：这里指树木生长的自然规律。致其性：充分发展它的本性。

③根拳：根部弯曲。土易：泥土更换。

④长人者：指官吏。

⑤勖（xù）：勉励。缫（sāo）：煮茧丝。字：养育。遂：成长。豚（tún）：小猪。

⑥木：这里指椒子。

【译文】

郭橐驼，不知他起初叫什么名字。由于得了伛偻病，脊背弯曲成为驼背，走路时背部高高隆起，脸朝地面，有些像骆驼，因此乡里的人给他起了个外号叫"驼"。郭橐驼听到后说："很好！用这个外号叫我的确很恰当。"因此他干脆舍弃本名不用，也把自己叫作橐驼。他所在的那个乡叫丰乐乡，在长安的西面。

郭橐驼以种树为职业，凡是长安城中富贵人家想建造观赏游玩的园林的，或者是卖果品的人，都争着把他接到家中供养。郭橐驼所种的树，或者是他移栽的树，没有不成活的，而且长得高大茂盛，结实又早又多。其他那些种树的人虽然在暗中观察仿效，却没有一个能比得上他。

有人问他种树的奥妙，他回答说："我并不能使树木活得久而且繁殖得多，只不过能顺着树木的天性，使它的本性能够得到充分的发展罢了。凡是种植树木，它的规律是：树根要舒展，土要培平，用原来的土，砸密实。种好之后，不要再动它为它担心，可以离开不管了。种的时候，要像爱护自己的孩子一样，种好之后，不再管它就像扔掉一样。那么树木的天性就能保全，因而能按自身的规律生长。所以说我只是不妨害它自由生长罢了，并没有什么能使它高大挺拔、枝繁叶茂的妙法；只不过是不抑制和损耗它的果实罢了，并没有什么能使它结果又早又多的诀窍。别的种树的人都不这样，种树的时候，树根是弯曲的，泥土是新换的，培土时，不是太多就是太少。即使有不这样做的人，却又过分地关心它的生长，过多地忧虑它不能成活，早晨去看看，晚上去摸摸，已经离开了却又回来再看；有的人甚至抠破树皮来检验它的死活，摇动树根来看培的土是松还是紧，这样一来，树木的天性就一天天地被破坏了。虽说是爱它，其实是害它；虽说是为它担忧，其实是仇视它。因此他们比不上我，其实我又有什么特殊的本领呢？"

问的人说："把你种树的方法应用到做官治理百姓方面去，可以吗？"郭橐驼说："我只知道种树罢了，当官治理百姓，并不是我的事。但我住在这个乡里，看到那些当官的，喜欢颁布繁多的政令，好像是非常爱怜百姓，但最终却给百姓带来了灾祸。一天到晚只见衙役来了就喊：'长官命令你们早点耕田，勉励你们种植，督促你们收获，早些煮茧抽丝，早些纺纱织布，要抚育你们的小孩，喂养你们的鸡和猪。'又是擂鼓召集他们，又是敲梆子传呼他们。我们这些百姓即使放下碗筷不吃饭，专来招待这些官吏，也还是忙不过来，又哪有时间使我们生产兴旺，生活安定呢？所以我们非常困苦疲乏。像这样，那么当官治理百姓和我栽种树木是不是也有相同之处呢？"

发问的人赞叹说："不也很好吗！我问种树的方法，居然懂得了当官治理百姓的道理。"于是把这件事记下来作为官吏们的鉴戒。

【评析】

本文是一篇纪传体的讽喻性散文。文章通过日常生活中的小事情而折射出为官治理之道，文章从种树说起，通过郭橐驼种树的经验：不要过分干涉它们的成长，这样树才能自由生长；借此讽刺了当时的弊政，阐明了为官之道应当减少烦琐的政令，不能颁布众多的法令，让老百姓休养生息，否则，"虽曰爱之"而"卒以祸"。

文章写种树，采用了对比的手法，用"他植者"蹩脚的种树方法衬托出郭橐驼种树之技的高明，并象征了两种不同的为官之道，生动形象，耐人寻味。文章主人公郭橐驼之言，富有个性，十分切合身份，语言朴素而道理极深，值得我们细细体味。

卷九　唐宋文

一 驳复仇议（柳宗元）

【原文】

臣伏见天后时^①，有同州下邽人徐元庆者^②，父爽为县尉赵师韫所杀^③，卒能手刃父仇，束身归罪^④。当时谏臣陈子昂建议诛之而旌其闾^⑤，且请"编之于令，永为国典。"臣窃独过之^⑥。

【注释】

①伏见：看到。旧时下对上有所陈述时的表敬之辞。下文的"窃"，也是下对上表示敬意的。天后：即武则天。

②同州：唐代州名，辖境相当于今陕西大荔、合阳、韩城、澄城、白水等地。下邽（guī）：县名，今陕西渭南。徐元庆：当时某驿馆的服务人员，徐元庆替父报仇，谋杀官员赵师蕴案是武则天时轰动一时的谋杀案。

③县尉：县令的属官，专司当地的治安工作。

④卒：最后，最终。束身归罪：自首。

⑤陈子昂：（661—702年），字伯玉，中国唐代文学家。梓州射洪（今属四川）人。武后时曾任右拾遗，后世称陈拾遗，为谏诤之官。旌（jīng）：表彰。闾：里巷的大门。

⑥过：错误，不对。

【译文】

微臣知道则天皇后时，同州下邽县有个叫徐元庆的人，他的父亲徐爽被县尉赵师韫杀害，他最后能亲手杀掉他父亲的仇人，并且自己捆绑着身体到官府自首。当时的谏官陈子昂建议将他处以死罪，同时在他的家乡表彰他的行为，并请朝廷将这种处理方式"编入法令，永远作为国家的法律制度"。臣私下认为，这样做是不对的。

【原文】

臣闻礼之大本①，以防乱也，若曰无为贼虐，凡为子者杀无赦。刑之大本，亦以防乱也，若曰无为贼虐，凡为治者杀无赦。其本则合，其用则异，旌与诛莫得而并焉。诛其可旌，兹谓滥，黩②刑甚矣；旌其可诛，兹谓僭③，坏礼甚矣。果以是示于天下，传于后代，趋义者不知所向，违害者不知所立，以是为典可乎？盖圣人之制，穷理以定赏罚，本情以正褒贬，统于一而已矣。

【注释】

①礼：封建时代道德和行为规范的泛称。

②黩：轻率。

③僭（jiàn）：越过，超出本分。

【译文】

臣听说，礼的根本作用是为了防止人们作乱。意思是说，不要让礼受到践踏，凡是做儿子的，为报父仇而杀了人，就必须处死，不能予以赦免。刑法的根本作用也是为了防止人们作乱。意思是说，不能让刑法受到践踏，凡是当官的错杀了人，也必须处死，不能予以赦免。礼和刑的根本目的是一致的，但是实际应用却不同。表彰和处死是不能同施一人的。处死可以表彰的人，这就叫乱杀，就是滥用刑法了。表彰应当处死的人，这就是过失，是过分破坏礼制。如果以这种处理方式昭示天下，并传给后代，那么，追求正义的人就不知道前进的方向，躲避刑罚的人就不能辨别立身之道，以此作为法则行吗？圣人制定礼法，是透彻地探究事理来制定赏罚，根据事实来确定奖惩，不过是把礼和刑二者结合在一起罢了。

【原文】

向使刺谳①其诚伪，考正其曲直，原始而求其端②，则刑、礼之用，判然离矣。何者？若元庆之父，不陷于公罪，师韫之诛，独以其私怨，奋其吏气，虐于非辜、州牧不知罪，刑官不知问，上下蒙冒③，吁号不闻；而元庆能以戴天④为大耻，枕戈⑤为得礼，处心积虑，以冲仇人之胸，介然自克⑥，即死无憾，是守礼而行义也。执事者宜有惭色，将谢之不暇，而又何诛焉？

【注释】

①刺谳：审理定罪。刺，考察，刺探。谳（yàn），审判定罪。

②原始：推究本始。

③蒙冒：包庇，蒙蔽。

④戴天：和仇敌共存于天下。《礼记·曲礼上》："父之仇，弗与共戴天。"

⑤枕戈：睡觉时枕着兵器。《礼记·檀弓上》："寝苫枕戈，不仕，弗与共天下也。"

⑥自克：自我控制。

【译文】

假如当初能审察案情的真伪，查清它的是非，推究它的起因，那么刑和礼的运用就能明显地区分开来了。为什么呢？如果徐元庆的父亲，不是因为犯法而获罪，赵师韫杀他，只是出于他个人的私怨，施展他当官的威风，处罚无罪的人，而上级州官却不治赵师韫的罪，执法官员也不过问此事，上下互相蒙骗包庇，对喊冤叫屈的呼声充耳不闻。而徐元庆却能够把和仇人共存于天下视为奇耻大辱，把枕戈忘眠、不忘报仇看作是合乎礼制，处心积虑的谋划，用武器刺进仇人的胸膛，坚定地以礼约束自己，即使死了也没有遗憾，这正是遵守礼和奉行义的行为啊。执法的官员本应感到惭愧，去向他谢罪都来不及，还谈什么将他处死呢？

【原文】

其或元庆之父，不免于罪，师韫之诛，不愆①于法，是非死于吏也，是死于法也。法其可仇乎？仇天子之法，而戕奉法之吏，是悖骜②而凌上也。

执而诛之，所以正邦典，而又何旌焉？

【注释】

①愆（qiān）：罪过。

②悖骜：狂悖傲慢。

【译文】

如果徐元庆的父亲确实犯了死罪不能赦免，赵师韫杀他，并不违法，他的死也就不是死于官吏私怨，而是死于王法。法律难道是可以仇视的吗？仇视皇帝的法律，又杀害执法的官吏，这是悖逆傲慢犯上的行为。将徐元庆捉拿归案并处死，以此来严正国法，又怎么能表彰他呢？

【原文】

且其议曰："人必有子，子必有亲，亲亲相仇，其乱谁救？"是惑于礼也甚矣。礼之所谓仇者，盖其冤抑沉痛，而号无告也；非谓抵罪触法，陷于大戮。而曰"彼杀之，我乃杀之"，不议曲直，暴寡胁弱而已。其非经背圣，不亦甚哉！

【译文】

而且陈子昂的奏议还说："人必有儿子，儿子必有父母，因为爱自己的亲人而互相仇杀，这种混乱局面靠谁来解救呢？"这是对礼的认识太迷惑了。礼制所说的仇，是指蒙受冤屈，悲伤呼号而又无处申告；并不是指触犯了法律，以身抵罪而被处死这种情况。而所谓"他杀了我的亲人，我就要杀掉他"，是不讨论是非曲直，欺凌孤寡，威胁弱者罢了。这种曲解经书、违背圣教的做法，不是太过分了吗？

【原文】

《周礼》："调人①，掌司万人之仇。""凡杀人而义者，令勿仇，仇之则死。""有反杀者，邦国交仇之。"又安得亲亲相仇也？

《春秋公羊传》②曰："父不受诛，子复仇可也。父受诛，子复仇，此推刃之道，复仇不除害。"今若取此以断两下相杀，则合于礼矣。且夫不忘仇，孝也；不爱死，义也。元庆能不越于礼，服孝死义，是必达理而闻道者也。夫达理闻道之人，岂其以王法为敌仇者哉？议者反以为戮，黩刑坏礼，其不可以为典，明矣。请下臣议，附于令，有断斯狱者，不宜以前议从事。谨议。

【注释】

①调人：周时官名。负责调解民众之间的争端。《周礼·地官·调人》："调人掌司万民之难而谐和之。"

②《春秋公羊传》：即《公羊传》，为解释《春秋》的三传之一（另两传是《春秋左氏传》和《春秋谷梁传》）。

【译文】

《周礼》上说："调人是负责调解众人怨仇的。""凡是杀人而又合乎礼义的，就不准被杀者的亲属报仇，若报仇就处以死刑。""如果他人有正当理由杀死自己的亲人，自己还要反身杀死对方的，整个国家的人就都要把他当作仇人。"这样，又怎么会发生因为爱护亲人而互相仇杀的情况呢？《春秋公羊传》说："父亲不应被杀害，儿子报仇是可以的。父亲犯法被杀，儿子报仇，这就是互相仇杀的做法，这样的往来报仇是不能根除祸害的。"现在如果用这个标准来判断这个往来相杀的案件，就合乎礼制了。而且不忘父仇是孝的表现；不怕死是义的表现。徐元庆能不超出礼法，尽守孝道，为义而死，他一定是个明晓事理、懂得圣人之道的人。明晓事理、懂得圣贤之道的人，难道他会把王法当作仇敌吗？上奏议的人反而认为他应当处以死刑，这种滥用刑法，败坏礼义的建议，不能作为法律制度，是再明显不过了。请朝廷把我的意见附在法令之后颁发下去。今后凡是有断这类案件的，不应再根据以前的意见处理。谨发表这些建议。

【评析】

本文属于议论文中的驳论。作者针对陈子昂在《复仇议》中对徐元庆案件的主张提出了反驳。文章一开始，作者就旗帜鲜明地指出陈子昂的主张是错误的。接着，文章从"礼"和"刑"的辩证关系，得出了"盖圣人之制，穷理以定赏罚，本情以正褒贬"的结论。由这个结论很自然地过渡到对陈子昂提出的"诛之而旌其间"错误论点的批驳上。"诛"和"旌"是矛盾的，怎么能同时施加在同一个人身上呢？更为有力的是，作者援引了儒家的经典著作来为自己的观点作佐证，这就使得本文的论点无懈可击。

本文论点明确，论据翔实，论证手段缜密严谨，语言犀利明快，选词恰如其分。在柳文中堪称上乘之作，值得我们仿效。

二 桐叶封弟辨（柳宗元）

【原文】

古之传者①有言：成王以桐叶与小弱弟②，戏曰："以封汝。"周公入贺。王曰："戏也③。"周公曰："天子不可戏。"乃封小弱弟于唐。

【注释】

①传者：文字记载，著作。

②小弱弟：成王之弟叔虞。

③戏也：开玩笑。

【译文】

古书上有记载：周成王把梧桐树叶给年幼的弟弟叔虞，并开玩笑说："凭着这个给你封国。"周公进去祝贺。成王说："我是开玩笑的。"周公说："天子不可以随便开玩笑。"于是，成王把唐地封给了叔虞。

【原文】

吾意不然。王之弟当封邪，周公宜以时言①于王，不待其戏而贺以成之也；不当封邪，周公乃成其不中之戏，以地以人与小弱弟者为之王，其得为圣乎？且周公以王之言不可苟②焉而已，必从而成之邪？设有不幸，王以桐叶戏妇、寺③，亦将举而从之乎？凡王者之德，在行之何若。设未得其当，虽十易之不为病，要于其当，不可使易也，而况以其戏乎！若戏而必行之，是周公教王遂④过也。

【注释】

①时言：及时进言。

②苟：不严肃，轻率。

③妇、寺：宫中的妃嫔和太监。

④遂：铸成。

【译文】

我认为事情不是这样。如果成王的弟弟应该受封，那么周公就应当及时向成王进言，而不应该等到他开玩笑时才用祝贺的方式来促成它；如果叔虞不应该受封，周公竟促成了他那不合适的玩笑，把土地和百姓给年幼的孩子并让他做君主，这样做能算是圣人吗？况且周公只是认为君王说话不能随便罢了，难道一定得要遵从办成这件事吗？假设有这样不幸的事，成王拿桐叶跟妇人和太监开玩笑，周公也会提出来照办吗？大凡帝王的德行，在于他的行为怎么样。假设他做得不恰当，即使多次改变它也不算是缺点，关键在于恰当与否，处理恰当了使其不能更改为止，又何况是用它来开玩笑的呢。假若开玩笑的话也一定要奉行，这是周公在教成王铸成过错啊。

【原文】

吾意周公辅成王，宜以道，从容优乐①，要归之大中②而已，必不逢其失而为之辞。又不当束缚之，驰骤③之，使若牛马然，急则败矣。且家人父子尚不能以此自克，况号为君臣者邪！是直小丈夫④者之事，非周公所宜用，故不可信。或曰：封唐叔，史佚成之。

【注释】

①优乐：嬉戏，娱乐。

②大中：指适当的道理和方法。

③驰骤：被迫奔跑。

④：耍小聪明的样子。

【译文】

我认为，周公辅佐成王应用正确的道理方法去引导他，让他的举止行动、玩笑作乐都符合"中庸"之道，而非去逢迎他的过失，并为他的过失找借口。又不应该束缚成王，使他终日忙碌不停，对他像牛马那样，操之过急就会坏事。况且平常家庭父子之间，尚且不能用这种方法来约束，何况名分上是君臣关系呢！这只是见识短浅而又喜欢耍小聪明的人做的事，不是周公应该采用的方法，所以这种说法不能相信。有人说：封唐叔这件事，是太史尹佚促成的。

【评析】

本文论述了大臣应如何辅佐君主这一问题。通过桐叶封弟的典故，作者批评了君主随便的一句玩笑话，臣子也要绝对服从的荒唐现象，主张不要盲从统治者的言行，要看它的客观效果。在封建时代，发表这样的观点需要非同一般的胆识。

"桐叶封弟"是流传很久的一个典故。在"君权神授"的谬论横行的时代，君主具有无上的权威，君主的言行被绝对化了。"天子无戏言""君叫臣死，臣不敢不死"之类的口头禅就是绝好的说明。作者在本文中虽然批评的是周公，实际上是借题发挥，其主旨是说明对君主的一言一行要从实际效果上来观察，而不应盲从。这种观点无疑是进步的，它在一定程度上反映了人民群众的呼声。此文在写作上很有特色。作者首先扼要地介绍了"桐叶封弟"的史料。然后斩钉截铁地亮明了自己的态度："吾意不然。"接着指出问题的关键在于"当封"或"不当封"，而不在于这是谁的意图。最后提出了周公应该用什么方式来辅佐成王。全文丝丝入扣，有破有立，立论明确，读后令人为之叹服。特别是结尾的"或曰"一句，使全文的论证留有余地，更是耐人寻味。

三 箕子碑（柳宗元）

【原文】

凡大人①之道有三：一曰正蒙难②，二曰法授圣，三曰化及民。殷有仁人曰箕子③，实具兹道，以立于世。故孔子述六经之旨，尤殷勤④焉。

【注释】

①大人：德行高尚之人。

②正蒙难：意思是坚持正道，不惜遭受磨难。

③箕子：名胥余，商纣王的叔父。

④殷勤：情意深厚。

【译文】

大凡德行高尚的人，他的处世之道有三条：一是蒙受苦难而能坚持正道，二是把法典传授给圣王，三是将教化施及人民。殷朝有个仁人叫箕子，他确实具备了这些德行而立身于世。所以孔子在阐述六经宗旨大义的时候，尤其对他致以崇敬之意。

【原文】

当纣之时，大道悖乱，天威之动不能戒，圣人之言无所用。进死以并命，诚仁矣，无益吾祀，故不为；委身以存祀，诚仁矣，与亡吾国，故不忍。具是二道，有行之者矣。是用保其明哲，与之俯仰①，晦是谟范②，辱于囚奴，昏而无邪，隤③而不息。故在《易》曰"箕子之明夷。"④正蒙难也。及天命既改，生人以正，乃出大法，用为圣师，周人得以序彝伦⑤而立大典。故在《书》曰："以箕子归作《洪范》⑥。"法授圣也。及封朝鲜，推道训俗，惟德无陋，惟人无远，用广殷祀，俾夷为华，化及民也。率是大道，藂于厥躬⑦，天地变化，我得其正，其大人欤？

【注释】

①俯仰：周旋，应对。

②范：法，原则。

③隤（tuí）：跌倒。

④明夷：《周易》卦名。明指太阳；夷，灭，指太阳落山。本将引文即出自《周易·明夷》。这里的意思是说箕子能韬晦，在艰难之中，保持正直的品德。

⑤彝伦：即指伦理道德。

⑥《洪范》：《尚书》中的一篇，即"洪范九畴"，洪：大。畴：种类。旧说认为是箕子向周武王陈述的"天地之大法"。近人疑为战国时的作品。

⑦藂：动词，聚集。厥：同"其"，意为他或他的。躬：身体，自身。

【译文】

纣王当政时，真理被颠倒混乱，上天的震怒不能警戒他，圣人的言语也没有用。在这个时候冒死进谏，舍弃生命，确实称得上仁人了，但对自己的宗祀没有任何益处，所以箕子不这样做。而是托身于新王朝来保存殷商的宗族，这确实可以称得上仁人了。但是参与灭亡自己的国家，箕子又不忍心。再说这两种办法，已经有人实行过了。因此箕子保持住聪明才智，同商纣王周旋，隐藏起自己的谋略和主张，在囚犯奴隶中受尽屈辱，表面糊涂却没有不正当的行为，跌倒了仍然不停止前进。所以在《易经》

中说："箕子不敢显露自己的明智。"这就是蒙受苦难而能坚持正道。等到天命已经改变，百姓生活走上正轨，箕子便拿出《洪范》大法，作为圣君的老师。周朝统治者根据这个东西来调整伦理道德，从而建立国家的典章制度。所以在《尚书》上说："因为箕子归来，才制定了《洪范》大法。"这就是把法典传授给了圣君。等到箕子受封于朝鲜，他便推行道义来训化民俗，崇尚德行就不怕风气鄙陋，有了人民就不怕地方偏远，用来延续殷朝的宗祀，使夷狄之地变为华夏，这就是把教化施及人民。遵循这种圣人之道，使它聚集在自己的身上，天地间事物变化无常，而箕子却能够坚守正道，这难道不算品德高尚的人吗？

【原文】

呜乎！当其周时未至，殷祀未殄，比干①已死，微子②已去，向使纣恶未稔③而自毙，武庚④念乱以图存，国无其人，谁与兴理？是固人事之或然者也！然则先生隐忍而为此，其有志于斯乎？唐某年，作庙汲郡，岁时致祀。嘉先生独列于《易·象》，作是颂云。

【注释】

①比干：商纣王之叔。幼年聪慧，勤奋好学，二十岁就以太师高位辅佐帝乙，又受托孤重辅帝辛，后因进谏被纣王剖心而死。《封神演义》里封神"文曲星"。

②微子：殷商贵族，殷商帝乙之子，纣王的庶兄，因劝谏纣王不被采纳而出走。商亡，被武王封于宋。

③稔：谷物成熟，这里指罪恶没有发展起来。

④武庚：纣王之子。武王即位后，封武庚管理商朝的旧都殷。武王死后，武庚与管叔等人反叛被杀。

【译文】

唉！当那周朝的时运还未到来，殷朝的宗庙还没有灭绝，比干已死，微子出走。假使纣尚未罪恶到极点就自己死去，继位的武庚忧虑祸患而力图保存殷朝的江山，国家没有像箕子这样的杰出的人才，将同谁来振兴和治理天下呢？这本来就是人事方面可能出现的情况。那么，先生能忍辱含屈这样做，难道是对这个方面有所考虑吗？大唐某年，在汲郡建立箕子庙，每年按时祭祀。我敬慕先生的行为能被特别地列名于《易经》的卦象中，于是就写了这篇颂。

【评析】

《箕子碑》全文选自《柳河东集》，碑文部分选自《古文观止》第六卷，是作者为箕子庙写的碑文。

作者在文章开篇鲜明地提出了品德高尚的人立身处世的三个要点，然后逐条用人物的行为来加以阐述：要蒙受苦难、坚守正道；把法典传授给明君；将教化施及人民。即：道德高尚的伟大人物立身处世的三个标准：一、正蒙难：要蒙受苦难，坚守正道。二、法授圣：要把法典传授给明君；三、化及民：将教化施及人民。殷商有仁人叫箕子，立身处世完全符合上述三个标准。

四 梓人传（柳宗元）

【原文】

裴封叔①之第，在光德里。有梓人款其门②，愿佣隙宇③而处焉。所职寻引、规矩、绳墨④，家不居砻斫之器⑤。问其能，曰："吾善度材，视栋宇之制，高深、圆方、短长之宜，吾指使而群工役焉。舍我，众莫能就一宇。故食于官府，吾受禄三倍；作于私家，吾收其直大半焉。"他日，入其室，其床阙足而不能理，曰："将求他工。"余甚笑之，谓其无能而贪禄嗜货者。

【注释】

①裴封叔：柳宗元的妹夫，曾做过长安县令。

②梓人：古代木工。《考工记·总序》载：木工有七，其一为梓人，专造饮器、箭靶和钟磬的架子。后世亦称建筑工人为"梓人"。

③隙宇：空闲的房屋。

④寻引：计量长度的工具，古代八尺为寻，十丈为引。规矩：校正方圆的器具。规：圆规。矩：曲尺。绳墨：画直线用的工具。

⑤砻（lóng）斫：砍磨。砻，磨刀石。斫，刀、锯、斧之类的工具。

【译文】

裴封叔的家在长安西南光德里。一天，有一位木匠敲他的门，希望能以劳力抵房租，租一间空屋子居住。这个木匠有寻引、规矩、绳墨，但家里却不储备磨砺和砍削的器具。问他有什么能耐，他说："我善于计算、测量木材。观看房屋的规模和房屋的高深、圆方、短长的适合与否，我指挥分配而由众工匠干活。离开我，大家就不能建成一栋房子。所以我在官府做事，得到的俸禄比别人多三倍；在私人家里干活，我收取工钱的一大半。"后来有一天，我走进他的房间，他的床缺了腿却不修理，解释说："我准备请别的工匠来修理。"我觉得他十分可笑，说他是没有才能却贪图俸禄、喜爱钱财的人。

【原文】

其后，京兆尹将饰官署①，余往过焉。委群材，会众工。或执斧斤，或执刀锯，皆环立向之。梓人左持引，右执杖，而中处焉。量栋宇之任，视木之能，举挥其杖曰"斧！"彼执斧者奔而右；顾而指曰："锯！"彼执锯者趋而左。俄而斤者斫，刀者削，皆视其色，俟②其言，莫敢自断者。其不胜任者，怒而退之，亦莫敢愠焉。画宫于堵，盈尺而曲尽其制，计其毫厘而构大厦，无进退焉。既成，书于上栋曰"某年某月某日某建"，则其姓字也。凡执用之工不在列。余圜视大骇，然后知其术之工大矣。继而叹曰：彼将舍其手艺，专其心智，而能知体要者欤！吾闻劳心者役人，劳力者役于人。彼其劳心者欤！能者用而智者谋，彼其智者欤！是足为佐天子相天下法矣！物莫近乎此也。

【注释】

①京兆尹：古代官名，为三辅（治理京畿地区的三位官员，即京兆尹、左冯翊、右扶风）之一。

②俟：等待。

【译文】

后来，京兆伊将要整修官衙的房屋，我到过那里。那里蓄积了很多木材，集合了许多工匠。有的手拿斧头，有的手拿刀锯，都面朝着那个木匠围成一圈站着。木匠左手拿着长尺，右手拿着木杖，站在中间。他衡量房屋的负荷，审察木材的承受力。挥动他的木杖说："用斧子砍！"那些拿斧子的就跑到右边去砍；回头指着木材说："用锯子锯！"那拿锯的就跑到左边去锯。一会儿，拿斧子砍的人，拿刀削的人，都看着他的脸色，等待他的发话，没有敢自做主张的。那些不能胜任工作的人，被他愤怒地斥退，也没有谁敢露出怨恨。他在墙上绘了官署房子的图形，刚满一尺大小的图形却细致详尽地画出了它的规模。按照图上微小的尺寸计算，建造起的高楼大厦，没有一点误差。房屋已建成后，在屋梁上写道："某年某月某日某建"，原来是他的姓名，凡是他役使的工匠都不能列名其上。我环视后大吃一惊，然后才懂得他技术的精湛和伟大啊！之后我就感叹：他应该是放弃了自己的手艺，专门挖掘自己的思想与智慧，才能够知道全局要领的人吧！我听说用脑力的人役使别人，用体力的人被别人役使。他大概是劳心的人吧！有技艺的人出力劳动，有才智的人出谋划策，他大概是有才智的人吧！这些足可以让辅佐天子、治理国家的人效法学习的呀！天下的事情没有比这更相似的了。

【原文】

彼为天下者本于人。其执役者，为徒隶、为乡师、里胥①；其上为下士，又其上为中士、为上士②；又其上为大夫、为卿、为公。离而为六职③，判而为百役。外薄四海④，有方伯、连率⑤。郡有守，邑有宰，皆有佐政。其下有胥吏，又其下皆有啬夫、版尹⑥，以就役焉，犹众工之各有执技以食力也。彼佐天子相天下者，举而加焉，指而使焉，条其纲纪而盈缩焉，齐其法制而整顿焉，犹梓人之有规矩、绳墨以定制也。择天下之士，使称其职，居天下之人，使安其业。视都知野，视野知国，视国知天下，其远迩细大，可手据其图而究焉，犹梓人画宫于堵而绩于成也。能者进而由之，使无所德；不能者退而休之，亦莫敢愠。不衒能，不矜名。不亲小劳，不侵众官，日与天下之英才讨论其大经。犹梓人之善运众工而不伐艺也。夫然后相道得而万国理矣。

【注释】

①徒隶：服役的犯人，这里指差役。乡师：一乡之长。里胥：一里之长。

②士：周时最低一级的贵族。

③六职：指中央政府的吏、户、礼、兵、刑、工六部。

④薄：接近，迫近。

⑤方伯、连率：指地方上封疆大吏。据《礼记·王制》：十国为连，设连帅；二百一十国为州，设方伯。

⑥啬（sè）夫：秦汉时小乡设啬夫一人，管理诉讼和赋税。版尹：乡中掌管户籍的官吏。

【译文】

那些治理国家的人应以人为本。那些具体执差役的人为徒隶，为乡师、里胥，职位稍微高一点的是下士，再上面是中士、上士，再往上是大夫、卿、公。可以分为六部，再详细分为百官。京城外接近四邻各族居住的地域，有方伯、连率等封疆大吏，一郡有郡守，一个县有邑宰，都有辅佐的官。这下面有管文书的小吏，再下面都有乡官啬夫、管户籍的版尹，来执行差役。就像众多的工匠，各凭技艺以自食其力。那些辅佐天子、治理国家的人，推荐并提拔人才，指挥并使用他们。整理纲纪而予以进退，规范法制而加以整顿。这就好像那位木匠有正方圆和定曲直的工具而制定房屋规模一样。选择天下的士人，使他们各称其职；安置天下的老百姓，使他们安居乐业。看了国都就能了解乡村，看了乡村就能了解诸侯国，看了诸侯国就能了解整个天下。天下地方的远近大小，可以根据手中的图本来研究、了解。这就好像木匠把房屋的图样画在墙上，依图建成了房屋一样。把有才能的人提拔上来任用，使他不必对任何人感恩戴德；把没有才能的人辞退去休整，使他不敢恼恨。不夸耀自己的才能，不夸大自己的名声，不亲自去做那些细微的小事，不干涉众官的工作，每天和天下的杰出人士探讨治理国家的重大方针。这就像木匠善于指挥运用众工匠而不夸耀自己的手艺一样。这样才算是找到了做宰相的正道，整个国家也就得以治理了。

【原文】

相道既得，万国既理，天下举首而望曰："吾相之功也。"后之人循迹而慕曰："彼相之才也。"士或谈殷、周之理者，曰伊、傅、周、召①，其百执事之勤劳而不得纪焉。犹梓人自名其功而执用者不列也。大哉相乎！通是道者，所谓相而已矣。其不知体要者反此。以恪勤为公，以簿书为尊，衒能矜名。亲小劳，侵众官，窃取六职百役之事，听听于府庭，而遗其大者、远者焉。所谓不通是道者也。犹梓人而不知绳墨之曲直、规矩之方圆、寻引之短长，姑夺众工之斧斤刀锯以佐其艺，又不能备其工，以至败绩，用而无所成也。不亦谬欤？

【注释】

①伊：伊尹，商初大臣。曾辅佐商汤灭夏。傅：傅说，殷王武丁大臣。周：周公，武王之弟，佐助武王灭商，后辅佐成王治理天下。召：召公，周武王之弟，名奭，辅佐武王灭殷商，周成王时，与周公旦一起辅佐成王管理国家。

【译文】

做宰相的方法已经得到，整个国家也已经治理，天下的人就会抬头仰望着说："这是我们宰相的功劳啊！"后人也会追念他的政绩而钦慕地说："这是那个宰相的才能啊！"士人有谈论殷、周治理政绩的，都会提到伊尹、傅说、周公、召公，而其他从事具体事务的百官的勤劳，却没有被记载流传下来。就好比木匠自己题名记功，而那些干活的木匠却不能列名一样。宰相的功劳很大啊！能通晓这个道理的人，就只有宰相而已。

那些不懂得全局要领的人却与此相反。他们将恭谨劳苦当作功业，把处理公文作为重任。夸耀自己的才能名声，亲自去做那些琐碎的小事，干涉众官的工作，侵夺部下官吏应做的事拿来自己做，在公庭广众之前大声争辩，却丢掉了那些重大长远的事情。这是所说的不懂得做宰相的道理的人。就好像木匠不懂得绳墨的曲直，圆规矩尺的方圆，寻引的短长，姑且夺取工匠们的斧子刀锯来帮助他们发挥技艺，却又不能完成他们的工作，以至事情失败。使用了他们，却不能取得成就，这难道不荒谬吗？

【原文】

或曰："彼主为室者，傥或①发其私智，牵制梓人之虑，夺其世守而道谋是用，虽不能成功，岂其罪邪？亦在任之而已。"余曰："不然。夫绳墨诚陈，规矩诚设，高者不可抑而下也，狭者不可张而广也。由我则固，不由我则圮。彼将乐去固而就圮也，则卷其术，默其智，悠尔②而去，不屈吾道，是诚良梓人耳。其或嗜其货利，忍而不能舍也，丧其制量，屈而不能守也，栋桡屋坏，则曰：'非我罪也。'可乎哉？可乎哉？"余谓梓人之道类于相，故书而藏之。梓人，盖古之审曲面势者，今谓之"都料匠"云。余所遇者，杨氏，潜其名。

【注释】

①傥或：假若。

②悠尔：悠然，满不在乎的样子。

【译文】

有人说："那个建造房子的主人，假如发挥自己的聪明，处处约束木匠的规划，不采用木匠世代相传的经验，而听从过路人的意见，房子不能建成，难道是木匠师傅的过错？只是因为主人不信任木匠造成的呀！"我说："这不对！如果绳墨、规矩确实具备，长短尺寸已经确定，那么高的地方就不能压低放下，窄的不能扩张放大。按照木匠的意见办则房屋坚固，不按照我的意见办房屋就要倒塌。如果建屋的主人宁愿不要坚固而选择可能导致房屋倒塌的结构，那么木匠只有藏起本事，不说出自己的智谋，悠然离去，不屈辱背离他的道理，这才是真正的好木匠。如果只是贪图屋主的财物，忍气吞声舍不得离去，丧失自己的制度尺寸，屈从他人而不能坚守原则，那样栋梁弯曲，屋宇损坏，却说：'这不是我的罪过。'这可以吗？这可以吗？"我认为做木匠的道理，与做宰相的道理相类似，所以写下来收藏好。木匠，大概就是古代审查木材曲直形体的人，现在称为"都料匠"。我所遇见的木匠姓杨，名字是潜。

【评析】

本文作者通过一个梓人"善度材""善用众工"的故事，生动形想而又合理自然地阐明了当宰相治理国家的道理。"择天下之士，使称其职"；梓人的"其不胜任者，怒而退之，亦莫敢愠焉"。与宰相的"能者进而由之，使无所德。不能者退而休之，亦莫敢愠"。异曲同工！文中引用孟子"劳心者治人，劳力者治于人"来说明人们的社会分工不同，各司其职，有现实积极意念。

好的管理者应该使用他的思想智慧，细致掌握全局要领、不自尊自大，虚图功名，不亲自去做那些微小琐碎的事情，信任下属，且不干涉下属人员的工作。谨小慎微，忙忙碌碌，以那些微小琐碎的事情为要，干涉下属的工作，侵夺下属应做的事拿来自己做，并夸耀自己，没有全局观，丢掉了那些重大的，长远的事情。这是不懂得管理道理的人干的事情，是不会收到好的管理效果的。

五 愚溪诗序（柳宗元）

【原文】

灌水之阳有溪焉，东流入于潇水①。或曰："冉氏尝②居也，故姓是溪为冉溪。"或曰："可以染也，名之以其能，故谓之染溪。"余以愚触罪③，谪潇水上。爱是溪，入二三里，得其尤绝者家焉。古有愚公谷，今余家是溪，而名莫能定，土之居者犹龂龂然④，不可以不更也，故更之为"愚溪"。

【注释】

①灌水：湘江支流，在今广西东北部，今称灌江。潇水：在今湖南道县北，因源出潇山，故称潇水。

②尝：曾经。

③以愚触罪：因为愚昧犯了罪。唐顺宗时，柳宗元参加了王叔文政治革新运动法——史称"永贞革新"，改革失败后，柳宗元被贬为永州司马。

④龂（yín）龂然：争论的样子。

【译文】

灌水的北面有一条小溪，往东流入潇水。有人说，有个姓冉的人曾经住在这里，所以把这条溪水叫作冉溪。还有人说，溪水可以用来染色，用它的功能命名，因此称其为染溪。我因愚昧犯了罪，被贬谪到潇水。我喜爱这条溪水，沿着它走了二三里，发现了一个风景绝佳的地方，就在那里安家。古代有"愚公谷"，如今我把家安置在这条溪水旁，可是它的名字没人能确定，当地的居民还在争论不休，看来不能不改名了，所以改称它为"愚溪"。

【原文】

愚溪之上，买小丘，为愚丘。自愚丘东北行六十步，得泉焉，又买居①之，为愚泉。愚泉凡六穴，皆出山下平地，盖上出也。合流屈曲而南，为愚沟。遂负土累石，塞其隘，为愚池。愚池之东为愚堂，其南，为愚亭。池之中，为愚岛。嘉木异石错置，皆山水之奇者，以余故，咸以"愚"辱焉。

【注释】

①居：占有、拥有。

【译文】

我在愚溪上游买了个小山丘，称它为愚丘。从愚丘往东北走六十步远，发现有一处泉水，又买下来据为己有，称它为愚泉。愚泉共有六个泉眼，都出自于山丘下的平地，原来泉水都是往上涌出的。泉水合流后弯弯曲曲向南流去，经过的地方形成水沟，就称作愚沟。于是运土堆石，堵住狭窄的泉水通道，筑成了愚池。愚池的东面是愚堂，南面是愚亭。池子中央是愚岛。美好的树木和奇异的岩石交错排列放置，这些都是山水中奇异的景色，因为我的缘故，都用"愚"字玷污了它们。

【原文】

夫水，智者乐也。今是溪独见辱于"愚"，何哉？盖其流甚下，不可以灌溉；又峻急，多坻石①，大舟不可入也；幽邃浅狭，蛟龙不屑，不能兴云雨。无以利世，而适类于余，然则虽辱而愚之，可也。

【注释】

①坻（chí）：水中的小块高地。

【译文】

水本是聪明人所喜爱的。现在这条溪水却被单独一个"愚"字辱没，这是为什么呢？因为它的水位很低，不能用来灌溉农田。又加上山势险峻水流湍急，有很多浅滩和石头，大船不能进去。而且它地处偏僻，又浅又窄，蛟龙不愿居住此地，不能兴云起雨，对世人没有什么好处，而这些恰恰和我相类似，既然这样，那么即使是玷辱了它，用"愚"字来称呼它，也是可以的。

【原文】

宁武子"邦无道则愚"①，智而为愚者也；颜子"终日不违如愚"②，睿③而为愚者也。皆不得为真愚。今余遭有道④，而违于理，悖于事，故凡为愚者莫我若也夫。然则天下莫能争是溪，余得专而名焉。

【注释】

①宁武子：秋时卫国大夫，朝歌人，名俞，"武"是谥号。《论语·公冶长》记载宁武子"邦有道则智，邦无道则愚。其智可及也，其愚不可及也。"

②颜子：即颜回，孔子学生。《论语·为政》记载："吾与回言终，日不违如愚。退而省其私，亦足以发，回也不愚。"

③睿：通达，明智。

④有道：指政治清明的时代。

【译文】

春秋时宁武子"当国家动乱时，他就装得很愚蠢"，是聪明人故意装糊涂。颜回"从来不提与老师不同的见解，像是很愚笨"，也是明智的人故意表现得愚笨。他们都不是真正的愚蠢。现在我遇上清明的政治，做出事情来却与事理相违背，所以世上的愚蠢之人，再也没有比得上我的了。也因为这样，天下人谁也不能和我争这条溪水，我得到它并给它专门命名。

【原文】

溪虽莫利于世，而善鉴万类①，清莹秀澈，锵鸣金石②，能使愚者喜笑眷慕，乐而不能去也。余虽不合于俗，亦颇以文墨自慰，漱涤③万物，牢笼百态，而无所避之。以愚辞歌愚溪，则茫然而不违，昏然而同归，超鸿蒙④，混希夷⑤，寂寥而莫我知也。于是作《八愚诗》，记于溪石上。

【注释】

①鉴：照。

②锵鸣金石：水声像金石一样铿锵作响。锵，金石撞击声。金石，用金属、石头制成的钟、磬一类乐器。

③漱涤：洗涤。

④鸿蒙：指宇宙形成以前的混沌状态，也指自然界之气。《庄子·在宥》："云将东游，过扶摇之枝，而适遭鸿蒙。"

⑤希夷：指虚寂缥缈、无法感知的境界。《老子》："视之不闻，名曰希，祝之不见，名曰夷。"

【译文】

愚溪虽然对世人没有什么好处，但是它善于映照万物，洁净光亮，秀丽清澈，水声铿锵，发出金石般的响声，能使愚蠢的人喜笑颜开，对它眷恋爱慕，快乐而不忍离去。我虽然与世俗不相合，也还能稍微用文章来安慰自己，洗涤世间一切事物，包罗人生各种形态，没有什么能够躲开我的笔端。我用愚笨的言辞歌颂愚溪，觉得茫茫然和它不相违背，昏昏然和它归途同一，超越天地尘世，融入玄虚静寂，在寂寞清静之中没有谁能了解我。于是作《八愚诗》，记在溪边的石头上。

【评析】

作者不是客观地描摹自然风景，而是托物兴辞，夹叙夹议，蕴藏着深厚的寓意和强烈的个人倾向。正如《古文观止》评此文："通篇就一'愚'字点次成文，借愚溪自写照，愚溪之风景宛然，自己之行事亦宛然。前后关合照应，异趣沓来，描写最为出色。"仅就第二段来看，仅百余字，就一连用了十二个"愚"字。其他各段，也都以"愚"字统贯。这样，文章就具有朝着中心凝聚的向心力，结构也显得集中紧凑。作者在对于幽奇秀美的山光水色的描绘中，或隐或现地折射出自己的影子。愚溪具有"清莹秀澈"的美景，却被弃于凄清冷寂的荒野，无人游赏，无人涉足，甚至也无人过问，这不正是同作者一样的遭遇吗？欣赏愚溪美景的只有痛苦的柳宗元，同情柳宗元的也只有这落寞的愚溪，他慨叹这样美好的风景被遗弃在僻远的荒野中无人赏识、受人轻蔑，正是借此倾吐自己的抱负和才能被埋没、遭打击的不平之鸣。作者的思想感情、生活遭遇和所描写的自然景物交融在一起，表现了作者对这压抑人才的不合理社会的批判。

六 永州韦使君新堂记（柳宗元）

【原文】

将为穿谷、嵲岩、渊池于郊邑之中①，则必辇②山石，沟③涧壑，陵绝④险阻，疲极人力，乃可以有为也。然而求天作地生之状，咸无得焉。逸其人，因其地，全其天，昔之所难，今于是乎在。

【注释】

①窎谷：深谷。嵁（kān）岩：峭壁。渊池：深地。

②辇（niǎn）：人推或拉的车，这里用作动词，用车装载的意思。

③沟：用作动词，沟通、开凿。

④陵绝：超越。

【译文】

如果打算在郊野营造深谷、峭壁和深池，那就必须用车子运载山石，开凿山涧沟壑，超越险要阻塞之地，耗尽人力，才可能办到。可是要想追求自然天成的景致，却完全不能得到。既要使百姓过得安逸，又能因地制宜，保全它的天然之美，这种在过去很难办到的事情，如今在永州这里实现了。

【原文】

永州实惟九疑之麓①。其始度上者，环山为城。有石焉，翳于奥草，有泉焉，伏于土涂②，蛇虺之所蟠③，狸鼠之所游，茂树恶木，嘉葩毒卉，乱杂而争植，号为秽④墟。

【注释】

①九疑：即九嶷山，在今湖南宁远县境内。麓：山脚。

②涂：污泥。

③蟠：盘屈而伏。

④秽：杂草多，荒芜。

【译文】

永州位于九嶷山的山脚。最初在这里测量规划的人，环绕着山修筑起了永州城。城中有山石，却被茂密的草丛遮蔽着；有清泉，却掩埋在污泥之下，成了毒蛇盘踞，狸鼠出没的地方。嘉树和恶木，鲜花与毒草，混杂一处，竞相疯长。因此永州被称为荒凉秽废的地方。

【原文】

韦公①之来既逾月，理②甚无事。望其地，且异之。始命芟其芜，行其涂，积之丘如，蠲之浏如③。既焚既酾④，奇势迭出，清浊辨质，美恶异位；视其植，则清秀敷舒；视其蓄^⑤，则溶漾纤余。怪石森然，周于四隅^⑥，或列或跪，或立或仆，窍穴逶邃，堆阜突怒^⑦。乃作栋宇，以为观游。凡其物类，无不合形辅势，效伎于堂庑之下。外之连山高原、林麓之崖，间厕隐显^⑧，迩延野绿，远混天碧，咸会于谯门^⑨之内。

【注释】

①韦公：当时的永州刺史姓韦名宙。汉以后尊称刺史为使君。

②理：治理。

③蠲（juān）：清洁。浏如：水清澈的样子。

④釃（shī）：疏导，分流。

⑤蓄：指积蓄的湖水。

⑥四隅：这里指四方。

⑦堆阜：土堆土山。突怒：形容石头突出隆起。

⑧间厕：参加，这里是交错的意思。间，参与。厕，置身于，参加。

⑨谯门：古代建筑在门楼上用以瞭望的楼。

【译文】

　　韦公到永州作刺史，已经一个多月了，政绩显著，没有多少事情。他看着这块土地，感到它很不平常。于是他下令铲除荒草，疏通水道。铲下来的杂草堆积成山，疏通后的泉水清澈见底。烧掉了杂草，疏通了河道，奇特的景致层出不穷的显现出来。水流清浊分辨开来，景色美丑位置分开。这时再看那树木，苍翠挺拔，舒展繁茂；看那湖水，则微波荡漾，曲折萦回。千奇百怪的石头多而整齐，环绕在四周。有的排列成行，有的如同跪拜，有的像站立，有的如卧倒。洞穴曲折幽深，石山突兀高耸。于是在此修筑厅堂，作为观赏游玩的地方。凡是所有的景物，无不与地形地势相融合，在大厅四周呈现它们的特色。城外连绵高大的峰峦，以及密林丛生的山脉，穿插交错，或隐或现。近处碧绿的原野与之相连，远处与蔚蓝的天空相衬，这一切都汇集到城内来了。

【原文】

　　已乃延^①客入观，继以宴娱。或赞且贺曰："见公之作，知公之志。公之因土而得胜，岂不欲因俗以成化？公之择^②恶而取美，岂不欲除残而佑仁？公之蠲③浊而流清，岂不欲废贪而立廉？公之居高以望远，岂不欲家抚而户晓？夫然，则是堂也，岂独草木、土石、水泉之适歟？山、原、林麓之观歟？将使继公之理者，视其细，知其大也。"宗元请志诸石，措诸壁，编以为二千石楷法。

【注释】

①延：迎接，邀请。

②择：应作"释"，舍弃。

③蠲：去除。

【译文】

新堂盖好后，韦公便邀请客人前来参观，接着又设宴娱乐。有的边赞誉，边祝贺说："看到韦公您修建这新堂，便知道您的志向。您随着地势开辟出美丽的景致，难道不是想顺应当地民俗来形成教化吗？您铲除恶木毒草而保留嘉树鲜花，难道不是想铲除凶暴而保护仁者吗？您挖除污泥而使清泉流淌，难道不是想惩办贪污而提倡廉洁吗？您的住所登高望远，难道不就是想让家家安定户户富饶吗？既然这样，那么建这个新堂难道仅仅是为了草木、土石、清泉流水怡人心意，山峦、原野和树林便于观赏？它将使继您之后治理永州的官员，能够通过这件具体的小事，而懂得治民的大道理啊。"我请求将这篇记文镌刻在石碑上，嵌置在大厅的墙上，编入书中，作为后来刺史们借鉴的典范。

【评析】

《永州韦使君新堂记》记述了韦使君修建新堂的过程和前后的深刻变化，赞颂了他居高望远，顺应民情，铲除残暴，废除贪污，保护贤良和富民的政策。这些过誉之词实则表现了柳宗元对如何做好一方官员的看法，寓示了在被贬谪的困苦中他仍然坚持政治改革的主张和理想，表现了他远大的政治抱负。本文先由反面设喻，导入本题；中段重在写景，末段重在颂人。写景详明，处处为下文伏笔；颂人汩汩滔滔，层层推进，句句与上文呼应，前后浑然一体。文章立意新颖，结构严密。文中穿插赋体（骈散互见），极力铺陈，着力渲染，文如行云流水，辞采清丽，画面鲜明，语言洒脱，音韵优美，确是一篇不可多得的优秀散文。金圣叹评论此文："奇特在起笔，斗地作二反一落，如槎桠怪树，不是常观"。论议部分还反映了作者进步的政治观点。更是难能可贵，文如其人，作者本人也正是这样身体力行的。

七 钴鉧潭西小丘记（柳宗元）

【原文】

得西山后八日，寻山口西北道二百步，又得钴鉧潭①。西二十五步，当湍而浚者为鱼梁②。梁之上有丘焉，生竹树。其石之突怒偃蹇③，负土而出，争为奇状者，殆不可数。其嵚然④相累而下者，若牛马之饮于溪；其冲然⑤角列而上者，若熊罴之登于山。

【注释】

①钴鉧潭：因潭的形状像熨斗而被称为钴鉧潭。钴鉧，熨斗。

②鱼梁：用石砌成的拦截水流、中开缺口以便捕鱼的堰。

③偃蹇（yǎn jiǎn）：高耸。

④嵚（qīn）然：山势高峻的样子。

⑤冲（chòng）然：向上或向前的样子。

【译文】

寻得西山以后的第八天，我沿着山口向西北探行两百步，又探得了钴鉧潭。距潭西二十五步，在水势急、水很深的地方，有一道阻水的坝。坝顶上有一座小丘，小丘上生长着竹子和树木。小丘上的石头突出隆起、高然耸立，破土而出，竞相形成各种奇特怪异的形状，多得数都数不清。那些倾斜重叠、相伏而下的石头，就像牛马在溪边饮水；那些高耸突出、如兽角斜列往上冲的石头，就像熊罴在山上攀登。

【原文】

丘之小不能一亩，可以笼而有之①。问其主，曰："唐氏之弃地，货而不售。"问其价，曰："止四百"。余怜而售之②。李深源、元克己时同游，皆大喜，出自意外。即更取器用，铲刈秽草，伐去恶木，烈火而焚之。嘉木立，美竹露，奇石显。由其中以望，则山之高，云之浮，溪之流，鸟兽之遨游，举熙熙然回巧献技③，以效兹丘之下。枕席而卧，则清泠之状与目谋④，瀯瀯之声与耳谋⑤，悠然而虚者与神谋，渊然而静者与心谋。不匝⑥旬而得异地者二，虽古好事之士，或未能至焉！

【注释】

①不能：不足，不满，不到。笼：包笼，包罗。

②售之：买进它。这里的"售"是买的意思。

③熙熙然：和悦的样子。回巧：呈现巧妙的姿态。技：指景物姿态的各自的特点。

④清泠（líng）：形容景色清凉明澈。

⑤澄澄（yíng yíng）：象声词，像水回旋的声音。

⑥匝：满，遍。

【译文】

这小丘很小，不足一亩，可以把它装到袖子里占有它。我打听它的主人是谁，有人说："这是唐家不要的地方，想出售却卖不出去。"我问它的价钱，有人说："只要四百文。"我同情小丘的不遇，把它买了下来。李深源、元克己这时和我一起游览，都非常高兴，认为这是出乎意料的收获。于是就又取来了一应用具，轮流铲割杂草，砍伐杂树，点燃大火把它们烧掉。美好的树木树立起来了，秀美的竹子显露出来了，奇峭的石头呈现出来了。站在小丘中间眺望，只见山岭高峻，云朵漂浮，溪流潺潺，飞鸟走兽在自由自在地游玩，万物都和谐愉快地呈现巧妙的姿态、呈献各种技艺，而呈现在这个小丘之下。枕着石头席地而卧，清凉明爽的景状使我们双目舒适，淙淙潺潺的水声十分悦耳，悠远空阔的天空与精神相通，深沉至静的大道与心灵相合。我不满十天就得到了两处风景胜地，即使古代爱好山水的人士，也未必到过这地方吧。

【原文】

噫！以兹丘之胜，致之沣、镐、鄠、杜①，则贵游之士争买者，日增千金而愈不可得。今弃是州也，农夫渔父过而陋之，价四百，连岁不能售。而我与深源、克己独喜得之，是其果有遭乎②？书于石，所以贺兹丘之遭也。

【注释】

①沣（fēng）、镐（hào）、鄠（hù）、杜：都是在当时京都长安附

近的豪门贵族聚居的地主。

②其：岂，难道。

【译文】

唉！凭着这小丘优美的景色，如果把它放到长安附近沣、镐、鄠、杜等地，那么喜欢游赏的贵族争相购买它，每天增加一千金，反而更加买不到。如今它被弃置在这永州，农民、渔夫走过也鄙视它，售价仅四百文钱，一连多年也卖不出去。而唯独我和李深源、元克己偏偏因得到它而高兴，这难道是确实有所谓遭际遇合吗？我把这篇文章写在石碑上，用来祝贺我和小丘的相遇。

【评析】

作者眼前的这些小景，幽深宜人，展示出永州山水的特有风姿。柳宗元曾经说："余虽不合于俗，亦颇以文墨自慰，漱涤万物，牢笼百态，而无所避之。"他的意思就是说虽然因永贞革新遭挫，但他未改本色，于是借山水之题，发胸中之气，洗涤天地间万物，囊括大自然的百态，在用笔赞赏山水美的同时，把自己和山水融化在一起，借以寻求人生真谛，聊以自慰。因而，柳宗元在《永州八记》中刻画永州山水的形象美、色彩美和动态美，不是纯客观地描摹自然，而是以山水自喻，赋予永州山水以血肉灵魂，把永州山水性格化了。可以说，永州山水之美就是柳宗元人格美的艺术写照，可谓情景交融。

八 小石城山记（柳宗元）

【原文】

自西山道口径北①，逾黄茅岭②而下，有二道。其一西出，寻之无所得；其一少北而东，不过四十丈，土断而川分，有积石横当其垠。其上为睥睨梁之形③，其旁出堡坞④，有若门焉。窥之正黑，投以小石，洞然⑤有水声，其响之激越，良久乃已。环之可上，望甚远，无土壤而生嘉树美箭，益奇而坚，其疏数偃仰，类智者所施设也。

【注释】

①径北：直行向北。

②黄茅岭：在今湖南省永州市零陵县城西面。

③睥睨（pì nì）：城上的矮墙。梁（lì）：屋子的正梁，这里形容地势。

④坞（wù）：土堡。

⑤洞然：投石入水的声音。

【译文】

从西山路口一直向北走，越过黄茅岭往下去，有两条路：一条路向西走，沿着它走过去什么也得不到；另一条稍微偏北而后向东，走了不到四十丈，路就被一条河流截断了，有一积石山横挡在这条路的尽头。石山顶部生成矮墙和栋梁的形状，旁边又凸出一块好像堡垒，有一个像门的洞。往洞里探望一片漆黑，扔一块小石子进去，咚的一下有水响声，那声音很洪亮，好久才消失。石山可以盘绕着登到山顶，站在上面望得很远。山上没有泥土却长着好的树木和竹子，形状奇特、质地坚硬。竹木分布疏密有致、高低不齐，好像是有智慧的人特意布置的。

【原文】

噫！吾疑造物者①之有无久矣。及是，愈以为诚有。又怪其不为之于中州②，而列是夷狄，更千百年不得一售其伎，是固劳而无用。神者傥不宜如是，则其果无乎？或曰："以慰夫贤而辱于此者。"或曰："其气③之灵，不为伟人，而独为是物。故楚之南少人而多石。"是二者，余未信之。

【注释】

①造物者：指所谓创造万物的神灵。

②中州：中原，黄河中下游河南的古称，意为国之中，华夏之中。

③其气：指天地之气。

【译文】

唉！我怀疑造物主的有无已很久了。到了这儿，我更加相信造物主确实存在。但又奇怪它不把这小石城山安放到中原地区，而是把它放置在这荒僻的蛮夷之地。即使历经千百年也不能向世人显示自己的奇异景色，这简直是白费力气而毫无用处。

神灵的造物者或许不应该这样做，那么造物者果真不存在吧？有人说："这是为了安慰那些被贬逐在此地的贤人。"也有人说："这里的山川钟灵之气不孕育伟人，却唯独凝聚成这奇山胜景，所以楚地的南部少出人才而多产奇峰怪石。"这两种说法，我都不相信。

【评析】

这篇游记以作者的游踪为线索，记叙了亲身经历的旅途见闻和山川景物，几乎用了一半的篇幅抒发了他贬逐永州后游历自然时触景生情的感慨，这自然构成了文章的写景和议论两段。

九 贺进士王参元失火书（柳宗元）

【原文】

得杨八①书，知足下②遇火灾，家无余储。仆始闻而骇，中而疑，终乃大喜，盖将吊而更以贺也。道远言略，犹未能究知其状，若果荡焉泯焉而悉无有，乃吾所以尤贺者也。

【注释】

①杨八：名敬之，在杨族中排行第八。柳宗元的亲戚，王参元的好朋友。

②足下：对王参元的敬称。王参元，唐宪宗元和二年（807年）进士。

【译文】

收到杨八的信，知道您家里遭遇火灾，家里什么都没剩下。听到这消息，我开始很吃惊，接着感到怀疑，最后则非常高兴，本来我想要慰问您，现在却变为要向您道喜了。由于路途遥远，信中言辞简略，我还不能彻底了解受灾详情，如果家产果真烧的荡然无存，什么都没有了，那就是我更要向您贺喜的原因。

【原文】

足下勤奉养，乐朝夕，惟恬安无事是望也。今乃有焚炀①赫烈之虞，以震骇左右②，而脂膏滫瀡之具③，或以不给，吾是以始而骇也。

【注释】

①炀（yàng）：焚烧。

②左右：表示一种敬意，不直接称呼对方，而称其左右周围之人。

③潃溞（xiū suǐ）：这里指淀粉一类烹调用的东西，泛指食物。潃，淘米水；溞，古时把使菜肴柔滑的作料叫"滑"，又称之为"溞"。

【译文】

您一向尽心地侍奉赡养双亲，把早晚给父母请安当作一件快乐的事情，只希望全家舒适平安、没有什么变故。如今竟然发生了大火肆虐的意外之事，这使您震惊不安。调料和食物等日用品也可能不能自给，我因此刚一听到这消息就非常惊骇。

【原文】

凡人之言皆曰：盈虚倚伏①，去来之不可常。或将大有为也，乃始厄困震悸，于是有水火之孽②，有群小之愠，劳苦变动，而后能光明，古之人皆然。斯道辽阔诞漫，虽圣人不能以是必信，是故中而疑也。

【注释】

①倚伏：出自《老子》："祸兮福之所倚，福兮祸之所伏。"意为祸是福依托之所，福又是祸隐藏之所，祸福可以互相转化。

②孽：遍布，蔓延。

【译文】

一般人都说：盛衰祸福相互依存、相互转化，得失不会一成不变，也许一个人将要大有作为，才从一开始就要遭遇种种困境和惊吓，因此有水火的灾祸，有小人们的怨恨。身心劳累辛苦，不断发生变故，然后才能有光明坦荡的前景，古代的仁人志士都是这样。这种说法深远宽广、怪诞虚妄，即使圣人也能认为这种说法一定值得相信。所以，我接着就感到怀疑。

【原文】

以足下读古人书，为文章，善小学①，其为多能若是，而进不能出群士之上，以取显贵者，盖无他焉，京城人多言足下家有积货，士之好廉名者，皆畏忌不敢道足下之善，独自得之，心蓄之，衔忍而不出诸口，以公道之难明，而世之多嫌也。一出口，则嗤嗤者以为得重赂。

【注释】

①小学：旧时对文字学、音韵学、训诂学的总称。

【译文】

您读了很多古书，能写文章，擅长文字训诂。您这样具备多种才能的人，却在仕途晋升上不能超过一般士人，来取得显要地位，这没有别的缘故，是因为京城的人大多说您家有钱财。士人中那些爱惜自己清廉名声的人因此有所顾虑，不敢称赞您的优点，只是将其藏在心里，压在心底，不能把它说出口。因为公理难以讲明，世人很多是喜欢猜忌的。一旦说出称赞您的话，那些嘲笑你的人就认为称赞你的人得了您的厚礼。

【原文】

仆自贞元①十五年见足下之文章，蓄之者盖六七年未尝言。是仆私一身而负公道久矣，非特负足下也。及为御史尚书郎，自以幸为天子近臣，得奋其舌②，思以发明足下之郁塞③，然时称道于行列，犹有顾视而窃笑者。仆良恨修己之不亮，素誉之不立，而为世嫌之所加，常与孟几道④言而痛之。

【注释】

①贞元：785—805年，唐德宗李适的年号。

②奋其舌：极力说话，这里指对皇帝劝谏。奋，奋力，施展。

③发明：揭示，阐明。郁塞：愁闷的情绪。

④孟几道：孟简，字几道，擅长写诗，尚节好义，柳宗元的好朋友。

【译文】

从贞元十五年开始，我就读您写的文章，放在心里有六七年，从来没说过。这是我只为保全自己而违背公道，不只是对不起您个人。等到我做了御史尚书郎，自认为有幸成了皇帝身边的大臣，能够奋力上疏皇帝，想利用这个机会来阐明您的愁闷的情绪。但是，有时我在同僚面前称赞您，就好像有人回头去互使眼色并且偷偷地笑我。我实在遗憾自己的品德修养还不够显露，平时的好名声还没能树立起来，竟被世人把这种猜疑加到我身上。我经常和孟几道谈起这些事情，并对此痛心不已。

【原文】

乃今幸为天火之所涤荡，凡众之疑虑，举为灰埃。黔其庐^①，赭^②其垣，以示其无有，而足下之才能，乃可以显白而不污，其实出矣，是祝融、回禄^③之相吾子也！则仆与几道十年之相知，不若兹火一夕之为足下誉也。宥而彰之，使夫蓄于心者咸得开其喙，发策^④决科^⑤者授于而不栗。虽欲如向之蓄缩受侮，其可得乎？于兹吾有望于子！是以终乃大喜也。

【注释】

①黔：黑色。用作动词，烧成黑色。

②赭：红色。用作动词，烧成红色。

③祝融、回禄：传说中的火神名。

④发策：科举考试中制定考题。

⑤决科：依据考试成绩，授予官职。

【译文】

可现在幸好您的家财被天火烧光了，凡是众人的猜忌疑虑，全都化为灰烬。您家的屋宇烧成了黑色，墙壁烧成了红色，这都显示出您一无所有，而您的才能才可以显露明白并且不再被谣言所辱没，您的真实情况显露了，这是火神菩萨在保佑帮助您。我和孟几道十年时间对您的了解，还比不上这一晚的火灾将给您带来好名誉。从此以后所有的人都将宽待你并公开宣扬你的才能，使得那些有话藏在心里的人都能毫无顾忌地开口为您说话了，主持考试的人可以选拔您而不必担惊受怕。现在，像过去那样畏畏缩缩而怕受人嘲笑的情形，难道还会出现吗？！从此我对您寄予了很大希望，因此最后我非常高兴。

【原文】

古者列国有灾，同位者皆相吊。许不吊灾，君子恶之^①。今吾之所陈若是，有以异乎古，故将吊而更以贺也。颜、曾之养，其为乐也大矣，又何阙焉？

【注释】

①许不吊灾，君子恶之：据《左传·昭公十八年》记载：鲁昭公十八年，宋、卫、陈、郑四国发生火灾，许国没有去慰问，当时的有识之士据

此推测许国将要灭亡。

【译文】

在古代，任何一个诸侯国有灾祸，其他诸侯国都来慰问。春秋时，许国不慰问宋、卫、陈、郑的灾祸，君子都憎恶它。现在我所陈述的这个道理和古人说的有所不同，所以我本来准备慰问你，却改变主意而向你道喜。颜回和曾参供养父母，这其中的乐趣也真够多的，物质上欠缺一点，又有什么呢？

【评析】

本文标题下笔诙奇，出人意料，颇有悬念。王参元是郎坊节度使王栖曜的小儿子，是作者柳宗元的朋友，朋友家里"失火"，生活失去着落，作者不去劝解、安慰，反而要"祝贺"，实在是"奇特尤甚"（清·过珙《详定古文评注全集》卷七）。

文章开篇，先交代自己从朋友杨敬之处得到王家失火的消息，作者描写了自己听到消息时的思想情绪的变化，"始闻而骇，中而疑，终乃大喜，盖将吊而更以贺也"。"始""中""终"，从时间的角度，反映了作者对"失火"一事的认识过程；"骇""疑""喜"，则形象地交代了思考的结果，简洁地概括了为什么要把"安慰"改为"庆贺"的原因。这句话也是全文的纲领。

十 待漏院记（王禹偁）

【原文】

天道不言，而品物亨①、岁功②成者，何谓也？四时之吏，五行之佐③，宣其气矣。圣人不言，而百姓亲、万邦宁者，何谓也？三公④论道，六卿分职，张其教矣。是知君逸于上，臣劳于下，法乎天也。古之善相天下者，自咎⑤、夔⑥至房、魏，可数也。是不独有其德，亦皆务于勤耳。况夙兴夜寐，以事一人，卿大夫犹然，况宰相乎！

【注释】

①亨：通达顺利。

②岁功：一年农事的收获。

③四时之吏：传说掌管四季变化的官员。五行之佐：传说掌管金、

木、水、火、土五行的辅佐官员。

④三公：周代三公有两说，一说是司马、司徒、司空，一说是太师、太傅、太保。西汉以丞相（大司徒）、太尉（大司马）、御史大夫（大司空）合称三公。东汉以太尉、司徒、司空合称三公。为共同负责军政的最高长官。唐宋仍沿此称，惟已无实际职务。

⑤咎（gāo）：通"皋"，即皋陶（yáo），相传曾被舜选为掌管刑法的官。

⑥夔：尧舜时的乐官。

【译文】

大自然的规律不会说话，但万物却能顺利生长，一年的农事收获成功，这是为什么呢？掌管四季的官员、掌管五行的天官们，疏通阴阳四时之气。皇帝不说话，而百姓和睦相亲，四方万国安宁，这是为什么呢？三公商讨了治国大计，六卿分掌自己的职责，宣扬了皇帝的教化。所以我们知道，国君在上清闲安逸，臣子在下辛勤劳苦，这就是效法天道。古代的贤相名臣善于治理国家的，从皋陶、夔到房玄龄、魏征，历历可数。这些人不只有德行，而且都勤于政务。早起晚睡，为国君效力，连卿大夫都是如此，何况宰相呢！

【原文】

朝廷自国初因旧制，设宰相待漏院于丹凤门①之右，示勤政也。乃若北阙②向曙，东方未明，相君启行，煌煌③火城。相君至止，哕哕④鸾声。金门⑤未辟，玉漏犹滴。撤盖下车，于焉以息。待漏之际，相君其有思乎？

【注释】

①丹凤门：宫门名，唐长安大明宫的正门（即南门）。

②北阙：古代宫殿北面的门楼，为臣子等候朝见或上书之处。

③煌煌：形容十分明亮。

④哕哕（huì）：象声词，徐缓而有节奏的响声。

⑤金门：又称金马门，汉代官署门旁有铜马，故名。

【译文】

朝廷从成立之初就沿袭前代的制度，在丹凤门的右边设立宰相待漏院，表示要勤于政务。当宫殿北面的门楼映出一线曙光，东方还未大亮时，宰相就动身启行，仪仗队的烛火照亮全城。宰相到达待漏院，马车铃声富有节奏。这时宫门尚未打开，漏壶里的水仍在滴着。丞相撩开车上帷盖下车，到待漏院暂时休息。在等候朝见的时候，宰相大概有很多事情考虑吧？

【原文】

其或兆民未安，思所泰之；四夷未附，思所来之；兵革未息，何以弭^①之；田畴多芜，何以辟之；贤人在野，我将进之；佞人立朝，我将斥之；六气不和，灾眚荐至^②，愿避位以禳^③之；五刑未措，欺诈日生，请修德以厘^④之。忧心忡忡，待旦而入。九门既启，四聪^⑤甚迩。相君言焉，时君纳焉。皇风于是乎清夷，苍生以之而富庶。若然，则总百官，食万钱^⑥，非幸也，宜也！

【注释】

①弭：停止，消除。

②眚（shěng）：原义为日食或月食，后引申为灾异。荐至：接连不断地来。

③禳（ráng）：祭祷消灾。

④厘：改变，改正。

⑤四聪：《尚书·舜典》："辟四门，明四目，达四聪。"指古代君王随时视察四方民情，这里代指皇帝。

⑥食万钱：享受优厚的利禄。

【译文】

他们有的会想，百姓尚未安定，怎样使他们平安富裕；四方少数民族尚未归顺，怎样使他们前来归顺；战事没停止，怎样使它消除；田野荒芜，用什么方法使人们去开垦；德才兼备之人还在民间，我将努力推荐他们；奸猾邪恶之臣还在朝廷当差，我将尽力贬斥他们；气候反常，天时不正，灾害接连不断地发生，我愿意辞去相位来乞求上天消除灾害；各种刑罚未能废止不用，欺诈行为经常发生，我将修养德行来治理他们。怀着深深的忧虑，等待天明入宫。宫门已经开启，善听四方民情的天子离得很近。宰相奏明这些意见，皇帝当场采纳。国家的政治风气因此清明太平，人民生活因此而富裕。如果这样，那么宰相统领百官，享受优厚的俸禄，那就不是侥幸而得，而是完全应该的啊。

【原文】

其或私仇未复，思所逐之；旧恩未报，思所荣之；子女玉帛，何以致之；车马玩器，何以取之；奸人附势，我将陟①之；直士抗言，我将黜之；三时②告灾，上有忧色，构巧词以悦之；群吏弄法，君闻怨言，进谄容以媚之。私心愊愊，假寐而坐。九门既开，重瞳③屡回。相君言焉，时君惑焉。政柄于是乎隳哉，帝位以之而危矣。若然，则死下狱，投远方，非不幸也，亦宜也！是知一国之政，万人之命，悬于宰相，可不慎欤？复有无毁无誉，旅进旅退，窃位而苟禄，备员而全身者，亦无所取焉。棘寺小吏王禹偁为文，请志院壁，用规于执政者。

【注释】

①陟（zhì）：登，升。

②三时：春、夏、秋三个农忙季节。

③重瞳：相传虞舜、项羽眼中有两个瞳孔，后借重瞳指皇帝或皇帝的眼睛。

【译文】

他们有的也会想，我有私仇没有报复，怎样才能斥逐仇敌；有旧恩情没有报答，怎样才能使恩人得到荣耀；美女钱财，怎样才能到手；车马玩物，怎样才能获得；奸邪小人依附我的权势，我将提拔他们；正直之臣直言谏诤，我便考虑罢免他们。春、夏、秋三季各地报告灾情，皇上面露忧虑神色，我便编造花言巧语来取悦皇帝；众官贪赃枉法，国君听到怨恨的言论，我便呈上谄媚的仪容来奉承讨好他。他为私事思绪纷乱，不脱衣服坐着打盹儿，宫门已经打开，天子多次回视，宰相提出建议，皇帝被他蒙惑。政权由此而毁坏，皇位也因此而动摇。如果这样，那么即使宰相被打入死牢或贬谪到荒远之地，不是不幸，也是完全应该的。因此可以懂得一个国家的政治，万千人的性命都系在宰相一人身上，难道可以不谨慎吗？还有一种宰相，没有恶名声，也没有好名声，与众人共进共退，窃取高位并且贪图利禄，有职无权，仅仅充数并且保全自身，也是不可取的。大理寺小官吏王禹偁撰写此文，希望能把它记录在待漏院的墙壁上，用以告诫执政的宰相。

【评析】

文章开篇探究天道的运行规律、圣王的政治模式，以"四时之吏，五行之佐，宣其气""三公论道，六卿分职，张其教"，对儒家理想中"垂拱而天下治"（《尚书·武成》）的治道原因进行解释，借以导出宰臣勤于政务的重要性与必要性，从而自然转到具有"示勤政"之意的待漏院，"勤政"则是文章的立意所在。

十一 黄冈竹楼记（王禹偁）

【原文】

黄冈①之地多竹，大者如椽②，竹工破之，刳③去其节，用代陶瓦，比屋④皆然，以其价廉而工省也。

【注释】

①黄冈：今湖北省黄冈市。

②椽（chuán）：放在檩上架着屋顶的木条。

③刳（kū）：从中间破开再挖空。

④比屋：挨家挨户。比，紧挨，靠近。

【译文】

黄冈地区盛产竹子，大的像椽子那样粗，竹匠剖开它，削掉它的竹节，用来代替土制的瓦，每家的房屋都是这样，因为竹瓦价格既便宜又省工。

【原文】

子城①西北隅，雉堞②圮毁，蓁莽③荒秽，因作小楼二间，与月波楼④通。远吞山光，平挹江濑⑤，幽阒辽夐⑥，不可具状。夏宜急雨，有瀑布声；冬宜密雪，有碎玉声。宜鼓琴，琴调和畅；宜咏诗，诗韵清绝；宜围棋，子声丁丁⑦然；宜投壶⑧，矢声铮铮然。皆竹楼之所助也。

【注释】

①子城：附属于大城的小城。

②雉堞（dié）：城上的矮墙。

③榛（zhēn）莽：草木杂乱丛生。

④月波楼：黄冈的一座城楼，也是王禹偁修筑。

⑤挹（yì）：汲取，看取。此指望见。濑（lài）：从沙石上流过的急水。

⑥阒（qù）：寂静。敻（xiòng）：遥远。

⑦丁丁（zhēng）：象声词，形容棋子敲击棋盘时发出的清脆悠远之声。

⑧投壶：古代士大夫宴饮时做的一种投掷游戏，是一种从容安详、讲究礼节的活动。以矢投壶中，投中次数多者为胜。胜者斟酒使败者饮。

【译文】

　　在黄冈子城的西北角，城墙上排列如齿状的矮墙坍塌毁坏，茂密的野草丛生，一片荒凉肮脏的景象。我清理那块空地，建造了两间小竹楼，与月波楼相接连。登上竹楼，远眺可以尽览山色，平视可以将江滩、碧波尽收眼底，清幽静谧、辽阔绵远的景象，实在无法一一描述出来。夏天适宜听急骤的下雨声，那雨声好像激流的瀑布拍打岩石的声音；冬天适宜听密集的下雪声，那雪声好像细小的玉片落在地面的声音。这里适宜弹琴，琴的旋律清虚和畅；这里适宜吟诗，诗的韵味清雅绝妙；这里适宜下棋，棋牌上落子声丁丁动听；这里适宜投壶，箭落壶内声铮铮悦耳。这些美妙的声音都是靠着竹楼的帮助才得来的。

【原文】

　　公退①之暇，被鹤氅衣②，戴华阳巾③，手执《周易》一卷，焚香默坐，消遣世虑。江山之外，第④见风帆沙鸟，烟云竹树而已。待其酒力醒，茶烟歇，送夕阳，迎素月，亦谪居之胜概也。

【注释】

①公退：办完公事，退下休息。

②被：穿着。鹤氅（chǎng）衣：用鸟羽制的披风。

③华阳巾：道士所戴的头巾。

④第：但，只。

【译文】

　　在公务办完后的空闲，我披着鹤氅，戴着华阳巾，手拿一卷《周易》，焚香静坐于楼中，消除世俗杂念。除了水色山光之外，只能看到风中白帆、沙洲飞鸟，轻烟云雾和竹林花树罢了。等到酒醒之后，茶炉的烟火已经熄灭，送走落日，迎来皓月，这也是我谪居生活中的赏心悦目的美景吧。

【原文】

　　彼齐云、落星①，高则高矣；井幹、丽谯②，华则华矣。止于贮妓女，藏歌舞，非骚人之事，吾所不取。

【注释】

　　①齐云：齐云楼，在今苏州，相传是五代史韩浦建造。落星：即落星楼，在今南京，三国时孙权所建。

　　②井幹（hán）：井幹楼，汉武帝在长安所建。丽谯（qiáo）：丽谯楼，曹操所建。

【译文】

　　那齐云楼、落星楼，高是算高了。井干楼、丽谯楼，华丽也算是非常华丽了。可它们只是用来蓄养歌伎美女，安置一些能歌善舞的人，不是风雅之士应该做的事，对我来说是不可取的。

【原文】

　　吾闻竹工云："竹之为瓦，仅十稔；若重覆之，得二十稔。"噫！吾以至道乙未岁，自翰林出滁上①；丙申，移广陵②；丁酉，又入西掖③；戊戌岁除日，有齐安之命④；己亥⑤闰三月，到郡。四年之间，奔走不暇，未知明年又在何处，岂惧竹楼之易朽乎？后之人与我同志⑥，嗣而葺之，庶斯楼之不朽也。

【注释】

　　①至道：宋太宗赵光义年号。乙未岁：至道元年，即955年。自翰林

出滁上：作者因讪谤朝廷罪由翰林学士贬为滁州刺史。

②丙申：至道二年。广陵：今扬州。

③丁酉：至道三年。西掖：中书省的别称，即至道三年作者由扬州回京复任刑部郎中知制诰。

④戊戌：宋真宗咸平元年（998年）。除日：大年三十。齐安：黄州，郡治在今湖北黄冈。作者这一年因编写《太祖实录》，直书史事，宰相对其不满，被贬至黄州。

⑤己亥：真宗咸平二年。

⑥同志：志同道合。

【译文】

我听竹匠说："竹制的瓦，只能用十年，如果铺两层，能用二十年。"唉，我在至道元年，由翰林学士被贬到滁州，至道二年调到扬州，至道三年重返中书省，咸平元年除夕，又接到贬往齐安的调令，今年闰三月来到齐安郡。四年当中，四处奔波没有空闲，不知道明年又去什么地方，难道还怕竹楼容易朽坏吗？希望接任我的人和我志趣相同，接着修缮它，希望这座竹楼能够永不朽坏。

【评析】

这篇文章以竹楼为核心，先记叙黄冈多竹，可以用来代替陶瓦，且价廉工省。继而描写在竹楼上可观山水、听急雨、赏密雪、鼓琴、咏诗、下棋、投壶，极尽人间之享乐；亦可手执书卷，焚香默坐，赏景、饮酒、品茶、送日、迎月，尽得谪居的胜概。借齐云、落星、井干、丽谯各名楼反衬竹楼的诗韵，表明作者甘居清苦、鄙夷声色的高尚情怀。继而写奔走不暇，眷恋竹楼之意。

十二 书《洛阳名园记》后（李格非）

【原文】

洛阳处天下之中，挟崤、黾之阻①，当秦、陇之襟喉②，而赵、魏之走集③，盖四方必争之地也。天下当无事则已，有事则洛阳必先受兵④。予故尝曰：洛阳之盛衰，天下治乱之候也。

【注释】

①挟：拥有。黾：通"渑"（miǎn），即渑池。在今河南渑池西。

②秦：秦地，今陕西一带。陇：今陕西西部和甘肃一带。襟喉：衣襟和咽喉，比喻险要而关键的地方。

③赵、魏：战国时赵国（今山西、陕西、河北一带）和魏国（今河南北部、山西西南部一带）。

④受兵：遭遇战乱。

【译文】

洛阳地处全国的中央，拥有崤山、渑池的险阻，正当秦川、陇地的要害之地，又是赵、魏往来的必经要道，是四方诸侯必争之地。天下如果太平无事也就罢了，一旦有战事，那么洛阳一定率先受到兵灾。因此我曾经说过："洛阳的兴盛和衰败是天下太平或动乱的征兆。"

【原文】

唐贞观、开元之间，公卿贵戚开馆列第于东都者，号千有余邸。及其乱离，继以五季之酷①。其池塘竹树，兵车蹂蹴②，废而为丘墟，高亭大榭，烟火焚燎，化而为灰烬，与唐共灭而俱亡，无余处矣。予故尝曰："园囿之兴废，洛阳盛衰之候也。"

【注释】

①五季：即唐五代：后梁、后唐、后晋、后汉、后周。酷：兵祸酷烈。

②蹴（cù）：用脚踢。

【译文】

唐朝贞观、开元年间，高官重臣、皇亲国戚在东都洛阳营建馆舍府邸的，号称有一千多座。等到唐朝后期遭受动乱而流离失所，接着是五代的残酷破坏。那些池塘、竹林树木，受战车的践踏，破败成为土堆废墟；高耸的亭台、宽大的楼阁，受战火的焚烧，消失掉成为一堆灰烬，跟唐朝一起灰飞烟灭，没有留下一处。我因此曾说："馆第园林的繁盛或毁灭就是洛阳兴旺或衰败的征兆啊。"

【原文】

且天下之治乱，候于洛阳之盛衰而知；洛阳之盛衰，候于园圃之兴废而得，则《名园记》之作，予岂徒然哉？

【译文】

况且天下的太平或动乱，考察洛阳的兴盛或衰败就可以得知；洛阳的兴盛衰败，窥伺馆第园林的繁盛或荒废就能得知，那么我作《洛阳名园记》，难道是徒劳无益、白费笔墨吗？

【原文】

呜呼！公卿大夫方进于朝①，放乎一己之私，自为之，而忘天下之治忽②，欲退享此，得乎？唐之末路是已。

【注释】

①进于朝：被朝廷提拔任用。

②治忽：治理或纷乱。

【译文】

唉！公卿大夫们正被朝廷提拔任用，放纵自己的私欲，为所欲为，却忘却了国家大事的治理与荒乱，那么，他们想要退隐之后享受这种园林之乐，能办得到吗？唐朝走向灭亡穷途末路就是这样造成的啊！

【评析】

全文从洛阳处天下的险要写起——洛阳居于中原，依仗崤、渑之险峻，是秦、陇、赵、魏问的要道，所以成为兵家必争之地，因而强调洛阳的盛衰是天下治乱的标志。第二层以唐朝贞观、开元之间高官贵族兴建千余所公卿名园的史实，论述"园圃的兴废是洛阳盛衰的标志"，最后更进一步推论"园圃的兴废是天下治乱的标志"。

十三 严先生祠堂记（范仲淹）

【原文】

先生①，光武之故人也，相尚以道。及帝握《赤符》②，乘六龙③，得圣人之时，臣妾亿兆，天下孰加焉？惟先生以节高之。既而动星象④，归江湖⑤，得圣人之清，泥涂轩冕，天下孰加焉？惟光武以礼下之。

【注释】

①先生：本姓庄，后人避汉明帝刘庄讳改其姓，一名遵，字子陵，余姚人。少有高名，与刘秀同游学。刘秀即位后他改名隐居。

②赤符：《赤伏符》，刘秀军至镐地，儒生疆华献《赤伏符》，谓刘秀上应天命，当继汉统为帝。

③乘六龙：《乾》卦：时乘六龙以御天。意思是乘着六爻的阳气来控御天下。

④动星象：传说光武与严子陵共卧，子陵把脚放在光武腹上。次日，太史春天客星犯帝座甚急，光武笑道："我这是与故人严子陵同卧而已。"古代迷信，常把星象与人事相附会。

⑤归江湖：光武任严子陵为谏议大夫，严子陵不受，隐居耕钓于富春山（今浙江桐庐）。

【译文】

严先生是光武帝的老朋友，他们之间一向以道义互相推崇。等到光武帝得到《赤符》，乘驾着六龙的阳气，获得了登极称帝的时机，统治千千万万的人民，天下谁能超过他呢？只有严先生以其节操超过他。后来先生惊动了天上的星象，归隐乡间，做到了圣人自然清静的境界，视官爵显贵为泥土，天下又有谁能超过他呢？只有光武帝屈尊自己的身份用礼节来结交他。

【原文】

在《蛊》之上九，众方有为，而独"不事王侯，高尚其事"，先生以之；在《屯》之初九，阳德方亨，而能"以贵下贱，大得民也"，光武以之。盖先生之心，出乎日月之上；光武之量，包乎天地之外。微先生不能成光武之大，微光武岂能遂先生之高哉？而使贪夫廉，懦夫立，是大有功于名教也。仲淹来守是邦，始构堂而奠焉。乃复为其后者四家，以奉祠事。又从而歌曰：云山苍苍，江水泱泱。先生之风，山高水长。

【译文】

在《蛊》卦的"上九"爻辞中说，大家正当有所作为的时候，有人偏偏"不事奉王侯，保持自己品德的高尚。"先生就是这样做的。在《周易·屯》卦的"初九"爻辞中说，帝王的威德正当旺盛，有人能够"以高贵的身份交结卑贱的人，深得民心"。光武帝正是这样做的。这是因为先生的胸怀超出于日月之上；光武帝的气量包含到了天地以外。没有先生就不能成就光武帝气量的宏大；没有光武帝又怎能促成先生品质的崇高呢？先生的作为使贪婪的人清廉起来，使胆怯的人振作起来，这对于名分和礼教是有很大功劳的。

来到这个州任职之后，我才开始建造祠堂来祭奠先生。又免除了先生后代的四户人家的劳役和赋税，让他们负责祠堂祭祀的事情。随后又作了一首歌来歌颂先生：云山青苍，江水深广，先生的风度，比山还高，比水还长。

【评析】

文章短小精悍，仅二百多字。主题明确，议论充分，节奏明快，感情充沛。它虽不似作者自己写的《岳阳楼记》那样浩瀚雄浑，也不似刘禹锡的《陋室铭》那般纤巧明丽。但却以诚挚质朴的情愫，使人为之感动。

文章一开始交代出"先生，光武之故人也"。仅八个字，便把两个人物及他们间的关系简单明确地告诉读者。"相尚以道"仅仅四字，开宗明义，点明主题，并以此统领全篇，可谓惜墨如金之至。

"道"作为士大夫阶层的品格操守以及精神追求的最高境界，长期为人们所称道和推崇。下面作者以鲜明的节奏，紧扣"相尚以道"的主题，分三层逐次展开论述。作者把严子陵与光武帝两两对照、相互映衬，在突出严子陵的同时，使"相尚以道"的主题得以深化。

十四 岳阳楼记（范仲淹）

【原文】

庆历四年春，滕子京谪守巴陵郡。越明年，政通人和，百废具兴，乃重修岳阳楼，增其旧制，刻唐贤、今人诗赋于其上，属予作文以记之①。

予观夫巴陵胜状，在洞庭一湖。衔远山，吞长江，浩浩汤汤，横无际涯；朝晖夕阴，气象万千②。此则岳阳楼之大观也，前人之述备矣。然则北通巫峡，南极潇湘，迁客骚人，多会于此。览物之情，得无异乎？

若夫淫雨霏霏，连月不开，阴风怒号，浊浪排空；日星隐耀，山岳潜形；商旅不行，樯倾楫摧③；薄暮冥冥，虎啸猿啼。登斯楼也，则有去④国怀乡，忧谗畏讥，满目萧然，感极而悲者矣。

至若春和景明，波澜不惊，上下天光⑤，一碧万顷；沙鸥翔集，锦鳞游泳；岸芷汀兰，郁郁青青。而或长烟一空，皓月千里，浮光耀金，静影沉璧⑥，渔歌互答，此乐何极！登斯楼也，则有心旷神怡，宠辱皆忘，把酒临风，其喜洋洋者矣。

嗟夫！予尝求古仁人之心，或异二者之为，何哉？不以物喜，不以己悲⑦。居庙堂之高，则忧其民；处江湖之远，则忧其君。是进亦忧，退亦忧，然则何时而乐耶？其必曰"先天下之忧而忧，后天下之乐而乐"欤！噫！微斯人，吾谁与归⑧！

【注释】

①增其旧制：扩大原来的规模。属（zhǔ）：同"嘱"，嘱托。

②衔：包含。远山：指洞庭湖中的君山。浩浩汤（shāng）汤：水势盛大的样子。

③樯倾楫摧：指船只毁坏。樯：桅杆。楫：船桨。

④去国：离开国都。

⑤上下天光：明净的天空倒映在水里，天水融为一色。"上"指天，"下"指水。

⑥浮光耀金：月映水上如金光闪耀。沉璧：指水中月影。

⑦"不以物喜"两句：指思想感情不因为环境的好坏和个人的得失而或喜或悲。

⑧谁与归：即"与谁归"。归：归向，同道。

【译文】

庆历四年春天，滕子京被贬到巴陵郡做太守。到第二年，巴陵郡的政务顺利，百姓安乐，一切废弛的事都兴办起来了。于是他就重新修建了岳阳楼，扩大它原来的规模，把唐朝名人和现代人的诗赋刻在楼上，嘱托我写一篇文章记述这件事。

我看那巴陵的美景，全在洞庭湖上。它包含着远方的山，接纳了长江的水，浩浩荡荡，无边无际。早晨的阳光，傍晚的月色，景色千变万化。这就是岳阳楼上看到的壮丽景色，前人已经描述得很详细了。但是，它北通到巫峡，南边一直到潇湘，降职远调的官吏和来到这里的文人，看到景物之后产生的心情，难道没有不同吗？

像那连绵不断的雨密密地下着，接连几个月不天晴，寒风怒号，浑浊的浪头腾空而起；太阳和星星隐没了光辉，山峰也看不见了；商人和旅客不能赶路，船上的桅杆倒了，桨也断了；一到傍晚，天色昏暗起来，虎在怒吼，猿猴在哀啼。这时候登上这座楼，就会想起远离国都，怀念家乡，害怕别人诽谤自己、嘲笑自己，只觉得满眼是凄凉的景象，感慨不已，忍不住悲伤起来。

至于像春天温和，阳光明媚，风平浪静，湖光天色相映，碧绿无边，沙鸥有时飞翔，有时停聚，美丽的鱼儿游来游去；岸边的香芷洲上的兰花，香气扑鼻，长得非常茂盛；有时候大片烟雾完全消散，明亮的月色照耀着千里湖面；有时水波荡漾，金光闪闪；有时水面不起一丝波纹，静静的月光的倒影像沉在水里的一块玉璧。渔歌这边唱那边和，这种乐趣哪里有尽头！这时登上这座楼，就会心胸开朗，精神愉快，荣誉和耻辱都忘记了，端起酒杯面对和风，喜气洋洋。

唉！我曾经探求过古代道德高尚的人的思想感情，或许和上面两种心情不同。为什么呢？他们不因为环境顺利就高兴，不因为自己失意就悲伤。他们如果在朝廷上做官，就为老百姓操心；如果在偏远的民间，就替皇帝忧虑。这样在朝廷也忧虑，在民间也忧虑，那么什么时候才快乐呢？他们一定会说："要在天下人忧虑之前就忧虑，在天下人享乐之后才享乐。"唉！如果没有这种人，我将和谁一道呢？

【评析】

本文是一篇千古传诵的名文，是作者庆历六年（1046年）被贬知邓州时写的。岳阳楼在今湖南省岳阳市，自唐建成以来，就负有盛名，为历代才士登临之所。本文出色地描写了岳阳楼上所能见到的景物，抒发了作者"先天下之忧而忧，后天下之乐而乐"的人生理想，表现出作者积极有为的抱负与忧国忧民的思想，大大超出一般的"迁客骚人"的思想境界。文体骈散兼用，以骈语写景，以散文议论，又多用四字句，偶亦用韵，使文章朗朗上口。

文中的"先天下之忧而忧，后天下之乐而乐"是千古名句，一直为后世人所传颂，影响了一批又一批的有志之士，为了祖国的大业而英勇奋斗，正因为有了他们的热情和努力，才不断促进社会的真正进步。

十五 谏院题名记（司马光）

【原文】

古者谏无官，自公、卿、大夫至于工、商，无不得谏者。汉兴以来始置官①。夫以天下之政，四海之众，得失利病，萃②于一官使言之，其为任亦重矣。居是官者，当志其大，舍其细；先其急，后其缓；专利国家，而不为身谋。彼汲汲于名者，犹汲汲于利也，其间相去何远哉！

名者，犹汲汲于利也，其间相去何远哉！

【注释】

①汉兴以来始置官：秦代就有谏议大夫，汉武帝时置谏大夫，专掌议论。

②萃：集中。

【译文】

古代没有专门设置进谏的官职，上自官居高位的公卿大夫，下至工匠、商人，没有不能进谏的人。汉朝兴盛以后，开始设置谏官。将天下所有的政事，四海之内的百姓，国家社稷的得与失、优与劣，都集中到谏官身上并让他说出来。他的责任相当重啊！居于这个官职的人应该记住国家大事，舍弃细微小事；先考虑情况紧急之事，后考虑不紧要的事；一心为国家谋求利益，而不为自身打算。那些急切追求敢于纳谏名声的人，与迫切追求私利的人一样，他们距谏官的标准是多么遥远啊！

【原文】

天禧①初，真宗诏置谏官六员，责其职事。庆历中，钱君②始书其名于版③。光恐久而漫灭，嘉祐④八年，刻著于石。后之人将历指其名而议之曰："某也忠，某也诈，某也直，某也曲。"呜呼！可不惧哉？

【注释】

①天禧（1017—1021年）：宋真宗赵桓年号。

②钱君：钱明逸，字子飞，钱易子，杭州临安人。繇殿中丞策制科，转太常博士。为吕夷简所知，擢右正言。首劾范仲淹、富弼："更张纲纪，纷扰国经。"宋仁宗庆历（1041—1049年）年间曾为右正官，谏院供职。

③版：古代写字时用的木板、木片。

④嘉祐（1056—1063年）：宋仁宗的年号。

【译文】

天禧初年，真宗下诏设立谏官六名，规定他们各自的职责。庆历中期，钱君开始将谏官的名字书写在木板上，我担心时间长了字迹会被磨掉，于是在嘉祐八年时，我将谏官的名字刻在石头上。以后的人就可以清楚地指着这些名字评论道："某某人是忠臣，某某人奸佞，某某人正直，某某人偏邪。"啊，难道会不心存戒惧吗？

【评析】

本文论述了谏官的职责与重要性。作者认为向皇帝进谏是很重要的事情，所以要设立谏官。因为谏官的责任重大，为此官者必须谨慎和忠诚，还要将谏官的名字刻在石上让当时和后来的人监督。

体现了作者敢于直谏，不阿谀奉承；举忠斥奸，不为身谋的精神。在《谏院题名记》中，他要求做谏官的"当志其大，舍其细，先其急，后其缓；专利国家，而不为身谋。彼汲汲于名者，犹汲汲于利也。其间相去何远哉！"他曾经说自己平生所作所为，没有一件事是不能对人讲的。他廉洁奉公、以节俭为乐的品德更是一直被众传颂。

十六 义田记（钱公辅）

【原文】

范文正公①，苏人也。平生好施与，择其亲而贫、疏而贤者，咸施之。方贵显时，置负郭②常稔之田千亩，号曰"义田"，以养济群族之人。日有食，岁有衣，嫁娶凶葬皆有赡。择族之长而贤者主其计，而时共出纳焉。

日食，人一升；岁衣，人一缣③，嫁女者五十千④，再嫁者三十千；娶妇者三十千，再娶者十五千；葬者如再嫁之数，葬幼者十千。族之聚者九十口，岁入给稻八百斛，以其所入，给其所聚，沛然⑤有余而无穷。屏⑥而家居俟代者与焉，仕而居官者罢莫给。此其大较也。

【注释】

①范文正公：即范仲淹，字希文，谥文正，亦称范履霜，北宋著名政治家、文学家、军事家、教育家。

②负郭：靠近外城。

③缣（jiān）：双经双纬的粗厚织物。这里泛指做衣服用的布匹。

④千：古代将铜钱用绳子贯穿在一起，一千钱为一贯。五十千即五十贯。

⑤沛然：充裕。

⑥屏（bǐng）：退隐。

【译文】

范仲淹，苏州人，一生乐于用钱财周济别人。他选择那些关系亲近而贫穷、关系疏远而贤能的人予以帮助。当他尊贵显赫的时候，他购置了靠近外城能常年保收的良田一千亩，称作"义田"，用来养活、救济许多同族的人，使这些人天天有饭吃，年年有衣穿。这些人的嫁女、娶妻、殡葬之事，他都予以资助。他选择家族中年长而且贤德的人主管账目，定期总计收入和支出。每天吃的饭，一人一升米。每年穿的衣服，每人一匹布帛，嫁女儿的供给五十千钱，闺女改嫁的供给三十千钱，娶儿媳妇的发给三十千钱，再娶的发给十五千钱，安葬死者的钱和闺女再嫁的数目相同，埋葬小孩的给钱十千。同族聚居的人有九十多人，义田每年收入供分配用的稻子八百斛。用它所收入的粮食供应在这里聚居的族人，充足有剩余而没有穷乏之时。退隐赋闲在家、等候任职的人予以供给，出仕为官的人则停止供给。这就是义田的大致情况。

【原文】

初，公之未贵显也，尝有志于是矣，而力未逮者二十年。既而为西帅①，及参大政②，于是始有禄赐之入，而终其志。公既殁，后世子孙修其业，承其志，如公之存也。公虽位充禄厚，而贫终其身。殁之日，身无以为敛，子无以为丧。惟以施贫活③族之义，遗其子而已。

【注释】

①西帅：范仲淹曾任陕西经略安抚副使。

②参大政：宋代参知政事的别称。

③活：养活。

【译文】

当初，范公还未尊贵显达的时候就曾立志做这件事，但二十年来他的经济力量一直没能达到。后来他做了陕西经略安抚副使，继而入朝做参知政事，从此才开始有了俸禄赏赐的收入，终于实现了自己的志愿。他去世之后，后代的子孙继续经管他的事业，继承他的遗志，就像他在世的时候一样。范公虽然官位很高、俸禄优厚，但是终身安于清贫。他逝世的时候，遗体都没有好衣服来入殓，子女们也没有钱财为他举办像样的丧事。他只是把布施穷人、养活亲族的道义，留传给了他的子女罢了。

【原文】

昔晏平仲①敝车羸马，桓子②曰："是隐君之赐也。"晏子曰："自臣之贵，父之族，无不乘车者；母之族，无不足于衣食者；妻之族，无冻馁者；齐国之士，待臣而举火③者三百余人。如此，而为隐君之赐乎？彰君之赐乎？"于是齐侯以晏子之觞，而觞桓子。予尝爱晏子好仁，齐侯知贤，而桓子服义也。又爱晏子之仁有等级，而言有第次也。先父族，次母族，次妻族，而后及其疏远之贤。孟子曰："亲亲而仁民，仁民而爱物。"晏子为近之。今观文正之义田，贤于平仲，其规模远举，又疑过之。

【注释】

①晏平仲：即晏婴，春秋时齐国大夫。

②桓子：春秋时齐国贵族。

③举火：生火做饭。

【译文】

古时候晏平仲乘坐破车、骑着瘦马。陈桓子对他说："这是隐瞒君主的赏赐啊。"晏子回答说："自从我做了高官以后，父亲的同族没有不坐车的；母亲的亲族没有衣食不足的；妻子的亲人没有挨饿受冻的；齐国的士人等待我接济才能生火做饭的有三百多人。像这样的例子是隐藏君主的赏赐呢？还是彰明君主的赏赐呢？"于是齐侯就拿晏子的酒来罚桓子喝酒。我曾经仰慕晏子喜好仁德，齐君赏识贤者，而桓子能服从大义。又仰慕晏子的仁德有亲疏等级之分，而说话井然有次序：先说父亲亲族，后说母亲亲族，再说妻子的亲族，最后才提到关系疏远的贤者。孟子说："由爱自己的亲人而施仁德于民众，由对民众仁德而爱惜世间万物。"晏子的行为接近这一点啊。现在看范文正公的购置义田这件事，是比晏平仲还要贤明啊。义田的规模之大影响之远，恐怕要超过晏子。

【原文】

呜呼！世之都三公^①位，享万钟禄^②，其邸第之雄、车舆之饰、声色之多、妻孥之富，止乎一己而已，而族之人不得其门者，岂少也哉？况于施贤乎！其下为卿、为大夫，为士，廪稍^③之充、奉养之厚，止乎一己而已，而族之人操壶瓢^④为沟中瘠^⑤者，又岂少哉？况于他人乎！是皆公之罪人也。公之忠义满朝廷，事业满边隅，功名满天下，后世必有史官书之者，予可无录也。独高其义，因以遗其世云。

【注释】

①三公：古代丞相、太尉、御史大夫的合称，泛指高官。

②万钟禄：形容俸禄十分多。钟，古代的容器，一钟等于六斛四斗。

③廪稍：当时公家免费供给的俸粮称"廪"或"稍"。

④操壶瓢：拿着葫芦壳乞讨。

⑤沟中瘠：因贫困而饿死于荒野。

【译文】

啊！当今世上那些身居三公职位，享受高俸禄的人，他们宅第的雄伟，车驾的华丽，歌伎舞女的众多，妻子儿女的富有，只不过是用来供自己人享受罢了。本族的亲人不能登门的，难道还少吗？更何况帮助疏远的贤者呢？地位在他们之下的卿、大夫、士等官员，他们俸禄的充裕，待遇的丰厚，也仅供自己人享受而已。本族的亲人，手拿葫芦壳讨饭，贫困而饿死在荒野的人，难道少吗？何况对于其他人呢？这些人都是范文正公的罪人啊！范文正公的忠义誉满朝堂，事业的成就满边疆，功名传遍天下，后代一定会有史官记载这些事的，我可以不用记录了。我只是推崇他的道义，因而作这篇记以留赠世人。

【评析】

全文以记事为主，记人为辅，在平实流畅的笔调中，既批判了世风日下，自养丰厚，而无视族人疾苦之自私之士，也让我们对范公自奉俭约，周济群族，人饥己饥的高风义举更加景仰向慕，想见其为人。

十七 袁州州学记（李觏）

【原文】

皇帝二十有三年①，制诏州县立学。惟时守令有哲有愚，有屈力②殚虑，祗③顺德意；有假官借师，苟具文书。或连数城，亡诵弦④声。倡而不和，教尼不行。

【注释】

①皇帝二十有三年：这里指宋仁宗二十三年，即庆历五年。

②屈力：费尽心力。

③祗（zhī）：恭敬。

④诵弦：古代学校里读诗，只口诵的叫"诵"，用乐器配合的叫"弦"。原指应根据季节采取不同的学习方式。后泛指读书、学习。《礼记·文王世子》："春诵夏弦，大师诏之。"

【译文】

庆历五年，宋仁宗颁发诏书命令各州县设立学校。当时的州县长官，有的人贤明，有的人愚昧。有的人穷尽才力、竭尽思虑，恭敬地遵循皇帝的旨意；有的人假借官府、师长的名义，草率地上呈一个奉命办学的公文。有些地方一连几座城邑都听不到诵读诗歌的声音。宋仁宗倡导的事下面的官员不予响应，使得教化停滞，不能推行。

【原文】

三十有二年，范阳祖君无泽①知袁州。始至，进诸生，知学宫阙状，大惧人材放失，儒效阔疏，亡以称上意旨。通判颍川陈君佹^②，闻而是之，议以克合^③。相旧夫子庙狭隘不足改为，乃营治之东。厥土燥刚，厥位面阳，厥材孔良。

【注释】

①祖君无泽：即祖无泽，字泽之，北宋上蔡（今河南上蔡）人。

②通判：官名，地位略次于州府长官，与知州、知府共理政事。陈君佹（shēn）：即陈佹，字复之。宋时福州长乐（今福建长乐）人，进士，曾任过颍川（今河南禹州一带）通判。

③克合：意见一致。

【译文】

仁宗皇帝三十二年，范阳人祖无泽出任袁州知州。他刚上任，就召见众多儒生，了解学馆残缺破败的情况。他非常担心人才散失，儒学的教化作用会逐渐削弱，不符合皇上的旨意。本州通判颍川人陈佹，听说后同意他的看法，二人意见完全一致。他们仔细察看旧有的夫子庙，觉得它太狭窄不能改建为学馆，于是决定在城的东面建造新学馆。那里土地干燥坚硬，地势向阳，建筑材料非常优良。

【原文】

殿堂门庑，黝垩丹漆^①，举以法^②。故生师有舍，庖廪有次。百尔^③器备，并手偕作。工善吏勤，晨夜展力，越明年成。

【注释】

①黝（yǒu）：浅黑色。垩（è）：白色土，可用来粉饰墙壁。丹：红色。漆：黑色。

②举以法：按照前人法度、规矩。

③百尔：一切，所有的。

【译文】

学馆的大殿、厅堂、大门、走廊，分别漆成淡黑色、白色、红色、黑色，全部按照前人的法度。因此，儒生和老师都有自己的屋舍，厨房和粮仓都排列有序。一切器具完备，大家动手，一起协作。工匠技艺高超，官吏勤奋做事，夜以继日施展才力，过了一年，学馆就建成了。

【原文】

舍菜①且有日。盱江②李觏于众曰："惟四代③之学，考诸经可见已。秦以山西④鏖六国，欲帝万世，刘氏一呼而关门不守，武夫健将卖降恐后，何耶？《诗》《书》之道废，人惟见利而不闻义焉耳。孝武乘丰富，世祖⑤出戎行，皆孳孳学术⑥。

【注释】

①舍菜：即"释菜"，古代入学时祭祀先圣先师的一种典礼。见于《礼记·月令》："上丁，命乐正习舞，释菜。"

②盱（xū）江：水名，在今江西东部。

③四代：指虞、夏、商、周四代。

④山西：崤山以西，在今河南洛宁北。

⑤世祖：指东汉光武帝刘秀。

⑥孳孳：同"孜孜"，指孜孜不倦、努力不懈。

【译文】

举行祭孔的开学仪式将指日可待，盱江人李觏勉励众人说："虞、夏、商、周四代的办学之事，我们考查各种经书就可以知道了。秦国凭借崤山以西的力量与六国激烈战斗，想要万世称帝，却因刘邦一声号召，函谷关的大门便守不住了。勇猛杀敌的士卒、英勇善战的将领，争相卖身投降唯恐落后于人，这是为什么呢？因为秦国时，《诗》《书》讲的道理早已废弃，人们只看见私利却听不到正义的声音罢了。汉武帝在民富国强的时候登基，光武帝出身行伍，他们都能孜孜不倦地推行儒家学说。

【原文】

"俗化之厚，延于灵、献①。草茅②危言者，折首而不悔。功烈震主者，闻命而释兵。群雄相视，不敢去臣位，尚数十年。教道之结人心如此。今代遭圣神，尔袁得圣君，俾尔由庠序③践古人之迹。天下治，则谭④礼乐以陶吾民；一有不幸，尤当仗大节，为臣死忠，为子死孝。使人有所赖，且有所法，是惟朝家教学之意。若其弄笔墨以侥利达而已，岂徒二三子之羞？抑亦为国者之忧。"

【注释】

①灵、献：指东汉汉灵帝、汉献帝。

②草茅：指民间。

③庠序：古代的地方学校，周代称庠，殷代称序。区别于天子的辟雍、诸侯的泮宫等大学，后泛称学校。

④谭：同"谈"，讲习。

【译文】

"汉朝的风俗教化淳厚，一直延续到汉灵帝、汉献帝的时代。当时，那些身在民间敢于直言的人，即使被杀头也不后悔。那些功绩显赫、威震天下的将军，一听到命令就交出兵权。许多割据称霸的人互相观望，谁都不敢丢掉臣位自立称帝，这种局面尚且维持了数十年。儒家的教化道义维系人心竟能达到这种地步。现在国家碰上了圣明的皇帝，你们袁州人又遇到了贤明的长官，使你们能够通过学馆的教育，追随古代圣贤的遗迹。天下安定的时候，就讲习礼乐来教化百姓。一旦发生动乱，更应当依靠高尚的节操，做臣子的要为忠义而死，做人子的要为父尽孝而死。使人们有所依赖，并且有所效法。这就是朝廷办学的本意。如果有人舞文弄墨，只是为了谋求名利地位，这难道仅仅是你们的羞耻吗？或许也是治国之人所忧虑的。"

【评析】

本文选材详略得当，也是本文写作的成功之处。如前所述，作者对办学的全过程介绍得巨细无遗，而对原来的"学宫"则仅用一个"阙"字加以概括。"四代之学"的具体做法是怎样的？由于儒家的经典中早就有了详细的记载，因此作者便略而不谈。

卷十 宋文

一 朋党论（欧阳修）

【原文】

臣闻朋党之说，自古有之，惟幸①人君辨其君子小人而已。大凡君子与君子，以同道为朋；小人与小人，以同利为朋。此自然之理也。然臣谓小人无朋，惟君子则有之。其故何哉？小人所好者，利禄也；所贪者，货财也。当其同利之时，暂相党引以为朋者，伪也。及其见利而争先，或利尽而交疏，则反相贼害，虽其兄弟亲戚，不能相保。故臣谓小人无朋，其暂为朋者，伪也。君子则不然：所守者道义，所行者忠信，所惜者名节。以之修身，则同道而相益；以之事国，则同心而共济。终始如一，此君子之朋也。故为人君者，但当退小人之伪朋，用君子之真朋，则天下治矣。

【注释】

①幸：希望。

【译文】

臣听说关于"朋党"的言论，自古就有，只是希望君主能分清他们是君子还是小人就好了。大抵君子与君子，因为志趣一致结为朋党；而小人同小人，则因为利益相同结为朋党。这是很自然的道理。但是臣以为小人没有朋党，只有君子才有。这是什么原因呢？小人喜爱的是俸禄，贪图的是财物。当他们利益相同的时候，暂时互相勾结成为朋党，那是虚假

107

的。等到他们见到利益就争着往前赶或者利益全部用完而交情日渐疏远的时候，就会反过来互相残害，即使是兄弟亲戚，他们也不会互相保护。所以臣认为小人并无朋党，他们暂时结为朋党是虚假的。君子就不是这样：他们坚守的是道德仁义，履行的是忠诚信用，珍惜的是名声气节。用这些来修养身心，那么他们就能共同坚守道义而相互得益；用这些来为国家效力，他们就能同心合力而共同成事。自始至终都这样，这就是君子的朋党啊。所以做君主的，只要能斥退小人结成的假朋党，选用君子结成的真朋党，那么天下就可以安定了。

【原文】

尧之时，小人共工、驩兜等四人为一朋①，君子八元、八恺②十六人为一朋。舜佐尧，退四凶小人之朋，而进元、恺君子之朋，尧之天下大治。及舜自为天子，而皋、夔、稷、契③等二十二人并列于朝，更相称美，更相推让，凡④二十二人为一朋，而舜皆用之，天下亦大治。

【注释】

①共工、驩（huān）兜：神话传说中，被舜帝流放的"四凶"，即四个凶神，包括共工、驩兜、三苗、鲧。见于《尚书·尧典》："流共工于幽州，放兜于崇山，窜三苗于三危，殛鲧于羽山，四罪而天下咸服。"

②八元：传说中帝喾（高辛氏）时的八位贤人，包括伯奋、仲堪、叔献、季仲、伯虎、仲熊、叔豹、季狸。八恺：传说中颛顼（高阳氏）时的八位贤者，包括苍舒、隤敳、梼戭、大临、龙降、庭坚、仲容、叔达。

③皋、夔（kuí）、稷、契（xiè）：传说中舜时的贤臣。皋，即皋陶，掌管刑法，被奉为中国司法鼻祖。夔，舜时的乐官，主理乐舞之事。稷，即后稷，周王朝始祖，掌管农事。契，商王朝始祖，掌管教育。

④凡：共。

【译文】

唐尧的时候，小人共工、驩兜等四人结为一个朋党；君子八元、八恺十六人结为一个朋党。舜辅佐尧，斥退"四凶"的小人朋党，而进用"元、恺"的君子朋党，唐尧的天下非常安定。等到虞舜自己做了天子，皋陶、夔、稷、契等二十二人一起在朝廷做官，他们互相赞美，互相推举谦让，共计二十二人结为一个朋党。但是虞舜全都进用他们，天下也因此十分安定。

【原文】

《书》曰："纣有臣亿万^①，惟亿万心；周有臣三千，惟一心。"纣之时，亿万人各异心，可谓不为朋矣，然纣以亡国。周武王之臣三千人为一大朋，而周用以兴。

【注释】

①亿万：形容非常多。

【译文】

《尚书·泰誓》上说："商纣王有臣子亿万个，就有亿万颗心；周武王有臣字三千，却合成一条心。"商纣王的时候，亿万人各怀不同的心思，可以说没有结成朋党，于是纣王因此而亡国。周武王的臣子三千人结成一个大朋党，而周朝却因此而兴盛。

【原文】

后汉献帝时，尽取天下名士囚禁之，目为党人^①。及黄巾贼起^②，汉室大乱，后方悔悟，尽解^③党人而释之，然已无救矣。唐之晚年，渐起朋党之论。及昭宗^④时，尽杀朝之名士，或投之黄河，曰："此辈清流，可投浊流^⑤。"而唐遂亡矣。

【注释】

①尽取天下名士囚禁之，目为党人：指东汉末年的"党锢之祸"，是桓帝、灵帝时的事。和下一句的黄巾起义都与汉献帝无关。汉献帝：刘协，东汉最后一个皇帝。

②黄金贼起：即黄巾起义，东汉末年的农民大起义，起于汉灵帝光和七年（184年），同年被镇压。

③解：赦免，解除。

④唐昭宗：李晔，唐末的一个皇帝，888—904年在位。

⑤"此辈清流，可投浊流"：指唐末权臣朱温诬陷宰相裴枢和其他大臣为朋党，杀害他们时，他的谋士李振说："此辈自谓清流，宜投于黄

河，永为浊流。"朱温接受了他的意见。见于《旧五代史·李振传》。

【译文】

东汉献帝的时候，逮捕全天下有名望的人，把他们关押起来，视为一伙"党人"。等到黄巾军起义，汉王朝大乱，这才后悔醒悟，随后完全解除了对党人的禁锢并释放了他们，然而东汉已经无可挽救了。唐朝的末期逐渐生出朋党的说法。到了昭宗时，杀光了朝中的名士，有的竟被投入黄河，说什么"这些人自称清流，可以把他们投到浊流中去"。唐朝也就随之灭亡了。

【原文】

夫前世之主，能使人人异心不为朋，莫如纣；能禁绝善人为朋，莫如汉献帝；能诛戮清流之朋，莫如唐昭宗之世。然皆乱亡其国。更相称美、推让而不自疑，莫如舜之二十二臣，舜亦不疑而皆用之。然而后世不诮①舜为二十二人朋党所欺，而称舜为聪明之圣者，以能辨君子与小人也。周武之世，举其国之臣三千人共为一朋，自古为朋之多且大莫如周。然周用此以兴者，善人虽多而不厌也。嗟呼！治乱兴亡之迹，为人君者可以鉴矣！

【注释】

①诮（qiào）：责备。

【译文】

前代的君主中能使人人各怀异心不结为朋党的，谁也不及商纣王；能彻底禁止有贤能的人结为朋党的，谁也不及汉献帝；能杀害"清流"们的朋党的，谁也不及唐昭宗时期，但是他们都因此使国家混乱以至灭亡。能互相赞美谦让而不心生怀疑的，谁也不及虞舜的二十二位大臣，虞舜也不怀疑他们并且全部重用他们，但是后代的人并不讥笑虞舜被二十二人的朋党所蒙骗，却赞美虞舜是聪明的圣主，原因就在于他们能区别君子和小人。周武王的时候，全国的三千人臣子结成一个朋党。自古以来结为朋党数量规模又多又大的，谁也不及周朝。然而周王朝却因此而兴盛，是因为贤能之士虽然很多但他们总也觉得不满足的缘故啊。唉！历史上太平动乱、兴盛衰亡的事迹，作为君主的，是可以借鉴的啊！

【评析】

这篇文章起笔不凡，开篇提出：君子无党，小人有党的观点。对于小人用来陷人以罪、君子为之谈虎色变的"朋党之说"，作者不回避，不辩解，而是明确地承认朋党之有，这样，便夺取了政敌手中的武器，而使自己立于不败之地。开头一句，作者就是这样理直气壮地揭示了全文的主旨。它包含三个方面内容：朋党之说自古有之；朋党有君子与小人之别；人君要善于辨别。作者首先从道理上论述君子之朋与小人之朋的本质区别；继而引用了六件史实，以事实证明了朋党的"自古有之"；最后通过对前引史实的进一步分析，论证了人君用小人之朋，则国家乱亡，用君子之朋，则国家兴盛。文章写得不枝不蔓，中心突出，有理有据，剖析透辟，具有不可辩驳的逻辑力量。

二 释秘演诗集序（欧阳修）

【原文】

予少以进士游京师①，因得尽交当世之贤豪。然犹以谓国家臣一②四海，休兵革，养息天下以无事者四十年③，而智谋雄伟非常之士，无所用其能者，往往伏而不出，山林屠贩，必有老死而世莫见者，欲从而求之不可得。其后得吾亡友石曼卿④。曼卿为人，廓然⑤有大志。时人不能用其材，曼卿亦不屈以求合。无所放其意，则往往从布衣野老，酣嬉淋漓，颠倒而不厌。予疑所谓伏而不见者，庶几狷⑥而得之，故尝喜从曼卿游，欲因以阴求⑦天下奇士。

【注释】

①进士：中国古代科举制度中，通过最后一级考试者，称为进士。是古代科举殿试及第者之称。欧阳修曾经两次到礼部参加进士考试。京师：北宋都城汴京，今河南开封。

②臣一：臣服统一。

③无事者四十年：指宋真宗景德元年（1004年）与契丹缔结澶渊之盟，此后差不多四十年，北宋几乎没有什么战乱。

④石曼卿：名延年，宋城（今河南商丘）人，文学家，尤工诗，善书法，当时有"天下奇才"之誉。

⑤廓然：开朗豪放的样子。

⑥狎（xiá）：亲近而且态度随便。

⑦阴求：暗中寻求。

【译文】

年轻的时候，我曾以进士的身份游历京城，因而能够广泛结交当代的贤人豪杰。但是，我还认为国家统一天下，停止战争，休养生息以致太平无事的时间已有四十年了，然而那些智谋超群、雄奇伟壮的不同寻常的人，始终没有机会施展他们的才能。他们往往隐居于山林和屠夫商贩中间，他们中间一定有到老死都没被世人发现的贤能，我想去追随并寻找他们，却无法办到。后来，我结识了现在已死去的朋友石曼卿。曼卿胸怀开阔而志向远大，当时的人不能任用他的才能，曼卿也不肯委屈自己去迎合他们。没有地方抒发意愿，他就常常追随平民百姓、乡村老人，痛快地尽兴喝酒游玩，即使醉倒也不会厌倦。我暗想那些隐居而没有被发现的人才，也许只有亲近他们才能找到他们，所以我常常喜欢追随曼卿游乐，想通过他来暗暗地寻求天下杰出的人才。

【原文】

浮屠秘演①者，与曼卿交最久，亦能遗外②世俗，以气节自高。二人欢然无所间。曼卿隐于酒，秘演隐于浮屠，皆奇男子也。然喜为歌诗以自娱。当其极饮大醉，歌吟笑呼，以适天下之乐，何其壮也！一时贤士，皆愿从其游，予亦时至其室。十年之间，秘演北渡河③，东之济、郓，无所合，困而归。曼卿已死，秘演亦老病。嗟夫！二人者，予乃见其盛衰，则予亦将老矣。

【注释】

①浮屠：梵语的译音，也作"浮图"，指和尚。秘演：和尚的法号，秘演是佛教徒，故也称释秘演。

②遗外：超脱。即抛弃世俗的功名富贵。

③河：黄河。

【译文】

和尚秘演和曼卿交游时间最久，也能够超脱世俗，以追求志气节操来自守清高。他们两人相处愉快，没有一点隔阂。曼卿隐藏在酒肆中，秘演隐居在寺庙里，他们都是有奇才的男子。他们都喜欢吟诗作赋，自我娱乐。当他们尽情饮酒而大醉时，唱歌吟诗欢笑狂呼，来求得天下最大的快乐，是多么豪壮啊！当时的贤人都愿意跟他们交往，我也时常到他们的住处。在十年中，秘演向北渡过黄河，向东到了济州、郓州一带，都没有遇到志趣相投的人，穷困潦倒，郁郁而归。如今，曼卿已经去世了，秘演也年老多病。唉！这两个人，我竟然亲眼看见他们的盛年和衰老，而我也快衰老了。

【原文】

夫曼卿诗辞清绝，尤称秘演之作，以为雅健有诗人之意。秘演状貌雄杰，其胸中浩然①，既习于佛，无所用，独其诗可行于世，而懒不自惜。已老，胠其橐②，尚得三四百篇，皆可喜者。

【注释】

①浩然：刚直正义之气。

②胠（qū）：从旁边打开。橐（tuó）：囊，口袋。引申为箱子。

【译文】

曼卿的诗言辞清妙绝伦，可他尤其称道秘演的作品，认为秘演的作品优雅刚健，有诗人的意趣。秘演相貌出众，胸怀宽阔刚直。但他已经学习佛法，再也没有施展才能的机会了，只有他的诗可以在世上流传，可是他懒散不珍惜自己的作品。现在已经老了，打开他的箱子，还能找到三四百篇，都是令人喜爱的佳作。

【原文】

曼卿死，秘演漠然无所向。闻东南多山水，其巅崖崛峍①，江涛汹涌，甚可壮也，遂欲往游焉。足以知其老而志在也。于其将行，为叙其诗，因道其盛时以悲其衰。

【注释】

①崛峍（lù）：高峻陡峭。

【译文】

曼卿死后，秘演深感寂寞，没有地方可去。他听说东南多奇山丽水，那里山峰悬崖高峻陡绝，江水波涛汹涌澎湃，非常的壮观，就想到那里去游览。这完全可以看出他虽然年老志向却依旧存在。在他将要远行时，我给他的诗集写了这篇序，借此来回顾他盛年时的情景并悲叹他的衰老。

【评析】

秘演诗文雅健，深受朋友们赞赏，虽然才品极高，"亦能遗外世俗，以气节自高"。欧阳公的好朋友石曼卿"隐于酒，秘演隐于浮屠，皆奇男子也。然喜为歌诗以自娱，当其极饮大醉，歌吟笑呼，以适天下之乐，何其壮也！一时贤士皆愿从其游。"

后来十年之间，秘演北渡黄河，向东到过山东济、郓两州，此时，他的好友曼卿去世了，秘演既老且病，然而，此时的秘演胸中依然有着浩然之气。好朋友去世后，他听说"东南多山水，其巅崖崛岈，江涛汹涌，甚可壮也。"还坚持要去壮游。到了生命的垂暮之年，仍然是一种"老而志在"的状态。读起这篇欧阳公纪念好友的文章，最让人感动的就是这位宋代才子的高古之风。

三 梅圣俞诗集序（欧阳修）

【原文】

予闻世谓诗人少达而多穷①，夫岂然哉？盖②世所传诗者，多出于古穷人之辞也。凡士之蕴其所有③而不得施于世者，多喜自放④于山巅水涯之外。见虫鱼草木、风云鸟兽之状类，往往探其奇怪，内有忧思感愤之郁积，其兴于怨刺⑤，以道羁臣⑥寡妇之所叹，而写人情之难言。盖愈穷则愈工⑦。然则非诗之能穷⑧人，殆⑨穷者而后工也。

【注释】

①达：闻达，这里指在仕途上顺利得志。穷：困顿，这里指在仕途上困窘不得志。

②盖：副词，表示不确定。

③蕴其所有：怀抱才华和理想。蕴，蕴藏。

④放：放任，纵情。

⑤怨刺：讽刺。

⑥羁臣：即"羁旅之臣"，指旅居在外或被贬谪的官员。

⑦工：精工，精美。

⑧穷：使……穷。

⑨殆：大概。

【译文】

我听闻世人常说：诗人仕途一帆风顺的少，困顿不顺的多。难道真的是这样吗？大概是因为世间所流传的诗作多是由古代困厄之士所写的吧。大凡怀瑾握瑜而又不能在世上充分施展才华的士人，一般都喜爱纵情于山水之间，看见虫鱼草木、风云鸟兽这些事物，往往会加以探究它们的奇特怪异之处。如果内心蕴藏着忧愁感慨，那么他们就会通过讽刺来表达逐臣、寡妇的慨叹，写出了人们所难于言说的感受。大概越困顿就能写得越精美。既然这样，大概是穷困潦倒后才能写出好诗来，而不应该是写诗使人穷困潦倒。

【原文】

予友梅圣俞①，少以荫补②为吏，累举进士，辄抑③于有司，困于州县凡十余年。年今④五十，犹从辟书⑤，为人之佐，郁⑥其所蓄不得奋见于事业。其家宛陵，幼习于诗，自为童子，出语已惊其长老。既长，学乎六经仁义之说，其为文章，简古纯粹，不求苟说于世，世之人徒知其诗而已。然时无贤愚，语诗者必求之圣俞。

【注释】

①梅圣俞：名尧臣，字圣俞，宣城（今安徽宣城）人，世称宛陵先生。北宋著名现实主义诗人。欧阳修挚友。

②荫补：因祖上有功而被选为官吏。荫，指因前辈功勋而得官。补，指官员有缺额，选人授职。

③抑：打压，抑制。

④今：通"近"，将近。

⑤辟书：征召的文书。

⑥郁：压抑，使不得舒发。

【译文】

我的好友梅尧臣，年轻时因为祖上有功而被补为官吏，几次参加科举考试，却总是被主考部门打压抑制，在地方郁郁不得志十多年。年纪将近五十了，还要等待别人征召的文书，去辅佐别人的工作。他郁积着自己的才华跟智慧，不能在政治上充分地表现出来。他的家乡在宛陵，小时候就学习写诗。当他还是孩童的时候，写出的诗句就已使得长辈们为之惊艳。长大之后，他学习了儒家仁义的学说，写起文章来简洁古朴，他不希望通过苟且来取悦于世人，因此世人只知道他会写诗罢了。然而时人无论贤愚，谈论诗歌必然要向梅圣俞请教。

【原文】

圣俞亦自以其不得志者，乐于诗而发之，故其平生所作，于诗尤多。世既知之矣，而未有荐于上者。昔王文康公①尝见而叹曰："二百年无此作矣！"虽知之深，亦不果②荐也。若使其幸得用于朝廷，作为"雅""颂"③，以歌咏大宋之功德，荐之清庙④，而追商、周、鲁、颂之作者，岂不伟欤？奈何使其老不得志而为穷者之诗，乃徒发于虫鱼物类、羁愁感叹之言？世徒喜其工，不知其穷之久而将老也，可不惜哉！

【注释】

①王文康公：即王曙，字晦叔，号文康，河南人，北宋名臣。

②果：最终。

③"雅""颂"：二者均为《诗经》内容分类的名称。前者为朝廷的乐曲，后者宗庙祭祀的乐曲。

④清庙：帝王的宗庙。

【译文】

梅圣俞自己也喜欢用诗歌来抒发不得志的地方，所以他一生所创作的作品，诗歌占的数量很多。世上之人虽然已经知道，但却未能把他推荐给朝廷。王文康公过去曾经见到梅圣俞的诗作，慨然叹曰："两百年内没有这样的好作品啊！"虽然对他已经有这么高的评价，但最终也不能把他推荐上去。如果使他能够有幸被朝廷任用，写出像《雅》《颂》这样的作品，颂扬我大宋皇朝的丰功伟绩，进献到宗庙里，追随《商颂》《周颂》《鲁颂》的作者，岂不是一件很了不起的事？为何要使他到老还是郁郁不得志，只能写一些困顿之人才作的诗歌，徒劳地在虫鱼之类上抒发穷苦哀愁的感叹呢？世人只知道喜欢他诗歌的雕润精工，却不知道他已经困厄如此之久，而将要徐徐老去，难道不可惜吗？

【原文】

圣俞诗既多，不自收拾。其妻之兄子谢景初，惧其多而易失也，取其自洛阳至于吴兴以来所作，次①为十卷。予尝嗜圣俞诗，而患②不能尽得之，遽③喜谢氏之能类次也，辄序④而藏之。其后十五年，圣俞以疾卒于京师，余既哭而铭之⑤，因索于其家，得其遗稿千余篇，并旧所藏，掇其尤者⑥六百七十七篇，为一十五卷。呜呼！吾于圣俞诗，论之详矣，故不复云。庐陵欧阳修序。

【注释】

①次：名词作动词，意思是排序。

②患：害怕。

③遽：马上。

④序：写序。

⑤铭之：为他写墓志铭。

⑥尤者：优秀的诗篇。

【译文】

梅圣俞的诗歌已经有很多，自己却不加整理。他的内侄谢景初因为害怕诗作太多而有所遗失，所以收集了他从洛阳到吴兴这段时间的作品，整理为十卷。我曾经很喜爱圣俞的诗作，常担心不能得到他的全集，后又高兴地看到谢景初能够分类排序，所以就为它写了序并把它收藏起来。过了十五年，梅圣俞因病在京师溘然长逝，我痛哭流涕并为他写了墓志铭，趁此机会向他家里索求遗文，得到遗留下来的诗稿一千多篇。加上我以前所收藏的，选取了其中较优秀的诗作，分为十五卷，共六百七十七篇。呜呼！我对于圣俞诗歌的评论已经够详细了，所以就不再多费笔墨了。庐陵欧阳修写了这篇序。

【评析】

欧阳修这篇序言之所以历来受人推重，主要在于作者提出了"穷而后工"的创作思想。欧阳修的"穷而后工"说，与司马迁的"发愤而作"说、韩愈的"不平则

117

鸣"说一脉相承，相互补充，共同发挥着一种有普遍意义的创作思想。

四 送杨寘序（欧阳修）

【原文】

予尝有幽忧①之疾，退而闲居，不能治也。既而学琴于友人孙道滋，受宫声数引②，久而乐之，不知其疾之在体也。夫琴之为技小矣，及其至也，大者为宫，细者为羽，操弦骤作，忽然变之，急者凄然以促，缓者舒然以和，如崩崖裂石、高山出泉，而风雨夜至也，如怨夫③寡妇之叹息，雌雄雍雍④之相鸣也。其忧深思远，则舜与文王、孔子之遗音也；悲愁感愤，则伯奇⑤孤子、屈原忠臣之所叹也。喜怒哀乐，动人必深。而纯古淡泊，与夫尧舜三代之言语、孔子之文章、《易》之忧患、《诗》之怨刺无以异。其能听之以耳，应之以手，取其和者，道⑥其湮郁，写⑦其幽思，则感人之际，亦有至者焉。

【注释】

①幽忧：忧伤。

②宫声：五音（宫、商、角、徵、羽）中的宫音。也指宫声调。引：乐曲体裁之一，这里引申表示数量单位。

③怨夫：即旷夫，成年无妻的男子。

④雍雍：象声词，鸟叫之声。

⑤伯奇：古代孝子。相传为周宣王时重臣尹吉甫长子。据《琴操》记载：周宣王时，大臣尹吉甫之子伯奇，原本孝顺之极，因后娘谗害，被尹吉甫驱逐出去。伯奇很伤心，弹琴作《履霜操》，曲终，投河而死。

⑥道：通"导"，疏通。

⑦写：通"泻"，倾泻。

【译文】

我曾经有过度忧劳的疾患，退休后闲居，也没能把它治好。后来跟朋友孙道滋学弹琴，学了几首宫声调，久而久之就感到很快乐，也就不觉得身上还患有这种疾病。弹琴只是一门小技艺，等到琴艺登峰造极的时候，声音洪亮的是宫声，声音细腻的是羽声，突然拨弦，改变音调，节奏忽而显得很急促凄清，忽而显得很舒缓平和，像山崖崩塌，石头碎裂，高山流出泉水，深夜风雨袭来。又像那旷夫怨妇的叹息，雌雄鸟儿啾啾的鸣叫。它那深远的忧思，就像是舜帝、周文王跟孔子遗留下来的声音；而悲愁感愤则像孤子伯奇、忠臣屈原的喟叹。喜怒哀乐，人之常情，必定感人至深。而其简古淡泊，则跟尧舜夏商周的语言、孔子的文章、《周易》的忧患、《诗经》的怨刺没有差别。如果能用耳朵欣赏，用手弹出来，选取其中和谐的部分，疏通抑郁不畅快的心情，倾泻郁积在心的感情，那么在感动人的时候，也能使人感悟到人生的真谛。

【原文】

予友杨君，好学有文，累以进士举，不得志。及从荫调①，为尉于剑浦，区区在东南数千里外，是其心固有不平者。且少又多疾，而南方少医药，风俗饮食异宜②。以多疾之体，有不平之心，居异宜之俗，其能郁郁以久乎？然欲平其心以养其疾，于琴亦将有得焉。故予作琴说以赠其行。且邀道滋酌酒，进琴以为别。

【注释】

①荫调：谓因先世荫庇被征调任官。

②异宜：谓所宜各不相同。

【译文】

我的好友杨寘爱学习又有文才，屡次参加进士考试，但却没有如愿。直到蒙祖上的功勋，他才被调到剑浦当县尉。这个小地方在数千里外的东南，他心中自然有许多不满。况且他从小身体就多病，而南方缺少医生跟药物，风俗跟饮食习惯也各有不同。以一个多病的躯体，加上愤愤不平的心情，居住在不同风俗习惯的地方，难道他要长久的沉闷下去吗？但是想要平和他的心情来疗养疾病，学琴可能会有一些收获。所以我写了《琴说》来为他送行，而且还邀请孙道滋来斟酒，并献上一张琴为他饯别。

【评析】

本文是送别朋友杨寘的，其中着力描写的却是琴声陶冶感情的力量。作者从多方面展开比喻与联想，把音乐中传达出来的复杂、抽象的感情表现得非常具体，而这一切又与对友人的关心紧紧地融合在一起。

五 丰乐亭记（欧阳修）

【原文】

修既治滁①之明年，夏，始饮滁水而甘，问诸②滁人，得于州南百步之近。其上则丰山耸然而特立，下则幽谷窈然③而深藏，中有清泉滃然④而仰出。俯仰左右，顾而乐之。于是疏泉凿石，辟地以为亭，而与滁人往游其间。

【注释】

①滁：今安徽滁州。

②诸：兼词，之于。问诸：即问之于。

③窈然：深远貌；幽深貌。

④滃然：云气腾涌、烟雾弥漫貌。

【译文】

我治理滁州的第二年夏天，才开始觉得滁州的水喝起来很甘甜。向滁州的人民询问水源在何处后，在滁州南面近百步处找到了它。它的上面是丰山，高耸独立；下面则是清幽的山谷，幽深地藏着；中间则是清泉所在，水沸涌着汩汩而出。我环看四周，都很满意。于是，我凿开石头疏导泉水，并开辟了一块空地建造了一座小亭，经常和滁州的老百姓一起来这里游玩。

【原文】

滁于五代干戈①之际，用武之地也。昔太祖皇帝尝以周师破李璟兵十五万于清流山②下，生擒其将皇甫晖、姚凤于滁东门之外，遂以平滁。修尝考其山川，按其图记③，升高以望清流之关④，欲求晖、凤就擒之所。而故老⑤皆无在者，盖天下之平久矣。自唐失其政，海内分裂，豪杰并起而争，所在为敌国者⑥，何可胜数？及宋受天命，圣人⑦出而四海一。向之凭恃险阻，铲削消磨⑧，百年之间，漠然徒见山高而水清。欲问其事，而遗老尽矣。今滁介江淮之间，舟车商贾，四方宾客之所不至，民生不见外事而安于畎亩衣食，以乐生送死。而孰知上之功德，休养生息，涵煦于百年之深也？

【注释】

①干戈：古代兵器，此处指战争。

②清流山：在今滁州城西南。

③图记：地图跟史书记载。

④清流之关：清流山关口。宋太祖大败南唐军队之地。

⑤故老：同下"遗老"，经历战争的老人。

⑥所在：到处。

⑦圣人：指宋太祖赵匡胤。

⑧铲削：铲除；消磨，磨灭。

【译文】

　　在五代战争动乱年间，滁州是经常发生战争的地方。以前宋太祖赵匡胤曾经带领后周军队在清流山下面击败李璟十五万人马，并在滁州城东门外面活捉了大将皇甫晖跟姚凤，从而攻克了滁州。我曾经考察了这里的山川地理，按照地图上的记载，我站在高处眺望清流山关口，想看一看这两位大将被抓的地方。而那些知道往事的老人都死了，大概是因为天下已经太平很久了吧。自从唐朝失掉政权，四海之内分崩离析，豪杰之士纷纷起来争夺天下，相互对峙的政权，哪里数得过来？等到宋王朝接受上天的任命，太祖一出现，四海就统一了。以前所依靠的那些险要地势都被铲平了。这一百年内，太平无事只见高山清水。我想要询问以前发生的战事，当时那个时代留下来的人早都去世了。今天的滁州介于长江和淮水之间，商人的船只车马跟四方的客人都不会到这里来。人民不能见到外面发生的事情，只是安心于田园生活，乐意如此生活并一直到老。哪里知道这是皇上的功德，使百姓休养生息，滋润养育了一百年之久呢？

【原文】

修之来此，乐其地僻而事简①，又爱其俗之安闲。既得斯泉于山谷之间，乃日与滁人仰而望山，俯而听泉，掇幽芳而荫乔木，风霜冰雪，刻露②清秀，四时之景无不可爱。又幸其民乐其岁物③之丰成，而喜与予游也。因为本其山川，道其风俗之美，使民知所以安此丰年之乐者，幸生无事之时也。夫宣上恩德，以与民共乐，刺史之事也。遂书以名其亭焉。

【注释】

①事简：政务简明。

②刻露：犹毕露，完全显露。

③岁物：指谷物。因其一年收成一次，故谓。

【译文】

我来到这个地方，很喜欢这里地处偏僻，政务简明，又很爱它风俗安适清闲。既然在这个山谷之间发现这个泉水，于是每天都跟滁州人民一起来此游玩，仰望高山，低头听泉。春天采摘幽香的野花，夏天在繁盛的大乔木乘凉，秋天风霜，冬天冰雪，完全显露出它的清丽秀美，四季的风景，无一不令人感到喜爱。那时又庆幸遇到百姓为那年谷物的丰登而高兴，乐意与我出游。于是为此根据这里的山脉河流，叙说这里美好的风俗，让民众知道安享丰收之年的快乐，是因为有幸生于这个没有战争的时代。宣传皇帝的恩惠功德，和民众共享幸福快乐，这是刺史应该做的事。于是就写下这篇文章来为这座亭子起名。

【评析】

本文名为"记丰乐亭"，实际上作者却用了较多的篇幅，通过今昔对比的手法歌颂了当时的"太平盛世"。尽管北宋前期的局势还远远比不上以前的"文景之治""贞观之治"，但从结束了唐末开始形成的战乱纷争的割据局面这一点来说，还是有利于社会发展的。作者虽把这种安定局势的形成归功于"宋受天命，圣人出而四海一"，但是，他能同情并讴歌滁州百姓的"安于畎亩衣食，以乐生送死"的安闲生活，确实有积极意义的。同时，我们还应注意到，本文是在欧阳修被贬后写出的。当他在宦海失意，地位一落千丈时，还能处之泰然，从中可以看到他的胸襟是何等开阔！

六 秋声赋（欧阳修）

【原文】

欧阳子①方夜读书，闻有声自西南来者，悚然②而听之，曰："异哉！"初淅沥③以潇飒④，忽奔腾而砰湃，如波涛夜惊，风雨骤至。其触于物也，铮铮⑤，金铁皆鸣，又如赴敌之兵，衔枚⑥疾走，不闻号令，但闻人马之行声。予谓童子："此何声也？汝出视之。"童子曰："星月皎洁，明河⑦在天，四无人声，声在树间。"予曰："噫嘻，悲哉！此秋声也，胡为⑧乎来哉？"

【注释】

①欧阳子：欧阳修自称。

②悚然：惊悚的样子。

③淅沥：象声词，形容轻微的风雨声、落叶声等。

④潇飒：形容风雨吹打草木发出的声音。

⑤铮铮：象声词，金属相击的声音。

⑥衔枚：衔：用嘴含。枚：像筷子的东西，两头有带，可系于颈上。古时行军或袭击敌军时，让士兵衔枚以防出声。

⑦明河：银河。

⑧胡为：为什么。

【译文】

我晚上正在读书的时候，听到有声音从西南方传来，惊悚地听了听，说道："奇怪啊！"刚开始，这声音像朦胧的细雨，其中还夹杂风吹草木的声音，接着又忽然飞奔疾驰起来，声势极大，就像那夜里海浪相互撞击，狂风暴雨忽然来临。当它与物体接触的时候，会发出金属相互撞击的声音，（仔细一听）又像士兵横衔枚于口中，急速地赶往前线杀敌，听不见任何发号施令的声音，只听见有士兵跟马匹行进的声音。（于是）我问童子说："这是什么声音？你出去看看。"童子回答说："星光灿烂，月色皎洁，银河横亘在天上，周围没有人的声音，那声音是从树林里传来的。"我说："哎，悲哀啊！这就是秋天的声音，它是怎么来的呢？"

【原文】

盖夫秋之为状①也，其色惨淡，烟霏云敛②；其容清明，天高日晶③；其气栗冽④，砭⑤人肌骨；其意萧条，山川寂寥⑥。故其为声也，凄凄切切，呼号奋发。丰草绿缛⑦而争茂，佳木葱茏⑧而可悦。草拂之而色变，木遭之而叶脱。其所以摧败零落者，乃一气之余烈。

【注释】

①状：情状，特征。

②烟霏：云烟弥漫。敛：收敛。

③日晶：日光明亮。

④栗冽：寒冷。栗，通"凛"。

⑤砭：刺。

⑥寂寥：空旷、高远。

⑦绿缛：形容草木碧绿繁茂。

⑧葱茏：形容草木青翠而茂盛。

【译文】

这大概就是秋天的特征，它的色调凄惨暗淡，烟雨霏霏而云彩收敛；它的形貌清新明丽，天高气爽，太阳明晃晃；它的气候寒冷凛冽，刺人肌骨；它的意境冷落肃杀，山岳江河空旷高远。所以它发出的声音凄清急切，呼啸着不可遏阻。茂盛浓密的绿草丛争相繁盛，树木青翠欲滴而使人高兴。然而，当秋风吹过草地时，小草就要变枯；掠过森林时，树木就要落叶。它能够使花草凋零，树木枯萎的原因，乃是因为秋气的余威。

【原文】

夫秋，刑官①也，于时为阴，又兵象②也，于行为金。是谓天地之义气，常以肃杀③而为心。天之于物，春生秋实。故其在乐也，商声④主西方之音，夷则为七月之律。商，伤也，物既老而悲伤。夷，戮也，物过盛而当杀。

【注释】

①刑官：掌刑法的官吏。

②兵象：战争的征象。

③肃杀：形容秋冬天气寒冷，草木凋落。

④商声：五声之一，这里指秋声。

【译文】

秋天就是刑官执法的季节，它在时令上属于阴；而秋天又是战争的征象，在五行上属于金。这就是所谓的天地间的义气，它常常表现为天气寒冷，草木凋落。造物主让万物在春天生长，在秋天结实。所以秋天在音乐的五声之中属于商调。商调是代表西方的乐调，夷则是七月的曲律。商，就是"伤"，当万物衰老了，都会产生悲伤之情。夷，就是杀戮，万物过了繁盛期就应该衰亡。

【原文】

"嗟乎！草木无情，有时飘零。人为动物，惟物之灵。百忧感其心，万事劳其形，有动乎中，必摇其精①。而况思其力之所不及，忧其智之所不能。宜其渥②然丹者为槁木，黟然③黑者为星星。奈何非金石之质，欲与草木而争荣？念谁为之戕④贼，亦何恨乎秋声？"童子莫对，垂头而睡。但闻四壁虫声唧唧，如助予之叹息。

【注释】

①摇：耗费。精：精力。

②渥：红润的脸色。

③黟然：黑色的样子。

④戕：残害。

【译文】

"啊！草木本为无情之物，有时还不免飘摇零落。何况人为万物之灵长。千愁万绪煎熬着他们的心灵，琐碎的杂事使他们疲于奔劳。在心中有所触动，必定会耗费他们的精力，更何况思考他们体力不能做到的，忧虑他们智力不能解决的事情呢。这样自然使他们色泽红润的小脸变得苍老枯槁，乌黑的头发变得鬓发花白。（既然如此，）为什么还要用不是金石做成的身体，去像草木那样争夺一时的繁盛呢？（我们）应当好好想想到底是谁给自己带来了这么多的戕害，又何必只去怨恨这秋声呢？"童子回答不上来，低着头就睡了。只是听到四周的虫声在叫，好像是在附和我的叹

125

息啊。

【评析】

本文是作者晚年所作。虽仕途已入顺境，但长期的政治斗争也使他看到了世事的复杂，逐渐淡于名利。秋在古代也是肃杀的象征，一切生命都在秋天终止。作者的心情也因为屡次遭贬而郁闷，但他也借秋声告诫世人：不必悲秋、恨秋，怨天尤地，而应自我反省。这一立意，抒发了作者难有所为的郁闷心情，以及自我超脱的愿望。

七 祭石曼卿文（欧阳修）

【原文】

维治平①四年七月日，具官②欧阳修，谨遣尚书都省令史李③至于太清，以清酌庶羞④之奠，致祭于亡友曼卿之墓下，而吊之以文曰："呜呼曼卿！生而为英，死而为灵。其同乎万物生死，而复归于无物者，暂聚之形；不与万物共尽，而卓然其不朽者，后世之名。此自古圣贤莫不皆然。而著在简册⑤者昭如日星。

【注释】

①维治平：治平（1064—1067年），北宋时宋英宗赵曙的年号，共计四年。维，发语词。

②具官：唐宋以后，官吏在奏疏、函牍或其他应酬文字中，常把应写明的官职爵位写作"具位"，表示谦敬。欧阳修写作此文时，官衔是观文殿学士刑部尚书亳州军州事。

③尚书都省：即尚书省，管理全国行政的官署。令史：管理文书工作的官。李：其人资料不详。

④清酌庶羞：庶，众多。羞，通"馐"，味美的食品。清酌庶羞，即清醇美酒，多样佳肴。这里指祭奠用品。

⑤简册：这里指史籍。

【译文】

在宋英宗治平四年七月的某日，卑职欧阳修派遣尚书都省令史李到太清之下，用清醇美酒和多样佳肴作奠仪献祭在死去的好友石曼卿的墓前，并写了一篇祭文吊祭说："唉！曼卿啊，你活着时是英雄，死后也是神灵。与万物同生共死，最后又化为云烟，就像是暂时相聚的形体；又不与万物一样湮没不闻而卓然特立、永垂不朽，为后人留下英名。从古到今的圣贤之人，没有不是这样的，而载入史册的人像日月星辰一样明亮。

【原文】

"呜呼曼卿！吾不见子久矣，犹能仿佛子之平生①。其轩昂磊落，突兀峥嵘而埋藏于地下者，意其不化为朽壤②，而为金玉之精。不然，生长松之千尺，产灵芝而九茎。奈何荒烟野蔓③，荆棘纵横，风凄露下，走磷④飞萤？但见牧童樵叟，歌吟而上下，与夫惊禽骇兽，悲鸣踯躅而咿嘤⑤。今固如此，更千秋而万岁兮，安知其不穴藏狐貉⑥与鼯鼪⑦？此自古圣贤亦皆然兮，独不见夫累累乎⑧旷野与荒城！呜呼曼卿！盛衰之理，吾固知其如此，而感念畴昔，悲凉凄怆，不觉临风而陨涕者，有愧夫太上之忘情。尚飨！"

【注释】

①平生：指平素的志趣、情谊、业绩等。

②意：想来。朽壤：腐土。

③荒烟野蔓：比喻空旷偏僻，冷落荒凉。荒烟：空旷荒凉的原野上的雾气。野蔓：蔓生的野草。

④磷：一种非金属元素。夜晚时在墓地或荒野出现的淡绿色磷光。世俗迷信称为"鬼火"。实是由磷质与空气接触后燃烧所呈现的微弱绿光。

⑤咿嘤：象声词。鸟兽啼叫声。

⑥狐貉：亦作"狐狢"，兽名。狐与貉。

⑦鼯鼪：泛指小动物。

⑧累累乎：众多的样子。

【译文】

"唉！曼卿啊，我已经很久没有看见你了，但依稀能记得你平素的志趣、情谊、业绩呢。你器宇轩昂，磊落光明，高大威武，就算埋藏在地下，想来也不会化为腐土，而是会变成金玉的精华。如果不是这样，这个地方怎么会长出千尺高的松树，出产具有九根茎的灵芝草呢？无奈的是这里人烟稀少，野草丛生，荆棘遍地；而且风声凄惨，霜露直降；磷火晃动，萤火虫到处飞走；只能见到牧童与樵夫，唱着山歌来来往往。还有那受惊的飞禽走兽徘徊，发出悲惨的叫声。今天已然是这个样子，如果再过个千百万年，又怎能知道它的洞穴里面是不是藏着狐狸貉子、鼯鼠和黄鼠狼？况且自古以来，圣贤之人也都是这样，难道就没有看到那许多相连的空旷的野地和荒芜的城市吗？唉！曼卿啊，古往今来兴盛跟衰败的道理，我早就知道是这样的。只不过想到从前的情景，感到悲凉凄惨，不禁临风落泪，对于先人所谓的"太上忘情"，我感到有些惭愧。希望你来享用这些祭品！"

【评析】

本文是欧阳修在挚友石曼卿去世二十六年后为他所作的祭文。文章开始说明写作祭文的缘起，接下来先是颂扬石曼卿的不同流俗，"生而为英，死而为灵"，死后形体虽化，而名声却如同古代的圣贤一样彰显后世。复又极力形容荒野坟茔的凄凉景象，千秋万岁之后，或将为狐貉鼯鼪诸类藏身之穴，感叹"此自古圣贤亦皆然兮，独不见夫累累乎旷野与荒城！"最后明言作者虽明白人之生死是自然之理，然而追念往昔，仍凄然泪下，不能忘情。篇末以"尚飨"二字作结，哀戚怆恻之情，溢于言表。

八 纵囚论（欧阳修）

【原文】

信义行于君子，而刑戮施于小人。刑入于死者，乃罪大恶极，此又小人之尤甚者也。宁以义死，不苟幸生，而视死如归，此又君子之尤难者也。

方唐太宗之六年，录①大辟囚三百余人，纵使还家，约其自归以就死。是以君子之难能②，期小人之尤者以必能也。其囚及期，而卒自归无后者，是君子之所难，而小人之所易也。此岂近于人情哉？

或曰：罪大恶极，诚小人矣。及施恩德以临之，可使变而为君子。盖恩德入人之深，而移人之速，有如是者矣。曰：太宗之为此，所以求此名也。然安知夫纵之去也，不意其必来以冀免③，所以纵之乎？又安知夫被纵而去也，不意其自归而必获免，所以复来乎？夫意其必来而纵之，是上贼④下之情也；意其必免而复来，是下贼上之心也。吾见上下交相贼以成此名也，乌有所谓施恩德与夫知信义者哉？不然，太宗施德于天下，于兹六年矣，不能使小人不为极恶大罪，而一日之恩，能使视死如归，而存信义，此又不通之论也。

然则何为而可？曰：纵而来归，杀之无赦；而又纵之，而又来，则可知为恩德之致尔。然此必无之事也。若夫纵而来归而赦之，可偶一为之尔。若屡为之，则杀人者皆不死，是可为天下之常法乎？不可为常者，其圣人之法乎？是以尧、舜、三王之治⑤，必本于人情；不立异以为高，不逆情以干誉⑥。

【注释】

①录：选取。大辟：先秦时代死刑的通称。辟，刑。

②难能：不容易做到的。

③冀免：希望赦免。

④贼：揣摩，揣度。

⑤尧、舜、三王：古代的圣明君主。三王：指夏禹、商汤、周文王。

⑥逆情：违背人情。干誉：求取名誉。

【译文】

对君子要讲信义，对小人要施用刑罚。刑罚判成死罪的，是罪恶到了极点的人，这又是小人中最厉害的了。宁愿为了信义而死，不愿苟且偷生，这又是君子特别难做到的。

当唐太宗贞观六年的时候，选取判了死罪的囚犯三百多人，释放了让他们回家，并约定时间叫他们自己回来接受死刑。这是连君子都难以做到的事，希望最坏的小人一定去做到。那些囚犯到了期限，终于自动回来，没有一个迟到的人。这是君子都难以做到的事，小人却轻易地做到了。这难道是近于人情的吗？有人说："罪大恶极，确实是小人，但是等到对他施加恩德，就能使他变成君子。因为恩德深入人心，很快改变了他们的品质，所以出现了像这样的事情。"我要说："唐太宗所以这样做，正是要求得这样的好名声。但是又怎么知道囚犯回去，不是料想到他们一定会自己回来希望赦免呢？又怎么知道那被放回家的囚犯，不是料想到他们自动回来一定会得到赦免，才自动回来的呢？料想到他们一定会回来而放他们出去，是上面的揣摩下面的心情；料想到一定会被赦免而回来，这是下面的揣摩上面的心思。我只看到上面下面互相揣摩来得到这种好名声，哪里有什么布施恩德和懂得信义呢？如果说不是这样的话，那么唐太宗向天下布施恩德，到这时已经有六年了，还不能使小人不做罪大恶极的事，然而一天的恩德，却能使他们视死如归保存信义，这又是讲不通的道理。"

既然这样，那么怎样做才行呢？我说："释放了而能自动回来，杀掉他们而不赦免，然后再释放一批，如果他们又回来了，就可以知道是布施恩德造成的。然而这是一定不会有的事啊。至于释放了能够自动回来再加以赦免的事，只能偶尔做做罢了。如果屡次这样做，那么杀人犯都不会死了，这能够作为天下长久的法律吗？不能作为长久的法律，是圣人的法律吗？所以，尧、舜和大禹、商汤、文王他们治理天下，一定根据人情，不标新立异来显示高尚，不违背人情来求取名誉。"

【评析】

这是一篇关于唐太宗"纵囚"的史论。据载：唐太宗于贞观六年十二月"亲录囚徒归死罪者二百九十人于家，令明年秋末就刑。其后，应期毕至，诏悉原之"。这件事一直被封建史家称道，欧阳修却有不同的看法。他主张法治，不主张人治，认为纵囚不近人情，不可作为"常法"，甚至一针见血地指出唐太宗此举在于沽名钓誉。文章步步分析，层层辩驳，纵收自如。

九 醉翁亭记（欧阳修）

【原文】

环滁①皆山也。其西南诸峰，林壑尤美。望之蔚然而深秀者，琅琊也。山行六七里，渐闻水声潺潺，而泻出于两峰之间者，酿泉也。峰回路转②，有亭翼然③临于泉上者，醉翁亭也。作亭者谁？山之僧智仙也。名之者谁？太守自谓也。太守与客来饮于此，饮少辄醉，而年又最高，故自号曰"醉翁"也。醉翁之意不在酒，在乎山水之间也。山水之乐，得之心而寓之酒也。

若夫日出而林霏开，云归而岩穴暝，晦明变化④者，山间之朝暮也。野芳发而幽香，佳木秀而繁阴，风霜高洁，水落而石出者，山间之四时也。朝而往，暮而归，四时之景不同，而乐亦无穷也。

至于负者歌于途，行者休于树，前者呼，后者应，伛偻提携⑤，往来而不绝者，滁人游也。临溪而渔，溪深而鱼肥；酿泉为酒，泉香而酒洌⑥。山肴野蔌，杂然而前陈者，太守宴也。宴酣之乐，非丝非竹，射者中，弈者胜，觥筹交错，起坐而喧哗者，众宾欢也。苍颜白发，颓乎其中者，太守醉也。

已而夕阳在山，人影散乱，太守归而宾客从也。树林阴翳⑦，鸣声上下，游人去而禽鸟乐也。然而禽鸟知山林之乐，而不知人之乐；人知从太守游而乐，而不知太守之乐其乐也。醉能同其乐，醒能述以文者，太守也。太守谓谁？庐陵欧阳修也。

【注释】

①环：环绕。滁：滁州。

②峰回路转：山势回环，路也跟着转弯。回，转弯。

③翼然：指亭子四角翘起，像鸟展翅的样子。

④晦明变化：或暗或明，变化不一。

⑤伛偻（yǔ lǚ）：弯腰驼背的样子，指老年人。提携：拉着手领着走，指小孩。

⑥洌：极清。

⑦阴翳（yì）：树荫遮蔽着。

【译文】

环绕着滁州城的都是山。它的西南方的各个山峰，树林和山谷尤其优美。望过去树木茂盛、幽深秀丽的，是琅琊山。在山上走了六七里，渐渐地听到潺潺的流水声，水从两座山峰之间奔泻出来的，这是酿泉。山势回环，路也跟着转弯，有座亭子四角翘起、像鸟儿张开翅膀一样，靠近酿泉边上，这就是醉翁亭。造亭子的是谁？是这山里的和尚智仙，给亭子取这个名字的是谁？是太守用自己的别号来称呼它。太守和客人们到这里来宴饮，喝一点点酒就醉了，而年纪又最大，所以自称醉翁。醉翁的心思不在于喝酒，而在于游山玩水。游山玩水的快乐，内心领略了，又通过喝酒来寄托这种快乐。

　　早晨太阳出来，树林里的雾气散开，傍晚烟云聚拢，山石洞穴又阴暗起来，这样由明变暗，由暗变明的情形，就是山中的早晨和傍晚。野花开放，发出清幽的香气，树木枝繁叶茂，形成一片浓密的绿荫，天高气爽，霜色洁白，山谷里水落下去，石头露出来：这就是山中一年四季的景象。早上去，傍晚回，四季的风景不同，游玩的乐趣也无穷无尽。

　　至于背着东西的人在路上唱着歌，走路的人在树下休息，前面的人大声呼唤，后面的人随声答应，驼着背的老人和被牵着的小孩，来来往往络绎不绝，这是滁州的人在山里游玩。到溪里捕鱼，溪水很深，鱼很肥；用酿泉的水酿酒，泉水香甜，酒色清纯；野味野菜，纷纷摆在桌前：这是太守在举行宴会。宴会喝酒的乐趣，不在于动听的音乐；投壶的人投中了，下棋的人下赢了，就罚输的喝酒，于是酒杯酒筹交互错杂，一时坐着，一时站起，大声喧闹：这是太守的宾客在尽情地欢乐啊！苍老的容颜、雪白的头发，醉醺醺地坐在他们中间：这是太守喝醉了。

　　后来傍晚的太阳落在西山上，人影散乱：这是太守回府，客人们跟着他。浓密的树荫遮盖着，上上下下的鸟叫声响成一片：这是游人离去了，鸟儿在尽情欢唱。但是鸟儿只知道山林里的快乐，却不知道游人的快乐；游人只知道跟着太守游玩很快乐，却不知道太守因为看到他们快乐而感到很快乐。喝醉了能和大家一起快乐，酒醉以后能够用文章记下这些快乐情形的，是太守。太守是谁？是庐陵的欧阳修啊！

【评析】

　　本文是作者被贬为滁州知州时写的。文章通过对优美的自然环境和和乐的社会风气的描写，表达了作者"与民同乐"的政治理想，从侧面表现了自己在滁州的政绩，同时，也反映了他遭贬谪后纵情山水，借以排遣愁闷的思想。

　　文章文采飞扬，写景抒情莫不酣畅淋漓。二十一个"也"使文章有一气呵成之感，音韵铿锵，美不胜收。欧阳修作文，最喜精思细改。本文首句本来是用几个分句写滁州四面有哪些山，反复修改后，定为五字："环滁皆山也。"

　　作者虽遭贬谪可是能在纵情山水中找到快乐，这就是人生一大幸事。由此我们可以看出人在这个世界上生存并非只有做官是最好的选择，只要以一种乐观的心态去对待生活，那么生活就处处都充满喜悦和希望。

十　泷冈阡表（欧阳修）

【原文】

　　呜呼！惟我皇考崇公，卜吉于泷冈之六十年，其子修始克表于其阡①。非敢缓也，盖有待也。

　　修不幸，生四岁而孤。太夫人②守节自誓，居穷，自力于衣食，以长以教，俾至于成人。太夫人告之曰："汝父为吏，廉而好施与，喜宾客。其俸禄虽薄，常不使有余，曰：'毋以是为我累。'故其亡也，无一瓦之覆③、一垄之植以庇而为生，吾何恃而能自守耶？吾于汝父，知其一二，以有待于汝也。自吾为汝家妇，不及事吾姑，然知汝父之能养也。汝孤而幼，吾不能知汝之必有立，然知汝父之必将有后也。吾之始归也，汝父免于母丧④方逾年。岁时祭祀，则必涕泣曰：'祭而丰，不如养之薄也。'间御酒食，则又涕泣曰：'昔常不足，而今有余，其何及⑤也！'吾始一二见之，以为新免于丧适然⑥耳。既而其后常然，至其终身未尝不然。吾虽不及事姑，而以此知汝父之能养也。汝父为吏，尝夜烛治官书，屡废而叹。吾问之，则曰：'此死狱也，我求其生不得尔。'吾曰：'生可求乎？'曰：'求其生而不得，则死者与我皆无恨也。矧求而有得耶？以其有得，则知不求而死者有恨也。夫常求其生，犹失之死，而世常求其死也。'回顾乳者抱汝而立于旁，因指而叹曰：'术者谓我岁行在戌将死，使其言然，吾不及见儿之立也，后当以我语告之。'其平居教他子弟，常用此语，吾耳熟焉，故能详也。其施于外事，吾不能知。其居于家，无所矜饰，而所为如此，是真发于中者邪！呜呼！其心厚于仁者耶！此吾知汝父之必将有后也。汝其勉之。夫养不必丰，要于孝；利虽不得博于物⑦，要其心之厚于仁。吾不能教汝，此汝父之志也。"修泣而志之，不敢忘。

　　先公少孤力学，咸平三年进士及第，为道州判官，泗、绵二州推官，又为泰州判官，享年五十有九，葬沙溪之泷冈。太夫人姓郑氏，考讳德仪，世为江南名族。太夫人恭俭仁爱而有礼，初封福昌县太君，进封乐安、安康、彭城三郡太君。自其家少微时，治其家以俭约，其后常不使过之。曰："吾儿不能苟合于世，俭薄所以居患难也。"其后修贬夷陵，太夫人言笑自若，曰："汝家故贫贱也，吾处之有素矣。汝能安之，吾亦安矣。"

自先公之亡二十年，修始得禄而养。又十有二年，列官于朝，始得赠封其亲。又十年，修为龙图阁直学士、尚书吏部郎中，留守南京。太夫人以疾终于官舍，享年七十有二。又八年，修以非才入副枢密，遂参政事⑧。又七年而罢。自登二府，天子推恩⑨，褒其三世。盖自嘉祐以来，逢国大庆，必加宠锡。皇曾祖府君，累赠金紫光禄大夫、太师、中书令。曾祖妣，累封楚国太夫人。皇祖府君，累赠金紫光禄大夫、太师、中书令兼尚书令。祖妣，累封吴国太夫人。皇考崇公，累赠金紫光禄大夫、太师、中书令兼尚书令。皇妣，累封越国太夫人。今上初郊，皇考赐爵为崇国公，太夫人进号魏国。

于是小子修泣而言曰："呜呼！为善无不报，而迟速有时，此理之常也。惟我祖考，积善成德，宜享其隆。虽不克有于其躬，而赐爵受封，显荣褒大，实有三朝之锡命。是足以表见于后世，而庇赖其子孙矣。"乃列其世谱，具刻于碑。既又载我皇考崇公之遗训，太夫人之所以教而有待于修者，并揭于阡。俾知夫小子修之德薄能鲜，遭时窃位；而幸全大节，不辱其先者，其来有自。

熙宁三年，岁次庚戌，四月辛酉朔，十有五日乙亥；男推诚、保德、崇仁、诩戴功臣，观文殿学士，特进，行兵部尚书，知青州军州事，兼管内劝农使，充京东路安抚使，上柱国，乐安郡开国公，食邑四千三百户，食实封一千二百户⑩，修表。

【注释】

①皇考：对亡父的尊称。卜吉：占卜吉地。克：能够。

②太夫人：指欧阳修的母亲郑氏。古时列侯之妻称夫人，列侯死，子称其母为"太夫人"。

③"无一瓦之覆"二句：谓没有片瓦可资覆盖（指没有自己的房屋），没有一块田地可以耕种。

④免于母丧：母亲死后，守丧期满。

⑤何及：指来不及以酒食事亲。

⑥适然：偶然这样。和下文"常然"、"未尝不然"相对应。

⑦博于物：普及于人。

⑧参政事：做参知政事，即副宰相。

⑨又七年而罢：欧阳修在宋英宗治平四年（1067年）被罢免参知政事。二府：宋代枢密主管军事，中书省主管政事，同为最高国务机关，并称"二府"。推恩：施与恩惠。

⑩食邑：亦称"采邑"或"封地"。指以征收封地的租税作食禄。食实封：谓实封的食邑。

【译文】

唉！我的先父崇国公，在泷冈占卜吉地安葬六十年了，他的儿子欧阳修才能够在墓道上立碑。这并不是我敢拖延，而是因为有所等待。

我不幸，生下来四岁时父亲就去世了。母亲自己发誓守节，家境贫寒，自己操持生活，抚养、教育我，使我一直长大成人。母亲告诉我说："你父亲做官，清廉自守却喜欢周济别人，又喜欢结交朋友。他的俸禄虽然微薄，却常常不让它有一点剩余。他说：'不要让它成为我的负担。'所以他去世后，没有房屋可以居住，没有一块田地可以耕种，用来依赖维生。我靠什么能够自己守节呢？我对你父亲，略微知道一二，因而对你有所期待。自从我做了你家的媳妇，没有来得及赶上侍奉我的婆母，但我知道你父亲是能孝养父母的。你没了父亲，年纪又小，我不能知道你一定会有所成就，但是知道你父亲一定会有好后人。我刚嫁过来的时候，你父亲服母丧期满刚过一年。每当逢年过节祭祀的时候，他一定流着泪说：'祭祀时祭品再多，也比不上活着时微薄的供养啊。'偶然用点好酒好饭菜，就又流泪说：'以前常常缺少，现在却有剩余了，可是怎么来得及供养父母呢？'我开始看一两次，认为他是新近免除服丧，偶然这样罢了。后来却经常这样，直到他去世，没有一次不是这样的。我虽然没赶上侍奉婆母，但从这里我知道你父亲一定能孝敬奉养父母。你父亲做官，曾经在夜里点灯批阅案卷，多次停下来叹息。我问他，他说：'这判死罪的案子，我想救活他却做不到。'我说：'该判死罪的还能想法救吗？'他说：'想救活他却做不到，那么死者和我都没有遗憾了。何况想救活有时还做得到呢？因为可以救活，而知道凡是没有替他想办法而被处死的，就会有遗恨。经常想救活死囚，还免不了错杀；世上却还有人总是想把人处死呢！'他回头看到奶娘抱着你站在旁边，就指着你叹息说：'算命的人说我碰到戌年就会死了，如果他的话说对了，那我就看不到这孩子成人了，以后你应该把我的话告诉他。'他平时教育其他晚辈，也常用这些话，我听熟了，所以记得很清楚。他在外面做的事，我不能知道。他住在家里，我却知道是没有一点做作的。这些话是真正发自内心深处的！唉！他的心是很重视仁德的！这就是我知道你父亲会有好后代的原因。你一定要用这些勉励自己啊！供养父母不一定要衣食丰厚，重要的是孝顺；利人的事虽然不能遍及每个人，重要的是心里要重视仁义。我不能教导你，这是你父亲的期望啊。"我哭着记住了这些话，不敢忘记。

先父小时候便失去了父亲，努力读书。咸平三年中了进士，做过道州的判官，泗州、绵州的推官，又做过泰州的推官，终年五十九岁，葬在沙溪的泷冈。我母亲姓郑，她的父亲名德仪，世代都是江南有名的大族。我母亲恭敬节俭仁厚慈爱，待人很有礼节，开始被封为福昌县太君，后来晋封为乐安、安康、彭城三郡太君。从我们家里贫穷时起，她管理家务就注意节俭，后来总是不让超过这个限度，说："我的儿子不会苟且迎合世人，俭朴节约是为了准备将来过患难日子。"后来我被贬官做夷陵的知县，母亲谈笑自如，说："你家原来就很穷，我过这种日子已经过惯了。你能安心过，我也能安心过了。"

先父去世二十年后，我才得到俸禄供养母亲。又过了十二年，我到朝廷做官，才能使先人得到封赠。再过了十年，我做了龙图阁直学士、尚书吏部郎中，留守南京。母亲因病在官舍里去世，终年七十二岁。再过了八年，我虽然无才，却进了枢密院当副使，接着当了参知政事。又过了七年罢了官。自从我进了枢密院和中书省，天子施与恩德，褒扬了曾祖、祖、父母三代。从嘉祐年间以来，每逢国家大典，一定加以恩宠赏赐：先曾祖父，累封金紫光禄大夫、太师、中书令。先曾祖母，累封楚国太夫人。先祖父，累封金紫光禄大夫、太师、中书令兼尚书令。先祖母，累封吴国太夫人。先父崇公，累赠金紫光禄大夫、太师、中书令兼尚书令。先母，累封越国太夫人。当今皇上第一次祭天，赠封先父为崇国公，先母加封为魏国太夫人。

于是我流着泪说：唉！做好事没有不得到好报的，只是有早有晚，这是常理。我的祖先，积修善行，成就仁德，应该享受隆厚的报答。虽然他们生前没能亲自领受，死后却能赐爵受封，荣光显隆，褒扬厚重，享有三朝的恩宠诏命，这就足以让后世称扬，庇佑他们的子孙了。我于是列出世代的家谱，都刻在墓碑上。接着又记下我父崇国公的遗训和先母是如何教导期望我的，都在墓碑上写明。使人们知道我德行微薄，才能缺少，却遇上清明的时代，做了官员，而且万幸保全了大节，没有辱没祖先，是有来由的。

熙宁三年，庚戌岁四月十五日，儿子推诚保德崇仁翊戴功臣、观文殿学士、特进、行兵郡尚书、知青州军州事、兼管内劝农使、充京东路安抚使、上柱国、乐安郡开国公，食邑四千三百户、实食邑一千二百户欧阳修撰表。

【评析】

本文是欧阳修撰写与刻在他父亲墓前石碑上的墓表。作者四岁时父亲就去世了，所以本文是通过母亲之口来讲述父亲的事情的。表文前半部分称赞先人仁德，后半部分记述家世恩荣，充满扬名显亲的思想。文章不仅写父亲的为人处世，同时也写出了母亲的节操。但文章并不像一般墓碑那样夸张藻饰。追述父亲的孝顺仁厚，母亲的俭约和安于贫贱，只举一两件平实事例，语言质朴，感情深刻真挚。

本文提出了"祭而丰，不如养之薄也"的观点。这句话虽然听起来很简单，却表现出了一个为人子的孝心。

十一 辨奸论（苏洵）

【原文】

事有必至，理有固然。惟天下之静者①，乃能见微而知著。月晕而风，础润而雨②，人人知之。人事之推移，理势之相因，其疏阔而难知，变化而不可测者，孰与天地阴阳之事③？而贤者有不知，其故何也？好恶乱其中，而利害夺其外也。

昔者，山巨源见王衍曰："误天下苍生者，必此人也！"郭汾阳见卢杞曰："此人得志，吾子孙无遗类矣！"自今而言之，其理固有可见者。以吾观之，王衍之为人，容貌言语，固有以欺世而盗名者。然不忮④不求，与物浮沉，使晋无惠帝，仅得中主⑤，虽衍百千，何从而乱天下乎？卢杞之奸，固足以败国；然而不学无文，容貌不足以动人，言语不足以眩世，非德宗之鄙暗，亦何从而用之？由是言之，二公之料二子，亦容有未必然也。

今有人⑥，口诵孔、老之言，身履夷、齐⑦之行，收召好名之士、不得志之人，相与造作言语，私立名字，以为颜渊、孟轲复出；而阴贼险狠，与人异趣。是王衍、卢杞合而为一人也，其祸岂可胜言哉？

夫面垢不忘洗，衣垢不忘浣，此人之至情也。今也不然，衣臣虏之衣，食犬彘之食，囚首丧面⑧，而谈《诗》、《书》，此岂其情也哉？凡事之不近人情者，鲜不为大奸慝，竖刁、易牙、开方是也。以盖世之名，而济其未形之患，虽有愿治之主、好贤之相，犹将举而用之；则其为天下患，必然而无疑者，非特二子之比也。

孙子曰："善用兵者，无赫赫之功⑨。"使斯人而不用也，则吾言为过，而斯人有不遇之叹，孰知祸之至于此哉？不然，天下将被其祸，而吾获知言之名，悲夫！

【注释】

①静者：心态平静、思维冷静的人。

②础：柱子下面的石礅。润：潮湿。

③疏阔：宽大广阔。这里有渺茫难以捉摸的意思。天地阴阳之事：指自然界的一切现象。

④忮（zhì）：嫉妒，忌恨。

⑤中主：中等才能的皇帝。

⑥今有人：指王安石。

⑦夷、齐：伯夷，叔齐。两人都是商朝末年孤竹国国君的儿子，相传孤竹国国君死后，兄弟俩相互推让，都不继位，后一同逃往周地。周武王伐纣，二人叩马而谏。商亡后，他们足不踏周地，口不食周粟，饿死于首阳山。他们的行为为后代儒家所推崇。

⑧囚首丧面：形容不注意修饰。

⑨善用兵者，无赫赫之功：孙子认为，善于用兵的人往往退敌于未临，所以从表面上看起来没有显著的战功。

【译文】

事情的发展有一定要到达的地步，情理有必定如此的根源。只有天下心态平静，思维冷静的人，才能从细微的变化中预知事情的明显后果。月亮周围出现了光圈，意味着要刮风；柱底的石磉返潮，预示着要下雨，这是人人都知道的。人世间事情的发展变化，道理情势的相互因循，它们的渺茫难知，变化多端而不可预测，哪里比得上天地万物的阴阳变幻呢？可是贤能的人有所不知，这是什么缘故呢？这是因为喜好或厌恶的感情扰乱了他们的心，而利害的得失又影响了他们的行动。

从前，山巨源见了王衍，说："将来贻误天下老百姓的，一定是这个人。"郭汾阳见了卢杞，说："这个人一旦得志，我的子孙将会被铲除净尽。"从现在来看，的确有可以预见的道理。据我看来，王衍的为人，他的容貌言语，确实有欺世盗名的地方，然而他不嫉妒别人，不过分贪求，只是在世俗中随波逐流。如果晋朝没有晋惠帝，仅仅有一个一般的君主，即使有千百个像王衍这样的人，又怎么能使天下大乱呢？卢杞的奸险，固然足以使国家败坏，但是他不学无术，容貌既不足以动人，言谈也不能迷惑世人。如果不是昏庸鄙陋的唐德宗，又哪里能够重用他？由此说来，山、郭二公对王、卢二人的预言，也未必准确吧。

现在有个人，嘴上说着孔子、老子的话，亲身实践着伯夷和叔齐的清高行为，收罗了一伙沽名钓誉的士人和一些不得志的人，他们在一起制造舆论，自我标榜，把这个人说成颜渊再世、孟轲复生。可是他内心却阴险狠毒，志趣和一般人大不一样。这真是合王衍、卢杞于一个人了，他成的祸患哪里能够说得尽呢？

脸脏了不忘记洗擦，衣服脏了不忘记洗涤，这是人之常情。现在他却不是这样，穿着奴仆的衣服，吃着猪狗的食物，头发像囚犯一样又长又脏，脸像居丧者一样布满尘垢，可是他却大谈诗书，这难道合乎情理吗？凡是做事情不近人情的，很少有不是大奸大恶的，竖刁、易牙、开方就是这类人。以盖世的名望来助成他还没有呈现出来的祸患，虽然有励精图治的君主以及喜爱贤才的宰相，也还是会提拔他，并加以重用。那么，他将来成为天下的祸患，那必然而无疑的情况，就不是王衍、卢杞所能比拟的了。

孙子说："善于用兵的人，没有显赫的战功。"假使这个人不被重用，那么，我的话便会被认为是错的，这个人也会有怀才不遇之叹。如果这样，又有谁能知道他所造成的祸患将会达到这种严重地步呢？如果不是这样，那么天下的人都将遭受他的祸患，而我个人则会获得这卓识的美名，那就太可悲了！

【评析】

据前人考证，本文是南宋初年道学家为攻击王安石而假托苏洵之名写作的。本文作者站在保守者的立场上攻击改良派，称之为"奸"。为了攻击、诬蔑王安石，从性格、生活、行为等方面，对王安石肆意诋毁与丑化。为达到政治上反对他人的目的，而进行人身攻击，这种态度和手法是十分卑劣的，前人对此已有过许多批评。由此可见，一种新事物代替旧事物都不是一帆风顺的，它要经受严格的考验，进而一步一步走向成功。

除此之外，文章提出了"见微知著"的观点，即从小事的发展动向可以预知事情的发展态势乃至结果。这是本文的可取之处。

十二 管仲论（苏洵）

【原文】

管仲相威公[①]，霸诸侯，攘夷狄。终其身齐国富强，诸侯不敢叛。管仲死，竖刁、易牙、开方用[②]。威公薨[③]于乱，五公子争立，其祸蔓延，讫简公，齐无宁岁。夫功之成，非成于成之日，盖必有所由起；祸之作，不作于作之日，亦必有所由兆。故齐之治也，吾不曰管仲，而曰鲍叔。及其乱也。吾不曰竖刁、易牙、开方，而曰管仲。何则？竖刁、易牙、开方三子，彼固乱人国者，顾[④]其用之者，威公也。夫有舜而后知放四凶[⑤]，有仲尼而后知去少正卯。彼威公何人也？顾其使威公得用三子者，管仲也。仲之疾也，公问之相。当是时也，吾意以仲且[⑥]举天下之贤者以对，而其言乃不过曰竖刁、易牙、开方三子，非人情，不可近而已。

【注释】

①管仲：春秋时齐国著名的政治家、思想家。一称管敬仲，名夷吾，字仲。齐颍上（颍水之滨）人。出身微贱。辅佐齐桓公实行了一系列重大

的政治和社会改革，使齐桓公成为春秋时期第一个霸主。威公：即齐桓公，宋人避讳，改桓为威。

②竖刁：齐国宦官。易牙：齐国厨师。开方：原卫国公子。三人均为齐桓公宠臣。

③薨：古代称王侯死亡。

④顾：文言连词，但、但看。

⑤四凶：相传为尧舜时代四个恶名昭彰的部族首领。

⑥且：将要。

【译文】

管仲在齐桓公朝当宰相的时候，称霸诸侯，抗拒异族入侵，终其一生，齐国都是富荣强大的，诸侯都不敢造反。而当管仲死了之后，竖刁、易牙、开方得到任用。齐桓公死于宫廷内斗，五位公子对皇位你争我夺，祸乱蔓延到齐简公朝，齐国一直没有太平的日子。功业的成功，也不是在成功那天就大功告成，大概是由一定原因所造成的；祸乱的形成，也不是哪一天形成的，而一定是有什么征兆的。所以齐国的和平昌盛，我不会说是管仲所造就的，而是说鲍叔。等到它开始不太平，我不会说是竖刁、易牙、开方造成的，而是说是管仲。为什么呢？竖刁、易牙、开方这三个人，固然是扰乱齐国的人，但任用他们的人却是齐桓公。有了舜帝才驱逐了四个恶名昭彰的部族首领，有了孔子才诛杀了乱政的少正卯。他齐桓公是什么人？让齐桓公有机会任用这三个人的正是管仲。管仲生病时，齐桓公向他咨询何人能当丞相。在那个时候，我认为管仲将要推举天下的贤人来应对。（没想到）他也只不过是说"竖刁、易牙、开方，这三个人不择手段，不能靠近"罢了。

【原文】

呜呼！仲以为威公果能不用三子矣乎？仲与威公处几年矣，亦知威公之为人矣乎？威公声不绝于耳，色不绝于目，而非三子者则无以遂①其欲。彼其初之所以不用者，徒以有仲焉耳。一日无仲，则三子者可以弹冠而相庆②矣。仲以为将死之言可以絷③威公之手足耶？夫齐国不患有三子，而患无仲。有仲，则三子者，三匹夫耳。不然，天下岂少三子之徒哉？虽威公幸而听仲，诛此三人，而其余者，仲能悉数而去之耶？呜呼！仲可谓不知本者矣。因④威公之问，举天下之贤者以自代，则仲虽死，而齐国未为无仲也。夫何患三子者？不言可也。

【注释】

①遂：满足。

②弹冠相庆：含贬义，指坏人得意的样子。

③絷：拘禁；束缚。

④因：趁机。

【译文】

唉！管仲难道认为齐桓公果真能够不重用这三个人吗？管仲和齐桓公相处了几年，也应该能知道齐桓公的为人吧？齐桓公是音乐不绝于耳，女色不离其眼的，如果没有这三个人就无法满足他的这种欲望。他当初之所以没能重用他们，只不过是因为有管仲存在罢了。如果有一天管仲死了，那么这三个人就可以弹着帽子相互庆祝了。管仲难道认为临死的话能够绑住齐桓公的手脚吗？齐国并不担心有这三个人，而是担心没有了管仲。如果有管仲在，那么这三个人也只不过是平常的人而已。如果不是这样，普天之下还少这种类型的人吗？即使齐桓公有幸能够听管仲的话，诛杀这三个人，那么其他像这种类型的人，管仲难道能够全部都除掉吗？唉！管仲可以说是不知道源头所在。抓住齐桓公问他的机会，推举天下的贤人仁者替代自己，那么管仲虽然死了，齐国也不至于没有像管仲这样的人才（来治理）。那何必担心这三个人呢？这中间的道理不说也明白。

【原文】

五伯①莫盛于威、文。文公之才，不过威公，其臣又皆不及仲；灵公之虐，不如孝公之宽厚。文公死，诸侯不敢叛晋，晋袭文公之余威，犹得为诸侯之盟主百余年。何者？其君虽不肖②，而尚有老成人焉。威公之薨也，一败涂地，无惑也，彼独恃一管仲，而仲则死矣。

【注释】

①五伯：伯通"霸"。五霸指春秋齐桓公、晋文公、楚庄王、吴王阖闾、越王勾践。

②不肖：谓子不似父。

【译文】

　　春秋五霸最强的莫过于齐桓公和晋文公。晋文公的才华不及齐桓公，他的臣子也都无法与管仲相比。其孙晋灵公暴虐残忍也不如齐孝公宽容仁厚。但是晋文公死后，诸侯不敢反叛晋国，晋国沿袭晋文公留下来的威力，还能继续当诸侯的盟主一百多年。这是为什么？晋国的国君虽然不济，尚且还有老成持重的贤人辅佐。但是齐桓公死后，齐国则彻底失败。这（应该）没什么可疑惑的，（因为）他只依赖管仲一个人，但是管仲已经死了。

【原文】

　　夫天下未尝无贤者，盖有有臣而无君者矣。威公在焉，而曰天下不复有管仲者，吾不信也。仲之书①，有记其将死论鲍叔、宾胥无之为人，且各疏②其短，是其心以为数子者皆不足以托国③。而又逆④知其将死，则其书诞谩⑤不足信也。吾观史鳅⑥，以不能进蘧伯玉，而退弥子瑕，故有身后之谏；萧何且死，举曹参⑦以自代。大臣之用心，固宜如此也。夫国以一人兴，以一人亡。贤者不悲其身之死，而忧其国之衰，故必复有贤者，而后可以死。彼管仲者，何以死哉？

【注释】

　　①仲之书：管仲著有《管子》86篇，今存76篇。其中《牧民》《权修》《形势》《七洁》等篇是管仲言论思想的记录。

　　②疏：注释，解释，指出。

　　③托国：谓以国事付托；受国事付托。

　　④逆：预先。

　　⑤诞谩：荒诞虚妄。

　　⑥史鳅：春秋时卫国大夫。卫灵公宠爱小人弥子瑕，却不任用贤臣蘧伯玉，史多次进谏未果。死后仍让他儿子把他的尸体放到卫灵公的窗下，终于使卫灵公觉悟。

　　⑦曹参：萧何死后举荐曹参，他所创立的规章制度，曹参做了宰相，仍照着实行。

【译文】

　　普天之下并不是没有贤人仁者，大概是有贤臣而没有君王任用吧。齐桓公在位的时候，就说过天下不会再出现管仲这样的人，我不相信（这样的话）。《管仲》一书里面记载，临死之时，管仲与人讨论鲍叔和宾胥无的为人，并且能够把他们的短处指出来。这是他心里认为这几个人都不能治理国家，而且又预先知道他将要死去，那么这就是荒诞虚妄不足以相信的。我看那史鳛因不能够推举蘧伯玉而屏退弥子瑕，所以死后还要上谏。萧何将要死去的时候，举荐曹参来替代自己。这些大臣的用意本来就应该如此。国家因为一个人而兴盛，因为一个人而衰亡。贤臣仁者不会为自己的死而悲哀，而是担忧国家的衰落，所以一定要有贤人来代替自己，自己才可以安心地死去。没有做到这一点的管仲，怎么就这样撒手而去了呢？

【评析】

　　本文文笔犀利，逻辑严密，令人无懈可击，正如清人吴楚材所说："立论一层深一层，引证一段系一段，似此卓识雄文，方能令古人心服。"例如，为了说明管仲提出的竖刁等三人"非人情不可近"只是一句毫无意义的空话，他把齐桓公和舜、孔子进行比较，说明齐桓公不可能除掉这三个人。退一步说，即使是除掉了这三个人，"天下岂少三子之徒哉"。又如，在谈到管仲在临死时没有向桓公举荐贤人是一重大失误时，作者又用史鳛、萧何的事迹进行对比，得出了"大臣之用心，固宜如此也"的结论，可以说是丝丝入扣，令人拍案叫绝。

十三 心术（苏洵）

【原文】

　　为将之道，当先治心。泰山崩于前而色不变，麋鹿兴于左^①而目不瞬^②，然后可以制利害，可以待敌^③。

　　凡兵上^④义，不义，虽利勿动。非一动之为利害，而他日将有所不可措^⑤手足也。夫惟义可以怒士，士以义怒，可与百战。

【注释】

　　①兴于左：兴，出现；左，周围、附近。

②目不瞬：眼睛不动。

③待敌：对付敌人。

④上：通"尚"，崇尚。

⑤措：安放。

【译文】

　　当将军的秘诀，首先应该修养自身的思想品德，就算泰山在前面崩塌了，脸色也不会为它改变；麋鹿突然在附近蹦出来，眼皮子也不会为它眨一下。如果做到这样，就可以控制战场上敌我的利害关系，可以自如地对付敌人。

　　凡是军事都崇尚正义，不是正义，虽然有利益可取也不要轻举妄动。并不是这次行动会带来多大的利益跟害处，而是将来必定遗患无穷，而会有不可收拾的局面。只有做些大义凛然的事情才能够激怒士兵勇往直前，士兵因为大义凛然而发怒，那么就可以在战争中百战百胜了。

【原文】

　　凡战之道：未战养其财，将战养其力，既战养其气，既胜养其心。谨烽燧①，严斥堠②，使耕者无所顾忌，所以养其财；丰犒③而优游④之，所以养其力；小胜益急，小挫益厉，所以养其气；用人不尽⑤其所欲为，所以养其心。故士常蓄其怒、怀其欲而不尽。怒不尽则有余勇，欲不尽则有余贪。故虽并天下，而士不厌兵，此黄帝之所以七十战而兵不殆⑥也。不养其心，一战而胜，不可用矣。

【注释】

　　①烽燧：即"烽火"。古代边防报警的两种信号，白天放烟叫"烽"，夜间举火叫"燧"。

　　②斥堠：瞭望敌情的碉堡；侦察敌情的哨兵。

　　③丰犒：优厚的犒赏。

　　④优游：谓使……悠闲，休养。

　　⑤尽：全部满足。

　　⑥殆：懈怠，怠慢。

【译文】

行军打仗的规律是：没有开始战争时先积累财富，将要发生战争的时候积蓄力量，开始战争的时候要培养士气，获得胜利的时候戒骄戒躁。严谨地做好边防预防敌人的报警工作，加强情报工作的开展，以便能让农夫们安心种田，不用担心敌人的入侵，这就是所谓积累财富。用优厚的犒赏休养兵卒，这就是所谓积蓄力量。获得小的胜利，更加要鞭策他们；遇到小的挫折，更要激励他们，这就是所谓培养士气。重用人才时不能满足他们所有的要求和欲望，这就是所谓的戒骄戒躁。所以士兵们积蓄着怒气，怀着欲望却不能完全得到发泄和满足。怒气不能够完全发泄，上阵杀敌就有特别勇敢，欲望得不到满足就有其他追求。所以虽然统一了天下，但是士兵并不厌恶战争，这就是黄帝之所以打了七十多场战争，但是士兵却不懈怠的原因。不好好培养军心，就算打了一场胜仗，那也是没有用的。

【原文】

凡将欲智而严，凡士欲愚。智则不可测，严则不可犯，故士皆委①己而听命，夫安得不愚？夫惟士愚，而后可与之皆死。

凡兵之动，知敌之主，知敌之将，而后可以动于险。邓艾缒兵于蜀中，非刘禅之庸，则百万之师可以坐缚，彼固有所侮②而动也。故古之贤将，能以兵尝③敌，而又以敌自尝，故去就④可以决。

【注释】

①委：抛弃，舍弃。

②侮：轻慢、轻贱、小视。

③尝：试，试探。

④去就：举止行动。这里指代指挥行为。

【译文】

凡是当将帅的一定要聪明而且严厉的人，而当兵的一定要愚蠢一点的人。聪明则想法不容易被别人预测到，严厉则士兵不敢违反军纪，所以士兵才能不顾自己而遵守命令。士兵哪能不愚蠢一点呢？只有士兵愚昧，才能与帅一起出生入死。

凡是行军打仗，一定要对敌方的主帅、将军们有所了解熟悉，这样才能开始采取冒险行动。魏国邓艾使用奇计把士兵都用绳子吊下来偷袭蜀国，要不是后主刘禅的昏庸软弱，那么百万雄兵来到这样的易守难攻的地方都是等着被抓的。邓艾原本就是对蜀国有所轻视才采取这样的行动的。所以古代优秀的将军都是能够用军队去试探敌人的虚实强弱，又能用敌人来了解自身实力，所以他们对进攻和防守都能很快地做出决断。

【原文】

凡主将之道，知理而后可以举兵，知势而后可以加兵①，知节而后可以用兵。知理则不屈，知势则不沮，知节则不穷②。见小利不动，见小患不避，小利小患，不足以辱③吾技也，夫然后有以支④大利大患。夫惟养技而自爱者，无敌于天下。故一忍可以支百勇，一静可以制百动。

【注释】

①加兵：谓发动战争，以武力进攻。

②不穷：不陷于困境。

③辱：埋没。

④支：控制、对付。

【译文】

主帅要了解战争规律之后才能出兵，知道战争情势之后才可以发动进攻，知道节制约束自己行为的才可以调兵遣将。知道战争规律则不会屈服，了解情势则不会丧失斗志，懂得节制则不会陷于困境。见到小利小惠不会心动，面对小困难不会躲避，那么这种小利益、小困难是不足以展示指挥的艺术。这样才能够去控制对付那些大利益、大困难。只有那些注重培养自己能力，而且能够珍爱自己的人，才能横行天下无人敢挡。所以说一个忍耐可以处理上百次匹夫之勇，一个静待可以控制上百次轻举妄动。

【原文】

兵有长短，敌我一也。敢问："吾之所长，吾出而用之，彼将不与吾校①；吾之所短，吾蔽而置之，彼将强与吾角②，奈何？"曰："吾之所短，吾抗而暴之③，使之疑而却④。吾之所长，吾阴而养之，使之狎⑤而堕其中。此用长短之术也。"

【注释】

①校：较量。

②角：角斗。

③抗：举起。暴：暴露

④却：退步。

⑤狎：不重视或不注意。

【译文】

士兵各有优点和缺点，无论是敌人还是我方都是一样的。斗胆发问："我方士兵的优点，我展现出来并利用它，敌人将不跟我的优点较量；我方士兵的缺点，我隐藏起来放在一边，敌人却硬要和我的缺点较量，这是为什么呢？"回答说："我方的缺点，我高调暴露出来，使对方起疑心而望而却步。我方的优点，我暗地培养，使敌人轻视而落入我设的圈套。这就是利用优缺点的战术。"

【原文】

善用兵者，使之无所顾，有所恃。无所顾，则知死之不足惜；有所恃，则知不至于必败。尺箠①当猛虎，奋呼而操击；徒手遇蜥蜴，变色而却步，人之情也。知此者，可以将矣。袒裼②而案剑③，则乌获④不敢逼；冠胄衣甲⑤，据兵⑥而寝，则童子弯弓杀之矣。故善用兵者以形固，夫能以形固，则力有余矣。

【注释】

①尺箠：亦作"尺棰""尺捶"。一尺之棰。棰，木杖。

②袒裼：亦作"襢裼"。脱去上衣，裸露肢体。

③案剑：以手抚剑。

④乌获：战国时秦之力士。一说可能为更古之力士。后为力士的泛称。

⑤冠胄衣甲：冠，带上。胄，头盔。衣，穿上。甲，铠甲。

⑥兵：兵器。

【译文】

善于行军打仗的将帅会让士兵们无所顾忌，而有所依赖。无所顾忌则知道死亡并不足以慌惜；有所依赖则知道不会到一败涂地的地步。拿着木杖的人面对凶猛的老虎，一定会高声大叫，用木杖去击打；然而手里没有武器的人遇到蜥蜴，脸色马上会吓得改变而想逃跑，这是人之常情啊。知道这个道理的人就可以当将军。如果脱去上衣，裸露肢体，以手抚剑，那么连大勇士乌获都不敢靠近；戴着头盔穿上铠甲，拿着兵器入睡，那么童子就能把你射杀。所以善于用兵的人通过军队的整体风貌来加强自己。一个能用军队的整体风貌来加强自己的主帅，那么他的军力是绰绰有余的。

【评析】

本文是《权书》(苏洵的一组策论，共十篇)中的一篇，逐节论述用兵的方法，分治心、尚义、养士、智愚、料敌、审势、出奇、守备等八个方面，而以治心（即将帅的思想与军事素养）为核心，所以标题叫"心术"。其中包含着一些朴素的辩证法观点，但也有诸如"怀其欲而不尽""士欲愚"之类的封建权术。全篇段落分明，井井有条。

十四 张益州画像记（苏洵）

【原文】

至和①元年秋，蜀人传言有寇至边。边军夜呼，野无居人。妖言流闻②，京师震惊。方命择帅，天子曰："毋养乱，毋助变。众言朋兴③，朕志自定。外乱不作，变且中起。既不可以文令④，又不可以武竞，惟朕一二大吏。孰为能处兹文、武之间，其命往抚朕师。"乃推曰："张公方平其人。"天子曰："然。"公以亲辞，不可，遂行。冬十一月，至蜀。至之日，归屯军，撤守备⑤。使谓郡县："寇来在吾，无尔劳苦。"明年正月朔旦⑥，蜀人相庆如他日，遂以无事。又明年正月，相告留公像于净众寺。公不能禁。

【注释】

①至和：宋仁宗年号。

②流闻：辗转传闻，流播。

③朋兴：蜂起，群起。

④文令：指文教的政令。

149

⑤守备：守御戒备。

⑥朔旦：旧历每月初一。亦专指正月初一。

【译文】

宋仁宗至和元年的秋天，蜀地的人民流传着这样的谣言，说敌人已经打到边疆了，边疆的军队在夜里大声呼喊，城外也没有人居住。谣言不胫而走，朝野上下都为之震惊。刚想要选择一个元帅去平定动乱，皇上发话了："不能造成动乱，也不能有助事变。尽管众说纷纭，但我已经决定了。边境外面没有发生骚乱，事变将在国内发生。既不能用文教的政令感召他们，也不能用武力解决，只能派几个大臣去治理。谁能处理好文武两者的关系，就派遣他去安抚边疆的军队。"于是大家都推举张方平这个人。皇上说："可以。"张方平以双亲尚在为借口，推辞不去，但没有得到皇上准许，所以就出发入蜀。这年冬天的十一月份，他到达蜀地。到达的那天，他就把屯扎边疆的军队遣返回去，撤除了守御戒备，并告诉各郡各县说："如果敌人来了，责任在我，你们都没事。"第二年正月初一，蜀地的人民庆祝新年如同以前的正月初一一般，谣言就不攻自破，自此太平无事。又过了一年的正月，人们奔走相告要把张方平的画像留在敬众寺。张方平也无法制止大家。

【原文】

眉阳苏洵言于众曰："未乱易治也，既乱易治也。有乱之萌^①，无乱之形^②，是谓将乱，将乱难治。不可以有乱急，亦不可以无乱弛。惟是元年之秋，如器之欹^③，未坠于地。惟尔张公，安坐于其旁，颜色不变，徐起而正之。既正，油然而退，无矜容。为天子牧^④小民不倦，惟尔张公。尔繄以生，惟尔父母。且公尝为我言：'民无常性，惟上所待。人皆曰蜀人多变，于是待之以待盗贼之意，而绳^⑤之以绳盗贼之法。重足屏息^⑥之民，而以砥斧^⑦令，于是民始忍以其父母妻子之所仰赖之身，而弃之于盗贼，故每每大乱。夫约之以礼，驱之以法，惟蜀人为易。至于急之而生变，虽齐、鲁亦然。吾以齐、鲁待蜀人，而蜀人亦自以齐、鲁之人待其身。若夫肆意于法律之外，以威劫^⑧齐民，吾不忍为也！'呜呼！爱蜀人之深，待蜀人之厚，自公而前，吾未始见也。"皆再拜稽首曰："然。"

【注释】

①萌：萌芽，萌生。

②形：形貌，形态。

③敧：倾斜不正。

④牧：治理。

⑤绳：木工用的墨线，引申为标准、法则。又引申为按一定的标准去衡量、纠正。

⑥重足屏息：指畏惧之甚。

⑦砧斧：砧板与斧钺。为古代斩犯人的刑具。

⑧威劫：威逼，胁迫。

【译文】

眉阳的苏洵对众人说："没有发生动乱的地方比较容易治理，已经发生动乱的地方也比较容易治理。有动乱正在萌生，却没有动乱的样子，这称为即将发生动乱。即将发生动乱的地方比较难治理，不可以因为将有动乱发生而操之过急，也不能因为还没有动乱表现出来而放松警惕。这个至和元年的秋天，就像器物摇摇欲坠一样。只有张方平，安定地坐在这个器物旁边，脸色都没有改变，慢慢地站起来并把它矫正一下。矫正完之后，又从容引退，没有任何炫耀的意思。帮助皇帝管理百姓孜孜不倦，只有张公。你们靠他存活下来，他就是你们的再生父母。况且张方平曾经对我说：'百姓没有一直不变的性情，只看官吏如何对待他们。人们都说，蜀地的人民善变，所以官吏就用对付盗贼的方法来对待他们，还用惩罚盗贼的方法来惩罚他们。早已极度畏惧的民众，还用砧板与斧等刑具来号令他们，这样百姓才开始忍心用父母和妻子所仰赖的躯体，去投靠盗贼，所以经常发生动乱。用礼教来约束百姓，用法律来控制盗贼，蜀地人民自然容易治理。至于操之过急致使发生事变，就算是齐鲁之地也会这样。我用治理齐鲁之地的方法对待蜀地人民，那么蜀地的人民也必将以齐鲁人民修身的方法对待自己。不顾法律，为所欲为，以此来威逼胁迫平民百姓，我不忍心干这种事情。'唉！如此深切关爱蜀地的人民，对蜀地人民如此仁厚，在张公出现以前，我还从没见过。"众人听后都叩头说："是这样的。"

【原文】

苏洵又曰："公之恩在尔心，尔死，在尔子孙。其功业在史官，无以像为也。且公意不欲，如何？"皆曰："公则何事于斯？虽然①，于我心有不释焉。今夫平居②闻一善，必问其人之姓名与其邻里之所在，以至于其长短、小大、美恶之状，甚者或诘其平生所嗜好，以想见其为人。而史官亦书之于其传，意使天下之人，思之于心，则存之于目。存之于目，故其思之于心也固。由此观之，像亦不为无助。"苏洵无以诘，遂为之记。

【注释】

①虽然：即使如此。

②平居：平日；平素。

【译文】

苏洵又说道："张公的大恩大德将永远存在你们的心里，即使你们死后，也会留在你们的子子孙孙的心里。他所成就的丰功伟业，史官会加以记载，不必为他画像了。况且张公本意就不想画。你们看怎么样？"众人都说："张公本来就没把这当回事，即使如此，我们心里还有些不解。今天就算日常生活中听到有人做了一件善事，必定会询问那个人姓甚名谁，他是住在哪里，乃至于他是高是矮，是瘦是胖，是美是丑，更甚者，或许还会诘问这个人平生有什么爱好，以此来想象这个人是怎么样的。而且史官也把他的事迹记载在他的传记里面，就是想让天下人，在心里思念，在眼里看到。能在眼里见到他，才能加固心里的思念。从这里可以看出，为他画像也不是没有帮助的。"苏洵不能反驳，于是就写了这篇文章把它记下来。

【原文】

公南京人，为人慷慨有大节，以度量①雄天下。天下有大事，公可属②。系之以诗曰：天子在祚③，岁在甲午。西人传言，有寇在垣。庭有武臣，谋夫如云。天子曰嘻，命我张公。公来自东，旗纛舒舒④。西人聚观，于巷于涂。谓公暨暨⑤，公来于于⑥。公谓西人："安尔室家，无敢或讹。讹言不祥，往即尔常。春尔条桑⑦，秋尔涤场⑧。"西人稽首，公我父兄。公在西囿，草木骈骈⑨。公宴其僚，伐鼓渊渊⑩。

【注释】

①度量：器量；涵养。

②属：通"嘱"，嘱托。

③祚：君位。

④旗纛舒舒：旗纛，饰以鸟羽的大旗。舒舒，迎风飘拂貌。

⑤暨暨：果断刚毅的样子。

⑥于于：自得的样子。

⑦条桑：犹言采桑。

⑧涤场：打扫场地。

⑨骈骈：繁盛的样子。

⑩渊渊：鼓声。亦泛用作象声词。

【译文】

　　张公是南京人，为人处事充满正气，有高尚的情操，以气量、涵养著称于天下。天下如果有什么大事发生，张公是可以嘱托的。文末附了一首诗称赞说，皇上在位，那年是甲午年。西方有人传言，说敌人已经打到边境了。朝廷有很多武将和谋士。皇上说，派张爱卿。张公从东入西，大旗迎风飘扬。蜀地的人民在街巷和道路边群聚观看，并说张公看起来果断刚毅，而且悠然自得。张公对蜀地人民说："安定你们的家庭，不要传播谣言。谣言是不祥之物，回去干你们的正事。春天你们采桑，秋天你们就打扫场地。"蜀地百姓叩头领命说，张公是我们的再生父兄。张公在西园，草木茂盛。张公宴请下属，击鼓声咚咚响。

【原文】

　　西人来观，祝公万年。有女娟娟①，闺闼闲闲②。有童哇哇，亦既能言。昔公未来，期汝弃捐。禾麻芃芃③，仓庾崇崇④。嗟我妇子，乐此岁丰。公在朝廷，天子股肱⑤。天子曰归，公敢不承？作堂严严，有庑有庭。公像在中，朝服冠缨⑥。西人相告，无敢逸荒⑦。公归京师，公像在堂。

【注释】

①娟娟：姿态柔美的样子。

②闺闼闲闲：闺闼，妇女所居内室的门户。闲闲，闲静。

③禾麻芃芃：禾麻，农作物；芃芃，茂盛。

④仓庾崇崇：仓庾，贮藏粮食的仓库；崇崇，高大的样子。

⑤股肱：大腿和胳膊。均为躯体的重要部分。引申为辅佐君主的大臣。又比喻左右辅助得力的人。

⑥朝服冠缨：朝服，君臣上朝时穿的礼服；冠缨，帽带，结于颌下，使帽固定于头上。

⑦逸荒：逸豫荒怠。

【译文】

蜀地百姓来观看，祝贺张公长命百岁。这里有姿态柔美的少女，她们居住的环境都很安静优美。婴儿哇哇直哭，也差不多能说话了。从前张公还没来的时候，这些只怕都会被抛弃。现在农作物长得好，粮仓都很丰实。百姓都为这个丰收之年而高兴。张公在朝廷是皇上的得力助手。今有圣旨将张公调回去，张公难道可以抗旨不遵？建一座庄严的殿堂，有廊又有庭，张公的画像就悬挂在里面，穿着朝服带着冠缨。蜀地百姓相互告诫，不能逸豫荒怠。张公人回到朝廷，画像也悬挂在堂上。

【评析】

苏洵的抒情散文数量不多，但也有优秀的篇章，《张益州画像记》就是其中一篇。本文记叙张方平治理益州的事迹，表现了他宽政爱民的思想。苏洵的散文观点鲜明，论据充足，语言犀利，话语纵横，有很强的思辨力。欧阳修称其为"博辩宏伟""纵横上下，出入驰骤，必造于深微而后止"（《故霸州文安县主簿苏君墓志铭》）；曾巩也夸赞他"指事析理，引物托喻""烦能不乱，肆能不流"（《苏明允哀词》），这些评价都是很合理的。

十五 范增论（苏轼）

【原文】

汉用陈平计，间疏①楚君臣。项羽疑范增与汉有私，稍夺其权。增大怒曰："天下事大定矣，君王自为之，愿赐骸骨归卒伍②。"归未至彭城，疽发背死③。苏子曰：增之去善矣。不去，羽必杀增。独恨其不早耳。

【注释】

　　①间疏：使用离间计疏远。

　　②卒伍：古人军队编制，五人为伍，百人为卒。

　　③疽发背死：疽，中医指一种毒疮。发背，发于背部。

【译文】

　　汉高祖刘邦采纳陈平所出计谋，用离间计疏远楚国的君臣。项羽怀疑范增跟汉高祖有来往，逐渐剥夺范增的权力。范增很生气地说："天下大致已经定下来了，霸王你好自为之，只求你让我告老还乡。"回家还没到彭城，背上就发恶疮而死。苏轼说："范增离开项羽是对的，如果他不离开项羽必定杀了他，人们只是惋惜他不早点走而已。"

【原文】

然则当以何事去？增劝羽杀沛公，羽不听，终以此失天下，当于是去耶？曰：否。增之欲杀沛公，人臣①之分也，羽之不杀，犹有君人②之度也。增曷为③以此去哉？

【注释】

　　①人臣：臣子，臣仆。

　　②君人：人君，国君。

　　③曷为：为何；为什么。

【译文】

　　那应该在哪件事发生后就离去呢？范增规劝项羽杀了刘邦，项羽不听劝告，最终因为没杀了刘邦而失去天下，是否该在这个时候离开项羽呢？苏轼回答说：不是。范增想杀刘邦，这是做臣子应该尽的本分。项羽不杀刘邦，说明他还有国君的度量。范增为什么要因为这件事而离去呢？

【原文】

《易》曰："知几其神①乎！"《诗》曰："相彼雨雪，先集维霰。"增之去，当于羽杀卿子冠军②时也。陈涉之得民也，以项燕、扶苏。项氏之兴也，以立楚怀王孙心。而诸侯叛之也，以弑义帝。且义帝之立，增为谋主矣。义帝之存亡，岂独为楚之盛衰，亦增之所与同祸福也。未有义帝亡而增独能久存者也。羽之杀卿子冠军也，是弑义帝之兆也。其弑义帝，则疑增之本也，岂必待陈平哉？物必先腐也，而后虫生之。人必先疑也，而后谗入之。陈平虽智，安能间无疑之主哉？

【注释】

①知几其神：指人能预知事情萌发的细微迹象，就能与神道相合。几，几微。

②卿子冠军：秦末楚怀王臣宋义的尊号。

【译文】

《周易》说："人能根据一些事实预知事情萌发的细微迹象，就能与神道相合！"《诗经》说："看那下雪之前，先凝集的也是小雪珠。"范增的离开，应该在项羽杀掉卿子冠军宋义的时候。陈涉能够得到民众的拥护是因为项燕、扶苏的名号。项家的崛起是因为扶立楚怀王孙子熊心来号召天下。后来诸侯背叛了项羽是因为项羽杀了义帝。况且义帝的册立，范增是主要谋臣。义帝的生死不仅和楚国兴盛衰败相关联，而且也跟范增的祸福相关。不可能义帝死了，而范增却能长久存在的现象。项羽杀了卿子冠军宋义，这是要杀害义帝的征兆。他杀了义帝则是怀疑范增的根源。何必要等到陈平的离间计呢？物体一定先腐烂，然后才有虫子在上面生长。人一定要先有怀疑之心，然后谗言才能乘虚而入。陈平虽然很聪明，但怎么能够离间没有怀疑之心的君主呢？

【原文】

吾尝论义帝天下之贤主也：独遣沛公入关①，不遣项羽，识卿子冠军于稠人②之中，而擢③以为上将，不贤而能如是乎？羽既矫杀④卿子冠军，义帝必不能堪⑤。非羽弑帝，则帝杀羽。不待智者而后知也。增始劝项梁立义帝，诸侯以此服从，中道而弑之，非增之意也，夫岂独非其意，将必力争而不听也。不用其言而杀其所立，羽之疑增，必自是始矣。

【注释】

①入关：进入关中之地。项羽和刘邦曾约定，谁先进入关中，谁就为王。

②稠人：众人。

③擢：提拔，提升。

④矫杀：谓假托君命以杀人。

⑤堪：忍受。

【译文】

我曾经评论过义帝，认为他是一个贤明的君主。他只派遣刘邦入关中，而不是派遣项羽，能够在众人中赏识卿子冠军宋义，并且提拔他为上将。如果不贤明，他能做到这些吗？项羽假托圣旨杀害宋义，义帝一定不能忍受。不是项羽杀了义帝，就是义帝杀了项羽。这是显而易见的道理。范增刚开始劝告项梁扶立义帝，各诸侯都因为这个因素而服从指挥。中途就把义帝杀了，并不是范增的意思。不但不是范增的意思，而且范增是力谏不杀而项羽没有听他的。没有听取他的谏诤而杀掉他建议扶立的人，项羽怀疑范增一定是从这时候开始的。

【原文】

方羽杀卿子冠军，增与羽比肩①而事义帝，君臣之分未定也。为增计者，力能诛羽则诛之，不能则去之，岂不毅然大丈夫也哉？增年已七十，合则留，不合则去，不以此时明去就之分②，而欲依羽以成功名。陋③矣！虽然，增，高帝之所畏也。增不去，项羽不亡。呜呼！增亦人杰也哉！

【注释】

①比肩：同"并肩"，也比喻地位相等。

②去就之分：比喻进取、取舍的分寸。亦作"去就之际"。去就，进退或取舍。分，分寸。引申为应持的态度。

③陋：知识浅薄。

【译文】

项羽杀卿子冠军宋义时，范增和项羽是以同等地位为义帝办事的，君王和臣子的辈分还没有定下来。为范增谋划，如果有力量能够诛杀项羽就把他杀了，如果不能就离开他，这不也是一个堂堂大丈夫吗？范增已经七十岁，合得来就留下，合不来就离开。不在这个时候表明留下或离开的态度，而只想依靠项羽来成就功业和名声，真是见识浅陋啊！即使如此，范增也是汉高祖刘邦所畏惧的人。范增不离开，项羽就不会死。唉！范增也算是人中蛟龙啊！

【评析】

本文是苏轼早期的史论。作者当时阅历不深所以其中提出了一些范增应该杀死项羽的书生之见。但文章立意不落俗套能翻空出奇随机生发极尽回环变换的姿态。在写作技巧上从一点展开多方证明反复推测设想层层深入逻辑严密对后代的应试文章影响很大。

十六 留侯论（苏轼）

【原文】

古之所谓豪杰之士，必有过人之节，人情①有所不能忍者。匹夫见辱②，拔剑而起，挺身而斗，此不足为勇也。天下有大勇者，卒然临之而不惊，无故加之而不怒，此其所挟持③者甚大，而其志甚远也。

【注释】

①人情：人的感情。

②见辱：被侮辱。

③挟持：抱持（志向、才能等）。

【译文】

古代所说的豪杰之士一定有超过一般人的气节，还有一般人的感情不能容忍的度量。普通人受到侮辱，拔出剑站起来，挺直身子就想和你决斗，这根本不能算什么勇气。世上有一种具有大勇气的人，突然面临危难而不惊慌，无故受人欺辱也不发怒，这是因为他有很大的抱负，志向也很高远。

【原文】

夫子房受书于圯上之老人也，其事甚怪。然亦安知其非秦之世有隐君子者，出而试之？观其所以微①见其意者，皆圣贤相与警戒之义，而世不察，以为鬼物，亦已过矣。且其意不在书。当韩之亡、秦之方盛也，以刀锯鼎镬②待天下之士，其平居无罪夷灭③者不可胜数。虽有贲、育④，无所获施。夫持法太急者，其锋不可犯，而其势未可乘。子房不忍忿忿⑤之心，以匹夫之力，而逞于一击之间。当此之时，子房之不死者，其间不能容发⑥，盖亦危矣。千金之子，不死于盗贼，何者？

【注释】

①微：隐约。

②刀锯鼎镬：指古代刑具。也泛指各种酷刑。刀、锯，古刑具，也指割刑和刖刑；鼎镬，古炊具，也指烹刑。

③夷灭：诛杀；消灭。

④贲、育：指孟贲、夏育，古代勇士。

⑤忿忿：愤怒不平貌。

⑥其间不能容发：空隙中容不下一根头发。比喻与灾祸相距极近或情势危急到极点。间，空隙。

【译文】

张子房接受了桥上老人的太公兵法，这件事很奇怪。但是又怎能知道他不是秦国时期有德的隐士，出来试探一下张良呢？看老人隐约显露出来的意思，都是圣人、贤相相互警示劝诫的意义。但是世人没有察觉这一点，却说他是鬼物化身，那也太荒谬了。况且他的本意还不在传授兵书上。韩国灭亡的时候，秦国正如日中天，用各种酷刑来对待天下的士子，平常无故被杀的人，多到数不清。即使有孟贲、夏育那样的勇士，也不能幸免于难。执法太过严苛，它的锋芒是不能触犯的，它的情势也不能利用。张良不能够忍住愤怒的心情，以一个人的力量，就想用大铁锥的一击来刺死秦始皇。在这个时候，张子房没有死，但跟死亡的距离也只是毫发之间，也是很危险的。千金之家的子弟，没有死于盗贼的手里，这是为什么呢？

【原文】

其身可爱①，而盗贼之不足以死也。子房以盖世之才，不为伊尹、太公之谋，而特出于荆轲、聂政之计，以侥幸于不死，此圯上老人之所为深惜者也。是故倨傲鲜腆②而深折③之，彼其能有所忍也，然后可以就大事。故曰"孺子可教也"。

【注释】

①可爱：令人敬爱，令人喜爱。

159

②倨傲鲜腆：傲慢无礼。

③深折：深深折辱他。

【译文】

张良长得很让人喜爱，死于盗贼之手很不值得。张良具有非凡的才能，不去干伊尹和姜太公的辅佐明君的大事业，而只是去模仿荆轲、聂政刺杀的下策，侥幸没有死去，这必定是桥上老人为他深深感到可惜的地方。所以桥上老人就傲慢无礼，深深地折辱他。如果他能忍受，就可以成就大事业。所以，老人最后说："年轻人可以加以教育。"

【原文】

楚庄王伐郑，郑伯肉袒牵羊①以迎。庄王曰："其主能下人②，必能信用其民矣。"遂舍之。勾践之困于会稽，而归臣妾于吴者，三年而不倦。且夫有报人之志，而不能下人者，是匹夫之刚也。夫老人者，以为子房才有余，而忧其度量之不足，故深折其少年刚锐之气，使之忍小忿而就大谋。何则？非有平生之素，卒然相遇于草野之间，而命以仆妾之役，油然而不怪者，此固秦皇之所不能惊，而项籍之所不能怒也。

【注释】

①肉袒牵羊：露体牵羊，以示降服顺从。

②下人：居于人之后，对人谦让。

【译文】

楚庄王攻打郑国的时候，郑襄公光着上身牵着一头羊来迎接他。楚庄王说："他们的国君能够居于人之后，对人谦让，他的百姓一定对他很信任。"所以就放弃了攻打郑国。赵王勾践被困在会稽的时候，率臣子投降于吴国，以奴仆的身份侍奉吴王夫差，三年以来一直不知疲倦。有报仇的志气，却不能屈于人后，这是平凡人的刚强。桥上老人是认为张良有才华，而担心他没有足够的气量，所以深深折辱他年轻气盛的势头，让他能够忍耐小的愤怒而成就大事业。为什么这样呢？两人素不相识，老人突然在野外与张良相遇，就让他干些奴仆做的事情，而张良也不感到奇怪疑惑，这就是秦始皇也不能使他惊动，项羽也不能使他发怒的原因吧。

【原文】

观夫高祖之所以胜、而项籍之所以败者，在能忍与不能忍之间而已矣。项籍唯不能忍，是以百战百胜而轻用其锋①；高祖忍之，养其全锋而待其敝②，此子房教之也。当淮阴破齐而欲自王，高祖发怒，见于词色。由是观之，犹有刚强不能忍之气，非子房其谁全之？

太史公疑子房以为魁梧奇伟，而其状貌乃如妇人女子，不称其志气。呜呼！此其所以为子房欤！

【注释】

①轻用其锋：轻易地损耗自己的兵力。

②敝：疲惫，困乏，衰败。

【译文】

汉高祖刘邦为什么能够夺得天下，而项羽为什么失去天下，原因就在于能不能忍耐。项羽就是因为不能忍耐，虽然能够百战百胜，却轻易地损耗了他的锋锐。汉高祖刘邦能够忍耐，所以能够培养他的锐利的势头来对待项羽的疲惫困乏，这是张良教刘邦的。当淮阴侯韩信贡攻陷齐国的时候，他想要自立为王，汉高祖刘邦听闻后很生气，言语之间可以看出来。从这件事看来，刘邦还是有其刚强不能忍耐的一面，如果没有子房，谁能帮助刘邦掩盖这一点呢？

太史公司马迁怀疑张良应该是魁梧高大的人，但（据说）他的外貌跟身材却像个女人一样，跟他的志气很不相称。唉！这就是张子房之所以为张子房的原因啊！

【评析】

苏轼在文中独辟蹊径，化腐朽为神奇。依苏轼之意，圯上老人并非司马迁之所谓鬼物，而是秦代有远见卓识的隐君子，他的出现其意也不在授书，而是有意试一试张良的隐忍度的。张良曾在博浪沙行刺秦皇。事败之后隐姓埋名逃至下邳，圯上老人对此深为惋惜，特意用傲慢无礼的态度狠狠地挫折他。结果他能够忍耐，说明还是有可能成就大事的，所以圯上老人称他"孺子可教矣"。经苏轼这么解释，此事就具有了可信性。相比之下，司马迁对这段轶闻也是十分厚爱的，但他没有破除其封建迷信的神秘光环。

十七 贾谊论（苏轼）

【原文】

非才之难，所以自用①者实难。惜乎！贾生，王者之佐，而不能自用其才也。夫君子之所取者远，则必有所待；所就者大，则必有所忍。古之贤人，皆负可致之才，而卒②不能行其万一者，未必皆其时君之罪，或者③其自取也。

【注释】

①自用：自己使用。

②卒：最后。

③或者：或许。

【译文】

不是有才华难，而是把才华施展出来难。可惜呀，贾谊有辅佐帝王的能力，却未能好好施展出自己的才华。一个君子想要实现长远的目标，就一定要等待时机；要想成就伟大的事业，就一定要能忍耐。古代的贤明的人，基本都具有可以实现目标的才能，但有些人到最后都不能施展他才华的万分之一，这其实未必都是当时帝王的过错，有的是他们咎由自取的。

【原文】

愚观贾生之论，如其所言，虽三代何以远过？得君如汉文，犹且以不用死，然则是天下无尧、舜，终不可有所为耶？仲尼圣人，历试①于天下，苟非大无道之国，皆欲勉强②扶持，庶几③一日得行其道。将之荆，先之以冉有，申④之以子夏。君子之欲得其君，如此其勤也。孟子去齐，三宿而后出昼，犹曰："王其庶几召我。"君子之不忍弃其君，如此其厚也。公孙丑问曰："夫子何为不豫⑤？"孟子曰："方今天下，舍我其谁哉？而吾何为不豫？"君子之爱其身，如此其至也。夫如此而不用，然后知天下果不足与有为，而可以无憾矣。若贾生者，非汉文之不能用生，生之不能用汉文也。

【注释】

①历试：屡试，多次考验或考察。

②勉强：尽力而为。

③庶几：希望；但愿。

④申：表明，表达。

⑤豫：开心。

【译文】

　　我看贾生的论说，假如他所说的都做到了，就算夏、商、周三代的辉煌也不能超过他设想的。碰到如汉文帝这样的皇帝，尚且因为不能施展才华而郁闷死去。这样说来，如果天下没有尧、舜这样的好皇帝，那就终生别想有什么作为了吗？孔子是大圣人，曾经考察过各个国家，只要不是极端纷乱的国家，他都想尽力帮助，只愿将来有一天能实现他的政治理想。将到楚国时，他先派冉有去试探，再派子夏去申明自己的观点。君子想得到帝王的任用是这样勤奋。孟子将要离开齐国时，在昼地住了三夜才走，还说："齐宣王一定会召见我的。"君子不忍心离开他的国君，感情是这样深沉。公孙丑问孟子，说："先生为什么不开心？"孟子回答说："当今天下能治国的，除了我还有谁呢？我为什么要不开心呢？"君子爱护自己，是这样深厚。像这样都不能施展他们的才华，那就应该明白世上果真没有一个皇帝可以辅佐，而不会留下什么遗憾。像贾谊这种人才，不是汉文帝不能重用他，而是贾谊不能利用汉文帝来施展自己的政治理想啊！

【原文】

　　夫绛侯①亲握天子玺而授之文帝，灌婴②连兵数十万，以决刘、吕之雌雄，又皆高帝之旧将，此其君臣相得之分，岂特父子骨肉手足哉？贾生，洛阳之少年，欲使其一朝之间，尽弃其旧而谋其新，亦已难矣。为贾生者，上得其君，下得其大臣，如绛、灌之属，优游浸渍③，而深交之，使天子不疑，大臣不忌，然后举天下而唯吾之所欲为，不过十年，可以得志。安有立谈之间，而遽为人"痛哭"哉？观其过湘为赋以吊屈原，萦纡④郁闷，趯然⑤有远举之志，其后以自伤哭泣，至于夭绝，是亦不善处穷者也。夫谋之一不见用，则安知终不复用也？不知默默以待其变，而自残至此。呜呼！贾生志大而量小，才有余而识不足也。

【注释】

①绛侯：汉周勃以布衣从高祖定天下，赐爵列侯，剖符世世勿绝。食绛八千一百八十户，号绛侯。

②灌婴：汉朝开国功臣，官至太尉、丞相。

③浸渍：浸泡；渗透。

④萦纡：盘旋弯曲；回旋曲折；萦回。

⑤趯然：心情激动或冲动的样子。

【译文】

周勃曾亲手把天子玉玺传授给汉文帝，灌婴曾集合数十万兵力，决定过吕、刘两家胜败的命运，而且又都是开国功臣，这种皇帝和臣子相互依赖的情分，难道只是父子骨肉之情能够相比的吗？贾谊只不过是洛阳一个文学青年罢了，要想让汉文帝在一夜之间，就把旧的国策全部废弃掉，换成新的措施，也太难了。处于贾谊这种地位，就应该向上博取皇帝的信任，向下获取大臣的支持，像周勃、灌婴等开国功臣，就需要从容地慢慢与他们深入交往，让皇帝不怀疑、大臣不猜忌。这样做了之后，全国就会按照我所设想的去改革。不用十年时间，他就可以实现自己的理想。怎么能够一会工夫就已经绝望痛哭了呢？看他被贬长沙时，路过汨罗江，作赋吊祭屈原，心情极度郁闷，大有超然出世的志向。自此之后，因为经常感伤落泪，导致他短命死去。他也是个不善于对付困顿环境的人啊。谋略一旦不被采纳，又怎能知道永远都没机会被采纳呢？不懂得默默地坐等形势的改变，而自我摧残到如此地步。唉！贾谊可以算是志向高远而气量狭隘，才力有余而见识不足啊。

【原文】

古之人，有高世之才，必有遗俗①之累。是故非聪明睿智不惑之主，则不能全其用。古今称苻坚得王猛于草茅之中，一朝尽斥去其旧臣，而与之谋。彼其匹夫略②有天下之半，其以此哉！愚深悲生之志，故备论之。亦使人君得如贾生之臣，则知其有狷介③之操，一不见用，则忧伤病沮，不能复振，而为贾生者，亦谨其所发哉！

【注释】

①遗俗：为世俗所摈弃。

②略：夺下，占据。

③狷介：正直孤傲，洁身自好。

【译文】

古代的贤人有高于世间平凡人的才华，一定有为世俗所摈弃的烦恼。所以如果不是英明有头脑、不受疑惑的帝王，则无法全面施展他们的才华。古人和今人都称赞符坚能在普通人之中起用王猛，在很短的时间内把以前朝中的大臣都全部摈弃掉，而单独与王猛讨论军政大事。符坚那样平凡，都能夺下半个中国，大概就是因为这样吧。我对贾谊的才华未能施展感到深深惋惜，所以对他进行全面的评论。同时也要让君王懂得这样一个道理：如果得到了像贾谊这样的臣子，就应该知道这样的人有正直孤傲，洁身自好的情操，一旦不被起用，就容易感伤忧愁，堕落颓废，不能再振作起来了。像贾谊这种性格的人，也要节制自己的情感发泄啊！

【评析】

全文紧扣着贾谊之失意而终，对贾谊的人格特质分析得非常深入，对当时的历史背景的剖析也令人信服，用这样的方式与坚定的语气来凸显贾谊的个性与强调"有所待""有所忍"的生命修养。从文章内容看，主要是针对人才自身而言，但从文末看，他的主要用意，又在于借以提醒为人君者，希望他们正确对待和使用像贾谊这类"有狷介之操"的特殊人才，注意用其所长，以免造成浪费人才。

在写作上，宕开一笔，收放自如，极富特色。首先亮明全文观点，以一种不容置疑的口气，总揽下文论述。紧接着，一个"惜乎"的深沉感叹句，以贾谊其人其事，紧紧印证所提观点，而且紧扣文题。接下来又暂时先放开贾谊其人，谈古之君子和贤人。第四段又回到贾谊，文章前后相顾，从而有效地增强了文章的说服力。

十八 晁错论（苏轼）

【原文】

天下之患，最不可为者，名为治平无事，而其实有不测之忧。坐观其变，而不为之所，则恐至于不可救。起而强为之，则天下狃①于治平之安，而不吾信。惟仁人君子豪杰之士，为能出身为天下犯大难，以求成大功。此固非勉强期月②之间，而苟以求名之所能也。天下治平，无故而发大难之端，吾发之，吾能收之，然后有辞于天下。事至而循循焉③欲去之，使他人任其责，则天下之祸，必集于我。

【注释】

①狃：习惯；习以为常。

②期月：亦作"朞月"。一整月。形容时间短。

③循循焉：徘徊不前的样子。

【译文】

世间的祸患，最难处理的，莫过于表面上看起来社会太平没有什么事发生，而实际上其中却蕴含着不能预测的忧患。消极地坐看祸患的发生，却不想如何处理它，那么恐怕祸患就会慢慢发展到无法挽回的地步。如果一开始就不顾一切地改革它，那么百姓因为已经习惯于这种太平的表象，就会不信任这种变动。只有那些仁人君子、豪杰人物，才能够挺身而出，为国家安定繁荣，而冒天下之大不韪，以谋取成就伟大的事业。这原本就不是能够在短时间内一下子就办好的，更不是那群谋求名声的人所能做到的。国家太平无事，没什么原因就点燃巨大祸患的导火线。我使它开始，又能使它结束，然后才能对天下人有所交代。事情已经发生却不想制止而想逃避，让别人去承担制止它的责任，那么天下人的责问，必定要集中到我一个人身上。

【原文】

昔者晁错尽忠为汉，谋弱山东之诸侯。山东诸侯并起，以诛错为名。而天子不之察①，以错为之说。天下悲错之以忠而受祸，不知错有以取之也。

【注释】

①不之察：宾语前置。正常语序是：不察之。

【译文】

从前晁错为了汉室鞠躬尽瘁，向汉景帝建议削弱山东诸侯各国的实力。于是山东各大诸侯群起造反，依靠诛杀晁错的名义发难。但是，汉景帝没有发现他们的居心，就杀了晁错，来劝退各诸侯。世人都为晁错忠心耿耿反受杀戮而悲痛，却不了解其中很多是晁错咎由自取。

【原文】

古之立大事者，不唯有超世之才，亦必有坚忍不拔之志。昔禹之治水，凿龙门，决大河，而放之海。方其功之未成也，盖亦有溃冒冲突①可畏之患，惟能前知其当然，事至不惧，而徐为之图，是以得至于成功。夫以七国之强，而骤削之，其为变岂足怪哉？错不于此时捐其身，为天下当大难之冲②，而制吴、楚之命，乃为自全之计，欲使天子自将而己居守。且夫发七国之难者谁乎？己欲求其名，安所逃其患？以自将③之至危，与居守之至安，己为难首，择其至安，而遗天子以其至危，此忠臣义士所以愤怨而不平者也。当此之时，虽无袁盎，亦未免于祸。何者？己欲居守，而使人主自将，以情而言，天子固已难之矣，而重违其议，是以袁盎之说得行于其间。使吴、楚反，错以身任其危，日夜淬砺④，东向而待之，使不至于累其君，则天子将恃之以为无恐。虽有百盎，可得而间哉？

【注释】

①溃冒冲突：洪水成灾，堤坝溃决。溃，水冲破堤坝。

②当大难之冲：比喻最先受到攻击或遭到灾难。当：承当，承受；冲：要冲，交通要道。

③自将：亲自率领。

④日夜淬砺：淬火磨砺。

【译文】

古代那些干大事的人，不仅仅具有超凡的才能，也具有坚韧不拔的意志。以前，大禹治水，凿开龙门，疏通黄河，让洪水奔流入海。当他没有完成这项工作的时候，大概也有突然洪水成灾，堤坝溃决等意料不到的危险发生。只有他能够事前知道发生什么，所以当危险发生的时候，他没有惊慌失措，能够从容地应付它，因此能够获得最后的胜利。像七国诸侯那样强大，晁错却想快速削弱他们的实力，他们起来造反难道奇怪吗？晁错不在这个时候献出自己的生命，为天下人承担这个大责任，而平定吴、楚七国之乱，却为了保全自己的性命留守京城，让汉景帝御驾亲征平息叛乱。况且挑起七国之乱的是谁啊？自己想获得加强中央集权的名声，又怎么能逃得了这场大难呢？拿御驾亲征的极度危险跟自己留守京城的极度安全相比，自己是挑起叛乱的主要谋士，却选择留守在最安全的京城，把带兵打仗这种最危险的事情丢给汉景帝去做，这是让很多忠臣义士对晁错愤怒不平的原因所在啊。在这个时候，即使没有袁盎出现，晁错也不可能幸免于祸。为什么呢？晁错想要留守京城，却让皇帝御驾亲征，按照常理来说，皇帝本来就已经觉得很为难了，但又不能明确表示不采纳他的建议，所以袁盎的说辞才能够被汉景帝采纳。假使吴、楚等七国造反的时候，晁错不顾性命承担这个危险的责任，日日夜夜淬火磨砺，严阵以待东边的叛乱，使汉景帝不受烦累，那么汉景帝就会相信并依赖他，而不觉得七国之乱有什么值得害怕的。就算有一百个袁盎，他能有什么机会可以离间汉景帝和晁错呢？

【原文】

嗟夫！世之君子欲求非常①之功，则无务②为自全之计。使错自将而讨吴、楚，未必无功。惟其欲自固其身，而天子不悦，奸臣得以乘其隙。错之所以自全者，乃其所以自祸欤③？

【注释】

①非常：不同寻常。

②无务：不要考虑。

③欤：文言助词，表示疑问、感叹、反诘等语气。

【译文】

唉！天下的君子们如果想要建立不同寻常的功绩，那就不要考虑太多自保的计谋。假使晁错自己亲自上阵，带兵去攻打吴、楚等七国，不一定就不能胜利。只是他只想保全自己的性命，让汉景帝有点生气，奸臣袁盎趁此机会钻了空子。晁错想要保全自己的性命，正好是他惨遭杀戮的原因吧！

【评析】

作者生活时代，治平已久，文恬武嬉，积贫积弱，作者思治，故此论实为有感而发。起首议论雄深浑徽，有很强的针对性。全篇文章由虚而实，由实而气势滔滔，由气势滔滔而渐渐平缓，把舒缓与紧凑有机地融为一体。

卷十一　宋文

一 喜雨亭记（苏轼）

【原文】

亭以雨名。志①喜也。古者有喜，则以名物，示不忘也。周公得禾，以名其书②；汉武得鼎，以名其年③；叔孙胜敌④，以名其子。其喜之大小不齐，其示不忘一也。

【注释】

①志：记。

②周公得禾，以名其书：周成王的同母弟唐叔得到一种异禾。这种禾是两禾生在不同的田亩上，而合生一穗。于是，他献给成王，成王送给周公。周公受禾后，作《嘉禾》一篇。《嘉禾》文已佚亡，今《尚书》仅存篇名。（《尚书·周书·微子之命》）

③汉武得鼎，以名其年：据《汉书·武帝纪》记载，元鼎元年（前116年）五月，得宝鼎于汾水，于是改元为元鼎元年。《通鉴考异》认为得宝鼎应在元鼎四年，元鼎年号是后来追改的。

④叔孙胜敌，以明其子：鲁文公十一年，北狄鄋瞒国伐鲁，鲁文公派叔孙得臣御敌，打败了鄋瞒，并击杀其国君侨如，于是将自己的儿子命名为侨如，以表其功。

【译文】

亭子以"雨"命名，是要纪念一件令人高兴的事情。古时候有了高兴

的事，就用它来命名事物，以示永远铭记。成王赏赐给周公一棵异株合穗
的稻谷，周公的新书就命名为《嘉禾》。汉武帝在汾阴得到一方宝鼎，就
用元鼎做了年号。叔孙得臣在和狄人侨如的战争中取得胜利，就给儿子取
名侨如。虽然令人愉悦的事情大小有异，可是不想忘记的本意是一样的。

【原文】

予至扶风①之明年，始治官舍。为亭于堂之北，而凿池其南，引流种
树，以为休息之所。是岁之春，雨麦②于岐山之阳，其占为有年③。既而弥
月不雨，民方以为忧。越三月，乙卯乃雨，甲子又雨，民以为未足。丁卯
大雨，三日乃止。官吏相与庆于庭，商贾相与歌于市，农夫相与忭于野，
忧者以喜，病者以愈，而吾亭适成。

【注释】

①扶风：即凤翔府，今陕西凤翔府。苏轼曾做过凤翔府判官，于嘉祐
六年（1061年）到任。

②雨麦：上天下麦子。

③有年：丰收。

【译文】

到扶风任职后的第二年，我才开始重新修建官府。正厅的北面，我修
建了一座亭子，又在亭子以南新挖了一方池塘，流水可以从此流入灌溉植
被，一方绝好的休息之地就此诞生。这一年春，岐山南面下了一场雨，占
卜的认定今年会丰收。之后整整有一个月的时间没有下雨，老百姓都焦灼
万分。一直四月初二这一天，才下了一场雨。九天以后又下了一场雨。老
百姓们还不满足。十四日这天又下了一场大雨，持续了三天三夜。官员们
在府里举杯庆贺，做生意的人在集市上放声歌唱，农民们在田地里也是尽
情欢笑，不高兴的人也高兴起来，病人的病也好了，我的亭子也正好在这
个时节修建完成。

【原文】

于是举酒于亭上，以属客①而告之，曰："五日不雨可乎？曰：'五日
不雨则无麦。'""十日不雨可乎？""曰："十日不雨则无禾。""无麦

无禾，岁且荐饥②，狱讼繁兴而盗贼滋炽。则吾与二三子，虽欲优游以乐于此亭，其可得耶？今天不遗斯民，始旱而赐之以雨。使吾与二三子得相与优游③而乐于此亭者，皆雨之赐也。其又可忘耶？"

【注释】

①属客：指斟酒给客人喝。

②荐饥：连年饥荒。荐，重。

③优游：从容不迫的样子。

【译文】

我们在亭里摆酒庆贺，在敬客人喝酒时，我说："如果再过五天不下雨行不行？"大家回应道："如果再过五天不下雨，今年的麦子就没有收成了。"我接着问："如果再过十天不下雨呢？"大家又回应道："如果这样的话，今年的稻子也没有收成了。""如果麦子和稻子今年都没有收成，那么挨饿的人就会增多，偷盗的人也会增多，刑事案件也会增多，那样的话，我们还可以怡然自得地聚在亭里一起喝酒作乐吗？幸运的是，老天没有忘了这里的老百姓，干旱没多长时间就下了一场大雨，我也才能和大家一起欢聚在这个亭子中寻欢作乐，我们都要感谢这场大雨啊！如此有意义的事情我们怎么可以遗忘呢？"

【原文】

既以名①亭，又从而歌之，曰："使天而雨珠，寒者不得以为襦；使天而雨玉，饥者不得以为粟。一雨三日，伊谁之力？民曰太守。太守不有，归之天子。天子曰不然，归之造物。造物不自以为功，归之太空。太空冥冥，不可得而名。吾以名吾亭。"

【注释】

①名：命名。

【译文】

亭子被冠名以后，我们接着讴歌它，歌词是："如果天降珍珠，饱受寒冷侵袭的人并不能用它做棉袄；如果天降宝玉，忍饥挨饿的人不能拿它果腹。而现在连续下了三天的雨，我们要将归功于谁呢？老百姓们要感谢太守，太守说这不是我的功劳，归功于当朝天子。天子推脱说，这不是我的功劳，这一切都要感谢造物主。造物主说，这也不是我的功劳，要感谢就感谢上天吧！可是上天缥缈开阔，说不出个结果。所以我的亭子就以这场雨来命名了。"

【评析】

结构严谨，脉络清晰。全文紧扣"雨"字，先从亭的命名缘由写起，接着记叙建亭经过，然后点出主题（雨与国计民生的关系），最后以歌咏作结，不仅显示出逻辑推理的力量，而且避免了行文的枯燥无味。

详略得当，疏密有致。文章第二段写降雨经过，先以"既而弥月不雨，民方以为忧"寥寥数语，描绘人们急盼下雨的心情，然后不厌其烦地描写下雨的经过。雨量由小而大，人们的心情由"未足"到大喜；三个排比句，表现久旱逢雨时的喜悦："忧者以乐，病者以愈"两句，欢快之情达到高潮。

句法灵活，笔调活泼。文章在风趣的对话中轻松含蓄地发表见解，给人以举重若轻的感觉。文章体现了作者"民以食为天"的民本思想，反映了作者与百姓同忧同乐的感情，充分展现出苏轼年轻时的个人思想及风格。

二 放鹤亭记（苏轼）

【原文】

熙宁十年秋①，彭城大水。云龙山人张君之草堂，水及其半扉。明年春，水落，迁于故居之东、东山之麓。升高而望，得异境焉，作亭于其上。彭城之山，冈岭四合，隐然如大环，独缺其西一面，而山人之亭，适当②其缺。春夏之交，草木际天，秋冬雪月，千里一色。风雨晦明之间，俯仰百变。山人有二鹤，甚驯而善飞，旦则望西山之缺而放焉，纵其所如，或立于陂田，或翔于云表，暮则傃东山而归，故名之曰"放鹤亭"。

【注释】

①熙宁：宋神宗赵顼的年号。

②当：对着。

【译文】

宋神宗熙宁十年的秋天，彭城发了大水。云龙山人张天骥的草屋，已经被水没过大半个门了。第二年春天，大水退了，他就把家搬到了原来房子的东边、东山的山脚下。登到高处远眺，发现了这个奇妙的地方，便在那里建了一个亭子。彭城的山，岗岭四面环绕，远处看去就像是一个环形，只是西面少了一个角，云龙山人建的亭子正好对着这个角。春末夏初的时候，草木茂盛，就像是跟天连在一起似的，秋冬的时候，月景和雪景让千里之内的景色都变成了银白色。大风、下雨、阴天、晴天的天气，让这个山谷的景色更加变化多端了。云龙山人养了两只鹤，被训练得十分听话而且擅长于飞翔，清晨的时候就向着西面的缺口放飞，让它们自由自在地飞翔，有时候落在水边的田地上，有时候在白云之端飞翔，傍晚的时候，就回归东山，所以云龙山人把这个亭子叫作"放鹤亭"。

【原文】

郡守苏轼，时从宾佐僚吏往见山人，饮酒于斯亭而乐之。挹山人而告之曰[①]："子知隐居之乐乎？虽南面之君，未可与易也。《易》曰：'鸣鹤在阴，其子和之[②]。'《诗》曰：'鹤鸣于九皋，声闻于天[③]。'盖其为物清远闲放，超然于尘埃之外，故《易》《诗》人以比贤人君子。隐德之士，狎[④]而玩之，宜若有益而无损者，然卫懿公好鹤则亡其国。周公作《酒诰》，卫武公作《抑》戒。以为荒惑败乱，无若酒者，而刘伶、阮籍之徒，以此全其真而名后世。嗟夫！南面之君，虽清远闲放如鹤者，犹不得好，好之则亡其国。而山林遁世之士，虽荒惑败乱如酒者，犹不能为害，而况于鹤乎！由此观之，其为乐未可以同日而语也。"

【注释】

①挹：酌酒。

②鸣鹤在阴，其子和之：源自《易经·中孚》，意思是鹤在幽深的地方鸣叫，它的小鹤也会随声附和。

③鹤鸣于九皋，声闻于天：源自《诗经·小雅·鹤鸣》。九皋，是指很深的水泽。

④狎：亲近。

【译文】

郡守苏轼经常跟客人一起去拜望山人，在放鹤亭中愉快地喝酒。郡守给山人敬酒，并且说："您了解隐居的快乐吗？就算是南面而坐，坐拥天下的君主，也没法跟他交换！《易经》中说：'鹤在幽深的地方鸣叫，它的小鹤也会随声附和。'《诗经》里也说道：'鹤在很深的沼泽中鸣叫，它的声音能够达到天际。'这是因为鹤是气质清远闲适的，它能够超脱于世俗之外，所以《易经》《诗经》中都用它来形容君子和贤人。隐居的道德情操高尚的贤才亲近它，并且与它玩耍，这似乎都是没有坏处的，但是卫懿公却因为喜欢鹤而让自己的国家灭亡。周公写了《酒诰》，卫公写了《抑》，都觉得没有比酒更能让人荒废事业、性情迷惑、政治腐败、国家灭亡的了，但是像刘伶、阮籍这样的人，居然是用酒来保持了他们的真性情，并且流传后世。哎！南面而坐的君王，就连清远悠闲的飞鸟都不能够喜欢，喜欢它就会使国家灭亡。而隐居山林，脱离尘世的人，即使是酒这种让人荒废事业、性情迷惑、政治腐败、国家灭亡的东西也无法给他们带来伤害，更别说是鹤了。这样看来，隐居的快乐和做君王的快乐是没有办法比较的。"

【原文】

山人欣然而笑曰："有是哉！"乃作放鹤、招鹤之歌曰："鹤飞去兮西山之缺。高翔而下览兮，择所适。翻然敛翼，宛将集兮，忽何所见，矫然而复击。独终日于涧谷之间兮，啄苍苔而履①白石。鹤归来兮，东山之阴。其下有人兮，黄冠②草履，葛衣而鼓琴。躬耕而食兮，其余以汝饱。归来归来兮，西山不可以久留。"

【注释】

①履：名词作动词，踩。

②黄冠：道士戴的帽子。

【译文】

云龙山人高兴地笑着说："是有这样的道理啊！"于是，我就写了放鹤和招鹤的歌，歌词的内容是："鹤飞走了呀，飞往西山的山口。高高地飞翔而向下观望啊，找到一个休息的好地方。突然收起翅膀，好像是要降落了，又好像突然看见了什么，矫健地重新展翅高飞。独自每天在山间飞翔啊，用嘴啄青苔，用脚踩白石。鹤归来啊，来到东山的北面。山下有人啊，头上戴着道士的帽子，脚上穿着草鞋，身上穿着葛衣在那里弹琴。自己耕作，自力更生，用宽裕的粮食喂养它们。回来吧，回来吧，西山是不能够长久停留的。"

【评析】

全文主要通过活泼的对答歌咏方式与出了隐逸者信然自适的生活图景和不为时事所囿的自由心境，表现作者对隐居之乐的神往。文中写景形象生动，主要着笔于"鹤"，借鹤的"清远闲放，超然于尘埃之外"表现山人超尘出世之姿。

三 石钟山记（苏轼）

【原文】

《水经》①云："彭蠡②之口有石钟山焉。"郦元以为下临深潭，微风鼓浪，水石相搏，声如洪钟。是说也，人常疑之。今以钟磬③置水中，虽大风浪不能鸣也，而况石乎！至唐李渤始访其遗踪，得双石于潭上，扣而聆之，南声函胡④，北音清越，枹止响腾，余韵徐歇。自以为得之矣。然是说也，余尤疑之。石之铿然有声者，所在皆是也，而此独以钟名，何哉？

【注释】

①《水经》：我国古代的一部专门记录江水河道的地理书籍，关于本书的作者有所争议，一说是汉代桑钦，一说是西晋的郭璞。

②彭蠡：今江西西北部的鄱阳湖。

③磬：古代的打击乐器，形状像曲尺，一般是由石头或者是玉石制成的。

④函胡：同"含糊"，重浊而模糊。

【译文】

《水经》里说："彭蠡湖的湖口，有一座石钟山。"郦道元觉得它下面有深潭，微风吹着波浪，水和石头相互碰撞，就发出了像钟声一样的声音。因此得名"石钟山"。人们经常怀疑这种说法是否正确。现在把钟和磬放在水中，即使有非常大的风和浪也无法发出声音，更何况是石头呢！到了唐代，李渤开始按照郦道元的足迹，在深潭上找到两块石头，敲打它们然后听，南面的石头声音厚重模糊，北面的石头声音清亮高昂，停止敲打，声音还在升腾，余音渐渐消失。李渤以为自己找到石钟山名字由来的原因了。但是对于这种说法，我却更加疑惑了。石块能够发出声音，这样的现象随处可见，但是只有这座山以"钟"命名，这是什么原因呢？

【原文】

元丰七年六月丁丑①，余自齐安舟行适临汝②，而长子迈将赴饶之德兴尉③，送之至湖口，因得观所谓石钟者。寺僧使小童持斧，于乱石间择其一二扣之，硿硿然，余固笑而不信也。

至其夜月明，独与迈乘小舟，至绝壁下。大石侧立千尺，如猛兽奇鬼，森然欲搏人。而山上栖鹘④，闻人声亦惊起，磔磔云霄间。又有若老人咳且笑于山谷中者，或曰："此鹳鹤也。"余方心动欲还，而大声发于水上，噌吰⑤如钟鼓不绝。舟人大恐。徐而察之，则山下皆石穴罅，不知其浅深，微波入焉，涵澹澎湃而为此也。舟回至两山间，将入港口，有大石当中流，可坐百人，空中而多窍，与风水相吞吐，有窾坎镗鞳之声，与向之噌吰者相应，如乐作焉。因笑谓迈曰："汝识之乎？噌吰者，周景王之无射也；窾坎镗鞳者，魏献子之歌钟也。古之人不余欺也！"

【注释】

①元丰：宋神宗年号。六月丁丑：农历六月初九。

②齐安：现湖北黄冈。适临汝：到临汝去。适，往。临汝，即汝州。苏轼曾经在元丰七年从齐安被调到临汝。

③饶之德兴尉：饶州德兴县的县尉（主管一县治安的官吏）。

④栖鹘（hú）：睡在巢里的鹘鸟。鹘，一种凶猛的鸟。

⑤噌吰：这里形容洪亮的钟声。

【译文】

元丰七年六月初九，我由齐安坐船到临汝，同时我的大儿子苏迈要去饶州的德兴县当县尉，我把他送到湖口，因此有机会看到了传说中的石钟山。寺院里的和尚让小和尚拿着斧头，在众多的乱石中选了一两块来敲打，发出硿硿的声音，我只是微笑却并不相信。

到了夜里月亮升起来的时候，我跟苏迈坐着小船，来到了陡峭的悬崖下，巨大的岩石耸立在水边，有上千尺这么高，样子就像是凶猛的野兽和奇怪的鬼怪，阴森森的，像是要向我们扑来。在上面休息的鹘鸟，听到人的声音，一下子受惊飞起，发出磔磔的声音向着云霄飞去。又有像是老人在山谷里咳嗽大笑的声音，有人说是鹳鹤。我心里感到害怕，正准备往回走，突然听到水上发出了非常大的声音，噌吰地像撞钟一样，一直在响。船夫感到十分害怕。我慢慢地观看，原来上下有很多石头的空洞和裂缝，不知道有多深，小的浪冲进去，在缝隙中受到阻力就会发出声音。小船驶回两座山之间，快要到达港口的地方，有一块大石头横亘在水中央，石头上能够容纳上百人，中间是空的，而且上面有很多小洞，风带着水冲击着这块石头，一吞一吐，就发出了窾坎镗鞳的声音，与刚才的噌吰的声音相互应和，就像是在奏乐一样。我笑着对苏迈说："你知道吗？噌吰的声音就像是周景王的无射钟发出来的声音一样，而窾坎镗鞳的声音就像是魏庄子的编钟发出来的声音。古人用'钟'来命名这座山，并没有欺骗我们啊！"

【原文】

事不目见耳闻而臆断其有无，可乎？郦元之所见闻殆①与余同，而言之不详。士大夫终不肯以小舟夜泊绝壁之下，故莫能知。而渔工水师虽知而不能言。此世所以不传也。而陋者乃以斧斤考击而求之，自以为得其实。余是以②记之，盖叹郦元之简，而李渤之陋也。

【注释】

①殆：大概，恐怕。

②是以：因此。

【译文】

事情不是亲眼所见、亲耳所闻的，而只凭借主观的想象来判断是否存在，可以吗？郦道元见到的大概跟我相同，但是讲述的却不是很详细。一般的士大夫又不愿意在夜晚坐小船到绝壁下观察，所以就无法了解真相；而那些打渔的人和水手，即使知道真相却无法用言语表达出其中的原理。所以这个道理就没有在世间留传。而那些见识浅薄的人居然用斧头敲打石块，认为自己得到的是石钟山命名的真正原因。我记录下来了这次游览的经历，一边感叹郦道元记录的简洁，一边讽刺李渤的见识浅薄。

【评析】

这篇文章将议论和叙述相结合，通过夜游石钟山的实地考察，对郦道元和李渤关于石钟山得名的说法进行了分析批评，提出了事不目见耳闻不能臆断其有无的论断，表现了作者注重调查研究的求实精神，富有教育意义。

四 三槐堂铭（苏轼）

【原文】

天可必乎？贤者不必贵，仁者不必寿。天不可必乎？仁者必有后。二者将安取衷哉？

吾闻之申包胥曰[①]："人定者胜天，天定亦能胜人。"世之论天者，皆不待其定而求之，故以天为茫茫。善者以怠，恶者以肆。盗跖[②]之寿，孔、颜之厄，此皆天之未定者也。松柏生于山林，其始也，困于蓬蒿，厄于牛羊，而其终也，贯四时、阅千岁而不改者，其天定也。善恶之报，至于子孙，则其定也久矣。吾以所见所闻考之，而其可必也审矣。国之将兴，必有世德之臣厚施而不食其报，然后其子孙能与守文太平之主共天下之福。

【注释】

①申包胥：春秋时期楚国大夫，因为封地在申，复姓公孙。

②盗跖：春秋时期的大盗。

【译文】

上天的赏罚善恶是一定的吗？但是贤能的人却并不是一定会得到显贵的地位，善良的人也不一定会长命百岁。上天的赏罚善恶不是一定的吗？但是善良的人的后代就很好，这两种说法要怎样来折中考虑呢？

我听说申包胥曾经这样说过："人坚持自己的意志就能够战胜天命，天遵循着自己的意志也能够战胜人的努力。"人世间谈论天的人，都没有等天完全显示出它的意志就去责备它，因为觉得天是虚无缥缈的、捉摸不透的。善良的人因为这个而懈怠，坏心眼的人也因此而放纵自己。盗跖长命百岁，孔丘和颜回的倒霉，这都是上天还没有显示自己的意志的原因。松柏在山林之中生存，它开始的时候被包围在蓬蒿之中，而且还被牛羊践踏，但是它最后的结果，是一年四季都是青色，经历了千年仍旧翠绿挺拔，这就是上天的意志最终被体现出来。做好事或者是做坏事的最终报应会在他们的子孙后代身上体现，上天的意志是早就已经决定了的。我用自己的见闻来说明上面的两种论述，说上天是一定显示它的意志的，这都是显而易见的事情。国家要兴旺，一定要有世代做好事的臣子，虽然为国家一直做好事却不一定能得到应有的回报，但他的子孙后代却能和太平盛世的君主一起享受遵守法律的幸福。

【原文】

故兵部侍郎晋国王公，显于汉、周之际，历事太祖、太宗，文武忠孝，天下望以为相，而公卒以直道不容于时。盖尝手植三槐于庭，曰："吾子孙必有为三公者。"已而其子魏国文正公^①，相真宗皇帝于景德、祥符之间，朝廷清明、天下无事之时，享其福禄荣名者十有八年。今夫寓物于人，明日而取之，有得有否。而晋公修德于身，责报于天，取必于数十年之后，如持左契^②，交手相付。吾是以知天之果可必也。

【注释】

①魏国文正公：指王旦，封魏国公，谥文正。

②左契：古代契约分左右两联，左契是指其中的一联。

【译文】

已经去世的兵部侍郎、晋国王公，在后汉、后周灭亡之际就已经很有名了，而且先后辅助了太祖、太宗两位皇帝，文才武略兼备，品行高尚，忠孝有加，天下百姓都认为他能够做宰相，但是最后他却因为自己性格耿直而不被当时的朝廷所接纳。他曾经在自己的院子里亲手种了三棵槐树，说道："我的子孙后代之中，一定会有人做到三公的。"后来他的儿子魏国文正公真的在宋真宗景德、祥符年间做了宰相，那个时候朝廷的政治十分清明，天下也很太平，过了十八年的好日子。现在，如果你把自己的东西寄放在别人家里，明天去拿，有拿到的也有拿不到的。但是王晋公自身德行修养，希望能够从上天那里得到回报，在几十年之后果真在上天那里得到了回报，就像是手里拿着一半的契约，交回契约就得到应得的一样。从这件事情上，我知道了天是一定要表示自己的意志的。

【原文】

吾不及见魏公，而见其子懿敏公。以直谏事仁宗皇帝，出入侍从将帅三十余年，位不满其德。天将复兴王氏也欤？何其子孙之多贤也？世有以晋公比李栖筠者，其雄才直气，真不相上下。而栖筠之子吉甫、其孙德裕，功名富贵略与王氏等。而忠恕仁厚，不及魏公父子。由此观之，王氏之福，盖未艾^①也。

【注释】

①艾：结束。

【译文】

我没能够赶上见到魏公，但是见到了他的儿子懿敏公。懿敏公因为敢直言劝谏而侍奉仁宗皇帝，带兵打仗、做侍从三十多年，得到这样的爵位也无法跟他的才德相匹配。是上天要复兴王氏吗？为什么他的子孙中有这么多贤德的人呢？世上有人把晋国公跟李栖筠作比较，他们的才能和刚正不阿的气度的确是不分伯仲。然而李栖筠的儿子李吉甫、孙子李德裕得到的功名跟王氏不相上下，李氏的忠诚、饶恕、善良、淳朴却比不上魏氏父子。从这一点来看，王氏的福分应该还远远没有结束呢！

【原文】

懿敏公之子巩与吾游，好德而文，以世其家，吾以是铭之。铭曰：呜呼休哉！魏公之业，与槐俱萌，封植之勤，必世乃成。既相真宗，四方砥平，归视其家，槐阴满庭。吾侪小人，朝不及夕，相时射利，皇恤厥德^①？庶几侥幸，不种而获，不有^②君子，其何能国？王城之东，晋公所庐，郁郁三槐，惟德之符。呜呼休哉！

【注释】

①皇恤厥德：哪里有空闲顾忌自己的德行。皇，通"遑"，闲暇。

②有：通"又"。

【译文】

懿敏公的儿子王巩跟我曾经有过交往，他重视品德的修养而且还擅长写文章，这样来继承他们家世世代代的传统，所以我写了一篇铭记记录下来。铭文为：美好而崇高啊，魏国公的功德，和三棵槐树一起生长、成才，种植培育多么勤劳，一定经过世代才能够长成。在真宗时期做宰相，国家边境都十分安宁，回来看看他的家，槐树遮盖了整个庭院。我们这些缺乏才德的平凡人，早晨不顾虑晚上，乘好时机追求功名，哪里还顾得上道德修养？也许有侥幸的时候，有可能会不劳而获。假如没有贤能的君子，国家要怎么治理？在京城的东面是晋公的府宅，槐树长得郁郁葱葱，就像是晋公一家人的才能。啊！多么美好崇高！

【评析】

本文是宋神宗元丰二年（1079年）苏轼在湖州任上为学生王巩家中"三槐堂"提写的铭词。三槐堂，是北宋初年兵部侍郎王佑家的祠堂，因王佑手植三棵槐树于庭而得名。古代传说，三槐象征朝廷官吏中职位最高的三公。而王佑正是王巩的曾祖父。

文章主题在于歌颂王佑的品德和功业，分五段进行。第一二两段，从天命的有常立论，肯定了善善恶恶的因果报应，提出"仁者必有后"的观点，为全文的理论基础。第三四五层，记叙了王佑手植三槐的经过和期待，以及王佑子孙后代多有仁德贤能者的事实，说明王佑仁爱厚施、积善成德，因此才子孙多贤，福祚绵绵不绝，从而论证了观点，突出了主旨。

全文贯穿着天命有常、因果报应思想，崇尚仁厚忠恕的德行。认为"善恶之报，至于子孙"，显然带有惩创人心、引为鉴诫的良苦用心。文章叙议兼行，挥洒如意。文字简洁，自然流畅。

五 方山子传（苏轼）

【原文】

方山子①，光、黄②间隐人也。少时慕朱家、郭解③为人，闾里之侠皆宗④之。稍壮，折节读书，欲以此驰骋当世，然终不遇。晚乃遁于光、黄间，曰岐亭，庵居蔬食，不与世相闻。弃车马，毁冠服，徒步往来山中，人莫识也。见其所著帽，方耸而高，曰："此岂古方山冠⑤之遗像乎？"因谓之"方山子"。

【注释】

①方山子：即陈慥，字季常，父亲是太常少卿陈希亮。

②光：光州，在今天的河南潢川。黄：黄州，在今天的湖北黄冈。

③朱家、郭解：二人都是西汉时的游侠，喜替人排忧解难。

④宗：敬重。

⑤方山冠：汉代祭祀宗庙时乐舞者所戴的一种帽子。唐宋时，隐者常常喜欢戴着它。

【译文】

方山子是光州、黄州一带的隐士。他年轻的时候非常仰慕西汉时期的游侠朱家和郭解，乡里的游侠也都十分敬重他。稍微长大一点以后，他改变了志向和做法，努力读书，想因此在当时施展抱负，但是一直都没有得到重用。晚年的时候，他在光州、黄州中间的岐亭隐居，住着茅草屋，吃着粗茶淡饭，不跟尘世间的俗人有所往来。他再也不坐以前的马车，把原来的帽子和礼服都毁掉了，每天在山里来来回回地走路，没有人知道他是谁。人们看到他戴的帽子，形状是方形的，而且又高高耸起，都说："这不是古代的方山冠的式样吗？"于是大家后来都叫他"方山子"。

【原文】

余谪居于黄，过岐亭，适见焉。曰："呜呼！此吾故人陈慥季常也！何为而在此？"方山子亦矍然①问余所以至此者。余告之故。俯而不答，仰而笑，呼余宿其家。环堵萧然，而妻子奴婢皆有自得之意。余既耸然异之，独念方山子少时，使酒②好剑，用财如粪土。

前十九年，余在岐山，见方山子从两骑，挟二矢，游西山、鹊起于前，使骑逐而射之，不获。方山子怒马独出，一发得之。因与余马上论用兵及古今成败，自谓一时豪士。今几日耳，精悍之色，犹见于眉间，而岂山中之人哉？

【注释】

①矍然：惊奇注视的样子。

②使酒：酗酒任性。

【译文】

我被贬职到黄州，经过岐亭，正好遇见他，我说："哎呀！这是我的老朋友陈慥季常啊！你怎么会在这里？"方山子也十分吃惊，问我怎么会到这里，我跟他说了原因。他低下头不说话，然后就抬起头来哈哈大笑，招呼我到他家住。他家里什么都没有，但是他的老婆孩子以及奴婢都十分自得悠然。我已经觉得十分惊讶了。暗自回想方山子年轻的时候寄情于酒，喜爱刀剑，视金钱为粪土。

十九年前，我在岐山，看到方山子带着两个骑马的侍从，手里拿着两张弓到西山打猎。一只鹊鸟从他眼前飞走，他让随从射杀，结果没有射中，他突然抽打坐骑，奔跑出去，一箭就射中了鹊鸟。于是他跟我在马上聊起用兵谋略和还有古往今来成功和失败的道理，自己把自己比作是豪杰。这件事已经过去很长时间了，那精明剽悍的神态仍旧保留在眉目之间。这怎么能是山里的隐士呢？

【原文】

然方山子世有勋阀，当得官，使①从事于其间，今已显闻。而其家在洛阳，园宅壮丽，与公侯等②。河北有田，岁得帛千匹，亦足以富乐。皆弃不取，独来穷山中，此岂无得而然哉？

【注释】

①使：假使。

②等：一样。

【译文】

然而方山子家族世代建功业，他应该得到一官半职，假使他在官场混迹，那么他今天一定能够飞黄腾达。他家原本是在洛阳，园圃宅院富贵华丽，堪比公侯之家。他在河北有田产，每年能够有上千匹丝绸，足够过上富足的生活了。但是他不愿意要这一切，偏偏来到穷乡僻壤。假如不是自得其乐他会这么做吗？

【原文】

余闻光、黄间多异人，往往佯狂垢污①，不可得而见。方山子倘见之欤？

【注释】

①佯狂：装疯卖傻。垢污：涂抹脏东西。

【译文】

我听闻光州、黄州一带有很多不一般的人，他们一般都装疯卖傻，往自己身上涂抹脏东西，但是却一直没有机会见到他们。方山子可能见过他们吧？

【评析】

重点写隐居时的生活和思想态度(随物赋形)。主旨：说明方山子为弃显闻富乐，独来穷山中的异人。文体：形式为应用文（传记）；内容为记叙文。用字准确而含蓄，字里行间饱受感情，写出作者想见已久而又不期而遇的喜悦之情，渲染了隐士的特征。

弃荣利功名而自甘淡薄贫贱，借他人之酒解自己胸中之不快，方山子实乃自悲不遇(暗示手法)。有志于用世，却不得赏识任用，仕进无门，退隐以明志。借此流露出同为"怀才不遇"的感慨。

方山子弃荣利功名而自甘淡泊贫贱的行动，作者结合自己当时被贬黄州的处境，于文字之外，又寓有自己之情，是借他人之酒浇自己胸中之块垒。写方山子未尝不是自悲不遇，本文可以说是作者在黄州心态的一种隐晦的折射。

六 凌虚台记（苏轼）

【原文】

国①于南山之下，宜若起居饮食与山接也。四方之山，莫高于终南，而都邑之丽山者，莫近于扶风。以至近求最高，其势必得。而太守之居，未尝知有山焉。虽非事之所以损益②，而物理有不当然者。此凌虚③之所为筑也。

方其未筑也，太守陈公杖履逍遥于其下，见山之出于林木之上者，累累如人之旅行于墙外而见其髻也④。曰："是必有异。"使工凿其前为方池，以其土筑台，高出于屋之檐而止。然后，人之至于其上者，恍然不知台之高，而以为山之踊跃奋迅而出也。公曰："是宜名凌虚。"以告其从事苏轼，而求文以为记。

轼复于公曰："物之废兴成毁，不可得而知也。昔者荒草野田，霜露之所蒙翳⑤，狐虺⑥之所窜伏。方是时，岂知有凌虚台耶？废兴成毁，相寻⑦于无穷，则台之复为荒草野田，皆不可知也。尝试与公登台而望，其东则秦穆之祈年、橐泉也，其南则汉武之长杨、五柞，而其北则隋之仁寿、唐之九成也。计其一时之盛，宏杰诡丽，坚固而不可动者，岂特⑧百倍于台而已哉！然而，数世之后，欲求其仿佛，而破瓦颓垣无复存者，既已化为禾黍荆棘、丘墟陇亩矣，而况于此台欤！夫台犹不足恃以长久，而况于人事之得丧⑨、忽往而忽来者欤？而或者欲以夸世而自足，则过矣。盖世有足恃者，而不在乎台之存亡也。"

既以言于公，退而为之记。

【注释】

　　①国：指城邑，这里用作动词，指建城邑。

　　②损益：损，减小。益，增加，这里是影响的意思。物理：事物的道理。

　　③凌虚：高耸入天空中。

　　④杖履：拄着手杖漫步。逍遥：怡然自得的样子。累累：连贯成串的样子。髻：挽束在头顶的头发。

　　⑤蒙翳（yì）：遮蔽。

　　⑥虺（huǐ）：毒蛇。

　　⑦相寻：互相循环，周而复始。

　　⑧特：仅仅，只。

　　⑨得丧：获得和丧失。

【译文】

　　终南山下修建城邑，城中的人的起居、喝茶、吃饭好像都会和山有接触。围着州城的四周的山峰，没有哪座比终南山更高，而靠近终南山的城邑，比扶风更近的就没有了。从离山最近的城邑去探求最高的山，按地势来说，一定可以做到。可是太守居住的地方，从来就不知道山在哪里。虽然这对政事没有什么影响，但是在事理逻辑来说就应不是这样。这就是修建凌虚台的原因啊。

　　当这个台还没修建的时候，扶风太守陈先生就拄着手杖，悠然地出去漫步。瞧见树林的上边露出山形的影子重叠着、串联着，在一起好像是成群结队行走的人走在墙外而露出他们的发髻一样，就说："这里必定有奇

妙的景致！"于是叫人挖那地方的南面，开凿出一口池塘，用挖出的土石
修筑成一座高台。比屋檐还高时才停止。这样一来，步行到台子上面的
人，恍恍惚惚不知道台子有多高。却以为是山突然长出来，踊跃奔腾。陈
老先生说："这应该叫'凌虚'。"他把他的主意告诉部下苏轼，请求他
写一篇文章来记下这件事。

　　我答复陈老先生说："一座建筑物的破败或兴盛，存在和毁坏是无法
预料的。先前，这里是一片荒地野草，是霜露遮蔽、狐狸毒蛇出没的地
方，在这时，难道会知道将会有凌虚台吗？破败和兴盛，保存和毁坏，
它们无穷无尽地相互转化循环，那么，有朝一日，凌虚台重新成为野草荒
地，也是无法预料的。我曾经与您登上台子极目眺望，台子的东方是秦穆
公时建成的祈年宫和橐泉宫，台子的南面是汉武帝时修筑成的长杨宫和五
柞宫，它的北面是隋炀帝时的仁寿宫、唐太宗时修复仁寿宫而成的九成宫
啊。想见那一时的盛大气派、宏伟奇特和壮丽，坚固不可动摇的程度，比
起这凌虚台来，难道只是超过一百倍吗？可是几代过去后，想要再找到它
们旧的大致形貌，却连破瓦断砖、倒塌的墙都不再存在了。即使是这样的
宏伟建筑都已经变成长满禾、黍的田野，荆棘丛生的废墟，更何况是这座
凌虚台呢！这凌虚台尚且还不能依靠它的坚固而长久地存在下去，更何况
是人事的得失，忽去忽来，这样的飘忽不定呢！可是有人竟然想用这些亭
台楼阁向世人夸耀，同时满足自己，那就错了。其实世界上有足够用来依
靠的，并不在乎一座台的存在或毁灭。"我把自己的想法对陈先生说了，
回来后就写下这篇文章。

【评析】

　　此文虽然为"记"，重点是"论"。这篇文章是苏轼应扶风太守陈希亮的要求
而作。文章以流畅的笔调叙述凌虚台建造和命名这件事。抒发了作者的"废兴成
毁"的感慨，由此推出世事不可预料。同时指出不能消极地"夸世自足"，而要不
懈地探求，这样才能实现自己的目标。最后作者以乐观旷达的笔调写道："盖世有
足恃者，而不在乎台之存亡也。"

　　全文感情充沛，沉郁苍凉，最耐人寻味的是作者没有点明"世有足恃"是什
么，使文章更显深沉、含蓄。

七 超然台记（苏轼）

【原文】

凡物皆有可观。苟有可观，皆有可乐，非必怪奇伟丽者也。哺糟啜醨①，皆可以醉；果蔬草木，皆可以饱。推此类也，吾安往而不乐！

夫所为求福而辞祸者，以福可喜而祸可悲也。人之所欲无穷，而物之可以足吾欲者有尽。美恶之辨战于中，而去取之择②交乎前，则可乐者常少，而可悲者常多。是谓求祸而辞福。夫求祸而辞福，岂人之情也哉？物有以盖之矣。彼游③于物之内，而不游于物之外。物非有大小也，自其内而观之，未有不高且大者也。彼挟其高大以临我，则我常眩乱反复。如隙中之观斗，又乌知胜负之所在？是以美恶横生④，而忧乐出焉，可不大哀乎！

余自钱塘移守胶西，释舟楫之安，而服车马之劳；去雕墙之美，而庇采椽之居⑤；背湖山之观，而行桑麻之野。始至之日，岁比不登，盗贼满野，狱讼充斥，而斋厨索然⑥，日食杞菊，人固疑予之不乐也。处之期年，而貌加丰，发之白者，日以反黑。予既乐其风俗之淳，而其吏民亦安予之拙也。于是治其园圃，洁其庭宇，伐安丘、高密之木，以修补破败，为苟完之计。而园之北，因城以为台者旧矣，稍葺⑦而新之。

时相与登览，放意肆志焉。南望马耳、常山，出没隐见，若近若远，庶几⑧有隐君子乎？而其东则庐山，秦人卢敖之所从遁也。西望穆陵，隐然如城郭，师尚父、齐威公之遗烈，犹有存者。北俯潍水，慨然大息，思淮阴之功，而吊其不终。台高而安，深而明，夏凉而冬温。雨雪之朝，风月之夕，予未尝不在，客未尝不从。撷园蔬，取池鱼，酿秫酒，瀹脱粟而食之⑨，曰："乐哉！游乎！"

方是时，予弟子由，适在济南，闻而赋之，且名其台曰"超然"。以见予之无所往而不乐者，盖游于物之外也。

【注释】

①哺（bǔ）：吃。啜：喝饮。醨（lí）：薄酒。

②择：挑选；交：交错。

③游：游心。

④横生：不断出现，到处发生。

⑤释：离去，原意为解除。服：适应。雕墙：用彩画装饰墙壁。采椽：简陋的房屋。

⑥比：屡屡，连续。斋厨：指官署的厨房。

⑦葺（qì）：修理。

⑧庶几：也许，可能。

⑨撷：采摘。蔬：蔬菜。秫酒：高粱酒。瀹（yuè）：煮。脱粟：糙米。

【译文】

万物都有值得观赏之处，只要值得观赏，就都可以使人快乐，不必是奇异瑰丽的东西。吃酒糟、喝淡酒，都能使人醉倒；瓜果、蔬菜、草木一类东西，也都可用来饱肚。照这样类推，我到什么地方会不感到快乐呢？

那些追求福禄而躲避祸患的人，认为福禄让人高兴，而祸患使人悲哀。人的欲望没有穷尽，但能满足我们欲望的事物却是有限的。如果心里总存在着美与丑的斗争，眼前总是进行着取与舍的选择，那么，使人快乐的东西往往很少，而令人悲哀的事却常常很多。这叫作寻求祸患而逃避幸福。求祸辞福，难道是人的常情吗？这是受了物欲蒙蔽的缘故。那些人整天沉迷在物质生活当中，而不能超越现实。事物本没有大小的区别，从它的内部来观察，那就没有不是又高又大的了。它凭着那种高大俯瞰着我们，使我们头昏目眩，难辨是非，恰如通过小小的缝隙看人家殴斗，又怎能知道谁胜谁负？因此，美好和邪恶交错地产生，欢喜和忧愁也就随之都出现了，这不是很可悲吗？

我从浙江钱塘调任密州知州后，失去了舟楫畅通的安逸，忍受着骑马坐车的辛劳；离开了华丽的建筑，住在这简陋的房屋；远离了湖山的胜景，奔走于充满桑麻的荒郊僻野。刚来的时候，庄稼连年歉收，盗贼遍地，案件很多；厨房里很寒酸，每天只吃一些野菜。人们猜想我的心里一定不快乐。但我在这里住了一年，面容却更加丰腴，头上的白发也一天天地重新变黑了。我已经喜欢这里的淳朴风俗，这里的官吏和百姓，也真正习惯了我的笨拙。

于是我修建了园圃，整理了房舍院落，砍伐安丘和高密山上的树木，来修补破败的地方，作为暂时求安的计划。在园子的北面，一个在城墙上修建的高台已经破旧不堪，我把它略微修补刷新了一下。时常和宾客一起登台眺望舒展情怀，从台上向南面望去，马耳山、常山在云雾中忽隐忽现，时远时近，那里大概有隐士吧。高台东面的庐山，是秦朝的卢敖隐居的地方。向西面望去，穆陵关隐约中宛如城郭一般。姜太公和齐桓公的赫赫功业，还保存在这里。向北俯瞰潍水，不禁慨然叹息，怀想淮阴侯当年的功业，伤悼他悲惨的结局。台子高大而结实，深广而明亮，冬暖夏凉。无论雨雪飘洒的早晨，还是月白风清的夜晚，我都在台上，宾客们也总是跟随着。我们采摘园中的蔬菜，捕捞池里的鲜鱼，酿了高粱美酒，煮了糙米饭，边吃边说："在这里游玩多快乐啊！"

当时，我的弟弟子由，正在济南做官，听到这情景便写了篇赋，并给这个台取名为"超然"。以此来表现我无论到什么地方都很快乐，大概是由于超于物外的缘故吧。

【评析】

本文始终围绕"超然"发挥超然物外、随遇而安的思想。

宋神宗熙宁三年，苏轼任密州知州时修复了一座苏辙为它命名为"超然"的楼台，作者由此写了这篇文章。全文说理叙事，写景状物，烘托出洒脱、淡远的心境，但也透露出消极避世，渴望钻到老庄哲学中寻求心灵安宁的思想。

在某种意义上这种超然物外的方法又何尝不是一种好的方法呢？它能使人心情愉悦，释放自己，而不受外界的影响。有时人有太多的欲望，可是当你的欲望不能实现的时候，自己就会陷入一种十分苦闷的地步。这时学一学苏轼，让自己置于山水之中，感受一下山水的灵性与闲适，这样心情就会豁然开朗，那又何必沉浸于功名利禄中自寻烦恼呢？追求一种旷达乐观的情怀，才是最大的收获。

八 潮州韩文公庙碑（苏轼）

【原文】

匹夫而为百世师，一言而为天下法，是皆有以参天地之化，关盛衰之运。其生也有自来，其逝也有所为。故申、吕自岳降，傅说为列星，古今所传，不可诬也。

孟子曰："我善养吾浩然之气。"是气也，寓于寻常之中，而塞乎天地之间。卒然遇之，则王公失其贵，晋、楚失其富，良、平失其智，贲、育失其勇，仪、秦失其辩。是孰使之然哉？其必有不依形而立，不恃力而行，不待生而存，不随死而亡者矣。故在天为星辰，在地为河岳，幽则为鬼神，而明则复为人。此理之常，无足怪者。

自东汉以来，道丧文弊，异端并起。历唐贞观、开元之盛，辅以房、杜、姚、宋而不能救。独韩文公起布衣，谈笑而麾之，天下靡然从公，复归于正，盖三百年于此矣。文起八代之衰，而道济天下之溺①；忠犯人主之怒，而勇夺三军之帅。此岂非参天地、关盛衰、浩然而独存者乎？

盖尝论天人之辨，以谓人无所不至，惟天不容伪②。智可以欺王公，不可以欺豚鱼；力可以得天下，不可以得匹夫匹妇之心。故公之精诚，能开衡山之云，而不能回宪宗之惑③；能驯鳄鱼之暴，而不能弭皇甫镈、李逢吉之谤；能信于南海之民，庙食百世，而不能使其身一日安之于朝廷之上。盖公之所能者，天也；其所不能者，人也。

始潮人未知学，公命进士赵德为之师。自是，潮之士皆笃于文行，延及齐民，至于今，号称易治。信乎孔子之言："君子学道则爱人，小人学道则易使也④。"潮人之事公也，饮食必祭，水旱疾疫，凡有求必祷焉。而庙在刺史公堂之后，民以出入为艰。前太守欲请诸朝作新庙，不果。元祐五年，朝散郎王君涤来守是邦。凡所以养士治民者，一以公为师。民既悦服，则出令曰："愿新公庙者听。"民欢趋之。卜地于州城之南七里，期年而庙成。

或曰："公去国万里而谪于潮，不能一岁而归。没而有知，其不眷恋于潮也审矣。"轼曰："不然！公之神在天下者，如水之在地中，无所往而不在也。而潮人独信之深，思之至，熏蒿凄怆⑤，若或见之，譬如凿井得泉，而曰水专在是，岂理也哉？"

元丰元年，诏封公昌黎伯，故榜曰"昌黎伯韩文公之庙"。潮人请书其事于石，因为作诗以遗之，使歌以祀公。其辞曰：公昔骑龙白云乡，手抉云汉分天章，天孙为织云锦裳。飘然乘风来帝旁，下与浊世扫秕糠⑥。西游咸池略扶桑，草木衣被昭回光⑦。追逐李、杜参翱翔，汗流籍、湜走且僵，灭没倒影不能望⑧。作书诋佛讥君王，要观南海窥衡、湘，历舜九嶷吊英、皇。祝融先驱海若藏，约束蛟鳄如驱羊。钧天无人帝悲伤，讴吟下招遣巫阳。爆牲鸡卜羞我觞，于餐荔丹与蕉黄。公不少留我涕滂，翩然被发下大荒。

【注释】

①而道济天下之溺：指韩愈提倡儒家正道，把天下人从佛、道的毒害中拯救出来。

②伪：人为的事物，和自然的相对。

③能开衡山之云：韩愈经过衡山时，正遇秋雨，他潜心默祷一番之后，天就放晴了。不能回宪宗之惑：指韩愈谏迎佛骨，唐宪宗不听一事。

④"君子学道则爱人"二句：表现了孔子提倡礼乐教化的政治目的。

⑤熏蒿凄怆：祭祀时引起凄怆的感情。

⑥秕糠：比喻异端邪说。

⑦"衣被"一句：整句意思是说韩愈的道德文章辉映一代，如同日月光照大地，泽及草木一样。

⑧灭没倒影不能望：形容张籍、皇甫湜像倒影一样容易灭没，不能仰望韩愈日月般的光辉。

【译文】

一个普通人能够成为百世的师表，说一句话就成为天下人的准则，这都是因为他们的品格可以与天地化育万物相等同、与国家命运的盛衰相关联。他们的降生是有来历的，他们的死亡也有所作为。所以申伯、吕侯出生是山神降世，传说傅说死后成为天上的星星。这些古今传诵的事不可不信。

孟子说："我善于修养我的浩然正气。"这种气，寄托在平常的事物之中，而充塞于整个天地之间。突然遇到了它，则王侯公卿显不出他们的尊贵，晋、楚这样的国家也显不出他们的富强，张良、陈平会失去他们的智谋，孟贲、夏育也会丧失他们的勇敢，张仪、苏秦也使不出他们的辩才。是什么东西使得他们这样呢？这一定有一种不凭借形体而自立，不依仗外力而自行，不依赖生命而存在，不随着死亡而消逝的东西。这种东西，在天上就化为星辰日月，在地上就成为河岳山川，在阴间化为鬼神，在人世又变成人，这些都是很平常的道理，没什么值得大惊小怪的。

自东汉以来，儒道衰颓，文风败坏，各种异端邪说相继兴起，虽然经过唐代贞观、开元的盛世，又加上房玄龄、杜如晦、姚崇、宋璟的辅佐，仍然不能挽救过来，只有韩文公从庶民百姓中崛起，谈笑着挥走异端，天下人纷纷跟随着他，使思想和文风回到正路上来。这到今天，大约有三百年了。韩文公的文章挽回了衰败八代的文风，他提倡的学说把天下人从沉沦中拯救出来。他的忠心触怒了君主，他的智勇战胜了三军主帅，这难道不是与天地相并立，与国家盛衰相关联，浩然独存的正气吗？

有人曾经论述过天道和人事的区别，认为人没有什么做不到的事，只是天道不是人力所能改变。人的智谋可以欺骗王侯公卿，却不能欺骗小小的猪和鱼；凭借武力可以夺取天下，却不能得到普通男女的忠心。所以韩文公的精诚，能够驱散笼罩衡山的云雾，却不能使唐宪宗从迷惑中清醒；能够驯服鳄鱼的凶暴，却不能制止皇甫镈、李逢吉的诽谤；能够取信于潮州的广大百姓，为他建庙，死后世代享受祭祀，却不能使自己在朝廷中得到一天安宁。这是因为韩公所能顺应的是天道，而他所不能做到的，是处理人事。

起初潮州人不知道读儒家的书，韩文公派进士赵德去做他们的老师，从这时起，潮州的学者们都很重视文章、德行，这种风气也影响到了平民百姓，直到今天，这里还被称为是容易治理的地方。确如孔子所说："君子学了礼仪道德就有仁爱之心，平民学了礼仪道德就容易驱使。"潮州人侍奉韩文公，一饮一食都必定祭祀，每当遇到水旱灾害、疾病瘟疫等有求于神灵的事情，必定向他祷告。可是韩文公的庙宇建在刺史公堂的后面，老百姓觉得进进出出很不方便。前任太守曾想请示朝廷，另建座新庙，但没有实施。元祐五年，朝散郎王君涤来做这个州的太守。他实行的用来培养贤士、治理百姓的所有措施，无不仿效韩文公的做法。在百姓已经心悦诚服后，他发出号令说："愿意新建韩公庙的人就听从命令。"百姓们都高兴地去参加修庙。于是，在距潮州城南七里的地方选定了庙址，一年内新庙就建成了。

有人说："韩公被贬斥到离京万里的潮州，不到一年就回去了。如果他死后有知，显然是不会眷恋潮州的。"我说："不对！韩公的神灵在人间，就像水在地下一样，到处都是。可是唯独潮州人对他特别信赖，无限思念。在祭奠时升腾的香雾中人们感到悲伤，仿佛见到了他。这就像挖井挖到了泉水，却说泉水只存在这里一样。哪有这种道理呢？"

元丰元年（实为元丰七年），皇帝下诏书封韩文公为昌黎伯，所以新庙的匾上写着"昌黎伯韩文公之庙"。潮州人请我把他的事迹刻写在石碑上，于是我写下诗送给他们，让他们吟唱，以此来悼念韩公。诗的词句为：

昔日里您骑龙驹遨游白云乡，长空挥手，分开银河日月天章，织女用云彩为您织就锦绣衣裳。您乘风飘游来自天帝身旁，下到人间为的是一扫浊世的鄙陋文章。您西游咸池，又东到扶桑，文章道德辉映一代，草木都蒙受光芒。您追随李白、杜甫，同他们比翼翔翔，张籍、皇甫湜惭愧流汗，退避奔走得僵倒地上，连韩公的影儿也不敢仰望。您疾书奏章，抨击佛学，讽劝君王，被贬潮州，游览衡、湘，路过九嶷舜墓，凭吊女英、娥皇。祝融为您开路，海神率众潜藏，您为民赶走鳄鱼如驱羔羊。天庭少了人才，天帝为之悲伤，派遣巫阳高歌下降招您回天堂。潮州百姓杀牛宰鸡再进酒浆，这里有荔枝鲜红，香蕉微黄。文公啊，您不稍稍逗留让我们眼泪流淌，祈望您飘然下降看看我们的一片衷肠！

【评析】

这是一篇碑文。在文中，苏轼对韩愈的一生，尤其是对韩愈在思想文化上所起的重要作用，给予了极高的评价。苏轼认为韩愈的这种人格、思想、精神之所以不为人们所理解，甚至受到不公正的待遇，是由于他能替天行道，而不会媚世阿俗的缘故。

文章前两段写"庙碑"，在文学、儒学以及政治才能方面给予了韩愈高度的赞扬和热情的歌颂；中间两段写"潮州"，主要讲述韩愈在潮州的政绩以及人们对他的怀念。最后写作这篇文章的缘由，结尾以诗的方式颂扬了韩愈的重大功绩以及作者对韩愈的怀念。

文章写得很有气势。多种手法的运用，加上错落参差的句子和音调铿锵的语言，使文章十分生动而又灵活。

九 前赤壁赋（苏轼）

【原文】

壬戌之秋，七月既望，苏子与客泛舟，游于赤壁之下。清风徐来，水波不兴。举酒属①客，诵明月之诗，歌窈窕之章。少焉，月出于东山之上，徘徊于斗牛之间。白露横江，水光接天。纵一苇之所如，凌万顷之茫然。浩浩乎如冯虚御风，而不知其所止；飘飘乎如遗世独立，羽化而登仙。

于是饮酒乐甚，扣舷②而歌之。歌曰："桂棹兮兰桨，击空明兮溯流光。渺渺兮予怀，望美人③兮天一方。"客有吹洞箫者，依歌而和之，其声呜呜然，如怨如慕，如泣如诉，余音袅袅，不绝如缕。舞幽壑之潜蛟，泣孤舟之嫠妇④。

苏子愀然⑤，正襟危坐而问客曰："何为其然也？"

客曰："'月明星稀，乌鹊南飞'，此非曹孟德之诗乎？西望夏口，东望武昌，山川相缪，郁乎苍苍，此非孟德之困于周郎者乎？方其破荆州，下江陵，顺流而东也，舳舻千里，旌旗蔽空，酾酒⑥临江，横槊赋诗，固一世之雄也，而今安在哉！况吾与子渔樵于江渚之上，侣鱼虾而友麋鹿；驾一叶之扁舟，举匏樽以相属；寄蜉蝣⑦于天地，渺沧海之一粟；哀吾生之须臾，羡长江之无穷；挟飞仙以遨游，抱明月而长终。知不可乎骤得，托遗响于悲风⑧。"

苏子曰："客亦知夫水与月乎？逝者如斯，而未尝往也；盈虚者如彼，而卒莫消长也。盖将自其变者而观之，则天地曾不能以一瞬；自其不变者而观之，则物与我皆无尽也。而又何羡乎？且夫天地之间，物各有主。苟非吾之所有，虽一毫而莫取。惟江上之清风，与山间之明月，耳得之而为声，目遇之而成色，取之无禁，用之不竭。是造物者之无尽藏也，而吾与子之所共适⑨。"

客喜而笑，洗盏更酌。肴核既尽，杯盘狼藉。相与枕藉⑩乎舟中，不知东方之既白。

【注释】

①属（zhǔ）：原是抱注的意思，引申为劝酒。

②扣舷：敲打着船边。

③美人：指所思念的人，不是说美貌的女子。

④嫠（lí）妇：寡妇。

⑤愀（qiǎo）然：忧愁凄怆的样子。

⑥酾（shī）酒：斟酒。这里是"洒酒"的意思。在江面上洒酒，表示对古代英雄豪杰的凭吊。

⑦蜉蝣：这里用来比喻人生短促。

⑧遗响：箫的余音。悲风：秋天凄厉的风。

⑨共适：共同享受。适：享受的意思。

⑩枕藉：互相枕着靠着睡觉。

【译文】

壬戌年的秋天，七月十六日，我与客人乘船游于赤壁之下。清风缓缓地吹拂，江面水波平静。举起酒杯，邀客人同饮，朗诵《月出》诗，吟唱"窈窕"一章。一会儿，月亮从东山上升起，徘徊在北斗和牵牛星之间。白茫茫的雾气笼罩着江面，水光与夜空连成一片。我们听凭这一叶小舟在茫茫万顷的江面上自由飘动。浩浩荡荡地就像凌空御风，不知道将要停留何处；轻快飘逸，就像离开了尘世，无拘无束，飞升羽化，登上仙境。

这时，大家喝着酒，高兴极了，敲着船舷唱起歌来。歌词是："桂木的棹啊兰木的桨，拍打着清澈的江水啊，迎着流动的波光，我悠远广阔的情怀啊，仰望着思念的人儿，她在天的那一方。"客人中有一个会吹洞箫的，随着歌声吹箫应和。箫声呜呜，像怨恨又似思慕，如哭泣又如倾诉，余音缭绕，若断若续，宛如绵绵的细丝，使潜伏在深渊中的蛟龙起舞，孤舟上的寡妇啜泣。

我不禁感伤起来，整整衣襟，端正地坐着，问客人道："箫声为什么这样的凄凉？"

客人说："'月明星稀，乌鹊南飞'，这不是曹孟德的诗句吗？向西望是夏口，向东望是武昌，山川缭绕，一片苍翠，这不是曹孟德被周瑜击败的地方吗？当他占领荆州，攻下江陵，顺长江东下的时候，战船前后相连，绵延千里，旌旗遮蔽了天空，临江斟酒，横握着长矛吟诗，本是一代英雄！可是现在却在哪里呢？何况你我在江中和沙洲上捕鱼打柴，以鱼虾为伴，以麋鹿为友；驾一叶孤舟，举起匏樽互相劝酒；寄托这像蜉蝣一样短促的生命于天地之间，渺小得像大海中的一颗谷粒；慨叹我们生命的短促，羡慕长江流水的无穷；希望借同仙人遨游，与明月一同永存。我知道这不可能忽然得到，便只能寄箫声于悲凉的秋风。"

我说："您也知道那江水和月亮吗？江水永远不停地流逝，但其实并没有流走，月亮总是那样缺了又圆，但始终没有增减。如果从它们变化的一面来看，那么天地万物连一眨眼的瞬间都有变化；如果从不变的一面来看，则万物和我们都将永恒，又有什么值得羡慕的呢？再说，天地之间，万物都有各自的主人，假如不是我所拥有的东西，即使是一丝一毫也不要取用。只有这江上的清风，山间的明月，耳朵听到了，就成为声音，眼睛看到了，就成为颜色。享有它们，无人禁止；使用它们，没有穷尽。这是大自然无穷无尽的宝藏，我和您可以共同享受它们。"

客人听了之后，高兴地笑了。洗净酒杯重新酌酒。菜肴果品已经吃光，席面上杯盘散乱。大家互相枕着靠着睡在船中，不知不觉东方已经发白。

【评析】

本文是苏轼被贬黄州，和友人同游黄冈赤壁时所写。因他后来又写有一篇《赤壁赋》，因此把这篇称为《前赤壁赋》。本文从月夜泛舟写起，通过对历史人物的凭吊，表现出作者自己对现实生活的厌倦，对人生无常的怅惘，同时也表现了作者旷达乐观的人生态度。文章语言优美清新，写景、抒情、议论三者结合得极其自然巧妙，不露斧凿之痕。

十 后赤壁赋（苏轼）

【原文】

是岁十月之望，步自雪堂，将归于临皋。二客从予，过黄泥之坂。霜露既降，木叶尽脱，人影在地，仰见明月，顾而乐之，行歌相答。已而叹曰："有客无酒，有酒无肴，月白风清，如此良夜何？"客曰："今者薄暮，举网得鱼，巨口细鳞，状如松江之鲈。顾安所①得酒乎？"归而谋诸妇，妇曰："我有斗酒，藏之久矣，以待子不时②之需。"

于是携酒与鱼，复游于赤壁之下。江流有声，断岸千尺；山高月小，水落石出。曾日月之几何③，而江山不可复识矣！予乃摄衣而上，履巉岩，披蒙茸，踞虎豹，登虬龙，攀栖鹘之危巢，俯冯夷之幽宫④。盖二客不能从焉。划然长啸⑤，草木震动，山鸣谷应，风起水涌⑥。予亦悄然而悲，肃然而恐，凛乎其不可留也！反而登舟，放乎中流，听其所止而休焉。时夜将半，四顾寂寥。适有孤鹤，横江东来，翅如车轮，玄裳缟衣⑦，戛然长鸣，掠予舟而西也。

须臾客去，予亦就睡。梦一道士，羽衣蹁跹⑧，过临皋之下，揖予而言曰："赤壁之游乐乎？"问其姓名，俯而不答。"呜呼噫嘻！我知之矣，畴昔⑨之夜，飞鸣而过我者，非子也耶？"道士顾笑，予亦惊寤。开户视之，不见其处。

【注释】

①顾：表转折，但，但是的意思。安所，何处。

②子：古代对男子第二人称的尊称。不时：预料不到的时候。

③曾日月之几何：就两次游赤壁所见的景象对比而言，前为秋景，此为冬景。

④鹘（hū）：隼，一种凶鸟。冯（píng）夷：古代传说中的水神名。

⑤划然：指长啸声。啸：撮口发出长而清的声音，借以抒发郁郁不乐的情怀。

⑥风起水涌：原是自然现象。作者故意附会为长啸的结果，借以衬托自己的心情。

⑦玄裳缟衣：黑裙白衣。

⑧羽衣：道士穿的衣服。蹁跹：比喻道士体态轻盈。

⑨畴昔：往日，这里指昨日。

【译文】

这一年的十月十五，我从雪堂步行出发，准备回临皋馆。两位客人跟着我，一起走过黄泥坂。这时已经降过霜露，树叶已落光了。人影映在地上，抬起头，只见明月当空。我们看着四周清幽的景色，很是快乐，于是一边走一边吟唱，互相酬答应和。

过了一会儿，我叹息说："有客没有酒，有酒没有菜，月明风清，怎样度过这美好的夜晚呢？"客人说："今天傍晚，撒网捕到一条鱼，大嘴巴，细鳞片，样子像是松江鲈。但是从哪里能弄到酒呢？"回去后跟妻子商量，妻子说："我有一斗酒，贮存好久了，预备供您在料想不到的时候饮用。"

于是带着酒和鱼，再到赤壁下游览。江里的流水发出声响，两岸的峭壁高达千尺。山峰高耸，月亮显得很小，江水下落，石头显露出来。才过了多少时光，江山就变得不能认识了！我于是提起衣襟上岸，登着险峻的山崖，拨开丛生的杂草，蹲在宛如虎豹的石头上，爬上状如虬龙的古树，攀缘高处飞隼筑窝巢的悬崖，俯视水神幽深的水宫。两位客人都不能跟我到极高处。高声长啸，划破夜空，草木震动起来，山谷回响，风起浪涌。我也感到忧愁悲凉，心中恐惧，害怕得不敢再留在那里了。回到船上，任小船飘荡到江心，停在哪里就在哪里休息。这时快到半夜了。环视四周，寂寞空荡。恰好有只孤鹤，横过长江从东面飞来，翅膀有如车轮，黑裙白衣，戛然一声长鸣，掠过我的小船，向西飞去。

一会儿弃舟登岸，客人辞去，我也睡觉。梦见一个道士，穿着羽衣，轻盈飘逸，从临皋馆下经过。他向我拱手行礼，说："这次游赤壁游得快乐吗？"问他的姓名，他低头不答。"啊！我知道了！昨天晚上，一声长鸣从我船上飞过去的，不正是您吗？"道士回头对我笑了笑。我也惊醒了。开门一看，哪有他的影子。

【评析】

本文是苏轼第二次游赤壁时所写，距初游赤壁，时间虽只三个月，但景色不同，心情各异。就自然山水方面，前赋字字在写秋色，后赋却写冬景，在个人情感上，上次登山月高风清，作者自然安乐；这次登山情景恐怖，转而陷入悲伤。这是两篇赋的不同之处。

在这篇文章中，作者描绘了冬夜的江岸，渲染出山间惊怖凄凉的气氛；又写了他独自登高而引起的悲戚心情，心情由乐而悲。结尾处用白鹤道士虚幻的梦境，表现出作者幻想脱离尘世，却不能逃避现实的矛盾心情。同时也给全文笼上一层缥缈迷幻的气氛。

十一　六国论（苏辙）

【原文】

尝读六国世家①，窃怪天下之诸侯以五倍之地、十倍之众，发愤西向，以攻山西千里之秦，而不免于灭亡，常为之深思远虑，以为必有可以自安之计。盖未尝不咎其当时之士虑患之疏而见利之浅，且不知天下之势也。

夫秦之所与诸侯争天下者，不在齐、楚、燕、赵也，而在韩、魏之郊；诸侯之所与秦争天下者，不在齐、楚、燕、赵也，而在韩、魏之野。秦之有韩、魏，譬如人之有腹心之疾也。韩、魏塞秦之冲②而蔽山东之诸侯，故夫天下之所重者，莫如韩、魏也。

昔者范雎用于秦而收韩，商鞅用于秦而收魏，昭王未得韩、魏之心而出兵以攻齐之刚、寿，而范雎以为忧，然则秦之所忌者可以见矣。秦之用兵于燕、赵，秦之危事也。越韩过魏而攻人之国都，燕、赵拒之于前，而韩、魏乘之于后，此危道也。而秦之攻燕、赵，未尝有韩、魏之忧，则韩、魏之附秦故也。夫韩、魏，诸侯之障，而使秦人得出入于其间，此岂知天下之势耶？委区区之韩、魏，以当强虎狼之秦③，彼安得不折④而入于秦哉？韩、魏折而入于秦，然后秦人得通其兵于东诸侯，而使天下遍受其祸。

夫韩、魏不能独当秦，而天下之诸侯借之以蔽其西，故莫如厚韩亲魏以摈秦。秦人不敢逾韩、魏以窥齐、楚、燕、赵之国，而齐、楚、燕、赵之国因得以自完于其间矣。以四无事之国，佐当寇之韩、魏，使韩、魏无东顾之忧，而为天下出身以当秦兵。以二国委秦⑤，而四国休息于内，以阴助⑥其急，若此可以应夫无穷。彼秦者将何为哉？不知出此，而乃贪疆场⑦尺寸之利，背盟败约，以自相屠灭，秦兵未出，而天下诸侯已自困矣。至于秦人得伺其隙以取其国，可不悲哉！

【注释】

①六国：指齐、楚、燕、韩、赵、魏。世家：西汉司马迁所修《史记》体例的一种，主要用于记载诸侯的历史。六国各有世家。

②冲：交通要道。

③委：放弃，下文中的"委"是对付的意思。区区：形容很小，整句

意思是：诸侯放弃韩魏，让其单独抗秦。

④折：挫折、屈服。

⑤以二国委秦：即把抵抗秦国的事托付给韩、魏。

⑥阴助：暗暗地帮助。

⑦疆场：国界的意思。

【译文】

我曾经阅读《史记》中的六国世家，私下感到奇怪的是，天下的诸侯，凭着五倍于秦的土地、十倍于秦的兵力，奋力向西攻打崤山以西地方千里的秦国，最后却不能免于被秦灭亡。我常常对这个问题深思远虑，认为一定会有使他们保全的计谋。因此，未尝不责怪当时的谋士，对祸患考虑得太疏忽，对利害的见识太浅薄，并且不能察明天下的形势。

秦国同诸侯们争夺天下的重要地区，不在齐、楚、燕、赵，而在韩、魏境内；各诸侯国同秦国争夺天下的重要地区，同样不在齐、楚、燕、赵，而在韩、魏郊外。韩魏的存在，对秦国来说，就好像人有心腹之患。韩、魏两国阻塞着秦国的交通要道，掩蔽着崤山以东的各诸侯国，所以对天下各国来说，最重要的地方，没有能超过韩、魏两国的了。

从前范雎在秦国被重用，就设法拉拢韩国；商鞅在秦国被重用，就设法拉拢魏国。秦昭王没有得到韩、魏的归服，就出兵进攻齐国的刚、寿地区，范雎为此而担忧。这就可见秦国最顾忌的是什么了。秦国对燕、赵用兵，这对秦国来说，是危险的事情。因为越过韩、魏，去进攻别国的国都，前有燕、赵的抵抗，而韩、魏又会从后面乘机进攻，这是一条危险的道路。可是秦国攻打燕、赵两国，却不曾担心韩、魏从后面袭击，这是由于韩国和魏国依附了秦国的缘故。韩国和魏国是各诸侯国的屏障，却让秦人在两国通行无阻，这难道是了解天下的形势吗？放弃小小的韩、魏两国，让它们去抵挡如虎狼一般强大的秦国，它们又怎能不屈服而归附于秦国呢？韩、魏屈服而归附秦国，这以后秦国的军队便可以经过韩、魏对东方各诸侯国用兵，从而使整个天下都受到它的祸害。

韩国和魏国不能独自抵挡秦国，而天下的诸侯却依靠它来抵挡西面的秦国，所以不如加强与韩、魏的亲密关系，来抗拒秦国。秦国不敢跨越韩、魏来窥探齐、楚、燕、赵之国，那么，齐、楚、燕、赵之国也就能凭借这种局势保全了自己。以四个没有战争的国家，都助面对敌寇的韩、魏，使韩、魏没有东顾之忧，从而替天下诸侯挺身而出，抵抗秦国。让韩、魏两国对付秦国，而四国在后方休养生息，并且暗暗地帮助两国解除患难，像这样，就可以应付一切变化的局面，那秦国又能怎么样呢？

六国诸侯不出于这样的考虑，却贪图边境上的尺寸小利，背弃盟誓，毁坏信约，自相残杀，相互吞灭。秦国尚未出兵，而天下的诸侯已经疲惫不堪了，致使秦国等到可乘之机，攻取他们的国家，难道不令人悲叹吗？

【评析】

同一题目，苏洵、苏辙各作了一篇，两篇可对照来读。在这篇文章中，苏辙分析了六国先后被歼灭的历史，指出六国诸侯眼光短浅，胸无韬略，不能联合一致，共同对敌，以致先后灭亡。本文是在宋王朝面临西夏威胁的形势下写的，要求积极抗敌，具有一定的针对性和现实意义。

文章紧紧围绕"不知天下之势"的论点，分别从韩、魏和其他四国两方面论述，进行正反论证，极具说服力。此文文风畅快、爽利，金圣叹曾评价说："看得透，写得快。笔如骏马下坂，云腾风卷而下……"

十二 黄州快哉亭记（苏辙）

【原文】

江出西陵，始得平地，其流奔放肆大①，南合湘、沅，北合汉、沔，其势益张。至于赤壁之下，波流浸灌②，与海相若。清河张君梦得，谪居齐安，即其庐之西南为亭，以览观江流之胜。而余兄子瞻名之曰"快哉"。

盖亭之所见，南北百里，东西一舍。涛澜汹涌，风云开阖③。昼则舟楫出没于其前，夜则鱼龙悲啸于其下。变化倏忽，动心骇目，不可久视④。今乃得玩之几席之上，举目而足。西望武昌诸山，冈陵起伏，草木行列，烟消日出，渔夫、樵父之舍，皆可指数⑤。此其所以为"快哉"者也。至于长洲之滨，故城之墟，曹孟德、孙仲谋之所睥睨，周瑜、陆逊之所驰骛，其流风遗迹，亦足以称快世俗。

昔楚襄王从宋玉、景差于兰台之宫。有风飒然至者，王披襟当之，曰："快哉，此风！寡人所与庶人共者耶？"宋玉曰："此独大王之雄风耳，庶人安得共之？"玉之言，盖有讽焉。夫风无雄雌之异，而人有遇不遇之变。楚王之所以为乐，与庶人之所以为忧，此则人之变也，而风何与焉？士生于世，使其中不自得，将何往而非病⑥？使其中坦然，不以物伤性，将何适而非快？今张君不以谪为患，收会稽之余⑦，而自放山水之间，此其中宜有以过人者。将蓬户瓮牖⑧，无所不快，而况乎濯长江之清流，挹西山之白云，穷耳目之胜以自适也哉？不然，连山绝壑，长林古木，振之以清风，照之以明月，此皆骚人思士之所以悲伤憔悴而不能胜者，乌⑨睹其为快也哉！

【注释】

①奔放：水势迅急。肆：展开。肆大：水道浩大。

②浸灌：浸透灌注。形容水势又大又猛。

③风云开阖：阖同"合"，消失。形容云时而散开，时而聚合，变幻不定。

④不可久视：形容江流汹涌，让人不敢久看。这里是就没有亭子时的情况说的。

⑤指数：指点着数清。

⑥病：这里指忧愁。

⑦收：这里是结束的意思。会（kuài）稽：即"会计"，指管理钱财、赋税等事务，这里泛指公务。

⑧蓬户瓮牖（yǒu）：用蓬草编成的门，用破瓮做的窗户，指贫苦人的住所。

⑨乌：何，哪里。

【译文】

长江流出西陵峡，开始进入平地，水势奔腾浩荡。南面汇合入湘水、沅水，北面汇合汉水、沔水，水势显得更加壮阔。流到赤壁之下，江水滔滔，就像是无际的海洋。清河县的张君梦得，贬官后住在黄州，他在靠近房舍的西南方修建了一座亭子，来观赏江流的胜景。我哥哥子瞻给它取了一个名字叫"快哉"。

在亭子里能看到的，从南到北可以上百里，从东到西三十里左右。波浪汹涌，风云变幻。白天，船只在亭前出没，夜晚，鱼龙在亭下悲鸣。从前没有亭子时，景色瞬息万变，使人触目惊心，不敢长久地观看。现在却可以在亭子里的茶几旁座位之上，尽情玩赏。向西眺望武昌的群山，只见峰峦起伏，草木排列成行，烟云消散，阳光普照，渔翁和樵夫的房舍都历历可数。这就是取名为"快哉"的缘故。至于那沙洲的岸边，旧城的废墟，曾为曹孟德、孙仲谋所窥视，是周瑜、陆逊大显威风的地方。那些遗留下来的传说和英雄事迹，也足以使一般的人称快了！

从前楚襄王和宋玉、景差在兰台宫游玩。一阵风吹来，飒飒作响，楚王敞开衣襟迎着风，说："这风多么使人快乐啊！这是我和百姓共有的吧？"宋玉说："这只是大王享受的雄风，百姓怎么能共同享受它呢？"宋玉的话大概是有所讽刺吧。风并没有雄雌之别，而人则有受与不受赏识的不同。楚王之所以感到快乐，而百姓之所以感到忧愁，正是由于人的境遇不同，跟风有什么关系呢？

士人活在世上，如果心中不得志，那么，到什么地方没有忧愁呢？如果他胸怀坦荡，不因外物而妨害自己的性情，那么，到什么地方没有快乐呢？现在，张君不把被贬谪当作忧患，办完公务之后，便任情漫游山水之间。这大概是他心中有超过别人的地方。即使是用蓬草编门，用破瓮做窗，也没什么不快乐的。更何况洗涤着清澈的长江水，面对着西山的白云，赏尽耳闻目见的胜景来使自己舒畅呢？如果不是如此，那么，连绵不断的峦峰，幽深陡峭的沟壑，辽阔的森林，参天的古木，清风拂摇，明月高照，这些都是引起文人士子感到悲伤痛苦以至难以忍受的东西，哪里看得出它们能使人快乐呢！

【评析】

本文是作者谪居筠州（今江西高安）时所作。文章描述了快哉亭上那足以使人快意的景物，说明了快与不快决定于心胸是否旷达。只有像亭主人一样胸怀坦荡，才能从壮丽的自然中得到生活的乐趣。可见作者与现实抗争之意。本文的中心是议论，但由写景带出，显得流畅自如。

文章最后一段分析"快哉"与否取决于人的心境。确实，有些人整天处于郁闷的状态中，他们就缺少苏辙这种心态。就算是被贬谪，也依然自得其乐，这才是热爱生活的积极态度。如果遇到一点挫折就一蹶不振，那么将如何面对以后的生活呢？

十三 上枢密韩太尉书（苏辙）

【原文】

太尉执事①：辙生好为文，思之至深。以为文者气之所形，然文不可以学而能，气可以养而致。孟子曰："我善养吾浩然之气。"今观其文章，宽厚宏博，充乎天地之间，称其气之小大。太史公行天下，周览四海名山大川，与燕、赵间豪俊交游，故其文疏荡，颇有奇气。此二子者，岂尝执笔学为如此之文哉？其气充乎其中而溢乎其貌，动乎其言而见乎其文，而不自知也。

【注释】

①太尉：指韩琦。是宋仁宗时期的枢密使，掌管全国的兵权，就像是唐朝的太尉一样。执事：是指那些侍奉在左右的人，以前给有地位的人写信，为了表示尊重就向他身边的人打招呼。

【译文】

太尉执事：我生来爱好写文章，常常思考着要怎样才能把文章写好。我觉得文章能够体现一个人的气质，但是文章并不是通过简单学习就能够写好的，气质却能够通过自身的修养得到。孟子说："我善于修养自己的阳刚正气。"现在来看他写的文章，宽厚广博，充塞在宇宙之间，跟他的气质相互映衬；司马迁走遍五湖四海，把天下的名胜古迹、高山名川都游览了一遍，跟燕地和赵地的英雄豪杰交朋友，所以他写的文章情节跌宕，很有奇伟之气。这两个人，难道是因为以前写过这样的文章就达到这样的境界吗？这是因为他们的气质中含有的内心活动表现在体形以外，通过他们的语言表现出来，而且在他们的文章中也有所体现，只是他们自己没有觉察到罢了。

【原文】

辙生十有九年矣。其居家所与游者，不过其邻里乡党①之人；所见不过数百里之间，无高山大野可登览以自广。百氏②之书，虽无所不读，然皆古人之陈迹，不足以激发其志气。恐遂汩没③，故决然舍去，求天下奇闻壮观，以知天地之广大。过秦、汉之故都，恣观终南、嵩、华之高，北顾黄河之奔流，慨然想见古之豪杰。至京师，仰观天子宫阙之壮，与仓廪府库、城池苑囿之富且大也，而后知天下之巨丽。见翰林欧阳公，听其议论之宏辨，观其容貌之秀伟，与其门人贤士大夫游，而后知天下之文章聚乎此也。太尉以才略冠天下，天下之所恃以无忧，四夷之所惮以不敢发，入则周公、召公，出则方叔、召虎④。而辙也未之见焉。

【注释】

①乡党：这里是指乡里。周朝把五百家作为一党，一万两千五百家作为一乡。

②百氏：是指春秋战国时期活跃着的诸子百家。

③汩没：埋没。

④方叔、召虎：方叔，周宣王时期的贤才，奉命向南征讨楚国。召虎，周宣王时期曾经带兵平定了淮夷。

【译文】

我出生已经十九年了。我居住在家里时所交往的，不过就是邻居以及同乡的人，看到的也不过就是几百里以内的事物，没有高山和空旷的野地能够登上去观赏从而使自己的心胸宽广。诸子百家的书籍，虽然我都读了，但是这都是古人以前的东西，不能够让我的志气激发出来。我担心自己会因此被埋没，所以下定决心离开家乡，去寻访天下的奇闻壮观，从而能够更加了解宇宙的广阔。我走过秦朝和汉朝的旧都，尽情地观赏终南山、嵩山、华山的高险陡峻，向北看黄河奔流咆哮，让我想起了古代的英雄豪杰。到了京城，我看到皇帝居住的宫殿是如此壮观华丽，还有粮仓、库房、城池以及园林的精致和广阔，才明白天下是如此宏伟美丽。拜见了翰林学士欧阳修，听他说宏大的议论，看到他长得眉清目秀，跟他的学生贤才和士大夫做朋友，然后才知道天下的好文章都汇聚在这里。太尉您凭借着雄才大略在天下闻名，天下的百姓因为依靠着您而无忧无虑，四面的少数民族因为害怕您而不敢来侵犯，在朝廷上像周公和召公一样协助君主，带兵打仗就像方叔和召虎一样为国家守卫边疆，然而，到现在为止我还没有见过您。

【原文】

且夫人之学也，不志其大，虽多而何为？辙之来也，于山见终南、嵩、华之高，于水见黄河之大且深，于人见欧阳公，而犹以为未见太尉也。故愿得观贤人之光耀，闻一言以自壮，然后可以尽天下之大观而无憾者矣。

【译文】

何况一个人学习，假如没有远大的抱负和志向，就算是学了很多的知识又有什么用呢？我此次前来，对于山，我见过了终南山、嵩山以及华山的高险伟峻；对于水，我见到了黄河的深广和巨大；对于人，我见过了欧阳公，可是还是因为没有拜见过您而感到遗憾。因此，我希望能够看一下贤才的风采，就算是听您说一句话也能够让我有雄心壮志，这样我就能够说自己已经看完了天下的壮观而没有任何遗憾了。

【原文】

辙年少，未能通习吏事。向之来，非有取于斗升之禄，偶然得之，非其所乐。然幸得赐归待选①，使得优游数年之间，将以益治其文，且学为政。太尉苟以为可教而辱教之，又幸矣！

【注释】

①赐归待选：朝廷允许回乡等待朝廷的选拔。

【译文】

我年纪不大，还没有弄明白做官应该做的事情。开始来到京城，并没有想要谋取微薄俸禄的念头。意外得到这种机会也并非我所愿。但是很高兴能够被恩赐回家乡等待朝廷的授官，让我有了足够悠闲的时间，我会更加深入地研究文章中的道理，并且学习从政之道。太尉如果觉得我还可以教导并且愿意屈尊教导我的话，我就会感到更加荣幸了！

【评析】

写作手法上比较新颖、巧妙。先离开主旨，纵论其他，到了第三段"太尉以才略冠天下"，笔意才收拢来，扣紧题目，读来不但没有离题万里之感，而且仔细体味，前面所述，正是烘托下文。特别是第四段，从另一角度申述非求"斗升之禄"，而以"益治其文"为其志，来进一步说明求见韩琦的原因。这样的文章，在构思上是需要功力的。

十四 寄欧阳舍人书（曾巩）

【原文】

去秋人还①，蒙赐书及所撰先大父墓碑铭②，反复观诵，感与惭并。

【注释】

①去秋人还：即庆历六年的夏天，曾巩曾经派人给欧阳修送信，请欧阳修帮他的祖父写一篇碑文。秋天的时候，欧阳修就把碑文写好，之后让来人带回去给曾巩。

②铭：在器物上记述事实、功德等的文字。

【译文】

去年秋天我派去的人回来，多亏了您写信给我还给先祖父写了碑文，我多次地诵读这文章，感到十分感激，也十分羞愧。

【原文】

夫铭、志①之著于世，义近于史，而亦有与史异者。盖史之于善恶无所不书，而铭者，盖古之人有功德、材行、志义之美者，惧后世之不知，则必铭而见之，或纳于庙，或存于墓②，一也。苟其人之恶，则于铭乎何有？此其所以与史异也。其辞之作，所以使死者无有所憾，生者得致③其严。而善人喜于见传，则勇于自立；恶人无有所纪，则以愧而惧；至于通材④达识、义烈节士，嘉言善状，皆见于篇，则足为后法⑤。警劝之道，非近乎史，其将安近？

【注释】

①铭、志：是碑文的两个部分，韵文部分叫铭，而记述死者生前事迹的部分叫作志。

②或纳于庙，或存于墓：古代的两种碑文，一种是在宗庙前立着的用来测量日影，祭祀的时候拴住牛羊等祭品的，还有一种就是墓碑。

③致：表达。

④通材：兼有多种才能的人。

⑤法：效仿。

【译文】

　　墓志铭这样的文体之所以能够在世上十分受人尊重，是因为它存在的意义跟历史传记十分相似，但是也有跟历史传记不一样的地方。总体来说，历史传记是记录的主人公的所有的事情，不管好坏都是要记载的。但是铭就可能是记录的那些有建功立业或者是德才兼备、有远大志向以及信守承诺的人，就像是害怕后人对他们不知道似的，一定要用铭文把它们的好人好事都记录下来。这样的铭文有的被放在家庙中，有的则被埋在墓地里，但是它们所表达的意思都是相同的。要是这个人是坏人，那他的墓志铭会怎么写呢？这就是墓志铭跟历史传记不一样的地方。写墓志铭是为了让已经死了的人不会再感到什么遗憾，让活着的人以此来表达自己对死去的人的思念和尊敬。做好事的人都希望自己的事迹被记载下来流传后世，就会努力做出一些成就；做坏事的人没有什么好事可以被记载下来，就会为此感到十分惭愧和忧虑；至于那些博通古今、明晓事理的人，道德高尚，忠肝义胆的人，他们说过的好话以及做过的好事，都被记录在铭文里，这就有充足的理由让后人学习他们，以他们为榜样。铭文具有警戒和鼓励的作用，要是不跟历史传记相似，还能跟什么相似呢？

【原文】

　　及世之衰①，人之子孙者，一欲褒扬其亲而不本乎理。故虽恶人，皆务勒铭②以夸后世。立言者，既莫之拒而不为，又以其子孙之请也，书其恶焉，则人情之所不得，于是乎铭始不实。后之作铭者当观其人。苟托之非人，则书之非公与是，则不足以行世而传后。故千百年来，公卿大夫至于里巷之士③莫不有铭，而传者盖少，其故非他，托之非人，书之非公与是故也。

【注释】

　　①衰：衰败。

　　②勒铭：把铭文刻在石碑上。

　　③里巷之士：一般的老百姓。

【译文】

到了世风日下的时候，作为子孙后代，一心想着的都是要褒扬自己已经死去的亲人但却不根据事实情况。所以就算是作恶的人，也要刻石碑来向后人夸耀。撰写铭文的人，又不能拒绝不写，而且又被他们的子孙请求，要是直接把恶人做的坏事写下来，又显得于理不合，所以铭文就开始有不真实的地方了。子孙后代想要找撰写碑文的人，要观察写文的人的品性，要是委托的人不正直，撰写的碑文既不公正也不真实，那铭文就不会流行在当下，更不可能流传于后世。所以千百年来，上至达官贵人，下到黎民百姓，死了之后就没有人不写碑文的，但是流传下来的确很少，原因不是别的，就是因为请求写文的人不合适，写下来的铭文不符合事实、不公正的原因。

【原文】

然则孰为其人而能尽公与是欤？非畜^①道德而能文章者无以为也。盖有道德者之于恶人则不受而铭之，于众人则能辨焉。而人之行，有情善而迹非，有意奸而外淑^②，有善恶相悬而不可以实指，有实大于名，有名侈于实。犹之用人，非畜道德者，恶^③作辨之不惑，议之不徇^④？不惑不徇，则公且是矣。而其辞之不工，则世犹不传，于是又在其文章兼胜焉。故曰非畜道德而能文章者无以为也，岂非然哉？

【注释】

①畜：积聚，怀藏。

②淑：善良。

③恶：怎么，如何。

④徇：徇私。

【译文】

那么到底谁是适合的人而且能够写的既公平又正确呢？不是有高尚道德和文采好的人是不能够办到的。因为那些有高尚道德的人是不会帮恶人写铭文的，而且对于那些普通人就能够分出他们是好人还是坏人。但是人们的品行，有内心是善良的在表现上却好像并不是友善的，而那些内心大奸大恶的人却表现出一副十分友善的样子，做好事和做坏事相差得实在太大，所以无法详细地指出。因此这些铭文有实际情况大于名声的，也有一些名过其实的。这就好像是用人一样，没有高尚的道德，又怎么能清楚地辨认而不被迷惑，公正地评论而不徇私呢？不被迷惑、不徇私，就会跟事实相符而且公正。但是如果铭文的辞藻不够优美，还是无法在世间留传，所以撰写铭文的人一定要善于写文章，所以没有高尚的道德而且不善于写文章的人是没有办法写好铭文的，难道不是如此吗？

【原文】

然畜道德而能文章者，虽或并世而有，亦或数十年或一二百年而有之。其传之难又如此，其遇之难又如此。若先生之道德文章，固所谓数百年而有者也。先祖之言行卓卓，幸遇而得铭其公与是，其传世行后无疑也。而世之学者，每观传记所书古人之事，至于所可感，则往往蠹然①不知涕之流落也，况其子孙也哉？况巩也哉？其追晞②祖德而思所以传之之由，则知先生推一赐于巩而及其三世。其感与报，宜若何而图之？抑又思若巩之浅薄滞拙而先生进之，先祖之屯蹶③否塞以死而先生显④之，则世之魁闳⑤豪杰不世出之士，其谁不愿进于门？潜遁幽抑之士⑥，其谁不有望于世？善谁不为？而恶谁不愧以惧？为人之父祖者，孰不欲教其子孙？为人之子孙者，孰不欲宠荣其父祖？此数美者，一归于先生。

【注释】

①蠹（xì）然：痛苦的样子。

②晞：这里指仰慕。

③蹶：挫折。

④显：使动用法，使……显贵。

⑤魁闳：高大，这里指超群的才能。

⑥潜遁幽抑之士：隐居的人和不得志的人。

【译文】

但是，高尚道德与文采兼备的人，可能偶遇，但是也有可能是几十年或者是一两百年才出现。铭文想要留传是那么不容易，能够遇到好的铭文的作者也是十分不易的，像先生您就是上面说到的几百年才出现一次的。我的祖先的言行都很杰出，幸运的是又遇到您把它写成铭文而且能给予他们公正和正确的评论，这样的铭文能够在现在流行，那肯定能够留传与后世的。世上的学者们，每次读到传记文章写到的以前的人的事迹时，看到文章中感动的地方，就会难过地流下泪水，更何况是死去的人的子孙后代呢？更何况是我呢？我钦慕祖先的高尚道德，想着要怎样才能让铭文留传下来，知道先生应允了我的请求帮我的祖先写铭文，这恩惠能够推到我们家祖孙三代人。我的感恩和报答之情，要怎么表达呢？我又想着，像我这样才疏学浅的人受到先生的奖赏，跟我的祖先一样在艰难的处境中，多次遭遇阻碍，不得志一直到死去，但是先生却能够让他们在后人那里显贵，那么世间那些英雄豪杰，很少见被称为奇才的人，他们有谁不乐意投拜在您的门下呢？那些隐居在山野中没有显贵的人，他们有谁不希望自己被后世记住呢？作为别人的父亲和祖父，谁不想好好地教导子孙后代呢？作为别人的子孙后代，谁不想要让自己的祖辈光荣呢？这所有一切的好事都要归功在先生身上。

【原文】

既拜赐①之辱，且敢进其所以然。所论世族之次，敢不承教而加详焉？愧甚不宣。

【注释】

①拜赐：拜谢或拜受赐赠，这里指接受赐予的书信和碑文。

【译文】

我非常荣幸地接受了您的恩赐，而且十分冒昧地向您表达我感激的原因。信中说到的关于我们家族的世系情况，我怎么敢不按照您的教诲仔细地审查呢？我感到十分惭愧，信上也无法表达我的感情。

【评析】

这是一篇独具特色的感谢信，它没有平常的客套，也没有空泛的溢美之词。而是通过对铭志作用及流传条件的分析。来述说"立言"的社会意义，阐发"文以载道"的主张，表达了对道德文章兼胜的赞许与追求。文章结构谨严，起承转合非常自然。

十五 赠黎安二生序（曾巩）

【原文】

赵郡苏轼，予之同年①友也。自蜀以书至京师遗予，称蜀之士曰黎生、安生者。既而黎生携其文数十万言，安生携其文亦数千言，辱②以顾予。读其文，诚闳壮隽伟，善反复驰骋，穷尽事理，而其材力之放纵，若不可极者也。二生固可谓魁奇特起之士，而苏君固可谓善知人者也。

【注释】

①同年：古代把跟自己同年中考的人叫作同年。

②辱：谦辞，承蒙、屈驾的意思。

【译文】

　　赵州人苏轼是跟我一起中榜的好朋友。他从蜀地写了一封信让人带到京城给我，信里夸赞蜀地的两个读书人黎生、安生。没过多久，黎生就带着自己写的十几万字的文章，安生也带着自己写的几千字的文章，屈尊来找我。我阅读了他们的作品，认为的确气势恢宏，而且意味深长，能够反反复复，纵横驰骋，把事情说得十分详细、透彻，他们的才华十分奔放，好像没有边际。这两个人真算得上是杰出的人才，当然，苏轼也能够说得上是善于识人的人。

【原文】

顷之，黎生补江陵府司法参军，将行，请予言以为赠。予曰："予之知生，既得之于心矣，乃①将以言相求于外邪？"黎生曰："生与安生之学于斯文，里之人皆笑以为迂阔。今求子之言，盖将解惑于里人。"予闻之，自顾而笑。

【注释】

①乃：反问词，难道。

【译文】

　　没过多久，黎生作为补官到江陵府做司法参军，临走的时候，他请我写几句话当作是临别赠言。我说："我对你的了解，已经深深地留在心中了，还要用外在的语言来表达吗？"黎生说："我和安生学习写了一些文章，乡里的人都嘲笑我们不合实际。现在请您说几句话，是为了让乡里的人不再误解我们。"我听了他的话，想到自己，忍不住笑了。

【原文】

夫世之迂阔，孰有甚于予乎？知信乎古，而不知合乎世；知志乎道，而不知同乎俗。此予所以困于今而不自知也。世之迂阔，孰有甚于予乎？今生之迂，特以文不近俗，迂之小者耳，患为笑于里之人。若予之迂大矣，使生持吾言而归，且重得罪，庸讵①止于笑乎？然则若予之于生，将何言哉？谓予之迂为善，则其患若此。谓为不善，则有以合乎世，必伟乎古，有以同乎俗，必离乎道矣。生其无急于解里人之惑，则于是焉必能择而取之。遂书以赠二生，并示苏君以为何如也。

【注释】

①庸讵：岂，难道。

【译文】

要说这世上不合时宜的人，有谁能比得过我呢？我只懂得相信前人所说的道理，却不知道要适宜现在的世道；只知道要对得起道义，却不知道要适应现在的风气。这就是我困顿在现在而且到现在还没有领会的原因。世上的不合时宜，有谁能比得过我呢？现在你们两个不合时宜，只是因为你们写的文章跟世俗不相似罢了，这只是你们与世道不相适合的小部分罢了，你们要忧虑的不过是被乡里人嘲笑罢了。而我这样不合时宜的状况比你们严重多了，要是你们把我说的话说给你们乡里人听，就会遭遇到更大的指责，而不仅仅是遭受嘲笑而已了。但是，我要对你们说些什么呢？觉得我不合时宜是对的，或许是和我一样不合时宜；如果觉得我的不合时宜是坏的，那就会逢迎当下的社会，跟前人所说的教条相背离，跟世俗同流合污，就会离圣贤之道越来越远。要是你不着急消除乡里人的误解，那么在这方面，就一定能够经过选择获得更加正确的事物。于是我就把这些话写下来送给你们两人，也请你们转达给苏轼看一看，让他看看我说得怎么样。

【评析】

本文的篇幅不长，结构也比较简单，先介绍黎、安二生的由来，再说明写作本文的用意，然后有针对性地指出如何认识迂阔。迂阔，从古到今都有人在用这一形容个性的词。如果抛开它那略带贬义的内容，我们可以这样理解：所谓迂阔，是指一个人在待人接物方面坚持自己的观点，不迎合世俗偏见，而又有一种执着的信念，矢志不渝。如果他的观点、信念是正确的话，那么这种迂阔的表现正是难能可贵的。曾巩正是基于这一思路，才对迂阔进行了精辟的分析。

从文中反映的背景来看，黎、安二生由于"学于斯文"，即酷爱韩愈、柳宗元以至欧阳修、苏轼所倡导的古文而遭到"里人"的讥笑；而曾巩也因身体力行地追求"道"，给自己带来一些"患"。可见当时的社会风气是如何浅薄了。这种不直接抨击时弊而从侧面加以反映的手法，正是作者的高明之处。

十六 读孟尝君传（王安石）

【原文】

世皆称孟尝君能得士，士以故归之，而卒赖其力以脱于虎豹之秦。嗟呼！孟尝君特①鸡鸣狗盗之雄耳，岂足以言得士？不然，擅②齐之强，得一士焉，宜可以南面而制秦③，尚何取鸡鸣狗盗之力哉？鸡鸣狗盗之出其门，此士之所以不至也。

【注释】

①特：仅仅，只是。

②擅：凭借。

【译文】

世上的人都说孟尝君能够聚集天下有真实才学的人，人才也会因此投奔到他那里，而他也终于因为他们的帮助，能够从像虎豹一样的秦国那里逃脱出来。哎！其实孟尝君只不过是一群鸡鸣狗盗的人的头目罢了，怎么称得上是有能力搜揽人才的人呢？假如他不是这样，凭借着齐国的实力，就算是拥有一个有真才实学的人，也能够制服秦国，在南面称王，哪里还用得着借助一些鸡鸣狗盗之辈的力量呢？鸡鸣狗盗之辈在他的家中出现，这正是那些有真才实学的人不去投靠他的原因啊。

【评析】

全篇紧紧围绕"孟尝君不能得士"的主旨，一立，一驳，一转，一断，把孟尝君能得士传统看法一笔扫到，虽转折三次但严谨自然，议论周密，词气凌厉而贯注，势如破竹，具有不容置辩的逻辑力量。

十七 同学一首别子固（王安石）

【原文】

江之南有贤人焉，字子固[1]，非今所谓贤人者，予慕而友之。淮之南有贤人焉，字正之[2]，非今所谓贤人者，予慕而友之。二贤人者，足未尝相过[3]也，口未尝相语也，辞币未尝相接也[4]，其师若友，岂尽同哉？予考其言行，其不相似者何其少也！曰：学圣人而已矣。学圣人，则其师若友必学圣人者。圣人之言行，岂有二哉？其相似也适然。

【注释】

①子固：即曾巩，字子固。

②正之：即孙侔，字正之。

③过：交往。

④辞币：信件和礼物。

【译文】

长江南面有一个贤才，字子固。他不是现在世俗所说的那种贤才，我仰慕他并且跟他成为朋友。淮河南面有一个贤才，字正之。他也不是现在世俗说的那样的贤才，我也仰慕他并且跟他成为朋友。这两个贤才不曾有过拜访交流，没有相互交谈过，也没有相互有过书信往来或者是交换礼物，他们的老师和友人难道是一样的吗？我观察过他们的语言和行为，他们之间不一样的地方居然很少！我说，这是他们向圣人学习的原因罢了。他们向圣人学习，那么他们的老师和友人也一定是向圣人学习的。圣人的语言和行为难道还有什么不一样吗？所以他们很相像也就是必然的了。

【原文】

予在淮南，为正之道子固，正之不予疑也。还江南，为子固道正之，子固亦以为然。予又知所谓贤人者，既相似又相信不疑也。子固作《怀友》一首遗予，其大略欲相扳^①以至乎中庸而后已，正之盖亦尝云尔。夫安驱徐行，中庸之庭而造于^②其室，舍二贤人者而谁哉？予昔非敢自必其有至也，亦愿从事于左右焉尔，辅而进之其可也。

噫！官有守，私有系，会合不可以常也。作《同学一首别子固》，以相警，且相慰云。

【注释】

①扳：援引。

②造于：到达。

【译文】

我在淮南，跟正之说起子固，正之对我说的话并不怀疑。回到江南，跟子固说起正之，子固也觉得我说的话是真的。所以我又发现了这些在大家眼里是贤才的人，他们不仅在言语和行为上相似，就连信任都是一样的。子固写了《怀友》给我，文章的意思是说要相互帮助援引，最后能够达到中庸的境界，正之也曾经这样说过。就像是驾着车慢慢地向前走一样，慢慢地走到中庸的庭院，然后登堂入室，到达了中庸的最高境界，除了他们两个还能有谁呢？我却不敢说自己一定能够达到中庸的境界，但是却愿意跟着他们一起努力去做，通过他们的帮助向这个境界不断进步也是有可能的。

哎！身为官员有自己的职守，每个人也都有私事牵绊，我们朋友之间没有办法经常聚在一起，我写了这篇《同学一首别子固》，用来相互鼓励和慰藉。

【评析】

本人是王安石在青年时期所写的一篇赠别之作，虽然是赠别的，但是却没有世俗常见的惜别留念之情。文章明着写的只有两个人，但实际上却有三个人。曾巩、孙侔两人虽然平时没有来往，却有很多相似之处，而且都相互信任。文中指出这正是"学圣人"的共同之处，同时还表达了作者想和两人建立共同进步、相互勉励、相互鞭策的君子之谊，早点达到圣贤倡导的最高境界。

十八 游褒禅山记（王安石）

【原文】

褒禅山亦谓之华山①。唐浮图慧褒始舍于其址，而卒葬之，以故其后名之曰褒禅。今所谓慧空禅院者，褒之庐冢也。距其院东五里，所谓华山洞者，以其乃华山之阳名之也。距洞百余步，有碑仆道②，其文漫灭③，独其为文犹可识，曰"花山"。今言"华"如"华实"之"华"者，盖音谬也。

【注释】

①华山：在今天的安徽含山北面。

②仆道："仆（于）道"的省略，倒在路旁。

③漫灭：石碑上的文字因风化剥落而模糊不清。

【译文】

褒禅山又叫华山。唐朝的时候有个和尚慧褒开始在这里建造房屋居住，之后又埋葬在这里，因此，慧褒死了以后这座山就叫作褒禅山。现在的慧空禅院，就是慧褒和尚的房屋和坟墓所在的地方。这座禅院的东面五里之地有一个叫华山洞的地方，是因为位于华山的南面才这么有名。距离洞口有一百多步远的位置，有一块石碑倒在路上，碑文已经看不清了，只有其中几个字能隐约辨认出来，叫作"花山"。现在把"华"字读成"华实"的"华"，可能是把字音读错了。

【原文】

其下平旷，有泉侧出，而记游者甚众，所谓"前洞"也。由山以上五六里，有穴窈然①，入之甚寒，问其深，则其好游者不能穷也，谓之"后洞"。余与四人拥火以入，入之愈深，其进愈难，而其见愈奇。有怠②而欲出者，曰："不出，火且尽。"遂与之俱出。盖予所至，比好游者尚不能十一，然视其左右，来而记之者已少。盖其又深，则其至又加少矣。方是时，予之力尚足以入，火尚足以明也。既其出③，则或咎其欲出者，而予亦悔其随之，而不得极乎游之乐也。

【注释】

①窈然：幽深的样子。

②怠：懈怠。

③既：已经，……以后。其：助词。

【译文】

山洞下面地势平坦宽阔，有一道泉水从边上的墙壁上流了出来，到这里游玩并且在山洞墙壁上题字的人非常多，这就是人们说的"前洞"。顺着山路向上走五六里，有一个幽深的山洞，走到洞里，人们会感到十分寒冷。有人要问这个洞有多深，就连那些特别喜欢游山玩水的人也没能走到它的尽头，这个洞被人们称为"后洞"。我和我的四个朋友举着火把往前走，越往里走，前进就越难，但是看到的景色就越绮丽。有一个同伴懈怠了，他不想往前走，说道："我们要是不往回走，手里的火把就要烧完了！"所以大家都跟着他一起出来了。我估量着我们达到的深度跟那些喜欢游玩的人相比还不够十分之一，但是看看周围洞穴的墙壁，到这里题字的人已经很少了。可能洞穴越深，来这里的人就越少吧。当我才从山洞中退出来的时候，还是有力气继续往前走的，火把也是能够继续照明的。退出来之后，就有人抱怨那个主张要退出来的人，我也十分遗憾自己跟着大家一起出来了，没能尽情地享受游玩的乐趣。

【原文】

于是予有叹焉。古人之观于天地、山川、草木、虫鱼、鸟兽，往往有得，以其求思之深而无不在也。夫夷①以近，则游者众，险以远，则至者少。而世之奇伟瑰怪②、非常之观，常在于险远，而人之所罕至焉，故非有志者不能至也。有志矣，不随以止也，然力不足者，亦不能至也。有志与力，而又不随以怠，至于幽暗昏惑而无物以相之，亦不能至也。然力足以至焉，于人为可讥，而在己为有悔。尽吾志也而不能至者，可以无悔矣，其孰能讥之乎？此予之所得也。

【注释】

①夷：平坦。

②瑰怪：瑰丽奇异。

【译文】

于是我感叹，古代的人在观察天地、山川、草木、虫鱼、鸟兽的时候往往会收获些心得，这是因为他们深入思考且处处如此。那些平坦而且距离较近的地方，游客就很多；艰难险阻多且距离较远的地方，能够到达的人就很少了。但是世上的奇伟、瑰怪和不同寻常一般的景观常经常是在偏远危险而且很少有人能够到达的地方，所以没有坚强的毅力是不能够到达的。有毅力，不会因为别人在半路上停下，可是如果体力不够，也是没办法到达的。有毅力和体力，又不因为别人懈怠而松懈，但是到了幽深昏暗的地方，如果没有外物的帮助，还是不能够到达的。然而如果有足够的体力却没能到达，在别人眼里是可以嘲笑的，自己也会悔恨。如果尽了自己最大的努力却还是没有到达，那就没有必要悔恨了，谁又会责怪或者嘲笑我呢？这就是我得到的道理。

【原文】

予于仆碑，又以①悲夫古书之不存，后世之谬其传②而莫能名者，何可胜道也哉！此所以学者不可以不深思而慎取之也。四人者：庐陵萧君圭君玉，长乐王回深父，余弟安国平父、安上纯父。

【注释】

①以：因此。

②谬其传：以讹传讹。

【译文】

对于那块倒在路上的石碑，我又悲叹可惜古代的书籍文献不复存在，后人又会以讹传讹地弄混许多事情的真相，这样的例子怎么能举完呢？这就是读书人对于学问不能先谨慎思考再做出选择的原因啊。跟我一起游玩的四个人是：庐陵的萧君圭字君玉，长乐县的王回字深父，我的弟弟安国字平父和安上字纯父。

【评析】

写游览华山后洞的经过时，从"入之愈深，其进愈难，而其见愈奇"，而游者也随之越来越少的情况，进而论述了"世之奇伟、瑰怪、非常之观，常在险远"，要想看到"奇伟、瑰怪、非常之观"，就必须有一个不畏艰险，一往直前的坚强意志，同时还要具备足够的实力和可资凭借的外界条件。他这种力图精进，永攀高峰的精神，同他后来在变法革新中所表现的不怕围攻、百折不回的精神也是完全一致的。

十九 泰州海陵县主簿许君墓志铭（王安石）

【原文】

君讳①平，字秉之，姓许氏。余尝谱其世家，所谓今泰州海陵县主簿者也。君既与兄元相友爱称天下，而自少卓荦不羁②，善辩说，与其兄俱以智略为当世大人所器。宝元③时，朝廷开方略之选④，以招天下异能之士，而陕西大帅范文正公、郑文肃公争以君所为书以荐⑤，于是得召试，为太庙斋郎⑥，已而选泰州海陵县主簿。贵人多荐君有大才，可试以事，不宜弃之州县。君亦尝慨然自许①，欲有所为。然终不得一用其智能以卒。噫！其可哀也已。

【注释】

①讳：避讳。古人认为死者为大，不直呼死者名讳，在前面加一个"讳"字。

②卓荦不羁：卓绝出众，不被世俗所羁绊。

③宝元：宋仁宗赵祯的年号。

④开方略之选：选拔拥有治国用兵等特殊才能的人才。

⑤范文正公：即范仲淹，死后谥文正。郑文肃公：即郑戬，死后谥文肃。

⑥太庙斋郎：主要掌管皇室宗庙祭祀事宜的官员。

【译文】

这位墓主名字叫许平，字秉之。我曾经为他的家族编纂过家谱，他就是家谱上记载的泰州海陵县的主簿。许君跟他的哥哥许元因为相互友爱被天下人称赞，而且他这个人从小就聪明卓越、十分出众，又不被世俗所牵绊，善于辩论，跟他的哥哥都因为有谋略而被当时的大人物看重。宝元年间，朝廷开设制举方略科，选拔拥有治国用兵等特殊才能的人才。陕西大帅范文正公范仲淹和郑文肃公郑戬争着把许君的文章推荐给朝廷，所以许君就被召到京城考试，后来封了个太庙斋郎的官职，没过多久又被选上了当泰州海陵县的主簿。

达官贵人多数都夸赞许君有才学，能够任用他做大事，不应该把他埋没在州县做小官。许君也常常情绪激动地夸赞自己有才能，想要有一番作为。但是他最终还是没有得到施展才华的机会就去世了。哎！真是太悲哀了！

【原文】

士固有离世异俗①，独行其意，骂讥、笑侮、困辱而不悔，彼皆无众人之求而有所待于后世者也。其龃龉固宜，若夫智谋功名之士，窥时俯仰②以赴势物之会而辄不遇者，乃亦不可胜数。辩足以移万物，而穷于用说之时；谋足以夺三军，而辱于右武之国③。此又何说哉？嗟乎！彼有所待而不悔者，其知之矣。君年五十九，以嘉祐某年某月某甲子葬真州之杨子县甘露乡某所之原。夫人李氏。子男璠，不仕；璋，真州司户参军；琦，太庙斋郎；琳，进士。女子五人，已嫁二人，进士周奉先、泰州泰兴令陶舜元。铭曰：有拔而起之，莫挤而止之。呜呼许君！而已于斯，谁或使之？

【注释】

①离世异俗：超脱于世俗之外。

②窥时俯仰：抓准时机，随机应变。

③右武之国：崇尚武力的国家。

【译文】

读书的人当中本来就有一些超脱世俗以外的人，按照自己的意愿做事，即使受到责怪、嘲笑、讽刺、侮辱和困境，却一点儿也不后悔，完全不像一般人有着对功名利禄的渴望和追求，更不像他们一样要流芳百世。这样的人因为跟世俗不相协调从而不得志，本来就是一定的事情。那些有智谋策略的，而且也喜欢功名利禄的读书人，看准时机，随机应变，奔走相告找寻发达显贵的机会，但是却总也找不到机会，这样的人居然也是多的数不过来。善于辩论的人能够改变万事万物，但是却在需要他们的时代受到冷遇和困境；足智多谋的人能够镇压三军，但是却在崇尚武力的国家里被埋没。这样的情况又怎么来说明呢？哎！那些对后世有所期盼，并且对现在的遭遇不后悔的人，可能是已经悟出了其中的道理吧！许君活了五十九岁，在仁宗嘉祐某年某月某日，葬在真州扬子县甘露乡的谋个墓地。夫人姓李。儿子许瓌没有做官；许璋做了真州司户参军；许琦做了太庙斋郎；许琳中了进士。一共有五个女儿，已经有两个出嫁了，女婿是进士周奉先和泰州泰兴县的县令陶舜元。铭文上说：既然有人想要提拔并且重用他，没有人排挤阻碍他。哎！许君却一直停留在这么小的官职上，是谁让他这样的呢？

【评析】

许平是个终身不得志的普通官吏。在这篇墓志铭中作者主要是哀悼许平有才能而屈居下位的悲剧。全文议论较多，情调慷慨悲凉。

卷十二　明文

一 送天台陈庭学序（宋濂）

【原文】

西南山水，惟川蜀最奇。然去中州万里，陆有剑阁①栈道之险，水有瞿塘滟滪②之虞。跨马行，则竹间山高者，累旬日不见其巅际。临上而俯视，绝壑万仞③，杳莫测其所穷，肝胆为之掉栗④。水行，则江石悍利，波恶涡诡，舟一失势尺寸，辄糜碎土沉，下饱鱼鳖。其难至如此！故非仕有力者，不可以游；非材有文者，纵游无所得；非壮强者，多老死于其地。嗜奇之士恨焉。

【注释】

①剑阁：指栈道，（栈道：指在悬崖峭壁靠木板铺成的道路），现位于四川东北大、小剑阁间，在古代是连接川、陕两地的交通要道。

②滟滪：江心突起的巨石，在瞿塘峡峡口，因航运障碍，于1958年冬炸除。

③仞：古时度量单位，每仞即现在的八尺。

④掉栗：发抖。

【译文】

西南最秀美的山水当属四川地区，堪称一道奇观。但是，四川与中原相隔数万里，中间又受到水、陆等多种阻隔，陆地上剑阁、栈道设障，水上瞿塘峡、滟滪堆等让人堪忧。就算骑马前行，在竹林等险峻地形中奔波十几天，也没法看到峰顶。如果在顶处往下看，人们只会看到几万尺的幽深峭壁，谷底一望无际，让人感到害怕不已。要是选择水路，各种尖利礁石遍布江中，江水凶猛不已，多有变化的漩涡，只要稍微不慎离开航道，就会被撞碎，沉入江中成为鱼鳖的美食。前往四川的路途真的是太困难了！所以，只有做官和有钱人才能到此处游览；要不是满腹经纶的人，就算去了，也不会有任何收获；要不是身体强壮的人，到了那里，大多会在那里老死。这对于那些喜欢游览奇观的人来说，真是太遗憾了。

【原文】

天台①陈君庭学，能为诗，由中书左司掾②，屡从大将北征，有劳，擢四川都指挥司照磨③，由水道至成都。成都，川蜀之要地，扬子云、司马相如、诸葛武侯之所居④，英雄俊杰战攻驻守之迹，诗人文士游眺饮射、赋咏歌呼之所，庭学无不历览。既览必发为诗，以纪其景物时世之变，于是其诗益工。越三年，以例自免归，会予于京师⑤。其气愈充，其语愈壮，其志意愈高，盖得于山水之助者侈矣。

【注释】

①天台：天台府，即现今浙江天台。

②中书左司掾：中书省设立的左司部门成员。在明代时，中书省设立了左右两司。

③照磨：管理文书总卷的官吏，属于指挥司下属。

④扬子云：扬雄，西汉辞赋家、文学家、哲学家、语言学家。司马相如：西汉时期著名文学家。诸葛武侯：即诸葛亮，任三国蜀汉丞相一职。

⑤京师：这里指江苏南京。

【译文】

陈庭学，浙江天台人，非常擅长作诗。他凭借中书左司掾一职位，多次跟大将奔赴战场，建立功绩，被升为四川都指挥司照磨，经水路前往成都。成都既是四川重要场所，也是扬雄、司马相如、诸葛亮几人待过的地方。陈庭学依次游览了曾经英雄豪杰们留下的战争痕迹，历代文人们登临、喝酒对酌、吟诗颂歌的地方。每游览一个地方，他就会作诗表达内心感受，将景物以及世事变化记录下来，所以自从去了四川，他的诗歌有了很大的进步。三年后，按照惯例，庭学辞掉官职，回到家乡，和我在京师团聚。他的精神比以往更加饱满，说话也豪气不少，有了更加远大的志向，这或许是巴蜀的山水带来的吧。

【原文】

予甚自愧，方予少时，尝有志于出游天下，顾以学未成而不暇。及年壮可出，而四方兵起，无所投足。逮今圣主①兴而宇内定，极海之际，合为一家，而予齿益加耄矣②。欲如庭学之游，尚可得乎？

【注释】

①圣主：即朱元璋。

②耄（mào）：老。

【译文】

我内心真是非常惭愧。年少时，我曾立下志向要游遍天下，但是因未完成学业，所以一直没有时间。到了壮年可以出游时，又遇到连日战乱，没有可去之地。到了现在，圣明的君主平定了天下，一片和谐，但我却老年力衰。我还能像庭学一样去四处游走吗？

【原文】

然吾闻古之贤士，若颜回、原宪①，皆坐守陋室，蓬蒿没户，而志意常充然，有若囊括于天地者，此其故何也？得无有出于山水之外者乎？庭学其试归而求焉，苟有所得，则以告予，予将不一愧而已也。

【注释】

①颜回、原宪：颜回即颜渊。原宪，即子思。二人都是孔子的学生。

【译文】

但我知道以前的贤士们，比如像孔子的学生，颜回、原宪，都是常年住在简陋的住所中，因为和人们很少来往，从而门户都被隐蔽在杂草中，即便如此，他们却依旧拥有充分的意气和志向，仿佛他们能将天地万物包揽于心。这是为什么呢？难道还有什么比山水更吸引人吗？庭学你在回家之后，可以在这方面尝试一下，要是有收获，就跟我说一声，这样一来，我心中就不会有愧疚了。

【评析】

文章的开头便紧密地结合了陈庭学的生活实际。由于他是从川蜀来到南京的，宋濂便肯定他"其气愈充，其语愈壮，其志意愈高"，说明山水确实有助于人的发展。在第三段中，作者不无遗憾地回顾了自己的一生，由于种种原因，没法像陈庭学那样游览川蜀，这一段还是紧扣前文的。令人称奇的是，在第四段中作者提出了一种新的见解，即"坐守陋室"也照样可以修身养性。这其实是对陈庭学提出了劝诫：不要把游览名山大川当作提高自己的唯一途径。

二 阅江楼记（宋濂）

【原文】

金陵①为帝王之州，自六朝迄于南唐，类皆偏据一方，无以应山川之王气。逮我皇帝②，定鼎于兹③，始足以当之。由是声教所暨④，罔间朔南⑤，存神穆清⑥，与天同体，虽一豫一游，亦可为天下后世法。京城之西北，有狮子山⑦，自卢龙蜿蜒而来，长江如虹贯，蟠绕其下。上以其地雄胜，诏建楼于巅，与民同游观之乐，遂锡⑧嘉名为"阅江"云。

【注释】

①金陵：现在江苏南京。

②皇帝：指明太祖朱元璋。

③定鼎：据传，禹建造了九鼎，用来代表天下之士。在古代，鼎是定国宝物，放在国都，因此，常用定鼎来代表建都。

④暨（jì）：至。

⑤罔间朔南：不分南北。

⑥穆清：指天。

⑦狮子山：晋时名卢龙山，明初，因其形似狻猊，改名为狮子山。山西控大江，有高屋建瓴之势，自古以来是南京西北部的屏障，为兵家必争之地。

⑧锡：赐予。

【译文】

帝王在金陵建都，六朝至南唐，政权都是偏安于一边，因此无法适应

此地山川所具备的王者之气。到我们的大明皇帝将都城建在此地，才与山
川的王气相应。因此，在全国各地都遍布着王朝的声威，不管是南是北，
皇上修身养性，用清和风气教化天下百姓，融天地于一身，即便是一次游
玩或是娱乐，也能让后人效仿。在京城西北处，坐落着狮子山，卢龙山的
道路一直蜿蜒到此处，彩虹般的长江将其横穿，在山下不断萦绕。因此地
山水雄伟，皇上就命令在山顶建立高楼，将观景的乐趣和百姓一起分享，
还将一个美丽的名字"阅江"赐予了它。

【原文】

登览之顷①，万象森列，千载之秘，一旦轩露②。岂非天造地设，以俟
大一统之君，而开千万世之伟观③者欤？当风日清美，法驾幸临，升其崇
椒④，凭阑遥瞩，必悠然而动遐思。见江汉之朝宗⑤，诸侯之述职，城池之
高深，关阨之严固，必曰："此朕栉风沐雨⑥，战胜攻取之所致也。"中
夏之广，益思有以保之。见波涛之浩荡，风帆之上下，番舶接迹而来庭，
蛮琛联肩而入贡，必曰："此朕德绥威服，覃⑦及内外之所及也。"四陲
之远，益思有以柔之。见两岸之间、四郊之上，耕人有炙肤皲足之烦，农
女有捋桑行馌之勤，必曰："此朕拔诸水火，而登于衽席者也。"万方之
民，益思有以安之。触类而思，不一而足。臣知斯楼之建，皇上所以发舒
精神，因物兴感，无不寓其致治之思，奚止阅夫长江而已哉！

【注释】

①顷：短时间。

②轩露：显露。

③伟观：雄壮的景色。

④崇椒：高高的山顶。

⑤江汉之朝宗：《尚书·禹贡》："江汉朝宗于海。"意思是江汉等
大川以海为宗。

⑥栉（zhì）风沐雨：形容四处奔波之辛苦。栉，梳理头发。

⑦覃：延。

【译文】

登上楼顶观览时，各种景象一一在眼前呈现，仿佛埋藏了数千年的秘

密全部在那一瞬间显露出来。这些雄伟景观难道不是上天提前就安排好，专门等待那些一统天下的君王们将千秋万代展现出来的吗？天气晴朗的时候，皇帝亲自驾着马车过来，走上山顶，凭栏远望，肯定会触动心弦，陷入深思中。看到长江、汉江向东奔向大海；看到各地的诸侯们在京城相聚，禀奏政事；看到高深的城池，坚固的关隘，皇上肯定会感叹："这美丽的江山，都是我当初顶着风雨，历经险阻，打败敌人，攻略城池才得到的。"从而想到整个华夏地区，地大物博，更要想尽办法将它保护好。

皇上看到波涛滚滚的长江，看到来回无数的船只，看到接连不断的番国船只驶向帝都朝见，外国航船陆续来到京城，各国的使臣争相献上宝物，肯定会这样说："这是我凭借恩泽将其感化，凭借威慑将其降服，慑服国内外才有了这副场景。"从而想到远在边缘的民族，正因遥远，才越想用温和的政策去安抚那些人民。看到长江岸上、原野之上，耕作的人民们皮肤被烈日烤灼，双脚被寒风吹裂，一年四季从不停歇；看到农民妇女们采摘桑叶，饲养蚕丝，到田地中送饭，勤苦的劳动，肯定会这样说："这些人民都是靠我将他们从水火中救出来的，现在又让他们可以安详地睡在床铺上。"从而想到万千百姓，从而更加想要用尽办法使他们安居乐业。从上面诸多方面推断，皇上在阅江楼肯定会想到更多。臣下可以感受到皇上之所以要兴建这座高楼的原因是想调节情绪，触景抒情，所见所感全部都承载着治国思想，哪里只是用来观赏美景啊。

【原文】

彼临春、结绮，非不华矣①；齐云、落星，非不高矣②，不过乐③管弦之淫响，藏燕、赵之艳姬，一旋踵④间而感慨系之，臣不知其为何说也。虽然，长江发源岷山⑤，委蛇⑥七千余里而入海，白涌碧翻，六朝之时，往往倚之为天堑。今则南北一家，视为安流，无所事乎战争矣。然则果谁之力欤？逢掖之士⑦，有登斯楼而阅斯江者，当思圣德如天，荡荡难名。与神禹疏凿之功同一罔极⑧。忠君报上之心，其有不油然而兴耶？

臣不敏，奉旨撰记。欲上推宵旰图治之功者，勒诸贞珉。他若留连光景之辞，皆略而不陈，惧亵也。

【注释】

①临春、结绮：二阁名。南朝陈后主所建的楼宇。

②齐云：楼阁名，也叫"古月华楼"。落星：楼阁名，三国时孙吴建立，现今在江苏南京东北落星山。

③乐：动词，欣赏。

④一旋踵间：转身时间，形容时间飞快。踵，脚后跟。

⑤岷（mín）山：位于中国四川省北部。绵延于四川省、甘肃省两省边境到成都平原西北边缘的龙门山。长江黄河的分水岭。古时误以为岷山是长江的发源地。

⑥委蛇（wēi yí）：同"逶迤"，形容绵延不绝，弯弯曲曲。

⑦逢掖：宽袖之衣，古代儒者所服，因用作士人的代称。

⑧神禹疏凿之功：指夏禹治水之功。

【译文】

临春阁、结绮阁，辉煌华丽；齐云楼、落星楼，浩瀚伟岸，但它们都仅是演奏淫艳曲调，藏有燕赵美女之地，结果，转眼之间就繁华不再，国亡家破，让人感慨万千，对于这一点，我实在不知该如何做出评论。即便如此，长江从岷江发源，曲折绵延了七千多里才进入大海，波涛汹涌，六朝之时，它经常用来当作天然屏障，从而令此地得以安稳。现在国家统一，南北和谐，长江也成为平静的河流，而非是战争中的有力屏障了。这样的话，究竟是依靠什么力量呢？那些身穿宽大袖袍的读书人，凡是登上这座高楼来欣赏长江景观的，都应该想到皇上如天般的恩惠，没有边际，无法言说，这就和当年大禹凿开大山治水，将万民拯救于水火之中一般的雄伟功绩。想到这里，忠心于皇上，报答皇恩的心情，怎能不会油然而生呢？

臣下我实在是很迟钝，奉皇上圣旨写这篇《阅江楼记》。心中想着皇上为国家百姓日夜辛劳的功德，想把它篆刻在精致的石碑上。我没有说一句对风景、江山的赞美之词，因为害怕自己亵渎皇上盖建阅江楼的最初想法。

【评析】

文章不作一味奉迎，在歌功颂德的同时，也意存讽劝。登上阅江楼，览"中夏之广，益思有以保之"；见"四陲之远，益思所以柔之"；见"万方之民，益思有以安之"。就是登览中处处想着国家社稷人民，既"元不寓其致治之思，奚止阅夫长江而已"。至于那些"留连光景之辞，皆略而不陈"。文章确实写得庄重典雅，委婉含蓄，是一篇颇具时代特色而又有分寸的应制文字。

宋濂为明初文官中的重臣，朱元璋颁发的诏令多出其手，实为皇帝的左右手。本文既为奉诏而作，其中自不免存在一些歌功颂德的溢美之词。但作者又能援引历史上，特别是六朝覆灭的事实，巧妙地达到了"以史为鉴"的目的。寓规劝于叙事，当是本文的主旨所在。

三 深虑论（方孝孺）

【原文】

虑天下者，常图其所难，而忽其所易；备其所可畏，而遗其所不疑。然而祸常发于所忽之中，而乱常起于不足疑之事。岂其虑之未周与？盖虑之所能及者，人事之宜然，而出于智力之所不及者，天道也。

【译文】

思索天下大事的人，经常想要解决困难的问题，却忽视简单的问题；对可怕的事情进行防范，却将没有疑虑的事情忽略。但是，那些祸端却经常开始于被忽视的问题中，变乱也常在没有疑虑的事情中产生。这是他们没有周全考虑而造成的吗？这是因为人们能想到的都是人世间皆应如此的事端，而超出人们所想的范围的便是天道。

【原文】

当秦之世，而灭诸侯①，一天下。而其心以为周之亡在乎诸侯之强耳，变封建而为郡县②。方以为兵革可不复用，天子之位可以世守，而不知汉帝起陇亩之中③，而卒亡秦之社稷。汉惩④秦之孤立，于是大建庶孽⑤而为诸侯，以为同姓之亲可以相继而无变，而七国萌篡弑之谋⑥。武、宣以后⑦，稍剖析之而分其势，以为无事矣，而王莽⑧卒移汉祚。光武之惩哀、平⑨，魏之惩汉，晋之惩魏，各惩其所由亡而为之备，而其亡也，皆出其所备之外。唐太宗闻武氏之杀其子孙，求人于疑似之际而除之，而武氏日侍其左右而不悟。宋太祖见五代方镇之足以制其君，尽释其兵权，使力弱而易制，而不知子孙卒困于敌国。此其人皆有出人之智、盖世之才，其于治乱存亡之几，思之详而备之审矣。虑切于此而祸兴于彼，终至乱亡者何哉？盖智可以谋人，而不可以谋天。良医之子多死于病，良巫之子多死于鬼。彼岂工于活人而拙于活己之子哉？乃工于谋人而拙于谋天也。

古之圣人，知天下后世之变非智虑之所能周，非法术之所能制，不敢肆其私谋诡计，而唯积至诚、用大德以结乎天心，使天眷其德，若慈母之保赤子而不忍释。故其子孙虽有至愚不肖者足以亡国，而天卒不忍遽亡之，此虑之远者也。夫苟不能自结于天，而欲以区区之智笼络当世之务，而必后世之无危亡，此理之所必无者也，而岂天道哉！

【注释】

①灭诸侯：指秦先后灭韩、魏、楚、赵、燕、齐六国。

②封建：指周朝时期，分封土地制度。郡县：秦始皇统一国家后，将分封制废除，将国家分割为三十六郡，其下设立县。中央统一任免郡县长。

③汉帝：指汉高祖刘邦。起陇亩之中：刘邦出身农民家庭。起兵反秦前，只做过乡村小吏"泗水亭长"。陇，田垄。

④惩：将以往失败当作训诫。

⑤建庶孽：指汉高祖即位后大封同姓诸侯王。

⑥七国：指汉高祖所分封的吴、楚、赵、胶东、胶西、济南、临淄七个同姓诸侯王。篡弑之谋：汉景帝在位时，吴王刘濞为首的七国，以诛晁错为名，举兵叛乱。

⑦武、宣：指汉武帝刘彻与汉宣帝刘询。为强化中央集权，二者将诸侯王的势力与权力大力削弱。

⑧王莽：西汉末年外戚，逐渐掌权后称帝，于公元九年改国号为新。祚（zuò）：皇位。

⑨光武：东汉光武帝刘秀。哀、平：西汉末年的哀帝刘欣、平帝刘衍。

【译文】

当年，秦始皇平复诸侯、一统天下的时候，他认为周朝之所以会消亡是由于诸侯势力太过强大，于是将封建制改为郡县制。他认为不会再有战争，可以将皇位代代相传，却没有料到汉高祖会在乡间发起政变，最后将秦朝推翻。汉朝创建后，从秦朝因力量孤立而垮掉的现实中取得教训，便大肆分封诸侯王，觉得他们都是同一姓氏的亲王，血缘关系是不会发生政变的有力保证。但是，吴楚七国却想要谋杀君王夺得王位。武帝、宣帝之后，慢慢将诸侯王的土地进行分割，将他们的力量分散，他们认为这样一来就能和平相处，毫无担忧了，但是外戚的王莽却将汉朝的天下夺去。东汉光武帝对于西汉哀帝、平帝，曹魏对于东汉，晋朝对于曹魏，都是从先前一代的失败中总结教训，继而做出预防办法的。可是，后来他们的灭亡，却都是在他们的预料之外。听到武姓之人会杀害其子孙的传言后，唐太宗将所有怀疑的人全部抓捕杀掉，却没有丝毫察觉整天在其身边的武则天。宋太祖看到五代时过于强大的藩镇实力会对君主造成威胁，于是在称帝后将武将兵权全部废除，将其力量削弱，便于控制，却没有想到他的后代会因为此而遭受外国的入侵。以上说到的这些君王都智慧过人，才能非凡，对于太平、动乱、生存、灭亡之间的细小关系，都考虑得非常详细，做出了严密的预防。但是，当他们对某一方面进行细密的谋划时，灾难却在另一面发生，从而导致动乱甚至是毁灭，这是为什么呢？原来人的智慧考虑范围只在人事，对于天意却无法考虑在内。良医的子女大多死在疾病上，高明巫师的子女大多死在鬼事上。这难不成是因为他们对救别人十分擅长，却对救自己的子女不擅长吗？其实，他们在人事上是十分聪慧的，但是在天意上却是笨拙不已的。

古时圣明的君主知道后世的变故仅仅靠人的智慧是不能考虑周全的，这也不是靠法术能掌控的。所以不敢随意发挥智谋，仅仅是将诚意不断地积累，用崇高的道德，顺着天意，从而令上天能够眷顾他们，就好比是慈母不忍心将孩子放任不管一样。因此，他们的子孙后代中，即便有蠢笨的，不成器的，能够让国家灭亡，但是上天却不忍心让它立刻毁灭，这才是思虑深远的人。要是自己不能去顺应天意，想要凭借渺小的智谋将现在控制住，还想让后代不受一点儿危害，朝代不会毁灭，这在情理上都无法说通，又哪能说是顺应了天意呢？

【评析】

文章的开始先从"祸常发于所忽之中，而乱常起于不足疑之事"谈起，并把这种现象和天道挂上了钩，这是作者立论的核心。在作为全文重点的第二段中，作者列举了大量史实，从秦始皇一直谈到了宋太祖，其用意也是为了证明上述观点的正确性。应该说，这些翔实的历史经验是可信的，是有强烈的说服力的。而具有讽刺意味的是，就在作者写作本文后不久，明朝就发生了"乱"。明太祖死后，其孙建文帝即位，由于和某些亲王产生了矛盾，终于导致了"靖难之变"，方孝孺本人也死在这次动乱之中。从这一点来看，作者还是有一定的预见性的。第三段是全文的总结，作者再一次点明全文的主旨。在语言的运用上，作者尽量发挥了他那犀利而坚定的文风，做到了既能说理透彻，又能通俗易晓，这在他评论前代帝王时可以充分看出。由于思想上的局限性，作者对"天道"的理解还带有一定的宿命论的色彩。

四　豫让论（方孝孺）

【原文】

士君子立身事主，既名知己，则当竭尽智谋，忠告善道①，销患于未形，保治于未然，俾②身全而主安。生为名臣，死为上鬼，垂光百世，照耀简策，斯为美也。苟遇知己，不能扶危于未乱之先，而乃捐躯殒命于既败之后，钓名沽誉，眩世炫俗，由君子观之，皆所不取也。

【注释】

①忠告善道（dǎo）：诚挚的劝说，善意引导。出自《论语·颜渊》："忠告而善道之。"

②俾（bǐ）：令，使。

【译文】

有品德有智慧的人建立功名以侍奉君王，既然被君主叫作知己，就应该把所有的智慧和计谋拿出来，诚实劝说，善意引导，在祸端出现之前就先将其消灭掉，在动乱开始前就将政治辅佐的清明安宁，从而保全自己性命，保全君主平安。在世时，他是闻名的臣子，去世后也能成为上等的魂魄，受尽后代美传，永葆史册，这样才值得赞扬。要是遇到了知己，他不能在危难发生前将其拯救，而是在失败后，为君主献出自己的生命，故意获得一个好名声，将世人所迷惑，这一行为在君子眼中，是万万不可取的。

【原文】

盖尝因而论之。豫让臣事智伯，及赵襄子杀智伯，让为之报仇，声名烈烈，虽愚夫愚妇，莫不知其为忠臣义士也。呜呼！让之死固忠矣，惜乎处死之道有未忠者存焉。何也？观其漆身吞炭，谓其友曰："凡吾所为者极难，将以愧天下后世之为人臣而怀二心者也。"谓非忠可乎？及观斩衣三跃，襄子责以不死于中行氏而独死于智伯，让应曰："中行氏以众人待我，我故以众人报之。智伯以国士待我，我故以国士报之。"即此而论，让有余憾矣。段规之事韩康，任章之事魏献，未闻以国士待之也，而规也、章也，力劝其主从智伯之请，与之地以骄其志，而速其亡也。郤疵之事智伯，亦未尝以国士待之也，而疵能察韩、魏之情以谏智伯，虽不用其言以至灭亡，而疵之智谋忠告，已无愧于心也。

让既自谓智伯待以国士矣，国士，济国之士也。当伯请地无厌之日，纵欲荒暴之时，为让者，正宜陈力就列①，谆谆然而告之曰："诸侯大夫，各安分地，无相侵夺，古之制也。

今无故而取地于人，人不与，而吾之忿心必生；与之，则吾之骄心以起。忿必争，争必败，骄必傲，傲必亡。"谆切恳告，谏不从，再谏之；再谏不从，三谏之；三谏不从，移其伏剑之死，死于是日。伯虽顽冥不灵，感其至诚，庶几复悟，和韩、魏，释赵围，保全智宗，守其祭祀。若然，则让虽死犹生也，岂不胜于斩衣而死乎？

让于此时，曾无一语开悟主心，视伯之危亡犹越人视秦人之肥瘠也。袖手旁观，坐待成败，国士之报曾若是乎？智伯既死，而乃不胜血气之悍悍，甘自附于刺客之流，何足道哉？何足道哉？

虽然，以国士而论，豫让固不足以当矣。彼朝为仇敌，暮为君臣，然①而自得者，又让之罪人也。噫！

【注释】

①列：职位。

【译文】

我以前根据这个原则对豫让进行过评价。豫让是智伯的家臣。智伯被赵襄子所杀后，豫让为其报仇。赫赫声明，轰烈不已，就算是没有见识的平民们，也都知道他是一个仁义之士。哎，豫让之死可以算是忠贞了，只是他在处理死亡的方法上还有些不忠心的表现。何出此言呢？你看，他将全身涂满黑漆，将喉咙用吞炭方式变哑，将容貌与声音改变，还和朋友们这样说道："我做的一切都困难不已，我想用这样的方式来让那些当别人臣子却还有二心的后代们，心存愧疚啊！"你可以说他是不忠心的吗？待看到他大跳三下将赵襄子衣服砍断时，赵襄子责怪他，不为中行氏付出性命，却只为智伯如此时，豫让这样答道："中行氏待我和普通人没有区别，所以报答他时，我也待他和普通人一般；智伯待我如国士一般，所以我也应该如此报答他。"就凭借这一点的话，豫让还是存在些许不足之处的。段规侍奉韩康子、任章侍奉魏献子时，并没有传闻说他们的君主对待他们和国士一般，即便如此，他们还是努力的劝告君主们答应智伯，把土地给他，让他更加骄傲，从而让他更快灭亡。郤疵在侍奉智伯时，也没有受到如国士一般的对待，但是对于韩、魏的意图，他却能够敏锐的察觉，并且积极劝告，虽然智伯没有听进去致使自己灭亡，但是郤疵敏锐的谋略和忠心的劝导，已经令他问心无愧了。

豫让自以为是地认为智伯待他如国士一般，而国士应该是能够稳固国土的贤才。当智伯贪得无厌，让别人分割土地的时候，当智伯沉迷私欲，不理朝政，残暴不已的时候，正需要豫让积极奉献，倾尽所能，对智伯进行劝导："诸侯和大夫们应该安分守己地守住自己的国土，不能贪得无厌侵略他人，自古以来就是如此。

现在平白无故索要别人的土地，要是对方不给，我肯定会心生愤怒，要是对方给了，我肯定会骄傲自满。有愤怒，肯定会发生斗争，有了斗争，肯定就会失败。一旦骄傲，肯定会傲慢，人一傲慢起来，肯定就会灭亡。"要充满耐心地不断地劝说，要是一次没成功，就再劝；再次劝说依旧失败，就来第三次；要是第三次依旧失败，那么就把拿剑自杀的行为放在这一天。虽然智伯生性好玩，昏庸不已，但是面对这种诚恳的行为，说不定会清醒过来，和韩、魏和好如初，撤销对赵国的围剿，令智氏宗族得以保全，得以传承下去。要是这样，就算豫让死了，也如同活着一般，这难道不会比刺杀赵襄子衣服后拿剑自杀的行为更加值得吗？

在这时，豫让竟然没有对家主进行劝导和启发，眼看智伯陷入危难之中，却如同越人看秦人一般，将双手插在袖子中，在一旁观看，静等成败，难道国士就是如此报答知己的吗？直到智伯死了，这才开始愤恨不已，无法将心中的情感压制住，把自己列为刺客一列，这哪里值得被称赞呢？又有什么值得被称赞的呢？

就算如此，拿国士来权衡，豫让很明显是不达标的。但那些早上还是仇人，到晚上就成了君臣，还厚颜无耻扬扬得意的人，他们又成了豫让的罪人。哎！

【评析】

本文在结构上采取了层层深入的写法。开头先泛论"士君子立身事主"的要求，并不直接提到豫让。第二段中把豫让的言行进行了简短的概括，并提出了作者的初步评价。第三段才是全文的重点，他不但论证了豫让之死为不足取，而又为其设计了一整套的对智伯进行规劝的方案，可称周到之至。结尾时又做了一点补充，这就使得全文浑然一体，令人心服口服。

五 亲政篇（王鏊）

【原文】

《易》之《泰》曰①："上下交而其志同②。"其《否》曰："上下不交而天下无邦。"盖上之情达于下，下之情达于上，上下一体，所以为"泰"。下之情壅阏③而不得上闻，上下间隔，虽有国而无国矣，所以为"否"也。交则泰，不交则否，自古皆然。而不交之弊，未有如近世之甚者。君臣相见，止于视朝数刻，上下之间，章奏批答相关接、刑名法度相维持而已，非独沿袭故事④，亦其地势使然。何也？国家常朝于奉天门，未尝一日废，可谓勤矣。然堂陛悬绝，威仪赫奕，御史纠仪，鸿胪举不如法⑤，通政司⑥引奏，上特视之，谢恩见辞，悄悄而退，上何尝治一事，下何尝进一言哉？此无他，地势悬绝，所谓堂上远于万里，虽欲言无由言也。

【注释】

①《易》：即《易经》。《泰》：《易经》六十四卦之一。

②上下交而其志同：上，指君；下，指臣。意思是说君臣交好通气，就能志同意合。

③阏（è）：堵塞。

④故事：旧时典章制度。

⑤鸿胪（lú）：明初设侍仪司，洪武九年（1376年）改设殿庭仪礼司，三十年（1397年）定设鸿胪寺。正四品衙门。

⑥通政司：官署名。明代始设"通政使司"，简称"通政司"，其长官为"通政使"。清代沿置，掌内外章奏和臣民密封申诉之件。俗称"银台"。

【译文】

《周易》中的《泰卦》这样说到："君臣互相交流意见，就能得到一致的志向。"《否卦》中说："君臣不能互相交流意见，国家就会毁灭。"这样来看，上面的意见能够传到下面，下面的建议能够传到上面，君臣合为一体，才能叫作"泰"。要是下面的情况被阻隔，没法传达到上面，国家就是一个摆设，因此就叫作"否"。因此，君臣互相交流就能顺畅，没有交流就会危机四伏，从古至今都是如此。但是上下不能通顺的短处，到了近世才更加严重。君臣见面，只是君王上朝时那短短的时刻，上下间，仅仅是通过奏章和批复来联系，靠法令与制度来维持而已。这既是承接了旧时习俗，也在于悬殊的地位。何出此言呢？朝廷举行朝会总是在奉天门，没有废止过一天，可以算上勤勉了。但是，那殿堂前高高耸立的台阶，威严的仪式，御史监督着百官大臣的进退，鸿胪大臣会检举有失礼数的人，通政使将大臣们引领上奏，君主只是稍微接见，大臣便感谢皇恩退下，恐惧不安地从殿堂退下。皇上什么时候做过一件事？大臣们什么时候说过一句话？这没有别的原因，仅仅是因为地位悬殊太大，就像人们经常说的：君主和臣子虽然同处一个大殿中，但却相隔万里，臣子们即使想要向皇上陈述意见，却不知从何处讲起。

【原文】

愚以为欲上下之交，莫若复古内朝之法。盖周之时有三朝：库门之外为正朝，询谋大臣在焉。路门之外为治朝，日视朝在焉。路门之内曰内朝，亦曰燕朝。《玉藻》云："君日出而视朝，退适路寝听政。"盖视朝而见群臣，所以正上下之分；听政而适路寝，所以通远近之情。汉制：大司马①、左右前后将军、侍中、散骑诸吏为中朝，丞相以下至六百石为外朝。唐皇城之北，南三门曰承天，元正、冬至受万国之朝贡，则御焉，盖古之外朝也。其北曰太极门，其西曰太极殿，朔、望则坐而视朝，盖古之正朝也。又北曰两仪殿，常日听朝而视事，盖古之内朝也。宋时常朝则文德殿，五日一起居则垂拱殿，正旦、冬至、圣节②称贺则大庆殿，赐宴则紫宸殿或集英殿，试进士则崇政殿。侍从以下，五日一员上殿，谓之轮对，则必入陈时政利害。内殿引见，亦或赐坐，或免穿靴，盖亦有三朝之遗意焉。盖天有三垣③，天子象之。正朝，象太极也，外朝，象天市也，内朝，象紫微也。自古然矣。

【注释】

①大司马：中国古代对中央政府中专司武职的最高长官的称呼。

②圣节：唐开元十七年（729年）八月五日玄宗生日，左丞相源乾曜、右丞相张说等上表请以是日为千秋节，制许之。后历代皇帝生日或定节名指皇帝、皇后、皇太后等的诞辰，又叫作"万寿节"。

③三垣：即紫微垣、太微垣、天市垣。

【译文】

我个人觉得，要想建立君臣之间有效沟通，不妨把古时的内朝制度恢复起来。周朝时，天子把朝制定为三种：库门外的"正朝"，用作天子咨询大臣意见，一起商讨国事；路门外的"治朝"，用作天子每日朝会；路门内的"内朝"，又叫作"燕朝"。《玉藻》中说到："日出之时，君主就开始接见大臣，政事在退朝后，集中到路寝专门处理。"无论如何，君主临朝依次与大小臣子见面，依此将上下名分确定：皇上与大司马、左右前后将军、侍中、散骑等见面，叫作"中朝"。与丞相下官吏到享受六百石俸禄官员见面，叫作"外朝"。唐朝时，皇城北面有三个门朝南，叫作"承天门"，元旦、冬至时，各国使臣会在这里给皇上朝见、进贡，这估计就是古时的外朝了。其北面是太极门，西面是太极殿，每月农历的初一、十五时，皇上便在这里与百官见面，处理政事，这估计就是古时的正朝。再往北走便是两极殿，是皇上日常处理政事的场所，这估计是古时的内朝。

宋代时，文德殿是皇上日常进行听朝的场所，垂拱殿是臣僚们给皇上请安的场所，每五天一次。每年的元旦、冬至，以及皇上诞辰典礼，都在大庆殿，紫宸殿或是集英殿是皇上赐宴的地方，进士考试在崇政殿。侍从以下的人员，以五天为期限，都会有一位官员朝见皇上，这叫作"轮对"，他会向皇上表述现在政事的利弊。皇上与臣子在内殿见面时，有时会赐予座位，或是将穿朝靴这一礼节免去，这或许还留存着周、汉、唐这三朝的制度吧。之前上天分为太极、天市、紫微这三垣，皇上是在仿照上天的运作方式。正朝仿照太极垣，外朝仿照天市垣，内朝仿照紫微垣，从古至今皆是这般。

【原文】

国朝圣节、正旦、冬至大朝会则奉天殿，即古之正朝也；常日则奉天门，即古之外朝也；而内朝独缺。然非缺也，华盖、谨身、武英等殿，岂非内朝之遗制乎？洪武①中如宋濂、刘基②，永乐以来如杨士奇、杨荣等③，日侍左右，大臣蹇义、夏元吉等④，常奏对便殿。于斯时也，岂有壅隔之患哉？今内朝未复，临御常朝之后，人臣无复进见，三殿高闳⑤，鲜或窥焉。故上下之情，壅而不通，天下之弊，由是而积。孝宗晚年，深有慨于斯，屡召大臣于便殿，讲论天下事。方将有为，而民之无禄，不及睹至治之美，天下至今以为恨矣。

【注释】

①洪武：明太祖朱元璋年号。

②宋濂：字景濂，号潜溪，别号浙江省浦江县人。汉族，元末明初文学家、史学家。方孝孺之师，曾任翰林，修《元史》，曾被明太祖朱元璋誉为"开国文臣之首"，学者称太史公。刘基：字伯温，汉族，浙江文成南田（原属青田）人，故时人称他刘青田，元末明初杰出的军事谋略家、政治家、文学家和思想家，明朝开国元勋，明洪武三年（1370年）封诚意伯。

③杨士奇：曾为翰林编纂官员，修正《太祖实录》。永乐初，进入内阁，长期辅佐政事。杨荣：文渊阁大学士，辅政于仁宗、宣宗、英宗三个朝代。

④蹇（jiǎn）义：明代大臣。字宜之，巴县（今重庆）人。洪武十八年进士，授中书舍人，颇称帝意，建文时超擢吏部右侍郎。永乐时历进吏部尚书，辅太子监国。与户部尚书夏原合称"蹇夏"。夏元吉：字惟哲，官至户部尚书，任职五朝，主持财政长达二十七年。

⑤闭（bì）：关上。

【译文】

本朝皇上的诞辰、元旦、冬至等朝会都在奉天殿进行，类似于古时正朝；平时设朝于奉天门，类似于古代外朝；但是偏偏少了内朝。实际上，内朝没有少，在华盖、谨身、武英等地进行朝会，不就是相当于古代的内朝吗？洪武年间，像是宋濂、刘基，永乐以来，如杨士奇、杨荣等，每天都在皇上身边侍奉；蹇义、夏元吉等，经常在便殿上向皇上禀告政事或回答皇帝的问话。那个时候，上下阻隔这一弊端存在吗？现在，内朝依旧没复原，皇上过了日常朝会后，大臣几乎就不会来了，三座大殿都门高幽深，几乎没人会看到殿内场景，所以君主和臣子出现了思想上的堵塞，无法有效沟通，国家存在的弊端也越来越多。孝宗皇帝晚年时，特别感慨这个问题，经常在便殿召集大臣们商讨政事，正当要做些什么时，他便驾崩了，天下的百姓们没有福气能够看到美好的平治景象，臣民们到现在还为此遗憾。

【原文】

惟陛下远法圣祖，近法孝宗，尽铲近世壅隔之弊。常朝之外，即文华、武英二殿，仿古内朝之意。大臣三日或五日一次起居，侍从、台谏各一员上殿轮对①。诸司有事咨决，上据所见决之，有难决者，与大臣面议之。不时引见群臣，凡谢恩辞见之类，皆得上殿陈奏。虚心而问之，和颜色而道之，如此，人人得以自尽。陛下虽深居九重，而天下之事灿然毕陈于前。外朝所以正上下之分，内朝所以通远近之情。如此，岂有近时壅隔之弊哉？唐、虞之时，明目达聪，嘉言罔伏，野无遗贤，亦不过是而已。

【注释】

①台谏：官名。唐时，台官与谏官分立。唐、宋侍御史、殿中侍御史与监察御史掌纠弹，通称为台官；谏议大夫、拾遗、补阙、正言掌规谏，通称谏官，合称台谏。

【译文】

从远处来说，想要陛下能够借鉴一下圣明的祖先们，近处来说，要仿照孝宗帝，将近世出现的上下交流堵塞的弊端全部消除，除了日常的朝会外，还要在文华、武英两殿进行朝会，从而仿照古代的内朝制。每隔三天或是五天，大臣们就要进宫请安，侍从、谏官们各派一人轮流向皇上禀告政事，解答皇上的问题。各部有事请示裁决，皇上按照掌握的形势进行裁决，裁决困难的，和大臣们面议。这样不定期见面，但凡是谢恩、告退、觐见等公务，相关官吏皆可进殿禀告，皇上虚心进行询问，温和地进行引导。如此一来，每个人都能把想法说出来。虽然皇上住在九重宫内，但对于天下事物却能够了如指掌。外朝制度来端正上下的君臣之分，内朝来进行交流。要是如此，还会出现近世上下间堵塞的弊端吗？尧舜时期，人们赞扬帝王耳聪目明，不会埋没好意见，不会弃置偏远地方的人才，也只是像我上面所描述的这般而已。

【评析】

明朝到了中叶，武宗朱厚照，昏庸无道，只知淫乐嬉游，不过问政事的接见群臣，国家大事都由宦官刘瑾、谷大用等决定。针对这一情况，王鏊写了本文上奏武宗。文中尖锐地指出上下间隔不通的危害，切中时弊。然而，他提出的恢复内朝亲政的办法没有被采纳。武宗以后，皇帝更加亲信宦官，政治更加腐败，明朝终于走向灭亡的道路。文章引经据史，条理分明，文字朴实无华，但颇有分量。

六 尊经阁记（王守仁）

【原文】

经，常道也。其在于天谓之命，其赋于人谓之性，其主于身谓之心。心也，性也，命也，一也。

通人物，达四海，塞天地，亘古今，无有乎弗具，无有乎弗同，无有乎或变者也，是常道也。其应乎感也，则为恻隐，为羞恶，为辞让，为是非。其见于事也，则为父子之亲，为君臣之义，为夫妇之别，为长幼之序，为朋友之信。是恻隐也，羞恶也、辞让也、是非也，是亲也、义也、序也、别也、信也，皆所谓心也、性也、命也。

【译文】

　　经是万古不变的真理。当它在天中存在时便称"命"，在人身上赋予时便称"性"，对人身进行主宰时便称"心"。心、性、命这三者是同一的。

　　连通人和世界万物，遍布五湖四海，充斥天地，贯通古今，全部齐备，全部相同，没有任何变化的可能，便是永远的真理。当它反映在人的情感上时，便成为同情心、羞耻心、谦逊心、是非心；当它反映在伦理道德上时，便表现在父子之间的亲密、君臣之间的忠诚、夫妻之间的差别、长幼之间的排序和朋友之间的诚信。这些同情、羞耻、谦逊、是非，这些敬重、忠诚、排序、差别、诚信的道理，说到底都是一样的，都是上面说到的心、性、命。

【原文】

通人物，达四海，塞天地，亘古今，无有乎弗具，无有乎弗同，无有乎或变者也，是常道也。以言其阴阳消息之行，则谓之《易》；以言其纪纲政事之施，则谓之《书》；以言其歌咏性情之发，则谓之《诗》；以言其条理节文①之著，则谓之《礼》；以言其欣喜和平之生，则谓之《乐》；以言其诚伪邪正之辨，则谓之《春秋》。是阴阳消长之行也，以至于诚伪邪正之辨也，一也，皆所谓心也、性也、命也。

【注释】

　　①节文：礼仪制度。

【译文】

　　连通人和万物，遍布四海内，充斥天地，贯通古今，全部都有，全部相同，没有变化的，便是永恒真理。用它来说人事和自然界的阴阳变换、成长死亡，便叫作《易》；用它来说国家法律政治的措施，便叫作《书》；用它来表达感情，便叫作《诗》；拿它来说礼仪制度的制定，便叫作《礼》；拿它来说喜欢、平和等心理变化，便叫作《乐》；拿它来说诚挚和奸诈、恶毒和正直有什么差别，便叫作《春秋》。从阴阳转换、成长死亡的运转到诚实奸诈、恶毒正直的差别，说到底也是相同的，便是前面说到的心、性、命。

【原文】

通人物，达四海，塞天地，亘古今，无有乎弗具，无有乎弗同，无有乎或变者也，夫是之谓六经。六经者非他，吾心之常道也。是故《易》也者，志吾心之阴阳消息者也者；《书》也者，志吾心之纪纲政事者也；《诗》也者，志吾心之歌咏性情者也；《礼》也者，志吾心之条理节文者也；《乐》也者，志吾心之欣喜和平者也；《春秋》也者，志吾心之诚伪邪正者也。君子之于六经也，求之吾心之阴阳消息而时行焉，所以尊《易》也；求之吾心之纪纲政事而时施焉，所以尊《书》也；求之吾心之歌咏性情而时发焉，所以尊《诗》也；求之吾心之条理节文而时著焉，所以尊《礼》也；求之吾心之欣喜和平而时生焉，所以尊《乐》也；求之吾心之诚伪邪正而时辨焉，所以尊《春秋》也。

【译文】

连通人和万物，遍布四海内，充斥天地，贯通古今，全部都有，全部相同，没有丝毫变化的，便称作"六经"。六经不是其他东西，而是我们心里的永恒真理。因此《易》这本经是讲述我们内心矛盾转变的；《书》是描述我们内心中的法律政治的；《诗》是描述我们内心感情的；《礼》是描述我们内心中的礼仪制度的；《乐》是描述我们内心中高兴与平静的；《春秋》是描述我们内心中的真真假假与正直邪恶的。君子看《六经》，能够根据心理变化的矛盾进行钻研，之后能够及时实行的人，这便是推崇《易》；能够根据内心来思索法律政治，恰当实施出来的人，便是推崇《书》；能够从内心找寻情感歌颂，适当表达出来的人，便是推崇《诗》；能够在内心深处探究礼仪，并且将制度积极宣传出来的人，便是推崇《礼》；能够从内心寻找平和喜悦，及时形成的人，便是看重《乐》；能够从内心探究真与假，正与恶，及时辨别的人，便是看重《春秋》啊。

【原文】

盖昔圣人之扶人极①、忧后世而述六经也，犹之富家者之父祖，虑其产业库藏之积，其子孙者或至于遗亡散失，卒困穷而无以自全也，而记籍②其家之所有以贻之，使之世守其产业库藏之积而享用焉，以免于困穷之患。故六经者，吾心之记籍也，而六经之实，则具于吾心，犹之产业库藏之实积，种种色色，其存于其家，其记籍者，特名状数目而已。而世之学者，不知求六经之实于吾心，而徒考索于影响③之间，牵制于文义之末，硁硁然④以为是六经矣，是犹富家之子孙不务守视、享用其产业库藏之实积，日遗亡散失，至为窭人⑤丐夫，而犹嚣嚣然指其记籍曰："斯吾产业库藏之积也。"何以异于是？

【注释】

①人极：指为人的道德规范、标准。

②记籍：登记。

③影响：影子和音响。引申为非本质的表面现象，和现代用法不同。

④硁硁（kēng）然：固执己见的表情。

⑤窭（jù）人：穷人。

【译文】

古时的圣人们坚守做人之道，担心后代们，于是著作六经，就好像是财主家里的父亲或祖父，担忧财产传到子孙那里可能会流失，最后贫穷潦倒导致没法存活，便把家产都记在册子上之后再传下去，从而使子孙后代们能够把产业守住、积累、享用，从而排除穷困的隐患。因此，六经便是我们内心的账簿，它的实质就在我们心里。这就像是积累财富，多多少少，都存在家里，在簿子上记录的仅仅是名字、形状以及数量而已。但是，一些社会读书人，不知道从内心深处探源六经存在的实质，仅仅去考证注释，纠结于字里行间的意思，肤浅又固执地觉得，这便是六经。这种做法，就像是财主家的后代们，不是想办法把产业守住，积累积蓄，而是将它们不断流失下去，最后成了乞丐时，还执着地拿着账簿说道："这些都是我们的财产和积累的库藏。"上文提到的读书人和这样的富人后代有什么不一样呢？

【原文】

呜呼！六经之学，其不明于世，非一朝一夕之故矣。尚功利，崇邪说，是谓乱经。习训诂，传记诵，没溺于浅闻小见，以涂天下之耳目，是谓侮经。侈淫词，竞诡辩①，饰奸心盗行，逐世垄断，而犹自以为通经，是谓贼②经。若是者，是并其所谓记籍者，而割裂弃毁之矣，宁复知所以为尊经也乎？

【注释】

①辨：通"辩"。

②贼：伤害，作动词用。

【译文】

唉！六经的学问，无法被世人了解，也不是一天两天的事了。推崇功利，崇拜异端说法，这称作"乱经"。集中于字义的考究，追求死记硬背，沉溺在肤浅的知识中，并且用这样的方式把天下的眼睛遮盖住，这称作"侮经"。浮夸的修饰辞藻，竞相争辩，将邪恶思想、盗窃行为掩饰住，将异己排除，追求自己的利益，还自认为精通六经含义，这称作"贼经"。这样的人，连上文说到的账簿都毁灭遗弃了，难道还会知晓怎样才是尊崇六经吗？

【原文】

越城①旧有稽山书院，在卧龙西冈，荒废久矣。郡守渭南②南君大吉，既敷政于民，则慨然悼末学之支离，将进之以圣贤之道，于是使山阴③令吴君瀛拓书院而一新之，又为尊经之阁于其后，曰："经正则庶民兴，庶民兴斯无邪慝④矣。"阁成，请予一言以谂多士。予既不获辞，则为记之若是。呜呼！世之学者得吾说而求诸其心焉，则亦庶乎知所以为尊经也已。

【注释】

①越城：浙江为古代越国属地，越城即今浙江绍兴。

②渭南：今属陕西。

③山阴：今属浙江绍兴。

④慝（tè）：邪恶之人或事。

【译文】

　　绍兴原来有座稽山书院，在卧龙山冈西面，已经荒弃很久了。绍兴知府渭南人南大吉，向百姓推行仁政后，对那些支离破碎的末流学术深感惋惜，计划用圣贤的智慧对读书人进行教化，便派人山阴县令吴瀛把书院扩宽，重新整修，还在书院后建了座尊经阁，说："六经的含义一旦领会正确，百姓就会重新振作，踏上正途，再也没有恶毒的人。"尊经阁建好后，南君想要让我写些话语，用以对读书人进行劝告。既然我无法推脱，便写了这篇文章。哎！要是世上所有的读书人，都能理解我的见解，真正从内心进行探究，这样的话，他们也就能够明白为什么要看重六经了。

【评析】

　　本文名为尊经阁作记，实际上只有结尾一段，用极为概括的语言涉及这个阁的有关方面，绝大部分篇幅都是在阐述作者的哲学思想，即"心外无物"的世界观，可以说是一篇别开生面的文章。正如清人吴楚材所评论："阳明先生一生训人，以良知良能，根究心性，于此记略，已具备矣。"可以说，本文是浓缩了的阳明学说的全貌。

七　象祠记（王守仁）

【原文】

　　灵博之山①，有象祠焉。其下诸苗夷之居者，咸神而祠之。宣尉②安君，因诸苗夷之请，新其祠屋，而请记于予。予曰："毁之乎，其新之也？"曰："新之。""新之也何居乎？"曰："斯祠之肇也，盖莫知其原，然吾诸蛮夷之居是者，自吾父、吾祖溯曾、高而上，皆尊奉而禋祀焉，举而不敢废也。"予曰："胡然乎？有鼻③之祀，唐之人盖尝毁之。象之道，以为子则不孝，以为弟则傲。斥于唐，而犹存于今，坏于有鼻，而犹盛于兹土也，胡然乎？"

【注释】

　　①灵博：灵山、博山。位于现今贵州黔西境内。

　　②宣尉：宣尉使。

　　③有鼻：古地名，在今湖南道县境内。相传舜封象于此。

【译文】

在灵博山上，有一座象祠。山下住着很多苗族人民，把象作为神灵进行祭拜。宣尉使安君答应了苗民的要求，将象祠重新进行修理，找我写一篇文章。我问道："把它毁掉，还是重新修理？"他回道："重新修理。""为什么呢？"他回答："可能没人知晓它的来历了。但是，我们各族中在这里居住的人，从我父亲、祖父，到曾祖、高祖以前的人，都崇敬象，并且进行祭拜，祭拜的典礼一直准时进行，从来都不敢废除。"我说："为什么呢？在唐朝时，有鼻的象祠就被毁坏过。象的处事方法，用做儿子的准则衡量的话，可以叫作不孝；用做弟弟的准则衡量的话，可以叫作毫无礼数。唐朝时，就将祭祀象这一做法废除了，但现在却还保留着；在有鼻那个地方被废除了，这里却依旧繁盛。这是为什么呢？"

【原文】

我知之矣。君子之爱若人也，推及于其屋之乌，而况于圣人之弟乎哉？然则祠者为舜，非为象也。意象之死，其在干羽既格之后乎？不然，古之鸷桀者岂少哉？而象之祠独延于世。吾于是盖有以见舜德之至，入人之深，而流泽之远且久也。

【译文】

我明白其中的缘由了。君子喜欢一个人的话，就会连带喜欢那个人屋檐上停滞的乌鸦，何况是圣人的弟弟呢。这么看的话，人们是祭祀舜，而不是象。我猜，当象死的时候，可能是舜用德行令有苗归顺后！不然，古代的桀骜不驯的人那么多，为什么唯独对象的祭祀世代流传呢。通过此事，我更加感受到舜的崇高情操，深入人心，他有着广泛恩德并且绵延不绝的流传。

【原文】

象之不仁，盖其始焉耳，又乌知其终之不见化于舜也？《书》不云乎，"克谐以孝，烝烝①乂，不格奸"，"瞽瞍②亦允若"。则已化而为慈父。象犹不弟，不可以为谐。进治于善，则不至于恶。不底③于奸，则必入于善。信乎象盖已化于舜矣。《孟子》曰："天子使吏治其国"。象不得以有为也。斯盖舜爱象之深而虑之详，所以扶持辅导之者之周也。不然，周公之圣，而管、蔡不免焉。斯可以见象之见化于舜，故能任贤使能，而安于其位，泽加于其民，既死而人怀之也。诸侯之卿，命于天子，盖《周官》之制，其殆仿于舜之封象欤？

【注释】

①烝烝：淳朴的模样。

②瞽瞍（gǔ sǒu）：舜父名。

③厎：通“抵”，到。

【译文】

象的品性不良，大概仅仅是初期时。人们又如何知晓后期它有没有被舜所感染呢？《尚书》上这样说过："舜能凭借孝让家庭和谐，安宁，善良醇厚，不会作奸犯科。"还说道："舜的父亲也温顺起来。"这可以表明舜的父亲已成为祥和的人。要是象依旧不尊敬哥哥的话，就不能说家庭和谐了。修炼德行，一直往好的方向前进，就不会往邪恶处走去；不往坏的方向走，就一定会成为好人。确实如此，象真的是被舜感化了。《孟子》说道："舜派官员去象的封地进行治理。"如此一来，象就不会随心所欲了。这恰是舜深爱着象，全面考虑，帮助他的方式也非常齐全。不然，像周公那样的圣人，他的兄弟管叔、蔡叔依旧会触犯法律。从此看来，象确实是被舜感化了，因此能够任用有贤能的人才，安分守己，给予百姓恩德，即便是去世了，依旧受到怀念。诸侯下属的卿，是天子直接任命的，这是《周官》的制度，可能也是在仿照舜对象进行分封的事情。

【原文】

吾于是盖有以信人性之善，天下无不可化之人也。然则唐人之毁之也，据象之始也，今之诸苗之奉之也，承象之终也。斯义也，吾将以表于世，使知人之不善虽若象焉，犹可以改，而君子之修德，及其至也，虽若象之不仁，而犹可以化之也。

【译文】

我从这里更加确信，人性本是善良的，天下之人都能被感化。这么看来，唐人把象祠毁灭，是从早期的表现来断定的，现今很多苗民依旧对他进行祭祀，则是从后期的表现来断定的。其中道理，我想告诉天下人，让大家知晓，一个即便如象那样恶行累累之人也是能够纠正的；君子修养德行，直到尽善尽美时，就算碰到象那般罪恶的人，也能够将其感化。

【评析】

本文为王守仁被贬为贵州龙场驿丞时所作。象祠，为纪念虞舜的同父异母弟象而修建的祠堂。根据古代传说，象在其母怂恿下，曾多次谋害舜，皆未得逞。其后，象被舜所感化。舜即位后，封象为有鼻国国君（其领地在今湖南道县北）。在传统观念中，象是一个被否定的人物，唐代时，道州刺史就曾毁掉当地的象祠。不过，王守仁认为"天下无不可化之人"，象之所以最后受到感化，正说明舜的伟大，从而说明君子修德的重要性。这也是作者一贯倡导的"致良知"的具体例证。

八　信陵君救赵论（唐顺之）

【原文】

论者以窃符为信陵君①之罪，余以为此未足以罪信陵也。夫强秦之暴亟矣，今悉兵以临赵，赵必亡。赵，魏之障也。赵亡，则魏且为之后。赵、魏，又楚、燕、齐诸国之障也，赵、魏亡，则楚、燕、齐诸国为之后。天下之势，未有岌岌于此者也。故救赵者，亦以救魏；救一国者，亦以救六国也。窃魏之符以纾魏之患，借一国之师以分六国之灾，夫奚不可者？然则信陵果无罪乎？曰：又不然也。余所诛者，信陵君之心也。

【注释】

①信陵君：魏昭王少子，魏安釐王的异母弟，战国时期魏国著名的军事家。

【译文】

评论的人，将盗取兵符当作是信陵君的错，我觉得，这并不该怪罪他。当时，秦国已经非常的暴虐，将所有兵力对准赵国进攻，赵国肯定会毁灭。赵国是魏国的保护伞。要是赵国毁灭，那么下一个灭亡的就是魏国。而赵国和魏国又是楚、燕、齐等国家的保护伞，要是赵国和魏国毁灭，那么剩下的也会接连毁灭。天下的局面，真的是到了最危险的境地。所以，救助了赵国，其实就是救了魏国；救了一个国家，就是救了六个国家。盗用魏国兵符解除魏国的危险，借用一个国家军队救助六国的灾难，哪里错了呢？如此看来信陵君真的没有错吗？我说：又不是。我要谴责的，是信陵君的内心。

【原文】

信陵一公子耳，魏固有王也。赵不请救于王，而谆谆焉请救于信陵，是赵知有信陵，不知有王也。平原君①以婚姻激信陵，而信陵亦自以婚姻之故，欲急救赵，是信陵知有婚姻，不知有王也。其窃符也，非为魏也，非为六国也，为赵焉耳；非为赵也，为一平原君耳。使祸不在赵，而在他国，则虽撤魏之障、撤六国之障，信陵亦必不救。使赵无平原，或平原而非信陵之姻戚，虽赵亡，信陵亦必不救。则是赵王与社稷之轻重，不能当一平原公子，而魏之兵甲所恃以固其社稷者，只以供信陵君一姻戚之用。幸而战胜，可也；不幸战不胜，为虏于秦，是倾魏国数百年社稷以殉姻戚，吾不知信陵何以谢魏王也？

【注释】

①平原君：嬴姓，赵氏，名胜。东武（山东武城）人，东周战国时期赵国宗室大臣，赵武灵王之子，赵惠文王之弟。

【译文】

信陵君只是一个公子而已，但是魏国原本是有君主的。赵国没有向魏王求助，却向信陵君恳诚地发出请求，这是赵国仅知道信陵君，却不知魏王。平原君借婚姻去刺激信陵君，信陵君也因是姻亲，所以想快点救助赵国，这样是信陵君只晓得姻亲，而不知道有魏王。他偷兵符，不是为救魏国，不是为救六国，仅仅是为救赵国罢了；也不是为赵国，只是为平原君而已。要是灾难不发生在赵国，而是别的国家，那样就算是解除魏国的保护伞，解除了六国的保护伞，信陵君肯定也不会相助。要是平原君不在赵国，或平原君与信陵君不是姻亲关系，就算赵国毁灭，信陵君肯定也不会相助。这样一来，赵王与整个国家，竟不如平原君重要，魏国依靠的军队与守备，也仅仅是给信陵君的姻亲使用了。还好胜利了，要是失败了，成为秦国的俘虏，这就是将魏国百年江山陪葬给了姻亲，我真不晓得信陵君要如何给魏王请罪。

【原文】

夫窃符之计，盖出于侯生①，而如姬成之也。侯生教公子以窃符，如姬为公子窃符于王之卧内，是二人亦知有信陵，不知有王也。余以为信陵之自为计，曷若以唇齿之势激谏于王，不听，则以其欲死秦师者而死于魏王之前，王必悟矣。侯生为信陵计，曷若见魏王而说之救赵，不听，则以其欲死信陵君者而死于魏王之前，王亦必悟矣。如姬有意于报信陵，曷若乘王之隙而日夜劝之救，不听，则以其欲为公子死者而死于魏王之前，王亦必悟矣。如此，则信陵君不负魏，亦不负赵。二人不负王，亦不负信陵君。何为计不出此？信陵知有婚姻之赵，不知有王。内则幸姬，外则邻国，贱则夷门野人，又皆知有公子，不知有王。则是魏仅有一孤王耳。

【注释】

①侯生：秦朝时韩国人，著名方士，秦始皇的顾问，信陵君的食客。

【译文】

窃取兵符来救助赵国，应该是侯生想出，如姬完成的。侯生教信陵君靠偷取兵符去救助赵国，如姬为帮信陵君，从魏王就寝处拿到兵符，这就是说，这二人也只晓得信陵君，不晓得魏王。我觉得，信陵君为自己着想，不如用激烈的言辞向魏王努力进谏，假如魏王听不进去，就用他已经打算和秦军以死相拼的决心，在魏王面前自尽，而魏王必定会觉悟。侯生为信陵君着想，不如亲自与魏王见面进行劝说，要是魏王听不进去，那么他就用打算为信陵君而死的决心，在魏王面前死去，魏王必定会觉悟。如姬如果想向信陵君报恩，不如在魏王空闲时刻，日夜进行劝说，要是魏王听不进去，那么她就用打算为信陵君而死的决心，在魏王面前死去，魏王必定会觉悟。如此一来，信陵君就不用得罪魏王，也不会得罪赵国。侯生与如姬就不会得罪魏王，也不会得罪信陵君。为何不用这样的方法呢？因信陵君只晓得姻亲所在的赵国，不晓得魏王。身边的宠妾，外面的邻国，低级低下的夷门看守，全部只是知晓信陵君，不晓得魏王。这样一来，魏国只是有个被孤立的君王而已。

【原文】

呜呼！自世之衰，人皆习于背公死党之行而忘守节奉公之道，有重相而无威君，有私仇而无义愤，如秦人知有穰侯^①，不知有秦王，虞卿知有布衣之交，不知有赵王，盖君若赘瘤^②久矣。由此言之，信陵之罪，固不专系乎符之窃不窃也。其为魏也，为六国也，纵窃符犹可。其为赵也，为一亲戚也，纵求符于王，而公然得之，亦罪也。

【注释】

①穰（ráng）侯：亦作魏厓，即穰侯，战国时秦国大臣。秦昭襄王母宣太后的弟弟，曾为秦国将军、相国。

②赘（zhuì）瘤：比喻多余无用的事物。

【译文】

唉！这个世道自从衰败开始，人们就逐渐惯于与公道背驰，而为私自好友卖命，将固守贞操公平行事的法则忘在脑后。有位高职重的宰相而没有严苛的君王；有私人恩怨而没有正义的愤恨。就如同秦人只晓得穰侯，却不晓得秦王；虞卿只晓得平民朋友，却不晓得赵王。大概君王如同旗子上的饰品般，时间已经长久了。这样看来，信陵君的过错，的确不全是因为盗取了兵符。要是他是为魏国、为六国，就算是偷了兵符也情有可原。但假如仅为赵国，为姻亲，就算是求魏国给予兵符，通过正当行为拿到它，也是有罪的。

【原文】

虽然，魏王亦不得为无罪也。兵符藏于卧内，信陵亦安得窃之？信陵不忌魏王，而径请之如姬，其素窥魏王之疏也；如姬不忌魏王，而敢于窃符，其素恃魏王之宠也。木朽而蛀生之矣。古者人君持权于上，而内外莫敢不肃。则信陵安得树私交于赵？赵安得私请救于信陵？如姬安得衔信陵之恩？信陵安得卖恩于如姬？履霜之渐，岂一朝一夕也哉！由此言之，不特众人不知有王，王亦自为赘瘤也。

【译文】

即便这样，也不能说魏王没有责任。兵符在他卧室中藏着，信陵君怎么能偷到呢？信陵君没有顾忌魏王，径直向如姬求助，是因为他很早就察觉到了魏国的疏忽；要是如姬没有顾虑魏王，有胆量偷兵符，是因为她一直都受到魏王的宠爱。木头腐朽时就会滋生蛀虫。古时，君主掌握大权，朝廷里里外外都恭恭敬敬。这样的话，信陵君如何能与赵国私交？赵国如何能求助于信陵君？如姬如何能对信陵君心存感恩？信陵君如何利用自己对如姬的恩情请求相助？脚踩到寒霜就知晓冬天即将来临，怎么是一朝一夕呢？这样来看，不只是大家不知晓魏王，就连魏王自己，也将自己视作旗子上的饰品了。

【原文】

故信陵君可以为人臣植党①之戒，魏王可以为人君失权之戒。《春秋》书葬原仲、翚帅师②，嗟夫！圣人之为虑深矣！

【注释】

①植党：树立派别。

②原仲：陈国大夫。他去世后，好友季友偷偷去陈国把他下葬。孔子将此视作结党营私。翚（huī）：羽父，鲁国大夫。宋国对郑进行讨伐，也让鲁国出兵，鲁隐公拒绝，翚坚持请求带兵出征。孔子将此视为目无君主。

【译文】

因此，信陵君能够看作臣子私自勾结党羽的借鉴，魏王能够看作君主失去大权的借鉴。《春秋》曾经记录了季友偷偷埋葬原仲，翚强迫隐公出兵的事件。哎！圣人思考的问题真的是长远啊！

【评析】

唐顺之的《信陵君救赵论》一文，以大家所熟知的"信陵君窃符救赵"的事件为题材，对已有的评论予以反驳，并陈述了自己的观点。文章开篇简练，没有过多赘述即阐明自己观点，指出赵国在军事上乃魏国的屏障，赵国灭亡，则魏国亦凶多吉少，由此得出"救赵者，亦以救魏，救一国者，亦以救六国也"的论断，因之，信陵君窃符救赵并无不可。整篇文章构思严谨，逻辑特征鲜明，以驳斥原有论点开篇，一步一步，有条不紊地陈述出自己的论调。不仅如此，更难能可贵的是，全文虽为古文，但词句深入浅出，即使不加注释，也可通篇阅读并把握文章主旨。

九 报刘一丈书（宗臣）

【原文】

数千里外，得长者时赐一书，以慰长想，即亦甚幸矣；何至更辱馈遗，则不才①益将何以报焉？书中情意甚殷②，即长者之不忘老父，知老父之念长者深也。

【注释】

①不才：我，谦辞。

②殷：真切。

【译文】

在千里之外，能常常收到您的信，安慰我深深的想念之情，已经让我倍感荣幸了；怎能让您给予礼物，如此破费呢？我该如何报答啊？您的信里字字真切，可以看出您一直记得我父亲，也能明白为何我父亲一直对您牵挂不已了。

【原文】

至以"上下相孚①、才德称位"语不才，则不才有深感焉。夫才德不称，固自知之矣，至于不孚之病，则尤不才为甚。

【注释】

①孚（fú）：相信，信任。

【译文】

对于您来信里用"上下间应彼此信任，能力品质应与职位相符"的话来勉励我，我非常有感触。我的能力品质和职位不相符，我很早就知晓了。对于上下间彼此不信任，在我这里也表现得更突出。

【原文】

且今之所谓孚者何哉？日夕策马，候权者之门，门者故不入，则甘言媚词作妇人状，袖①金以私之。即门者持刺入，而主人又不即出见，立厩中仆马之间，恶气袭衣袖，即饥寒毒热不可忍，不去也。抵暮，则前所受赠金者出，报客曰："相公倦，谢客矣，客请明日来。"即明日又不敢不来。夜披衣坐，闻鸡鸣即起盥栉②，走马推门③。门者怒曰："为谁？"则曰："昨日之客来。"则又怒曰："何客之勤也！岂有相公此时出见客乎？"客心耻之，强忍而与言曰："亡奈何矣，姑容我入。"门者又得所赠金，则起而入之。又立向所立厩中。幸主者出，南面召见④，则惊走匍匐阶下。主者曰："进！"则再拜，故迟不起，起则上所上寿金。主者故不受，则固请，主者故固不受，则又固请，然后命吏纳之，则又再拜，又故迟不起，起则五六揖始出。出揖门者曰："官人⑤幸顾我，他日来，幸无阻我也！"门者答揖。大喜，奔出。马上遇所交识，即扬鞭语曰："适自相公家来，相公厚我！厚我。"且虚言状。即所交识，亦心畏相公厚之矣。相公又稍稍语人曰："某也贤，某也贤。"闻者亦心计交赞之。此世所谓上下相孚也。长者谓仆能之乎？

【注释】

①袖：藏在衣袖里。

②栉：洗脸梳头。

③走马：骑马奔跑。

④南面召见：古时坐北朝南为尊，而南面召见则暗含轻视。

⑤官人：对守门人的尊称。

【译文】

再说，现在说到的上下彼此信任到底是指什么呢？一天到晚骑马在当权者门口恭候，看门人专门刁难不愿禀告时，他就蜜语甜言，展示出女人般的媚态，悄悄把在袖子里藏好的金子递给他。等看门人拿名片禀告完，主人又不立刻见面，他只能在马棚中站着，与仆人和马群混在一起，衣服被臭气熏着，就算又冷又饿或是酷暑难耐，他也不敢走开。傍晚，那个拿了金子的看门人过来跟客人说："相公很疲劳了，不见客人，你明天再过来吧。"第二天又不能不过来。当晚披衣而坐，一听见鸡叫便立马梳洗，骑马过去叫门。看门人口气严厉地喊着："谁啊？"他答道："昨天来的那个。"看门人生气地说："客人你怎么这么勤快！相公这个时候怎么会出来见面呢？"他感到羞辱无比，但又隐忍地说："这也没法子啊，您就让我进去吧。"看门人又拿到了钱才让他进去。他还是在昨天的马棚里站着。幸好主人来了，面向南边让他过去。他就小心翼翼地小跑过去，在台阶下站着。主人说："进来。"他拜了几下，有意拖延着不起身，等站起来就把礼金给了主人。主人故意不拿，他便不断恳求。主人再次坚持着，他继续恳求。之后主人喊手下收下礼金。他再次拜谢，再次有意拖延不起身，等站起来不断作揖后才离开。出来又向看门人作揖，说："谢谢官人照顾，日后我再来，希望您不要拦着。"看门人向他还礼，他便高兴地跑出去。骑马碰到熟人，高高将马鞭扬起，得意地说："我刚才从相公家出来，相公非常看重我，非常看重我！"还夸张地讲述和他见面的场景。甚至是那些熟人，也因为相公对他的看重，而心里充满了敬畏。相公有时随便和他人说道："某人有些才干，某人有些才干。"凡是听到的人在心里都想着，应该如何迎合，一起赞扬他。这便是世上的上下彼此相信了。您说，我可以这样做吗？

【原文】

前所谓权门者，自岁时伏腊①一刺之外，即经年不往也。间②道经其门，则亦掩耳闭目，跃马疾走过之，若有所追逐者。斯则仆之褊衷③。以此长不见悦于长吏，仆则愈益不顾也。每大言曰："人生有命，吾惟守分而已。"长者闻之，得无厌其为迂乎？

【注释】

①伏腊：夏天伏日与冬天腊日。

②间：有时。

③褊（biǎn）衷：心胸狭隘。

【译文】

前文提到的有权势的人家，除了过年过节送上名片之外，我整年都不去他们家。有时从他门口走过，也要把耳朵捂住，把眼睛闭上，骑着快马疾驶过去，就如有人在追我一般。这便是我的心胸狭窄，所以我一直都不受长官喜爱，但我还是完全不屑。我经常口出狂言："人生在世，天命已定，我仅需安分守己。"您听了这些话，可能不会厌恶我的迂腐吧？

【评析】

《报刘一丈书》是答复刘一丈的一封书信。"刘一丈"，名介，字国珍，号埋石。"一"，表排行居长，即老大。"丈"，是对男性长辈的尊称。刘一丈，即一个名叫刘介的长者，排行老大。也是江苏兴化人，与宗臣家有世交，与宗臣父亲厚交四十余年。因宗、刘两家有这样亲密的关系，所以在《报刘一丈书》中，推心置腹地谈了自己对世俗的看法，大胆揭露了相府中的丑事，真正表达了对刘一丈的深情厚意。

十 青霞先生文集序（茅坤）

【原文】

青霞沈君①，由锦衣经历上书诋宰执。宰执深疾之，方力构其罪，赖天子仁圣，特薄其谴，徙之塞上。当是时，君之直谏之名满天下。已而君累然携妻子出家塞上。会北敌②数内犯，而帅府以下束手闭垒，以恣敌之出没，不及飞一镞③以相抗。甚且及敌之退，则割中土之战没者与野行者之馘以为功④。而父之哭其子，妻之哭其夫，兄之哭其弟者，往往而是，无所控吁。君既上愤疆场之日弛，而又下痛诸将士日菅刈我人民以蒙国家也。数呜咽欷歔，而以其所忧郁发之于诗歌文章，以泄其怀，即集中所载诸什是也。

【注释】

①青霞沈君：指沈炼，明世宗嘉靖十七年进士，曾为溧阳知县，后成为锦衣卫经历。因为弹劾奸臣严嵩而被杀害，因此受到天下士人推崇。

②北敌：指蒙古族俺答部，是明代中叶时的边防隐患。

③镞（zú）：箭头，此处指箭。

④馘（guó）以为功：古代战争中割取敌人的左耳以计数献功。

【译文】

沈青霞先生，用锦衣卫经历的身份上书皇上，对宰相进行斥责。宰相对他非常痛恨，用各种方法给他编造罪名，幸好皇上圣明，特意对他降低刑罚，只把他贬至边防地区。当时，沈先生直白进谏的事情天下皆知。之后，沈先生便带着家小，移居到了塞上。当时正值北方时常遭受侵犯，而帅府下面的官员们都没有对策，拒绝迎战，任由敌人随意进出侵犯，竟然连向入侵者放一箭抵抗都做不到，甚至敌兵退走后，他们便将死去的中原士兵和野外路人的左耳割下来，进行邀赏。百姓中，父亲为儿子哭丧，妻子为丈夫哭丧，哥哥为弟弟哭丧，遍布各地，他们又没有地方可以诉说。对上，沈先生对松弛的边防深恶痛绝；对下，沈先生对士兵残害百姓，草菅人命，欺骗朝廷痛心不已。他常常对此哭泣，于是他便把心中的愤怒在诗歌中表现，把情怀抒发出来，他文集中所载的很多篇都是这类作品。

【原文】

君故以直谏为重于时，而其所著为诗歌文章又多所讥刺，稍稍传播，上下震恐，始出死力相煽构，而君之祸作矣。君既没，而一时阃寄①所相与谄君者，寻且坐罪罢去。又未几，故宰执之仇君者亦报罢。而君之门人给谏②俞君，于是裒辑③其生平所著若干卷，刻而传之。而其子以敬，来请予序之首简。

【注释】

①阃（kǔn）寄：指守边将领。

②给谏：掌管谏诤、弹劾之官。

③裒辑（póu）：聚集，辑录。

【译文】

沈先生原本就因勇敢劝谏而被世人尊敬，他写的文章常常也有讥讽的含义，只要稍微流传，就会让上下惶恐不安，于是他们便不断编造谣言，对沈先生加以陷害，这样一来，沈先生也遭遇了大祸。沈先生被害后，那些对沈先生进行陷害的军事大臣，很快也被免职了，又过了一段时间，以前那个对沈先生倍加仇视的权相也被免职。于是，沈先生的门人、给事中兼谏议大夫俞君将沈先生写的诗文加以搜集、编纂，并刊刻而广为流传。沈先生的儿子请我写一篇序文，放在文集最前面。

【原文】

茅子受读而题之曰：若君者，非古之志士之遗乎哉？孔子删《诗》，自《小弁》之怨亲，《巷伯》之刺谗以下，其忠臣、寡妇、幽人、怼①士之什，并列之为"风"，疏之为"雅"，不可胜数。岂皆古之中声也哉？然孔子不遽遗之者，特悯其人、矜其志，犹曰"发乎情，止乎礼义"，

"言之者无罪，闻之者足以为戒"焉耳。予尝按次《春秋》以来，屈原之《骚》疑于怨，伍胥②之谏疑于胁，贾谊③之疏疑于激，叔夜④之诗疑于愤，刘蕡⑤之对疑于亢，然推孔子删《诗》之旨而哀次之，当亦未必无录之者。君既没，而海内之荐绅大夫至今言及君，无不酸鼻而流涕。呜呼！集中所载《鸣剑》《筹边》诸什，试令后之人读之，其足以寒贼臣之胆，而跃塞垣战士之马，而作和之忾也，固矣。他日国家采风⑥者之使出而览观焉，其能遗之也乎？予谨识⑦之。至于文词之工不工，及当古作者之旨与否，非所以论君之大者也，予故不著。

【注释】

①怼（duì）：愤恨。

②伍胥：伍子胥，春秋末期吴国大夫、军事家，名员，字子胥，楚国人。伍子胥曾经谏言吴王夫差不答应越国的战和请求，后来因谏言而自尽。

③贾谊：西汉时期洛阳（今河南省洛阳市东）人。政论家、文学家。贾谊曾多次上书建议加强中央集权，后被贬职为长沙王太傅，抑郁终生。

④叔夜：即嵇康，字叔夜，三国魏谯郡铚（今安徽濉溪）人，"竹林七贤"之一。曾娶曹操曾孙女，官曹魏中散大夫，故世称嵇中散。后因得罪钟会，为其构陷，而被司马昭处死。

⑤刘蕡（fén）：唐代幽州平昌人，他曾在考试的时候，对宦臣专权进行抨击，导致落榜。

⑥采风：是指对民情风俗的采集；特指对地方民歌民谣的搜集。

⑦识（zhì）：记录。

【译文】

我读完沈先生的文集后，这样写道：如沈先生一般的忠士就是古时品性高尚贤者们的后代啊。《诗经》是孔子删减后定出来的，从嫉恨亲人的《小弁》、讽刺谗言者的《巷伯》，忠实者、寡妇、隐居者、怨恨世道者的诗歌，全部被选入《国风》，编入《小雅》，此类作品不胜枚举。难道这些诗歌全部都与正统的诗教相符合吗？但是孔子没有把它们轻易删掉，是因为他对这些人的遭遇感到哀伤，对他们的大志充满崇敬之情。他说到"这些诗歌都是真正来自于内心，还能用礼数进行约束"，"说话者无罪责，听者可以当作是借鉴与劝诫。"我曾经依次将《春秋》以来的作品进行考察，发现屈原的《离骚》好像都是些怨恨说词，伍子胥谏言很多都是威胁警告，贾谊上书感觉充满了愤恨，嵇康的诗感觉充满了不平之感，刘的做法好像又过于直接。但是遵照孔子删减《诗经》的准则，好像也能将它们收录进去。沈先生去世后，海内大夫们到现在说到他，还都会难受流泪。哎！文集中《鸣剑》《筹边》等文章，要是后人读了，足够能让奸臣们害怕，让战场上的士兵们跃马杀敌，激发出百倍勇气，这是绝对的。以后朝廷派来的考察民情、收集歌谣的使者读到这些诗篇，还能把它们漏掉吗？我满怀恭敬谨慎之心将它写在这里。

对于文辞是不是精美，以及与古时作者们的意思是不是符合，都和评论沈先生的大节没有关系，因此我就不多说了。

【评析】

本文是作者为同时代的锦衣卫经历沈炼诗文集所做的一篇序言。文章始论沈炼的生平大节，次论沈炼诗文集的由来及写作主旨。论生平大节，盛称沈炼忧国忧民，敢于抗颜直谏，疏攻权臣，而获罪流徙塞外，"累然携妻子，出家塞上"，不以个人得失为怀，而"以其所忧郁发之于诗歌文章，以泄其怀"，感慨"若君者，非古之志士之遗乎哉"。论其诗文主旨，指出其与诗骚同义，"足以寒贼臣之胆，而跃塞垣战士之马，而作之忾也"。写至感情激越处，不禁一唱而三叹，感慨涕零之状如跃纸上，呈现出强烈的效果。

十一 徐文长传（袁宏道）

【原文】

徐渭①，字文长，为山阴诸生，声名籍甚。薛公蕙校越时②，奇其才，有国士之目。然数奇③，屡试辄蹶。中丞胡公宗宪④闻之，客诸幕⑤。文长每见，则葛衣乌巾，纵谈天下事，胡公大喜。是时公督数边兵，威镇东南，介胄之士，膝语蛇行，不敢举头，而文长以部下一诸生傲之，议者方之刘真长⑥、杜少陵云。会得白鹿，属文长作表，表上，永陵喜。公以是益奇之，一切疏计，皆出其手。文长自负才略，好奇计，谈兵多中，视一世事无可当意者。然竟不偶。

【注释】

①徐渭：绍兴府山阴（今浙江绍兴）人。初字文清，后改字文长，号天池山人，与解缙、杨慎并称"明代三大才子"。

②薛公蕙：即薛蕙，明正德九年进士，为刑部主事。嘉靖中为给事中。

③数奇（jī）：运气差。

④胡公宗宪：即胡宗宪，字汝贞，号梅林，徽州绩溪（今属安徽）人，明朝抗倭名将。

⑤幕：幕府。徐渭任职于胡宗宪幕府，掌管文告。

⑥刘真长：即刘惔，字真长，世称"刘尹"，沛国相人。东晋人，喜欢清谈，不拘泥于小节。

【译文】

徐渭，字文长，山阴人，声明远扬。薛蕙在浙江做试官时，对他的才华颇为惊异，将他视为国士。但是他命途多舛，多次应试都名落孙山。中丞胡宗宪听闻后，聘请他做幕僚。每次徐渭拜见胡公时，他都是穿着粗布衣，戴着乌巾，潇洒自若，无所顾虑地说着天下之事，胡公听后赞赏不已。当时，胡公有几支军队，在东南沿海威震各方，手下的将士们，都对他跪着说话，如蛇一般向前爬行，畏惧抬头，但是徐渭却以生员身份对胡公傲视不已，评论之人将他和刘真长、杜少卿等列为一类。正好胡公拥有只白鹿，想要把它当作祥瑞献上，让徐渭写一篇贺文，文章上奏后，世宗皇帝颇为满意。于是，胡公便对徐渭更加器重，将奏本、文书全部交给他办理。徐渭对自己的文才武略自信满满，喜欢出奇制胜，说到的用兵方法常常能够一语中的，他很自大，世间万物都不能入他之眼，但是毕生都没有能够大显身手的机会。

【原文】

文长既已不得志于有司，遂乃放浪曲蘖①，恣情山水，走齐、鲁、燕、赵之地，穷览朔漠。其所见山奔海立，沙起云行，雨鸣树偃、幽谷大都，人物鱼鸟，一切可惊可愕之状，一一皆达之于诗。其胸中又有勃然不可磨灭之气，英雄失路、托足无门之悲，故其为诗，如嗔如笑，如水鸣峡，如种出土，如寡妇之夜哭、羁人之寒起。虽其体格时有卑者，然匠心独出，有王者气，非彼巾帼而事人者所敢望也。文有卓识，气沉而法严，不以摸拟损才，不以议论伤格，韩、曾②之流亚也。文长既雅不与时调合，当时所谓骚坛主盟者，文长皆叱而奴之，故其名不出于越，悲夫！

【注释】

①曲蘖（niè）：酒母，指代酒。

②韩、曾：唐代韩愈，北宋曾巩，两人在唐宋八大家之列。

【译文】

徐渭不得志，又不受当权者器重，便彻底游浪于山水之间，大肆饮酒，豪放不羁，既游览了齐、鲁、燕、赵等地方，又将大漠风光游览无余。他将看到的高耸山林，漫天飞沙，灿烂云霞，滚滚雷声，错置树木，以及幽静山谷、热闹城都、奇异人士、珍禽鸟兽等，所有让人惊异的人文与自然景观，全都写入诗作里。他满怀不平之心与奋进精神，还有英雄无处可用的悲伤情感。因此，他的诗像是在谩骂，又像是在嬉笑，像流水激荡在山涧中，像种子从土中萌芽，像寡妇在黑夜中哭泣，像旅者在深夜难眠。虽然他的诗偶尔会有不高明的格调，但却独具匠心，充满王者风范，远不是那些像妇女一样侍奉他人的诗人所能够相比的。徐渭的文章充满卓识远见，气势深敛，章法细密，不会因模拟而将自己的创造力与才华压抑住，也不会因为议论而令文章风格受到损坏，就像是韩愈、曾巩那一类的作品一般。徐渭有着高雅趣向，不和世俗同流，对于当时所推崇的文坛领袖，他一一进行斥责，将他们看作仆人，因此他的名声也只限于浙江一带而已。这真是太可悲了。

【原文】

喜作书，笔意奔放如其诗，苍劲中姿媚跃出，欧阳公所谓"妖韶①女，老自有余态"者也。间以其余，旁溢为花鸟，皆超逸有致。

【注释】

①韶：美丽。

【译文】

徐渭爱好书法，如同诗作一般，下笔豪放，写出来的字豪迈苍劲中蕴含着妩媚，用欧阳公说的"美人迟暮，别具韵味"来形容他的书法再合适不过了。徐渭有时也会将闲余时间用到花鸟画上，他的绘画作品也具备高雅品质，别具味道。

【原文】

卒以疑①杀其继室，下狱论死。张太史元汴②力解，乃得出。晚年愤益深，佯狂益甚，显者至门，或拒不纳。时携钱至酒肆，呼下隶与饮。或自持斧击破其头，血流被面，头骨皆折，揉之有声。或以利锥锥其两耳，深入寸余，竟不得死。周望③言晚岁诗文益奇，无刻本，集藏于家。余同年有官越者，托以钞录，今未至。余所见者，《徐文长集》《阙编》二种而已。然文长竟以不得志于时，抱愤而卒。

【注释】

①卒以疑：最终由于疑心。

②张太史元汴（biàn）：即张元汴，山阴人，授翰林修撰，故称太史。

③周望：即陶望龄，万历年间为国子监祭酒。

【译文】

后来，徐渭因猜疑过重将其继室误杀，被抓入狱，判为死刑。幸好太史张元汴相救，才从狱中出来。徐渭到了晚年更加愤愤不平，于是故意表现出狂放的模样，有些达官贵人来拜访时，他经常会拒绝接见。他常常拿钱去酒店，让下人和奴仆们一同喝酒。他还用斧子将自己的头砍破，满脸鲜血，甚至头骨都折断，手揉时都能听到骨头碎掉的声音。他还拿着尖锥刺双耳达一寸深，竟然还活着。周望说：徐渭的诗篇到了晚年越来越奇怪，但无刻本，他将诗集全部放在家里。我托付在越地当官的科举同年帮忙把徐渭的诗文抄下来，现在还没有送到。我只见到了《徐文长集》与《阙编》。但是徐渭却因为无处施展志向，含着怨恨去世了。

【原文】

石公①曰：先生数奇不已，遂为狂疾。狂疾不已，遂为图圄②。古今文人牢骚困苦，未有若先生者也。虽然，胡公间世豪杰，永陵英主，幕中礼数异等，是胡公知有先生矣。表上，人主悦，是人主知有先生矣，独身未贵耳。先生诗文崛起，一扫近代芜秽之习，百世而下，自有定论，胡为不遇哉？

【注释】

①石公：作者对自己的称谓。

②囹圄：监狱。这里指身陷囹圄。

【译文】

我觉得：先生命途坎坷，长久没有运气，才让他的愤恨积累成疯病。疯病长期发作，让他受到牢狱之灾。古往今来，文人的抱怨和受到的痛苦，再没有比徐渭先生更多的了。即便这样，世上依旧有胡公这样的豪杰，受到英明世宗皇帝的赏识。徐渭在胡公府中，受到特殊礼遇，这说明胡公是了解先生的。胡公的表文被皇帝赞扬，证明皇帝知道先生这般的贤才。但遗憾的是，先生只是没有获得要职而已。徐渭先生诗文一出现，将近代文学上浑浊之风一扫而光，百代过后，历史自会有结论，那又怎么能说他生不逢时呢？

【原文】

梅客生尝寄予书曰①："文长吾老友，病奇于人，人奇于诗。"余谓文长无之而不奇者也。无之而不奇，斯无之而不奇也。悲夫！

【注释】

①梅客生：即梅国桢，明代官员。字客生，号衡湘，湖北麻城人。袁宏道的朋友。

【译文】

梅客生曾给我写信说："徐渭是我的老朋友，他的病比他的人更怪异，而他本身比他的诗还要奇怪。"我觉得，徐渭无处不奇，正因如此，他的一生注定坎坷不已。真是太悲伤了。

【评析】

这篇文章写得好，首先因为袁宏道把自己也写了进去，在传主身上倾注了自己的感情。袁宏道可称徐文长的真正知己。读者可以看到，传文一开头，就写出袁宏道与陶望龄阅读徐文长诗集《阙编》的惊喜欢跃情状：两人跳起来，灯影下一面读，一面叫，将已睡的童仆都惊醒，恨与徐文长相识之晚。这种发自内心的欢喜钦佩之情，不能不叫人与作者同样受到感染。

十二 司马季主论卜（刘基）

【原文】

东陵侯既废，过司马季主而卜焉。季主曰："君侯何卜也？"东陵侯曰："久卧者思起，久蛰者思启，久懑者思嚏①。吾闻之：'蓄极则泄，闷②极则达，热极则风，壅极则通。一冬一春，靡③屈不伸；一起一伏，无往不复。'仆窃有疑，愿受教焉！"季主曰："若是，则君侯已喻之矣！又何卜为？"东陵侯曰："仆未究④其奥也，愿先生卒教之。"

季主乃言曰："呜呼！天道⑤何亲？惟德之亲。鬼神何灵？因人而灵。夫蓍，枯草也，龟，枯骨也，物也。人，灵于物者也，何不自听而听于物乎？且君侯何不思昔者也？有昔者必有今日。是故碎瓦颓垣，昔日之歌楼舞馆也；荒榛断梗，昔日之琼蕤玉树也；露蛩风蝉，昔日之凤笙龙笛也；鬼磷萤火，昔日之金缸华烛也；秋荼春荠，昔日之象白驼峰也；丹枫白荻，昔日之蜀锦齐纨也。昔日之所无，今日有之不为过；昔日之所有，今日无之不为不足。是故一昼一夜，华开者谢；一春一秋，物故者新。激湍之下，必有深潭；高丘之下，必有浚谷⑥。君侯亦知之矣，何以卜为？"

【注释】

①蛰：虫类冬眠，比喻潜伏。启：开，出来。懑：闷。嚏：打喷嚏。

②闷（bì）：关闭。

③靡：无，没有。

④究：彻底知道。

⑤天道：上天的意志。

⑥浚谷：深谷。

【译文】

东陵侯已经被废黜为平民，去拜访司马季主请他为自己占卜。季主说。"您想卜什么呢？"东陵侯说："躺久了的人想要站起来，潜藏久了的人便想出来，长久烦闷的人便想打喷嚏。我听说：'积蓄得太满就会发泄，闷得太久了就要通达，热得太厉害了就会刮风，阻塞得太死就会畅通。历冬经春，没有总是屈而不伸的；一起一伏，没有一去不返的。'我私下里有些疑惑，希望能得到您的指教。"季主说："这样说来，您已经明白事理了，还要占卜什么呢？"东陵侯说："我不能透彻地明白其中的奥妙，希望先生能彻底开导我一下。"

季主于是说："唉！天道亲近谁呢？它只亲近有德之人。鬼神有什么灵验呢？它是靠人才灵验的。蓍茎只是枯草，龟壳只是枯骨，都是没有知觉的东西。人比任何东西都有灵气，为什么不听从自己却相信无知之物呢？再说您为什么不想一想过去呢！有过去也就一定有今天。因此破碎的瓦片、倒塌的土墙，原是过去的歌楼舞馆呢；枯树断枝，原是过去的华美园林呢；露虫秋蝉的鸣叫，原是过去的悦耳音乐呢；磷火流萤，原是过去的辉煌灯烛呢；秋荼野荠，原是过去的美味佳肴呢；红枫白荻，原是过去的绫罗绸缎呢。从前没有的，现在有了，不算过分；从前有的，现在没有了，也不算不足。因此，过了一天一夜，盛开的花朵会凋谢；历经一春一秋，陈旧的东西会变新。急流下面一定有深潭，高山下面一定有深谷。您也明白这些道理，为什么还要占卜呢？"

【评析】

本文是一篇寓言，文章采取对话形式，借东陵侯被废黜后想重新得到起用而问卜一事，表达了事物必然变化和物极必反的朴素辩证法思想。文章通过东陵侯提出的九个问题，来证明事物衰落的太久就会兴盛，说明他相信自己将会再次被起用的事实。但是司马季主的回答是以六种事物的昔日显赫而转变为今日的衰败，说明事物由盛必然转向衰亡的道理，并且对天道、鬼神及占卜提出了疑问和否定。同时也暗示东陵侯起用之事，是不得而知的。

什么事物的存在都不是绝对不变的，它是遵循一定的规律而改变的。物极必反是自然界的一个必然规律，但是也不可排除带有一定宿命论的观点。

文章句式整散间错，音韵和谐。大量运用排比和对比，加强了论证力量。

十三 卖柑者言（刘基）

【原文】

杭有卖果者，善藏柑，涉寒暑而不溃①，出之烨然②，玉质而金色，剖其中，干若败絮。予怪而问之曰："若所市于人者③，将以实笾豆，奉祭祀，供宾客乎？将衒外以惑愚瞽乎④？甚矣哉为欺也！"

卖者笑曰："吾业是有年矣。吾赖是以食吾躯。吾售之，人取之，未闻有言，而独不足子所乎？世之为欺者不寡矣，而独我也乎？吾子未之思也。今夫佩虎符、坐皋比者，洸洸乎干城之具也⑤，果能授孙、吴之略耶？峨大冠、拖长绅者，昂昂乎庙堂之器也，果能建伊、皋之业耶？盗起而不知御，民困而不知救，吏奸而不知禁，法斁而不知理，坐糜廪粟而不知耻⑥。观其坐高堂，骑大马，醉醇醴，而饫肥鲜者，孰不巍巍乎可畏、赫赫乎可象也⑦？又何往而不金玉其外、败絮其中也哉！今子是之不察，而以察吾柑！"

予默然无以应。退而思其言，类东方生滑稽之流。岂其忿世嫉邪者耶，而托于柑以讽耶？

【注释】

①涉：经历。溃：腐坏。

②烨（yè）然：光彩鲜明的样子。

③若：你。市：卖。

④笾（biān）豆：宴会和祭祀时盛食品或供品的器具。竹制的叫笾，木制的叫豆。衒（xuàn）：炫耀。瞽（gǔ）：瞎子。

⑤皋比（pí）：虎皮。这里指虎皮椅子。洸（guǎng）洸：威武的样子。干城：指保卫国家。干：盾牌。

⑥斁（dù）：败坏。糜：通"靡"，耗费。廪（lǐn）粟：国库的粮食，这里指俸禄。

⑦饫（yù）：饱食。象：效法。

【译文】

杭州有个卖水果的人，善于贮藏柑子，经过严寒酷暑柑子也不腐烂，拿出来仍然色彩鲜艳，玉石般的质地，黄金般的颜色。但是剖开当中一看，干枯得像破旧的棉絮。我很奇怪，就责问他："你要卖给别人的这些水果，是准备用来装在盘子里面，供奉祭祀或招待客人用的呢？还是炫耀它的外表，用来迷惑那些傻瓜或盲人的呢？你这种欺骗行为，太过分了！"

那个卖水果的人却笑着说："我从事这个买卖已经有多年了，我依赖它养活自己。我卖人买，从来没听到过什么怨言，却偏偏只有您不满意而愤愤不平呢？世上行骗的人不少，难道就我一个吗？您就不好好想一想啊。如今那些佩戴着虎符、坐虎皮交椅的人，威风凛凛，好像是个保卫国家的将才，他们果真能拿出孙武、吴起那样的策略来吗？那些戴着高大的帽子，拖着长长的衣带的人，神气十足，好像是朝廷的栋梁之材，他们果真能建立伊尹、皋陶那样的功业吗？强盗蜂起却不知道抵御，人民困苦却不知道解救，属下为非作歹却不知道禁止，法纪败坏却不知道整顿，白白地耗费国家的俸禄却不知道羞耻。看那些坐在高堂上，骑着大马，美酒喝得醉醺醺，山珍海味填满肚皮的人，哪一个不是看起来高不可攀、令人敬畏、显赫威武、值得效法呢？然而他们又何尝不是外表像金玉，而腹中像破棉败絮呢！今您不去考察这些，却来挑剔我的柑子！"

我沉默了，无话可答。回来再仔细品味他的话，觉得他有些像东方朔那样诙谐而能言善辩的人物，莫非他是个愤恨世道、仇视邪恶的人，却借柑子来进行讽刺吗？

【评析】

这是一篇著名的寓言。作者对当时的社会现实有着清醒的认识，他借卖柑者之口，道出了那些"佩虎符、坐皋比者""峨大冠、拖长绅者"虽然身居重要位置，却是一些愚蠢之才；同时提出了"金玉其外，败絮其中"的名言，尖锐地讽刺了元末那些昏庸无能、尸位素餐，但表面上又威武堂皇的文臣武将，表达了作者对黑暗现实的清醒认识和无比憎恶。

"金玉其外，败絮其中"已成为尽人皆知的名言警句，它教育我们对待人或事物都不要被其外表所迷惑，要深入分析，认清其本来面目。

十四 吴山图记（归有光）

【原文】

吴、长洲二县^①，有郡治所^②，分境而治。而郡西诸山，皆在吴县。其最高者，穹窿、阳山、邓尉、西脊、铜井。而灵岩，吴之故宫在焉，尚有西子之遗迹。若虎丘、剑池及天平、尚方、支硎，皆胜地也。而太湖汪洋三万六千顷，七十二峰沉浸其间，则海内之奇观矣。

【注释】

①吴、长洲：今已撤销并入苏州市，为吴中区。长洲，明代县名，后并入吴县。明朝二县均属苏州府管辖。

②郡治所：州府官署所在地，此处是指苏州府治。吴县和长洲县的衙门也设在苏州城内。

【译文】

吴县、长洲都在吴郡郡治的范围内，划定界线而治。郡西多山，属于吴县。里面的高峰，有穹窿、阳山、邓尉、西脊、铜井等。灵岩山，坐落着春秋时吴国的宫殿，在此处还能见到西施遗迹。虎丘、剑池，还有天平、尚方、支硎等地方，也全是闻名的风景名胜。太湖浩瀚缥缈，足有三万六千顷，湖中屹立着七十二座山峰，真是海中的奇景了。

【原文】

余同年友魏君用晦为吴县，未及三年，以高第^①召入为给事中^②。君之为县有惠爱，百姓扳留^③之不能得，而君亦不忍于其民，由是好事者绘《吴山图》以为赠。

【注释】

①高第：在吏部举行的考核中列为上等者称高第。

②给事中：官名。秦汉为列侯、将军、谒者等的加官。常在皇帝左右侍从，备顾问应对等事。因执事在殿中，故名。魏或加官，或为正官。晋以后为正官。隋开皇六年（586年），于吏部置给事郎。唐属门下省。元以后废门下省，而留给事中。明给事中分吏、户、礼、兵、刑、工六科，掌侍从规谏，稽查六部之弊误，有驳正制敕之违失、章奏封还一权。

③扳（pān）留：挽留。又作"攀留"，即攀缘车驾挽留，表示对离任者功绩的肯定和对离去的眷念。

【译文】

我的同年好友魏用晦君任吴县县令还不到三年，就以优异的成绩选入朝中重职。魏君任县令时，实行了很多利民的方法，他离职时，百姓们都苦心挽留他，但没有成功，魏君对百姓们也心存不舍，于是有位热心人便画了一幅《吴山图》送给他。

【原文】

夫令之于民①诚重矣。令诚贤也，其地之山川草木亦被其泽而有荣也，令诚不贤也，其地之山川草木亦被其殃而有辱也。君于吴之山川，盖增重矣。异时吾民将择胜于岩峦之间，尸祝②于浮屠、老子之宫也，固宜。而君则亦既去矣③，何复惓惓④于此山哉？昔苏子瞻称韩魏公去黄州四十余年，而思之不忘，至以为思黄州诗，子瞻为黄人刻之于石。然后知贤者于其所至，不独使其人之不忍忘而已，亦不能自忘于其人也。

【注释】

①令之于民：县令对于老百姓来说。

②尸祝：尸代表鬼神受享祭的人。祝指的是传告鬼神言辞的人。尸祝在此处的意思是：将来把他当作祖先、神灵一样祭祀。

③既去：已经离开。

④惓惓（quán）：恳切、难以舍弃的样子。

【译文】

县令是一县之长，对百姓来说的确很重要。要是县令是清明廉洁的人，那么此地的山川草木也会因恩泽闪闪发光，要是他是个昏庸的人，此地的山川草木也会倍感羞辱。魏君对于吴县的山川草木来说，真的是令其发光了。以后吴县百姓在清秀山间选择一处优雅的胜地，建筑寺庙和道观对他进行祭祀，也在情理之中。但是魏君既然已从吴县离开，为何还要念念不忘那些山川草木呢？以前苏子瞻赞扬韩琦离开四十多年，还对黄州念念不忘，便写出想念黄州的诗句，苏子瞻在石碑上刻下这首诗。因此后人才理解：贤能的人来到某个地方，不止让百姓念念不忘，而自己也同样想念那里的百姓们。

【原文】

君今去县已三年矣，一日与余同在内庭，出示此图，展玩太息①，因命余记之。噫！君之于吾吴，有情如此，如之何而使吾民能忘之也？

【注释】

①太息：出声长叹。

【译文】

到现在，魏君已经离开三年了，有一天我们在内庭，他把《吴山图》拿出来，边看感叹，于是让我写篇文章把这件事情记下来。哎！魏君对吴县的百姓们，有如此深厚的感情，吴县的百姓又怎么会把他忘记呢？

【评析】

《吴山图》是吴县百姓送给离任县令魏用晦的纪念品，其功用相当于众多已程式化的"去思碑"。但吴县百姓所送的《吴山图》却是礼轻情义重，因为它代表了老百姓对廉洁贤明县令的真情实感。对于作者归有光来说，吴县的山山水水实在太熟悉了，加之自己也曾在湖州府长兴县任过县令，因此，对《吴山图》的意义当有切身的感受，故下笔为文，随兴生发，侃侃而谈，毫无造作应酬之嫌。第一段作者不直接从《吴山图》说起，而是极写吴县的山川形胜，而这些自然景观本身又极富文化积淀，显示出深广的历史文化内涵。第二段先交代自己与《吴山图》主人的同年关系，再引出《吴山图》的故事，顺理成章地将一地的山川形胜与为官一任、造福一方的贤能之士联系起来，同时也为下文的议论作了坚实的铺垫。第三段先从县令的贤与不贤对老百姓的关系说起，又用苏轼和韩琦的故事为例，说明贤能之官吏自然会能得到当地百姓的深切怀念。最后又上升到真正的贤者是"不独使其人之不忍忘而已，亦不能自忘于其人也。"最后一段称赏魏用晦是属于"不能自忘于其人"的贤者，"如之何而使吾民能忘之也！"全文结构巧妙，层次井然，抒情含蓄。作者紧扣官与民的关系来展开议论，同时也是借他人酒杯浇自家之块垒，真可谓运思良苦。

十五 沧浪亭记（归有光）

【原文】

浮图^①文瑛，居大云庵，环水，即苏子美^②沧浪亭之地也。呕求余作《沧浪亭记》，曰："昔子美之记，记亭之胜也。请子记吾所以为亭者。"

余曰："昔吴越有国时，广陵王镇吴中，治南园于子城之西南。其外戚孙承佑，亦治园于其偏。迨淮南纳土，此园不废。苏子美始建沧浪亭，最后禅者居之。此沧浪亭为大云庵也。有庵以来二百年，文瑛寻古遗事，复子美之构于荒残灭没之余，此大云庵为沧浪亭也。夫古今之变，朝市改易。尝登姑苏之台，望五湖之渺茫，群山之苍翠，太伯、虞仲之所建，阖闾、夫差之所争，子胥、种、蠡之所经营，今皆无有矣！庵与亭何为者哉？虽然，钱镠因乱攘窃，保有吴越，国富兵强，垂及四世，诸子姻戚，乘时奢僭^③，宫馆苑囿^④，极一时之盛；而子美之亭，乃为释子所钦重如此。可以见士之欲垂名于千载，不与澌然^⑤而俱尽者，则有在矣！"

文瑛读书喜诗，与吾徒^⑥游，呼之为沧浪僧云。

【注释】

①浮图：梵语的音译，即佛，这里指和尚。

②苏子美：名舜钦，字子美，北宋诗人，与梅尧臣齐名。

③奢僭：奢侈潜越。僭：超越本分，指冒用上一级的名义与器物。

④苑囿：畜养禽兽并种植林木的园林。

⑤澌然：冰块溶解的样子。

⑥吾徒：即吾辈，指读书人。

【译文】

文瑛和尚居住在大云庵，四周环水，是从前苏子美建造沧浪亭的地方。文瑛多次请我写一篇《沧浪亭记》，说："从前苏子美写的《沧浪亭记》，写的是沧浪亭的优美风景，请您记下我重新修建这个亭子的原因。"

我说："从前吴越国存在时，广陵王镇守苏州，他在内城的西南面建造园林。吴越王的外戚孙承佑也在它的旁边建造园林。到了把淮南之地拱手送给宋朝时,这座园子也没有荒废。苏子美开始建筑沧浪亭,最后僧人居住在这里,这沧浪亭就变成了大云庵。从有大云庵到如今已有二百年了,文瑛寻访古代的遗迹,在荒芜残破的废墟上,重新修复苏子美沧浪亭的建筑,这大云庵又变成了沧浪亭。时代变迁了,朝廷都市也发生了变化。我曾经登上姑苏台,眺望着烟波浩渺的五湖、苍翠的群山,太伯、虞仲所建立的,阖闾、夫差所争夺的,子胥、文种、范蠡所筹划的,现在都没有了,大云庵和沧浪亭又算什么呢?虽然这样,钱镠趁着天下大乱窃取了王位,占有吴越,国富兵强,延续了四代,他的许多子孙和姻戚,乘机兴起,奢侈无度,修造的宫馆苑囿,盛极一时。然而只有苏子美的沧浪亭才被一个佛家弟子如此重视。由此可见,士人想要千载垂名,不与形体一同消失,是另有原因的。"

文瑛爱好读书并喜欢诗,同我们这些人交游,我们称他为沧浪僧。

【评析】

作者用朴素简洁的语言、自然流畅的笔调,叙述了沧浪亭演变的始末,并把沧浪亭与盛极一时的吴越国的宫馆苑囿相比,宫馆苑囿,虽一时极盛,曾几何时,却被人遗忘,从而得出结论:使士人千载垂名的不是兴建的建筑物,而是士人的品德和文章。

文章短小精悍,言简意赅,由近及远,以小见大,可为古人"上德立德,其次立功,其次立言"的"三不朽"之说张目,令天下士子奋然自振,具有很强的教育意义和现实意义。

十六 蔺相如完璧归赵论(王世贞)

【原文】

蔺相如之完璧,人皆称之,予未敢以为信也。夫秦以十五城之空名,诈赵而胁其璧,是时言取璧者,情①也,非欲以窥赵也。赵得其情则弗予,不得其情则予;得其情而畏之则予,得其情而弗畏之则弗予。此两言决耳,奈之何既畏而复挑其怒也?

且夫秦欲璧,赵弗予璧,两无所曲直②也。入璧而秦弗予城,曲在秦;秦出城而璧归,曲在赵。欲使曲在秦,则莫如弃璧;畏弃璧,则莫如弗予。

夫秦王既按图以予城，又设九宾^③，斋而受璧，其势不得不予城。璧入而城弗予，相如则前请曰："臣固知大王之弗予城也。夫璧非赵璧乎？而十五城秦宝也。今使大王以璧故，而亡其十五城，十五城之子弟，皆厚怨大王以弃我如草芥^④也。大王弗予城而绐^⑤赵璧，以一璧故而失信于天下，臣请就死于国，以明大王之失信。"秦王未必不返璧也。今奈何使舍人怀而逃之，而归直于秦？

是时秦意未欲与赵绝耳。令秦王怒，而僇相如于市^⑥，武安君十万众压邯郸，而责璧与信，一胜而相如族^⑦，再胜而璧终入秦矣！

吾故曰：蔺相如之获全于璧也，天也。若其劲渑池，柔廉颇^⑧，则愈出而愈妙于用；所以能完赵者，天固曲全之哉！

【注释】

①情：实情。指秦国确实只是想得到和氏璧。

②曲直：理亏、理直。

③设九宾：古代举行朝会大典用的极隆重的礼节。

④草芥：比喻轻贱，引申以指轻微纤细的事物。

⑤绐（dài）：欺骗，欺诈。

⑥僇：通"戮"，杀戮。市：市朝，指人众汇集的地方。

⑦族：灭族。

⑧劲：强，有顽强坚决之意。柔：安抚，这里有忍让、团结之意。

【译文】

蔺相如保全和氏璧，人们都称赞他，我却不敢认为事情确实如此。

秦用十五座城的空名，欺骗赵国并且威逼着要其和氏璧，这时说要得到玉璧是真实的意图，并不是想打赵国的主意。赵如果了解秦的真实意图就不给它，不了解它的真实意图就给他；了解秦的真实意图却怕它就给，了解秦的真实意图但不怕它就不给，这只要两句话就解决了，为什么既怕他又要挑起他的怒气呢？

况且秦王想要玉璧，赵王不给玉璧，双方都没有什么理亏、理直可说。玉璧送到了秦国，秦王却不给城，理亏在秦国；秦拿出了城而玉璧送回去了，理亏在赵国。要想让秦国理亏，就不如不要玉璧；怕放弃玉璧，就不如不给。秦王既然已经按地图来给城，又设置了九宾的大礼，斋戒沐浴来接受和氏璧，那形势是不会不给城的。如果秦王收了和氏璧，却不给城，相如就可以上前去请求说："我本来就知道大王是不会给城的。和氏璧不就是赵国的一块璧么？那十五座城却是秦国的宝贝。现在如果大王因为玉璧的原因失去了这十五座城，十五座城的子弟，都会深深怨恨大王，因为大王抛弃他们就像抛弃小草一样。如果不给城而骗取赵王的玉璧，因为一块玉璧而失信于天下，那么我就请求死在秦国，从而揭露大王不守信用的事实。"这样，秦王不一定不退还玉璧。现在为什么却派随从怀揣着玉璧逃回去，而让秦国得理呢？这是当时秦国还不想和赵国断绝关系罢了。假如秦王发了怒，把蔺相如杀死在市朝上，派武安君带领十万大军逼近邯郸，叫赵王交出玉璧，责骂赵王失信，那么，秦国打一次胜仗相如就会灭族，再打一次胜仗和氏璧就会落入秦国。所以我说："蔺相如能够保全那块玉璧，这是天意啊！"

至于他在渑池会上那样顽强坚决，对廉颇那样忍让团结，那是他的方法多，运用这些方法又越来越巧妙。他所以能保护赵国，是上天在曲意成全他啊！

【评析】

蔺相如完璧归赵，历来为人们传诵。蔺相如在这一历史事件中表现的胆识、智慧、气度，令人钦佩，因而被历代的人们传扬赞颂。但是，本文作者却提出了不同看法。他认为赵国和蔺相如在和氏璧事件中有诸多不妥，蔺相如使随从带璧逃归赵国的做法更不明智，因为这"归直于秦"，使秦国占了理，所以作者分析蔺相如之所以能全身回国以及赵国幸免于兵，只不过是侥幸。

本文是篇翻案文章，发前人所未发，且见解深刻，分析周密，逻辑严谨，值得我们借鉴、学习。同时也应指出，文章最后有封建"天命论"思想，这是我们应该予以摒弃的。

十七 五人墓碑记（张溥）

【原文】

五人者，盖当蓼洲周公之被逮，激于义而死焉者也。至于今，郡之贤士大夫，请于当道，即除魏阉废祠之址以葬之，且立石于其墓之门，以旌其所为。呜呼，亦盛矣哉！

夫五人之死，去今之墓而葬焉，其为时止十有一月耳。夫十有一月之中，凡富贵之子、慷慨得志之徒，其疾病而死，死而湮没不足道者，亦已众矣。况草野之无闻者欤？独五人之皦皦①，何也？

予犹记周公之被逮，在丁卯三月之望。吾社之行为士先者，为之声义、敛资财以送其行，哭声震动天地。缇骑按剑而前，问："谁为哀者？"众不能堪，抶而仆之②。是时以大中丞抚吴者，为魏之私人，周公之逮所由使也。吴之民方痛心焉，于是乘其厉声以呵，则噪而相逐，中丞匿于溷藩③以免。既而以吴民之乱请于朝，按④诛五人，曰：颜佩韦、杨念如、马杰、沈扬、周文元，即今之傫然⑤在墓者也。

然五人之当刑也，意气扬扬，呼中丞之名而詈之，谈笑以死。断头置城上，颜色不少变。有贤士大夫发五十金，买五人之脰而函⑥之，卒与尸合。故今之墓中，全乎为五人也。

嗟夫！大阉之乱，缙绅而能不易其志者，四海之大，有几人欤？而五人生于编伍⑦之间，素不闻诗书之训，激昂大义，蹈死不顾，亦曷故哉？且矫诏纷出，钩党⑧之捕遍于天下，卒以吾郡之发愤一击，不敢复有株治。大阉亦逡巡畏义，非常之谋，难于猝发，待圣人之出而投缳道路，不可谓非五人之力也！

由是观之，则今之高爵显位，一旦抵罪，或脱身以逃，不能容于远近，而又有剪发杜门⑨，佯狂不知所之者。其辱人贱行，视五人之死，轻重固何如哉？是以蓼洲周公，忠义暴于朝廷，赠谥美显，荣于身后。而五人亦得以加其土封，列其姓名于大堤之上。凡四方之士，无有不过而拜且泣者，斯固百世之遇也！不然，令五人者保其首领，以老于户牖之下，则尽其天年，人皆得以隶使之，安能屈豪杰之流，扼腕墓道⑩，发其志士之悲哉？故予与同社诸君子，哀斯墓之徒有其石也，而为之记，亦以明死生之大，匹夫之有重于社稷也。

贤士大夫者：冏卿因之吴公、太史文起文公，孟长姚公也。

【注释】

①草野：原指乡野，此处指民间。皦（jiǎo）皦：明亮的样子。

②缇骑：本指古代贵官的侍从，此处指明代专事侦查、逮捕人犯的差

役。扶（chì）：笞打。仆之：使缇骑倒下，打倒在地。

③溷（hùn）藩：厕所。

④按：追究。

⑤傫（lěi）然：堆积的样子。

⑥脰（dòu）：颈项。这里指头。函：匣子。此作动词，用匣子收藏。

⑦编伍：民间。古时编制户口，以五人或五家为一"伍"。

⑧钩党：牵引为同党。钩，牵引，牵连。

⑨剪发杜门：剪发为僧、闭门不出。

⑩扼腕：用一只手握住另一只手腕，形容感情激动。

【译文】

这五个人，是在周公蓼洲被捕的时候，激于义愤而死的。到现在，苏州一些贤明的士绅向当局请求，清除已被废除的魏忠贤的生祠来安葬他们，并且立了一块石碑在他们的墓门前，用以表彰他们的行为。啊！真是隆重啊！

这五位志士死后，到现在修墓安葬他们，时间不过是十一个月罢了。在这十一个月里，那些富贵人家的子弟、志得意满的人物，他们得病死去，死了就埋没不值得提起的，也太多了，何况乡间默默无闻的人呢！只有他们声名显耀，这是为什么呢？

我还记得周先生被逮捕，是在天启七年三月十五日。我们复社里那些行为可以做读书人榜样的人，为他伸张正义，募集财物给他送行，哭声惊天动地。前来抓人的差役手握宝剑跑上前来责问："谁在为他哀哭？"大家再也不能忍受了，把他们打倒在地。这时以大中丞职衔做江苏巡抚的，是魏忠贤的党羽，周先生的被捕就是他指使的。苏州的人正对他恨之入骨，于是就趁他大声呵责时，哄闹起来追赶他。这位大中丞躲在厕所里才逃脱。后来他就以苏州百姓暴乱的罪名向朝廷请示，追究这件事，杀了五个人。他们是：颜佩韦、杨念如、马杰、沈扬、周文元，就是现在合葬在这墓里的。

但是这五个人临刑的时候，昂然自若，叫着中丞的名字痛骂他，谈笑着去死。他们被砍下来的头挂在城上，脸色一点没有改变。有贤明的士绅拿出五十两银子，买下这五个人的头用木匣装起来，终于和他们的尸体合在一起。因而现在墓里，是五个人的全身。

唉！魏忠贤当权作乱时，做官的能不改变自己的志节的，天下这么大，有几个人呢？可是这五个人出身平民，从来没有听过经书上的教训，却能被正义激发，冒着生命危险毫不顾惜，这又是什么原因呢？并且，当时伪造的诏书纷纷传出，全国到处都搜捕和东林党人有牵连的人，终于因为我们苏州这一次奋起反抗，他们不敢再株连治罪。魏忠贤也因为害怕正义力量而迟疑不决，篡夺帝位的阴谋难以突然发起，等到当今皇帝即位，他就吊死在路上。这些不能说不是这五个人的功劳。

由这样看来，现在那些做大官、居高位的人，一旦被治罪了，有的脱身逃跑，远近都不能容身；又有的削发为僧，闭门不出，假装疯癫，不知躲到哪里去了。他们的可耻的卑贱的行为，比起这五个人的死来，轻重到底如何呢？因此，周蓼洲先生的忠诚义节显露在朝廷上，皇帝赐给他美好光荣的谥号，在死后得到荣耀。这五个人因而也能够修建起大坟，把他们的姓名刻在大堤上，所有南来北往的人，经过此地，没有不在墓前跪拜而且哭泣的。这真是百世难逢的事情啊。否则，假使这五人保全他们的头颅，老死在家中，活到他们的生命结束，人人都能把他们当作仆人使唤，又怎么能使那些豪杰们拜服，在他们墓前激动地握住手腕，抒发他们有识之士的悲愤之情呢？所以我和同社的各位先生，可惜这座墓只有一块空白的石碑，就为他们写了这篇碑记，也用它来说明生死的重大意义，百姓也能对国家安危起重大作用。

贤明的士绅是：太仆卿吴默先生，翰林院修撰文震孟先生和姚希孟先生。

【评析】

这篇碑记叙述明朝天启七年苏州人民抗暴事件，歌颂了苏州人民不畏强暴、不怕牺牲，敢于向恶势力抗争的精神，表达了对"激于义而死"的五人的敬仰和悼念。文章夹叙夹议，运用了多种对比，突出了五人死得有价值。

历朝历代都有为了国家的正义事业而英勇献身的英雄，他们的事迹永存在人们的心中。"人固有一死，或重于泰山，或轻于鸿毛"，烈士们的牺牲向人们展示他们的死是有价值的，他们会永垂青史，辉煌千古而不灭。

古文观止 上

中华经典轻松读

陈明星◎主编

施中狱◎编注

北京时代华文书局

图书在版编目（CIP）数据

古文观止 / 施中狱编注. -- 北京：北京时代华文书局，2019.1
（中华经典轻松读 / 陈明星主编）
ISBN 978-7-5699-2792-4

Ⅰ.①古… Ⅱ.①施… Ⅲ.①古典散文－散文集－中国②《古文观止》－译文③《古文观止》
－注释 Ⅳ.①H194.1

中国版本图书馆CIP数据核字(2018)第263736号

中华经典轻松读
Zhonghua Jingdian Qingsong Du

古 文 观 止
Guwenguanzhi

著　　者｜施中狱 编注

出 版 人｜王训海
选题策划｜胡俊生
责任编辑｜张超峰
装帧设计｜颜森设计
责任印制｜刘　银

出版发行｜北京时代华文书局 http://www.bjsdsj.com.cn
　　　　　北京市东城区安定门外大街 136 号皇城国际大厦 A 座 8 楼
　　　　　邮编：100011　电话：010 - 64267120　64267397
印　　刷｜固安县京平诚乾印刷有限公司　0316-6170166
　　　　　（如发现印装质量问题，请与印刷厂联系调换）
开　　本｜710mm×1000mm　1/16
印　　张｜37
字　　数｜400千字
版　　次｜2019年4月第1版　2019年4月第1次印刷
书　　号｜ISBN 978-7-5699-2792-4

定　　价｜80.00元

前　言

中华文化博大精深，古文是中华文化宝库中一颗灿烂的明珠，是了解中国历史、开启传统文化智慧的一把金钥匙。经过数千年历史长河的披沙拣金，一篇篇优美的古文脱颖而出，宛如一颗颗圆润的明珠，熠熠生辉，动人心魂。时至清初，终于有人将这些明珠串联起来，供人们集中品鉴欣赏，这就是《古文观止》。

《古文观止》的"观止"一词，源自《左传》的"季札观周乐"篇："观止矣，若有他乐，吾不敢请已。"这是对《古文观止》最高的评价，可见对这本书的推崇。而其中收入的古文，也确实是千百年来广为传看的精品，所以《古文观止》自清初定稿以来，流传城乡，雅俗共赏，是迄今为止最受广大读者喜爱的古文读本之一。

《古文观止》是清人吴楚材、吴调侯于康熙三十三年（1694年）选定的。二吴均是浙江绍兴人，长期设馆授徒，此书是为学生编的教材。《古文观止》收录的文章上起周代下迄明末，分为12卷，共222篇。所选文章注意题材和文体风格的多样性，它坚持文质并重的文学主张，选取了思想和艺术性都比较高的文章；体裁也丰富多彩，百花齐放，既有儒家经典、历史散文，也有传记、书信、论辩乃至游记、寓言小说。由此赢得它在古文选本中的独尊地位而广为流传。《古文观止》自康熙三十四年（1695年）刊行以来，已三百余年，它似一条长流水，汩汩流淌，虽然蜿蜒曲折，但不曾枯竭，对一代一代读者，始终具有新鲜感，保持着旺盛的生命力。作为一本普及型的文学读本，《古文观止》折射出我泱泱华夏文化之源远流长、博大精深。

书中那些被文字固定在长长短短的篇幅里的人们，他们用自己的身体组成了一支队伍，有的面色严谨，有的放浪形骸，有的痛哭失声，最后告诉我们的，却也只是一个问题：他们都在坚守着自己内心深处的一种情愫，随时随地，在不经意之中，他们通过不同的形式，厮守着自己的信念，甚至不惜失去生命。这本书里的水光山色、弓戈剑戟、长吁短叹、车辙蹄痕，掩不住的总是浓浓淡淡的血痕。当他们在人生半途上目光凝重的时候，谁也不会想到，这些古老的文字，记住了一些人，也让一些人被人记住了。这就是这本书的魅力所在。

本书在写作过程中，参阅了大量的资料及工作伙伴们的大力支持和帮助，在此对编委会老师常永楠、刘中洋、孙红丹、唐海燕、田苗、郑宇、朱慧俐、罗礼华、施中狱、郭汉尧、刘贤华、梅凤华、范敦海、朱刚、何泽明、温彩风、袁公明、聂超军、宋劝其、杜启龙、杨莎莎、徐小花、颜阳、农梅珍，一并表示感谢。

目　录

卷一　周文
左传

卷二　周文

左传

国语

卷三　周文

国语

公羊传

谷梁传

卷一　周文

一　郑伯克段于鄢《左传》

【原文】

初，郑武公娶于申，曰武姜，生庄公及共叔段。庄公寤生，惊姜氏，故名曰寤生①。遂恶之。爱共叔段，欲立之。亟请于武公，公弗许。

及庄公即位，为之请制。公曰："制，岩邑也，虢叔死焉。他邑唯命。"请京，使居之，谓之京城大叔。

祭仲曰："都城过百雉②，国之害也。先王之制：大都，不过参③国之一；中，五之一；小，九之一。今京不度，非制也。君将不堪。"公曰："姜氏欲之，焉辟害！"对曰："姜氏何厌④之有！不如早为之所。无使滋蔓。蔓，难图也。蔓草犹不可除，况君之宠弟乎！"公曰："多行不义必自毙。子姑待之。"

既而大叔命西鄙⑤、北鄙贰于己。公子吕曰："国不堪贰，君将若之何？欲与大叔，臣请事⑥之；若弗与，则请除之，无生民心。"公曰："无庸⑦，将自及。"

大叔又收贰以为己邑，至于廪延。子封曰："可矣，厚将得众。"公曰："不义不昵，厚将崩。"

大叔完⑧聚⑨，缮甲兵，具卒乘，将袭郑。夫人将启之。公闻其期，曰："可矣！"命子封帅车二百乘以伐京。京叛大叔段。段入于鄢。公伐诸鄢。五月辛丑，大叔出奔共。

书曰："郑伯克段于鄢。"段不弟，故不言弟。如二君，故曰克。称郑伯，讥失教也，谓之郑志。不言出奔，难之也。

遂置姜氏于城颍，而誓之曰："不及黄泉，无相见也！"既而悔之。颍考叔为颍谷封人，闻之，有献于公。公赐之食。食舍肉。公问之。对曰："小人有母，皆尝小人之食矣，未尝君之羹，请以遗之。"公曰："尔有母遗，繄我独无！"颍考叔曰："敢问何谓也？"公语之故，且告之悔。对曰："君何患焉！若阙地及泉，隧而相见，其谁曰不然？"公从之。公入而赋："大隧之中，其乐也融融！"姜出而赋："大隧之外，其乐也泄泄。"遂为母子如初。

君子曰：颍考叔，纯孝也。爱其母，施及庄公。《诗》曰："孝子不匮，永锡尔类。"其是之谓乎！

【注释】

①寤生：逆生。寤：通"牾"，逆，倒着。

②雉：量词。长三丈，高一丈为一雉。

③参：同"三"。

④厌：满足。

⑤鄙：偏远的城镇。

⑥事：侍候、侍奉。

⑦无庸：意思是说不用除掉大叔。

⑧完：修筑城池。

⑨聚：积聚、粮草。

【译文】

当初，郑武公从申国娶回妻子，名叫武姜。生下庄公和共叔段两个儿子。庄公出生时是难产，惊吓了姜氏，所以取名叫"寤生"，因此姜氏就厌恶他。姜氏偏爱共叔段，想立他做太子。多次向郑武公请求，武公不答应。等到庄公做了郑国国君，姜氏又替共叔段请求把制地封给他。庄公说："制，是一个险要的地方，东虢国的国君虢叔就死在那里。其他地方我都随便您挑选。"姜氏又替他请求京邑做封地，庄公答应了，就让共叔段住在那里，人们称他为"京城太叔"。

郑国的大夫祭仲说："分封的都城如果超过了三百方丈，便是国家的祸害。先王的制度是：大城邑不得超过国都的三分之一；中等城邑不超过五分之一；小城邑不超过九分之一。今天京城的城墙不合法度，不是先王的制度，您将会无法控制的。"庄公说："姜氏想这样，我又怎么能逃避这个祸害呢？"祭仲回答说："姜氏哪里有满足的时候？不如早点作个安排，不要让他的势力滋长蔓延。蔓延开来，就难对付了。蔓延的野草尚且不能够除尽，何况是您宠爱的弟弟呢！"庄公说："不义的事情做多了，必然会自取灭亡。你姑且等着瞧吧！"不久，太叔命令原属郑国的西边和北边的边邑从属于庄公，又从属于自己。公子吕说："我们的国家受不了这种从属两个主人的情况，您打算怎么处理这件事？如果把郑国交给太叔，就请您允许我侍奉他；如果不给太叔，就请您除掉他，不要让郑国的老百姓产生二心。"庄公说："不用除掉他，他将会自及于祸，自作自受的。"

太叔又把原来两属的边邑收归自己所有，而且扩展到了廪延。子封说："可以行动了！如果他的地域扩大了，将会得到更多人的归附。"庄公说："他既对国君不义，又对兄长不亲，地方占得再大也必然完蛋。"

太叔积极地修筑城墙，集中民力、粮草，修理并制造盔甲、武器，编组步兵和战车，准备偷袭郑国。姜夫人也准备作为内应，替他打开城门。庄公获悉太叔偷袭郑国的日期，便说："可以动手了！"命令子封率领两百辆战车去讨伐京城。京城的人反叛了太叔段。太叔逃到了鄢。庄公又追到鄢去讨伐他。五月二十三日那天，太叔便逃到共国去了。

《春秋》上记载说："郑伯克段于鄢。"因为段的所作所为不像做弟弟的样子，所以不称"弟"。倒像是两国国君，所以说是"克"；直称庄公为郑伯，是讥讽他没尽到兄长的教育责任，姑息他弟弟的恶行；《春秋》说这是庄公本来就有杀弟弟的意图。不说段自动"出奔"，是责难郑庄公的意思。

于是，郑庄公把姜氏安置在城颍，并发誓说："不到黄泉，不再见面。"可是，不久他又后悔了。颍考叔是颍谷管理疆界的官，听到了这件事，便去给庄公进献礼品。庄公赐给他饭食，他吃饭时故意把肉留下。庄公问他缘故，他回答说："我家中有母亲，小人孝敬的食物她都吃过了，就是没尝过君王赐给的美味，请您允许我把肉带回去孝敬母亲。"庄公说："你有母亲可以孝敬食物，我独没有！"颍考叔说："请问您这话怎么说？"庄公向他说明了缘故，并且告诉他自己很后悔。颍考叔回答说："您又何必为这事而烦恼呢？如果挖地见到了泉水，再打一条隧道在里面与您母亲相见。又有谁说这样做不对呢？"庄公照他的话做了。庄公走进地道时赋诗说："大隧道里面，母子相见，是多么快乐啊！"姜氏走出地道时赋诗说："大隧道外面，母子相见，是多么舒畅啊！"于是母子又像以前一样融洽了。

君子说：颍考叔，是真正的孝子。爱自己的母亲，还影响到庄公。《诗经》上说："孝子的孝道没有穷尽，永久地把它赐给你同类的人。"大概说的就是这样的人吧。

【评析】

常言道：一母生二子，必有厚薄。春秋时代的郑国王后武姜，对庄公和共叔段二子有爱恶之偏见，导致兄弟之间的权利之争，感情破裂。庄公对共叔段姑息放纵，然后乘时而动用兵机，追杀而想置之于死地。为了权势，为了利益，为了一己私心，置亲情于不顾而展开了残酷的战争。文章通过这件事，把姜氏的偏私任性、共叔段的野心勃勃、郑庄公的阴险狡诈，都淋漓尽致地表现了出来。

情感是人世间最宝贵的东西，是任何东西都不能取代的。试想如果每个人都多为对方着想一些，那么不就可以得到比金钱、荣誉、地位更可贵的东西了吗？这才是人生最幸福的事情。

二 周郑交质《左传》

【原文】

郑武公、庄公为平王①卿士。王贰于虢②，郑伯怨王。王曰："无之③。"故周、郑交质④，王子狐为质于郑，郑公子忽为质于周。王崩⑤，周人将畀⑥虢公政。四月，郑祭足帅师取温之麦⑦。秋，又取成周⑧之禾。周、郑交⑨恶。

【注释】

①平王：周平王。

②王贰于虢（guó）：周平王将权力分给西虢公，以此来制衡郑庄公

的权力。虢：西虢公。

③无之：没有此事，无中生有。

④故：因此。质：人质。王子狐和公子忽分别是周平王和郑庄公的儿子。

⑤崩：逝世，此处指周平王离世。

⑥畀：授予。

⑦祭（zhài）足：郑大夫，字仲，又称祭仲。温：周王室所属地，位于现在河南温县。取：割取。

⑧成周：地名。

⑨交：此处指两国关系、交情。

【译文】

郑武公、郑庄公父子先后担任周平王的执政大臣，平王又任用了虢公兼管朝政。庄公埋怨平王，平王说："此事是无中生有。"于是，周王朝与郑国进行人质交换：周平王之子王子狐以人质身份去郑国，郑庄公之子公子忽以人质身份去周国。平王逝世后，周王朝想将国事交予虢公。四月，郑国的祭足带领军队将周国所属地温地的麦子割掉；秋天，又将成周的谷子割掉。周王朝和郑国关系开始恶化。

【原文】

君子曰："信不由中①，质无益也。明恕②而行，要之以③礼，虽无有质，谁能间④之？苟⑤有明信，涧、溪、沼、沚之毛，蘋、蘩、蕴、藻之菜，筐、筥、锜、釜⑥之器，潢污、行潦之水，可荐于鬼神，可羞于王公⑦，而况君子结二国之信⑧，行之以礼，又焉用质？《风》有《采蘩》《采》，《雅》有《行苇》《泂酌》⑨，昭⑩忠信也。"

【注释】

①中：通"衷"，心里。

②恕：宽恕，儒家精神之一。

③以：根据。

④间：间离、挑拨。

⑤苟：假如。

⑥筐：竹编方形容器。筥（jǔ）：竹编圆形容器。锜：有足炊具。釜：无足炊具。

⑦荐、羞：敬上、献予。

⑧信：信赖。

⑨《风》：《诗经·国风》。《采蘩》《采》：均出自《召南》，描述的是妇女采摘祭祀野菜的场景。《雅》：《诗经·大雅》。《行苇》《泂酌》：均出自《生民之什》，前者是祝酒词，歌颂尊老和睦；后者提倡对人友好真诚。

⑩昭：显示、证明。

【译文】

君子说："信任不是出自于心中，就算交换了人质也没用。双方怀着严明宽恕的态度行事，再以礼仪进行约束，就算没有人质，又有谁能挑拨彼此的关系呢？要是相互信任，彼此谅解，那山沟水塘的植物，四叶菜、白蒿、水草等藻类植物，方筐、圆筐、有足、无足的炊具，甚至地面上的积水，都能用来祭拜鬼神、贡奉王公；再说君子建立两国之间的信任，遵照礼仪做事，哪里又用得上人质呢？《诗经·国风》中有《采蘩》《采》两篇文章，《诗经·大雅》中有《行苇》《泂酌》两篇文章，这些文章都是来讲述忠诚与信任的。"

【评析】

原文中前两段，只用寥寥七十多字，就把春秋初期周王室和它的同姓诸侯国郑国之间的微妙关系揭示出来。日渐衰微的周王室为了防止郑庄公独揽朝政，就想分政给另一个姬姓国国君虢公，以保持政权的平衡。然而，郑庄公不买周平王的账，对周平王准备采取的这一举措怨恨不已。尤其值得玩味的是，为了达成妥协，作为天子的周平王和作为诸侯国国君的郑庄公，居然采用了进入春秋时代以后各诸侯国间普遍采用的一种外交手段，即交换质子。

那么，这一外交手段是否奏效了呢？第二段的记述则对这一举措做出了历史否定。历史的辩证法雄辩地证明，周、郑由"交质"到"交恶"，其根本原因，是利益和权力再分配问题上矛盾冲突的必然结果。也就是说，决定周、郑双方关系的最终原则是利益和权利的再分配。尽管由于历史的局限，《左传》作者不可能揭示周、郑由"交质"到"交恶"的历史本质，但由于作者是"用事实说话"，所以，还是使我们看到了这一时代历史发展的趋势和动向。

三 石碏谏宠州吁《左传》

【原文】

卫庄公娶于齐东宫①得臣②之妹，曰庄姜。美而无子，卫人所为赋《硕人》也。又娶于陈，曰厉妫，生孝伯，蚤死。其娣③戴妫生桓公，庄姜以为己子。

公子州吁，嬖人④之子也。有宠而好兵⑤，公弗禁，庄姜恶之。

石碏谏曰："臣闻爱子，教之以义方，弗纳于邪。骄奢淫佚，所自邪也。四者之来，宠禄过也。将立州吁，乃定之矣；若犹未也，阶⑥之为祸。夫宠而不骄，骄而能降，降而不憾，憾而能眕⑦者，鲜⑧矣。且夫贱妨贵，少陵长，远间亲，新间旧，小加⑨大，淫破义，所谓六逆也；君义，臣行，父慈，子孝，兄爱，弟敬，所谓六顺也。去顺效逆，所以速祸也。君人者，将祸是务去；而速之，无乃不可乎⑩？"弗听。

其子厚与州吁游，禁之，不可。桓公立，乃老。

【注释】

①东宫：太子所住的宫室，故称太子也称东宫。

②得臣：齐太子名。

③娣：古代诸侯嫁女，常常妹妹随嫁。

④嬖（bì）人：宠妾。

⑤好兵：喜欢玩弄武器。

⑥阶：阶梯，引申为导引、酿成。

⑦眕（zhěn）：克制，安定。

⑧鲜：少。

⑨加：欺凌、侵犯。

⑩无乃不可乎：恐怕不可以吧。

【译文】

卫庄公娶了齐国太子得臣的妹妹，名叫庄姜。生得美丽但没有生儿子。卫国人因此替她作了《硕人》这首诗。卫庄公又在陈国娶了一个妻子，叫厉妫，生了孝伯，很早就死了。厉妫的妹妹戴妫生了桓公，庄姜把他当作自己的儿子。

公子州吁，是庄公宠妾所生的儿子，得到庄公的宠爱，而且喜欢玩弄兵器，庄公却不禁止，庄姜则很讨厌他。

卫国大夫石碏劝谏庄公说："我听说一个人喜爱自己的儿子，就应当用正道来教育他，不要使他步入邪路。骄傲、奢侈、无度、放荡，这是走向邪路的由来。这四种恶习的产生，都是由于宠爱和赐禄太过分。如果要立州吁做太子，那就要定下来；如果还没有定下来，就会使他酿成祸乱。受宠爱而不骄傲，骄傲又能安于地位下降，地位下降而又不怨恨，怨恨又能自安自重的人，是很少有的啊。况且，低贱的妨害高贵的，年少的欺凌年长的，疏远的离间亲近的，新人挑拨旧人，弱小的压着强大的，淫乱的破坏道义的，这就是人们常说的六种逆礼的事。国君制命为义，臣下奉行君令，父亲慈爱儿子，儿子孝顺父亲，兄长爱护弟弟，弟弟敬重兄长，这就是人们常说六种顺礼的事。离开顺礼而效法逆礼，这是使祸害加速到来的原因。作为国君应该尽力去掉祸害，现在却加速祸害的到来，这样做恐怕不可以吧！"庄公不听劝谏。

石碏的儿子石厚和州吁交往，石碏对他的禁止不起作用。到了卫桓公即位，石碏就告老还乡了。

【评析】

"宠"字是此篇始终的总纲和主题。自古子不可宠，宠子必骄，骄必"速祸"也。石碏看到了这一点，并且提出了以"义方"为教子之法，以"六顺"为绝患之本。无奈庄公刚愎自用，贻祸于后代，确实是遗憾。自古以来，父母爱自己的孩子都是人之常情，但是过分的溺爱则容易使孩子走上歧途，毁掉他们的一生。庄公就是一个很好的例子。

四 臧僖伯谏观鱼《左传》

【原文】

春，公将如棠观鱼者。

臧僖伯①谏曰："凡物不足以讲大事②，其材不足以备③器用，则君不举④焉。君将纳民于轨物者也，故讲事以度⑤轨量谓之'轨'，取材以章物采谓之'物'，不轨不物，谓之乱政，乱政亟行，所以败也。故春蒐、夏苗、秋狝、冬狩⑥，皆⑦于农隙以讲事也。三年而治兵，入而振旅⑧，归而饮至，以数⑨军实，昭文章，明贵贱，辨等列，顺少长⑩，习威仪也。鸟兽之肉不登于俎，皮革齿牙、骨角毛羽不登于器，则君不射⑪，古之制也。若夫山林川泽之实，器用之资，皂隶之事，官司之守，非君所及也。"

公曰："吾将略地焉。"遂往，陈鱼而观之。僖伯称疾不从。

书曰："公矢鱼于棠。"非礼也，且言远地也。

【注释】

①谏：劝说。

②大事：军事、祭祀等。

③备：制作。

④举：行动。

⑤度：衡量，权衡。

⑥春蒐（sōu）：春天找寻猎取没有怀孕的野兽。夏苗：夏天猎杀破坏庄稼的野兽。秋狝（xiǎn）：秋天猎杀野兽。狝，猎杀。冬狩：冬天猎杀野兽。这四个词都是代表打猎。

⑦皆：都、全。

⑧振旅：规整队伍。

⑨数：计算。

⑩顺少长：按照长幼年龄排序。

⑪射：捕捉、射杀。

【译文】

鲁隐公五年时的春天，他计划去棠地观看捕鱼。

臧僖伯劝告说："所有事物，不与讲习祭祀、战争有关，它的材质不能制造兵器礼器，君王就不为所动。君王是令臣子走向正轨和实用的人。根据讲习、军事与祭祀对器具进行衡量，与法度相合的叫做正轨；选择材料来制造器具用以表示等级文采叫做实用。不合正轨、不关实用的行动称为乱政。多次乱政，国家就会衰败。因此春夏秋冬进行狩猎都是选择农闲时刻进行军事演习。每隔三年进行一次出城大型演练，一进城就整顿军队。之后君王在宗庙宴请从事人员，计算打猎的收获。文采鲜明，贵贱有别，等级不乱，少长有序，这是讲习威仪。鸟兽的肉不放入祭祀器具，皮革、牙齿、象牙、骨头、牛角、牛尾、羽毛等不用于祭祀器皿，君主就不会猎杀，这是古代制度。对于树林、湖泊里的产物，普通器皿的材质，这些工作属于下级人员，由相关部门负责，不是君主所该管的。"

隐公说道："我要去查看边防。"于是隐公前往，还让渔人张网捕鱼供他观看。僖伯说自己身体不舒服没有同去。

《春秋》中说："公矢鱼于棠。"认为这是与礼法相悖的，而且指出他远离了都城。

【评析】

这篇谏辞的最大特点，是紧紧围绕着一个"礼"字展开劝谏，从观点到为阐明观点所举述的诸多理由及作为论据的事物和行为，都没有稍稍离开这个"礼"字。也就是说，没有稍稍离开制约当时国君行为的规范和准则。另一个也很明显的特点是，劝谏的缘起虽然是"公将如棠观鱼"，劝谏的直接目的也是阻止隐公"如棠观鱼"，但谏辞中对此事却不着一语。这不单单是婉言法，更重要的是，这种表达法反映出进谏者进谏的着眼点，并不在于隐公"如棠观鱼"这一具体行为，而是当时的整个礼制。如果隐公听了臧僖伯这番谏辞明白了"礼"对他的制约性，"如棠观鱼"这种"非礼"的事自然也就不会发生了。

五 郑庄公戒饬守臣《左传》

【原文】

秋七月，公会齐侯、郑伯伐许①。庚辰②，傅于许。颍考叔取郑伯之旗蝥弧③以先登，子都④自下射之，颠。瑕叔盈又以蝥弧登，周麾⑤而呼曰："君登矣！"郑师毕⑥登。壬午，遂入许。许庄公奔卫。齐侯以许让公，公曰："君谓许不共，故从君讨⑦之。许既伏其罪矣，虽君有命，寡人弗敢与闻⑧。"乃与⑨郑人。

【注释】

①公：鲁隐公。齐侯：齐僖公。郑伯：郑庄公。许：国名。会：相会、集合。

②庚辰：甲子记日，这里指的是七月初一，后文的"壬午"是七月初三。

③蝥（máo）弧：旗名。

④子都：郑大夫公孙阏，在出师之前和颍考叔因为争夺同一辆车而结仇。

⑤麾：同"挥"，挥动，舞动。周麾：向四周舞动旗帜。

⑥毕：皆、全部。

⑦讨：进攻、讨伐。

⑧闻：听从、听取。

⑨与：给与，送与。

【译文】

秋天的七月，鲁隐公和齐僖公、郑庄公一起向许国发起进攻。初一，军队逼近许城。颍考叔手拿郑庄公的"蝥弧"旗子率先登上城楼，子都在下面朝他射箭，颍考叔摔下。瑕叔盈又拿此旗登上城楼。他一边不断向四面挥动旗子，一边喊道："君主登都啦！"郑国全部军队都登上了城。初三，郑庄公到达许城。许庄公逃到卫国。齐僖公将许国让与鲁隐公。鲁隐公说道："君侯称许国没有尽责，因此我和君侯对其发起进攻。现在许国已经认罪，即便君侯如此指示，我也没有胆量接受。"于是便将许国送予了郑庄公。

【原文】

郑伯使①许大夫百里奉许叔以居许东偏，曰："天祸②许国，鬼神实不逞于许君，而假③手于我寡人，寡人唯是一二父兄不能共亿④，其敢以⑤许自为功乎？寡人有弟，不能和协，而使糊其口于四方，其况能久有许乎？吾子其奉许叔以抚柔此民也，吾将使获也佐吾子。若⑥寡人得没于地，天其以礼悔⑦祸于许，无宁兹许公复奉其社稷。唯我郑国之有请谒焉，如旧昏媾，其能降以相从也⑧。无滋他族实逼⑨处此，以与我郑国争此土也。吾子孙其覆亡之不暇，而况能禋祀许乎⑩？寡人之使吾子处此，不惟许国之为，亦聊以固吾圉也。"乃使公孙获处许西偏，曰："凡而器用财贿，无置于许，我死，乃亟去之。吾先君新邑于此；王室而既卑矣，周之子孙日失其序^⑪。夫许，大岳之胤也。天而既厌周德矣，吾其能与许争乎？"君子谓郑庄公"于是乎有礼。礼，经国家，定社稷，序人民，利后嗣者也。许无刑而伐之，服而舍之，度德而处之，量力而行之，相时而动，无累后人，可谓知礼矣"。

【注释】

①使：派遣、命令。

②祸：此处名词做动词使用，降临祸端、降临灾祸。

③假：借助。

④共亿：平安相处、和平对待。

⑤以：将……作为；将……视为。

⑥若：如果，假如。

⑦悔：撤销，收回。

⑧降：臣服、服从。

⑨滋：让，允许。

⑩禋（yīn）祀：仪式名称，用于供奉天神。

⑪周之子孙日失其序：指周王朝已不再辉煌，其后代已逐渐走向灭亡。

【译文】

郑庄公派许国大夫百里照顾许庄公弟弟许叔住在许城东，说道："上天给许国降了灾祸，鬼神对许君确实有一些不满意，借寡人的手对其进行惩罚，可是寡人连一两位父老兄弟也不能相安，岂敢将进攻许国当作是自己的功劳呢？寡人有个弟弟，同样不能和睦相处，使他四处求食，难道还会将许国长久占为己有吗？您侍奉许叔，对百姓进行安慰，我想让公孙获辅助您，要是我能够善终，上天或许会按照礼数收回对许国施加的灾害，宁愿再让许庄公回来治理国家。到那时，假如我郑国有所请求，就像亲戚那样，许国或许也会屈尊允许吧。阻止他国在这里逼迫我们，和我郑国一起争夺这块土地。我的子孙后代们拯救危亡都来不及，更何况要祭拜许国的先人呢？寡人让您在这里，不仅仅是为许国，也是令我国的边疆得以巩固。"于是便让公孙获在许城西边住下，说："只要是你的器用财物，都不能放入许城。我死之后，你就快点离开这个地方。我先父将城邑兴建在此，既然周王朝已经衰亡，我们这些周朝后代逐渐失去自己的事业。许国是四岳之后，既然上天对周朝已经心生厌倦，我又怎么会和许国相争呢？"君子评价郑庄公"在此事上有礼数。礼能够治理国家，安定社稷，让百姓有序可依，让后代获得利益。许国违反了法治，就对它进行攻击；许国服从罪责后，便对它宽恕。对自己德行充分考虑后进行处置，掂量自己的力量对它进行安放，找准时机开展行动，不累及后代，这就能说是懂礼了。"

【评析】

这篇古文记载的正是郑庄公攻克许都之后，对留守许地的臣子所做的两次训诫，这篇训诫在历史上非常有名。由这段戒饬之词实在是不难看出，郑庄公其人之精明能干，以及他为政的深谋远虑。

历史上历来对郑庄公的评价莫衷一是，不过后来的许多正人君子们读到这一段历史，无不认为："郑庄公在这件事情上是有礼数的。而遵行礼制，不仅有利于治理国家，巩固社稷，更有利于子孙后代。许国不守法度就讨伐它，服罪之后就饶恕它，度量自己的德行去处理问题，根据自己的能力来为人处事，尽可能的不连累后人，可以说是知礼了。"

六 臧哀伯谏纳郜鼎《左传》

【原文】

夏四月，取郜大鼎于宋。纳于大庙，非礼也。

臧哀伯①谏曰："君人者，将昭德塞违，以②临照百官，犹③惧或失之，故昭令德以示子孙。是以清庙茅屋，大路越席，大羹不致④，粢食不凿，昭⑤其俭也。衮、冕⑥、黻、珽，带、裳、幅、舄⑦，衡、紞、纮、綖⑧，昭其度也⑨。藻、率、鞞、鞛，鞶、厉、游、缨⑩，昭其数也。火、龙、黼、黻，昭其文也。五色比象，昭其物也。钖、鸾、和、铃，昭其声也。三辰旂旗，昭其明也。夫德，俭而有度，登降有数，文、物以纪之，声、明以发之，以临照百官，百官于是乎戒惧，而不敢易纪律。今灭德立违，而置其赂器于大庙，以明示百官，百官象之，其又何诛焉？国家之败，由官邪也，官之失德，宠赂章也，郜鼎在庙，章孰甚焉？武王克商，迁九鼎于雒邑，义士犹或非之，而况将昭违乱之赂器于大庙，其若之何？”公不听。

周内史闻之，曰：“臧孙达其有后于鲁乎！君违，不忘谏之以德。”

【注释】

①臧哀伯：臧僖伯的儿子，鲁大夫。

②以：以此，来。

③犹：依然，仍旧。

④越席：用蒲草来编织草席。大（tài）羹：肉汁，此处特指祭祀用的肉汁。不致：只用清水煮。

⑤昭：表明，显示。

⑥衮：皇室人员祭祀礼服。冕：帽子，仅限大夫级别之上的人穿戴。

⑦裳：古时的下衣。幅（bī）：古时从脚背开始将腿包住，类似于绑腿。舄（xì）：复底的鞋子。

⑧衡、紞、纮、綖：装饰物，缝制于礼貌上。

⑨度：法度、制度。

⑩鞶：腰带。厉：下垂的带子。游：彩旗上的飘带。缨：在马脖子上挂着的绳子。

【译文】

夏天四月，鲁桓公从宋国拿到部国的大鼎。把它放在太庙，这是与礼数相悖的。

臧哀伯劝说道：“作为一国之君，要赞扬道德，抑制邪端，以此来为百官树立榜样，还怕有所缺失，因此不断发扬美德来晓示子孙。所以太庙用茅草作为顶棚，大车用蒲席作为垫子，肉汁里不添加任何调料，主食不吃精细米饭，这是明白地昭示节约。礼服、礼帽、蔽膝、大圭，大带、裙子、绑腿、鞋，簪子、绳子、帽带、冠顶版，尊卑上下都不一样，这是明白地展示法制。盛玉板、刀鞘、刀的装饰，革带、带饰、飘带、马鞍，因地位高低不一而各不相同，这是明白地展示数量。在衣服上画火、龙、斧头、弓，因等级不同而画法各不相同，这是明白地展示文饰。用五种颜色来画山、龙、花、虫，这是明白地展示颜色。铜铃、鸾铃、和铃以及小铃等各自放于不同的器具上，这是明白地展示声音。在旗子上画日月星，这是明白地展示明亮。道德，应该是节俭而有度可循，增减按等级不同进行，用色彩纹饰加以表现，用洪亮声音将其发扬，并给百官进行展示。百官就会心生恐惧，不敢破坏纪律。现在废除道德，建立邪恶，将贿赂而来的器具放入太庙，向百官展现，百官自然也会效仿，这能对谁进行惩罚呢？国家衰亡来自于官员的邪念。官员道德沦丧因受宠而不断贿赂。郜鼎在太庙里放置，还有比这更明显的贿赂吗？周武王将商朝打败，把九鼎迁移到雒邑，还有忠心义重的人反对，更何况是把明显的伟德招乱的贿赂物放在太庙里，这是想怎么样呢？"桓公听不进去。

周朝内史听闻后，感叹道："臧孙达的子孙肯定会在鲁国永享禄位！君主违背礼制，他却没有忘记用道德来劝阻！"

【评析】

臧哀伯这篇谏辞需要特别指出的是，任何一种文化在它的发展过程中，都会形成许多或厚或薄的积淀层，而每个积淀层都会或深或浅地打上它的时代烙印。因此，在阅读和欣赏此文的时候，也必须站在历史唯物主义的立场去审视，用辩证唯物主义的认识论去分析，去感悟，抛弃其"封建性糟粕"，吸取其"民主性精华"。可以肯定地说，"君人者，将昭德塞违，以临照百官""国家之败，由官邪也；官之失德，宠赂章也"等，直到今天，其"合理内核"还有很好的垂诫作用和警示作用。

七 季梁谏追楚师《左传》

【原文】

楚武王侵随①，使②薳章求成焉，军于瑕以待之③。随人使少师董成。斗伯比言于④楚子曰："吾不得志于汉东也，我则使然⑤。我张吾三军，而被吾甲兵，以武临之，彼则惧而协以谋我，故难间也。汉东之国，随为大。随张，必弃小国。小国离，楚之利也。少师侈⑥，请羸师以张之⑦。"熊率且比曰："季梁在，何益？"斗伯比曰："以为后图⑧，少师得其君。"王毁军而纳少师。

【注释】

①楚武王：在位时间公元前740年至前690年。随：春秋时诸侯国名。

②使：派遣，派出。

③待：等待，等候。

④言于：对……说。

⑤然：样子，场景。使然：令其成为这个样子。

⑥侈：骄傲自满。

⑦张：通"胀"，膨胀，此处指自满、自负。

⑧图：打算，计划。

【译文】

楚武王对随国进行侵略，让薳章过去讲和，自己在军队等着他。随国派出少师主持谈判。斗伯比对楚武王说道："我国在汉水以东无法成功，是我们的原因。我们扩大军队，武装装甲兵，用武力征临他国。他们心生恐惧而联合起来对付我们，很难进行离间。在汉水以东的国家里，随国是大国。假如随国骄傲自大，肯定会将小国抛弃。小国和它分离，恰恰是楚国得利。少师骄傲自满，让我们的士兵假装弱小来让他自大吧。"熊率且比说："随国还有季梁，如此做法能有什么益处呢？"斗伯比说："这是用作以后的打算，少师能够取得君王的信任。"楚武王有意将军队弄乱来迎接少师。

【原文】

少师归，请①追楚师，随侯将许之。季梁止之曰："天方授②楚，楚之嬴，其诱我也，君何急焉？臣闻小之③能敌大也，小道大淫④。所谓道，忠于民而信于神也。上⑤思利民，忠也，祝史正辞，信也。今民馁而君逞欲，祝史矫举以祭，臣不知其可也。"公曰："吾牲牷肥腯，粢盛丰备，何则不信？"对曰："夫民，神之主也。是以圣王先成民而后致力于神。故奉牲以告曰'博硕肥腯'，谓民力之普存也，谓其畜之硕大蕃滋也，谓其不疾瘯蠡也，谓其备腯咸有也。奉盛以告曰'洁粢丰盛'，谓其三时不害⑥而民和年丰也。奉酒醴以告曰'嘉栗旨酒'，谓其上下皆有嘉德而无违心也。所谓馨香，无谗慝⑦也。故务其三时，修其五教，亲其九族，以致其禋祀。于是乎民和而神降之福，故动则有成⑧。今民各有心，而鬼神乏主，君虽独丰，其何福之有？君姑修政而亲兄弟之国，庶免于难。"随侯惧而修政，楚不敢伐。

【注释】

①请：请示，请求。

②授：帮助，协助，保佑。

③之：之所以，……的原因。

④小道大淫：小国有道，大国无道。

⑤上：处于极高地位的人，此处指一国之君。

⑥害：灾难，自然灾害。

⑦谗慝：谄媚的人。

⑧成：成功，有功绩。

【译文】

少师回去以后，请求对楚军展开追击。随侯想要应允。季梁进行劝说："现在上天在帮助楚国，楚军之所以看起来软弱疲乏是想引我们上钩，君侯何必着急呢？臣听闻小国能够对抗大国，是因为小国有道，而大国无道。这里的道，是指对百姓忠诚从而让神明相信。在上的人想让百姓获得益处，这便是忠；祝史没有欺瞒的忠告，这便是信。现在百姓贫苦饥寒君主却放纵不堪，祝史谎报功德进行祭拜，臣不知如何才能做到成功。"随侯说道："我用壮硕鲜亮的牲口进行祭拜，粮食也很丰足，怎么会得不到神明的信任？"季梁回答："百姓是神明之主。所以贤明的君主会先将百姓安定下来，再去侍奉神明。因此牺牲奉献时说'牲口又肥又大'，是指百姓们普遍拥有富足的金钱，说牲畜肥硕生长繁殖、没有病症，是说他们拥有很多肥硕的牲口。在献出农作物时，说'饭既丰盛又干净'，是说春夏秋都没有任何灾祸，百姓丰收硕果。献出甜酒时说'美酒又好又清澈'，是说上下级都有优秀德行。讲到祭品飘出香味，是说没有进谗邪恶之人。因此致力于农业，教化开明，亲族和睦，用这些进行祭祀。所以百姓和睦而神明赐福，所有行动都能成功。现在百姓各自想各自的，没有鬼神主宰，就算君侯有丰富的祭品，又如何让神明赐福呢？君侯只有修明政事，与兄弟国家亲近，才能将灾祸免去。"随侯听后害怕不已，便修明政事，楚国也取消了进攻。

【评析】

本篇反映了春秋时代对于民和神的关系的一种新的进步主张：民是主体，神是附属。所以好的君主必须首先做好对民有利的事，然后再去致力于祭祀神祇一类的事，即"圣王先成民而后致力于神"。季梁先是忠、民、信、神并提，然后深入论述应该以民为主，神为附。在谈到神的地方都是从民着眼，所以说服力很强，能使"随侯惧而修政"。

八 曹刿论战《左传》

【原文】

齐师伐我。公将战。曹刿请见。其乡人曰："肉食者①谋之，又何间焉？"刿曰："肉食者鄙，未能远谋。"遂入见。问："何以战？"公曰："衣食所安②，弗敢专③也，必以分人。"对曰："小惠未遍，民弗从也。"公曰："牺牲④玉帛，弗敢加⑤也，必以信。"对曰："小信未孚⑥，神弗福也。"公曰："小大之狱，虽不能察，必以情。"对曰："忠之属⑦也，可以一战。战则请从。"

公与之乘，战于长勺。公将鼓之，刿曰："未可。"齐人三鼓，刿曰："可矣。"齐师败绩。公将驰之，刿曰："未可。"下视其辙，登轼而望之，刿曰："可矣！"遂逐齐师。

既克，公问其故。对曰："夫战，勇气也。一鼓作气，再而衰，三而竭。彼竭我盈，故克之。夫大国，难测也，惧有伏焉。吾视其辙乱，望其旗靡⑧，故逐之。"

【注释】

①肉食者：指居高位享厚禄的大官。

②所安：养生之物。

③专：独享。

④牺牲：祭祀用的牛、羊、猪。

⑤加：虚夸。

⑥孚：信用，指被信任。

⑦忠之属：尽心办事的表现。

⑧靡：倒下。

【译文】

　　齐国军队攻打鲁国，鲁庄公准备应战。曹刿请求觐见庄公。他的同乡人说："大官们自有办法，你又何必参与呢？"曹刿说："大官们大都眼光短浅，不能深谋远虑。"于是觐见庄公。

　　他问庄公："您凭什么条件应战？"庄公说："衣食之类的养生物品，不敢独自享用，一定把它分给别人。"曹刿说："这种小恩小惠并没有遍及全国，老百姓是不会跟您去打仗的。"庄公说："祭祀用的牛、羊、猪和宝玉、丝绸，不敢虚报，一定以诚心去祭神。"曹刿说："小小的诚心还不能取得神的信任，神不会保佑您的。"庄公说："大大小小的诉讼案件，虽然不能一一彻底查清，但一定要按实情处理。"曹刿答道："这是为老百姓尽心办事的表现，可以凭这些去应战。作战时请让我跟您去。"

　　庄公和他同坐一辆战车，两军在长勺交战。刚开战，庄公就要下命令击鼓进兵。曹刿说："不行。"齐军擂过第三次鼓后，曹刿说："可以了。"齐军大败而逃，庄公正要命令军队乘胜追击，曹刿说："不行。"他跳下车察看齐军的车轮痕迹，又登上车前横木去观望齐军败退情况，才说："可以了。"庄公就下令追击齐军。

　　打了胜仗后，庄公问他为什么要这样指挥。曹刿回答道："打仗全靠战士们的勇气。第一次擂鼓，战士勇气大振；第二次擂鼓，勇气衰退；第三次擂鼓，勇气就彻底完了。正当敌军勇气完了时我军勇气正旺盛，因此打败了齐军。然而强国难以估计，我怕前面有伏兵。经过观察，我看到他们的车辙混乱，旗帜已倒下，知道他们真是大败，因此才追击他们。"

【评析】

　　本文记叙了鲁国以弱胜强的长勺之战。面对强大的齐国的进攻，弱小的鲁国运用曹刿这位没有权势之谋士的战略原则战胜了齐国。战争的胜利肯定了曹刿的政治远见和战争指挥才能。

　　这则故事虽然简短，但是很清晰地向世人揭示了目光远大、深谋远虑的人可以掌握局势、扭转乾坤的道理。世界上存在的事情都是有规律的，但并不是不能改变的，只要我们把事情分析透彻，寻找突破口，就可以运筹帷幄，掌握事情的发展脉络。

九 齐桓公伐楚盟屈完《左传》

【原文】

春，齐侯以诸侯之师侵蔡，蔡溃，遂伐楚。楚子使①与师言曰："君处北海，寡人处南海，唯是风马牛不相及也②，不虞君之涉吾地也，何故？"管仲对曰："昔召康公命我先君太公曰：'五侯九伯③，女实征之，以夹辅周室！'赐我先君履④，东至于海，西至于河，南至于穆陵，北至于无棣。尔贡包茅不入，王祭不共⑤，无以缩酒⑥，寡人是征⑦。昭王⑧南征而不复，寡人是问。"对曰："贡之不入，寡君之罪也，敢不共给？昭王之不复，君其问诸水滨！"师进，次于陉。

【注释】

①使：派遣使者。

②风马牛不相及：即使牛马走失，也不会跑到对方境内。指楚国、齐国相隔甚远。

③五侯九伯：全国诸侯的泛称。

④履：原指单鞋，此处指践踏。

⑤共：通"供"，供应。

⑥缩酒：过滤酒中的渣子。

⑦征：责备，怪罪。

⑧昭王：指周昭王。其晚年头脑糊涂，昏庸无能，在南巡时，落入水中离世。

【译文】

春天时，齐桓公带领诸侯军队对蔡国发起进攻，蔡军溃败，便顺势进攻楚国。使者受楚成王之命前来，说道："君侯在北方居住，我们在南方居住，就算走丢了马与牛，也不会跑到对方境内。没想到君侯会来到我们的土地上，是什么原因呢？"管仲答道："以前召康曾对我们先祖太公下达命令：'五等诸侯，九州之长，你能够对他们进行讨伐，对周王朝进行辅助。'赐给我们先祖的征伐地域，东至海边，西至黄河，南至穆陵，北至无棣。本应进贡的包茅，你们没有进贡，让天子缺少祭祀的材料，无法缩酒，寡人因此来问罪。昭王南征未回，寡人因此来责问。"使者答道：

"没有送贡品是我们君主的错，我们怎么敢不进贡。昭王没回，您还是问问水边上的人吧。"诸侯军队往前，在陉地扎营。

【原文】

夏，楚子使^①屈完如师。师退，次于召陵。齐侯陈^②诸侯之师，与屈完乘而观之。齐侯曰："岂不毂是为？先君之好是继。与不毂同好，何如？"对曰："君惠徼福于敝邑之社稷，辱收寡君，寡君之愿也。"齐侯曰："以此众战，谁能御之？以此攻城，何城不克？"对曰："君若以德绥^③诸侯，谁敢不服？君若以力，楚国方城以为城，汉水以为池，虽众，无所用之。"屈完及诸侯盟。

【注释】

①使：派遣。

②陈：布阵，列队。

③绥：抚慰。

【译文】

夏天时，楚成王派屈完去诸侯的营地。诸侯退后，在召陵驻扎。齐桓公将诸侯军队布好阵，与屈完同坐一车观看。齐桓公说："难道所有一切都是为我吗？是为继续维护先祖们创建的友好关系。与我建立友好关系，如何？"屈完说："君侯来到敝国求福，真是麻烦君侯对我们国君进行安抚了，这是君王的愿望。"齐桓公说："用此种军队迎战，谁能防御呢？用这种军队攻城，哪个城池攻不下呢？"屈完回答："如果君侯以德行安抚诸侯，哪个不服呢？如果君侯动用武力征服，楚国有方城山作为城墙，有汉水作为城池，即使君侯的军队再多，也没有地方用得上。"屈完与诸侯签订了盟约。

【评析】

此文在记述春秋时代齐楚两国的这场外交斗争时，并不是用叙述语言来记述它的过程，而是把"出场"人物放在双方的矛盾冲突中。并通过他们各自的个性化语言和"交锋"方式，把这场外交斗争一步步引向深入，直到双方达成妥协，订立盟约。这样，即使我们明白了这场外交斗争的性质及其过程，又让我们看到了各具情貌的四位历史人物。

此文作为记叙外交斗争的一段史体散文，在语言的运用上也达到了炉火纯青的艺术境界。双方出场人物，虽然使用的都是各具情貌的外交辞令，但并不觉得做作、生硬。而且，即使针锋相对，也不金刚怒目；即使咄咄逼人，也不疾言厉色。尤其是楚国两位使者的语言，更是柔中有刚，刚中有柔。

十 齐桓下拜受胙《左传》

【原文】

会于葵丘，寻①盟，且修好，礼②也。王使③宰孔赐齐侯胙，曰："天子有事于文、武④，使孔赐伯舅胙。"齐侯将下拜。孔曰："且⑤有后命。天子使孔曰：'以伯舅耋老，加劳，赐一级，无下拜。'"对曰："天威不违颜咫尺，小白，余敢贪天子之命，无⑥下拜？恐陨越于下，以⑦遗天子羞。敢不下拜？"下，拜；登，受⑧。

【注释】

①寻：重温。

②礼：合乎礼节。

③使：派遣，让。

④有事于文、武：对文王、武王祭拜。

⑤且：还有，仍。

⑥无：不。

⑦以：给。

⑧下，拜；登，受：指接受天子奖赏时的一系列步骤：下阶，拜谢，登堂，受赐。

【译文】

齐侯、鲁僖公、宰孔、宋子等诸侯在葵丘见面，将之前的盟约再次申明，并调整彼此关系，向友好发展，这是与礼数相符的。周天子让宰孔将祭祀的肉品给齐桓公，说："天子对文王、武王进行祭拜，让宰孔把肉品给予伯舅。"齐桓公刚要走下阶跪谢。宰孔继续说道："之后还有指令。天子吩咐我这样说：'伯舅年龄大了，加上有功绩，给予一等赏赐，不用行跪拜礼。'"齐桓公回答："我与天子的威严不到咫尺的距离，小白怎敢贪恋天子的宠爱，不下阶跪拜呢？恐怕在下面跌倒，给天子蒙羞，我怎敢不下阶跪拜？"于是齐桓公下阶跪谢，登上台阶，将肉品接过。

【评析】

这是篇短文，记录了周天子赏赐给齐桓公祭肉的场面。文中对齐桓公受宠若惊的神态，写得细腻生动。在异姓的诸侯之中，祭肉只有夏商二王的后代才能得到，这一项规定应该是周天子对前代帝王的礼让，也是因为这两朝相隔不甚久远，他们后人的身份很明确。不像三皇五帝，根本无法确知其后人，即使是他们的本人，也多属于氏族部落或部落联盟的领袖，或干脆是象征性的人物，周朝实际上把他们的族系也列入蛮夷一类，还不如一般的诸侯们，就更无缘受胙了。齐桓公也非姬姓宗室，没有受赏的资格，但由于齐桓公特殊的地位，其祖姜子牙和王室的特殊关系，周襄王也就给予他特殊的礼遇。

十一 阴饴甥对秦伯《左传》

【原文】

十月，晋阴饴甥会秦伯，盟于王城。

秦伯曰："晋国和^①乎？"对曰："不和。小人耻失其君^②而悼丧其亲，不惮^③征缮以立圉也。曰：'必报仇，宁事^④戎狄。'君子爱其君而知其罪，不惮征缮以待秦命。曰：'必报德，有死无二。'以此不和。"秦伯曰："国谓^⑤君何？"对曰："小人戚，谓之不免。君子恕，以为必归。小人曰：'我毒秦^⑥，秦岂归君？'君子曰：'我知罪矣，秦必归君。贰而执之^⑦，服而舍之，德莫厚焉，刑莫威焉。服者怀德，贰者畏刑，此一役也，秦可以霸。纳而不定，废而不立，以德为怨，秦不其然。'"秦伯曰："是吾心也。"改馆晋侯，馈七牢焉。

【注释】

①和：融洽，和睦。

②耻失其君：以君王被捕为耻。此处指晋惠公在一个月前的战争中被抓。

③惮：害怕。

④事：顺从，听从。

⑤谓：认为。

⑥我毒秦：毒，损害。晋惠公夷吾为晋献公之子，因受谗言陷害，在外流亡。后来晋国没有了君主，夷吾贿赂秦穆公，令其派兵把晋惠公护送回国即位。即位后，晋惠公并没有按照约定将城池割让给秦国，这是一方面。再者，晋国受饥荒，请求秦国相助，秦国答应了；然而后来秦国因饥荒向晋国求助时，晋国再次失约，这是第二方面。

⑦贰而执之：对秦国抱有二心的话，就将其抓起来。贰：二心。执：抓捕，捕获。

【译文】

十月时，晋国的阴饴甥与秦穆公相见，在王城签订盟约。

秦穆公问："晋国上下意见一致吗？"阴饴甥答："不一致。下层人以国君被抓感到羞耻，对战死的亲人进行哀悼。不怕征收赋税和修缮兵甲，拥立圉成为君主。说：'宁可向戎狄屈服也一定要报仇。'上层人爱护国君而知晓他的罪过，不害怕征收赋税，增强兵力等待秦国的指令。说：'一定要报恩，宁可死去也不能存有他心。'所有才不和。"秦穆公问："晋国人如何看待他们的君主呢？"阴饴甥回答："下层人忧愁不已，认为他不会被赦免，上层人推己及人，认为他一定会回来。下层人说：'我们毒害了秦国，秦国怎么会放他回来呢？'上层人说：'我们承认罪过了，秦国肯定会把君主放回来。晋君对秦国怀有二心，秦伯就把他抓起来；晋君认罪了，新的国君就把他放走，没有比这更宽厚的德行了，没有比这更为严的惩罚了。认罪的怀念德行，怀有二心的惧怕罪责，单凭此事，秦国就能够成为诸侯的盟主了。送晋侯回国为君而不使他的君位稳定，废去他而不立新国君，把恩惠变为仇恨，秦国不会如此吧。'"秦穆公说："这是我的心意。"该请晋惠公住到宾馆中，赠送给他七副猪、牛、羊俱全的食物。

【评析】

晋惠公本是秦穆公的舅老爷，他靠姐夫的帮助，回国登了君位；却以怨报德，和秦国打了一仗，结果兵败被俘。阴饴甥在这时奉命到秦国求和，实在尴尬得很。但是，他在回答秦穆公的时候，巧妙地将国人分为"君子""小人"两部分，一正一反，既承认晋侯不是，向秦服罪；又表明晋国的士气不可轻侮。软硬兼施，说得不亢不卑，恰到好处。因此赢得秦穆公的尊敬，决心做个顺水人情，放回晋惠公，以提高自己的威信。

十二 展喜犒师《左传》

【原文】

齐孝公伐我北鄙。公使展喜犒师，使受命于展禽。

齐侯未入竟，展喜从①之，曰："寡君闻君亲举玉趾，将辱于敝邑②，使下臣犒执事③。"齐侯曰："鲁人恐乎？"对曰："小人恐矣，君子则否。"齐侯曰："室如县罄，野无青草，何恃而不恐④？"对曰："恃先王之命。昔周公、大公股肱周室⑤，夹辅成王，成王劳⑥之，而赐之盟，曰：'世世子孙无相害也!'载在盟府，太师职⑦之。桓公是以纠合诸侯，而谋其不协，弥缝其阙，而匡救其灾，昭旧职也。及君即位，诸侯之望曰：'其率桓之功!'我敝邑用不敢保聚，曰：'岂其嗣世九年，而弃命废职，其若先君何？君必不然。'恃此以不恐。"齐侯乃还。

【注释】

①从：迎接。

②邑：地方。鄙邑：一种谦虚的说法。

③执事：君王随身仆人。

④恃：凭借。

⑤周公：周武王的弟弟。大公：即太公姜子牙。

⑥劳：犒劳，慰劳。

⑦职：掌管，掌握。

【译文】

齐孝公对鲁国北方边界进行攻击，鲁僖公让展喜对齐军进行犒劳，让他向展禽请教外交辞命。

齐孝公还没到达鲁国境内，展喜出境随从他，说："寡君听闻君侯要亲劳大驾，屈尊来到我们这个穷乡僻壤，派遣臣下前来犒劳您的侍卫们。"齐孝公问道："鲁国人害怕么？"展喜答："小人心生畏惧，但君子却没有。"齐孝公说："房间里就像挂起的罄一般空无一物，农田里没有青草，凭什么不怕？"展喜答："凭借先王之命。以前周公和姜太公作为周王室的辅佐大臣。成王奖赏他们，赐予盟约，说：'世代子孙不能互相侵犯。'此盟约在盟府里藏着，由太师掌管。桓公因此联合诸侯，调解他们之间的不和，弥补他们的缺失，救援他们的灾难，宣扬过去的职责。到君侯即位，诸侯都期盼着：'他会继承桓公的功绩吧。'因此，我国不敢将群众聚集起来，说：'难不成他即位九年，就把王命舍弃、职责放任，怎么给先祖们一个交代呢？君侯肯定不会如此。'因此君子才不畏惧。"齐孝公便回国了。

【评析】

文章一开始就如奇峰突起、引人入胜，齐军入侵鲁国，鲁国却派展喜前去犒劳。展喜经展禽（即柳下惠）面授机宜，辞令谦和有礼，面对齐孝公咄咄逼人的问话，巧妙提出"君子"与"小人"之别，并针对齐孝公依仗周王名号经营霸业的心理，指出"先王之命"给他当头一棒；接着又用两国先君之盟约束之，用齐桓公之功勉励之，用诸侯之望鞭策之；最后又夸之不会弃命废职，暗藏机锋。言辞可谓字字珠玑，步步为营，方略绝妙。齐孝公开始如饮醇酒，自尊心和虚荣心得到极大满足；后来才发现仰之弥高，缚之弥深，颇有"高处不胜寒"之感，再想反驳为时已晚，只好"乘风归去"。全文结构紧凑，无一闲文懒笔，辞辩精妙绝伦，不愧是一篇优美的外交辞作。

十三 宫之奇谏假道《左传》

【原文】

晋侯复假道于虞以伐虢①。宫之奇谏曰："虢，虞之表也。虢亡，虞必从之。晋不可启，寇不可玩，一之为甚，其可再乎？谚所谓'辅车相依②，唇亡齿寒'者，其虞、虢之谓也。"

公曰："晋，吾宗也。岂害我哉？"对曰："大伯、虞仲，大王之昭也。大伯不从，是以不嗣。虢仲、虢叔，王季之穆也，为文王卿士，勋在王室，藏于盟府。将虢是灭，何爱于虞？且虞能亲于桓、庄乎，其爱之也？桓、庄之族何罪，而以为戮，不唯逼乎？亲以宠逼，犹尚害之，况以国乎？"

公曰："吾享祀丰洁，神必据③我。"对曰："臣闻之，鬼神非人实亲，惟德是依。故《周书》曰：'皇天无亲，惟德是辅。'又曰：'黍稷非馨，明德惟馨。'又曰：'民不易物，惟德緊物。'如是，则非德，民不和，神不享矣。神所冯④依，将在德矣。若晋取虞而明德以荐馨香，神其吐之乎？"

弗听，许晋使。宫之奇以其族行⑤，曰："虞不腊⑥矣。在此行也，晋不更举矣⑦。"冬，晋灭虢。师还，馆于虞，遂袭虞，灭之，执虞公⑧。

【注释】

①晋侯：晋献公。复：又。假：借。鲁僖公二年晋曾向虞借道伐虢，灭下阳。

②辅：通"酺"，面颊。车：牙床骨。

③据：依据，依附。既依附，则必保佑。

④冯：同"凭"。

⑤行：去，离开虞国。

⑥腊：年终的大祭，这时放纵官民饮酒作乐。

⑦更：再。举：起兵。晋将用灭虢的军队来灭虞，不需再起兵了。

⑧馆：驻扎，住。执：很轻易地捉住。

【译文】

晋献公再次向虞国借道去讨伐虢国。宫之奇向虞公劝谏说："虢国是虞国的屏障。如果虢国灭亡了，那么我们虞国也就会跟着灭亡。不能够打开关门让晋国的军队进入国境，不可以忽视外部的敌人。借道一次给它就已经太过分了，难道还可以第二次吗？俗话说：面颊和牙床互相依托，没了嘴唇牙齿就会挨冻。这说的正是我国和虢国之间的关系啊。"

虞公说："晋君和我是同一个祖宗的后代，他怎么会害我呢？"宫之奇回答说："太伯和虞仲都是太王的儿子，太伯由于不从父命出走，所以没有继承王位。虢仲和虢叔是王季的儿子，他们做文王的辅政大臣，对周王室立有功勋。记载他们功劳的典册还保存在官府里。如今晋国连虢国都要消灭掉，又怎么会顾惜虞国呢？再说虞国能比晋献公的从祖兄弟更亲吗？晋侯对他们应该是关怀爱护的。桓、庄两族有什么罪过呢？竟惨遭杀戮。晋侯难道不是欺人太甚了吗？亲戚因为恩宠而威胁到了晋侯的地位，尚且要杀害他们，何况我们是国家呢？"

虞公说："我祭祀鬼神的物品丰盛而且干净，神灵一定会保佑我的。"宫之奇回答说："我听说鬼神并不亲近所有的人，而只保佑有德行的人。所以《周书》上说：'上天没有偏爱，只帮助有德之人。'又说：'黍稷这类祭品并不能扩散很远的香气，只有明显的美德才能香飘万里，为鬼神所享受。'又说：'人民的祭品虽然相同，但只有那些有德之人献上的祭品鬼神才会享受。'这样看来，如果没有美德，人民不能安居乐业，那么祭品再丰盛再干净，鬼神也不会享用。神灵所依凭的，就在于德行。如果晋攻占了虞国，修明德行，再把丰洁的祭品献给鬼神，那么鬼神还会吐出来吗？"

虞公不听宫之奇的规劝，答应了晋国使者借道的要求。宫之奇便带领他的族人离开虞国。他说："等不到腊祭那一天，虞国就已灭亡了。晋国灭虞就在这次军事行动中，用不着再举兵了。"

这年冬天，晋灭掉了虢国。晋国回师时，驻留在虞国。于是乘机袭击虞国并一举消灭了它，而且很轻松地就捉住了虞公。

【评析】

晋国再次向虞国借道讨伐虢国，其用心实在险恶难知。虞大夫宫之奇识破了晋的阴谋，于是向虞公慷慨陈词，极言道不可借。否则"唇亡齿寒"，虞将步虢之后尘。而糊涂的虞公却迷信宗族关系和神权，不听忠言，最后国破家亡，只为天下人留下"虞公之不可谏"的笑柄。

十四 子鱼论战《左传》

【原文】

楚人伐宋以救郑。宋公①将战。大司马固②谏曰："天之弃商久矣，君将兴之，弗可赦也已。"弗听。

及楚人战于泓③。宋人既成列，楚人未既济④，司马曰："彼众我寡，及其未既济也，请击之。"公曰："不可。"既济而未成列，又以告。公曰："未可。"既陈而后击之，宋师败绩。公伤股，门官歼焉。

国人皆咎公。公曰："君子不重伤，不禽二毛。古之为军也，不以阻隘也。寡人虽亡国之余⑤，不鼓不成列。"子鱼曰："君未知战。勍⑥敌之人，隘而不列，天赞我也。阻而鼓之，不亦可乎？犹有惧焉。且今之勍者，皆吾敌也。虽及胡耇⑦，获则取之，何有于二毛？明耻教战，求杀敌也。伤未及死，如何勿重？若爱重伤，则如⑧勿伤；爱其二毛，则如服焉。三军以利用也，金鼓以声气也。利而用之，阻隘可也。声盛致志，鼓儳⑨可也。"

【注释】

①宋公：宋襄公，名兹父。

②大司马固：指子鱼，即宋庄公之孙公孙固。司马是统率军队的高级长官。

③泓：宋国水名。

④既：已经。济：渡河。

⑤亡国之余：宋是商的后代，所以宋襄公这么说。

⑥勍：同"劲"，勍敌即"劲敌"。

⑦虽：即使。及：到达。胡：大，指年纪大。耇（gǒu）：寿。胡耇，指很老的人。

⑧则如：何如。服：屈服，投降。

⑨儳（chān）：不整齐。这里指没有摆成阵势的意思。

【译文】

楚国的军队攻打宋国来解救郑国。宋襄公准备和楚国交战。大司马公孙固规劝说："上天抛弃我们商朝已经很久了，您想复兴它，上天是不会赦免您的。"宋襄公不听他的劝告。

宋襄公和楚军在泓水展开战斗。宋军已经摆好了阵势，而楚军还没有完全渡过泓水。司马说："他们的兵多，我们的兵少，趁他们还没有完全渡过泓水，请您下令向他们进攻。"宋襄公说："不行。"楚军渡过泓水之后尚未摆好阵势，司马又请求攻击他们。宋襄公说："不行。"楚军摆好阵势后向宋军发动进攻，宋军被打得一败涂地，宋襄公的大腿受了伤，左右亲军也被全部消灭。

宋国人都怪罪宋襄公。襄公辩解说："君子不杀害已经受伤的人，不俘虏年老的人。古代行军作战，不在险隘处阻击敌人。我虽然是已灭亡了的殷商后代，但也能够做到不向没有摆好阵势的敌军发动进攻。"

子鱼说："您不懂什么是战争。强大的敌人，暂时因为陷在险隘的地方而没能摆好阵势，这是上天帮助我啊。乘着他们处于险阻而向他们发动进攻，难道不可以吗？就这样还担心不能获胜呢。何况如今那些强大的国家，都是我们的敌人。即使是老头子，捉住了也要取他们的性命，何况是那些头发斑白的人呢？让人民明白耻辱，教导他们要勇敢作战，这是为了杀伤敌人。敌人受伤还没有死，怎么能不再次击杀他们呢？如果不想再次击杀那些受伤的敌人，就不如一开始就不杀伤他们；如果怜惜那些头发斑白的敌人，那就不如向他们投降。军队应该凭借一切有利的时机作战，鸣锣击鼓是用来鼓舞士气的。既然军队要凭借有利的时机行动，那么趁敌人遇到险阻时进攻是可以的。金鼓宏壮的声音可以鼓舞士兵的斗志，那么击鼓进攻那些还没有摆好阵势的敌人也是可以的。"

【评析】

宋襄公不自量力，竟以中原霸主自居，这就不可避免地要和国力强盛、窥伺霸主地位已久的楚国发生尖锐的冲突，终于导致了楚宋泓之战。宋襄公在你死我活的战争中，摆出一副长者风度，以显示自己是仁义之师。结果坐失战机，被楚人打得落花流水，受伤而逃。子鱼论战一段，一针见血地指出战争就是要利用敌人的弱势，乘势杀敌，决不能有丝毫的心慈手软。

这次战争的失败，终要归咎于自称仁义之师的宋襄公。他根本不懂在竞争中时机的重要性。在竞争中，要懂得利用有利时机向对手出击，攻其不备，这样才有可能取得最终的胜利。

卷二 周文

一 介之推不言禄《左传》

【原文】

晋侯赏从亡者，介之推不言禄，禄亦弗及。

推曰："献公之子九人，唯君在矣。惠、怀无亲，外内弃之①。天未绝晋，必将有主。主晋祀者，非君而谁？天实置之，而二三子②以为己力，不亦诬乎？窃人之财，犹谓之盗，况贪天之功以为己力乎？下义其罪，上赏其奸，上下相蒙，难与处矣。"其母曰："盍③亦求之？以死谁怼？"对曰："尤④而效之，罪又甚焉。且出怨言，不食其食。"其母曰："亦使知之，若何？"对曰："言，身之文也；身将隐，焉用文之？是求显也。"其母曰："能如是乎？与汝偕⑤隐。"遂隐而死⑥。

晋侯求之不获，以绵上为之田，曰："以志吾过，且旌善人。"

【注释】

①晋侯：晋文公重耳。从亡者：跟随文公一起流亡的人，如狐偃、赵衰等人。介之推：晋贵族，曾随重耳流亡国外。禄：薪水。献公：晋文公的父亲。君：指晋文公。惠：晋惠公。怀：晋怀公。惠公是文公的弟弟，怀公是惠公的儿子。

②二三子：相当于现在讲的"那几位"，指跟从文公逃亡的人。

③盍：何不。怼：怨恨。

④尤：过失。

⑤偕：俱。

⑥遂隐而死：指晋文公因寻找不到隐居在山里的介之推，就放火焚山，想借此让介之推出来，谁知介之推宁死也不出山，焚身于火海之中。

【译文】

晋文公赏赐跟他一起流亡的人。介之推没有说自己有功劳应该享受俸禄，因此高官厚禄也没有他的份。

介之推说："献公有九个儿子，现在只有君侯（指晋文公重耳）还活着。惠公、怀公不亲爱臣民，因此国外的诸侯、国内的人民都抛弃了他们。上天并没有灭绝晋国的意图，因此晋国必定会有新一代君主。主持晋国祭祀的人，不是君侯又是谁呢？这实在是上天的安排，但那些人却认为这是他们的功劳，这难道不是太荒唐了吗？偷别人的钱财，尚且称为盗贼；何况是把上天的功劳当作自己的功劳呢？臣下把他们这种勾当看作是正当的，君上对他们的这种奸恶行径加以赏赐，上下互相欺骗，我实在难以和他们相处共事啊！"他母亲说："你为什么不也去要求赏赐呢，要不死了又怨谁呢？"介之推回答说："我把他们这种行为当作罪过，现在却让我去效仿他们，那罪过就更加严重了！况且说了怨恨的话，就不会再吃他赏赐的俸禄了。"他母亲说："那么也让国君知道这件事，怎么样？"介之推回答说："言语，是自身思想的表白，我要隐居了，还用得着表白吗？这是想求得显达啊。"他母亲说："能够这样吗？如果能，我和你一起隐居。"于是隐居而死。

晋文公派人找介之推没找到，就把绵上之田作为介之推的封地，说："用这种做法来记下我的过错，并且用来表彰他这个善良的人。"

【评析】

介之推追随重耳在外流亡十九年，即使无功，其耿耿忠心，难道不值得嘉奖？可是介之推认为重耳最终回国执政完全是由于天命而不在人事，因此当晋文公赏赐随从流亡的人时，他认为这是"上下相蒙"，不但没有去争求利禄，反而和母亲一道归隐了。介之推的天命观是荒谬的，但他那种不追逐名利、超脱物欲的处世态度，却也是让人们敬佩的。

二 烛之武退秦师《左传》

【原文】

晋侯、秦伯围郑①，以其无礼于晋，且贰②于楚也。晋军函陵，秦军氾南。

佚之狐③言于郑伯曰："国危矣！若使烛之武见秦君，师必退。"公从之。辞曰："臣之壮也，犹不如人；今老矣，无能为也已。"公曰："吾不能早用子，今急而求子，是寡人之过也。然郑亡，子亦有不利焉！"许之。

夜缒而出。见秦伯，曰："秦、晋围郑，郑既知亡矣。若郑亡而有益于君，敢以烦执事。越国以鄙远④，君知其难也。焉用亡郑以陪邻⑤？邻之厚，君之薄也。若舍郑以为东道主⑥，行李之往来，共其乏困，君亦无所害。且君尝为晋君赐矣，许君焦、瑕，朝济而夕设版焉，君之所知也。夫晋何厌之有？既东封郑，又欲肆其西封。若不阙秦，将焉取之？阙秦以利晋，唯君图之。"

秦伯说，与郑人盟，使杞子、逢孙、杨孙戍之，乃还。子犯请击之。公曰："不可。微夫人之力不及此。因人之力而敝之，不仁；失其所与，不知⑦；以乱易整，不武。吾其还也。"亦去之。

【注释】

①晋侯：晋文公。秦伯：秦穆公。

②贰：有二心，这里是依附的意思。

③佚之狐：郑大夫。

④鄙：边疆，这里作动词用。远：偏远的地方（指郑国）。

⑤陪：增厚，增强。邻：指晋国。

⑥东道主：东方道路上招待宿食的主人。因为郑在秦东，所以这么说。

⑦敝：败坏、损害。所与：同盟者，指秦国。知：同"智"。

【译文】

晋文公、秦穆公率军围攻郑国，因为郑文公曾经对晋文公无礼，而且怀有二心，背晋助楚。晋军进驻函陵，秦军进驻氾南。

佚之狐对郑文公说："国家很危险了，如果让烛之武去拜见秦穆公，那么敌人的军队一定会撤退。"郑文公便听从了他建议。烛之武却推辞说："我年轻力强的时候，尚且比不上别人；如今老朽了，更加办不了事了。"郑文公说："我不能及早重用您，到了危急的关头才来求您，这是我的过错。但如果郑国灭亡了，对您也没好处！"于是烛之武便答应了他。

深夜，烛之武用绳子缚住自己，从城上吊了下来，觐见秦穆公。烛之武说："秦、晋两国围攻郑国，郑国人知道自己就要灭亡了。如果郑国的灭亡对您有好处，哪敢来麻烦您？可是越过他国把遥远的地方作为自己的边境，您一定知道其中的困难。怎能用灭亡郑国来增强邻国的实力呢？邻国实力的增强，就是秦国实力的削弱啊。如果您放弃攻打郑国，并把它作为东方道路上为秦国准备食宿的主人，贵国的使者来往经过这里，也能供应他们缺乏的东西，这对您也没有什么害处。再说您曾经帮助过晋惠公回国即位，他答应把焦、瑕两地送给您作为酬谢，可是他早晨刚渡过黄河，傍晚就修筑工事来防备您，这您是知道的。晋国怎么会满足呢？等到晋国东面的疆土扩展到郑国，那么必定会扩张他们西部的边疆。如果不损害秦国，那他又从哪里获得土地呢？损害秦国来使晋国受益，希望您好好考虑一下。"秦穆公非常高兴，于是和郑人结成联盟。让杞子、逢孙、杨孙守卫郑国，自己率军回国去了。

子犯请求出兵袭击秦军。晋文公说："不行！如果没有秦国国君的帮助，我也不会有今天。得过人家的帮助却要损害人家，这是不仁义的；失掉自己的同盟者，这是不明智的；用冲突来代替联盟，这是不威武的。我们还是回去吧。"于是晋军也撤离了郑国。

【评析】

在秦、晋两国兵临城下、千钧一发之际，郑国老臣烛之武赤胆忠心，只身深入虎穴，对秦穆公剖析陈词，雄辩地证明灭亡郑国对秦不但没有丝毫益处，反而会增强晋国这个潜在对手的实力，只有保存郑国，秦才能得到好处。这样就达到了分化瓦解敌军的目的，并使秦郑两国化干戈为玉帛，从而使郑国转危为安。

三 蹇叔哭师《左传》

【原文】

杞子自郑使告于秦曰："郑人使我掌其北门之管①，若潜师以来，国可得也。"穆公访诸蹇叔，蹇叔曰："劳师以袭远，非所闻也。师劳力竭，远主②备之，无乃不可乎？师之所为，郑必知之。勤而无所，必有悖心③。且行千里，其谁不知？"

公辞焉。召孟明、西乞、白乙，使出师于东门之外。蹇叔哭之，曰："孟子④，吾见师之出而不见其入也。"公使谓之曰："尔何知！中寿，尔墓之木拱矣⑤！"

蹇叔之子与师，哭而送之，曰："晋人御师必于殽。殽有二陵焉：其南陵，夏后皋之墓也；其北陵，文王之所辟风雨也。必死是间，余收尔骨焉。"秦师遂东。

【注释】

①管：钥匙。

②远主：指郑国，因为秦和郑之间隔着晋国。

③悖心：叛乱的情绪。

④孟子：即孟明。"子"是古代对男子的美称。

⑤中寿：六七十岁。拱：两手合抱。

【译文】

杞子从郑国派人报告秦穆公说："郑国官方叫我掌管都城北门的钥匙，如果您秘密派军队来偷袭，可以夺得郑国。"秦穆公听说这件事就来征询蹇叔的意见。蹇叔说："让军队辛辛苦苦去偷袭远方的国家，我从没听说过。军队到达郑国时必定累得精疲力竭，远方的郑国却早已有所准备，这恐怕不行吧？我们的军事行动，郑国一定会知道。秦军旅途劳顿却毫无所得，士兵会产生叛乱的情绪。再说，军队长征千里，还有谁不知道呢？"秦穆公没有听从蹇叔的意见。他召集孟明、西乞和白乙三员大将，叫他们从东门出兵。蹇叔哭着说："孟明啊！我看见军队出征，却见不到他们回来了！"秦穆公派人对他说："你知道什么！如果你活到六七十岁就死了的话，现在你坟墓上的树也有两手合抱那么粗了。"

　　蹇叔的儿子也参加了这支军队。蹇叔哭着送他，说："晋国的军队一定会在崤山狙击我军，崤有两座大山：那南边的大山是夏王皋的坟墓；那北边的大山是周文王避过风雨的地方。你们必定会死在两山之间，我就到那里去收你的尸骨！"秦国的军队就向东进发了。

【评析】

　　秦国虽从氾南撤军，但仍企图把势力扩张到东方，因而就必然要攫取郑国做它的军事据点。秦穆公精明练达，但野心勃勃，利令智昏，不考虑实际情况，结果可想而知。蹇叔两"哭"既说明他作为秦国元老的透彻分析形势能力，也表明了他的拳拳爱国心，同时还预示着秦师必败的下场。秦穆公一意孤行，不听规劝，终将使自己走入万劫不复之地。

四 寺人披见文公《左传》

【原文】

　　吕、郤①畏逼②，将焚公宫而弑③晋侯。寺人披请见。公使让之，且辞焉，曰："蒲城之役，君命一宿，女④即至。其后余从狄君以田⑤渭滨，女为惠公来求杀余，命女三宿，女中宿⑥至。虽有君命何其速也？夫袪⑦犹在，女其行乎！"对曰："臣谓君之入也，其知之矣。若犹未也，又将及难。君命无二，古之制也。除君之恶，唯力是视。蒲人、狄人、余何有焉？即位，其无蒲、狄乎！齐桓公置射钩，而使管仲相。君若易之，何辱命焉？行者甚众，岂唯刑臣？"公见之，以难告。晋侯潜会秦伯于王城。己丑晦，公宫火。瑕甥、郤芮不获公，乃如河上，秦伯诱而杀之。

【注释】

　　①吕、郤：吕即阴饴甥，他的采邑除阴外还有吕今山西霍县西、瑕今山西临猗附近，故又称吕甥、瑕甥。郤即郤芮。二人都是晋惠公、晋怀公的旧臣。

　　②畏逼：害怕遭受迫害。

　　③弑：古时子杀父，臣杀君为弑。

　　④女：同"汝"，你。

　　⑤田：打猎。

⑥中宿：隔两夜。

⑦袪：衣袖。

【译文】

　　吕甥、郤芮害怕受到威逼，要焚烧晋文公的宫室而杀死文公。寺人披请求进见，文公令人训斥他，并且拒绝接见，说："蒲城的战役，君王命你第二天赶到，你马上就来了。后来我逃到狄国同狄国国君到渭河边上打猎，你替惠公前来谋杀我，惠公命你三天后赶到，你过了第二天就到了。虽然有君王的命令，怎么那样快呢？在蒲城被你斩断的那只袖口还在。你就走吧！"披回答说："小臣以为君王这次返国，大概已懂得了为君之道。如果还没有懂，恐怕您又要遇到灾难。对国君的命令没有二心，这是古代的制度。除掉国君所憎恶的人，就看自己有多大的力量，尽多大的力量。您当时是蒲人或狄人，对于我又有什么关系呢？现在您即位为君，难道就不会再发生蒲、狄那样的事件吗？从前齐桓公抛弃射钩之仇，而让管仲辅佐自己，您如果改变桓公的做法，又何必辱蒙您下驱逐的命令？这样，要逃走的人就会很多了，岂止受刑的小臣我一人？"于是文公接见了披，他把即将发生的叛乱报告了文公。晋文公暗地里和秦穆公在秦国的王城会晤商量应付的办法。三月的最后一天，晋文公的宫室果然被烧。瑕甥、郤芮没有捉到文公，于是逃跑到黄河边上，秦穆公诱他们过河把他们杀了。

【评析】

　　这篇文字写了寺人披——勃鞮向晋文公提供情报、助其避难平乱的过程。勃鞮应是晋文公的仇敌，但是重耳逃亡十九年，历经事件不枚胜数，其宽阔的胸襟所展现出的人格力量，和应对事件的谋略所预示的必能振兴国家的前景，使各类的人物，在他入主晋国之初，都会重新考虑自己的抉择。勃鞮就是第一个。他得知叛乱的确切情报，也认定了即使是不以此觐见，晋文公也能够不计前嫌，最起码是不会杀了他。事情的进程完全证实了他的预想，也使他决心投靠重耳。这一起个人恩怨的理智处置，为晋文公赢得了时间，使他能够在紧急的关头避离，最后借助秦穆公镇压了叛军；也为他随后一系列稳定政局的策略，提供了可供借鉴的先例。

五 吕相绝秦《左传》

【原文】

晋侯①使吕相绝秦，曰："昔逮我献公及穆公相好，戮力同心，申之以盟誓，重之以昏姻。天祸晋国，文公如齐，惠公如秦。无禄，献公即世。穆公不忘旧德，俾②我惠公用能奉祀于晋。又不能成大勋，而为韩之师。亦悔于厥心，用集我文公，是穆之成也。

"文公躬擐甲胄③，跋履山川，逾越险阻，征东之诸侯——虞、夏、商、周之胤——而朝诸秦，则亦既报旧德矣。郑人怒君之疆埸，我文公帅诸侯及秦围郑。秦大夫不询于我寡君，擅及郑盟。诸侯疾之，将致命于秦。文公恐惧，绥靖诸侯。秦师克还，无害，则是我有大造于西也。

"无禄，文公即世，穆不为吊，蔑死我君，寡我襄公，迭我殽地，奸绝我好，伐我保城，殄灭我费滑，散离我兄弟，挠乱我同盟，倾覆我国家。我襄公未忘君之旧勋，而惧社稷之陨，是以有殽之师。犹愿赦罪于穆公。穆公弗听，而即楚谋我。天诱其衷，成王陨④命，穆公是以不克逞志于我。

"穆、襄即世，康、灵即位。康公我之自出，又欲阙剪我公室，倾覆我社稷，帅我蟊贼，以来荡摇我边疆，我是以有令狐之役。康犹不悛，入我河曲，伐我涑川，俘我王官，剪我羁马⑤，我是以有河曲之战⑥。东道之不通，则是康公绝我好也。

"及君之嗣也，我君景公引领西望，曰：'庶抚我乎？'君亦不惠称盟。利吾有狄难，入我河县，焚我箕、郜，芟夷我农功，虔刘⑦我边陲。我是以有辅氏之聚。君亦悔祸之延，而欲徼福于先君献、穆，使伯车来命我景公，曰：'吾与女同好弃恶，复修旧德，以追念前勋。'言誓未就，景公即世。我寡君是以有令狐之会。君又不祥，背弃盟誓。白狄及君同州，君之仇雠⑧，而我之昏姻也⑨。君来赐命曰：'吾与女伐狄。'寡君不敢顾昏姻，畏君之威，而受命于使。君有二心于狄，曰：'晋将伐女。'狄应且憎，是用告我。楚人恶君之二三其德⑩也，亦来告我曰：'秦背令狐之盟，而来求盟于我，昭告昊天上帝、秦三公、楚三王，曰：'余虽与晋出入，余唯利是视。'不谷恶其无成德，是用宣之，以惩不一。'诸侯备闻此言，斯是用痛心疾首，昵就寡人。寡人帅以听命，唯好是求。君若惠顾诸侯，矜哀寡人，而赐之盟，则寡人之愿也。其承宁诸侯以退，岂敢徼乱？君若不施大惠，寡人不佞，其不能以诸侯退矣。敢尽布之执事，俾执事实图利之！"

【注释】

①晋侯：指晋厉公，公元前580—公元前573年在位。吕相：人名，晋大夫魏锜之子。

②俾（bǐ）：使。晋惠公是由秦穆公送回晋国即位为国君的。

③躬擐（huàn）甲胄：亲自穿着铠甲、戴着头盔。躬：亲自。擐：穿。

④陨（yǔn）：通"殒"，灭亡。

⑤剪：削弱。羁马：晋地名，在今山西永济南。

⑥河曲之战：胜负未分，秦军连夜撤走。

⑦虔刘：杀戮。

⑧仇雠（chōu）：仇敌。

⑨我之昏姻也：白狄和赤狄同属狄族，而赤狄女季隗是晋文公的一位夫人，所以说是婚姻。

⑩二三其德：反复无常。

【译文】

晋厉公派遣吕相去跟秦国绝交，说："从我们献公和你们穆公开始，两国的关系一直互相友好，同心协力，并把这种关系用盟约誓言确定下来，又互通婚姻来加深两国的关系。上天降灾祸给晋国，文公奔往齐国，惠公奔往秦国。不幸，献公去世了，秦穆公不忘往日的情谊，使得我惠公能再次成为晋国的君王。可是秦国没有能维持住这种和平友好的局面，对我们发动了韩原之战。后来穆公心里有些后悔，因此，支持我文公顺利地登上君位，这是穆公的成全。

"文公身着戎装，亲自跋山涉水，历尽艰难险阻，率领东方的诸侯：虞、夏、商、周的后代，一齐朝见秦国，就已经报答了秦国过去的恩德了。郑国人侵犯了贵国的边境，我们文公便率领诸侯和秦国的军队围攻郑国。你们的大夫不询问我们国君的意见，就私自和郑国订立了盟约。诸侯都很痛恨这件事，要和秦国拼命，文公怕秦国受害，便安抚诸侯，使秦军能安然回国，没有受到危害，这是我们对秦国的重大恩德啊！

"不幸，文公去世，秦穆公却不来吊唁，轻视我们去世的君主，欺侮我们襄公的孤弱，并且袭击我们殽地，断绝和我们的友好关系，攻打我们的边境城邑，灭掉我们的同姓国费滑。离间我们兄弟国的关系，扰乱我们的同盟，企图颠覆我们的国家。我们襄公没有忘记穆公以前的功勋，但怕国家遭受灭亡，因此才有殽地的战争。我们仍然希望穆公宽宥我们，但穆公不听，却亲近楚国来谋害我们。上天有灵，楚成王被人杀死，因此，秦穆公侵犯我国的阴谋未能得逞。

"秦穆公、晋襄公去世，秦康公、晋灵公即位。康公是我们晋国女子所生，又想削弱我国公室，颠覆我们的国家；还带着我国公子雍那个蛊贼，一起来骚扰我们的边境，我们因此有了令狐之战。康公还是不肯改过，侵入我们河曲，攻打我们涑川，劫掠我们王官，占领我国的羁马，我国因此又和秦发生了河曲之战。秦、晋两国不通往来，那是康公断绝和我们的友好关系造成的。

"到您继位以后，我国君主景公伸长脖子向西张望，说：'秦国也许会来安抚我们吧！'可是您也不愿施恩，和我们缔结盟约，却利用我国有赤狄之战的困难，侵入我国的河县，焚烧我国的箕、郜，割掉我国的庄稼，杀戮我国边疆的人民，我们因此才有辅氏的集兵设防。您也懊悔不该使战祸延长，想要向先君献公、穆公求福，派遣伯车来吩咐我们景公说：'我和您重新和好，抛弃以前的仇怨，恢复、发展过去的友好关系，以此来追念先君的功勋吧！'盟约还没有订立，我们景公就去世了，我们厉公因此和秦有令狐的会盟。您又不怀好意，背弃了盟约。白狄和你们同处雍州，是你们的仇敌，却是我们的亲戚，您派人来吩咐说：'我和你们一起讨伐白狄！'我们君主慑于您的威力，不敢顾及亲戚关系，就接受了您使者的命令。可是您又讨好白狄，对他们说：'晋国将要攻打你们了。'白狄表面上答应了，心里却很憎恶你们，因此告诉了我们。楚国人讨厌您这种反复无常的行为，也来告诉我们说：'秦国违背了令狐的盟约，来要求同我们结盟。他们还向皇天上帝以及秦国的三公、楚国的三王发誓说：'我们秦国虽然同晋国有往来，但我们是唯利是图的。'我们讨厌秦国没有道德，因此把这件事宣扬出来，来惩戒那些言行不一致的人。'诸侯都听到了这番话，因而感到痛心疾首，和我们亲近。现在我们君主率领诸侯听候您的答复，目的只求和好。您若是看得起诸侯，并且怜悯我们，跟诸侯订立盟约，那是我们君主的愿望。我们也当承受秦君的命令，安抚诸侯，然后让他们退去，哪里敢来扰乱您呢？您要是还不肯施予大恩，我们国君没有什么才能，那就不能使诸侯退兵了。我大胆地把所有的话向您讲了，请您仔细权衡得失利弊吧！"

【评析】

秦、晋两国君主互结婚姻，但为了争夺霸权，又钩心斗角，不断进行战争。本文是晋统率诸侯军队进攻秦国之前，先派吕相到秦宣布的绝交辞令。在这篇辞令里，吕相历数秦的罪状，指责秦不顾两国邦交的友好历史，做出了背信弃义的事。这篇辞令开创战国策士游说之辞的先河，也是后世檄文之鼻祖。

六 季札观周乐《左传》

【原文】

吴公子札来聘，请观于周乐。

使工为之歌《周南》《召南》，曰："美哉！始基之矣，犹未也，然勤而不怨矣！"为之歌《邶》《鄘》《卫》，曰："美哉，渊乎！忧而不困者也。吾闻卫康叔、武公之德如是，是其《卫风》乎？"为之歌《王》，曰："美哉！思而不惧，其周之东乎？"为之歌《郑》，曰："美哉！其细已甚，民弗堪也。是其先亡乎？"为之歌《齐》，曰："美哉！泱泱^①乎，大风也哉！表东海者，其大公乎？国未可量也。"为之歌《豳》，曰："美哉，荡乎！乐而不淫，其周公之东乎？"为之歌《秦》，曰："此之谓夏声。夫能夏则大，大之至也！其周之旧乎？"为之歌《魏》，曰："美哉，沨沨^②乎！大而婉^③，险而易行。以德辅此，则明主也！"为之歌《唐》，曰："思深哉！其有陶唐氏之遗民乎？不然，何忧之远也？非令德之后，谁能若是？"为之歌《陈》，曰："国无主，其能久乎？"自《郐》以下，无讥焉。

为之歌《小雅》，曰："美哉！思而不贰，怨而不言，其周德之衰乎？犹有先王之遗民焉！"为之歌《大雅》，曰："广哉，熙熙乎！曲而有直体，其文王之德乎？"

为之歌《颂》，曰："至矣哉！直而不倨，曲而不屈；迩而不逼，远而不携；迁而不淫，复而不厌；哀而不愁，乐而不荒；用而不匮，广而不宣；施而不费，取而不贪；处而不底，行而不流。五声和，八风平；节有度，守有序。盛德之所同也。"

见舞《象箾》《南籥》者，曰："美哉！犹有憾。"见舞《大武》者，曰："美哉！周之盛也，其若此乎！"见舞《韶濩》者，曰："圣人之弘也，而犹有惭德，圣人之难也。"见舞《大夏》者，曰："美哉！勤而不德，非禹，其谁能修之？"见舞《韶箾》者，曰："德至矣哉！大矣，如天之无不帱④也，如地之无不载也！虽甚盛德，其蔑⑤以加于此矣。观止矣！若有他乐，吾不敢请已！"

【注释】

①泱泱：深广宏大的样子。

②沨沨：指音节轻盈飘逸。

③婉：委婉。

④帱：覆盖。

⑤蔑：无、没有。

【译文】

吴公子季札到鲁国来访问，请求观赏周王室的乐舞。

鲁侯便让乐工为他演唱《周南》《召南》。季札听了说："好啊！周的教化开始奠定基础了，虽然还不算完美，但已经反映出人民勤劳而没有怨恨的情绪。"给他演唱《邶风》《鄘风》《卫风》，季札说："好啊，多么深沉呀！百姓虽有忧伤，但还不至于困顿。我听说卫国的康叔和武公的品德就是如此，这些大概是卫国的乐歌吧？"乐工给他演唱《王风》，季札说："好啊！虽有忧思，但没有恐惧，大概是周室东迁以后的乐歌吧？"给他演唱《郑风》，季札说："好啊！可惜太烦琐，百姓受不了呀，这大概是它最先消亡的原因吧？"给他演唱《齐风》，季札说："好啊！声音宏大，反映出大国的气派。可以做东海一带诸侯的表率，是太公的国家吧？它的前途是不可限量的。"给他演唱《豳风》，季札说：

"好啊！声音多坦荡呀！欢乐而又不过分，这大概是反映周公东征的乐歌吧？"给他演唱《秦风》，季札说："这就叫华夏的音调，能产生这种夏声，气势自然是非常宏大的，大到极点了！这大概是周室旧地的乐歌吧？"给他演唱《魏风》，季札说："好啊！轻盈飘逸，宏大而委婉，节拍虽急促却流畅；用有美德的人加以扶持，那一定是个英明的君主了。"给他演唱《唐风》，季札说："忧思多么深远啊！这里也许有唐尧故国的遗民吧！否则，为什么忧得这么深，想得这么远呢？不是有美德的人的后代，哪个能像这样呢？"给他演唱《陈风》，季札说："国家没有好的君主，还能长久吗？"从《郐风》以后，季札就没有评论了。

给他演唱《小雅》，季札说："好啊！有忧思而无叛离的二心，有怨恨但不说出来，大概是周朝的德教开始衰败了吧？不过那时还有先王的遗民。"给他演唱《大雅》。季札说："声音多宽广啊，多么和谐！既委婉曲折又有正直的节操，这不就是周文王的盛德吗！"

给他演唱《颂》，季札说："好极了！刚直而不傲慢，委婉曲折而不卑下靡弱，紧凑而不急促，疏远而不离心；变化而不过分，反复而不令人厌倦。有哀思而不至于忧伤，安乐而不过度。供人取用而不会匮乏，广大而不张扬；施与而不费损；求取而不贪得；宁静而不停滞，流动而不泛滥。五音和谐，八风平静；节奏有一定的规律，乐器配合有一定的准则。乐舞中表现出来的，与圣贤的美德是一致的。"

看到表演《象箫》《南籥》舞时，季札说："好啊！但还有点美中不足。"看到表演《大武》舞时，季札说："好啊！当年周朝的盛况，大概就是这个样子吧！"看到表演《韶濩》舞时，季札说："圣人的德行宽宏，但是还有感到惭愧的行为，可见圣人处世很难啊！"看到表演《大夏》时，季札说："好啊！为百姓的事勤劳而不自以为功，如果不是禹，还有谁能做得到呢？"看到表演《韶箾》舞时，季札说："德行达到了极点！广大无限，如同天那样覆盖着一切，如同地那样承载着一切！即使还有更高尚的德行，恐怕也不会超过这种境界了。我观赏的乐舞至此已达到极点了！如果还有别的乐曲，我不敢再观赏了。"

【评析】

吴公子季札是春秋时代的一位贤人。他访问鲁国时，要求欣赏中原各国的雅声。他把音乐看成政治的象征，从各国的风（即民歌）的乐调，判断它们的政治情况；从四代乐舞的姿态，体察出舜、禹、汤、武四位帝王的政教业绩，是一篇评论文章。文章错落有致，音韵铿锵有力，生动耐读有味，是一篇很出色的评论文章。

七 祭公谏征犬戎《国语》

【原文】

穆王将征犬戎①，祭公谋父②谏曰："不可，先王耀德不观兵③。夫兵戢而时动，动则威，观则玩，玩则无震。是故周文公之《颂》曰④：'载戢干戈，载櫜弓矢⑤。我求懿德，肆于时夏⑥，允王保之。'先王之于民也，茂正其德而厚其性，阜⑦其财求而利其器用，明利害之乡，以文修之，使务利而避害，怀德而畏威，故能保世以滋大⑧。"

【注释】

①穆王：西周王朝的第五代君王，名姬满，世称"穆天子"。犬戎：西部少数民族，曾活跃在今天的陕西泾水渭水一带。

②祭（zhài）公谋父：周穆王的大臣，谋父是他的字。

③耀德：重视德行。观兵：炫耀武力。

④周文公：武王的弟弟，名旦，"文"是他的谥号。《颂》：此处是指传说周公所作的《诗经·周颂·时迈》。

⑤载：动词前的助词，无义。櫜（gāo）：古时用来装弓箭、盔甲的器具。这里用作动词，收藏。

⑥懿德：美德。肆：陈列，布陈。时：通"是"，指示代词，这。夏：华夏族，这里指中国。

⑦阜：丰富。

⑧滋大：日益壮大。

【译文】

周穆王打算征伐犬戎，祭公谋父劝阻说："不行！先王历来重视德行而不炫耀武力。武力平时应该收敛，伺机而动，一旦动用就要发挥威力；随便滥用武力就会显得轻慢，轻慢了就没有威慑力。所以周公的《诗经·周颂·时迈》说：'将兵器收藏，将弓箭藏在皮囊。我们君王讲求美德，把美德扩展到中华大地。相信周王定能永久保持天命。'先王总是勉励百姓端正自己的德行，重视培养他们的美好道德；扩大他们的财源，改进他们的工具；指明利害的方向，用道德礼法教导他们，使他们能够做到既追求利益又避免祸害，怀念恩德又畏惧威严，因此先王能保证周王室世代相承，日益壮大。"

【原文】

"昔我先世后稷，以服事虞、夏①。及夏之衰也，弃稷弗务，我先王不窋用失其官②，而自窜于戎、翟之间③，不敢怠业，时序其德，纂修其绪④，修其训典，朝夕恪勤，守以惇笃⑤，奉以忠信，奕世⑥载德，不忝前人。至于武王，昭前之光明而加之以慈和，事神保民，莫不欣喜。商王帝辛⑦，大恶于民，庶民弗忍，欣戴武王，以致戎于商牧⑧。是先王非务武⑨也，勤恤民隐而除其害也。"

【注释】

①后稷（jì）：原为官名，专管农事。这里指周王朝的始祖弃，侍奉过舜、禹两代君王。服事：侍奉。

②不窋（zhì）：周族部落的首领，父亲叫弃，是夏后氏农官，后由他继承父亲官位。用：因为。

③戎：西戎，翟：通"狄"，北狄，古族名。是旧时对于北方少数民族的称谓。

④纂："缵"，继承。绪：前人未完成的事业。

⑤惇（dūn）：敦厚，诚实。笃：忠诚，厚道。

⑥奕世：累世、代代。

⑦帝辛：指商纣王，他名字叫辛。是商朝最后一位君王，也是历史上有名的暴君。

⑧戎：军事，战争。牧：商朝都城的名字，全称牧野；位于今日河南省淇县西南，周武王在这里打败纣王军队，史称"牧野之战"。

⑨务武：崇尚武力。

【译文】

"从前我们祖先世代担任农官，侍奉虞、夏两朝。到夏朝衰落的时候，废除了农官，不再致力于农业生产，我们先祖不窋因而失去了官职，自己逃到西戎、北狄等少数民族之中。他仍然不敢怠慢农事，时常传布祖先的功德，继承修治先人留下的事业，研习祖先的训令和典章；早晚谨慎勤恳，惇厚笃实地遵守，忠诚信实地奉行。世代继承祖先的功德，没有辱没祖先。武王发扬前代品德，再加上他仁慈温和，侍奉神灵，保护百姓，百姓没有不欢欣喜悦的。而商纣王帝辛，对百姓太凶恶，百姓不能忍受他的暴政，于是拥戴武王，在商朝国都郊外的牧野和纣王作战并打败了他。这不是先王崇尚武力，而是他尽力体恤百姓的苦难，为他们除掉祸害。"

【原文】

"夫先王之制：邦内甸服①，邦外侯服②，侯、卫宾服③，蛮、夷要服④，戎、翟荒服⑤。甸服者祭，侯服者祀，宾服者享，要服者贡，荒服者王。日祭，月祀，时享，岁贡，终王⑥，先王之训也。有不祭则修意，有不祀则修言，有不享则修文，有不贡则修名。有不王则修德，序成而有不至则修刑。于是乎有刑不祭，伐不祀，征不享，让不贡，告不王⑦。于是乎有刑罚之辟，有攻伐之兵，有征讨之备⑧，有威让之令，有文告之辞。布令陈辞而又不至，则又增修于德，无勤民于远，是以近无不听，远无不服。"

【注释】

①邦内：君王所居住的区域，又称王畿之内。甸服：与"邦内"意思相似。甸：治田。服：服侍于天子。

②侯服：专指旧时君王分封给诸侯的区域。

③侯、卫宾服：介于侯服和边疆地区之间的区域。卫：卫畿，即保卫君王领域。

④蛮、夷要服：边疆地区。

⑤荒服：距离都城二千到二千五百里的地方。泛指远离都城的边远地区。

⑥终王：远离都城的首领一生只入都城觐见君王一次。

⑦让：责备。

⑧备：装备。

【译文】

　　"先王的制度是：王畿以内五百里的地方称甸服；以外五百里的地方称侯服；侯服以外、卫服以内称宾服；蛮、夷住的地区称要服；戎、狄住的地区称荒服。甸服地方的诸侯供给天子祭祀祖父、父亲的祭品；侯服地方的诸侯供给天子祭祀高祖、曾祖的祭品；宾服地方的诸侯供给天子祭祀始祖的祭品；要服地方的诸侯供给天子祭祀始祖和天地的祭品；荒服地方的诸侯则要朝见天子。祭祀祖父、父亲的祭品每天供给一次；祭祀高祖、曾祖的祭品一月一次；祭祀始祖的祭品一季一次；祭祀始祖和天地的祭品一年一次；朝见天子一生就一次，这是先王的遗训。如果有不供给日祭祭品的，天子就要修省内心；有不进献月祭祭品的，天子就要修明法令；有不按季度来进贡祭品的，天子就要修治礼仪；有不提供岁贡的，天子就要修正名分；有不来朝见天子的戎狄之主，天子就要修养德行。这一切都按照次序做到了，但仍有不遵循的，天子就要采取相应的处罚措施：惩罚不供给日祭的；讨伐不进献月祭的；征讨不按季进贡祭品的；责备不提供岁贡的；晓谕不来朝见天子的。这时也就有惩治的法律，有攻伐的军队，有征讨的装备，有严厉谴责的政令，有用文字晓喻的文书。发布命令、公布文告后还有不来的，天子就要进一步在德行上增强修养，而不是让百姓受苦去远征。天子这样做，那么近处的诸侯没有不听命的，远方的部落没有不归顺的。"

【原文】

　　"今自大毕、伯仕①之终也，犬戎氏以其职来王②，天子曰：'予必以不享征之，且观之兵。'其无乃废先王之训而王几顿乎？吾闻夫犬戎树惇，能帅旧德而守终纯固③，其有以御我矣！"王不听，遂征之，得四白狼、四白鹿以归。自是荒服者不至。

【注释】

　　①大毕、伯仕：犬戎部落的两个首领名字。

　　②王：朝见君王。

　　③帅：遵循。旧德：先辈留下的遗德。守终：能够遵守一生觐见君王一次的本分。纯固：专一。

【译文】

"现在自从大毕、伯仕两位犬戎君主去世后，犬戎的国君已经按照规定来朝见天子，天子却说：'我一定要用不纳贡的罪名去征讨他，并且向他们展示武力。'这样做难道不是废弃先王的遗训，而使朝见天子之礼濒于崩坏吗？我听说那犬戎国君树立了纯朴的德行，能遵循祖先的遗德，并且坚定不移，他们就有理由来抵抗我们了。"周穆王不听从劝谏，仍然去征伐犬戎，只得到四只白狼、四只白鹿回来。从此以后，荒服地方的诸侯就不来朝见了。

【评析】

在辅佐周穆王的过程中，祭国的祭公谋父提出了"以德治国"的政治主张。某年，周穆王要攻打一个叫犬戎的民族，祭公谋父劝说周穆王：圣明的君王是光大自己的德政，而不炫耀自己的武力，用武力征服别人，早晚会带来严重后果的。周穆王不听劝告，率兵攻打犬戎，尽管战争最后取胜，但周边的少数民族再也不称臣纳贡。周穆王攻打一个叫犬戎的民族，是周失德的开始。

八 召公谏厉王止谤《国语》

【原文】

厉王虐①，国人谤②王。召公③告曰："民不堪命矣！"王怒，得卫巫，使监谤者，以告，则杀之。国人莫敢言，道路以目④。

【注释】

①厉王：周夷王的儿子，名姬胡，是西周国第十代君王。虐：残暴无道。

②谤：公开指责他人的过失。

③召公：姬虎，周厉王身边的卿士，后辅佐周宣王。谥号穆公。

④以目：用眼睛示意。

【译文】

周厉王残暴无道，国都的百姓都议论指责他。召穆公对厉王说："百姓忍受不了你的暴虐政令啦！"厉王听了勃然大怒，找到一个卫国的巫师，派他暗中监视敢于指责自己的人。只要巫师来报告，厉王就把指责他的人杀掉。于是国都的人不敢随便说话，在路上相遇也只能用眼神示意。

【原文】

王喜，告召公曰："吾能弭谤矣，乃①不敢言。"召公曰："是鄣之也②。防民之口，甚于防川。川壅而溃③，伤人必多，民亦如之。是故为川者决之使导，为民者宣之使言。故天子听政，使公卿至于列士献诗④，瞽献典，史献书，师箴，瞍赋，矇诵⑤，百工谏，庶人传语，近臣尽规，亲戚补察⑥，瞽、史教诲，耆、艾修之⑦，而后王斟酌焉，是以事行而不悖。民之有口也，犹土之有山川也，财用于是乎出，犹其有原隰，衍沃也⑧，衣食于是乎生。口之宣言也，善败于是乎兴，行善而备败，所以阜财用、衣食者也。夫民虑之于心而宣之于口，成而行之，胡可壅也？若壅其口，其与能几何？"

王弗听，于是国人莫敢出言。三年，乃流王于彘。

【注释】

①乃：他们，指代百姓。

②鄣（zhàng）：筑堤防水，阻塞。

③壅：堵塞。溃：水冲破堤坝。

④公卿：旧时官衔，即三公九卿。三公：指太师、太傅、太保。九卿指少师、少傅、少保、冢宰、司徒、宗伯、司马、司寇、司空。列士：大夫之下官位，所有元士、中士、庶士等官员，统称列士。诗：指有讽谏意义的诗篇。

⑤瞽（gǔ）：盲人，此指乐师。古时的乐官多为盲人，因此又称乐官为瞽。史：史官。书：指史籍。师：少师，位于乐官太师之后。箴：具有劝诫、规范性的文辞。瞍（sǒu）：没有眼珠的盲人。赋：公卿列士所作的诗篇。矇（méng）：有眼珠的盲人。诵：朗读。瞍、矇均指乐师。

⑥百工：周王朝的官名，专门掌管营建、制造等事务。庶人：百姓。近臣：事奉君王身边的官员。亲戚：指与君王有亲属关系的人。

⑦耆：古代老人称谓，指六十岁的人。艾：旧时指年满五十岁的人。耆艾：指年龄大，品德好的老人。修：劝诫。

⑧原隰（xí）：指平原和低湿的地方。衍沃：指平坦肥沃的良田。

【译文】

周厉王很高兴，他告诉召公说："我能阻止人们对我的指责了，他们再也不敢开口说话了。"召公说："这样做是堵住了人民的嘴。堵住人民的嘴比堵截河流的危害还要大。河流堵塞，一旦水冲破堤坝，受伤害的人一定很多，堵住老百姓嘴巴也一样。因此治理河道的人，要疏通河道使流水畅通；治理百姓的人，要引导百姓使他们畅所欲言。所以君王处理政事，让三公九卿及各级官吏进献讽喻诗，乐师进献民间乐曲，史官进献记载史实的书籍，少师诵读箴言，没有眼珠的盲人吟咏诗篇，有眼珠的盲人诵读讽谏之言，掌管营建事务的百工能直言进谏，平民把自己的意见传达给君王，左右近臣尽心规劝，君主的内亲外戚弥补过失、察正是非，乐师和史官用乐曲、礼法教导、训诲天子，年高有德的人劝诫天子，然后由君王自身斟酌取舍，因此，政事施行起来才不违背情理。百姓有口就像大地有高山河流一样，财富、器物全从这里产生；又像大地有高原、洼地、平川、沃野一样，衣服、食物全从这里获得。人们用嘴巴发表议论，国家政事的成败得失就能表露出来。推行好的、避免坏的，这是增加财物、器用、衣服、食物的途径啊。人民在心里考虑，用嘴表达，反复思虑成熟了就会付诸行动，怎么能堵住他们的嘴呢？如果堵住他们的嘴，那支持您的人又能有多少呢？"

周厉王不听召公的劝诫，从此，国都的人民都不敢议论政事。过了三年，厉王就被流放到彘这个地方去了。

【评析】

本文在结构上是谏因、谏言、谏果的三段式。首尾叙事，中间记言，事略言详，记言为主，体现了《国语》的一般特点。但文章的开头结尾却仍有独到之处。

召公的谏词，前后都是比喻。前一个比喻，说明"防民之口"的害处；后一个比喻，说明"宣之于口"的好处。只有中间一段切入正题，以"天子听政"总领下文，从正面写了"宣之使言"的种种好处。从公卿列士，史、瞽、师、蒙，到百工庶人，广开言路，畅所欲言，而后经天子斟酌取舍，补察时政，就使政策、政令不背真理。如此，恰当生动的比喻与严肃认真的正题有机结合，夹和成文，笔意纵横，态度真诚，用心良苦。

九 襄王不许请隧《国语》

【原文】

晋文公既定襄王于郏，王劳之以地，辞，请隧焉①。

王弗许，曰："昔我先王之有天下也，规方②千里以为③甸服，以供上帝山川百神之祀，以备百姓兆民之用，以待不庭、不虞之患，其余以均分公侯伯子男，使各有宁宇④，以顺及天地，无逢⑤其灾害。先王岂有赖焉？内官不过九御⑥，外官不过九品，足以供给神祇而已，岂敢厌纵⑦其耳目心腹以乱百度⑧？亦唯是死生之服物采章⑨，以临长百姓而轻重布之⑩，王何异之有？"

【注释】

①隧：挖掘安葬所用墓道，专用于君王的葬礼。古代君王死后，棺柩要从挖好的专门通道进入墓中，其他人都不能使用该规格。

②规：规划，划出。方：方圆，周边。

③以为：以之为，意动用法。

④宁宇：安宁的住处。

⑤逢：遭遇。

⑥九御：九嫔，即侍御之人；一御有九人，九御则八十一人，分组轮流侍御。

⑦厌纵：尽情放纵。

⑧百度：各种法令、法度。

⑨服物采章：衣服和祭物的色彩和花纹。

⑩轻重：指尊卑、贵贱的等级。

【译文】

晋文公已经帮助周襄王在郏邑恢复王位，襄王用土地来酬劳他，晋文公推辞不接受，请求襄王允许自己死后可以享用灵柩穿隧而葬的天子葬仪。

襄王不同意，说："从前祖先得到天下，划出方圆一千里的地方称其为甸服，用来供给祭祀天神和山川百神的祭品，用来提供百官和万民的吃穿用度，用来防备诸侯不来朝见和意外的难灾。其余的土地就平均分配给公、侯、伯、子、男，使他们各有安宁的住所，以顺应天地尊卑的法则而不会遭逢灾难祸害。先王哪里有什么好处呢？天子宫内的女官只有九御，宫外的官员只有九卿，足够用来供奉天地神灵罢了，哪里敢尽情满足他耳目心腹的嗜好而破坏各种法度呢？也只有死后在衣服、器物的色彩花纹上有所区别，用来表示他统领百姓、宣告他尊卑贵贱罢了。除此之外，天子还有什么不同？"

【原文】

"今天降祸灾于周室，余一人仅亦守府①，又不佞以勤叔父②，而班先王之大物以赏私德③，其叔父实应且憎，以非余一人。余一人岂敢有爱也？先民有言曰：'改玉改行④。'叔父若能光裕大德，更姓改物⑤，以创制天下，自显庸⑥也，而缩取备物以镇抚百姓⑦，余一人其流辟于裔土⑧，何辞之有与？若犹是姬姓也，尚将列为公侯，以复先王之职，大物其未可改也。叔父其茂昭明德，物将自至，余敢以私劳变前之大章⑨，以忝⑩天下？其若先王与百姓何？何政令之为也？若不然，叔父有地而隧焉，余安能知之？"

文公遂不敢请，受地而还。

【注释】

①天降祸灾：周王朝的夺位风波，即姬带之乱。府：故府，旧府，这里指先王留下来的规章制度等。

②不佞：谦称，不才。勤：劳烦。叔父：周天子称呼同姓诸侯国君之长者的称谓。此处指晋文公。

③班：分开，分赐。大物：隧葬的大礼。

④改玉改行：古时君王和大臣需佩带不同的玉器，在走路时佩玉撞击发出的声音和节奏也不同。因此换玉佩，就要改变步伐，也就相当于改变了身份。

⑤更姓：改换姓氏，即重新建立新王朝。改物：改历法，变换服制。更姓改物就等于改朝换代。

⑥庸：丰功伟绩。

⑦缩取：收取，敛取。物：礼仪。

⑧流：放逐。辟：受刑罚。裔土：边远的地方。

⑨大章：服物采章的制度。

⑩忝：羞愧，谦辞。

【译文】

"现在上天给周王朝降下灾祸，我也只是谨守先王故府的遗规，况且自己没有才能，以致劳烦叔父，如果再分出先王隧葬的大礼来报答您对我的恩德，恐怕您接受了，心中也会厌恶，甚至会责备我，我个人怎么敢吝惜这葬礼呢？前人曾说过：'身上的佩玉改了样，走路的气派就不一样。'如果叔父能发扬光大您的德行，更改国家的姓氏、改换衣物的服色，统治并掌管天下，显示自己的丰功伟绩，接受天子的完备礼仪，来统治安抚百姓，那时我将逃到边远荒凉之处，对此我还有什么话可说呢？如果天下仍保持姬姓，那么您还是处于公侯的地位，来履行先王规定的职责，那么，天子所用的大礼就不可更改了。叔父还是努力发扬德行吧，您要求的隧葬礼仪自然就会来的，我哪里敢因为酬谢您对我的恩德而改变先王的制度来玷辱天下呢？这样做又如何对得起先王和百姓？颁布的政令怎么能推行呢？如果不是这样，叔父您有自己的土地，在那里开通墓道举行隧礼，我又怎么能知道呢？"

于是，晋文公不敢再提请求隧礼，接受了周襄王赏赐的土地，回国去了。

【评析】

晋文公请求周襄王赐给他以天子的葬礼，本有看轻周王室的意思。而周襄王则回答他，没有做天子，就不能有天子的葬礼。通篇没有一句直接说不许其请，但句句都在说不能允许的理由，而且一步紧逼一步，一直说到晋文公不敢再请求为止。

十 单子知陈必亡《国语》

【原文】

定王使单襄公聘于宋①，遂假道于陈②，以聘于楚。火朝觌矣③，道茀④不可行也。候不在疆，司空不视涂，泽不陂，川不梁⑤；野有庾积，场功未毕，道无列树，垦田若蓺⑥；膳宰不致饩，司里不授馆，国无寄寓，县无旅舍⑦；民将筑台于夏氏⑧。及陈，陈灵公与孔宁、仪行父南冠以如夏氏⑨，留宾弗见。

【注释】

①定王：指姬瑜，东周的第九位君王。使：派遣。单（shàn）襄公：名朝，也称单子，周定王派去宋、楚等国的聘问，"襄"是他的谥号。聘：古时各国为加强联系，互派使者进行访问。

②假道：借路。春秋时各诸侯国无单独道路，跨国行路时必须行借道之礼。不过出访的聘问不需要借路，但因为周定王失势无权，所以跨国时就需要借路。

③火朝觌：在清晨可以看见大火星。火：古星名，一般在立冬前后的早晨出现。觌（dí）：见。此指夏历十月，星宿出现于东方。

④茀（fú）：野草丛生。

⑤候：候人，负责迎送宾客。司空：官位名，指专门掌管工程建设的官员，包括修筑道路。涂：同途，道路。陂（bēi）：河泽防水的堤坝，用作动词，修筑堤坝。梁：桥梁。

⑥庾（yǔ）积：露天堆积的谷物。场功：在收获季节，对谷场、收割等农事进行处理。场，打谷、晒粮的地方。列树：古时候在道路两旁种树作为标记。蓺（yì）：芜秽多草。

⑦膳宰：官员名，又为膳夫，专门负责饮食和宰割牲畜的事情。饩（xì）：生的谷物或饲料。司里：负责客房住宿的官职。寄寓：即旅馆。

⑧夏氏：指陈国大夫夏徵舒。

⑨陈灵公：陈国国君，姓妫名平国，荒淫无道。孔宁、仪行父：都是陈国的大夫。南冠：楚国的帽子。

【译文】

周定王派单襄公出使宋国，就向陈国借道，以便访问楚国。那时，大火星已在东方升起，道路上野草丛生不能通行，迎送宾客的官员不在边境迎候，主管路政的司空不巡视道路，湖泊上不设堤坝，河流之上不架桥梁，田野里有露天堆积的谷物，谷场的农事还没有做完，道路两旁没有种植树木，开垦过的农田庄稼像杂草一样稀疏，掌管饮食的膳夫不供应食物，掌授客馆的里宰不招待宾客住宿，国都没有寄宿的寓所，县城里也没有旅馆，百姓将要为陈国大夫夏徵舒修筑楼台。到了陈国都城，陈灵公和大夫孔宁、仪行父戴着楚人的帽子到夏家去，丢下客人不接见。

【原文】

单子归，告王曰："陈侯不有大咎^①，国必亡。"王曰："何故？"对曰："夫辰角见而雨毕^②，天根见而水涸^③，本见而草木节解^④，驷见而陨霜^⑤，火见而清风戒寒^⑥。故先王之教曰：'雨毕而除道，水涸而成梁，草木节解而备藏，陨霜而冬裘具，清风至而修城郭宫室。'故《夏令》^⑦曰：'九月除道，十月成梁。'其时儆曰：'收而场功，偫而畚挶，营室之中^⑧，土功其始。火之初见，期于司里^⑨。'此先王之所以不用财赂，而广施德于天下者也。今陈国，火朝觌矣，而道路若塞，野场若弃，泽不陂障，川无舟梁，是废先王之教也。

【注释】

①不：即使没有。咎：凶，灾祸。

②辰角见：角星在早晨出现。辰，通"晨"，早晨。角：星宿名，即角宿，在寒露节气早晨出现。

③天根：星名，氐宿的别名，在寒露节后五天的早晨出现。

④本：氐星，在寒露后十天的早晨出现。节解：凋落。

⑤驷（sì）：房宿，在霜降节早晨出现。

⑥戒寒：霜降后火星出现，冷风吹起，提醒人们要准备御寒过冬的衣物。

⑦《夏令》：夏代的月令之书。

⑧偫（zhì）：备办，置办。畚（běn）挶（jū）：用竹、木、铁片等材料做成的运土工具。

⑨营室：室宿，又叫定星。出现于夏历十月的傍晚，它运行到天空的正中时，刚好农事结束，人们开始营造宫室。中：到了天空正中。

【译文】

单襄公回国后，报告给周定王说："陈侯即使没有大的灾祸，国家也一定要灭亡。"周定王问："为什么呢？"单襄公答道："角星在早晨出

现时表示雨水结束，天根星在早晨出现时表示河流将要干枯，氐星在早晨
出现时表示草木将要凋落，房星在早晨出现时便要降霜了，大火星在早晨
出现时表示寒风将至，该准备过冬了。所以先王的教诲说：'雨季结束就
要修整道路，河流干枯就要修造桥梁，草木凋谢就要储藏谷物，霜降来临
就要准备过冬的皮衣，寒风吹起就修整城郭房屋。'所以《夏令》说：
'九月清理道路，十月建成桥梁。'这时又告诫人们说：'结束你们场院
的农活，备好你们盛土和抬土的器具，当定星到了天空正中，营造工作就
要开始。大火星刚出现时，就到司里那里去集合营建房屋。'这正是先王
能够不浪费钱财却向人民广泛施行恩惠的原因啊。现在陈国：大火星已能
在早晨见到了，但是道路像被野草堵塞了一样，田野、谷场像被废弃了一
样，湖泊不筑堤坝，河流没有桥梁，这是废弃了先王的遗教啊。

【原文】

"周制有之曰：'列树以表道，立鄙食以守路①。国有郊牧，疆有寓望②，
薮有圃草③，囿④有林池，所以御灾也。其余无非谷土，民无悬耜⑤，野无
奥草，不夺农时⑥，不蔑民功。有优无匮，有逸无罢，国有班事，县有序
民。'今陈国道路不可知，田在草间，功成而不收，民罢于逸乐，是弃先
王之法制也。

【注释】

①表道：标明道路。鄙食：位于郊外路边的馆驿，专为行人提供
食宿。

②疆（jiāng）：边境。寓：古代在边境地区专来为行人提供的馆舍。
望：迎送宾客的人。

③薮（sǒu）：草木兴旺，水浅而少的湖泊。圃：茂盛。

④囿（yòu）：古时贵族专门用来饲养动物的地方。

⑤悬耜（sì）：悬挂、闲置的农具。

⑥不夺农时：不耽误农作物耕种的时节。

【译文】

"周代的制度有这样的规定：'种植成列的树木用来标明道路，在郊
外设立提供饮食的房屋以供应来往旅客。国家有专设的牧场，边境有接待

宾客的寓所和人员，洼地里有茂盛的水草，园苑中有林木和水池，这都是用来防备灾害的。其余的地方是种植谷物的农田，百姓没有闲置的农具，田野没有丛生的杂草。不耽误农作物的播种时节，不浪费老百姓的劳力。人民生活富裕而不穷困，安逸但不疲惫。都城中的劳役按次序进行，郊外的民众轮番服役或休息。'如今的陈国，道路无法辨认，农田埋没在杂草丛中，庄稼成熟无人收割，百姓因为国君的享乐而疲惫不堪，这是抛弃了先王的法度。

【原文】

"周之《秩官》①有之曰：'敌国②宾至，关尹③以告，行理以节逆之④，候人为导，卿出效劳，门尹除门⑤，宗祝执祀⑥，司里授馆，司徒⑦具徒，司空视涂，司寇诘奸⑧，虞人⑨人材，甸人⑩积薪，火师⑪监燎，水师⑫监濯，膳宰致飧，廪人献饩⑬，司马陈刍⑭，工人展车⑮，百官各以物至，宾入如归，是故小大莫不怀爱。其贵国之宾至，则以班加一等，益虔。至于王使，则皆官正莅事，上卿监之。若王巡守，则君亲监之。'今虽朝也不才，有分族于周，承王命以为过宾于陈，而司事莫至，是蔑先王之官也。

【注释】

①《秩官》：秩：官吏的级别，秩官是周代专门记载常设官职的书籍。

②敌国：地位、国力相差不多的国家。

③关尹：守关的官员名称。

④行理：专门负责外交、朝觐、聘问事物的官员。节：符节，证明使者身份的信物。逆：迎接。

⑤门尹：看守城门的官位名。除：打扫，清扫。

⑥宗祝：掌管祭祀的官吏。

⑦司徒：掌管人民、土地的官吏。

⑧司寇：专门掌管刑狱、纠察等事的官员。诘奸：追究查问奸盗。

⑨虞人：掌管牧猎、山泽以及范围的官吏。

⑩甸人：掌管田野事物的官吏。

⑪火师：主管火事的官吏，在商周时期非常重要。燎：照明的火烛。

⑫水师：专门管水的官名。

⑬廪人：负责粮仓的官吏。饩：生的谷物，饲料。

⑭司马：主管养马的官吏。刍：喂牲畜的草料。

⑮工人：监造器物的官员。展：检查，察看。

【译文】

"周代的《秩官》有这样的规定：'具有同等地位国家的宾客到来，守关的官员要上报国君，掌管外交、朝觐、聘问的官吏要手持符节去迎接，在道路上迎送宾客的官吏要为其做向导，卿士到郊外去慰问，把守城门的官员要清扫门庭，掌管祭祀的官吏要主持祭礼，掌管住宿的官员要安排住处，掌管人民的官员要调派仆役，掌管修路的官员要视察道路，掌管刑狱纠察的官吏要查禁奸盗，掌管山泽的官员要供应木材，掌管柴薪的官员要准备柴木，火师要监看火烛，水师要监督盥洗事宜，膳宰进献熟食，管仓库的官吏献奉粮米，主管喂马的官吏备齐草料，监造器物的官员检修车辆，百官各按职责送来物品，客人来访如同回到了家里一样。因此大小宾客无不感到怀念和喜欢。如果是尊贵国家的宾客到了，依照次序提高一个等级，更加恭敬。如果是天子派使臣到来，就要派各部门的长官亲自接待，上卿加以督察。如果天子本人巡视，就由国君亲临督察接待事务。'我单朝虽然没有什么才能，但还是周天子的亲族，奉了天子的使命作为宾客而途经陈国，然而主管的官员没有一人来接待，这是蔑视先王所制的官职啊。

【原文】

"先王之令有之曰：'天道赏善而罚淫，故凡我造国①，无从匪彝②，无即慆③淫，各守尔典，以承天休④。'今陈侯不念胤续之常⑤，弃其伉俪妃嫔，而帅⑥其卿佐以淫于夏氏，不亦渎姓矣乎？陈，我大姬⑦之后也，弃衮冕而南冠以出，不亦简⑧彝乎？是又犯先王之令也。

【注释】

①造国：受到封赏的诸侯国。

②彝（yí）：法度，常法。

③慆（tāo）：怠慢、怀疑。

④承：接受。休：吉祥。

⑤常：法度。

⑥帅：通"率"，带领。

⑦大姬：周武王的女儿，后来嫁给陈国的始祖陈胡公做妻子，为陈先辈。

⑧简：轻视，看低。

【译文】

"先王的法令有这样的话：'天道奖赏善良、惩治邪恶，所以，凡是我们册封的诸侯国，不能做违背礼法的行为，不要走上恣情放纵的道路，各自遵守你们的法规，以接受上天的赐福。'如今陈侯不顾念历代相承的法度，抛弃自己的正妻妃嫔，率领下属到夏氏那里恣意淫乐，这不是亵渎了他们的姓氏吗？陈侯是我们大姬的后裔啊，却丢弃周朝的礼服而戴着楚地的帽子外出，这不是轻视常法吗？这也违背了先王的政令。

【原文】

"昔先王之教，茂帅①其德也，犹恐陨越②，若废其教而弃其制，蔑其官而犯其令，将何以守国？居大国之间，而无此四者，其能久乎？"

六年，单子如楚。八年，陈侯杀于夏氏。九年，楚子入陈。

【注释】

①茂帅：努力遵循。

②陨越：失败、坠落。

【译文】

"过去先王教诲，即使努力遵循他们美好的品德，还恐怕品德败坏。如果荒废先王的遗教，抛弃先王的法度，蔑视先王的官制，违犯先王的政令，那凭什么来保住国家呢？地处大国的中间而不仰仗先王的这四种东西，难道能够长久吗？"

周定王六年，单襄公到楚国。定王八年，陈灵公被夏徵舒杀害。定王九年，楚庄王攻入陈国。

【评析】

单襄公有超强的预言能力，先后多次预言都被验证了。在一次与夏姬私通的陈灵公在谈笑中侮辱夏姬的儿子夏征舒，被夏征舒射死。

单襄公的先知之能在他预言了寄留于周天子脚下的晋襄公的曾孙周子将来一定会成为晋国的国君。结果，晋厉公被弑后，国中无主，晋人迎回周子立为国君，这就是晋悼公。至此，单襄公的预言彻底实现。对单襄公的预言，人们一直试图进行理性的解释，却也难以理解先知的能耐。

十一 展禽论祀爰居《国语》

【原文】

海鸟曰"爰居"①，止于鲁东门之外二日，臧文仲使国人祭之②。展禽③曰："越哉，臧孙之为政也！夫祀，国之大节也，而节，政之所成也，故慎制祀以为国典。今无故而加典，非政⑤之宜也。

【注释】

①爰（yuán）居：一种海鸟的名字，身形非常庞大。见于《左传·文公二年》："作虚器，纵逆祀，祀爰居。"

②臧文仲：名辰，复姓臧孙，谥号文。是鲁国大夫，一共事奉过鲁国的四代君王。

③展禽：名获，字禽，又字季，鲁国大夫，最讲究礼仪，为人称道。当时封邑于柳下，死去后追封谥号为惠，所以又名柳下惠，也称柳下季。

④政：处理政事。

【译文】

有一种名叫"爰居"的海鸟，停在鲁国国都东门外已经两天了。臧文仲下令国都的人都去祭祀它。展禽说："臧孙治理国家超出礼法规定了！祭祀是国家重要的礼节制度，而礼节制度是政治成功的基础。因此要慎重地制定祭祀的礼仪来作为国家的常法。现在没有缘由地增加祭祀典礼，不是处理政事的适宜做法。

【原文】

"夫圣王之制祀也，法施于民则祀之，以死勤事则祀之，以劳定国则祀之，能御大灾则祀之，能捍大患则祀之。非是族也，不在祀典。昔烈山氏①之有天下也，其子曰柱，能植百谷百蔬，夏之兴也，周弃继之，故祀以为稷。共工氏②之伯九有也，其子曰后土，能平九土，故祀以为社。黄帝能成命百物，以明民共财，颛顼③能修之。帝喾④能序三辰以固民，尧⑤能单均刑法以仪民，舜⑥勤民事而野死，鲧⑦障洪水而殛死，禹能以德修鲧之功，契⑧为司徒而民辑，冥⑨勤其官而水死，汤以宽治民而除其邪，稷勤百谷而山死，文王以文昭，武王去民之秽，故有虞氏禘黄帝而祖颛顼，郊尧而宗舜⑩，夏后氏禘黄帝而祖颛顼，郊鲧而宗禹，商人禘舜而祖契，郊冥而宗汤，周人禘喾而郊稷，祖文王而宗武王。幕⑪能帅颛顼者也，有虞氏报焉；杼⑫能帅禹者也，夏后氏报焉；上甲微⑬能帅契者也，商人报焉；高圉、太王，能帅稷者也⑭，周人报焉。凡禘、郊、祖、宗、报，此五者国之典祀也。"

【注释】

①烈山氏：指炎帝，名叫姜伊者，是姜族部落的首领。

②共工氏：传说上古时代的部族酋长，一说为水官。

③颛顼：五帝之一，黄帝的孙子，号高阳氏。

④帝喾（kù）：即高辛氏，黄帝的曾孙。

⑤尧：陶唐氏，名放勋，史称唐尧，五帝之一。

⑥舜：姓姚，名重华，号有虞氏，即虞舜帝。传说死于野外。

⑦鲧（gǔn）：大禹的父亲，号崇伯。曾作为水官去治理洪水，但因失败而被杀。

⑧契：商族的始祖，在大禹治水的过程中立下功劳，后被封为司徒，专门掌管教化。

⑨冥：传说是契的后裔，在夏朝时担任水官，因功绩显著被祀为水神，称玄冥。

⑩禘（dì）：古代君王祭祀祖先时进行的盛大仪式，又称大祭。祖：祭祀开国之祖的祭礼。郊：古代君子，在每年的冬至这一天，专门到郊外去举行祭祀天地、祖先的典礼。宗：祭祀宗族、长辈的祭礼。在此均用作动词。

⑪幕：传说是舜的后代。帅：同"率"，继承，遵循。报：报答恩德

的祭礼。

⑫杼：传说是禹的后裔，少康之子。

⑬上甲微：契的后裔，商汤的六世孙。

⑭高圉（yǔ）：弃的后裔，周族的首领。太王：周文王的祖父，即古公亶父。武王称王后，追谥为"周太王"。

【译文】

"圣王制定祭祀的礼法是：制定对人民有益法令的人，就祭祀他；为国家鞠躬尽瘁、死而后已的人，就祭祀他；劳苦功高、安定四方的人，就祭祀他；能为抵御大祸患的人，就祭祀他。不是这几类人，就不在祭祀的典礼之内。从前炎帝掌管天下，他的儿子叫柱，能种各种谷物各种蔬菜。夏朝兴起后，周朝的始祖周弃继承柱的事业，因此把柱当作谷神来祭祀。共工氏称霸九州，他的儿子后土能够平治九州的土地，因此把他当作土神来祭祀。黄帝能给各种物品命名，用来使百姓明白、以便供给财富，颛顼能继承他的事业。帝喾能根据日月星的运转而制定节气来使百姓稳固，尧能尽力使刑法公平来作为百姓行动的准则，舜能辛勤治理民事而死于野外，鲧因防堵洪水失败而被处死，禹以伟大的德行完成治水的功绩，契作为掌管土地的官员而使百姓和睦，冥勤劳地履行水官的职责而死于水中，汤用宽和的态度治理人民并且除掉了压迫他们的暴君，稷勤劳地种植百谷而死在山上，文王以文德著明，武王剪除了百姓的祸害。所以，有虞氏用大禘祭礼来祭黄帝，祖礼祭颛顼，郊礼祭尧，宗礼祭舜；夏后氏用禘礼祭黄帝，祖礼祭颛顼，郊礼祭鲧，宗礼祭禹；商人用禘礼祭祀舜，祖礼祭契，郊礼祭冥，宗礼祭汤；周人用禘礼祭祀喾，郊礼祭稷，祖礼祭文王，宗礼祭武王。幕能继承颛顼的德政，有虞氏为他举行报祭；杼能继承大禹的德政，夏后氏为他举行报祭；上甲微能继承契的德政，商人对他举行报祭；高圉和太王能继承稷的德政，周人为他们举行报祭。禘、郊、祖、宗、报，这五种祭礼是国家的祭祀大典。

【原文】

"加之以社稷山川之神，皆有功烈①于民者也；及前哲令德之人，所以②为明质也；及天之三辰，民所以瞻仰也；及地之五行，所以生殖也；及九州名山川泽，所以出财用也。非是不在祀典。

【注释】

　　①功烈：功业，功绩。

　　②所以：是用来。

【译文】

　　"再加上土地神、五谷神、山神、河神，都是对百姓有功德功绩的；以及前代有智慧、有美好品德的贤人，是百姓用来信任的；天上的三辰日、月、星，是百姓用来瞻仰的；地上的五行金、木、水、火、土，是百姓用来生存繁殖的；九州的名山大川，是用来生产财富的。不属于这几类，也不在祀典之列。

【原文】

　　"今海鸟至，己不知而祀之，以为国典，难以为仁且知矣。夫仁者讲功，而知者处物。无功而祀之，非仁也；不知而不问，非知也。今兹海其有灾乎？夫广川之鸟兽，恒知而避其灾也。"

　　是岁也，海多大风，冬暖。文仲闻柳下季之言，曰："信①吾过也，季子之言不可不法也。"使书以为三策。

【注释】

　　①信：确实。

【译文】

　　"现在海鸟飞来，自己不知道它的来历就祭祀它，把祭祀它列为国家的祀典，这就很难说是仁爱而明智了。仁者讲求功德，智者明晓事理。海鸟没有功德就去祭祀它，这不是仁爱；自己不知道又不问别人，这不是明智。今年海上恐怕有灾难吧？那海上的鸟兽，常常能预知灾难而事先躲避。"

　　这一年，海上多次刮起大风，冬季又很暖和。臧文仲听到展禽的话说："确实是我错了啊！季子的话不能不作为准则啊！"就叫人把柳下惠的话刻在竹简上，刻了三份。

【评析】

臧文仲叫国人去祭祀海鸟"爰居"，引起展禽的一番大议论。这番议论反映出：祭祀是当时国家的大事，但只有为人民建立了功劳的人以及有益于人民的事物，大家才把它当作神来祭祀。虽然有迷信的色彩，但主张"仁者讲功，智者处物"，反对"淫祀"，在古代却是颇有见地的。

十二 里革断罟匡君《国语》

【原文】

宣公夏滥于泗渊①，里革断其罟而弃之②，曰："古者大寒降，土蛰发③，水虞于是乎讲罛罶④，取名鱼，登川禽⑤，而尝之寝庙，行诸国人，助宣气也⑥。鸟兽孕，水虫成，兽虞于是乎禁罝罗，猎鱼鳖以为夏槁，助生阜也⑦。鸟兽成，水虫孕，水虞于是乎禁罝，设阱鄂⑧，以实庙庖，畜功用也。且夫山不槎蘖，泽不伐夭⑨，鱼禁鲲鲕，兽长麛麌⑩，鸟翼卵，虫舍蚔蝝⑪，蕃庶物也⑫，古之训也。今鱼方别孕，不教鱼长，又行网罟，贪无艺⑬也。"

【注释】

①宣公：姬倭，即鲁宣公。滥：用网捕鱼。泗（sì）：水名，发源于山东蒙山南麓。渊：水深处。

②里革：鲁国大夫。罟（gǔ）：渔网。

③土蛰（zhé）：动物在冬天时候，蛰伏于土中或者洞内的样子。这里指已经进入冬眠状态的动物。发：奋起。此指冬眠结束，钻出土来。

④水虞：官员名，掌管水产和与之相关的事务。罛（gū）：大鱼网。罶（liǔ）：捕鱼的竹笼，口径大，颈项窄小，腹部鼓胀，没有底。

⑤名：大。登：通"得"，求取。

⑥尝：尝新，古代秋天举行的祭祀，用刚收获的食物供奉祖先。寝庙：古代宗庙分两部分，供祀祖先牌位的称庙，收藏祖宗衣冠的称寝，两处合称寝庙。宣：发泄，散发。气：指阳气。

⑦兽虞：官位名，专门掌管鸟兽事宜。罝（jū）：捕兽的网。猎（cuò）：刺取。槁：干枯，这里指鱼干。阜：生长。

⑧罶（dú lú）：小鱼网。阱：用来捕捉野兽的大坑、陷阱。鄂（é）：埋有尖木桩的陷坑。

⑨槎（zhà）：砍伐。蘖（niè）：树木的嫩芽，也指树木被砍伐后所生的新芽。泽：聚水的洼地。夭（ǎo）：初生的草木。

⑩鲲：鱼子。鲕（ér）：鱼苗。长：使成长，抚养。麛（ní）：幼鹿。（yāo）：小麋鹿。

⑪翼：成，长成。（kòu）：刚出生的小鸟，雏鸟。蚳（chí）：蚁卵。蝝（yuán）：蝗的幼虫，是古人做酱的原料。

⑫蕃（fán）：繁殖，滋生。庶物：万物。

⑬艺：限度。

【译文】

鲁宣公夏天到泗水的深潭中撒网捕鱼，里革割破他的渔网，把它丢在一边，说："在古代，大寒节气过后，冬眠的动物才苏醒过来，掌管水产的官在这时计划用渔网、鱼笱去捕获大鱼，捉取鳖蜃等水产，拿这些到宗庙去祭祀祖宗，之后才让国内百姓去捕捞，这是为了散发春天的阳气。春季鸟兽开始孕育，水中的动物已经长成的时候，负责打猎的官员这时便禁止用网捕捉鸟兽，只准刺取鱼鳖等水产，并把它们制成鱼干以供夏天吃，这是为了帮助鸟兽生长。当鸟兽已经长大，鱼鳖开始孕育的时候，水虞便禁止用小鱼网捕捉鱼鳖，只设计陷坑、埋尖桩捕捉兽类，用来供应宗庙和厨房，并把它们储备起来，以备需要时享用。而且到山上不能砍伐新生的树枝，在水边也不能割取幼嫩的草木，捕鱼时禁止捕捉小鱼、鱼卵，捕兽时要留下小鹿和小麋鹿，捕鸟时要保护雏鸟和鸟蛋，捕虫时要留下蚁卵和蝗虫的幼虫，这都是为了使万物繁殖生长，这也是古人的教导。现在正当鱼类孕育的时候，却不让它们长大，还下网捕捉，真是贪欲没有限度啊！"

【原文】

公闻之曰："吾过而里革匡我，不亦善乎！是良罟也，为我得法①。使有司②藏之，使吾无忘谂③。"师存④侍，曰："藏罟不如置里革于侧之不忘也。"

【注释】

①为我得法：让我得到了很好的教训。

②有司：主管的官吏。古代设官分职，各有专司。

③无：不要。谂（shěn）：规谏，规劝。

④师存：乐师，名存。

【译文】

宣公听了这些话说："我有过错，里革便纠正我，不是很好吗？这个破了的渔网很好，使我得到了很好的教训。让主管官吏把它收藏好，使我不要忘记里革的规谏。"名叫存的乐师在旁边侍候宣公，说道："收藏渔网比不上将里革安置在您的身边，这样更不会忘记他的规谏。"

【评析】

本文写鲁宣公不顾时令，下网捕鱼，里革当场割破渔网，强行劝阻的经过。情节虽简，却极尽起伏变化之妙；事情虽小，却蕴含深刻的道理。里革先声夺人，引古论今，批评宣公任意捕鱼的行动，是出于贪心。乐师存也是快人快语，使"匡君"的主题更加突出。

注意保护自然资源，古人很早就从实践中总结出来了。本文借里革之口对此作了很好的阐述。鲁宣公不懂得这个道理，受到里革的批评，但他那种勇于改正错误的精神还是值得肯定的。

十三 敬姜论劳逸《国语》

【原文】

公父文伯退朝①，朝其母，其母方绩②。文伯曰："以歜之家而主犹绩，惧干季孙之怒也③，其以歜为不能事主乎！"

【注释】

①公父文伯：即公父歜（chù），鲁国大夫，季悼子的孙子，公父穆伯的儿子。朝：古代觐见君王称为朝，有时也可形容拜见尊敬的人。

②母：公父文伯的母亲，即敬姜。方：正在。绩：缉麻线。

③主：指代敬姜。季孙：即季康子，名肥。是鲁国的正卿。季氏是鲁国的贵族，子孙众多，敬姜是季康子的从叔祖母。

【译文】

公父歜退朝后回家，去拜见他的母亲，他的母亲正在纺麻。文伯说：

"像我公父歜这样的人家，您还亲自绩麻线，我担心会惹季孙生气，他可能会认为我不能好好事奉母亲啊！"

【原文】

其母叹曰："鲁其亡乎！使僮子备官而未之闻邪①？居②，吾语女。昔圣王之处民也，择瘠土而处之，劳其民而用之，故长王天下。夫民劳则思，思则善心生；逸则淫，淫则忘善，忘善则恶心生。沃土之民不材，淫也；瘠土之民莫不向义，劳也。是故天子大采朝日③，与三公、九卿祖识地德④；日中考政，与百官之政事、师尹惟旅、牧、相宣序民事⑤，少采夕月⑥，与太史、司载纠虔天刑⑦，日入监九御，使洁奉禘、郊之粢盛⑧，而后即安。诸侯朝修天子之业命，昼考其国职，夕省其典刑，夜儆百工，使无慆淫⑨，而后即安。卿大夫朝考其职，昼讲其庶政，夕序其业，夜庀其家事，而后即安。士朝受业，昼而讲贯，夕而习复，夜而计过无憾⑩，而后即安。自庶人以下，明而动，晦而休，无日以怠。王后亲织玄，公侯之夫人加之以纮綖，卿之内子为大带，命妇成祭服，列士之妻加之以朝服，自庶士以下，皆衣其夫⑪。社而赋事，烝而献功，男女效绩，愆则有辟，古之制也。君子劳心，小人劳力，先王之训也。自上以下，谁敢淫心舍力⑫？

【注释】

①僮子：古时尚未成年的男子，这里指不明事理的人。备官：充任官职。未之闻：没有被告诉为官之道。

②居：动词，坐下。

③大采：五彩的礼服。此用作动词。朝日：君王在每一年春分时节，穿上五彩被服，祭拜日神。

④祖：熟习。识：认识。地德：大地生长的万物，此指五谷。

⑤师尹：大夫官。惟：表并列，与，和。旅：众士。牧：州牧。相：国相。宣：普遍，全面。

⑥少采：三彩礼服。夕月：君王在秋分时节祭祀月亮的活动。

⑦司载：掌管天文的官吏。纠虔：恭敬。天刑：天体运行的法则，指上天所显示的征兆。

⑧粢盛（zī chéng）：专门用来祭祀所用的粮食。

⑨慆淫：怠慢、放荡。

⑩受业：接受课业。贯：习，学习。计过：计数过失。

⑪内子：卿的嫡妻。大带：祭服上的束腰带。命妇：大夫的妻子，也指有封号的妇女。祭服：祭祀时穿的礼服。朝服：上朝时穿的衣服。

⑫淫心舍力：放纵心志不肯用力。

【译文】

　　他的母亲叹了一口气说："鲁国恐怕要灭亡了吧！让幼稚无知的人做官，却不告诉他们做官之道吗？坐下来，我告诉你。过去圣明的君主安置人民，选择贫瘠的土地让人民定居下来，使他们在那里劳作然后任用他们，因此君王能够长久地统治天下。百姓勤劳了就会思考，思考了就会产生善良之心；安逸了就会放纵，放纵就会忘记善良，忘记善良就会滋生邪恶的心念。居住在肥沃土地上的百姓不能成才，是因为太放纵；居住在贫瘠土地上的百姓没有一个人不向着道义，是因为他们勤劳。因此每年春分，天子穿着五彩礼服朝拜日神，和三公九卿等官员熟习、了解土地上生产的五谷；正午时分考察国家政事以及百官有关施政的一些事务，大夫官与众士、地方长官、国相辅佐天子全面、依次序安排人民的事情。每年秋分，天子穿着三彩礼服祭祀月亮，和太史、司载恭敬地观察上天所显示的征兆；日落时分便监督内宫的女官，让她们整洁地准备好禘祭、郊祭用的器物及谷物，然后才去安歇。

　　诸侯在早晨处理天子布置的事务和命令，白天完成自己诸侯国内的政事，傍晚反复检查执行法令和刑罚的情况，夜晚警戒众多官员，使他们不要怠慢放荡，然后才去休息。卿大夫早晨完成他们的职责，白天讲习各种政事，黄昏依次序地梳理当天的政务，夜晚治理他封地的事务，然后才休息。贵族青年早晨接受学业，白天讲解学习，黄昏复习，夜晚反省自己的过失，没有不满意的了，然后才休息。从平民以下，天亮了做事，天黑了休息，没有一天懒惰。王后亲自编织天子王冠上用来悬玉的黑色丝绳，公侯的夫人们还要编织冠冕上的帽带和覆在冕上的布。卿的妻子编织腰带，大夫的妻子要亲自做祭祀时用的服装，士的妻子还要做君臣朝会时穿的礼服。从下士以下到普通百姓的妻子，要给自己的丈夫做衣服。春分祭祀完土地神就布置一切农事，冬天烝祭时要献出劳动成果，不论男女，都要尽力做出成绩，有过失就要惩罚，这是上古传下来的制度！贵族们勤于用心，百姓们勤于体力劳动，这是先王的遗训。从上到下，谁敢放荡心志而不尽力工作呢？"

【原文】

"今我，寡也，尔又在下位，朝夕处事，犹恐忘先人之业，况有怠惰，其何以避辟？吾冀而朝夕修我曰①：'必无废先人。'尔今曰：'胡不自安？'以是承君之官，余惧穆伯之绝祀也。"

仲尼闻之曰："弟子志之，季氏之妇不淫矣。"

【注释】

①而：通"尔"，你。修：勉励。

【译文】

"现在我是个寡妇，你官职又低，从早到晚做事，尚且害怕遗忘祖宗的基业，何况有了懈怠懒惰的心思，你凭什么避免惩罚呢？我希望你早晚勉励我说：'一定不要丢弃祖先的传统。'你今天却说：'为什么不自己贪图安逸啊？'用这样的态度承受君主任命的官职，我恐怕你父亲的祭祀要断绝了！"

仲尼听说这件事后说："弟子们记住，季家的老夫人的确是不贪图安逸啊！"

【评析】

敬姜絮絮叨叨一番长论，无非是希望自己做高官的儿子忠于职守，做好本职工作的同时，一定要谨记勤俭节约，不要贪图安逸，因为她老人家认为贪图安逸会触发人们内心的贪欲，贪欲最终会葬送儿子的前程乃至生命，读之如醍醐灌顶，振聋发聩。

卷三　周文

一 叔向贺贫《国语》

【原文】

叔向见韩宣子①，宣子忧贫，叔向贺之。宣子曰："吾有卿之名而无其实②，无以从③二三子，吾是以忧，子贺我何故？"

【注释】

①叔向：春秋时晋国大夫羊舌肸（xī）。韩宣子：名起，是晋国的卿。卿的爵位在公之下，大夫之上。宣子是其谥号。

②实：财富。

③从：跟随，交游。

【译文】

叔向去拜见韩宣子，韩宣子正在为贫困发愁，叔向却向他表示祝贺。宣子说："我有卿大夫的名称，却没有卿大夫的财富，没有什么可以拿来同其他卿大夫们来往应酬，我正为此发愁，你却祝贺我，这是什么原因呢？"

【原文】

对曰："昔栾武子无一卒之田①，其宫②不备其宗器，宣其德行，顺其宪则，使越于诸侯。诸侯亲之，戎、狄怀之，以正晋国。行刑不疚③，以免于难。及桓子④，骄泰⑤奢侈，贪欲无艺，略则行志，假货居贿，宜及于难，而赖武之德，以没其身。及怀子⑥，改桓之行，而修武之德，可以免于难，而离⑦桓之罪，以亡于楚。夫郤昭子⑧，其富半公室，其家半三军，恃其富宠，以泰于国。其身尸于朝，其宗灭于绛⑨。不然，夫八郤，五大夫三卿，其宠大矣。一朝而灭，莫之哀也，惟无德也。

【注释】

①栾武子：即栾书，为晋国上卿，谥号武。一卒之田：即一百顷田地，古时上大夫的俸禄便是一卒之田。一卒为一百人。

②宫：房屋，指家里。

③行刑不疚（jiù）：指栾书拥立悼公而杀死了晋厉公，为百姓和君王称赞，从而没有受到悼公的责难。

④桓子：栾书的儿子栾黡（yǎn）。

⑤泰：过分，放纵。

⑥怀子：栾书的孙子，名为栾盈。

⑦离，同"罹"，遭到，遭罪。

⑧郤（xì）昭子：晋国的正卿，名郤至，自恃有功，不将别人放在眼里，最后被恶厉公所杀。

⑨绛：晋国的旧都，在今山西省翼城县东南。

【译文】

叔向回答说："从前栾武子没有一百顷的田地，他家里连祭祀的器具都置备不齐全，可是他能够宣扬他的道德品行，遵循国家的法令、准则，声名远扬。诸侯们亲近他，戎、狄等少数民族归附他，依靠这个使晋国得以匡正。执行法度没有弊病，依靠这个没有遭到弑君的责难。到了栾武子的儿子桓子时，恒子自满过分、奢侈放纵，贪污受贿没有限度，违反法纪任意妄为，放债取利囤积财物，这种人本来应该遭到祸难，但依赖父亲栾武子的余德，竟得以善终。到了怀子时，他如果改变父亲桓子的行为，恢复祖父武子的德行，本来是可以凭这避免灾难的，但却由于父亲桓子的罪孽而逃亡到楚国。那个郤昭子，他的财富抵得上国家财富的一半，他家的佣人占晋国三军的一半。依仗自己的财富和荣宠，他在晋国骄恣跋扈。最后他的尸体在朝堂上示众，他的宗族也在绛这个地方被灭亡。如果不是这样，那姓郤的八个人中，有五个做大夫，三个做卿相，他们所受的恩宠够大的了。可是一旦被诛灭，没有一个人同情他们，只是因为他们没有德行啊！

【原文】

"今吾子有栾武子之贫，吾以为能其德矣，是以贺。若不忧德之不建，而患货之不足，将吊不暇，何贺之有？"

宣子拜稽首①焉，曰："起也将亡，赖子存之。非起也敢专承之，其自桓叔以下嘉吾子之赐②。"

【注释】

①稽首：古时一种最恭敬的跪拜礼，叩头至地。

②专承：独自一个人承受。桓叔：韩氏的祖先。名成师，号桓叔，是晋穆侯之子。桓叔之子名万，受封于韩邑。

【译文】

"现在你有栾武子的清贫，我认为你也能有他的德行，因此向你祝贺。如果你不忧愁无法建立德行，却只担心财物不够，我要表示哀悼还来不及，哪里还会祝贺呢？"

宣子跪拜并叩头，说："我韩起几乎要灭亡了，全靠您保全了我。这不是我一人敢独自承受您的恩德，恐怕从我的祖宗桓叔以下的子孙，都要感谢您的恩赐。"

【评析】

本文通过人物对话的方式，先提出"宣子忧贫，叔向贺之"这个出人意料的问题，然后层层深入地展开论述。文章先不直接说明所以要贺的原因，而是举出栾、郤两家的事例说明，贫可贺，富可忧，可贺可忧的关键在于是否有德。继而将宣子与栾武子加以类比，点出可贺的原因，并进一步指出，如果不建德而忧贫，则不但不可贺，反而是可吊的，点出本文的中心论点。最后用韩宣子的拜服作结，说明论点，有很强的说服力。这样既把道理讲得清清楚楚，又使人感到亲切自然。本文引用历史事实，阐明了贫不足忧，而应重视建德，没有德行，则愈富有而祸害愈大，有德行则可转祸为福的道理。

二 王孙圉论楚宝《国语》

【原文】

王孙圉聘于晋，定公飨之①。赵简子鸣玉以相②，问于王孙圉曰："楚之白珩③犹在乎？"对曰："然。"简子曰："其为宝也，几何矣？"

【注释】

①王孙圉（yǔ）：楚国大夫。定公：晋国国君姬午。飨：设置宴席进行款待。

②赵简子：名鞅，晋国正卿。鸣玉：古时贵族衣服上佩玉，走动时便因碰撞而发出响声。相：赞礼者，主持礼仪。

③白珩（héng）：楚国贵重的美玉。珩：佩玉的一种，形似磬而小。

【译文】

王孙圉到晋国访问，晋定公设宴款待他。赵简子礼服上的佩玉叮当作响。在一旁辅佐国君执行礼仪，他问王孙圉说："楚国的白珩还在吗？"王孙圉回答道："还在。"简子说："它作为楚国的宝物，价值多少呢？"

【原文】

曰："未尝为宝。楚之所宝者，曰观射父①，能作训辞②，以行事于诸侯③，使无以寡君为口实。又有左史倚相④，能道训典，以叙百物，以朝夕献善败于寡君，使寡君无忘先王之业；又能上下说乎鬼神，顺道其欲恶，使神无有怨痛于楚国。又有薮曰云连徒洲⑤，金、木、竹、箭之所生也，龟、珠、角、齿、皮、革、羽、毛⑥，所以备赋⑦，以戒不虞者也，所以共币帛⑧，以宾享于诸侯者也。若诸侯之好币具，而导之以训辞，有不虞之备，而皇神相之，寡君其可以免罪于诸侯，而国民保焉。此楚国之宝也，若夫白珩，先王之玩也，何宝焉？

【注释】

①观射（guàn yì）父：楚国大夫。

②训辞：外交辞令。

③行事于诸侯：到诸侯国办事。

④左史：史官名，周代记载官员功、言的官职，又分左、右史，左史记功，右史记言。倚相：人名，当时任左史。

⑤云连徒洲：云梦泽，也称云土，云杜。在今湖北监利县北。

⑥箭：箭竹。龟：占卜用的龟甲。珠：珍珠，古人视珍珠为防御火灾之物。角：兽角，可以用来做弓弩。齿：象牙，可以用来做珥。革：犀牛皮，多用以做甲胄使用。羽：鸟类的羽毛，可用来装饰旌。毛：牦牛尾，可用来装饰旗杆顶端。

⑦备赋：供给军用物资。

⑧币帛：玉帛，古人用来祭祀或馈赠的礼物。

【译文】

王孙圉回答说："楚国不曾把它当作宝物。楚国视为宝物的，叫观射父，他擅长辞令，到各诸侯国去办事，能使他们没有办法拿我们国君做话柄。还有一位左史名叫倚相，他擅长引用先王的书，来论述各种事物，并早晚向国君称说前人兴旺和衰败的事例，让国君不要忘记先王的功业；他还取悦于天上地下的鬼怪神灵，顺应他们的好恶，使神灵对楚国没有埋怨痛恨。还有一片沼泽地叫云梦，它连接着徒洲，是金属、木材、竹子、箭竹等出产的地方。龟甲、珍珠、兽角、象牙、兽皮、犀牛皮、鸟羽、牦牛毛，这些是用来充当军用物资，以防备意外事件的。这些又可以用来作为礼物，用它们招待和馈赠给诸侯国。如果诸侯喜欢这些礼物，就辅以优美的文辞，又有预防对付意外事情的准备，加上神明的保佑，我国国君也许就能免于得罪诸侯，而国家和百姓就能得以保全。这些才是楚国的宝物。至于那个白珩，不过是先王的玩物罢了，算得上什么宝物呢？

【原文】

"圉闻国之宝，六而已：圣能制议百物，以辅相国家，则宝之。玉足以庇荫嘉谷①，使无水旱之灾，则宝之。龟足以宪臧否②，则宝之。珠足以御火灾，则宝之。金足以御兵乱，则宝之。山林薮泽足以备财用，则宝之。若夫哗嚣③之美，楚虽蛮夷，不能宝也。"

【注释】

　　①玉：用来祭祀的玉器。

　　②宪：表明。臧否（pǐ）：吉凶，善恶。

　　③哗嚣：喧哗，这里指佩玉发出的响声。

【译文】

　　"我听说国家的宝物，只有六种而已：圣明之人制造和评议各种事物，借此辅助治理国家，就把他当作宝物；祭祀用的玉器能保护庄稼茁壮成长，使国家没有水灾旱灾，就把它当作宝物；龟甲能够显示吉凶，就把它当作宝物；珍珠等水精可以抗御火灾，就把它当作宝物；兵器可以抵御兵灾、骚乱，就把它当作宝物；山林湖泽可以供应财物用品，就把它当作宝物。至于那些叮当作响的美玉，楚国虽然是蛮夷之国，也不会把它当作宝物的。"

【评析】

　　王孙圉虽然生活在两千多年前，但他对于宝物的见解至今还给我们以深刻的启示。一个国家应该看重什么呢？是人才，是土地山水。因为古代认为某些玉石，乌龟，珠宝具有灵气，所以也被作为宝物，但是，纯粹是装饰品的白珩却不在宝物之列。所宝唯贤，是本文之主论。这就与赵简子形成鲜明的对照，简子看重的是佩玉，在外国使臣面前有意弄得叮当作响，想炫耀一番。文章前后照应，开头写赵简子"鸣玉以相"，最后以王孙圉认为这是"哗嚣之美"照应。文章结尾虽然没有写赵简子的反应，但我们读了王孙圉的一席话，完全可以想见其尴尬之状。这是令人深思的。

三 诸稽郢行成于吴《国语》

【原文】

吴王夫差①起师伐越，越王勾践②起师逆之江。

【注释】

　　①吴王夫差：春秋时吴国国君，吴王阖闾的儿子。吴国于公元前473年被越国所灭，夫差也在此时自杀。

　　②越王勾践：春秋时越国国君，越王允常之子。曾经是吴国的手下败

将，后来亲自侍奉夫差，经历了十年卧薪尝胆之后，终于打败吴国。

【译文】

吴王夫差出兵攻打越国，越王勾践带兵在长江沿岸迎击。

【原文】

大夫种①乃献谋曰："夫吴之与越，唯天所授，王其无庸战②。夫申胥、华登简服吴国之士于甲兵③，而未尝有所挫也。夫一人善射，百夫决拾④，胜未可成。夫谋必素见成事焉，而后履之，不可以授命⑤。王不如设戒，约辞⑥行成，以喜其民，以广侈⑦吴王之心。吾以卜之于天，天若弃⑧吴，必许吾成而不吾足⑨也，将必宽然有伯诸侯之心焉。既罢弊其民，而天夺之食⑩，安受其烬，乃无有命矣。"

【注释】

①大夫种：指文种，字少禽，一作子禽。越国大夫。

②庸：用。

③申胥：名伍员（yún），字子胥，吴国大夫。原为楚国人，封地在申，故又称申胥。华登：吴国大夫，宋国司马华费遂的儿子。二人都到吴国躲避灾祸。简服：选拔、训练。

④决拾：名词用作动词，佩戴决拾。决：扳指，专门在射箭时套在右手大指上，用来钩弓弦。拾：由动物皮制成，套在左臂上，避免衣袖妨碍开弓。

⑤履：实行。授命：送命，致命。

⑥约辞：委婉的言辞。

⑦广侈：扩张，使骄傲自大。

⑧弃：抛弃。

⑨足：值得忧虑。

⑩天夺之食：遭受天灾，粮食歉收。

【译文】

大夫文种献计说："吴国和越国都是上天授予的，大王您用不着打仗。那伍子胥和华登选拔和训练吴国士兵用于战争，还从来没打过败仗。一人精于射箭，就有上百人拿起扳指和皮制护袖来效仿，我们没把握取胜。凡是计策一定要预见到成功，然后才去实行，绝不能轻易送命。大王您不如一边部署军队，一边用谦卑的言辞向吴国求和，使吴国百姓高兴，使吴王的骄傲心理膨胀起来。我们拿这件事向上天占卜，上天假如要抛弃吴国，吴国一定会答应我们的求和并认为越国不值得忧虑，他们一定会很松懈地产生称霸诸侯的野心。吴国百姓为之精疲力竭之后，再加上遭受天灾、粮食歉收，我们就可以稳稳当当去收拾吴国的残局，吴国就失去上天的保佑了。"

【原文】

越王许诺，乃命诸稽郢①行成于吴，曰："寡君勾践使下臣郢不敢显然布币行礼，敢私告于下执事曰②：'昔者越国见祸，得罪于天王③，天王亲趋玉趾④，以心孤⑤勾践，而又宥赦之。君王之于越也，繄起死人而肉白骨也⑥。孤不敢忘天灾，其敢忘君王之大赐乎？今勾践申祸无良，草鄙之人，敢忘天王之大德，而思边陲之小怨，以重得罪于下执事？勾践用帅二三之老，亲委重罪，顿颡⑦于边。今君王不察，盛怒属兵，将残伐越国。越国固贡献之邑也，君王不以鞭箠使之，而辱军士使寇令焉。勾践请盟：一介嫡女，执箕帚以晐姓于王宫⑧；一介嫡男，奉槃匜以随诸御⑨；春秋贡献，不解于王府⑩。天王岂辱裁之？亦征诸侯之礼也。'

【注释】

①诸稽郢（yǐng）：越国大夫。

②显然：公然。币：古人用于馈赠的礼品。下执事：吴王身边办事的官员。

③天王：对吴王夫差的尊称。得罪：指勾践射伤吴王之父阖闾。

④亲趋玉趾：亲自前往。玉趾：对脚步的敬称。

⑤孤：通"辜"，归罪。

⑥繄：就是。起：起死回生。肉：用作动词，生出新肉。

⑦顿颡（sǎng）：叩头直至额头触地。

⑧一介：一个。箕帚：畚箕、笤帚。晐（gāi）姓：贡纳诸姓妇子到天子之宫，指作吴王奴婢。

⑨槃匜（pán yí）：洗手脸的用具。槃：同"盘"，用以盛水。匜：

古代盥洗用的器具，用以注水。诸御：指吴王的近臣侍卫。

⑩解（xiè）：同"懈"，懈怠。王府：国家收藏财物的地方。

【译文】

越王同意了他的建议，派诸稽郢到吴国去求和，说："敝国君主勾践派遣小臣诸稽郢前来，不敢公然献上礼物向您行礼，只好冒昧地私下向您的办事官员说：'从前，越国遭到祸害，得罪了吴王，吴王亲自参战，本来归罪于勾践，后来又宽恕了他。吴王对越国的恩惠，相当于让死人复活，让白骨生出新肉。今天勾践不敢忘记天降的灾祸，又怎敢忘记吴王您优厚的恩赐呢？如今勾践重遭天祸，无德无行，草野鄙贱之人，怎么敢忘记吴王的大恩德，去计较边境的小冲突，以致又得罪您身边的办事官员呢？勾践因此率领他的几个大臣，亲自承担犯下的罪过，在边境上跪着磕头请罪。现在吴王您不了解情况，勃然大怒集合军队，打算狠狠地讨伐越国。越国本来就是向您称臣进贡的城邑啊，君王不用马鞭驱使它，却屈尊您的将士们，让他们执行御敌的命令。勾践请求订立盟约：让一个嫡生的女儿，拿着簸箕扫帚在王宫里给您做婢女；让一个嫡生的儿子，捧着盘子和脸盆，随同侍卫们服侍您；春秋两季向您的王府进贡，绝不懈怠。吴王您哪里还需要屈尊来制裁我们啊？这也是天子向诸侯征税的礼制啊！'

【原文】

"夫谚曰：'狐埋之而狐搰①之，是以无成功。'今天王既封殖②越国，以明闻于天下，而又刈亡之，是天王之无成劳也。虽四方之诸侯，则何实以事吴？敢使下臣尽辞，唯天王秉利度义焉！"

【注释】

①搰（hú）：掘出。

②封殖：培植，扶植。

【译文】

"谚语说：'狐狸埋了东西又会把它掘出来，所以看不到成效。'如今吴王您既已经扶植了越国，且公开传布天下，现在您却又要消灭它，这就让您的努力看不到成效了。即使四方的诸侯想归附您，将按照什么标准来侍奉吴国呢？恕我冒昧地说完我想说的话，只希望您衡量利弊、考虑道义啊！"

【评析】

春秋末年的吴、越两国，经常发生战争。越国知道自己的力量暂时敌不过吴国，于是派诸稽郢向吴国求和，作为缓兵之计，诸稽郢的求和辞令，主要是利用和助长吴王夫差骄傲自大的心理。

四 申胥谏许越成《国语》

【原文】

吴王夫差乃告诸大夫曰："孤将有大志于齐①。吾将许越成，而无拂吾虑②。若越既改，吾又何求？若其不改，反行③，吾振旅焉。"

【注释】

①有大志于齐：对齐国有夺取之心。指夫差想要攻打齐国，据为己有。

②而：你们。拂：违背，不顺。

③反行：返回来。

【译文】

于是，吴王夫差告诉各位大夫说："我将要对齐国采取军事行动以征服齐国，因此我想要同意越国的求和，你们不要违背我的意愿。如果越国已经改过，我对它还有什么要求呢？如果它不悔改，等我从齐国回来，我再兴兵去讨伐它。"

【原文】

申胥谏曰："不可许①也。夫越非实忠心好吴也，又非慑畏吾甲兵之强也。大夫种勇而善谋，将还玩吴国于股掌之上②，以得其志。夫固知君王之盖威以好胜也③，故婉约其辞，以从逸王志④，使淫乐于诸夏之国⑤，以自伤也。使吾甲兵钝弊，民人离落⑥，而日以憔悴，然后安受吾烬。夫越王好信以爱民，四方归之，年谷时熟⑦，日长炎炎⑧。及吾犹可以战也，为虺⑨弗摧，为蛇将若何？"

【注释】

①许：同意。

②还（xuán）：通"旋"，转动。

③盖威：崇尚武力。

④婉约：委婉而谦卑。从：同"纵"，放纵。

⑤诸夏之国：春秋时期，除中原之外的其他国家，如晋、齐、鲁等。

⑥钝：不锋利，用作动词，使武器受损耗。弊：疲敝，疲惫。离落：离散流落，流离失所。

⑦时熟：按时节成熟。

⑧日长炎炎：天天增长，蒸蒸日上。炎炎：兴旺的样子。

⑨虺（huǐ）：小蛇。

【译文】

伍子胥劝道："不能同意越国的求和。越国不是诚心实意要和吴国友好相处，也不是害怕吴国军队的强大。他们的大夫文种勇敢又有谋略，他想要把吴国玩弄于股掌之中，以实现他的阴谋。他本知道您崇尚武力又争强好胜，所以，他言辞谦卑，使您放纵心志，沉溺在征服中原各国的快乐中，使我们自己受到伤害。让我们的武器损耗士兵疲惫，人民离散流落，一天比一天困顿萎靡，这之后他们毫不费力地收拾我们的残局。越王在国内守信爱民，四方人民都归顺他，年年谷物按时节成熟，国力一天天兴盛起来。趁着我们还可以战胜它，它是小蛇时不摧毁它，等它长成大蛇了，怎么办？"

【原文】

吴王曰："大夫奚隆于越①？越曾足以为大虞乎？若无越，则吾何以春秋曜吾军士②？"乃许之成。将盟，越王又使诸稽郢辞曰："以盟为有益乎？前盟口血③未干，足以结信矣。以盟为无益乎？君王舍甲兵之威以临使之，而胡重于鬼神而自轻也。"吴王乃许之，荒成④不盟。

【注释】

①奚：何以，为什么。隆：抬高，重视。

②春秋：一年阅兵两次，分别在春天和秋天。曜（yào）：通

"耀"，照耀。这里指炫耀，夸耀。

③口血：古时两人或者两国结盟时，要杀牲饮血以表诚意。也有另外的理解，指盟者用手指蘸牲畜的血，涂在嘴唇上。

④荒成：口头达成协议。

【译文】

吴王说："你为什么这么抬举越国？越国难道能成为我们的大患吗？如果没有越国，我们春秋两季到哪里去炫耀我们的军队呢？"于是同意了越国的求和。将要订立盟约时，越王又派诸稽郢推辞说："您认为盟誓有用吗？上次盟誓时涂在嘴上的血还没干呢，足以表示缔结的信用了。您认为盟誓没有效果吗？您就放弃军队的威胁，亲自来役使我们好了，为什么要看重鬼神而看轻您自己的威力啊。"吴王就同意了这个提议，只口头达成协议而没有进行盟誓的仪式。

【评析】

文种与申胥的分析不谋而合，利害相关，明若观火。吴王夫差由于不用申胥而亡国，越王勾践由于用了文种而灭吴称霸。说明能否虚心采纳下属的正确意见，是关系国家兴亡成败的大事。

五 春王正月《公羊传》

【原文】

元年者何？君之始年也。春者何？岁之始也。王者孰谓？谓文王①也。曷为先言王而后言正月？王正月②也。何言乎王正月？大一统也。

【注释】

①文王：周文王姬昌，商纣时期为诸侯国的首领，称西伯侯。

②王正月：指周历正月。古时改换朝代称为改正朔，即国运更新之义。周朝以夏历的十一月为一年的开始。

【译文】

"元年"是什么意思？是指国君即位的第一年。"春"字是什么意思？是一年的开始。"王"指的是谁？说的是周文王。为什么先说"王"而后说"正月"呢？因为这是周王朝的正月。为什么说是周王朝的正月？

是为了尊重周天子的一统天下。

【原文】

公①何以不言即位？成②公意也。何成乎公之意？公将平国而反之桓③。曷为反之桓？桓幼而贵，隐长而卑，其为尊卑也微，国人莫知。隐长又贤，诸大夫扳④隐而立之，隐于是焉而辞立，则未知桓之将必得立也。且如桓立，则恐诸大夫之不能相幼君也。故凡隐之立，为桓立也。隐长又贤，何以不宜立？立適⑤，以长不以贤，立子，以贵不以长。桓何以贵？母贵也。母贵则子何以贵？子以母贵，母以子贵。

【注释】

①公：指鲁隐公，它是鲁惠公的妾所生的儿子，母亲地位不高，因此他无法做一国之君王。

②成：成全，满足。

③平：平定，指治理好。反之桓：把政权归还桓公。桓：鲁桓公，他的母亲也是鲁惠公之妾，但惠公宠爱其母，后改立为夫人，所以桓公比隐公要高贵一些。

④扳（pān）：通"攀"，援引，拥戴。这里指推荐。

⑤適：同"嫡"，正妻。此指正妻所生的儿子。

【译文】

隐公为什么不说"即位"？是为了成全隐公的意愿。为什么说成全隐公的意愿呢？因为隐公准备治理好国家，然后把权力交还给桓公。为什么要交还给桓公呢？因为桓公年幼却地位尊贵，隐公年长却地位卑下，他们之间的尊卑差别是很小的，国都的人都不知道。隐公年长又有德行，众大夫拥戴隐公而立他为国君，隐公在这时候推辞即位，那么就不知道桓公是否一定能立为国君。况且如果桓公被立为国君，又恐怕众大夫不能辅佐年幼的君主。所以总的说来，隐公做国君，正是为了将来桓公能被立为国君。隐公年长又有德行才能，凭什么不应该立为国君？这是因为立正妻的儿子为国君，只根据年长而不根据德行才能。立庶子做君王则根据地位尊贵，而不是看年长。桓公为什么尊贵？因为他的母亲地位尊贵。母亲地位尊贵，那么儿子为什么也尊贵？儿子因母亲地位尊贵而提高身份，母亲又因为儿子地位上升而尊贵。

【评析】

桓公为什么高贵？因为他的母亲贵为国君的夫人。母亲高贵为什么儿子就高贵？因为儿子凭借母亲而能够高贵，母亲凭借儿子而得以尊贵。在据乱世时代，为了免于权位之争，确定国君继任者的时候，先要选择国君的夫人所生的长子。否则，众子争位，祸及国家百姓。

六 宋人及楚人平《公羊传》

【原文】

外平不书①，此何以书？大其平乎己也②。何大其平乎己？庄王围宋③，军有七日之粮尔，尽此不胜，将去而归尔。于是使司马子反乘堙而窥宋城④，宋华元⑤亦乘堙而出见之。司马子反曰："子之国何如？"华元曰："惫矣。"曰："何如？"曰："易子而食之，析骸而炊之⑥。"司马子反曰："嘻！甚矣惫！虽然，吾闻之也：围者柑马而秣之⑦，使肥者应客。是何子之情也？"华元曰："吾闻之，君子见人之厄则矜之，小人见人之厄则幸之⑧。吾见子之君子也，是以告情于子也。"司马子反曰："诺。勉之矣。吾军亦有七日之粮尔，尽此不胜，将去而归尔。"揖而去之。

【注释】

①外平不书：鲁国之外的诸侯国之间进行议和；这里指鲁宣公十二年时，楚庄王打败郑国，郑国称服，从而两国讲和。

②大：重视，赞扬。平乎己：指华元、子反本身主动讲和。

③庄王围宋：指楚庄王发兵攻打宋国；当时楚庄王借道宋国访齐，不想宋国将楚国使者申舟杀死，从而引起两国战争。

④司马子反：楚国公子侧，任司马，掌管军政。乘：登。堙（yīn）：小土山。

⑤华元：宋国大夫，华父督的后裔，在宋执政约四十年。

⑥易：交换。析骸：劈开尸骨。

⑦柑（qián）马：给马嘴里衔一根木棍。秣：喂。

⑧厄：困难，灾难。矜：怜悯。幸：幸灾乐祸。

【译文】

　　鲁国以外的诸侯国之间停战讲和，《春秋》是不加记载的，这次楚宋两国讲和，为什么要记载呢？是为了赞扬他们这次的讲和是出于两国大夫的主动。为什么要赞扬他们的主动讲和呢？楚庄王围攻宋国都城，军队只有七天的米粮了。如果吃完这些军粮还不能取胜，就要离开这里回国了。于是，楚庄王派司马子反登上小土山，窥探宋国都城的情况。宋国的华元也登上小土山并出来会见他。司马子反说："你们国都内的情况怎么样？"华元说："困顿不堪了！"司马子反说："困顿到什么程度？"华元说："交换孩子杀了吃，劈开尸骨当柴烧火做饭。"司马子反说："唉！确实困顿到了极点！虽然这样，但是我听说，被围困的人让马嘴里衔着木棍，假装来喂它，把肥大的马牵出来给客人看。这次你为什么对我吐露实情呢？"华元说："我听说，君子看见别人困难就怜悯他们，小人看见别人危难就幸灾乐祸。我看您是位君子，所以把实情告诉您。"司马子反说："我知道了，你们努力防守吧！我们的军队也只有七天的军粮了，吃完这些军粮还不能取胜，就要离开这里回去了。"说完，他向华元拱手作揖离开了。

【原文】

　　反于庄王。庄王曰："何如？"司马子反曰："惫矣！"曰："何如？"曰："易子而食之，析骸而炊之。"庄王曰："嘻！甚矣惫！虽然，吾今取此，然后而归尔。"司马子反曰："不可。臣已告之矣，军有七日之粮尔。"庄王怒曰："吾使子往视之，子曷为告之？"司马子反曰："以区区^①之宋，犹有不欺人之臣，可以楚而无乎？是以告之也。"庄王曰："诺。舍而止^②。虽然，吾犹取此，然后归尔。"司马子反曰："然则君请处于此，臣请归尔。"庄王曰："子去我而归，吾孰与处于此？吾亦从子而归尔。"引师而去之。故君子大其平乎己也。此皆大夫也，其称人何？贬。曷为贬？平者在下^③也。

【注释】

　　①区区：很小的样子。

　　②舍而止：造房屋住下来。

③平者在下：要求讲和的人居于下位。

【译文】

　　司马子返回去见楚庄王。庄王问："情况怎么样呢？"司马子反说："困顿不堪啊！"楚庄王问："怎么困顿不堪呢？"子反说："交换孩子杀了吃，拆散尸骨当柴烧火做饭。"庄王说："呀！真是困顿到极点了！虽然这样，那么我们现在还是要攻下宋国都城，然后再回去。"司马子反说："不行。我已经告诉对方了，我军也只有七天的口粮了。"庄王大怒说道："我派你去侦察敌情，你为什么要把实情告诉他们呢？"司马子反说："以他那小小的宋国，尚且有不欺骗别人的大臣，难道我们楚国就可以没有吗？因此我向对方说了实话。"庄王说："好吧，那就造房屋住下来吧！虽然这样，但我还是要攻下宋国都城，然后再回去。"司马子反说："既然如此，那么请君王您留在这里，我请求您准许我先回国。"庄王说："你离开我回国，谁和我留在这儿呢？我也跟随你一起回国算了。"于是率领军队离开宋国。因此君子就赞扬司马子反和华元他们自行讲和。他们二人都是大夫，为什么《春秋》只称之为"楚人""宋人"呢？这是贬低他们的意思。为什么要贬低他们呢？因为这次讲和的是处于下位的臣子而不是国君。

【评析】

本篇解释《春秋》"宋人及楚人平"一句。这六字，有褒有贬。褒扬华元和子反两位大夫以诚相待主动讲和，减轻了宋楚两国的战祸。贬的是两人超越君权自作主张，背着国君讲和。此例一开，君权就危险了。文章反映了古代战争的残酷，通篇全用对话口气，重复之中又有变化，颇为传神。文章在于揭示所谓"春秋笔法"。

七 吴子使札来聘《公羊传》

【原文】

　　吴无君、无大夫①，此何以有君、有大夫？贤季子也②。何贤乎季子？让国也。其让国奈何？谒也，馀祭也，夷昧也③，与季子同母者四。季子弱而才④，兄弟皆爱之，同欲立之以为君。谒曰："今若是迮⑤而与季子国，季子犹不受也。请无与子而与弟，弟兄迭⑥为君，而致国乎季子。"皆曰："诺"。故诸为君者，皆轻死为勇，饮食必祝曰："天苟有吴国，尚速有悔于予身⑦。"故谒也死，馀祭也立，馀祭也死，夷昧也立，夷昧也死，则国宜之季子者也。

【注释】

①吴无君、无大夫：依《春秋》的观点，吴国为蛮夷，地位不高，所以统称为"吴"，没有君王及官员的任何名字区分。

②贤：形容词的意动用法，认为季子贤良。季子：指季札，是吴王寿梦的小儿子，古以伯、仲、叔、季排列先后顺序，因此称季札为"季子"。

③谒：吴王的大儿子，一作"遏"。馀祭、夷昧：分别为寿梦二子和三子。

④弱：年少，年幼。才：有才华。

⑤迮（zé）：仓促。

⑥迭：轮流。

⑦有悔于予身：降灾祸到我身上。

【译文】

吴国本来没有国君，没有大夫，这里凭什么说它有国君，有大夫呢？是认为季子贤良的缘故。为什么说季子贤良呢？因为他辞让国君的王位。他辞让君位是为什么呢？谒、馀祭、夷昧和季子是一母所生的四兄弟。季子年纪最小而有才干，兄长们都喜欢他，都要立他做国君。谒说："现在如果就这样仓促地把君位给他，季子还是不接受的。请不要传位给儿子而传位给弟弟，兄弟们依次轮流做国君，就可以把君位传给季子。"大家都说："行"。所以几个哥哥做国君时，就视死如归，每次吃饭时一定祝祷说："上天如果要保存吴国，就请快点降灾祸到我身上吧。"所以谒死后，馀祭做了国君；馀祭死后，夷昧做了国君；夷昧死了，国君的位置应当属于季子了。

【原文】

季子使而亡①焉。僚者，长庶也，即之②。季子使而反，至而君之尔。

阖庐③曰："先君之所以不与子国而与弟者，凡为季子故也。将从先君之命与，则国宜之季子者也。如不从先君之命与，则我宜立者也。僚恶得为君乎？"于是使专诸④刺僚，而致国乎季子。季子不受曰："尔弑⑤吾君，吾受尔国，是吾与尔为篡也。尔杀吾兄⑥，吾又杀尔，是父子兄弟相杀，终身无已也。"去之延陵⑦，终身不入吴国。故君子以其不受为义，以其不杀为仁。

【注释】

①使而亡：出使他国，在外未归。

②僚：吴王夷昧的儿子。长庶：所有儿子中最大的一个。即之：即位。

③阖庐：谒的儿子，即公子光，后来为吴国国君。

④专诸：刺客。伍子胥为了让公子光做国君，特意让他给吴王长子僚送鱼，并借机将其杀死，然后专诸也自尽而亡。

⑤弑：古代子女杀父母，臣下杀君主称为弑。

⑥吾兄：此指我兄长的儿子。

⑦延陵：春秋吴邑，今江苏常州。季札受封在延陵，所以又号"延陵季子"。

【译文】

季子出使他国，在外未归。僚是夷昧的庶子中最年长的，就即位做了国君。季子出访回国，一回到吴国就把僚当作国君对待。阖庐说："先君之所以不传位给儿子而传位给弟弟，都是为了季子的缘故。如果遵照先君的遗命，那么国君应该由季子来做；如果不遵从先君的遗命，那么我应该是被立为国君的人。僚怎么可以做国君呢？"于是派专诸刺杀僚，把国君的位子交给季子。季子不接受，说："你杀死我的国君，我接受你给予的君位，这样我就参与你篡夺君位的事了。你杀了我哥哥的儿子，我又杀你，这样父子兄弟互相残杀，一辈子没完没了了。"就离开国都到了他的封邑延陵，到死也没有再进吴国国都。所以君子以他的不受君位为义，以他的反对互相残杀为仁。

【原文】

贤季子，则吴何以有君、有大夫？以季子为臣，则宜有君者也。札者何？吴季子之名也。春秋贤者不名^①，此何以名？许^②夷、狄者，不一而足也。季子者，所贤也，曷为不足乎季子？许人臣者必使臣，许人子者必使子也。

【注释】

①春秋贤者不名：春秋时对有贤德的人为表敬重，只称其字，不直称名。

②许：赞许。

【译文】

称许季子的贤德，那么吴国为什么就有国君，有大夫呢？既然承认季子是臣，那么就应该有国君啊。"札"是什么呢？是吴季子的名啊。《春秋》对有贤能的人不直称呼名字，这里为什么称名呢？这是因为赞许夷、狄等地的人，不是只凭一事一物就可以满足条件的。季子被认为是贤良的人，为什么季子还不能满足条件呢？因为赞美人臣就一定要把他放在人臣的地位；赞美人子，就一定把他放在人子的位置上。

【评析】

这篇文章是《春秋公羊传》解释《春秋》为什么用"吴子"肯定吴国"有君"，用"聘"肯定吴国"有大夫"的。全文层层设问，步步深入，以事实说明公子札的贤、仁、深明大义，正是他使吴国在诸夏心目中的地位得到了提高。

八 郑伯克段于鄢《谷梁传》

【原文】

克者何？能也。何能也？能杀也。何以不言杀？见段之有徒众也^①。

【注释】

①有徒众：有拥护自己的士兵和百姓。徒：步兵。

【译文】

"克"是什么意思呢？就是能做到的意思。能做到什么呢？就是能做到杀人。为什么不直接说杀人呢？是因为共叔段拥有士兵和百姓。

【原文】

段，郑伯弟也①。何以知其为弟也？杀世子、母弟目君②，以其目君，知其为弟也。段，弟也而弗谓弟，公子也而弗谓公子，贬之也，段失子弟之道矣。贱段而甚郑伯也。何甚乎郑伯？甚郑伯之处心积虑，成于杀也。

【注释】

①段：共叔段，郑庄公的弟弟。又称京城太叔；后来为夺王位叛逃到共国，改称共叔段。郑伯：即郑庄公寤生，武姜的儿子。

②目君：视为国君，称为国君。目：名此用作动词，视为。

【译文】

共叔段是郑伯的弟弟。怎么知道他是弟弟呢？凡杀死太子和同母所生的弟弟的，都称为君，因为这里称他为伯，所以知道共叔段是弟弟。共叔段是弟弟，可是不称他为弟弟；是公子可是也不称他为公子，这是《春秋》贬斥他的意思，是因为共叔段丧失了做公子、弟弟的道义。贬低共叔段，但是更加贬低郑伯。为什么更加贬斥郑伯呢？是因为郑伯蓄谋已久，最终达到了杀死共叔段的目的。

【原文】

于鄢，远也①，犹曰取之其母之怀中而杀之云尔，甚之也。然则为郑伯者宜奈何？缓追逸贼，亲亲之道也②。

【注释】

①鄢（yān）：郑国邑名，在今河南省鄢陵县西北。

②贼：祸乱天下，以下犯上的人，这里指共叔段。亲亲：爱自己的亲属。

【译文】

"于鄢"是说共叔段被追击到很遥远的地方。这就如同说郑伯从他母亲怀里夺过共叔段来杀死他似的，所以更加贬斥他。既然这样，那么作为郑伯应该怎么办呢？慢慢地追赶逃跑的贼人，才是对亲人友爱亲善的正确做法啊。

【评析】

《郑伯克段于鄢》是编年体史书《谷梁传》的一个片段，却俨然一篇完整而优美的记事散文。文章把发生在两千七百多年前的这一历史事件，具体可感地呈现在我们眼前，使我们仿佛真的进入了时间隧道，面对面地聆听历史老人绘声绘色地讲述这一事件的缘起、发生、发展和最后结局。从而，不仅让我们明了这一历史事件的真实情况，同时也让我们看到了相关人物的内心世界，并进而感悟到郑国最高统治者内部夺权斗争的尖锐性和残酷性。

九 虞师晋师灭夏阳《谷梁传》

【原文】

非国而曰灭，重夏阳也①。虞无师，其曰师，何也？以其先晋②，不可以不言师也。其先晋何也？为主③乎灭夏阳也。夏阳者，虞、虢之塞邑也，灭夏阳而虞、虢举矣④。

【注释】

①重：重视。夏阳：虢邑名，是虞、虢边境的重要城邑。在今山西平陆东北。

②虞：春秋时的小国，多为姬姓。在今山西平陆北。先：先导，引导。此指虞国因为借道给晋国通过，而使虢国的夏阳城处于危险的境地。

③主：首恶，主谋。

④虢（guó）：周初分封的小国家，共分为东、西、北三虢。东虢、西虢先被郑、秦两国攻灭，晋献公所伐为北虢。举：攻克，占领。

【译文】

不是国家而说它"灭亡"，是因为重视夏阳。虞国没有出动军队，《春秋》却说虞国的"军队"，为什么呢？因为虞国引导晋国军队前来，所以不能不说它也出动了军队。为什么说虞国引导晋国军队前来呢？因为它是夏阳灭亡的主谋。夏阳是虞国和虢国边境的重要城邑，灭掉了夏阳，虞、虢两国就都可以被攻取了。

【原文】

虞之为主乎灭夏阳，何也？晋献公欲伐虢，荀息①曰："君何不以屈产之乘、垂棘之璧，而借道乎虞也^②？"公曰："此晋国之宝也。如受吾币，而不借吾道，则如之何？"荀息曰："此小国之所以事大国也。彼不借吾道，必不敢受吾币。如受吾币，而借吾道，则是我取之中府而藏之外府^③，取之中厩^④而置之外厩也。"公曰："宫之奇^⑤存焉，必不使受之也。"荀息曰："宫之奇之为人也，达心而懦，又少长于君^⑥，达心则其言略，懦^⑦则不能强谏，少长于君，则君轻之。且夫玩好^⑧在耳目之前，而患在一国之后，此中知^⑨以上乃能虑之。臣料虞君，中知以下也。"公遂借道而伐虢。

【注释】

①荀息：晋献公最亲信的大夫，食邑于荀，亦称荀叔。

②屈：春秋时的邑名，在今山西省吉县东北，以马闻名。乘（shèng）：古时一车四马称为一乘。这里专指马。垂棘：晋地名，在今山西潞城北，出产美玉。

③中府：宫内收藏财宝的仓库。外府：宫外仓库。

④中厩：宫内的马厩。

⑤宫之奇：虞国大夫。

⑥达心：心里明白。少长：从小一起长大。

⑦懦：软弱不强。

⑧玩好：喜爱的玩赏的东西。

⑨知：同"智"，智慧，智力。

【译文】

　　说虞国是灭掉夏阳的主谋，为什么呢？晋献公想要讨伐虢国，荀息说："为什么君主不用屈出产的良马和垂棘出产的美玉，向虞国借路呢？"献公说："这些是晋国的宝物。如果虞国接受了我的礼物，又不借道给我，能拿它怎么样？"荀息说："这些东西是小国用来侍奉大国的。它不借路给我们，一定不敢接受我们的礼物。如果接受了我们的礼物又借路给我们，那不过是我们把美玉从宫内的府库中拿出来藏在宫外的府库里，把骏马从宫内的马棚中牵出来放置在宫外的马厩里。"晋献公说："宫之奇在虞国任职，一定不会让他们国君接受礼物的。"荀息说："宫之奇的为人，心里明白通达但是性情怯懦，他又是从小和国君一起长大的。心里通达明白，他的言语就简略，性情怯懦，他就不能极力劝谏，从小和国君一起长大，虞君就不重视他。况且，那些玩物、宝贝就放在自己面前，灾祸却要在一个国家灭亡之后才显现，这是中等智力以上的人才能考虑到的。我料定虞国国君是中等智力以下的人。"晋献公于是就向虞国借路，去征伐虢国。

【原文】

宫之奇谏曰："晋国之使者，其辞卑而币重，必不便于虞。"虞公弗听，遂受其币而借之道。宫之奇又谏曰："语曰：'唇亡则齿寒。'其斯之谓与①？"挈其妻子以奔曹②。

【注释】

①其斯之谓与：说的就是这两国的关系吧。

②挈（qiè）：带领。曹：春秋时的小国，西周时封为姬姓，在今山东定陶西南。

【译文】

宫之奇劝谏说："晋国的使者言辞谦卑而赠送的礼物十分厚重，一定会对虞国不利。"虞公不听，接受了晋国的礼物，并且借路给晋国。宫之奇又进谏说："谚语说：'嘴唇没有了，牙齿就会觉得寒冷。'大概说的就是虢国和虞国的关系吧！"虞公不听，宫之奇就带领自己的妻子儿女逃到曹国去了。

【原文】

献公亡虢，五年①，而后举虞。荀息牵马操璧而前曰："璧则犹是也，而马齿加长矣②。"

【注释】

①五年：鲁僖公五年。

②马齿：通过马的牙齿可以看出它的年龄。加长：增长，增加。

【译文】

晋献公灭掉虢国，鲁僖公五年的时候，又占领了虞国。荀息牵着骏马、捧着美玉，走到晋献公面前说："美玉还是这个样子，而马却已经变老了。"

【评析】

鲁僖公二年，晋献公准备伐虢。虞国地处晋、虢之间，若绕道则受阻于中条山。献公听从荀息之计，以重礼贿虞君，借道伐虢。虞、虢都是小国，虞贤臣宫之奇看出晋国居心不良，有各个击破、一箭双雕的用意，劝谏虞君不要上当。虞君不听。这以后的事，《谷梁传》所述与《左传》有点不同。《谷梁传》以为晋国当年就灭了虢国，五年以后又灭虞。《左传》则以为晋拿下下阳（即夏阳）以后仅作为据点，未即灭虢。三年以后，晋师再次假道虞国，挥军南下，灭了虢国，还师途中把虞国也灭了。虞君终于做了俘虏。

十 晋献公杀世子申生《礼记·檀弓》

【原文】

晋献公将杀其世子申生①。公子重耳谓之曰："子盖言子之志于公乎②？"世子曰："不可。君安骊姬③，是我伤公之心也。"曰："然则盖行乎？"世子曰："不可。君谓我欲弑君也，天下岂有无父之国哉？吾何行如之？"

【注释】

①晋献公：晋国国君，名诡诸，在位时间共计25年之久。世子：又称太子，是国君或诸侯的嫡长子，一般为王位继承人。申生：晋献公嫡长子，母亲为齐姜夫人。但是献公宠幸骊姬，骊姬便三番五次进言，想让献公立自己生的儿子为太子，并诬陷申生有杀父之心。献公信以为真，逼迫申生自杀。公子重耳、夷吾也被牵连，为躲避灾祸出逃它国。

②盖：通"盍"，何不。

③君安骊姬：君王的心在骊姬身上。

【译文】

晋献公打算杀死他的太子申生。公子重耳对申生说："你为什么不对父亲表明你的想法呢？"申生说："不行。君王的心在骊姬身上，我如果揭发她对我的诬陷，就会伤害父亲的心啊。"重耳又说："既然这样，那么你为什么不逃走呢？"世子说："不行。君王说我企图弑父，天下难道有无父之国么？我能逃到哪里去呢？"

【原文】

使人辞于狐突曰①："申生有罪，不念伯氏之言也②，以至于死。申生不敢爱其死③。虽然，吾君老矣，子少，国家多难。伯氏不出而图吾君，伯氏苟出而图吾君，申生受赐而死。"再拜稽首乃卒。是以为恭世子④也。

【注释】

①辞：辞别，诀别。狐突：姓狐，名突，字伯，申生的师傅，重耳的外祖父。

②伯氏：敬称，指狐突。伯氏之言：鲁闵公二年，申生有机会带兵出征，狐突就劝他借机逃走，但申生拒绝了狐突的意见。

③爱其死：吝惜自己的生命。

④恭世子：恭是申生的谥号。"恭"是恭顺敬上的意思，申生为了听从父亲的命令，宁愿去死，所以谥号"恭"。

【译文】

申生派人去向师傅狐突诀别说："申生有罪，没有听从您的教导，以至于将要被君王处死。申生不敢吝惜性命。虽然这样，但是国君老了，他的爱子奚齐还年幼，国家将会多灾多难。您不出来为国君谋划政事也就罢了，您如果出面为国君筹划政事，申生就是死也蒙受您的恩惠。"于是拜了两拜，叩了头就自杀了。因此他的谥号为"恭世子"。

【评析】

这篇150字的短文，没有议论，没有说教，甚至没有一句客观的描述和抒情的词语，有的只是一段对话，一段独白，完全通过人物自己的语言来塑造人物形象。然而，它却写得委婉曲折，血泪交织，十分动情。

十一 曾子易箦《礼记·檀弓》

【原文】

曾子寝疾①，病。乐正子春②坐于床下，曾元、曾申③坐于足，童子隅坐而执烛。

【注释】

①曾子：即曾参，字子与，孔子弟子。寝疾：病倒，卧病。

②乐正子春：曾参的弟子，官任乐正。

③曾元、曾申：都是曾子的儿子。

【译文】

　　曾子病卧在床上，病情很重。担任乐官的弟子子春坐在床下边，曾元、曾申坐在曾子脚边，童仆坐在角落里，手里拿着蜡烛。

【原文】

　　童子曰："华而睆，大夫之箦与①？"子春曰："止！"曾子闻之，瞿然②曰："呼！"曰："华而睆，大夫之箦与？"曾子曰："然。斯季孙③之赐也，我未之能易也。元，起易箦。"曾元曰："夫子之病革④矣，不可以变。幸而至于旦，请敬易之。"曾子曰："尔之爱我也不如彼！君子之爱人也以德，细人之爱人也以姑息⑤。吾何求哉？吾得正而毙⑥焉，斯已矣。"举扶而易之，反席未安而没⑦。

【注释】

　　①睆（huǎn）：光洁，光亮。箦（zé）：席子，竹席。

　　②瞿然：惊叹的样子。

　　③季孙：鲁国大夫，在鲁国掌管政权，曾经赐箦于曾子。

　　④革（jí）：通"亟"，指病重。

　　⑤细人：见识短浅的人，小人。姑息：无原则的宽容。

　　⑥正而毙：合于正礼而死。

　　⑦没（mò）：通"殁"，死亡。

【译文】

　　童仆说："华美又光洁，这是大夫用的竹席吧？"子春说："住口！"曾子听见这话，惊惧地说："啊！"童仆又说："华美又光洁，这是大夫用的竹席吧？"曾子说："是的。那是季孙氏的赏赐，我还没能更换它。曾元扶我起来，更换竹席。"曾元说："您的病非常严重啊，不能移动。请等到天亮，我再给您换了它。"曾子说："你对我的爱护，不如那个童仆。君子依据道德的标准爱护人，小人按照无原则地宽容爱护人。我还有什么苛求啊？我能够合乎礼制地死去，就已经足够了。"曾元扶着抬起他的身体更换了竹席，把他放回床席，还没躺好就去世了。

【评析】

文章的宗旨是显而易见的，不是暴露"礼"的崩坏，而是想通过这个故事告诉人们：礼是比生命更重要的东西，曾参是以身护礼的典范。对于今天的读者来讲，以曾参为榜样，那是迂腐至极的。但抛开曾参所守"礼"的内容，他那种严于律己，知错必改的精神，也是令人感动的。"君子爱人以德，细人爱人以姑息"，将"德"的内容以新易旧，仍然是富有生命力的名言。

十二 有子之言似夫子《礼记·檀弓》

【原文】

有子①问于曾子曰："问丧于夫子乎②？"曰："闻之矣。'丧欲速贫，死欲速朽。'"有子曰："是非君子之言也。"曾子曰："参也闻诸夫子也。"有子又曰："是非君子之言也。"曾子曰："参也与子游③闻之。"有子曰："然。然则夫子有为言之也④。"

【注释】

①有子：有若，字有子，孔子的弟子。曾提出"礼之用，和为贵"。

②丧：失去官职。夫子：古时对老师的尊称，即指孔子。

③子游：即言偃，孔子弟子。他胸襟广阔，文采非凡，为众学子之首。

④然：确实，这样。有为：有所指，有目的的。

【译文】

有子问曾子说："你从夫子那里听到过如何对待失去官职的话吗？"曾子说："听到过这样的话：'丢了官位希望快点贫穷，死了希望快点腐烂'。"有子说："这不像君子说的话。"曾子说："我是在夫子那里听来的。"有子又说："这不是君子说的话。"曾子说："我是和子游一起听见这话的。"有子说："是这样啊。既然这样，那么夫子一定是有所指才这样说的。"

【原文】

曾子以斯言告于子游。子游曰："甚哉，有子之言似夫子也！昔者夫子居于宋，见桓司马自为石椁①，三年而不成，夫子曰：'若是其靡也，死不如速朽之愈也。'死之欲速朽，为桓司马言之也。南宫敬叔②反，必载宝而朝。夫子曰：'若是其货③也，丧不如速贫之愈也。'丧之欲速贫，为敬叔言之也。"

【注释】

①桓司马：宋国的司马，姓桓名魋（tuí），掌管国家军政。椁（guǒ）：棺材外面套的大棺材。古时棺木被分为两层，大的在外，称椁，小的在内，称棺。

②南宫敬叔：仲孙，鲁国人，孟僖子之子。曾被罢官离开鲁国，后来带珠宝重回鲁国君身边。

③货：贿赂，行贿。

【译文】

曾子将有子的话告诉了子游。子游说："有子的话真像夫子说的！从前，夫子居住在宋国，看见桓司马给自己造石椁，三年还没完成。先生说：'像这样奢侈，死了不如赶快腐烂掉好。'死了希望赶快腐烂，这是针对桓司马而说的。南宫敬叔失去职位后回国，车上必定载着宝物去朝见国王。先生说：'像这样行贿，丢掉官职后不如尽快变穷才好。'丢掉官职希望快点变穷，这是针对敬叔说的。"

【原文】

曾子以子游之言告于有子。有子曰："然。吾固①曰非夫子之言也。"曾子曰："子何以知之？"有子曰："夫子制于中都②，四寸之棺，五寸之椁，以斯知不欲速朽也。昔者夫子失鲁司寇，将之荆，盖先之以子夏③，又申之以冉有④，以斯知不欲速贫也。"

【注释】

①固：本来。

②制：立规定，定制度。中都：春秋鲁邑名，在今山东汶上西。

③子夏：即卜商，字子夏，人称卜子，为孔子弟子。"仕而优则学，学而优则仕"就是他的思想准则。

④冉有：即冉求，字子有，通称冉有。孔子弟子，最擅长经济。

【译文】

　　曾子把子游的话告诉有子。有子说："是这样啊。我本来就说那应该不是夫子的话。"曾子说："您是怎么知道的呢？"有子说："夫子任中都宰定下制度，棺材厚四寸，套在棺材外的椁厚五寸。依据这知道夫子不希望死后迅速腐烂。从前先生失去鲁国司寇的官职时，打算前往楚国，他先派子夏去表明心意，然后又派冉有去重申他的意愿。依据这知道夫子不希望失去官职后迅速贫穷。"

【评析】

　　本文记叙的是孔子的弟子对"丧欲速贫，死欲速朽"的含义的相互探讨。由于思考方法的不同，对同一句话，弟子们有着不同的理解。有子能够不片面、不孤立地去判断，而且和孔子的一贯言行相连；子游能够根据孔子讲话的背景，针对的问题进行分析；曾子则是句句照搬，孤立、片面地理解。文章分析问题的方式对今人仍有很大的借鉴作用。

十三 公子重耳对秦客《礼记·檀弓》

【原文】

　　晋献公之丧，秦穆公使人吊公子重耳①，且曰："寡人闻之：'亡国恒于斯，得国恒于斯。'虽吾子俨然在忧服②之中，丧③亦不可久也，时亦不可失也，孺子其图之。"以告舅犯④。舅犯曰："孺子其辞焉。丧人无宝，仁亲以为宝。父死之谓何？又因以为利，而天下其孰能说之？孺子其辞焉。"

【注释】

　　①秦穆公：秦国国君，名任好，春秋五霸之一。吊：慰问，悼念死者。

　　②忧服：丧服，指在丧期。

　　③丧：失位，流亡在外。

　　④舅犯：即狐偃，字子犯，重耳的舅父。

【译文】

　　晋献公去世了，秦穆公派人慰问公子重耳，并说："寡人听说过这样的话：'失去国家常在这个时候，得到国家也常在这个时候。'虽然您庄重严肃地处在忧伤的服丧期间，但是流亡在外也不能时间太久，争取君位的时机也不可以错失啊。年轻人，请考虑一下吧！"重耳将这事告诉舅舅子犯。子犯说："孩子，你还是推辞吧。流亡在外的人没有可宝贵的东西，仁爱和亲情最宝贵。父亲去世是何等重大的事情啊？还要趁这个时候为自己谋取私利，那么天下人还有谁能替您说话呢？你还是推辞吧。"

【原文】

公子重耳对客曰："君惠吊亡臣重耳，身丧父死，不得与于哭泣之哀，以为君忧。父死之谓何？或敢有他志，以辱君义？"稽颡而不拜①，哭而起，起而不私②。

【注释】

①稽颡（sǎng）：双膝弯曲着地，额头触于地面；这是古代非常崇敬的一种礼仪方式。不拜：不拜谢。

②私：私下交谈。

【译文】

公子重耳对秦国使者说："承蒙秦王派您来慰问流亡之臣重耳。我流亡在外，父亲去世了，不能参加丧礼在父亲灵前痛哭哀悼，劳您国君替我担忧。父亲死去是何等重大的事情啊，我怎么敢趁机谋取君位来辜负您国君慰问的情义啊？"重耳跪拜叩头却不行拜谢之礼，哭着起身，起身后便不再和秦国使者私下交谈。

【原文】

子显以致命于穆公①，穆公曰："仁夫，公子重耳！夫稽颡而不拜，则未为后也，故不成拜②。哭而起，则爱父也。起而不私，则远利也。"

【注释】

①子显：秦国大夫公子絷（zhí），嬴姓，字子显。致命：传达言辞、使命。

②成拜：在古代，有亲人逝去的家属，要对来吊唁者行磕头拜谢之礼，被称为"成拜"。重耳认为自己不是晋国国君，因此不能以成拜之礼

来主持丧事。

【译文】

　　子显把这些情况报告给秦穆公。穆公说："公子重耳真是仁爱啊！他跪下磕头却不拜谢宾客是没有把自己当成晋献公的继承人，所以没有拜谢。哭着起身表示他敬爱父亲。起身后不同宾客私下交谈是表示他谋取私利。"

【评析】

　　公子重耳由于受骊姬的陷害，在晋献公在世时流亡国外。公元前651年，晋献公去世，晋国无主，秦穆公派使者到重耳处吊唁，并试探他是否有乘机夺位的意思。重耳和子犯摸不清穆公的真实意图，怕授人话柄，于己不利，于是婉言表态，得到穆公倍加赞许。

十四 杜蒉扬觯《礼记·檀弓》

【原文】

　　知悼子①卒，未葬，平公②饮酒，师旷、李调侍③，鼓钟。杜蒉④自外来，闻钟声，曰："安在？"曰："在寝。"杜蒉入寝⑤，历阶而升⑥。酌曰："旷饮斯。"又酌曰："调饮斯。"又酌，堂上北面坐⑦饮之。降，趋而出⑧。

【注释】

　　①知（zhì）悼子：晋大夫，知庄公的儿子知莹。"悼"是他的谥号。

　　②平公：晋平公，名彪。

　　③师旷：晋国的乐官。李调：晋平公的近臣。侍：侍奉，作陪。

　　④杜蒉（kuì）：《左传》作"屠蒯"，晋平公的厨师。

　　⑤寝：寝宫、卧室。国家君王的卧室叫燕寝，而诸侯的则称路寝。

　　⑥历阶而升：一步跨两个台阶地登上去。历阶：指越阶而上，即一步跨一级；当遇有急事时，也会一步跨两个台阶。

　　⑦坐：即跪。古人席地而坐，坐下时要两膝着地，然后将臀部压在脚跟上。当臀部离开脚后跟时，便称为跪，所以跪也叫坐。

⑧降：走下台阶。趋：快步走。

【译文】

晋大夫知悼子死了，还没有下葬，晋平公就喝起酒来，师旷、李调在旁边侍奉，并敲钟助兴。杜蒉从外面进来，听到敲钟声，说："平王他们在哪里呢？"有人回答说："在寝宫里。"杜蒉走进内堂，一步跨两个台阶地登上去，他斟了一杯酒说："师旷喝了这杯酒。"又斟了一杯酒说："李调喝了这杯酒。"又斟了一杯酒说："师旷喝了这杯酒。"又斟了一杯酒说："李调喝了这杯酒。"又斟了一杯酒，在殿堂之上，面朝北方跪下喝了酒。从台阶自上而下，快步走出寝宫。

【原文】

平公呼而进之，曰："蒉！曩者尔心或开予①，是以不与尔言。尔饮旷，何也？"曰："子卯不乐②。知悼子在堂，斯其为子卯也大矣。旷也，太师也，不以诏，是以饮之也。""尔饮调，何也？"曰："调也，君之亵臣③也。为一饮一食忘君之疾，是以饮之也。""尔饮，何也？"曰："蒉也，宰夫也，非刀匕是共④，又敢与知防，是以饮之也。"平公曰："寡人亦有过焉，酌而饮寡人。"杜洗而扬觯⑤。公谓侍者曰："如我死，则必毋废斯爵⑥也。"

至于今，既毕献，斯扬觯，谓之"杜举"。

【注释】

①曩（nǎng）者：以往，过去。

②子卯不乐：夏桀死于乙卯日，商纣死于甲子日，古人将这两日称为疾日，所以做国君的不能进行舞乐之事。

③亵（xiè）臣：亲近的臣子。

④匕：盛饭的勺子。

⑤扬：举起。觯（zhì）：盛酒用的杯子。

⑥爵：古代酒器，此指觯。

【译文】

平公大声喊他并让他进来，说："杜蒉，刚才你心里想的或许能开导我，因此我没主动跟你说话。你罚师旷喝酒，是为什么啊？"

杜蒉说："甲子日和乙卯日不演奏乐曲。知悼子的灵柩还在堂上，这恐怕是比子卯忌日更重大的事吧！师旷是太师。他不把这个道理告诉你，因此罚他喝酒。"

平王问："你罚李调喝酒，又是为什么呢？"杜蒉说："李调是君主亲近宠爱的臣子。为了一次喝酒吃饭就忘记君主应该忌讳的事，因此罚他喝酒。"平王又问："你自己罚自己喝酒，为什么呢？"杜蒉说："我杜蒉是个厨师，不去供应刀匙等餐具，竟敢参与了解和防止君主违乱的事，因此罚自己喝酒。"平公说："这件事我也有过错，斟杯酒来惩罚我。"杜蒉洗干净酒杯并高高举起酒杯。平公对侍从们说："如果我死了，千万不要丢弃这酒杯啊。"

直到现在，每次主人敬酒完毕，人们就高高举起酒杯，并称之为"杜举"。

【评析】

杜蒉进谏，如果当时直接指出平公的不是，平公未必能接受。于是在罚酒三杯之后，即快步走出，引起平公的怪异；待平公主动问及，他才一一说出，平公也就爽然自失，不得不接受了。杜蒉可说是个善于提意见的人。

十五 晋献文子成室《礼记·檀弓》

【原文】

晋献文子成室，晋大夫发焉[①]。张老[②]曰："美哉轮焉，美哉奂焉[③]。歌于斯，哭于斯，聚国族于斯[④]。"

【注释】

①晋献文子：指晋国大夫赵武。献：在东汉时，郑玄认为是"贺"的意思；到了元代，陈澔认为"献文"是谥号；而在清代，王夫之认为是衍文。成室：新屋落成，为多义字。发：送礼庆贺。

②张老：指去送礼物的人，即张孟。

③轮：盘旋屈曲而上，引申为高大。奂：通"焕"，华丽。

④歌于斯：在此处进行祭祀，并奏乐唱诗。歌，此处代指祭礼。哭于斯：在这里哭悼死者。哭，指逝者家属哭丧之事。聚国族：聚会国宾、宗族。

【译文】

　　晋国正卿赵武的新居落成，晋国的大夫们都前去送礼致贺。张老说："多么美呀，如此高大宽敞！多么美呀，如此华丽美观！可以在这里祭祀奏乐，也可以在这里居丧哭泣，还可以在这里聚会国宾、宗族！"

【原文】

文子曰："武也，得歌于斯，哭于斯，聚国族于斯，是全要领以从先大夫于九京也①。"北面再拜稽首。君子谓之善颂、善祷。

【注释】

　　①全要领：免于斩戮之刑。要，通"腰"。领，脖颈。古时罪重则腰斩，罪轻则戮颈、砍头。先大夫：自称已故的祖、父。九京：即"九原"，晋国卿大夫的墓地，在今山西绛县北。

【译文】

　　文子说："我赵武能够在这里祭祀奏乐，在这里居丧哭泣，在这里聚会国宾、宗族，这样我就可以保全我的身体、头颈，来跟随我的先祖、先父一起埋葬在九原了。"说完，面向北方拜了两拜、叩头致谢。当时的君子都称赞他们二人一个善于赞颂，一个善于祈祷。

【评析】

这篇仅有76字的短文，浑然一体。全文未分段落，但可以分三个层次来赏析。第一层，开头一句，"晋献文子成室，晋大夫发焉。"既点明了事情的原委，也交代了时间、地点、人物。第二层，即一颂一祷。可以想象，称颂的贺词肯定不少，本文却抛开众人的颂辞，独举张老的颂辞。因为张老的颂辞独具匠心，别出心裁。"美轮美奂"虽已成了成语，但仍不出颂辞陈套，而"歌于斯，哭于斯，聚国族于斯"的颂辞，却超出吉祥的套话而惊世骇俗。第三层，最后一句话，用"君子"的评语结束全文。

卷四 战国文

一 苏秦以连横说秦《战国策》

【原文】

苏秦始将连横说①秦惠王曰："大王之国，西有巴、蜀、汉中之利，北有胡貉、代马之用，南有巫山、黔中之限②，东有崤、函之固。田肥美，民殷富，战车万乘，奋击百万，沃野千里，蓄积饶多，地势形便，此所谓天府，天下之雄国也。以大王之贤，士民之众，车骑之用，兵法之教，可以并诸侯，吞天下，称帝而治。愿大王少③留意，臣请奏其效。"秦王曰："寡人闻之，毛羽不丰满者不可以高飞，文章④不成者不可以诛罚，道德不厚者不可以使民，政教不顺者不可以烦⑤大臣。今先生俨然不远千里而庭教之，愿以异日。"

【注释】

①说（shuì）：劝说，游说。

②限：屏障。

③少：稍微，稍加。

④文章：文法规章。

⑤烦：调遣，指派。

【译文】

一开始苏秦用连横的策略游说秦惠王："大王您的国家，西面有巴、蜀、汉中的富饶，北面有胡地的貉皮和代地的良马可以使用，南面有巫山、黔中作为天然的屏障，东面有崤山、函谷关这样坚固的门户。耕田肥美，百姓富足，战车万辆，武士百万，在千里沃野上有多种出产，地理形势便利，这正是人们口中的天府，天下显赫的大国啊。如果凭着大王的贤德，士民的众多，车骑的效用，兵法的研习，一定可以兼并各诸侯国，统一天下，称帝而治。希望大王能对此稍加留意一下，请让我来陈述统一天下的作用。"秦惠王却回答说："我听说，鸟雀羽毛不丰满是不能高飞的，文法规章不详尽是不能惩治犯人的，道德行为不高尚是不能驱使百姓的，政令教化不顺民心是不能调遣大臣的。现在先生您远道而来，并郑重地在朝廷上开导我，我愿改日再听您的教诲。"

【原文】

苏秦曰："臣固①疑大王之不能用也。昔者神农伐补遂，黄帝伐涿鹿而禽②蚩尤，尧伐兜，舜伐三苗，禹伐共工，汤伐有夏，文王伐崇，武王伐纣，齐桓任战③而霸天下。由此观之，恶有不战者乎？古者使车毂④击驰，言语相结，天下为一；约从连横，兵革⑤不藏；文士并饬⑥，诸侯乱惑；万端⑦俱起，不可胜理；科条既备，民多伪态；书策稠浊，百姓不足；上下相愁，民无所聊⑧；明言章⑨理，兵甲愈起；辩言伟服，战攻不息；繁称文辞，天下不治；舌敝耳聋，不见成功；行义约信，天下不亲。于是，乃废文任武，厚养死士，缀甲厉⑩兵，效胜于战场。夫徒处⑪而致利，安坐而广地，虽古五帝、三王、五霸，明主贤君，常欲坐而致之，其势不能，故以战续之。宽则两军相攻，迫则杖戟相撞，然后可建大功。是故兵胜于外，义强于内；威立于上，民服于下。今欲并天下，凌⑫万乘，诎⑬敌国，制海内，子元元⑭，臣诸侯，非兵不可！今之嗣主，忽于至道，皆惛⑮于教，乱于治，迷于言，惑于语，沉于辩，溺于辞。以此论之，王固不能行也。"

【注释】

①固：本来。

②禽：通"擒"。

③任战：用兵。

④毂（gǔ）：车轮中央的圆木轴。这里代指车乘。

⑤兵革：武器装备，此处指战争。

⑥饬：通"饰"，修饰文词，即巧为游说。

⑦端：事端，纷争。

⑧聊：依靠。

⑨章：同"彰"，明显。

⑩厉：通"砺"，磨砺。

⑪徒处：白白地等待。

⑫凌：超过、凌驾于……上。

⑬诎：同"屈"，屈服。

⑭元元：百姓，子民。

⑮惽：不明事理，糊涂。

【译文】

苏秦说："我原已料到大王您不会接受我的主张的。从前，神农讨伐补遂，黄帝讨伐涿鹿因而能够擒获蚩尤，尧讨伐兜，舜讨伐三苗，大禹讨伐共工，商汤讨伐夏桀，周文王讨伐崇侯虎，周武王讨伐纣王，齐桓公用武力一统天下。由此可见，哪有没有战争而一统天下的呢？古时候，各国使臣来往频繁，车毂相击，他们用言语劝说对方缔结盟约，使天下成为一体；后来实行合纵连横的主张，战争就无休止了；文士们都巧舌如簧，使诸侯们更加疑惑而无所适从；各种事端层出不穷，难以料理；规章制度虽已完备，人们却到处作伪；文书政令又多又乱，百姓却愈加贫困；君臣愁容相对，民众无所依从；文士把道理说得清楚明白，战乱却更加频繁；身着考究服饰的文士虽然善辩，但战争却难以止息；文士繁缛的文雅辞令，让天下更加难以治理；说的人说得舌头烂了，听的人听得耳朵聋了，却没有什么成效；嘴上大讲仁义礼信，却不能使天下人和睦相处。于是各国便废弃文治、崇尚武力，以优厚的待遇蓄养勇士，备好盔甲，磨好兵器，在战场上角逐胜负。无所事事而获得利益，安然而坐而扩展疆土，即使是上古五帝、三王、五霸以及那些贤明的君主也有这样的愿望，但这势必是不可能的。所以他们还是用战争来解决问题。两军开战，相距远的就两支队伍相互进攻，相距近的持着刀戟相互冲刺，只有这样才能建立大功。因此对外军队取得了胜利，对内因行仁义而强大，上面的国君有了权威，下面的人民才会服从。现在要想兼并天下，超越所有的大国，使敌国屈服，制服海内，抚育百姓，以诸侯为臣，非用武力不可。现在在位的国君，忽略了用兵这个根本道理，教化不明，治理混乱，又被奇谈怪论所迷惑，沉溺在巧言诡辩之中。由此看来，大王您是一定不会采纳我的主张了。"

【原文】

说秦王书十上而说①不行。黑貂之裘敝，黄金百斤尽，资用乏绝。去秦而归，嬴②縢履，负书担囊，形容枯槁，面目黧黑，状有愧色。归至家，妻不下紝③，嫂不为炊，父母不与言。苏秦喟然叹曰："妻不以我为夫，嫂不以我为叔，父母不以我为子，是皆秦之罪也。"乃夜发书，陈箧数十，得太公《阴符》之谋，伏而诵之，简④练⑤以为揣摩。读书欲睡，引锥自刺其股，血流至足。曰："安有说人主不能出其金玉锦绣，取卿相之尊者乎？"期年⑥，揣摩⑦成，曰："此真可以说当世之君矣！"

【注释】

①说：主张，学说。

②嬴（léi）：缠绕。

③紝（rèn）：织布帛用的丝缕，此处指纺织机。

④简：选择。

⑤练：熟习。

⑥期（jī）年：一周年。

⑦摩：靠近、将近。

【译文】

苏秦劝说秦惠王的奏折呈上了十次，但他的主张仍未被采纳。他的黑貂皮大衣穿破了，一百斤黄金也用完了。费用没有了，他只好离开秦国，回到家乡。苏秦缠着绑腿布，穿着草鞋，背着书箱，挑着行李，身体干瘦，面色黝黑，一脸羞愧之色地回到家里，妻子不走下织机迎接他，嫂子不给他做饭吃，父母不和他说话。苏秦长叹道："妻子不把我当丈夫，嫂子不把我当小叔，父母不把我当儿子，这都是我的罪过啊！"于是苏秦连夜找书，摆开几十只书箱，找到了姜太公的兵书，埋头诵读，反复推敲、熟习、研究、体会。读到昏昏欲睡的时候，就拿锥子刺自己的大腿，鲜血一直流到脚后跟，苏秦说："哪有去游说国君，却不能让他拿出金玉

锦绣，取得卿相高位的人呢？"一年之后，他终于研究成功，苏秦对自己
说："这下真的能够去游说当今的国君了！"

【原文】

于是乃摩①燕乌集阙，见说赵王于华屋之下，抵掌而谈。赵王大说，封
为武安君，受相印。革车百乘，锦绣千纯②，白璧百双，黄金万镒，以随其
后。约从散横，以抑强秦。故苏秦相于赵而关③不通。

【注释】

①摩：揣摩，模仿。

②纯：匹、束。

③关：函谷关，为六国通秦要道。

【译文】

于是苏秦就以燕乌集阙般的说辞，在华丽的宫殿之下拜见并游说赵
王，他侃侃而谈，常常击掌有声。赵王听了大喜，封苏秦为武安君，授给
他相印，又赐予他兵车百辆、锦绣千匹、白璧百对、黄金万镒，让他带着
去与各国相约合纵，瓦解连横，抑制强大的秦国。因此，苏秦在赵国为相
期间，函谷关的交通便断绝了。

【原文】

当此之时，天下之大，万民之众，王侯之威，谋臣之权，皆欲决于苏
秦之策。不费斗粮，未烦一兵，未战一士，未绝一弦，未折一矢，诸侯相
亲，贤于兄弟。夫贤人在而天下服，一人用而天下从。故曰：式①于政，不
式于勇；式于廊庙②之内，不式于四境之外。当秦之隆③，黄金万镒为用，
转毂连骑，炫熿于道；山东之国，从风而服，使赵大重。且夫苏秦特穷巷
掘门④、桑户棬枢之士耳，伏轼撙⑤衔，横历天下，庭说诸侯之主，杜⑥左
右之口，天下莫之伉⑦。

【注释】

①式：用。

②廊庙：指朝廷。

③隆：显赫。

④掘（kū）门：凿墙为门，掘同"窟"，洞穴。

⑤撙（zǔn）：控制。

⑥杜：塞，堵住。

⑦伉：通"抗"，匹敌，相当。

【译文】

在这时候，尽管天下广大，百姓众多，王侯威严，谋臣权变，但都要取决于苏秦的策略。于是，不花费一斗粮，不烦劳一个兵，没有一个战士作战，没断过一根弓弦，没折过一支箭，就使得诸侯间相亲相爱，胜过亲兄弟。大凡贤人在位就能使天下驯服，一位贤人被用而天下服从，所以说：应运用德政而不应凭借勇力；应在朝廷决策上而不是周边战争上用力。在苏秦显赫尊荣之时，黄金万镒任他使用，随从车骑络绎不绝，一路风光无比，崤山以东各国随风折服，使赵国的威望也大大提高。况且苏秦只不过是个居于穷巷陋室的读书人罢了，但他却能手扶车轼，牵着马缰，走遍天下，在朝廷上游说各国诸侯，让诸侯左右的大臣无话可说，让天下没有谁能与他匹敌。

【原文】

将说楚王，路过洛阳。父母闻之，清宫除道，张①乐设饮，郊迎三十里。妻侧目而视，侧耳而听；嫂蛇行匍伏，四拜自跪而谢②。苏秦曰："嫂，何前倨③而后卑也？"嫂曰："以季子位尊而多金。"苏秦曰："嗟乎！贫穷则父母不子，富贵则亲戚畏惧。人生世上，势位富厚，盖可以忽乎哉！"

【注释】

①张：设置。

②谢：谢罪，道歉。

③倨：傲慢。

【译文】

后来，苏秦准备去游说楚王，路过洛阳，他的父母听到消息，收拾房屋，打扫街道，设置乐队，准备酒席，到三十里外的郊野去迎接他；他的妻子不敢正眼看他，侧耳听他说话；他的嫂子像蛇一样在地上匍匐前来，朝他拜了四拜，跪着认错。苏秦问："嫂子，为什么过去你那么趾高气扬，而现在又如此卑躬屈膝呢？"苏秦的嫂子回答说："因为你现在地位尊贵又有钱呀。"苏秦叹道："唉！一个人贫穷的时候连父母都不把他当儿子看，富贵的时候连亲戚也畏惧他。可见人活在世上，权势地位和荣华富贵，怎么可以忽视啊！"

【评析】

《苏秦以连横说秦》颇能代表《战国策》的风格，与《左传》文风迥异。《左传》凝练，言简意赅；《国策》舒放，铺陈夸张。《左传》深沉含蓄，耐人寻味；《国策》则驰辩骋说，富于气势。此外，本文在语言方面还大量使用排偶句，渲染气氛，使文气贯通，气势奔放，具有震撼人心的力量，充分显示了纵横家的风格。

善于选取典型生动的故事情节来刻画人物形象，是本文的一大特点。它并没有全面地叙写苏秦的一生，而是选取赴秦受挫、发愤读书、游说赵王、位极人臣以及家人前倨后卑几个典型情节，构成大悲大喜、冷热悬殊的曲折故事，描绘这位著名纵横家的独特经历与个性。

二 范雎说秦王《战国策》

【原文】

范雎至，秦王庭①迎范雎，敬执宾主之礼，范雎辞让。是日见范雎，见者无不变色易容者。秦王屏②左右，宫中虚无人。秦王跪而进曰："先生何以幸③教寡人？"范雎曰："唯唯。"有间④，秦王复请。范雎曰："唯唯。"若是者三。秦王跽曰："先生不幸教寡人乎？"

【注释】

①庭：指宫廷。

②屏：屏退，使退下。

③幸：表示尊敬对方的用语。

④有间：过了一会儿。

【译文】

范雎来到秦国，秦昭王在宫廷迎接他，对他恭敬地采用了宾主礼仪，范雎也表示谦让。当天秦王以宾主礼仪接见了范雎，看到那场面的人无不惊讶失色。秦王屏退身边的人，殿中只留下他和范雎，秦王跪着请求说："先生用什么来指教我呢？"范雎说："嗯，嗯。"过了一会儿，秦王再次请求，范雎还是说："嗯，嗯。"如此反复三次。秦王挺直上身跪着说："先生不肯教我吗？"

【原文】

范雎谢曰："非敢然①也。臣闻始时吕尚之遇文王也，身为渔父而钓于渭阳之滨耳。若是者，交疏②也。已一说而立为太师，载与俱归者，其言深也。故文王果收功于吕尚，卒擅③天下而身立为帝王。即使文王疏吕望而弗与深言，是周无天子之德，而文、武无与成其王也。今臣，羁旅④之臣也，交疏于王，而所愿陈者，皆匡君臣之事，处人骨肉⑤之间。愿以陈臣之陋忠，而未知王心也，所以王三问而不对者是也。

【注释】

①然：这样。

②疏：生疏，疏浅。

③擅：拥有。

④羁旅：长期旅居他乡。

⑤骨肉：此处指秦昭王与宣太后等的关系。

【译文】

范雎向秦王谢罪道："臣不敢这样啊。我听说，当初吕尚遇到文王的时候，身份只是个渔父，在渭水北岸垂钓罢了。像这种情况，他们的关系可以说是生疏的。他能通过一次交谈就被任命为太师，与周文王同车回去，这是他们交谈的道理深刻的缘故啊。所以文王果真在吕尚的帮助下取得了成功，终于据有天下成了帝王。假如文王因为跟吕尚关系生疏而不跟他深谈，这就说明周室还没有天子的德行，文王、武王也就不能成为王了。现在我不过个客处他乡的人，与大王的关系疏远，我所想要面陈的，却都是匡正君臣关系的事，又处在您的骨肉至亲之间，臣原本愿意献上一片浅陋的忠诚，可是我却不知大王的心意如何，所以大王连问三次我都不回答，就是这个原因啊。

【原文】

"臣非有所畏而不敢言也，知今日言之于前，而明日伏诛于后，然臣弗敢畏也。大王信行臣之言，死不足以为臣患，亡不足以为臣忧，漆身而为厉①，被②发而为狂，不足以为臣耻。五帝之圣而死，三王之仁而死，五霸之贤而死，乌获之力③而死，奔、育之勇而死。死者，人之所必不免。处必然之势，可以少有补于秦，此臣之所大愿也，臣何患乎？

【注释】

①厉（lài）：通"癞"，生癞疮，癞疮。

②被：同"披"。

③力：大力士。

【译文】

"我不是因为有害怕而不敢说，虽然知道今天把话说了，明天可能就会被处死，但我也不敢因此而害怕。如果大王真能实行我的主张，死亡不足以成为我的顾虑，流亡不足以成为我的忧虑，浑身涂漆生癞疮，披头散发成为狂人，也不足以成为我的耻辱。五帝那样的圣人死了，三王那样的仁人死了，五伯那样的贤人死了，乌获那样的大力士死了，孟奔、夏育那样的勇士死了。死亡是人最终无法逃避的事情。处在这种必然趋势下，如果我的死能对秦国稍微有些益处，这就是我最大的心愿了，我还担心什么呢？

【原文】

"伍子胥橐①载而出昭关，夜行而昼伏，至于淩水，无以糊其口，膝行蒲伏②，乞食于吴市，卒兴吴国，阖闾为霸。使臣得进谋如伍子胥，加之以幽囚不复见，是臣说之行③也，臣何忧乎？箕子、接舆，漆身而为厉，被发而为狂，无益于殷、楚。使臣得同行于箕子、接舆，可以补④所贤之主，是臣之大荣也，臣又何耻乎？

【注释】

①橐（tuó）：袋子。

②蒲伏：同"匍匐"。

③行：施行。

④补：补益，好处。

【译文】

"伍子胥藏在牛皮袋子里混出昭关，夜间赶路，白天潜伏，来到了蓤水。没有吃的东西，他就跪着爬着前行，到吴市讨饭，最后却振兴了吴国，使吴王阖庐成为霸主。假如我能像伍子胥那样进献谋略，即使把我禁闭起来终身见不到大王，只要我的主张实行就好了，我有什么值得忧虑的呢？箕子、接舆他们，浑身涂漆像生癞疮，披头散发成为狂人，但是对殷朝、楚国并无好处。假如臣子可以跟箕子、接舆有相同的行为，浑身涂漆能对我认为贤明的君主有所帮助，这就是我最大的荣耀了，我又怎会感觉耻辱呢？

【原文】

"臣之所恐者，独恐臣死之后，天下见臣尽忠而身蹶①也，是以杜②口裹足，莫肯即秦耳。足下③上畏太后之严，下惑④奸臣之态，居深宫之中，不离保傅之手，终身暗惑，无与照奸。大者宗庙灭覆，小者身以孤危，此臣之所恐耳！若夫穷辱之事，死亡之患，臣弗敢畏也。臣死而秦治，贤于生也。"

【注释】

①蹶：跌倒。

②杜：堵塞。

③足下：殿下。

④惑：被迷惑。

【译文】

"我所担心的，只是怕我死了以后，天下人看到我尽了忠而被杀，从此闭口不言，止步不前，不肯再来秦国了。大王您上畏惧太后的威严，下被奸臣所迷惑，住在深宫之中，挣脱不开权臣的控制，终身受到蒙蔽，没人帮助您洞察奸佞，长此以往，大则国家覆灭，小则自身陷于孤立危险的境地。这才是我所担心的！至于那些被困受辱的事，死刑流亡的祸殃，我是不敢害怕的。我死了而秦国能够治理好，这便胜过我活着了。"

113

【原文】

秦王跪曰："先生是何言也！夫秦国僻远，寡人愚不肖，先生乃幸至此，此天以寡人慁①先生，而存先王之庙也。寡人得受命于先生，此天所以幸先生而不弃其孤也。先生奈何而言若此!事无大小，上及太后，下至大臣，愿先生悉以教寡人，无疑寡人也。"范雎再拜，秦王亦再拜。

【注释】

①慁（hùn）：打扰，烦劳。

【译文】

秦王于是跪着说："先生说的这是什么话！秦国远离中原，地处偏僻的西方，我笨拙又不贤明，先生竟能光临此地，这是上天让我来烦劳先生，从而使先王的宗庙得以留存啊。寡人能够得到先生的教诲，这是上天眷顾先王而不抛弃他后人的缘故啊。先生怎么能这样说呢！不论事情大小，上到太后，下到大臣，希望先生能全部教导我，不要怀疑我的诚意啊。"范雎向秦王拜了两拜，秦王也向范雎拜了两拜。

【评析】

范雎初见秦王，既不像初出茅庐时的苏秦那样锋芒毕露，也不像已为秦相时的张仪那样咄咄逼人，而是谨言慎行，唯唯再三，欲言又止。这是为什么？

说客游说人主实非易事，弄不好会有生命之虞。范雎以布衣的身份游说秦昭王，正如他所说"交疏言深"，这时，他对秦王的心理状况与性格特征还不十分清楚，秦王喜欢听什么，想要干什么，他还没有准确的把握。因此，他必须先加试探，察言观色。他要贡献于秦王的谋略之一，也是最重要的一点，就是废逐把持朝政的以宣太后、穰侯为首的"四贵"。而秦王与他们有骨肉之亲，并且是在他们的拥立下才得以即位的。范雎明白，若稍有不慎，就会"今日言之于前，而明日伏诛于后"，落个身首异处的下场。所言甚深而交情甚浅，范雎能不顾虑吗？所以他吞吞吐吐，疑虑重重，回环往复，拖拖沓沓，而同时却又引古论今，援他况己，旁敲侧击，铺张扬厉。一方面对秦王反复进行试探，看他是否真心信任自己，是否能听从建议摆脱骨肉之亲的羁绊而自强自立；另一方面又反复申述自己对秦昭王的无限忠诚。在"何患乎""何忧乎""何耻乎"的层层叙述中，对秦昭王展示自己的忠心，甚至表示"臣死而秦治，贤于生也"，好像他早已置生死于度外。这段说辞，淋漓酣畅，委婉周密，恳切动听。终于瞅准时机，于云山雾罩之中微露真意："足下上畏太后之严，下惑奸臣之态，居深宫之中，不离保傅之手，终身暗惑，无与照奸。大者宗庙灭覆，小者身以孤危，此臣之所恐耳。"这段话说白了就是：你的处境危如累卵，有了我你才会安然无恙。表面上是强调秦王与秦国的危险，实际上是为自己能得到重用作铺垫。这就是谨慎精明、老练的范雎，一个不同于一般纵横家的辩士。

三 邹忌讽齐王纳谏《战国策》

【原文】

邹忌修^①八尺有余，而形貌昳丽^②。朝服^③衣冠，窥镜^④，谓其妻曰："我孰^⑤与城北徐公美？"其妻曰："君美甚，徐公何能及君也！"城北徐公，齐国之美丽者也。忌不自信，而复^⑥问其妾^⑦曰："吾孰与徐公美？"妾曰："徐公何能及^⑧君也！"

【注释】

①修：长，这里指身高。

②昳丽：光艳美丽。

③服：穿戴。

④窥镜：照镜子。

⑤孰：谁，哪一个。

⑥复：又，再一次。

⑦妾：侍女们，女性奴仆。

⑧及：比得上。

【译文】

邹忌身高八尺多，外貌清秀俊朗。有一天早晨他穿戴好衣帽，照着镜子，对他的妻子说："我与城北的徐公相比，谁更美丽呢？"他的妻子说："您美极了，徐公怎么能比得上您呢！"城北的徐公，是齐国的美男子。邹忌有点不相信，于是又问他的侍女说："我和徐公，谁更美丽？"侍女说："徐公哪能比得上您呢？"

【原文】

旦日①，客从外来，与坐谈，问之："吾与徐公孰美？"客曰："徐公不若君之美也！"明日，徐公来。熟②视之，自以为不如。窥镜而自视，又弗如远甚③。暮，寝④而思之，曰："吾妻之美⑤我者，私⑥我也；妾之美我者，畏我也；客之美我者，欲有求于我也。"

【注释】

①旦日：明日，第二天。

②熟：仔细。

③弗如远甚：远远地不如。弗：不。

④寝：躺，卧。

⑤美：赞美，以我为美。

⑥私：偏爱。

【译文】

第二天，有客人从外面来拜访，邹忌和他坐着谈话。邹忌问客人道："我和徐公相比，谁更美丽？"客人说："徐公不如您美丽啊。"又过了一天，徐公前来拜访，邹忌仔细地端详他，觉得自己不如徐公美丽；再照着镜子看看自己，更觉得自己远远比不上他。晚上，他躺在床上想这件事，说："我的妻子说我美，是因为她偏爱我；我的侍女说我美，是因为她畏惧我；客人说我美，是因为他们有求于我啊。"

【原文】

于是入朝见威王，曰："臣诚知①不如徐公美，臣之妻私臣，臣之妾畏臣，臣之客欲有求于臣，皆以美于徐公。今齐地②方③千里，百二十城，宫妇左右④，莫不私王；朝廷之臣，莫不畏王；四境之内，莫不有求于王。由此观之，王之蔽⑤甚矣！"

【注释】

①诚知：确实知道。

②地：土地，疆域。

③方：方圆纵横。

④左右：国君身边的近臣。

⑤蔽：蒙蔽，此处指受到蒙蔽。

【译文】

　　于是邹忌上朝拜见齐威王，说："我确实知道自己不如徐公美丽，可是我的妻子偏爱我，我的侍女惧怕我，我的客人有求于我，所以他们都说我比徐公美丽。如今的齐国，国土方圆千里，有一百二十座城池，宫中的姬妾和大王身边的侍从，没有不偏爱大王的；朝廷中的大臣，没有不惧怕大王的；国内的百姓，没有不对大王有所求的。这么看来，大王您受的蒙蔽实在太严重了。"

【原文】

　　王曰："善。"乃①下令："群臣吏民，能面刺②寡人之过者，受上赏；上书谏寡人者，受中赏；能谤议③于市朝，闻④寡人之耳者，受下赏。"令初下，群臣进谏，门庭若市。数月之后，时时而间⑤进。期年之后，虽欲言，无可进者。燕、赵、韩、魏闻之，皆朝于齐。此所谓战胜于朝廷。

【注释】

　　①乃：于是，就。

　　②面刺：当面指责。面，当面。刺，指责，议论。

　　③谤议：公开批评议论。

　　④闻：使……闻，使……听到。

　　⑤间：间或，偶尔，有时候。

【译文】

　　齐威王说："说得好。"于是颁布了一道命令："所有的大臣、官吏、百姓，能够当面批评我的过错的，可获得上等奖赏；能够上书劝谏我的，可获得中等奖赏；能够在众人集聚的公共场所指责、议论我的过失，并能传到我耳朵里的，给予下等奖赏。"政令刚一下达，群臣都来进言规劝，宫门庭院就像集市一样喧闹。几个月以后，来进谏的人已经断断续续的了。一年以后，虽然有人想进言，可是也没有什么可说的了。燕、赵、韩、魏等国听说了这件事后，都到齐国来朝见齐王。这就是所谓的不动用武力，安坐于朝廷之上就可以战胜诸侯。

【评析】

语言朴实，没有华丽辞藻的堆砌，是本文特色之一。文章记叙了邹忌用自己日常生活中的事情设喻，来劝告齐威王广开言路，修明政治的故事，写得十分生动。

四 颜斶说齐王《战国策》

【原文】

齐宣王见颜斶，曰：“斶前^①！”斶亦曰：“王前！”宣王不说。左右曰：“王，人君也，斶，人臣也，王曰‘斶前’，斶亦曰‘王前’，可乎？”斶对曰：“夫斶前为慕势，王前为趋士^②，与使斶为慕势，不如使王为趋士。”王忿然作色曰：“王者贵乎？士贵乎？”对曰：“士贵耳，王者不贵！”王曰：“有说乎？”斶曰：“有。昔者秦攻齐，令曰：‘有敢去^③柳下季垄^④五十步而樵采者，死不赦。’令曰：‘有能得齐王头者，封万户侯，赐金千镒！’由是观之，生王之头，曾不若死士之垄也。”

【注释】

①前：到前面来，上前。

②趋士：礼贤下士。

③去：距离。

④垄：坟墓。

【译文】

齐宣王召见颜斶说：“颜斶过来！”颜斶也说：“大王过来！”宣王很不高兴。左右近臣都责怪颜斶说：“大王为人君主，你为人臣子，大王说，‘颜斶过来’，你也说，‘大王过来’，像话吗？”颜斶回答说：“我主动上前是趋炎附势，大王主动过来是礼贤下士，与其让我趋炎附势，不如让大王礼贤下士。”宣王听完后怒容满面，说：“是王尊贵，还是士尊贵？”颜斶回答说：“士尊贵，王不尊贵。”宣王说：“有根据吗？”颜斶说：“有。从前秦国进攻齐国，秦王下令说：‘如果有人敢在柳下季墓地五十步内砍柴的，判处死罪，绝不赦免。’又下令说：‘如果有人能砍下齐王的头颅，封邑万户，赐金千镒。’由此看来，活着的君主的头颅，还不如死去的士人的坟墓。"

【原文】

宣王曰："嗟乎！君子焉可侮哉？寡人自取病耳！愿请受为弟子。且颜先生与寡人游①，食必太牢②，出必乘车，妻子衣服丽都③。"颜斶辞去曰："夫玉生于山，制则破焉，非弗宝贵矣，然太璞不完。士生乎鄙④野，推选则禄焉，非不尊遂⑤也，然而形神不全。斶愿得归，晚食以当肉，安步以当车，无罪以当贵，清净贞正以自虞⑥。"则再拜而辞去。

君子曰："斶知足矣，归真反璞，则终身不辱。"

【注释】

①游：交往。

②太牢：祭祀时牛、羊、猪俱全为太牢。

③丽都：华丽。

④鄙：边远的地方。

⑤尊遂：尊贵显达。

⑥虞：同"娱"，欢乐。

【译文】

宣王说："唉！君子岂能随便受人侮辱呢？我实在是自取其辱啊！希望您收下我这个学生吧，先生与我交往，吃的肯定是上等宴席，出门必有高级车马供您使用，妻子儿女穿着的服装也会华美绮丽。"颜斶辞谢而去，说："我听说璞玉生在深山中，经过雕琢就破损了。经过雕琢的玉的价值并非不宝贵，只是本来的面貌已不复存在了。士人生于偏僻乡野之地，经过推举选拔而被任用，当官享受俸禄，并非不尊贵，可是士人的精神品质已经不完整了。我希望回到乡里，饿了再吃东西，味道就像吃肉一样，散步就像乘车一样悠闲，不犯王法可以算得上是富贵，内心正直纯净，自得其乐。"说完，他拜了两次后告辞离去。

君子说："颜斶可以说是懂得知足的了，他归于自然，返于淳朴，这样就能终身安乐不受侮辱。"

【评析】

本文有如一出独幕话剧，全篇由对话组成。以对话展开波澜起伏的情节，以对话展现人物的性格与内心世界。以情节而论，两个"前"字的撞击，一石激起千层浪。先是"左右"狗仗人势的责问，颜斶舌战齐国群臣；继而是王"忿然作色"，颜斶针锋相对与齐王争论"王贵"与"士贵"的问题。齐王终于为颜斶折服，欲以丰厚爵禄相笼络，却被颜斶谢绝。文章虽短，却起伏曲折。"文似看山不喜平"，不平即其美之所至也。以人物性格而论，作者所使用的言辞颇符合人物的身份、地位。例如"斶前"，尊使卑，上命下，就是这种口吻。"王者贵乎？士贵乎？"在齐王的头脑里，他自以为他是最高贵的，所以他才会提出这样的问题，欲以王之贵压士之贵，非常符合齐王的思维定式。"颜先生与寡人游，食必太牢，出必乘车，妻子衣服丽都"，物质引诱也是君王们惯用的笼络手段。而颜斶的自比"太璞"，以及所举柳下季墓地的一棵草胜过齐王的脑袋的事例，都十分贴切，符合颜斶的身份。

五 赵威后问齐使《战国策》

【原文】

齐王使使者问赵威后。书①未发②，威后问使者曰："岁③亦无恙④耶？民亦无恙耶？王亦无恙耶？"使者不说⑤，曰："臣奉使使威后，今不问王，而先问岁与民，岂先贱⑥而后尊贵者乎？"威后曰："不然。苟⑦无岁，何有民？苟无民，何有君？故有问舍本而问末者耶？"

【注释】

①书：信，此处指齐国给赵国的国书。

②发：拆开，启封。

③岁：年成，收成。

④恙：忧患、灾祸。

⑤说：同"悦"，高兴。

⑥贱：此处指民众。

⑦苟：如果。

【译文】

齐襄王派遣使者去问候赵威后，国书还没有打开，赵威后就问使者："今年收成没什么担忧的吧？百姓没有什么忧患吧？齐王也没有忧患吧？"使者不开心地说："臣奉齐王的使命出使到威后您这里来，现在您不先问我们大王的状况却打听收成和百姓的状况，难道卑贱的百姓居先，尊贵的王反而居后吗？"赵威后答："不是这样的。如果没有收成，怎么会有百姓？如果没有百姓，又怎么会有国君呢？所以哪里有不问根本而先问末节的呢？"

【原文】

乃进而问之曰："齐有处士曰钟离子，无恙耶？是其为人①也，有粮者亦食②，无粮者亦食；有衣者亦衣③，无衣者亦衣。是助王养其民者也，何以至今不业④也？叶阳子无恙乎？是其为人，哀⑤鳏寡，恤孤独⑥，振⑦困穷，补不足。是助王息⑧其民者也，何以至今不业也？北宫之女婴儿子无恙耶？撤其环瑱，至老不嫁，以养父母。是皆率民而出于孝情者也，胡为至今不朝也？此二士弗业，一女不朝，何以王齐国、子万民乎？於陵子仲尚存乎？是其为人也，上不臣于王，下不治其家，中不索⑨交诸侯。此率民而出于无用者，何为至今不杀乎？"

【注释】

①其为人：他的为人之道。

②食（sì）：动词，拿食物给人吃。

③衣（yì）：动词，给人衣服穿。

④业：动词，使之作官而成就功业，有重用的意思。

⑤哀：怜悯。

⑥孤独：孤，幼年丧父；独，老年丧子。

⑦振：同"赈"，赈济，救济。

⑧息：繁衍。

⑨索：求。

【译文】

于是，赵威后接着又问道："齐国有个隐士叫钟离子，他还好吧？这人的为人之道，有粮食的，他给食物吃，没粮食的，他也给食物吃；有衣服的，他给衣服穿，没有衣服的，他也给衣服穿，这是在帮助君王养活百姓啊，为什么至今他还没有做官成就功业呢？叶阳子还好吧？这个人的为人之道，同情那些鳏夫和寡妇，帮助那些孤儿老人，救济贫困潦倒的人，这是在帮助君王滋生养育他的百姓啊，为什么至今不让他成就功业呢？北宫家的女儿婴儿子还好吗？她摘掉自己的耳环玉饰，到老不嫁，来奉养双亲，这是引导百姓尽孝心啊，为什么至今没有让她上朝给予封号呢？这样的两位隐士不受重用，一位孝女不加封号，齐王靠什么统治齐国、抚育百姓呢？於陵的子仲还活在世上吗？他这个人的为人啊，在上对君王不称臣，在下不能搞好家庭，中间不和诸侯求交往，这样的行为是在引导百姓无所作为啊！为什么至今还没有被处死呢？"

【评析】

这篇文章表现了赵威后的政治思想，同时也对齐国的政治状况有所批判。战国以前，民本思想已逐渐兴起。一些思想家、政治家都已意识到人民的作用，提出了诸如"民，神之主也""上思利民，忠也"等主张。这种思潮在战国时继续发展。孟子有"民贵君轻"一说，田于方、颜斶也有"士贵王不贵"的思想。赵威后提出"苟无岁，何有民？苟无民，何有君"的思想，是与历史上这一民本思潮相一致的。齐王使者问候赵威后，信函还没有拆开，威后就连续发问："年成还好吧？百姓安乐吧？齐王安康吧？"她把收成放在第一位，因为"仓廪食而知礼节"，"国以民为本，民以食为天"。接着，她问到百姓，而把国君齐王放在末位，这明显反映出了她的民本位思想。收成好自然百姓安乐，百姓安乐自然国君无恙，逐步推理，简明而正确，却使"使者不悦"，他诘问赵威后"先贱后尊"，威后的回答清晰明了，层层递进，驳得使者无话可说。

六 触龙说赵太后《战国策》

【原文】

赵太后新用事①，秦急②攻之。赵氏求救于齐，齐曰："必以长安君为质③，兵乃出。"太后不肯，大臣强④谏。太后明⑤谓左右："有复言令长安君为质者，老妇必唾⑥其面！"

【注释】

①用事：掌管国事。

②急：加紧。

③质：人质。

④强（qiǎng）：竭力，极力。

⑤明：明白地。

⑥唾：动词，吐唾沫。

【译文】

　　赵太后刚刚掌权，秦国就加紧进攻赵国。赵国向齐国求救。齐国说："一定要把长安君作为人质，才肯出兵。"赵太后不同意，大臣们极力劝谏。太后明确地对身边的侍臣说："有谁再说让长安君去当人质的，老太婆我一定当他的面吐唾沫！"

【原文】

　　左师触龙愿见。太后盛气①而揖之。入而徐趋②，至而自谢，曰："老臣病足，曾不能疾走，不得见久矣，窃③自恕。恐太后玉体之有所郄④也，故愿望见。"太后曰："老妇恃⑤辇而行。"曰："日食饮得无衰⑥乎？"曰："恃鬻耳。"曰："老臣今者⑦殊不欲食，乃自强步⑧，日三四里，少益嗜食，和⑨于身。"曰："老妇不能。"太后之色少解。

【注释】

①盛气：怒气冲冲。

②徐趋：用快走的姿势慢步向前走。

③窃：私下，私意，表谦敬。

④郄（xì）：同"隙"，空隙，此处为不舒服，有毛病。

⑤恃（shì）：依靠，凭借。

⑥衰：减少。

⑦今者：近来。

⑧强（qiǎng）步：勉强散散步。

⑨和：和谐，舒适。

【译文】

　　左师触龙去拜见太后，太后气冲冲地等着他。触龙走入殿内就用快走的姿势慢慢地迈着小步，走到太后跟前谢罪说："老臣的脚有毛病，不能快走，很久没能拜见您了。我私下以脚病原谅了自己，但是又怕太后的玉体有什么不舒服，所以还是想来拜见太后。"太后说："我也要靠辇车行动。"触龙说："您每天的饮食该不会减少吧？"太后说："就靠喝点粥罢了。"触龙说："老臣近来特别不想吃饭，就勉强自己散步，每天走上三四里，稍微增进了食欲，身体也舒适些了。"太后说："我可做不到。"太后的脸色稍微缓和了一些。

【原文】

左师公曰："老臣贱息①舒祺，最少②，不肖③。而臣衰，窃爱怜之。愿令补黑衣④之数，以卫王宫，没⑤死以闻。"太后曰："敬诺。年几何矣？"对曰："十五岁矣。虽少，愿及未填沟壑⑥而托之。"太后曰："丈夫亦爱怜其少子乎？"对曰："甚于妇人。"太后曰："妇人异甚。"对曰："老臣窃以为媪之爱燕后贤于长安君。"曰："君过矣，不若长安君之甚。"左师公曰："父母之爱子，则为之计⑦深远。媪之送燕后也，持其踵为之泣，念悲其远也，亦哀之矣。已行，非弗思也，祭祀必祝之，祝曰：'必勿使反。'岂非计久长，有子孙相继为王也哉？"太后曰："然。"

【注释】

①贱息：卑贱的儿子，对自己儿子的谦称。

②少（shào）：年幼。

③不肖（xiào）：原意是不像先辈（那样贤明），后来泛指儿子不成器。

④黑衣：指宫廷卫士。

⑤没（mò）：冒昧。没死：冒着死罪。

⑥填沟壑：指死后无人埋葬，尸体丢在山沟里。此处是对自己死亡的谦虚说法。

⑦计：打算，考虑。

【译文】

左师公说："老臣的儿子舒祺，年龄最小，不成器，可是臣已经老了，私下又疼爱他，希望您能让他当个侍卫，保卫王宫。我冒着死罪来求您！"太后说："行！他多大了？"答道："十五岁了。虽然他年纪还小，但我想趁着自己还活着的时候把他托付给您。"太后说："男人也疼爱他的小儿子吗？"触龙回答："比妇人疼爱得更厉害些。"太后笑着说："妇人对小儿子疼爱得特别厉害。"触龙回答："老臣私下里认为您爱燕后超过爱长安君。"太后说："您错了，我对燕后的疼爱不如长安君那样厉害。"左师公说："父母爱子女，就要为他们考虑得长远些。您送燕后出嫁时，抱着她的脚后跟为她哭泣，为她的远嫁伤心，这也够心疼她的了。送走燕后以后，您并不是不想念她，而每逢祭祀您一定为她祈祷，说：'一定别让她回来啊。'这难道不是为她做长远的打算，希望她子孙世代做燕王吗？"太后说："是这样的。"

【原文】

左师公曰："今三世以前，至于赵之为赵，赵王之子孙侯者，其继①有在者乎？"曰："无有。"曰："微独②赵，诸侯有在者乎？"曰："老妇不闻也。""此其近者祸及身，远者及其子孙。岂人主③之子孙则必不善哉？位尊而无功，奉厚而无劳，而挟重器多也。今媪尊长安之位，而封以膏腴④之地，多予之重器，而不及今令有功于国。一旦山陵崩⑤，长安君何以自托于赵？老臣以媪为长安君计短也，故以为其爱不若燕后。"太后曰："诺。恣⑥君之所使之。"于是为长安君约车百乘质于齐，齐兵乃出。

子义闻之曰："人主之子也，骨肉之亲也，犹不能恃无功之尊，无劳之奉，以守金玉之重也，而况人臣乎！"

【注释】

①继：名词，继承人。

②微独：不仅，不但。

③人主：国君，诸侯。

④膏腴（yú）：比喻土地肥沃。

⑤山陵崩：古代用以比喻国君或王后的死，这里指赵太后去世。

⑥恣：任凭。

【译文】

左师公说："从距今三代算起，一直到赵氏刚开始建立赵国的时候，赵王的子孙凡是被封侯的，他们的后代至今还有保得住侯位的吗？"太后说："没有。"触龙又问："不仅是赵国，其他诸侯国子孙被封侯的，其后代有仍然在位的吗？"太后说："我没有听说过。"触龙说："这是因为这些被封侯的人近的灾祸就落在自己身上，远的灾祸就祸及子孙。难道是国君的子孙就一定不好吗？只是因为他们地位高贵却没有功勋，俸禄优厚却没有功劳，而且拥有的权位太高、财宝太多的缘故。现在您给了长安君高贵的地位，并且把肥沃的土地封给他，还给他很多的金银财宝，却不趁此机会让他为国立功，一旦您驾崩了，长安君凭什么在赵国立身呢？老臣认为您为长安君考虑得太短浅，所以我认为您对长安君的疼爱不如燕后。"太后说："对。任凭您怎样安排他吧！"于是为长安君备车一百乘，到齐国去作人质，齐国才出兵。

子义听说了这件事，说："国君的儿子是国君的亲骨肉，尚且不能靠着没有功勋的尊位和没有功劳的厚禄来守住自己的金银财宝，何况是做臣子的呢？"

【评析】

《触龙说赵太后》一文开篇就描绘了一个气氛极为紧张的局面：赵君新亡，秦兵犯赵赵求齐助，齐要长安君作人质爱子心切的赵太后不肯让儿子去冒这个风险，严词拒绝了大臣们的强谏，并声称："有复言令长安君为质者，老妇必唾其面！"

在这样剑拔弩张的情况下，触龙的谏说显然要困难许多。他深知要能说服赵太后，就必须让她明白"父母之爱子，则为之计深远"的道理。然而，若从正面去讲道理，则将不但无济于事，反而会自取其辱。因此，必须顺着太后溺爱长安君的心理因势利导，巧说妙谏。

七 鲁共公择言《战国策》

【原文】

梁王魏婴觞诸侯于范台，酒酣，请鲁君举觞①。鲁君兴②，避席③择言曰："昔者，帝女令仪狄作酒而美，进之禹，禹饮而甘之，遂疏仪狄，绝旨④酒，曰：'后世必有以酒亡其国者。'齐桓公夜半不嗛⑤，易牙乃煎、熬、燔、炙，和调五味而进之，桓公食之而饱，至旦不觉，曰：'后世必有以味亡其国者。'晋文公得南之威，三日不听朝，遂推南之威而远之，曰：'后世必有以色亡其国者。'楚王登强台而望崩山，左江而右湖，以临彷徨，其乐忘死，遂盟⑥强台而弗登，曰：'后世必有以高台、陂池亡其国者。'今主君之尊⑦，仪狄之酒也；主君之味，易牙之调也；左白台而右闾须，南威之美也；前夹林而后兰台，强台之乐也。有一于此，足以亡其国，今主君兼此四者，可无戒与？"梁王称善相属。

【注释】

①觞：酒杯，这里指设酒款待。

②兴：站起来。

③避席：站起身，离开座席，表示严肃恭敬。

④旨：味美。

⑤嗛（qiè）：同"慊"，满足。

⑥盟：起誓。

⑦尊：同"樽"，酒杯。

【译文】

　　梁惠王魏婴在范台宴请诸侯喝酒，大家喝得正高兴的时候，他请鲁共公举杯祝酒。鲁共公站起来，离开座席，选好恰当的话题说："从前，夏禹的女儿让仪狄酿酒，酿出来的酒的味道非常好，就献给了禹，禹喝了后觉得非常甜美，于是疏远了仪狄，戒了酒。说：'后世一定会有因为饮酒而亡国的！'齐桓公半夜里感到饥饿，易牙立刻烹煮烧烤，调和各种美味，进献给齐桓公。齐桓公吃得饱饱的，一觉睡到第二天早晨还没睡醒，感叹道：'后世一定会有因为贪图美味而亡国的！'晋文公得到美女南之威，连着三天都没上朝听政，于是就把南之威推开，疏远了她，说：'后世一定会有因为贪恋美色而亡国的！'楚庄王登上强台，欣赏崩山的风景，左面是大江，右面是大湖，居高临下，徘徊流连，快乐至极。于是，他发誓不再登上强台，说：'后世一定会有因为迷恋高台池沼山水的风光而亡国的！'现在，主上您的酒杯里是仪狄酿造的那种美酒；您的饭菜是易牙烹调的美味；您左面的白台，右面的闾须，都是南之威一样的美女；您前面有夹林，后面有兰台，有着在强台一样的快乐。这四件事里只要有了一件，就足以亡国。现在主上您兼有这四样，难道还不警惕吗？"梁惠王听了，连声称鲁共公说得对。

【评析】

本文记录的是鲁共公在梁王魏婴宴席上的一段祝酒词，是诫言各诸侯王要警惕酒、味、色、乐的诱惑，否则将有亡国的危险。言直意重，表现了鲁共公卓越的政治见解。

文章的表达，主要运用了譬喻说理、排比言事的手法。全文以大禹疏仪狄而戒酒，齐桓公食美味而不醒，晋文公远南威而拒色，楚庄王不登强台而排乐为例，说明历代明主贤君都是拒酒、味、色、乐的引诱，而梁王兼有四者，足当警惕。理寓于故事中，以譬作喻，便于接受。排比句的运用，增强了气势和说服力。就内容而言，文章张扬的力戒酒、味、色、乐以强国兴邦的思想，不仅在两千多年前有益，即使在今天仍有其毋庸置疑的现实意义。

八 唐雎说信陵君《战国策》

【原文】

信陵君杀晋鄙，救邯郸，破①秦人，存②赵国，赵王自郊迎。唐雎谓信陵君曰："臣闻之曰，事有不可知者，有不可不知者；有不可忘者，有不可不忘者。"信陵君曰："何谓也？"对曰："人之憎我也，不可不知也；我憎人也，不可得而知也；人之有德③于我也，不可忘也；吾有德于人也，不可不忘也。今君杀晋鄙，救邯郸，破秦人，存赵国，此大德也。今赵王自郊迎，卒④然见赵王，愿君之忘之也。"信陵君曰："无忌谨⑤受教。"

【注释】

①破：打败，打垮。

②存：使动用法，使……存在，使……存活。

③德：恩惠。

④卒：通"猝"，急促、匆忙的样子。

⑤谨：郑重。

【译文】

信陵君杀了晋鄙，解了邯郸之围，打败了秦国的军队，使赵国得以幸存。赵王亲自到郊外去迎接信陵君。这时，唐雎对信陵君说："我听说，

事情有不可以知道的，有不可以不知道的；有不可以忘掉的，有不可以不
忘掉的。"信陵君问："这话怎样说呢？"唐雎回答道："别人憎恨我，
不可以不知道；我怨恨别人，就不可以让人知道；别人对我施以恩德，是
不可以忘记的；我对于别人施以恩德，是不可以不忘记的。您杀了晋鄙，
救下邯郸，打败秦兵，保全赵国，这对赵国是莫大的恩德。现在赵王亲自
到郊外迎接您，您与赵王见面的时候，我希望您把这件事忘掉。"信陵君
说："我一定诚心地接受您的教诲。"

【评析】

本文通过唐雎向信陵君的进言，说明一个人做了好事切不可居功自傲、于人有
恩德的事不应放在心上的主旨。

文章在表现这一主旨时，不是用直白方法，而是迂回切入。唐雎先从事情有不
可知、不可不知，不可忘、不可不忘四种情况说起，再具体为人之憎我、我之憎
人，人有德于我、我有德于人而应采取的不可不知、不可得而知，不可忘和不可不
忘的四种态度，最后才落实到信陵君救赵一事上，说明这是有德于赵、不可不忘
之事。辩证说来，环环相扣，严谨有致；语句反复，却不刻板，回环有味，令人
深思。

九 冯谖客孟尝君《战国策》

【原文】

齐人有冯谖者，贫乏不能自存，使人属孟尝君，愿寄食门下①。孟尝
君曰："客何好？"曰："客无好也。"曰："客何能？"曰："客无能
也。"孟尝君笑而受之，曰："诺。"

左右以君贱之也，食以草具。居有顷，倚柱弹其剑，歌曰："长铗，
归来乎！食无鱼！"左右以告。孟尝君曰："食之，比门下之客。"居有
顷，复弹其铗，歌曰："长铗，归来乎！出无车！"左右皆笑之，以告。
孟尝君曰："为之驾，比门下之车客。"于是，乘其车，揭其剑，过其
友②，曰："孟尝君客我！"后有顷，复弹其剑铗，歌曰："长铗，归来
乎！无以为家！"左右皆恶之，以为贪而不知足。孟尝君问："冯公有亲
乎？"对曰："有老母。"孟尝君使人给其食用，无使乏。于是冯谖不

复歌。

后，孟尝君出记，问门下诸客："谁习计会，能为文收责于薛者乎？"冯谖署曰："能。"孟尝君怪之，曰："此谁也？"左右曰："乃歌夫'长铗归来'者也！"孟尝君笑曰："客果有能也！吾负之，未尝见也。"请而见之，谢曰："文③倦于事，愦于忧，而性懧愚，沉于国家之事，开罪于先生。先生不羞，乃有意欲为收责于薛乎？"冯谖曰："愿之！"于是约车治装，载券契而行，辞曰："责收毕，以何市而反？"孟尝君曰："视吾家所寡有者。"

驱而之薛，使吏召诸民当偿者，悉来合券。券遍合，起，矫命，以责赐诸民，因烧其券，民称万岁。

长驱到齐，晨而求见。孟尝君怪其疾也，衣冠而见之，曰："责毕收乎？来何疾也？"曰："收毕矣。""以何市而反？"冯谖曰："君云：'视吾家所寡有者'，臣窃④计：君宫中积珍宝，狗马实外厩，美人充下陈⑤。君家所寡有者，以义耳！窃以为君市义。"孟尝君曰："市义奈何？"曰："今君有区区之薛，不拊爱子其民，因而贾利之。臣窃矫君命，以责赐诸民，因烧其券，民称万岁，乃臣所以为君市义也。"孟尝君不说，曰："诺！先生休矣！"

后期年，齐王谓孟尝君曰："寡人不敢以先王之臣为臣！"孟尝君就国于薛。未至百里，民扶老携幼，迎君道中正日。孟尝君顾谓冯谖："先生所为文市义者，乃今日见之！"

冯谖曰："狡兔有三窟，仅得免其死耳。今君有一窟，未得高枕而卧也，请为君复凿二窟。"孟尝君予车五十乘，金五百斤，西游于梁，谓梁王曰："齐放其大臣孟尝君于诸侯，先迎之者，富而兵强。"于是，梁王虚上位，以故相为上将军，遣使者，黄金千斤，车百乘，往聘孟尝君。冯谖先驱，诫孟尝君曰："千金，重币也；百乘，显使也。齐其闻之矣！"梁使三反，孟尝君固辞不往也。

齐王闻之，君臣恐惧，遣太傅赍黄金千斤，文车二驷，服剑⑥一，封书谢孟尝君曰："寡人不祥，被于宗庙之祟⑦，沉于谄谀之臣，开罪于君，寡人不足为也。愿君顾先王之宗庙，姑反国统万人乎？"冯谖诫孟尝君曰："愿请先王之祭器，立宗庙于薛⑧。"庙成，还报孟尝君曰："三窟已就，君姑高枕为乐矣！"孟尝君为相数十年，无纤介之祸者，冯谖之计也。

【注释】

①属同"嘱"。嘱托，介绍。寄食：依靠别人吃饭。

②揭：高举。过：拜访，探望。

③文：田文，孟尝君自称其名。

④窃：私自，谦词。

⑤下陈：古代统治阶级堂下陈放礼品，站列婢妾的地方。

⑥服剑：齐王自己佩的剑。

⑦不祥：不善。被：遭受。祟：灾祸。

⑧立宗庙于薛：在薛建立齐国先王的宗庙。孟尝君是齐国王室成员之一，因此可以请求立宗庙。薛有宗庙，齐国一定全力保护，不必担心外来侵犯。同时可以使孟尝君的地位更加巩固。

【译文】

齐国有个叫冯谖的人，贫困得不能养活自己，托人介绍给孟尝君，希望在孟尝君门下混口饭吃。孟尝君问"客人有什么爱好？"来人说："客人没什么爱好。"孟尝君问："客人有什么才能？"来人说："没有什么才能。"孟尝君笑着答应说："好吧。"

左右的人认为孟尝君轻视他，就给他吃粗劣的饭食。过了不久，冯谖靠在柱子上弹着他的长剑唱道："长剑啊，咱们回去吧，吃饭没有鱼。"左右的人把这件事告诉了孟尝君，孟尝君说："照门下吃鱼的客人的待遇给他吃。"过了不久，冯谖又弹着他的剑，唱道："长剑啊，咱们回去吧，出门没有车。"左右的人都讥笑他，把这件事报告了孟尝君。孟尝君说："给他备车吧，如同门下有车的客人。"于是冯谖坐上他的车，举着他的剑去拜访他的朋友，说："孟尝君把我当客人对待。"这以后又过了一段时间，冯谖又弹起他的剑，唱道："长剑啊，咱们回去吧！没有什么用来养家。"左右的人都很厌恶他，认为他贪心不足，孟尝君问："冯先生有亲人吗？"他回答说："有位老母亲。"孟尝君派人供给她衣食费用，不让她缺少什么。从此，冯谖不再弹剑唱歌了。

后来，孟尝君出了个告示，问门下的客人："有谁熟悉算账理财，能够替我到薛地去收债？"冯谖签名说："我能。"孟尝君看了感到奇怪，就问："这是谁呀？"左右的人说："就是那个唱'长剑啊，咱们回去吧'的人。"孟尝君笑着说："这位客人果然有才能，我亏待了他，还没有接见过他呢！"就派人请他来相见。孟尝君道歉说："我被政事弄得很疲倦，被忧虑弄得心烦心乱，又生性懦弱愚笨，沉溺在国家的事务中，得罪了先生，先生不以为羞辱，还愿意替我到薛地去收债吗？"冯谖说："我愿意去。"就准备车马，整理行装，装着收债契约就要出发。辞行的时候冯谖问："债收完后，买些什么东西回来？"孟尝君说："看我家缺少什么。"

冯谖赶着车到了薛地，派官吏召集应该还债的百姓，都来核对债约，债约都核对完了，冯谖假传孟尝君的命令，把借款赏赐给百姓，就烧掉了他们的债约，百姓欢呼万岁。

冯谖马不停蹄地赶回齐国都城，清晨就求见孟尝君。孟尝君对他这么快回来感到很奇怪，就穿戴好衣帽去接见他，问道："债收完了吗？怎么回来得这么快？"冯谖说："收完了。"孟尝君又问："用债款买了什么回来？"冯谖说："您说'看我家里缺少什么'，我私下考虑，您家里堆满了珍宝，良犬骏马挤满了外面的牲口棚，美女站满了堂下。您家缺少的，是'义'。我私下替您买回了'义'。"

孟尝君问："'义'是怎么买的？"冯谖说："现在您只有一块小小的薛地，不把那里的百姓当作子女一样抚爱，却用商人的手段向他们谋取利息。我已经私下假托您的命令，把债款赐给百姓了，因此烧了他们的债约，百姓欢呼万岁，这就是我给您买的'义'。"孟尝君不高兴，说："好吧，先生算了吧。"

过了一年，齐王对孟尝君说："我不敢把先王的臣子作为我的臣子。"孟尝君只好回到自己的封地薛地去住。走到离薛地还有一百里的地方，百姓扶老携幼，在大路上迎接孟尝君，整整有一天。孟尝君回头对冯谖说："先生替我买的'义'，竟在今天看到了。"

冯谖说："聪明的兔子有三个洞穴，仅仅能够免除死亡。如今您只有一个洞穴，还不能高枕无忧睡大觉啊。请让我为您再凿两个洞穴。"孟尝君给他车子五十辆，黄金五百斤，到西方去游说梁国。冯谖对梁惠王说："齐王放逐他的大臣孟尝君到诸侯国去，先迎接他的诸侯，能使自己的国家富足，军队强大。"于是梁惠王空出最高的官位，把原来的相国调任做上将军，派遣使者带着黄金千斤，马车百辆去聘请孟尝君。冯谖抢先回来告诉孟尝君说："黄金千斤，是贵重的聘礼；车子百辆，是显赫的使者。齐王大概听到这件事了。"梁国的使者往返了多次，孟尝君坚决推辞不去。

齐王听到这些情况，君臣都很恐慌，就派太傅送去黄金千斤，华丽的车子两辆，佩剑一把，封好书信向孟尝君道歉说："我不好，遭受祖宗降给的灾祸，被谄媚逢迎的奸臣所迷惑，得罪了您。我是不值得您辅佐的，只希望您顾念先王的宗庙，暂时回来管理百姓吧。"冯谖告诉孟尝君说："希望您向齐王求得祭祀先王的礼器，在薛地建立宗庙。"宗庙建成了，冯谖回去向孟尝君报告说："三个洞穴已经凿好，您可以高枕而卧，过快乐日子吧。"孟尝君做了几十年相国，没有一丁点的灾祸，这都是由于冯谖的计策啊。

【评析】

本文记叙出身贫穷的冯谖寄食于孟尝君的门下，开始受到人们轻视，三次弹铗而歌表示感叹，后来在帮助孟尝君焚券市"义"、迫齐王复相、建宗庙于薛等"营造三窟"的工作中，表现出卓越的政治才能，巩固了孟尝君的地位。文章突出表现了冯谖处事深谋远虑、善于相机而断的卓越才智，同时也反映了战国权势的养士之风。文章反映了士在当时政治生活中的重要作用。全篇情节曲折而波澜起伏，清朝余诚曾评它："真有武夷九曲，步步引人入胜之致。"

十 乐毅报燕王书《战国策》

【原文】

昌固君乐毅①，为燕昭王②合五国之兵而攻齐，下七十余城，尽郡县之以属燕。三城未下，而燕昭王死。惠王即位，用齐人反间，疑乐毅，而使骑劫代之将。乐毅奔赵，赵封以为望诸君。齐田单诈骑劫，卒败燕军，复收七十余城以复齐。

燕王悔，惧赵用乐毅，乘燕之弊以伐燕。燕王乃使人让乐毅，且谢之曰："先王举国而委将军，将军为燕破齐，报先王之仇，天下莫不振动，寡人岂敢一日而忘将军之功哉！会先王弃群臣，寡人新即位，左右误寡人，寡人之使骑劫代将军。为将军久暴露于外，故召将军，且休计事。将军过听，以与寡人有隙，遂捐燕而归赵。将军自为计则可矣，而亦何以报先王之所以遇将军之意乎？"

望诸君乃使人献书报燕王曰："臣不佞，不能奉承先王之教，以顺左右之心，恐抵斧质之罪，以伤先王之明，而又害于足下之义，故遁逃奔赵。自负以不肖之罪，故不敢为辞说。今王使使者数之罪，臣恐侍御者之不察先王之所以畜幸臣之理，而又不白于臣之所以事先王之心，故敢以书对。

"臣闻贤圣之君，不以禄私其亲，功多者授之；不以官随其爱，能当者处之。故察能而授官者，成功之君也；论行而结交者，立名之士也。臣以所学者观之，先王之举措，有高世之心，故假节于魏王，而以身得察于燕。先王过举，擢之乎宾客之中，而立③之乎群臣之上，不谋于父兄，而使臣为亚卿。臣自以为奉令承教，可以幸无罪矣，故受命而不辞。

"先王命之曰：'我有积怨深怒于齐，不量轻弱，而欲以齐为事。'臣对曰：'夫齐，霸国之余教，而骤胜之遗事也④。闲⑤于甲兵，习于战攻。王若欲伐之，则必举天下而图之。举天下而图之，莫径于结赵矣；且又淮北、宋地，楚、魏之所同愿也。赵若许约，楚、魏尽力，四国攻之，齐可大破也。'先王曰：'善！'臣乃口受令，具符节，南使臣于赵，顾反命，起兵随而攻齐。以天之道，先王之灵，河北之地，随先王举而有之于济上。济上之军，奉令击齐，大胜之。轻卒锐兵，长驱至国。齐王逃遁走莒，仅以身免。珠玉财宝，车甲珍器，尽收入燕，大吕陈于元英，故鼎反乎历室，齐器设于宁台，蓟丘之植，植于汶篁。自五伯以来，功未有及先王者也。先王以为顺于其志，以臣为不顿命⑥，故裂地而封之，使之得比乎小国诸侯。臣不佞，自以为奉令承教，可以幸无罪矣，故受命而弗辞。

"臣闻贤明之君，功立而不废，故著于《春秋》⑦；蚤知之士，名成而不毁，故称于后世。若先王之报怨雪耻，夷万乘之强国，收八百岁⑧之蓄积，及至弃群臣之日，遗令诏后嗣之余义，执政任事之臣，所以能循法令、顺庶孽者，施及萌隶⑨，皆可以教于后世。

"臣闻善作者不必善成，善始者不必善终。昔者，伍子胥说听乎阖间，故吴王远迹至于郢。夫差弗是也，赐之鸱夷而浮之江。故吴王夫差不悟先论之可以立功，故沉子胥而弗悔。子胥不蚤见主之不同量，故入江而不改。

"夫免身全功以明先王之迹者，臣之上计也；离⑩毁辱之非，堕先王之名者，臣之所大恐也；临不测之罪，以幸为利者，义之所不敢出也。

"臣闻古之君子，交绝不出恶声；忠臣之去也，不洁其名。臣虽不佞，数奉教于君子矣。恐侍御者之亲左右之说，而不察疏远之行也。故敢以书报，唯君之留意焉！"

【注释】

①乐毅：战国时著名军事家。原是魏国的大臣，奉魏昭王命使燕，受到燕昭王的礼遇，便留在燕国，被封为亚卿。后来死在赵国。昌国君：是乐毅的封号，因为助燕昭王破齐有功，昭王封他为昌国君。

②"为燕昭王"一句：燕昭王伐齐有其历史原因，燕王哙时，想效法尧舜让贤，将君位让给丞相子之，结果引起国内大乱，齐国趁机打败燕国。燕昭王即位，决心报复齐国。于是筑黄金台招揽人才，人才纷纷从各地来燕。五国，指赵、楚、韩、魏、燕。

③立：位置，这里指给以高位。

④骤胜：屡次战胜。遗事：旧事。

⑤闲：同"娴"，熟悉。

⑥不顿命：不辜负使命。

⑦《春秋》：史册。古代编年史都叫春秋，并非专指鲁《春秋》。

⑧八百岁：从姜太公吕望建立齐国到齐闵王为止的大约年数。

⑨施：普及。萌隶：指老百姓。萌：同"氓"。

⑩离：同"罹"，遭受。

【译文】

昌国君乐毅，替燕昭王集合韩、赵、魏、楚、燕五国的军队共同去攻打齐国。攻下七十多座城池，全部改为郡县归属于燕国。还有三座城他没有攻下，燕昭王就死了。燕惠王即位，听信了齐国人的离间，怀疑乐毅，就派骑劫代替乐毅做大将。乐毅便逃到赵国去，赵国封他做望诸君。后来齐将田单用计诈骗骑劫，结果大败燕军，又收复七十多座城池，光复了齐国。

燕惠王感到后悔，怕赵国重用乐毅，乘着燕国被齐国打败了的机会来攻打燕国。燕王就派人去责备乐毅，并向他道歉说："先王把整个国家都托付给将军，将军为燕国攻破齐国，报了先王的仇，天下没有谁不震动，我哪敢一天忘记将军的大功呢？正碰上先王抛下重臣与世长辞，我刚刚即位，左右的人骗了我，我叫骑劫代替将军，是考虑到将军长期风餐露宿在外，所以召回将军，暂且休息一下并共同商议国事，将军误会了我，因而同我有了隔阂，便抛弃燕王而投奔赵国。将军为自己考虑是可以的，可是怎样来报答先王知遇将军的恩情呢？"

望诸君乐毅就派人送信回答燕王说："我没有才智，不能够承受先王遗留下来的教诲，顺从您的心意，以致损伤先王知人善任的英明，又使您落个不义的名声，因此逃奔到赵国。自己宁愿背着不贤的罪名，不敢为自己辩解。如今大王派使者来数说我的罪过，我怕你不了解先王为什么要厚待宠信我的道理，而且又不明白我奉事先王的一片忠心，因此大胆地写下这封信来回答您。

"我听说贤圣的君主，不拿俸禄私自给他的亲信，功劳多的才授给他；不拿官职随意赐给他偏爱的人，能够胜任的才使用他。因此审察谁有才能就授给谁官职的，是能够成就功业的君主；衡量谁品行好就和谁结交的，是能够成就名声的人。我凭所学到的知识来看，先王的举士措施高出当今一般人的见解，因此我向魏王借用出使的符节，得以亲自来到燕国考察。先王过分抬举，把我从宾客中提拔上来，安置我的职位高于许多臣子，没有和父老兄弟商量，便叫我做了燕国的亚卿。我自以为只要奉行先王的命令，接受先王的教诲，便可以侥幸免除罪过了，因此接受了任命，没有推辞。

"先王命令我说：'我有积累了几代的冤仇，对齐国深为痛恨，因此不估量自己国小力弱，想把报复齐国作为首要大事。'我回答说：'那齐国，还保持称霸的遗业，而且有屡屡打胜仗的经验，熟习军事，惯于作战。大王如果要出兵伐齐，那就必须联合天下的力量来对付它。联合天下的力量来对付它，没有比联络赵国更直接的了。况且淮北、宋地，是楚国、魏国都希望得到的地方。赵国如果答应结约，楚、赵、魏都能尽力，四个国家攻打齐国，就可以大破齐国。'先王说'好。'我便接受先王的亲口命令，拿着符节，出使赵国，不久就赶快回来复命，接着跟随先王起兵伐齐，凭借上天的佑助，先王的威灵，河北的地利，跟随先王一下子占有了齐国的济上。来到济上的燕军，奉令进攻齐军，取得巨大胜利。轻装的精锐部队长驱直入，一直攻到齐国国都，齐王逃到莒城，仅仅保住了性命。齐国的珠玉、财宝、战车胄甲，珍贵器物全被收缴到燕国：大吕钟摆在元英殿前；被齐夺走的燕鼎又回到燕国，放在历室；齐国的贵重器物陈列在宁台殿；而燕都蓟的竹木种植在齐国汶水的竹田里。自春秋五霸以来，功劳没有谁比得上先王的。先王感到如愿以偿，认为我没有辜负使命，所以割地封我，使我能够和小国诸侯相比。我没有才能，自认为只要奉行先王的命令，接受先王的教诲，便可以侥幸免除罪过了，因此接受任命，没有推辞。

"我听说贤明的君主，功业建立起来了就不会废弃，所以能加载史册；有预见的贤士，名声成就了就不会毁坏，所以被后世称道。先王的报仇雪耻，削平了拥有万辆兵车的强国，收取齐国八百年蓄积的珍宝，待到抛下重臣逝世之日，给子孙留下遗诏，意义深远。因此，执政任事的大臣能够遵循法令，预防庶出的儿子争夺王位，把好处施给全国百姓，先王的这些遗教都是可以教育后代的啊！

"我听说善于开创事业的人不一定善于守成，有个好开头的不一定有个好结果。从前，伍子胥的主张被吴王阖闾采纳接受，所以吴王阖闾能够远征到楚国的都城郢。吴王夫差却不是这样，还把伍子胥的尸体装在皮口袋里抛入大江。吴王夫差不明白伍子胥的预见能够实现，因而把伍子胥的尸体沉到江中也不后悔。伍子胥没有及早认识到阖闾和夫差两个君主的胸怀度量不同，因而到死没有改变态度。

"避免自己一死，保全伐齐的功劳，以显示先王的业绩，这是我的上策；遭受诽谤责难，败坏先王知人善用的好名声，这是我最大的恐惧；面临不可预测的大罪，却想侥幸助赵伐燕来谋取私利，在道义上我是不敢这样做的。

"我听说古代的君子，与人绝交后不说人家的坏话；忠臣离开朝廷的时候，也不毁谤君主来洗刷自己的名声。我虽然没有才智，却多次从贤人君子那里受到教诲，恐怕您听信左右亲近的人的话，不能考察我这个被疏远的人的行为，因此冒昧写下这封信回答您，希望大王用心考察一下吧！”

【评析】

文章起笔极简要地交代了背景，然后记述了燕惠王文过饰非的"谢"。正是这一饰非之举使乐毅明白不可被用，遂写下此篇报燕王书。从礼制上说，臣指责君的过失是害礼，乐毅先以此答燕惠王，以为己辩，随即回顾往事，委婉含蓄地表达了他未负于燕，但鉴于往事，又不可留在燕国。通读全文可以看出：乐毅对燕昭王、燕惠王两主前后心胸、度量之不同的明察。正因为如此，乐毅拒绝了燕惠王请他返燕的要求，以免重蹈伍子胥"不早见主之不同量，故入江不改"的覆辙。由此而显示出乐毅的精明和练达。而乐毅之所谓"臣闻古之君子，交绝不出恶声"，也表现了乐毅身在他国也绝不加害于燕国的君子风范。同时这么做也保全了燕昭王和燕惠王的名声。

乐毅此书，语气婉转，语意恳切真挚，忧愤在于心而不露，堪为传诵千古的书信名篇。

十一 卜居《楚辞》

【原文】

屈原既放①，三年不得复见。竭智尽忠，而蔽障②于谗，心烦虑乱，不知所从。乃往见太卜郑詹尹曰："余有所疑，愿因③先生决之。"詹尹乃端策拂龟④曰："君将何以教之？"

【注释】

①放：放逐。

②蔽障：遮蔽、阻挠。

③因：凭借。

④端策：数计蓍草。拂龟：拂去龟甲上的灰尘。

【译文】

屈原被放逐后，已经三年没能见到楚怀王。他竭尽心智报效国家，却遭受谗言谤语，被楚怀王疏远隔绝。他心烦意乱，不知如何是好。于是去见太卜郑詹尹，说："我心中有些疑惑，希望通过先生您的占卜帮助我决定。"郑詹尹连忙摆正蓍草、拂去龟甲上的灰尘，问道："先生有何见教？"

【原文】

屈原曰："吾宁悃悃款款①，朴以忠乎，将送往劳来②，斯无穷乎？宁诛锄草茅以力耕乎，将游大人以成名乎？宁正言不讳以危身乎，将从俗富贵以偷生乎？宁超然高举以保真乎，将呢訾③栗斯④、喔咿嚅唲⑤以事妇人乎？宁廉洁正直以自清乎，将突梯⑥滑稽、如脂如韦，以絜楹乎？宁昂昂若千里之驹乎，将氾氾若水中之凫⑦乎，与波上下，偷以全吾躯乎？宁与骐骥亢轭⑧乎、将随驽马之迹乎？宁与黄鹄比翼乎，将与鸡鹜争食乎？此孰吉孰凶，何去何从？世溷浊⑨而不清，蝉翼为重，千钧为轻；黄钟毁弃，瓦釜⑩雷鸣；谗人高张，贤士无名。吁嗟默默兮，谁知吾之廉贞？"

【注释】

①悃悃（kǔn）款款：诚实忠信的样子。

②送往劳来：随处周旋，巧于应酬。

③呢訾（zú zǐ）：以言献媚，阿谀奉承的样子。

④栗斯：小心求媚的样子。栗，恭谨，恭敬。

⑤喔咿嚅唲（ní）：强颜欢笑的样子。

⑥突梯：圆滑的样子。

⑦凫（fú）：野鸭子。

⑧亢轭（kàn gè）：并驾而行。亢，同"伉"，并也。轭：车辕前端的横木。

⑨溷（hùn）浊：肮脏、污浊。

⑩瓦釜：陶制的锅。此处指鄙俗音乐。

【译文】

屈原说："我是应该诚意朴实、忠心耿耿呢，还是迎来送往、巧于逢迎，以免陷于困境呢？是应该垦荒锄草，勤劳耕作，还是交游权贵而沽名钓誉呢？是应该毫无隐讳地直言为自己招祸，还是顺从世俗、贪图富贵而苟且偷生呢？是应该超然脱俗，保持正直操守，还是阿谀逢迎、强颜欢笑以侍奉楚怀王的宠妾呢？是应该廉洁正直、洁身自好，还是迎合世俗、趋炎附势呢？是应该像日行千里的骏马那样奔驰，还是像浮游水面的野鸭子那样随波逐流、保全性命呢？是应该与良马并驾齐驱，还是追随那劣马的踪迹呢？是应该与天鹅比翼高飞，还是与鸡鸭一起在地上争食呢？所有这些，究竟哪个是吉，哪个是凶呢？我应该何去何从呢？现在的世道混浊不清，认为蝉翼是重的，千钧是轻的；贵重的黄钟竟然被毁弃，劣质的瓦釜陶罐却发出雷鸣般的声响；谗佞小人嚣张跋扈，贤明之士却默默无闻。唉，还是沉默吧，有谁能知我的廉洁忠贞呢？"

【原文】

詹尹乃释策而谢①曰："夫尺有所短，寸有所长，物有所不足，智有所不明，数②有所不逮③，神有所不通。用君之心，行君之意。龟策诚不能知此事。"

【注释】

①谢：辞谢，拒绝。

②数：此处指占卜。

③逮：及，到。

【译文】

于是，郑詹尹放下手中的蓍草向屈原推辞说："尺有所短，寸有所长，世间万物总会有不完善的地方，就算是有智慧的人也会有糊涂的时候，占卜也未必事事都能预料得到，天神也有不通的地方。就请您按照你的心意，实行您的主张吧，龟甲和蓍草实在无法预知这些事情。"

【评析】

寓诗人的选择倾向于褒贬分明的形象描摹之中，而以两疑之问发之，是《卜居》抒泻情感的最为奇崛和独特之处。正因为如此，此文所展示的屈原心灵，就并非是他对人生道路、处世哲学上的真正疑惑，而恰是他在世道混浊、是非颠倒中，志士风骨之铮铮挺峙。《卜居》所展示的人生道路的严峻选择，不只屈原面对过，后世的无数志士仁人千年来都曾面对过。即使在今天，这样的选择虽然随时代的变化而改换了内容，但它所体现的不坠时俗、不沉于物欲的伟大精神，却历久而弥新，依然富于鼓舞和感染力量。从这个意义上说，读一读《卜居》无疑会有很大的人生启迪：它将引导人们摆脱卑琐和庸俗，而气宇轩昂地走向人生的壮奇和崇高。

十二 宋玉对楚王问《楚辞》

【原文】

楚襄王问于宋玉^①曰："先生其有遗行^②与？何士民众庶不誉之甚也？"

宋玉对曰："唯，然，有之。愿大王宽其罪，使得毕其辞。

"客有歌于郢中者。其始曰《下里》《巴人》，国中属而和者数千人。其为《阳阿》《薤露》，国中属而和者数百人。其为《阳春》《白雪》，国中属而和者不过数十人。引商刻羽^③，杂以流徵^④，国中属而和者，不过数人而已。是其曲弥高，其和弥^⑤寡。

"故鸟有凤而鱼有鲲。凤凰上击九千里，绝云霓，负苍天^⑥，足乱浮云，翱翔乎杳冥^⑦之上。夫藩篱之鷃，岂能与之料天地之高哉？鲲鱼朝发昆仑之墟，暴鬐于碣石，暮宿于孟诸。夫尺泽之鲵，岂能与之量江海之大哉？

"故非独鸟有凤而鱼有鲲也，士亦有之，夫圣人瑰意琦行^⑧，超然独处，世俗之民又安知臣之所为哉？"

【注释】

①宋玉：战国后期楚国著名辞赋家，屈原后出生，和唐勒、景差同时。他是屈原的学生，曾为顷襄王小臣。

②遗行：不对的行为。誉：称赞。

③《下里》《巴人》：楚国通俗的民间歌曲。《阳阿》《薤露》：楚国较为高雅的歌曲名。《阳春》《白雪》：楚国高雅的歌曲名。引商刻羽：古代以宫、商、角、徵、羽为五音，也称五声。其中商声轻劲敏疾，羽声低平掩映，所以引高其声而为商音，减低其声而为羽音，刻：削、减。

④流徵：流动的徵音，其声抑扬连续。

⑤弥：越。

⑥绝：超越。负：背着。

⑦杳冥：指极高极远看不清的地方。

⑧瑰意琦行：宏大的志向，美好的行为。

【译文】

楚襄王问宋玉说："先生也有不检点的行为吧？为什么那么多人都对你有极大的不满情绪呢？"

宋玉回答说："嗯，是的，有这种情况。希望你能宽恕我的过错，让我把话说完。

"在都城中有一个唱歌的外地人，他开始时唱《下里》《巴人》这首歌，城中能和他接唱应和的有几千人；当他唱《阳阿》《薤露》时，能和他接唱应和的还有几百人；当他唱《阳春》《白雪》时，能和他接唱应和的就只有几十个人了。当他一会儿高唱商声，一会儿低唱羽声，又夹杂着流动的徵音时，全城中能和他接唱应和的只剩下几个人了。这样看来，曲调越高雅，能够应和的人就越少。

"所以鸟中有凤凰，鱼中有鲲鱼。凤凰向上飞了九千里，超越了云霞，背负苍天，脚搅乱浮云，在那遥远幽深的天空中自由地飞翔；那种生活在篱笆杂草间的鸟，又怎能和凤凰一起估算天地的高大呢！鲲鱼早上从昆仑山下出发，白天在碣石晒脊背，傍晚在孟诸过夜；那尺把深的泥坑中的小鱼，又怎能和鲲鱼衡量长江大海的深广呢？

"因此不只是鸟类中有凤凰而鱼类中有鲲鱼，士人当中也有杰出的人才。圣人的伟大志向和美好操行，超出常人而独自存在，一般的人又怎能知道我的所作所为呢？"

【评析】

这是宋玉和楚王的一段精彩的对话。文中楚王向宋玉提出质疑，宋玉为了辩驳楚王的诘责，却从音乐谈起，指出曲高和寡这一现象。接着通过凤与鱼、鲲与鲵的鲜明对比，说明俗人是无法理解圣人的。通过宋玉巧妙的回答正表现了自己超出流俗和现实之上的卓尔不群的品格。文中的回答既描写了宋玉的清高，同时还表现了他不被现实所容的失志之感。这也就是人们通常所说的"高处不胜寒"。

这篇文章委婉含蓄，形象瑰奇，手法夸张，文辞华美，确是辞赋中的精品。

卷五 汉文

一 秦楚之际月表《史记》

【原文】

太史公读秦楚之际^①，曰：初作难^②，发于陈涉；虐戾^③灭秦，自项氏；拨乱诛暴，平定海内^④，卒践^⑤帝祚，成于汉家。五年之间，号令三嬗^⑥，自生民以来，未始有受命若斯之亟^⑦也。

【注释】

①秦楚之际：指记录秦楚之事的史书。

②作难：即发难，起兵。

③虐戾：形容词做状语，用狂虐暴戾的方法。

④海内：天下。

⑤践：登上。

⑥嬗：同"禅"，更改。

⑦亟：快，迅速。

【译文】

太史公读秦楚时代的史书，就说：率先发难反秦的是陈胜；要用虐戾的手段来灭亡秦朝的，是项羽；清除混乱，诛灭凶暴，平定天下，最终得到帝业，成功于天下的是汉家。五年的时间，号令改了三次，自有了生民到现在，帝王接受天命从没有像这样急促过！

【原文】

昔虞①、夏之兴，积善累功数十年，德洽百姓，摄行政事，考之于天，然后在位。汤、武②之王，乃由契、后稷③，修仁行义十余世，不期④而会孟津⑤八百诸侯，犹以为未可。其后乃放弑。秦起襄公⑥，章于文、穆，献、孝⑦之后，稍以蚕食⑧六国。百有余载，至始皇乃能并冠带之伦⑨。以德若彼，用力如此，盖一统若斯之难也。

【注释】

①虞：传说中的远古部落名，即有虞氏，居于蒲坂（今山西永济西），舜是有虞氏首领。

②汤：名履，商朝开国君主。武：周朝开国武王，姓姬名发，周文王之子。

③契：商朝始祖，传十四代到商汤，灭夏桀。后稷：周朝始祖，传十五代到周武王，灭商纣。

④不期：没有约定日期，指不约而同。

⑤孟津：在今河南孟津，相传武王伐纣与诸侯会于此地。

⑥襄公：名已失传，春秋秦国开国君主，护送周平王东迁有功，封为诸侯。

⑦文：秦文公，名已失传，襄公之子，秦文公击退犬戎异族，占领岐山以西。穆：即秦穆公，名任好，春秋五霸之一。献：秦献公，名师隰。孝：秦孝公，名渠梁。

⑧蚕食：像蚕吞食桑叶一样，一点一点地侵略。

⑨冠带之伦：指头戴冠、腰束带的人。这里指六国诸侯。

【译文】

过去虞、夏的兴起，积累了几十年的善事功德，恩泽惠及百姓，代理执行政事，接受上天的考验，才正式即位。汤、武成就的王业，是从他们的祖先契和后稷修仁行义了十几代，不约而同地与八百诸侯相会于孟津的地方，他还以为未可，直到后来，方才放了桀，杀了纣。秦国在襄公时候兴起，在文公、穆公的时候名声才大起来，到了献公、孝公以后，逐渐拿蚕食桑叶的办法侵占六国的土地。又过了一百年多年，到了始皇，方才能够吞并诸侯。用德如虞、夏、商、周，用力如秦，原来统一天下是不容易的啊！

【原文】

秦既①称帝，患②兵革不休，以有诸侯也，于是无尺土之封，堕③坏名城，销锋镝④，锄⑤豪杰，维万世之安。然王迹之兴，起于闾巷⑥，合从讨伐，轶于三代，乡⑦秦之禁，适足以资贤者为驱除难耳。故愤发其所为天下雄，安在无土不王？此乃传之所谓大圣乎？岂非天哉？岂非天哉？非大圣孰能当此受命而帝者乎？

【注释】

①既：……以后。

②患：担心。

③堕：形容词做动词，拆塌。

④镝：箭头。

⑤锄：铲除、杀戮。

⑥闾巷：小的街道，借指民间。古代二十五家为一闾。

⑦乡：同"向"，过去。

【译文】

秦始皇称帝以后，担心战事不休，是因有了诸侯的缘故，于是就把诸侯的封地废掉，拆塌了有名的城池，融化了锋利的箭头，杀戮了英雄豪杰，期望为此万代的安逸。哪知新的帝王的兴起，偏偏在闾巷里头，他联合了天下的英雄豪杰，讨伐暴虐的秦朝，却远胜过夏、商、周三代。从前秦朝的禁令，正好是替贤人排忧解难的资助啊。所以高祖发愤而起，做了天下的豪杰，哪里还说没有封地便不能称王呢？这就是古书上所说的大圣罢？难道不是天意吗？难道不是天意吗？假使不是大圣，谁能在这豪杰并力攻秦的时候，受命于天，做了帝王呢？

【评析】

《秦楚之际月表》，是司马迁《史记》中的一表。"表"是司马迁在《史记》中创立的一种史书体例，是以表格的形式表现某一时期的史事、人物的。秦楚之际是指秦二世在位时期和项羽统治时期。时间虽短，但事件变化多端，所以按月来记述，称为"月表"。本文是司马迁在《秦楚之际月表》前面所写的序言。这篇序言概括了秦楚之际政治形势的特点：即陈涉发难、项羽灭秦、刘邦称帝，而这些又都是在短促的时间内发生的。文章回顾了历史上一些帝王统一天下的艰难历程，分析了秦楚之际"号令三嬗"，而汉高祖终于称帝的原因，结论有独到之处。

二 外戚世家序《史记》

【原文】

自古受命帝王及继体守文①之君，非独内德茂也，盖亦有外戚之助焉。夏之兴也以涂山②，而桀之放也以妹喜③。殷之兴也以有娀④，纣之杀也嬖妲己⑤。周之兴也以姜原及大任⑥，而幽王之禽也淫于褒姒⑦。故《易》基《乾》《坤》，《诗》始《关雎》，《书》美釐⑧降，《春秋》讥不亲迎⑨。夫妇之际，人道之大伦也。礼之用，唯婚姻为兢兢。夫乐调而四时和。阴阳之变，万物之统也，可不慎与？人能弘道，无如命何。甚哉，妃匹之爱，君不能得之于臣，父不能得之于子，况卑下乎？既合矣，或不能成子姓，能成子姓矣，或不能要其终，岂非命也哉？孔子罕称命，盖难言之也。非通幽明之变，恶能识乎性命哉？

【注释】

①守文：遵守现有的法律。

②涂山：即涂山氏。相传禹娶涂山氏之女而生启，禹死，启立，而定君位世袭之制。

③妹喜：相传夏桀伐有施氏得女妹喜，十分宠爱，言听计从，商汤因此讨伐夏桀，夏灭亡。

④有娀：即有戎氏，相传有戎氏女简狄，生殷始祖契。

⑤妲己：商朝纣王得苏氏女妲己，宠之听之，务暴虐之事，周武王伐而灭之。

⑥姜原：相传为帝喾妃子，为有邰氏女，生周始祖后稷。大任：文王之父王季的妃子，生文王。

⑦幽王之禽也淫于褒姒：幽王，名宫涅，西周之末代王，褒国献美女褒姒，幽王爱之，废申后和太子宜臼，立褒姒为王后，褒姒子伯服为太子，申后之父申侯联络犬戎异族等攻幽王，杀之，立宜臼为王，是为东周平王。平王迁都于洛，周朝由是转衰。

⑧釐（lí）：料理。

⑨亲迎：指新郎亲迎新妇，是古代娶妻的一种仪式。

【译文】

　　自古以来，受天命、创基业的帝王和那些继续先帝法度的君主，不仅是因为他们自身德行修明，还因为他们有外戚的帮助。夏朝的兴盛，因为娶了涂山氏的女儿；但夏桀的放逐，是因为宠幸了有施氏的妹喜。殷朝的兴盛，是因为娶了有㜪国的女儿；但纣王送了性命，是因为宠幸了苏氏的妲己。周朝的兴盛，因为娶了有邰氏的女儿姜原和大任；可是幽王的被擒是因为荒淫于褒国的女儿褒姒。所以《易》的始基是《乾》《坤》二卦，《诗》的起头是《关雎》一章；《尚书》称赞尧的二女下嫁，《春秋》讥讽娶不亲迎。夫妇的交际，是人道中间最大的伦常。礼的实行，只有婚姻在问题上特别慎重。要知道音乐协调，然后四时和顺。阴阳的变化是万物的统系，怎可以不谨慎呢？人纵然能扩大了道义，可是对于天命，实在没有方法可想的。夫妻之前的爱是非常重要的，君王不能在他臣子身上得到这种爱，父亲不能在儿子身上得到这种爱；又何况处于卑下低位的人呢？夫妻合欢之后，也许还不能孕育子孙，就算能够孕育子孙了，也许也不能白头偕老，这难道不是天命吗？孔子很少谈命理，或许就是因为他很难讲明白吧。不是通晓阴阳变化，怎能知道人性与天命的道理呢？

【评析】

　　本文是《史记·外戚世家》的序。《史记》中的外戚指帝王的后妃及其亲族。作者陈述三代的得失，论证后妃对国家治乱的影响。汉代自惠帝时起，后妃、外戚专权反复造成祸乱，因此作者本文是有所指的。但行文吞吞吐吐，大概有不便明言的苦衷。

三 伯夷列传《史记》

【原文】

　　夫学者载籍极博，犹考信于六艺。《诗》《书》虽缺①，然虞、夏之文②可知也。尧将逊位，让于虞舜，舜、禹之间，岳牧③咸荐，乃试之于位，典职数十年，功用既兴，然后授政，示天下重器。王者大统，传天下若斯之难也。而说者曰：尧让天下于许由④，许由不受，耻之逃隐，及夏之时，有卞随、务光⑤者。此何以称焉？太史公⑥曰：余登箕山，其上盖有许由冢云。孔子序列古之仁圣贤人，如吴太伯⑦、伯夷之伦详矣。余以所闻由、光义至高，其文辞不少概见，何哉？

【注释】

①《诗》《书》虽缺：秦始皇焚书坑儒，《诗经》《尚书》多有残缺。

②虞、夏之文：指《尚书》中的《尧典》《舜典》，言禅让之事。

③岳：指四岳，旧籍以分掌四方诸侯之事的大臣为四岳。牧：指九牧，九州的长官。

④许由：相传为尧时隐士，字武仲，颍川人。尧欲让天下于许由，许由推辞，逃跑隐于箕山（今河南登封南）。

⑤卞随、务光：相传此二人均为夏时隐士，汤放逐夏桀后先后让天下于此二人，卞随不受，自投稠水；务光负石自投于卢水。

⑥太史公：此处指司马迁之父。

⑦吴太伯：周太王长子，因让位于其弟季历，而逃至勾吴（为吴国始祖），孔子称其至德。

【译文】

有学问的人尽管阅览过广博的书籍，但很多材料，依然要到六艺上考证。《诗》《书》虽有缺失，但是记载虞、夏的文字，却是可以看到的。尧打算退位的时候，将帝位让给虞舜，舜和禹的时候，都是经四岳、九牧的推荐，就位试政，掌管政务几十年，功劳显著之后，才把帝位禅让给他们，这表示帝王的权力是天下都器重的。王者是天下的大统，所以政权的转移如此之难。但诸子百家说："尧曾把天下让给许由，许由不肯收受，反倒以为这是很羞耻的事情，逃去山中隐居起来，夏朝时，也有两个不肯接受禅让的人，即卞随和务光。"这些话恐怕未必真有其事。太史公道：我登箕山的时候，山上好像有许由的坟墓呢。孔子依次排列古代仁人圣贤，像那吴太伯，伯夷的一类，很详细了。就我所听过的，许由、务光两人的道义都很高，他们的文辞在诗书上却很少看见，这是为什么呢？

【原文】

孔子曰："伯夷、叔齐，不念旧恶，怨是用希①。""求仁得仁，又何怨乎②？"

【注释】

①"伯夷"三句：见《论语·公冶长》。

②"求仁"二句：见《论语·述而》。

【译文】

孔子道："伯夷、叔齐，不记旧时的仇怨，因此心中少有怨恨。"又说："他们求仁得仁，还有什么可怨恨的呢？"

【原文】

余悲伯夷之意，睹轶诗①可异焉。其传曰：伯夷、叔齐，孤竹②君之二子也。父欲立叔齐，及父卒，叔齐让伯夷。伯夷曰："父命也。"遂逃去。叔齐亦不肯立而逃之。国人③立其中子。于是伯夷、叔齐闻西伯④昌善养老，"盍往归焉！"及至，西伯卒，武王载木主⑤，号为文王，东伐纣。伯夷、叔齐叩⑥马而谏曰："父死不葬，爰及干戈，可谓孝乎？以臣弑君，可谓仁乎？"左右欲兵之，太公⑦曰："此义人也。"扶而去之。

【注释】

①轶诗：指下文《采薇》诗，因没有收入《诗经》，而故称轶诗。轶：同"佚"，亡失。

②孤竹：指孤竹国，商汤所封，故址在今河北境内。

③国人：指居住在国都的人，有一定的参与议论国事的权利。

④西伯：指西伯侯（西方诸侯之长），亦为周文王，姓姬，名昌。

⑤木主：死者的木头牌位。

⑥叩：同"扣"，拜见。

⑦太公：指姜太公，名尚，字子牙，辅佐武王伐纣。

【译文】

我悲痛伯夷的用意，瞧那遗散下来的诗文，实在有些奇怪呢。有关他们的传记上这样说：伯夷、叔齐是孤竹国君的两个儿子，他们的父亲在世的时候，想立叔齐为太子，等到父亲死了，叔齐让给伯夷，伯夷道："这是父亲的命令啊。"就逃了出去。叔齐也不肯受位，又逃了出去。国中的人就立他第二个儿子为君。这时候，伯夷、叔齐听说西伯昌能很好地奉养老人，就想去归附他。到了周地，西伯已死，武王载了神主，追称西伯为文王，东去伐纣。伯夷、叔齐叩住他的马头进谏道："父亲死了不葬，反而兴兵伐纣，这可以叫孝吗？做臣子的去弑国君，这可以算仁吗？"那时武王左右的人要将二人杀掉，太公道："他们可是义士啊！"便让人把他们扶走了。

【原文】

武王已平殷乱，天下宗周，而伯夷、叔齐耻之，义不食周粟，隐于首阳山，采薇而食之。及饿且死，作歌，其辞曰："登彼西山兮，采其薇矣。以暴易暴兮，不知其非矣。神农^①、虞、夏忽焉没兮，我安适归矣？于^②嗟徂^③兮，命之衰矣！遂饿死于首阳山。"由此观之，怨邪^④非邪？

【注释】

①神农：上古部落首领，亦为炎帝。

②于：同"吁"。

③徂：同"殂"，死去。

④邪：同"耶"，语气词。

【译文】

后来武王平定了殷乱，天下的人都来归附周室，独有伯夷、叔齐，耻于周朝的行为不正，立志不吃周朝的米粟，隐于首阳山上采些薇菜当饭吃。饿得将死的时候，作了一首歌，那歌辞道："登了西山呀，采食薇草吧！凶暴来换凶暴啊，不知道自己的错误了！神农、虞夏啊，怎么这样匆匆地去了！叫我归向何处去呢！唉！唉！唉！死期到了！命运为什么这样衰薄啊！"就此饿死在首阳山上面。这样看来，是怨呢？还是不怨呢？

【原文】

或曰："天道无亲，常与善人。"若伯夷、叔齐，可谓善人者非邪？积仁絜行如此而饿死！且七十子^①之徒，仲尼独荐颜渊^②为好学，然回也屡空，糟糠不厌，而卒蚤夭。天之报施善人，其何如哉？盗跖日杀不辜，肝人之肉，暴戾恣睢，聚党数千人，横行天下，竟以寿终，是遵何德哉？此其尤大彰明较著者也。若至近世，操行不轨，专犯忌讳，而终身逸乐，富厚累世不绝。或择地而蹈之，时然后出言，行不由径，非公正不发愤，而遇祸灾者，不可胜数也。余甚惑焉，傥所谓天道，是邪非邪？

【注释】

①七十子：指孔子弟子七十二贤，孔子弟子三千人，通六艺者七十二人，这里的七十是取其整数。

②颜渊：名回，孔子弟子。

【译文】

有人说："天道没有总是向着善人的偏私情况。"像伯夷、叔齐这类人，可不可以称为善人呢？积累仁义，洁修德行，这样的人竟会饿死！孔子有七十个弟子，他单单称颜渊好学；但是颜渊常常生活匮乏，连糟糠都吃不饱，因而早早夭死。上天对善人，竟是这样的吗？盗跖天天杀死无辜之人，炙人肉，凶狠残暴，聚集党徒几千人，横行天下，后来竟终其天年，他是依据什么德行呢？这是格外彰显的事例啊。至于到了近代，那品行不端正、专犯忌讳的人，却是一生安逸快乐，富贵殷厚，隔了几代不断。有的人循规蹈矩，看准时机再讲话，走路不走小路，不是公正的事情不肯去做，但是这种人偏要受着祸患灾难的，实在多如牛毛。我真的很疑惑：也许这就是上天的道理，究竟是不是呢？

【原文】

子曰："道①不同，不相为谋。"亦各从其志也。故曰："富贵如可求，虽②执鞭之士，吾亦为之。如不可求，从吾所好。""岁寒，然后知松柏之后凋。"举世混浊，清士乃见③。岂以其重若彼，其轻若此哉？

【注释】

①道：奉行的道义。

②虽：即使。

③见：同"现"，显现。

【译文】

孔子说："主张不同的人，不能一起谋事。"也就是说，各从其志罢了。所以又说："富贵如果可以求得到，那就算叫我做执鞭的仆人，我也愿意做。如果不可以求得到，便依我所喜欢的去做。""天气寒了，才知道松柏是最后凋落的。"世上的人都浑浊了，清高的士子方才显露。难道是因为他们将道德看得那么重，却把富贵看得那么轻吗？

【原文】

"君子疾①没世②而名不称③焉。"贾子④曰："贪夫徇⑤财，烈士徇名，夸者死权，众庶冯⑥生。"同明相照，同类相求。"云从龙，风从虎。圣人作而万物睹。"伯夷、叔齐虽贤，得夫子而名益彰⑦；颜渊虽笃学，附骥尾⑧而行益显。岩穴之士，趋⑨舍有时，若此类名埋灭而不称，悲夫！闾巷之人，欲砥行立名者，非附青云之士，恶⑩能施于后世哉！

【注释】

①疾：痛恨。

②没世：去世。

③称：称颂。

④贾子：即贾谊，西汉文帝时人，引文见其《鸟赋》。

⑤徇：同"殉"，为……而死。

⑥冯：依仗。

⑦彰：表现。

⑧附骥尾：指依附名人而成名。

⑨趋：所趋向的，所追求的。

⑩恶（wū）：何。

【译文】

"君子最怕死后名声不能扬于后世。"贾谊说道："贪财的人因为金钱而死，英烈的人为名誉而死，矜夸的人为权势而死，平常的人只知道保持自己的生命。"同是灯火自然互相照着，同是物类，自然互相应求。云跟着龙，风跟着虎，圣人出现了，万物才被人看见。想那伯夷、叔齐，虽是贤人，因为得了孔子的称扬，名誉就更加彰明；颜渊虽是好学，因为有了孔子的提携，德行就更加显著。山野的士子，行藏都相机而动。但这类人的名声却被埋没而不能扬于后世，煞是可怜！民间百姓要想砥砺行为，自立名誉的，若不是附着孔子这样的德高望重之人，怎能扬名于后世呢？

【评析】

《伯夷列传》是伯夷和叔齐的合传，冠《史记》列传之首。在这篇列传中，作者以"考信于六艺，折衷于孔子"的史料处理原则，于大量论赞之中，夹叙了伯夷、叔齐的简短事迹。他们先是拒绝接受王位，让国出逃。武王伐纣的时候，又以仁义叩马而谏。等到天下宗周之后，又耻食周粟，采薇而食，作歌明志，于是饿死在首阳山上。作者极力颂扬他们积仁洁行、清风高节的崇高品格，抒发了作者的诸多感慨。

四 屈原列传《史记》

【原文】

屈原者，名平，楚之同姓①也。为楚怀王②左徒③。博闻强志④，明于治乱，娴于辞令。入⑤则与王图议国事，以出号令；出则接遇宾客，应对诸侯。王甚任⑥之。上官大夫与之同列，争宠而心害⑦其能。怀王使屈原造为宪令，屈平属草稿未定，上官大夫见而欲夺之，屈平不与，因谗之曰："王使屈平为令，众莫不知，每一令出，平伐⑧其功：曰以为'非我莫能为'也。"王怒而疏屈平。

【注释】

①楚之同姓：楚王本姓芈，这之后才有屈、景、昭等氏，都是楚之同姓。

②楚怀王：楚威王之子，名熊槐。

③左徒：楚国官职名。

④志：记载。

⑤入：指在朝内，下文"出"指在朝外。

⑥任：信任。

⑦害：嫉妒。

⑧伐：夸大。

【译文】

屈原，名平，是楚王室的同姓。担任楚怀王的左徒。屈原学问十分渊博，记忆力很强，明白治乱的道理，熟悉应对的言辞。在朝廷的时候就与楚王商量国事，发号施令；在朝廷外就接待宾客，应对诸侯。怀王十分信任他。上官大夫与屈原官职同朝为官，想要得到怀王的宠信而妒忌屈原的才能。怀王派屈原编写法令，屈原写的草稿还没有完工。上官大夫见了，想强迫他修改，屈原不同意，他就趁机在怀王那里进谗言说："大王让屈原做法令，大家没有一个人不知道，每一道法令出，屈原就自己夸自己的功劳说：'除了我，谁也做不出来。'"怀王很生气，从此就疏远了屈原。

【原文】

屈平疾①王听之不聪也，谗谄之蔽明也，邪曲之害公也，方正之不容也，故忧愁幽思而作《离骚》。离骚者，犹离②忧也。夫天者，人之始也；父母者，人之本也。人穷则反③本，故劳苦倦极④，未尝不呼天也；病痛惨怛，未尝不呼父母也。屈平正道直行，竭忠尽智以事其君，谗人间之，可谓穷矣。信而见疑，忠而被谤，能无怨乎？屈平之作《离骚》，盖自怨生也。《国风》好色而不淫，《小雅》怨诽而不乱。若《离骚》者，可谓兼之矣。上称⑤帝喾，下道齐桓，中述汤、武，以刺⑥世事。明道德之广崇、治乱之条贯，靡⑦不毕见⑧。其文约，其辞微，其志洁，其行廉。其称文小而其指极大，举类迩⑨而见义远。其志洁，故其称物芳；其行廉，故死而不容。自疏濯淖污泥之中，蝉蜕于浊秽，以浮游尘埃之外，不获世之滋⑩垢，皭然泥而不滓者也。推此志也，虽与日月争光可也。

【注释】

①疾：怨恨，埋怨。

②离：同"罹"，遭受。

③反：同"返"，回返。

④极：困惫。

⑤称：称赞，下文"道"也有称赞之意。

⑥刺：讥讽。

⑦靡：没有，全。

⑧见：同"现"，显现。

⑨迩：近，浅近。

⑩滋：同"兹"，黑。

【译文】

　　屈原怨怀王耳朵太软，被谄媚者遮蔽了贤明，邪恶的小人妨害了公事，方正的人不能被容纳，所以忧愁郁闷作了《离骚》。"离骚"的解释，犹如遭逢的都是忧患。那苍天啊，是人类的起源；父母呢，是人类的根本。人在穷困之时便想回到根本，所以到了疲劳困倦的时候，没有不叫天的；到了病痛缠身的时候，没有不叫父母的。屈原正直正义，竭尽忠心智力侍奉国君，竟被奸人诽谤，命运可以算是穷厄了。有信用的人，却遭了怀疑；忠诚的人，却遭到了毁谤，怎能没有埋怨呢？屈原写的《离骚》大概是从怨恨的心里发出来的。《国风》的诗好色却不淫荡，《小雅》的诗怨恨诽谤却不过分。想那《离骚》可算兼而有之了。书中的记载，上面称赞帝喾，下面称道齐桓公，中间说汤、武的事，用来讥讽世事。彰明道德的广博崇高，治乱得失的条理系统，没有不真相毕露的。他的文章简约，辞令微妙，志向高洁，行为清廉。他的文章虽然短小，用意却很大。他的比喻虽然浅近，但意义却十分深远。因为他的志向高洁，所以常常称引物类芳菲；因为他的行动清廉，所以到死都不肯苟且取容。在淤泥的中间，能够像蝉蜕壳一样，不着一丝污秽，因而浮在尘世的外面不受俗世的污染，清清白白，一尘不染。将这样的志向推广开来，即使是和日月争光，也未尝不可啊！

【原文】

　　屈原既绌①，其后秦欲伐齐，齐与楚从②亲，惠王③患④之，乃令张仪详⑤去⑥秦，厚币委质⑦事楚，曰："秦甚憎齐，齐与楚从亲，楚诚能绝齐，秦愿献商、於之地六百里。"楚怀王贪而信张仪，遂绝齐，使使⑧如⑨秦受地。张仪诈之曰："仪与王约六里，不闻六百里。"楚使怒去，归告怀王。怀王怒，大兴师伐秦。秦发兵击之，大破楚师于丹、淅，斩首八万，虏楚将屈匄，遂取楚之汉中地。怀王乃悉发国中兵，以深入击秦，战于蓝田。魏闻之，袭楚至邓。楚兵惧，自秦归。而齐竟怒不救楚，楚大困。

【注释】

①绌：同"黜"，被罢官。

②从：同"纵"，指联合抗秦。

③惠王：指秦惠王，名驷。

④患：以……为患，担心。

⑤详：同"佯"，假装。

⑥去：离开。

⑦质：同"贽"，礼物。

⑧使使：派遣使者，前一个"使"为动词，派遣；后一个"使"为名词，使者。

⑨如：到达。

【译文】

屈原被罢官以后，秦国想要讨伐齐国，齐和楚合纵结亲。秦惠王很是担心，就令张仪假装离开秦国，拿了很多贵重的财物委身楚国作抵押，张仪对怀王说："秦王很恨齐国，但是齐和楚合纵结亲，不敢攻伐；如果楚国能和齐国绝交，秦国愿意献商、於的六百里地方。"楚怀王起了贪心，信了张仪的话，就和齐国绝交。怀王派遣使者去接受秦国许诺的土地，张仪假装不知道，说道："张仪和楚王约定的是六里，不是六百里。"楚国使者愤怒离去，回到楚国告诉怀王，怀王大怒，举大军讨伐秦国。秦国发兵攻击他，在丹、浙大败楚国军队，杀了八万楚军，俘虏了楚国将军屈匄，取得了楚国汉中的地方。楚怀王举国之兵深入攻击秦国，两军在蓝田交战。魏国听到了，偷偷地打到楚国的邓地。楚兵恐惧，从秦国撤回，而齐国怨恨楚国和自己绝交，不去救楚国，楚国从此陷入了困境。

【原文】

明年①，秦割汉中地与②楚以和。楚王曰："不愿得地，愿得张仪而甘心焉。"张仪闻，乃曰："以一仪而当汉中地，臣请往如楚。"如楚，又因厚币用事者臣靳尚，而设诡辩于怀王之宠姬郑袖。怀王竟听郑袖，复释去张仪。是时屈原既疏，不复在位，使于齐，顾反③，谏怀王曰："何不杀张仪？"怀王悔，追张仪不及。其后诸侯共击楚④，大破之，杀其将唐昧。

【注释】

①明年：指第二年。

②与：给予。

③顾反：即还返，回来。

④诸侯共击楚：指公元前301年，秦、韩、齐、魏共同进攻楚国。

【译文】

第二年，秦国割让汉中的土地来与楚国讲和。楚王说："我不要汉中土地，得到张仪才甘心。"张仪知道后，就说："凭借我一个张仪就抵得上整个汉中，臣自愿到楚国去。"张仪到了楚国，用大量金钱结交宠臣靳尚，并在怀王宠姬郑袖面前做了诡辩。怀王听从了郑袖的话，放了张仪。当时屈原已经被楚怀王疏远，出使在齐国。从齐国出使回来以后，屈原谏楚王道："为什么不杀掉张仪？"楚王方才懊悔，马上派人去追张仪，没有追到。这之后，各路诸侯共同讨伐楚国，大败楚国，杀了楚将唐昧。

【原文】

时秦昭王①与楚婚②，欲与怀王会。怀王欲行，屈平曰："秦，虎狼之国，不可信，不如无③行。"怀王稚子子兰劝王行："奈何绝秦欢？"怀王卒行。入武关④，秦伏兵绝其后，因⑤留怀王，以求割地。怀王怒，不听。亡⑥走赵，赵不内⑦。复之⑧秦，竟死于秦而归葬。

【注释】

①秦昭王：指秦昭襄王，名则。

②婚：两家联姻。

③无：同"勿"，不要。

④武关：古晋楚、秦楚国界出入检查处，位于陕西丹凤东武关河北岸。

⑤因：趁机。

⑥亡：逃跑。

⑦内：同"纳"，使……进入。

⑧之：到。

【译文】

　　当时秦昭王和楚国通婚，想要和楚王见面。怀王想去，屈原说："秦国是虎狼一样的国家，不可轻信，不如不去。"怀王的幼子子兰劝楚王去，说："为什么要断绝和秦国的良好关系呢？"怀王最终还是去了。进了武关，秦国的伏兵断了楚王的后路，趁机留住怀王来让楚国割地交换。怀王十分生气，没有答应他的要求。怀王逃到了赵国，赵国却不肯收留。怀王只得又逃到秦国，最终死于秦国，秦国便把怀王的棺材送回楚国下葬。

【原文】

　　长子顷襄王①立，以其弟子兰为令尹。楚人既咎子兰以劝怀王入秦而不反也。屈平既嫉之，虽放流，眷顾楚国，系心怀王，不忘欲反②。冀③幸君之一悟，俗之一改也。其存君兴国，而欲反覆之，一篇之中，三致意焉。然终无可奈何，故不可以反，卒以此见怀王之终不悟也。

【注释】

　　①顷襄王：楚怀王长子，名横。

　　②反：同"返"，返回。下文中"不可以反"中的"反"，亦为返回之意。

　　③冀：希望。

【译文】

　　怀王长子顷襄王继位，任命他的弟弟子兰做了令尹。楚国百姓都怨恨子兰，因他劝怀王入秦，怀王却没有活着回来。屈原也很怨恨子兰，即使遭到放逐流亡，仍旧心系楚国，心系怀王，一天也没有忘却重回都城。他始终抱着国君能醒悟、政局能改变的期望。他在《离骚》一篇中再三表达了心系君王、复兴国家的心思！然而终究无可奈何，他不能再重回都城，也由此看出怀王始终没有醒悟啊！

【原文】

　　人君无愚智、贤不肖，莫不欲求忠以自为，举①贤以自佐，然亡国破家相随属②，而圣君治国累世而不见者，其所谓忠者不忠，而所谓贤者不贤也。怀王以③不知忠臣之分，故内惑于郑袖，外欺于张仪，疏屈平而信上官大夫、令尹子兰。兵挫地削，亡④其六郡，身客死于秦，为天下笑。此不知人之祸也。《易》曰："井渫不食，为我心恻，可以汲。王明，并受其福。"王之不明，岂足福哉？

【注释】

①举：推荐，推举。

②属：相连。

③以：介词，因为。

④亡：丢失。

【译文】

　　一国之君无论愚笨、聪慧、贤明、不肖，没有不想得到忠良、贤臣辅佐自己的。然而国破、家亡接连地出现，那贤君的治国却几代也没有看到，这都是君主所谓的忠臣未必忠心，所谓的贤能的人未必贤能。怀王因为不知道忠臣的区别，所以对内被郑袖惑乱，对外被张仪欺哄，疏远了屈原而听信上官大夫和令尹子兰，兵败地削，亡了六郡，自己的性命丢在秦国，被天下的人讥笑，这是他不识人的害处啊！《易经》上说，井水已经淘干净了，却没人去喝，让人心里难过，因为井水是可以取水的缘故。如果君王明白了这个道理，那天下的人都会得到福佑了，做君王的如果不贤明，怎能享受福佑呢？

【原文】

　　令尹子兰闻之大怒，卒使上官大夫短①屈原于顷襄王。顷襄王怒而迁之。屈原至于江滨，被发②行吟泽畔，颜色憔悴，形容③枯槁。渔父见而问之曰："子非三闾大夫④欤？何故而至此？"屈原曰："举世混浊而我独清，众人皆醉而我独醒，是以见放。"渔父曰："夫圣人者，不凝滞⑤于物而能与世推移。举世混浊，何不随其流而扬其波？众人皆醉，何不其糟而啜其醨？何故怀瑾握瑜⑥而自令见放为？"屈原曰："吾闻之，新沐者必弹冠，新浴者必振衣，人又谁能以身之察察，受物之汶汶者乎！宁赴常⑦流而葬乎江鱼腹中耳，又安能以皓皓之白而蒙世之温蠖乎！"乃作《怀沙》⑧之赋。

【注释】

①短：恶语中伤，诋毁。

②被发：被，同"披"。指披头散发。

③形容：指形体和面容。

④三闾大夫：掌管王族昭、屈、景三姓事务的官职。

⑤凝滞：拘泥顽固。

⑥怀瑾握瑜：指美好的品德。瑾、瑜都是美玉。

⑦常：即长。

⑧《怀沙》：《楚辞·九章》中的一篇，是屈原抱石自沉的绝笔。

【译文】

　　令尹子兰听了这话十分愤怒，最终唆使上官大夫在顷襄王面前说屈原的坏话，顷襄王动了怒，把屈原流放到了江南。屈原到了江边，披头散发，一边吟咏，一边叹息，面容憔悴，身体瘦弱。一个渔父看到了，就问他："你不是三闾大夫吗？为什么来这里？"屈原回答道："世上都是浑浊的，只有我一个人清白；世人都是醉了的，只有我一个人清醒，所以我被放逐到这里。"渔父回答道："凡是圣贤的人往往不拘泥于物，能顺着时事转移。世上既是污浊的，何不随波逐流；世人既都是醉了，何不跟着应酬吃喝？为什么要保守自己的美德，导致自己被人放逐呢？"屈原答道："我听人家说，凡是洗完澡的人，一定要整理帽子，整理衣服，不论哪一个人，谁愿意拿自己干净的身体，被浊物污染呢？我宁愿跳进那浩浩荡荡的江水之中，葬身鱼腹，怎么能把自己洁白的身体去蒙受浊世的污染呢？"于是屈原作了一篇《怀沙》赋。

【原文】

　　于是怀石，遂自投汨罗①以死。屈原既死之后，楚有宋玉、唐勒、景差之徒者，皆好辞而以赋见称。然皆祖②屈原之从容辞令，终莫敢直谏。其后楚日以削，数十年竟为秦所灭③。

【注释】

①汨罗：即汨罗江，在今湖南湘阴。

②祖：以……为祖。

③为秦所灭：指公元前223年秦灭楚。

【译文】

　　于是屈原抱着石头，投入汨罗江中死了。屈原沉江之后，楚国有宋玉、唐勒、景差这些人，他们都喜欢辞令，以诗赋出名，但他们只能模仿屈原的辞令，却不敢向君王直谏。在这之后，楚国的疆域一天天缩小，几十年后竟然被秦国所灭。

【原文】

自屈原沉汨罗后百有余年，汉有贾生①，为长沙王②太傅，过湘水，投书以吊屈原。

【注释】

　　①贾生：即贾姓书生，指贾谊。
　　②长沙王：吴差，汉朝开国功臣吴芮的后代。

【译文】

　　从屈原自投于汨罗江后一百多年，汉朝有一个叫姓贾的书生（即贾谊），被贬为任长沙王的太傅，路过湘江的时候，写了篇《吊屈原赋》投进湖水中。

【原文】

太史公曰：余读《离骚》《天问》《招魂》《哀郢》，悲其志。适①长沙，观屈原所自沉渊，未尝不垂涕，想见其为人。及见贾生吊之，又怪屈原以彼其材，游诸侯，何国不容，而自令若是！读《鸟赋》②，同生死，轻去就，又爽然自失矣。

【注释】

　　①适：到达。
　　②《鸟赋》：贾谊所作，主旨为"同生死，轻去就"。

【译文】

　　太史公说道：我读了《离骚》《天问》《招魂》《哀郢》，为屈原的志向而悲伤。我去长沙，经过屈原所自沉的湘水，未尝不伤感流泪，追思他的为人，但等到看见贾谊凭吊他的文章，又奇怪屈原凭借自己的才能，游说诸侯，哪国不能留下他呢？为什么要使自己到这步田地呢？又读了贾谊的《鸟赋》，他将生死看作一样的事情，将在朝为官和贬官放逐就看得轻，我又在不知不觉中怅然若失了。

【评析】

本文是一篇极为优秀的传记文学。文章以记叙屈原生平事迹为主，用记叙和议论相结合的方式热烈歌颂了屈原的爱国精神、政治才能和高尚品德，严厉地谴责了楚怀王的昏庸和上官大夫、令尹子兰的阴险。本文所记叙的屈原的生平事迹，特别是政治上的悲惨遭遇，表现了屈原的一生和楚国的兴衰存亡息息相关，他确实是竭忠尽智了。屈原留给后人的财富甚丰，他的高尚品德、爱国精神乃至文学成就，至今具有深远的影响。

五 酷吏列传序《史记》

【原文】

孔子曰："道①之以政，齐之以刑，民免而无耻；道之以德，齐之以礼，有耻且格②。"老氏称："上德不德，是以有德；下德不失德，是以无德。""法令滋章③，盗贼多有。"太史公曰：信哉是言也！法令者治之具，而非制治清浊之源也。昔天下之网尝密矣，然奸伪萌起，其极也，上下相遁，至于不振。当是之时，吏治若救火扬沸，非武健严酷，恶④能胜其任而愉快乎？言道德者，溺其职矣。故曰"听讼，吾犹人也，必也使无讼乎"，"下士闻道大笑之"。非虚言也。

【注释】

①道：同"导"，引导。

②格：来，至。

③章：同"彰"，明显。

④恶：何，怎么。

【译文】

孔子说道："用政令来引导他，用刑法来整顿他，那百姓就只能免于犯罪、心存苟且而没有羞耻之心；用道德来引导他，用礼教来治理他，那百姓就顺服而有羞耻之心。"老子说："德行高的人，德行不露，所以常常有德；德行低的人，德行显露，所以常常没有德。法令越是明白彰显，盗贼就越多。"太史公说道："这话说对了。法令是治天下的工具，并不是治清浊的本源。过去天下的法网算是密了，然而奸诈欺伪的事情天天发生，严重的时候，甚至上下勾结弄得国家不振。那时候，做官的治理百姓，好像负薪救火一样于事无补，不用勇武健全严厉苛酷的手段，怎能担当这个责任，并使他满意呢？一味主张以道德来治理的，容易失职。"所以孔子说："审理案件，我和别人没有什么两样，不同的是我尽力使案件不再发生。"老子说："愚蠢的人，听别人说起'道'就加以讥笑。"这话不假啊！

【原文】

汉兴，破觚^①而为圜^②，斲^③雕而为朴，网漏于吞舟之鱼^④，而吏治烝烝^⑤，不至于奸，黎民艾^⑥安。由是观之，在彼不在此^⑦。

【注释】

①觚：指棱角。

②圜：同"圆"，宽松的政策。

③斲：雕刻。

④网漏于吞舟之鱼：指法网宽松。

⑤烝烝：蒸蒸日上，形势大好。

⑥艾：同"乂"，治理。

⑦在彼不在此：在道德而不在严酷。彼，指道德；此，指暴政。

【译文】

汉朝兴起的时候，废除了严厉的刑罚，去华崇实，禁网宽大，竟然能够漏掉吞舟的大鱼，而吏治的成绩也蒸蒸日上，百姓也少有犯禁的事情发生，都安居乐业。这样看来，治天下的道理在道德而不在刑法啊。

【评析】

司马迁亲身受过酷吏的残害。本文是《酷吏列传》的序，表明了司马迁反对严刑峻法，实行德政的主张。这篇序言可分为三层：第一层用孔子、老子的话，阐明了道义的重要作用。第二层从"太史公曰"到"非虚言也"，作者充分肯定了孔子、老子的观点，并进一步发展了自己反对严刑峻法的主张。第三层从"汉兴"到结尾，用汉初刑法宽简、风气淳厚、百姓平安的事实，从正面证明德治的重要性。这篇序文的结构很严谨，尤其是前后呼应，善于运用对比手法。文章一开头先引用孔子和老子的话，提出论点，然后用暴秦的事实来论证这一论点。接着再一次引用孔子和老子的话来阐明自己的观点。最后以汉初的事例正面论证自己的观点，得出"在彼不在此"的结论。汉初的事例与秦亡的史实，形成鲜明对比，暗中又与武帝时的弊政形成对比，还与篇首孔子、老子的观点相呼应。全文论点与论据紧密配合，层层深入。太史公是不赞成用严刑峻法和酷吏来治国的，于是他在开篇就引用了孔子的话。太史公认为，法令刑法只不过是治理国家的一个工具，并不是把国家治理得好的根源！

六 游侠列传序《史记》

【原文】

韩子①曰："儒以文乱法，而侠以武犯禁。"二者皆讥，而学士多称于世云。至如以术取宰相、卿大夫，辅翼其世主，功名俱著于春秋，固无可言者。及若季次、原宪②，闾巷人也，读书怀独行君子之德，义不苟合当世，当世亦笑之。故季次、原宪终身空室蓬户，褐衣疏食不厌③。死而已四百余年，而弟子志之不倦。

【注释】

①韩子：指韩非子，战国时期法家著名代表，与李斯同门，学于荀子，著有《韩非子》。

②季次、原宪：孔子弟子。季次：齐人，名公晳哀。原宪：鲁人，字子思。

③厌：同"餍"，满足。

【译文】

韩非子说道："儒士凭借文字使法律混乱，侠士用武力触犯禁忌。"这两种人，都被他讥笑，然而学士却常常被世人称道。至于用权术做到了宰相、卿大夫等职位辅佐国君的，其功名都会被历史所记载，我本来也没有可说的了。像那季次、原宪都是偏僻乡野的人，他们埋头读书，怀着志节高尚的德行，不肯苟合当世。当时的人也都讥笑他们。因此季次、原宪一生空门蓬室、布衣粗饭，毫不厌弃。他们虽然已经死了四百多年了，弟子们却世代纪念着他们。

【原文】

今游侠，其行虽不轨于正义，然其言必信，其行必果，已诺必诚，不爱其躯，赴士之厄困。既已存亡死生矣，而不矜其能，羞①伐②其德，盖亦有足多③者焉。

【注释】

　　①羞：以……为羞。

　　②伐：夸大，与上文"矜"相同。

　　③多：称赞。

【译文】

　　如今的游侠，他们的所作所为，虽然没有合乎正义的轨道，然而他们的言论必定真实，他们的行为必定坚决。已经答应了人家的事情，他们必定尽力去做，甚至不惜牺牲自己的身家性命也会去解决别人的困难。在解救别人脱难之后，他们并不夸耀自己的能干，而是羞于宣扬自己的功德！这也确有可以称赞的地方了！

【原文】

且缓急，人之所时有也。太史公曰：昔者虞舜窘于井廪①，伊尹负于鼎俎②，傅说③匿于傅险，吕尚④困于棘津，夷吾桎梏⑤，百里⑥饭牛，仲尼畏匡⑦，菜色陈、蔡⑧。此皆学士所谓有道仁人也，犹然遭此灾，况以中材⑨而涉乱世之末流乎？其遇害何可胜道哉！

【注释】

　　①虞舜窘于井廪：相传虞舜之父喜爱后妻所生子象，一再迫害舜。曾叫他修补仓廪，穿井，趁机放火烧廪，推土填井，舜幸得脱，不死。

　　②伊尹负于鼎俎：伊尹，商汤贤相，辅佐三王。相传他未得志时，曾负鼎俎，携五味见商汤，被用为相。鼎俎，煮饭用的锅和砧板。

　　③傅说：殷王武丁的贤相。他未遇武丁时，隐居傅险（今山西平陆东），为人筑墙。

④吕尚：佐周开国的太公望，他未遇文王时在朝歌（今河南淇县）屠牛卖肉。

⑤夷吾桎梏：管仲，字夷吾，初事公子纠，公子纠死后，管仲为齐桓公所囚。桎梏，指刑具。

⑥百里：指百里奚，他未得志时游历周，周王子颓喜欢牛，百里奚为其放牛，以求重用。

⑦仲尼畏匡：孔子貌似鲁国权臣季孙氏的家臣阳虎，阳虎曾经侵犯过匡地，孔子过匡，匡人以为阳虎来犯，就围攻孔子。

⑧菜色陈、蔡：孔子周游列国，曾经在陈、蔡绝粮，面有饥色。

⑨中材：指才能中等的人。

【译文】

况且，危难的困境是人所常有的。太史公说道："从前虞舜几乎丧生在下井修廪的时候，伊尹做厨师，傅说藏匿在传岩，吕尚困顿在棘津，管仲做囚犯，百里奚替人家喂牛，孔子在匡地担惊受怕，还在陈、蔡断粮，面有饥色。"这些人就是学者口中的有道仁人，尚且遭受着这种灾难，何况那中等之才又身处乱世的呢？他们遇到的灾难，怎能说得完呢！

【原文】

鄙人有言曰："何知仁义，已飨①其利者为有德。"故伯夷②丑③周，饿死首阳山，而文、武不以其故贬王跖、跷④暴戾，其徒诵义无穷。由此观之，"窃钩者诛，窃国者侯，侯之门，仁义存"，非虚言也。

【注释】

①飨：同"享"，享受。

②伯夷：殷时孤竹国君长子，反对武王伐纣，后饿死在首阳山（今山西永济南）。

③丑：认为……丑，看不起。

④跖、：跖，盗跖；跷，庄跷，战国时期楚国人。

【译文】

乡下人有句话说："有什么仁义不仁义的，只要给过我利益的人，就算有德。"所以伯夷厌恶周朝，饿死在首阳山上，然而文王、武王却不因为这个，贬损他的王号；盗跖、庄跻凶横暴戾，但是他们的党徒却颂扬他们的义气无穷。从这看来，"偷窃衣带钩人的犯死罪，偷窃国家的人做王侯，诸侯的门上，总有仁义在"，这话不假啊！

【原文】

今拘学或抱咫尺之义，久孤于世，岂若卑论侪①俗，与世浮沉而取荣名哉？而布衣之徒，设取予、然诺，千里诵义，为死不顾世，此亦有所长，非苟而已也。故士穷窘而得委命，此岂非人之所谓贤豪间者②邪？诚使乡曲之侠，予③季次、原宪比权量力，效功于当世，不同日而论矣。要以功见言信，侠客之义又曷可少哉？

【注释】

①侪：辈，类。

②间者：间气所钟，古人认为英雄豪杰上应星象，有天地特殊之气。

③予：同"与"，介词，跟。

【译文】

如今一些拘于教条的学者死守着狭隘的道义，长期孤立于世，这样怎能比得上降低论调，迎合俗世所取得的名望和荣誉呢？倒不如平民出身的游侠有信义，不论取得与给予，都能说到做到，使千里之外的人，都称赞他有义气。如果他不顾众人非议而为义气献身，这也是他们的特长，不是随便就能做到的啊！所以士子穷困，却得托身给游侠，这难道不是人们所说的圣贤豪杰吗？如果让民间的侠士和季次、原宪等儒生比权量力，那么他们在世上立的功就不可以同日而语了。要看功劳显现，言语信约，那么侠客的义气，又怎么可以小看呢？

【原文】

古布衣之侠，靡得而闻已。近世延陵、孟尝、春申、平原、信陵①之徒，皆因王者亲属，借于有土卿相之富厚，招天下贤者，显名诸侯，不可谓不贤者矣。比如顺风而呼，声非加疾，其势激也。至如闾巷之侠，修行砥名，声施于天下，莫不称贤，是为难耳。然儒、墨皆排摈不载。自秦以前，匹夫之侠，湮灭不见，余甚恨之。以余所闻，汉兴有朱家、田仲、王公、剧孟、郭解③之徒，虽时扞当世之文罔，然其私义，廉洁退让，有足称者。名不虚立，士不虚附。至如朋党宗强比周，设财役贫，豪暴侵凌孤弱，恣欲自快，游侠亦丑之。余悲世俗不察其意，而猥④以朱家、郭解等令与暴豪之徒同类而共笑之也。

【注释】

①延陵、孟尝、春申、平原、信陵：延陵，春秋时吴国贵族；孟尝，齐国贵族田文；春申，楚国考烈王宰相黄歇；平原，赵惠文王弟赵胜；信陵，魏安釐王弟魏无忌，五人皆以养士著称。

②朱家、田仲、王公、剧孟、郭解：朱家，汉初鲁人，好结交豪杰；田仲，楚人，好击剑；王公，王孟，江淮之间著名侠士；剧孟，洛阳人，善经商；郭解，轵人，字翁伯。

③猥：苟且。

【译文】

古代民间的游侠，已经无从听闻了，近世的延陵季子、孟尝君、春申君、平原君、信陵君等人，都是王室的亲戚，依靠封地和卿相的富厚之财，招揽天下贤士，显名于诸侯，这也可以说是贤明的了。这就像顺风而呼，声音并没有加大，但总比寻常声音高几倍，这是凭借风势的缘故啊！至于那乡野的侠士，高修德行，砥砺名声，名声传天下，人们没有不称之贤明的，这是难得的啊！然而儒家、墨家都排斥游侠，不肯将他们记载到著作中。因此，先秦民间游侠的事情都隐没不见了，我为此深感遗憾！据我所知，汉朝兴起之后朱家、田仲、王公、剧孟、郭解等人，即使经常触犯当时的法律禁网，可是他们的私德清廉高洁，礼让不争，的确有足以称道的地方。名声并不是虚的，士子也不是假意的依附。至于那聚朋为党，崇拜强权，相互攀比，施放财帛，差役穷人，凭借富贵欺辱弱小，放纵欲望只图自己快乐，这些事情，游侠也以此为耻，不肯去做。我可怜世俗之人，不明白这种意思，竟然将朱家、郭解这等人和豪门巨富之流视为同类而一概加以讥笑啊！

【评析】

《游侠列传序》在艺术手法方面颇具特色：其一为作者巧妙地运用对比、衬托手法。总的来说是用儒、侠作对比，借客形主，从而烘托出游侠的可贵品质。在行文过程中，又分几层进行对比。一类儒者是靠儒术取得了高官的人，他们虚伪狡诈，毫无信义可言，仅凭有权有势，就受到称赞。这与济人之危、奋不顾身的游侠反而受到污蔑形成了鲜明的对比。另一类是无所作为，对社会实际没有什么益处的间巷之儒，他们也历来受称颂，而扶危的游侠，却从来没有得到过这样的荣誉。此外，作者还拿孟尝君、平原君之类的贵族之侠与布衣之侠作了对比。通过上述层层对比，不仅突出了布衣之侠的高贵品质，而且对他们所遭受的不公正待遇亦表示了强烈的不满，揭露了社会的黑暗与不平，从而大大深化了主题。其二反复咏叹，加强了抒情性。文中从不同的角度，反复地称赞游侠，而字里行间充满了作者强烈的爱憎。首先是从正面肯定他们的言必信、行必果的高尚品德，接着称颂布衣之侠的"设取予然诺，千里诵义，为死不顾世。此亦有所长，非苟而已也"。又说遭受困厄之士人，也常常依附游侠的帮助。这些均属满腔热情的称颂。继而用布衣之侠与季次、原宪一类的儒生作对比，并提出"侠客之义，又曷可少哉"。文章结尾是直接称赞汉代的游侠朱家、郭解等人"廉洁退让，有足称者。名不虚立，士不虚附"。诚如《古文观止》的评语："一篇之中，凡六赞游侠，多少抑扬，多少往复，胸中荦落，笔底摅写，极文心之妙。"

七　滑稽列传《史记》

【原文】

孔子曰："六艺①于治一②也。《礼》以节人，《乐》以发和，《书》以导事，《诗》以达意，《易》以神化，《春秋》以道义。"太史公曰："天道恢恢③，岂不大哉！谈言微中，亦可以解纷。"

【注释】

①六艺：孔子以《诗》《书》《礼》《易》《乐》《春秋》为六艺；此外，六艺也指周朝王室教学的内容，即书、数、御、射、礼、乐。

②一：统一。

③恢恢：形容非常广大。

【译文】

孔子说："六艺在治理方面是一致的。《礼》用来节制人民，《乐》用来发扬和气，《书经》用来记载时事，《诗经》用来表明心意，《周易》用来变化神明，《春秋》用来指导大义。"太史公说道："天道包容一切，难道不是很宽广吗？谈话微妙中肯，也可以用来解决纷扰。"

【原文】

淳于髡者，齐之赘婿①也，长不满七尺②，滑稽多辩，数使诸侯，未尝屈辱。齐威王③之时，喜隐，好为淫乐长夜之饮，沉湎不治，委政卿大夫。百官荒乱，诸侯并侵，国且危亡，在于旦暮，左右莫敢谏。淳于髡说之以隐④曰："国中有大鸟，止王之庭，三年不蜚⑤又不鸣，王知此鸟何也？"王曰："此鸟不蜚则已，一蜚冲天；不鸣则已，一鸣惊人。"于是乃朝诸县令长七十二人，赏一人，诛一人⑥，奋兵而出。诸侯振⑦惊，皆还齐侵地。威行三十六年。语在《田完世家》中。

【注释】

①赘婿：一种身份低贱的人。贫苦人家的壮年男子，典当给富户，过期不赎，由主人配给女子。

②七尺：当时男子的一般身高，一尺约合现在的二十三厘米。

③齐威王：田桓公之子，名婴齐。

④说之以隐：即"以隐说之"，间接的劝告。

⑤蜚：同"飞"，飞翔。

⑥赏一人，诛一人：史料显示，因即墨（今山东平度东南）大夫有政绩，赏；因阿（今山东阳谷东北）失职，杀。

⑦振：同"震"，震惊。

【译文】

淳于髡是齐国的入赘女婿。他身高不到七尺，说话诙谐幽默、擅长辩论，多次出使其他诸侯国，从没有受到过屈辱。齐威王喜欢听隐话，好做淫逸快乐的事，经常一喝酒就是一夜，沉醉酒色而不理国政，把国事委托给公卿大夫。百官慌乱，诸侯都来侵略，国家危险灭亡就在旦夕之间。威王左右的侍从没有敢进谏的。淳于髡就用隐语劝说他："国中有一只大鸟，三年来从未飞翔，从未鸣叫，大王知道这是什么鸟吗？"威王答道："这鸟不飞就算了，一飞就要直冲云霄；不叫就算了，一叫就要惊动众人。"于是威王就在朝堂上接见七十二位各县长官，奖励他们其中的一位，诛杀他们其中的一位，抖擞精神，率军而出。各路诸侯十分震惊，都归还了侵占齐国的土地。威王笃行了三十六年，这事见于《田完世家》。

【原文】

　　威王八年，楚大发兵加齐。齐王使淳于髡之^①赵请救兵，赍^②金百斤，车马十驷。淳于髡仰天大笑，冠缨索绝。王曰："先生少^③之乎？"髡曰："何敢！"王曰："笑岂有说乎？"髡曰："今者臣从东方来，见道旁有禳田^④者，操一豚蹄、酒一盂，而祝曰：'瓯窭^⑤满篝，污邪满车，五谷蕃熟，穰穰满家。'臣见其所持者狭而所欲者奢，故笑之。"于是齐威王乃益赍黄金千镒^⑥、白璧十双、车马百驷。髡辞而行，至赵。赵王与之精兵十万，革车千乘。楚闻之，夜引兵而去。威王大说，置酒后宫，召髡赐之酒。问曰："先生能饮几何^⑦而醉？"对曰："臣饮一斗亦醉，一石亦醉。"威王曰："先生饮一斗而醉，恶^⑧能饮一石哉！其说可得闻乎？"髡曰："赐酒大王之前，执法在旁，御史在后，髡恐惧俯伏而饮，不过一斗径^⑨醉矣。

【注释】

　　①之：到达。

　　②赍：赏赐。

　　③少：形容词的以动用法，以……为少。

　　④禳田：向田神祈求丰收。

　　⑤瓯窭：指狭小的高地，下文"污邪"指地势低下的土地，可能均为齐国方言。

　　⑥镒：同"溢"，二十四两为一镒。

　　⑦几何：多少。

　　⑧恶：何，怎么。

　　⑨径：就。

【译文】

　　齐威王八年，楚国派大军攻击齐国。齐威王派淳于髡到赵国去求救兵，送他黄金百斤，车马四十匹。淳于髡仰天大笑，把帽子上的冠带都扯断了。威王问："先生觉得少吗？"淳于髡答道："怎么敢呢？"威王道："先生的大笑，难道没有别的意思吗？"淳于髡："我刚才从东方来，看见路边有一个农民在祈求庄稼丰收，他拿了一只猪腿，一壶酒，就祷告说：'高地狭小的田地，要有满筐的收成；平坦的田地里，要有满车的收成，五谷都要丰登，禾实都要丰盛，堆满我的家里。'我看见他拿的不多，祈求的却不少，所以发笑啊！"于是威王就加了黄金两万两，白玉十双，四驾马车一百辆。淳于髡辞了威王而行，到了赵国。赵王给了他十万精锐部队，兵车一千辆。楚军听了，当夜就撤兵离开了。威王十分高兴，在后宫备了酒席，召淳于髡来，赐他喝酒，问道："先生能喝多少酒？"淳于髡回答道："我喝一斗也醉，喝一石也醉。"威王道："先生既然喝了一斗就醉，又怎么能喝一石呢？可以说来听听吗？"淳于髡答道："在大王面前喝赏赐的酒，执法的人在旁边，做御史的在后面，我就吓得只能低头喝酒，只不过一斗，就醉了。

【原文】

"若亲有严客，髡帣韝鞠①，侍酒于前，时赐余沥，奉觞上寿，数起，饮不过二斗径醉矣。若朋友交游，久不相见，卒然相睹，欢然道故，私情相语，饮可五六斗径醉矣。若乃州闾之会，男女杂坐，行酒稽留，六博②投壶③，相引为曹，握手无罚，目眙不禁，前有堕珥，后有遗簪，髡窃乐此，饮可八斗而醉二参③。日暮酒阑，合尊④促坐，男女同席，履舄交错，杯盘狼藉，堂上烛灭，主人留髡而送客，罗襦襟解，微闻芗⑤泽，当此之时，髡心最欢，能饮一石。故曰酒极则乱，乐极则悲，万事尽然，言不可极，极之而衰。"以讽谏焉。齐王曰："善！"乃罢长夜之饮，以髡为诸侯主客。宗室置酒，髡尝⑥在侧。

【注释】

①髡帣韝鞠：极言拘谨之状。

②六博：亦作"六簿"，一种游戏。

③投壶：古代一种游戏，将箭矢投入特殊的壶中，投入多者胜，负者罚酒。

④尊：同"樽"，酒杯。

⑤芗：同"香"，香气。

⑥尝：同"常"，经常。

【译文】

　　"如果是父母的客人光临，我就卷了衣袖，将身折倒，在父母的面前给他们斟酒，有时喝剩下的余沥，举了酒杯祝寿，这样几次，不过两斗的光景，就要醉了。如果是知己好友，很久不见了，骤然相逢，很快乐地回首往事，在私下里讨论过去的情谊，这样饮酒，可以饮到五六斗，就醉了。如果是那一州一同的集会，男男女女，夹杂坐下，慢慢喝酒，下棋投壶，大家来捉对寻伴，握了别人的手也不责罚，一眼不眨地看对方，也没有人禁阻，前面有掉落的耳环，后面有遗失的簪子，我觉得很愉快，这样饮酒可以饮到八斗，即使醉了，也不过两三分。到太阳落山，喝酒的人散了一半，大家把酒杯合起来，男男女女同坐在席上，鞋子紧紧靠在一起，酒杯菜盘，零零乱乱，堂上的蜡烛灭了。主人留我送客。有的人把罗裳汗衣解开，微微的散出香气。这时候，我的心里最高兴，竟能喝到一石。所以说："饮酒过了就会混乱，高兴过了就会悲伤，世上的事都是这样的，都不可过分，过分了就会衰败。"威王说："好！"从此就废掉了整夜喝酒的习惯，令淳于髡做诸侯的主客，每逢齐国宗室备酒，淳于髡常常在旁边作陪。

【评析】

　　《史记·滑稽列传》记了淳于髡、优孟、优旃三人的故事，但对三人活动的年代，记载了有明显的矛盾和错误。如说淳于髡是齐威王（前356—前320年在位）时人，优孟是楚庄王（前613—前591年在位）时人，优旃是秦时人，秦亡（前206年）后归汉，数年而卒。可是原传却又说淳于髡后百余年有优孟，优孟后二百余年有优旃。这是太史公的疏忽。本篇只选了淳于髡的传。

　　"滑稽"一词的古义与今义并不全同。古义有多义性，屈原在《楚辞·卜居》中使用它带着贬义，有圆滑诌媚的意思；司马迁在《滑稽列传》里使用它带着褒义，有能言善辩，善用双关、隐喻、反语、婉曲等修辞手法的意思。这两种意义与今义都不尽相同，但又都有语义发展上的相承关系。

八 货殖列传序《史记》

【原文】

《老子》曰："至治之极，邻国相望，鸡狗之声相闻，民各甘其食，美其服，安其俗，乐其业，至老死不相往来。"必用此为务，晚近世涂①民耳目，则几无行矣。

【注释】

①涂：涂塞，堵塞。

【译文】

老子说："治理天下的极点是邻国可以互相望见，鸡鸣狗叫的声音可以互相听见，百姓都只认饮食甘美，衣服漂亮，安于本地风俗，乐于从事他们的事业，到老死都可以不相往来。"如果一定要按照这种方式去生活，那么，对于近世来说，无疑等于堵塞了人民的耳目，（实际上）是行不通的。

【原文】

太史公曰：夫神农以前，吾不知已。至若《诗》《书》所述虞、夏以来，耳目欲极①声色之好，口欲穷刍豢②之味，身安逸乐，而心夸矜势能之荣，使俗之渐民久矣。虽户说以眇③论，终不能化。故善者因之，其次利道④之，其次教诲之，其次整齐之，最下者与之争。

【注释】

①极：穷尽。

②刍豢：指畜生的肉，吃草的叫"刍"，吃肉的叫"豢"。

③眇：同"妙"，巧妙的。

④道：同"导"，引导。

【译文】

太史公说：那神农以前的事情，我不知道啊！至于那《诗》《书》所记录的虞、夏以来的事情，耳朵、眼睛都要穷尽声色的好处，嘴巴都要尝遍狗、猪、牛、羊的美味，使身体安逸快乐，内心觉得自己的权势代表能力，是一种荣耀，使世俗之人感染这样的风气很久了。即使是用老子这样巧妙的言论挨家挨户去说，最终也不能感化。所以最好的办法就是顺其自然，其次是因势诱导，再次是用法令来整顿，最下策是与百姓争利。

【原文】

夫山西饶材、竹、榖、纑、旄①、玉石，山东多鱼、盐、漆、丝、声色，江南出楠、梓、姜、桂、金、锡、连②、丹沙③、犀、瑇瑁④、珠玑⑤、齿、革，龙门⑥、碣石⑦北多马、牛、羊、旃、裘、筋、角，铜、铁则千里往往山出棋置。此其大较也。皆中国人民所喜好，谣俗被服饮食，奉生送死之具也。故待农而食之，虞⑧而出之，工而成之，商而通之。此宁有政教发征期会哉？人各任其能，竭其力，以得所欲。故物贱之征贵，贵之征贱，各劝其业，乐其事，若水之趋下，日夜无休时，不召而自来，不求而民出之。岂非道之所符而自然之验邪？

【注释】

①旄：牦牛，其尾有长毛，可做旗帜装饰。

②连：同"链"，铅矿石。

③丹沙：即朱砂，矿物名。

④瑇瑁：即玳瑁，龟类，其壳是名贵装饰。

⑤珠玑：不圆的珠子。

⑥龙门：山名，故址在今山西与陕西交界处。

⑦碣石：山名，在今河北昌黎。

⑧虞：掌管山林川泽开发的官。

【译文】

太行山以西盛产木材、竹子、楮树、野麻、旄牛尾和玉石；太行山以东盛产鱼、盐、漆、丝和声色器具女色；江南多产楠、梓、姜、桂、金、锡、铅、丹、沙、犀牛角、玳瑁、珠玑、齿、革；龙门碣石的北部多产马、牛、羊、裘、筋、角，铜、铁这些东西往往布满在千里山峦中，就像棋盘中摆满棋子一样。这还仅仅是物产分布的大概情况。这些都是中原百姓十分喜欢的东西，是百姓们衣着饮食与供养活着的人和为死人办丧事所必备的东西。所以，人们依赖农民耕种来供给他们食物；依赖虞人开出木材来；依赖工匠做成器皿来；依赖商人输通这些财物。难道这还需要政令教导、征发人民如期集会来完成吗？人们各尽其能，竭尽所能，用来满足自己的需求。所以，物价低廉，他们就去买货；物价昂贵，他们就转而卖掉，各自勤勉而致力于他们的本业，乐于从事自己的工作，好像水往低处流，日日夜夜永不停息，不等别人召唤就前来，物产不用向百姓征收就会自己生产出来。难道这不是符合自然规律的自然发展的证明吗？

【原文】

《周书》①曰："农不出则乏其食，工不出则乏其事，商不出则三宝绝，虞不出则财匮少。"财匮少而山泽不辟②矣。此四者，民所衣食之原③也。原大则饶，原小则鲜。上则富国，下则富家。贫富之道，莫之夺予，而巧者有余，拙者不足。

【注释】

①《周书》：指《逸周书》。

②辟：同"僻"，偏僻。

③原：同"源"，源头。

【译文】

《周书》上说："农民不去耕种，粮食就会缺乏；工人不去做工，器物就要缺乏；商人不去经商，食物、用品和钱财就会断了来源；山泽的官员不去管理，那财货就会缺少。"财货缺少了，那山泽就不能开辟了。这四类人，是百姓衣食的来源。源头大，就会富饶；源头小，就会穷困。上面的可以富国，下面的可以富家，贫富的规律，没有人可以夺走或赐予。机灵的人，经常有富余；愚蠢的人，经常不够。

【原文】

故太公望①封于营丘，地潟卤，人民寡，于是太公劝其女功，极技巧，通鱼盐，则人物归之，襁至②而辐凑。故齐冠带衣履天下，海岱之间敛袂而往朝焉。其后齐中衰，管子修之，设轻重九府，则桓公以霸，九合诸侯，一匡天下而管氏亦有三归③，位在陪臣④，富于列国之君。是以齐富强至于威、宣也。

【注释】

①太公望：即姜子牙，佐武王伐纣，封于营丘。

②襁至：像绳子串着的钱似的接连而来。

③三归：归公室所有的市租。

④陪臣：古代诸侯臣子对皇帝自称"陪臣"。

【译文】

所以太公吕望封在营丘，那里土质碱卤，人口稀少。于是太公就鼓励女工刺绣、纺织，极力发展工艺，打通鱼盐的商业运输通道，那么其他地方的人和物就都会聚集到这里，接连不断像钱串和车辐一样。所以齐国的冠带衣履，天下人都穿戴；从沿海到泰山之间的诸侯都衣着庄重地去朝见齐国。后来齐国中衰，管仲陆续修政，设立了主管钱币的九个部门，桓公因此成就了霸业，九次约合诸侯，做了一番匡正天下的事业，而管氏也有了王室的市租，官职做到了陪臣，比列国的君主还要富有。凭借这个，齐国的富强延续到了齐威王、齐宣王时期。

【原文】

故曰："仓廪实而知礼节，衣食足而知荣辱。"礼生于有而废于无。故君子富，好行其德；小人富，以适其力。渊深而鱼生之，山深而兽往之，人富而仁义附焉。富者得势益彰，失势则客无所之，以而不乐。谚曰："千金之子，不死于市。"此非空言也。故曰："天下熙熙，皆为利来；天下壤壤①，皆为利往。"夫千乘之主、万家之侯、百室之君尚犹患②贫，而况匹夫编户之民③乎！

【注释】

①壤壤：同"攘攘"。

②患：以……为患，担心。

③编户之民：指普通百姓。

【译文】

所以说："粮仓满了才知道了礼节，衣食充足才知道荣辱。"礼节生于富足，却废弃于穷困。所以君子富厚，就乐意行仁；小人富厚，用来满足他的欲望。江河深了，鱼就生在那里；山林深了，野兽就生在那里；人富有了，仁义就依附于他。富人得势，愈加显赫，失了势依附于他的客人也就不会来了，所以心中不痛快。谚语说："家有千金的富家之子，不会因为犯法而在闹市之中被处死。"这并不是空谈啊。所以说："天下的事业都为利益。"那千乘之国的国君，万家的王侯，百室的君主尚且担心贫穷，何况匹夫和寻常百姓呢？

【评析】

从今天的眼光来看待司马迁在货殖列传里表达的经济思想，无论如何赞誉也不为过。作为一个历史学家，司马迁还具有那么清晰的经济自由的思想，他关于经济活动以及商人的看法对当下中国也是有极大借鉴意义的。司马迁的这个经济自由的思想影响了历代中国人，并且还会继续影响下去。他的民本的思想以及对商人求利平和开放的心态，已经构成了中国传统思想很重要的一部分。这是中华民族的财富。

九 五帝本纪赞《史记》

【原文】

太史公①曰：学者多称五帝，尚矣。然《尚书》独载尧以来，而百家言黄帝，其文不雅驯②，荐绅③先生难言之。孔子所传《宰予问五帝德》及《帝系姓》，儒者或不传。余尝西至空峒，北过涿鹿，东渐于海，南浮江淮矣。至，长老皆各往往称黄帝、尧、舜之处，风教固殊焉。总之，不离古文④者近是。予观《春秋》《国语》，其发明《五帝德》《帝系姓》，章⑤矣，顾弟弗深考，其所表见皆不虚⑥。《书》缺有间⑦矣，其轶乃时时见于他说。非好学深思，心知其意，固难为浅见寡闻道也。余并论次，择其言尤雅者，故著为本纪书首。

【注释】

①太史公：司马迁自称。

②雅驯：正确可信。此为说得通、合理之意。

③荐绅：同"缙绅"。缙，插。绅，大带。古代官员上朝时把手里拿着的笏板插在腰带上。故称士大夫为"缙绅"。

④古文：指《尚书》《宰予问五帝德》《帝系姓》。近是：近于是，

近于正确。

⑤章：同"彰"。明白、显著。

⑥弟：通"第"，只是。见：通"现"。

⑦有间：年月长。

【译文】

太史公说：学者常称赞五帝，那已经是很久远的事情了。就是《尚书》也只记载了尧以来的史事，而诸子百家提到黄帝，他们的记述都不严谨可信，所以士大夫也无法说清楚。孔子所传的《宰予问五帝德》《帝系姓》，儒者多不传授学习。我曾经西到崆峒山，北过涿鹿山，东达大海，南渡江淮，到过那些老人都各自经常谈论黄帝、尧、舜的地方，其风俗教化本来有所不同。总的说来，以不违背古记载的说法为接近正确。我看《春秋》《国语》，其中阐发《五帝德》《帝系姓》两篇，非常明显，但是学者不深入考察，其实它们的记载都是可信的。《尚书》残缺已经有较长的时间了，它所缺失的内容常常可在其他的著作中见到。如果不是好学深思，领会书中意旨的人，本来就很难和见识浅薄、孤陋寡闻的人说清楚。我把有关五帝的材料综合起来，加以论定编排，选择那些较为正确可信的，写成《五帝本纪》，作为十二本纪的开头。

【评析】

本文表明司马迁对有关史料作了考订、分析，并到有关地区进行考察，得出古文《尚书》和不被儒者们重视的《五帝德》《帝系姓》等书所记载的史料接近历史真实情况的结论，说明了司马迁对古代历史文献传说的求实精神和慎重态度。

十 项羽本纪赞《史记》

【原文】

太史公曰：吾闻之周生曰："舜目盖重瞳子。"又闻项羽亦重瞳子。羽岂其苗裔邪？何兴之暴①也？夫秦失其政，陈涉首难，豪杰蜂起，相与并争，不可胜②数。然羽非有尺寸③，乘势起陇亩之中，三年，遂将五诸侯④灭秦，分裂天下而封王侯，政由羽出，号为霸王，位虽不终，近古⑤以来未尝有也。及羽背关怀楚，放逐义帝⑥而自立，怨王侯叛己，难矣。自矜⑦功伐，奋其私智而不师古，谓霸王之业，欲以力征经营天下，五年，卒亡其国。身死东城，尚不觉寤⑧，而不自责，过矣。乃引⑨"天亡我，非用兵之罪也"，岂不谬哉！

【注释】

①暴：突然。

②胜：尽。

③尺寸：长度单位，引申为小，指尺寸封地。

④五诸侯：指原来的齐、赵、韩、魏、燕五国。

⑤近古：春秋、战国以来的时代。

⑥义帝：公元前208年，项梁立楚怀王的孙子熊心为王，仍称楚怀王。公元前206年，项羽分封诸王，表面上尊楚怀王为义帝。公元前205年，项羽派人杀死义帝。

⑦矜：夸耀。伐：功劳。

⑧寤：通"悟"，醒。

⑨引：援引，作为理由。

【译文】

太史公说：我听周生说："舜的眼睛是双瞳孔的。"又听说项羽的眼睛也是双瞳孔。项羽难道是舜的后代子孙吗？他为什么能兴起得这样迅猛呢！当秦朝趋于灭亡时，陈涉首先发动起义，天下豪杰蜂拥而起，相互争夺天下，多得不可胜数，而项羽并没有尺寸地盘作为依靠，却趁着当时的形势从民间崛起，三年的时间，便率领五国的诸侯灭掉了秦朝，把天下的土地分封给各个王侯，并且制定各项政令，自号为"霸王"。他的王位虽然没有长时间地保持下来，但从近古以来像他这样的还不曾有过。等到他放弃关中，怀恋楚地，放逐义帝自立为王，就失去了人心，这时怨恨那些王侯背叛自己，这就很难了。项羽夸耀自己的功劳，自高自大，运用个人的才智而不效法古人，以为霸王的事业只靠武力征伐就能统治天下，只有五年的时间就亡了国，直到他自身死在东城，还不曾觉悟自己犯了个大错误。他却说"这是上天要灭亡我，不是我用兵的错误"，这难道不是非常荒谬吗！

【评析】

项羽是秦末反秦斗争中一个叱咤风云的英雄人物，在反秦斗争中表现出了十分英勇的一面。在决定反秦成败的巨鹿之战中，他破釜沉舟，以暴风骤雨之势，摧毁了秦军主力，一跃成为中国史诗上的一名重要人物。然而成功之后的项羽，在政治上鼠目寸光，最终所有的成功毁于一旦。

他三年而亡暴秦，一度左右天下，但因其本身的弱点和政策的错误，终演成悲剧。本文通过对项羽一生经历的简述，真实再现了秦汉之际风云变幻的历史画面，成功地描绘了项羽这一历史人物的典型性格。司马迁肯定了项羽起兵反秦、推翻秦王朝的历史功绩，分析了项羽失败的原因，批驳了他的宿命论思想。文章有歌颂、有批判，为我们塑造了一个有血有肉、多棱角的悲剧英雄形象。

十一 孔子世家赞《史记》

【原文】

太史公曰：《诗》①有之："高山②仰止，景行③行止。"虽不能至，然心乡④往之。余读孔氏书，想见其为人。适鲁，观仲尼⑤庙堂、车服、礼器，诸生以时习礼其家，余低回⑥留之，不能去云。天下君王至于贤人，众矣，当时则荣，没则已焉。孔子布衣，传十余世，学者宗之。自天子王侯，中国言六艺⑦者，折中于夫子，可谓至圣矣！

【注释】

①《诗》：即《诗经》，我国最早的一部诗歌总集。

②高山：比喻道德高尚。止：语助，表示肯定语气。

③景行（háng）：大路，比喻行为正大光明。

④乡：通"向"，倾向。⑤适：到。仲尼：孔子字。

⑥低回：徘徊。

⑦六艺：《易》《礼》《乐》《诗》《书》《春秋》。

【译文】

太史公说：《诗经》上有这样的话："巍峨的高山，人们仰望它；宽阔的大道，人们沿着它前进。"我虽然不能达到这个境界，可心里却向往着它。我读孔子的著作，想象到他的为人。我到鲁国，观看了孔子的庙

181

堂、他乘过的车子、穿过的衣服、用过的礼器，还看儒生们在他家里按时演习礼仪，这些都让我徘徊留恋，舍不得离开。天下的君王和那些道德才能出众的人，实在是多，他们在世时十分荣耀，但死后就一切都完了。孔子只是一个平民，他的学说传了十几代，仍为读书人所尊崇。从天子王侯起，中国讲说六艺的，都以孔子的学说作为准则，孔子这个人，可以说是最高的圣人了。

【评析】

作为中国的儒家文化的先驱者，孔子及其他的学派文化对中国文化的形成和发展起到了非常重大的作用。本文是《孔子世家》写后的赞语，通过作者瞻仰孔氏遗迹，述说君王贤人不能流传久远，而孔子以平民身份却能传十余世的比较，表现了作者对孔子的无限推崇之情。

赞文虽然简短，含义却深刻，极具抒情意味。文章虽没有提到金钱，但可以看出，金钱财富不是什么都可以买到的。有许多比金钱、名誉、地位更重要的东西需要我们细心寻找和学习。

十二 太史公自序《史记》

【原文】

太史公曰："先人有言：'自周公卒五百岁而有孔子。孔子卒后至于今五百岁，有能绍①明世，正《易传》，继《春秋》，本《诗》《书》《礼》《乐》之际？'"意在斯乎！意在斯乎！小子何敢让焉！

上大夫壶遂曰："昔孔子何为而作《春秋》哉？"太史公曰："余闻董生曰：'周道衰废，孔子为鲁司寇，诸侯害之，大夫壅之。孔子知言之不用，道之不行也。是非二百四十二年之中，以为天下仪表，贬天子，退诸侯，讨大夫，以达王事而已矣。'子曰：'我欲载之空言，不如见之于行事之深切著明也。'夫《春秋》，上明三王之道，下辨人事之纪，别嫌疑，明是非，定犹豫，善善恶恶，贤贤贱不肖，存亡国，继绝世，补敝起废，王道之大者也。《易》著天地、阴阳、四时、五行，故长于变；《礼》经纪②人伦，故长于行；《书》记先王之事，故长于政；《诗》记山川、溪谷、禽兽、草木、牝牡、雌雄，故长于风③；《乐》乐所以立，故长于和；《春秋》辨是非，故长于治人。是故《礼》以节人，《乐》以发和，《书》以道事，《诗》以达意，《易》以道化，《春秋》以道义。拨乱世反之正，莫近于《春秋》。《春秋》文成数万，其指④数千。万物之散聚，皆在《春秋》。《春秋》之中，弑君三十六，亡国五十二，诸侯奔走不得保其社稷者，不可胜数。察其所以，皆失其本已。故《易》曰：'失之毫厘，差以千里'。故曰：'臣弑君，子弑父，非一旦一夕之故也，其渐久矣。'故有国者不可以不知《春秋》，前有谗而弗见，后有贼而不知。为人臣者不可以不知《春秋》，守经事而不知其宜，遭变事而不知其权⑤。为人君父而不通于《春秋》之义者，必蒙首恶之名。为人臣子而不通于《春秋》之义者，必陷篡弑之诛，死罪之名。其实⑥皆以为善，为之不知其义，被⑦之空言而不敢辞。夫不通礼义之旨，至于君不君，臣不臣，父不父，子不子。君不君则犯，臣不臣则诛，父不父则无道，子不子则不孝。此四行者，天下之大过也。以天下之大过予之，则受而弗敢辞。故《春秋》者，礼义之大宗也。夫礼禁未然之前，法施已然之后；法之所为用者易见，而礼之所为禁者难知。"

壶遂曰："孔子之时，上无明君，下不得任用，故作《春秋》，垂空文以断礼义，当一王之法。今夫子上遇明天子，下得守职，万事既具，咸各序其宜，夫子所论，欲以何明？"

太史公曰："唯唯，否否，不然。余闻之先人曰：'伏羲至纯厚，作《易》八卦。尧、舜之盛，《尚书》载之，礼乐作焉。汤、武之隆，诗人歌之。《春秋》采善贬恶，推三代之德，褒周室，非独刺讥而已也。'汉兴以来，至明天子，获符瑞，建封禅，改正朔，易服色，受命于穆清，泽流罔极，海外殊俗，重译款塞⑧，请来献见者，不可胜道。臣下百官，力诵圣德，犹不能宣尽其意。且士贤能而不用，有国者之耻；主上明圣而德不布闻，有司之过也。且余尝掌其官，废明圣盛德不载，灭功臣、世家、贤大夫之业不述，堕先人所言，罪莫大焉。余所谓述故事，整齐其世传，非所谓作也，而君比之于《春秋》，谬矣。"

于是论次其文。七年而太史公遭李陵之祸，幽于缧绁⑨。乃喟然而叹曰："是余之罪也夫？是余之罪也夫？身毁不用矣！"退而深惟曰："夫《诗》《书》隐约者，欲遂其志之思也。昔西伯拘羑里，演《周易》；孔子厄陈、蔡，作《春秋》；屈原放逐，著《离骚》；左丘失明，厥有《国语》；孙子膑脚，而论兵法；不韦迁蜀，世传《吕览》；韩非囚秦，《说难》《孤愤》；《诗》三百篇，大抵贤圣发愤之所为作也。此人皆意有所郁结，不得通其道也，故述往事，思来者。"于是卒述陶唐以来，至于麟止，自黄帝始。

【注释】

①绍：继。明世：太平盛世。

②经纪：安排。人伦：指人与人之间的等级关系。

③牝（pìn）：雌性的鸟兽；牡：雄性的鸟兽。风：教化。

④指：通"旨"。意旨，要旨。

⑤权：变通。

⑥实：实心，本意。

⑦被：加。辞：推辞。

⑧穆清：指上天，天气清而和。重译：经过几重翻译。款塞：叩关，叩开塞门。

⑨缧绁（léi xiè）：捆绑人的绳索，这里指牢狱。

【译文】

太史公说："先父曾经说过：'自从周公死后五百年孔子出生，孔子死后到今天已经五百年了，又到了应该出现一个人能够继续叙述太平盛世，考订《周易》，续写《春秋》，探求《诗》《尚书》《礼》《乐》之间本原的时候了。'这番话的意思就在这里吧！我怎么敢谦让呢？"

上大夫壶遂说："从前孔子为什么写作《春秋》呢？"太史公说："我听董仲舒说：'周朝的制度衰微荒废，孔子做了鲁国的司寇，诸侯把他视为他们的祸害，大夫处处给他设置障碍。孔子知道自己的意见不会被采用，政治主张也无法实现，因此便对二百四十二年中发生的大事进行评论、褒贬，把它作为天下行事的标准，讥贬天子，斥责诸侯，声讨大夫，只是为了要实行王道罢了。'孔子说：'我想只提出褒贬的空论，不如把褒贬表现在具体事件中更为深刻鲜明。'《春秋》这部书，上则阐明三王的治道，下则分辨人世的伦理纲常。解释疑惑难明的事理，辨明是非，确定犹豫难定的事，表彰善良，贬斥邪恶，尊敬贤良的人，鄙视不肖的人，恢复已经灭亡了的国家，接续断绝了的世系，修补弊端，振兴衰废，这都是王道的重大内容。《易》说明天地、阴阳、四季、五行，善于变化；《礼》安排人世伦常纲纪，所以善于指导；《尚书》记载过去帝王的事业，所以长于政事；《诗》记述山川、溪谷、禽兽、草木、牝牡、雌雄的状况，所以长于教化；《乐》是礼乐建立的依据，所以长于陶冶性情；《春秋》明辨是非，所以长于治理百姓。因此，《礼》用来节制人的行动，《乐》用来抒发和乐之情，《尚书》用来指导政事，《诗》用来表达心意，《易》用来推演事物的变化，《春秋》用来引导人民遵守道义。治理乱世，使它归于正常安定，没有比《春秋》更贴切的了。《春秋》的字数有几万，要旨有几千条，万事万物的成败、聚散的道理都在这部书里。《春秋》一书中，记载杀死国君的事件有三十六起，国家灭亡的有五十二个，诸侯逃亡失去政权的数不胜数。考察之所以这样的原因，都是由于失去了仁义这个根本。所以《易》上说：'失之毫厘，差之千里'。所以说：'臣子杀死君王，儿子杀死父亲，并不是一朝一夕的原因，而是在很长时间内逐步发展形成的。'因此，一国的君主不可以不懂《春秋》，否则面前有人进谗言却看不出，背后有叛逆作乱的人也不了解。做臣子的不可以不懂《春秋》，否则就不知道日常事务怎样处理才恰当，遇到事变就不会相机应付。作为君主、父亲如果不通晓《春秋》的大义，就一定会蒙受首恶的名声。作为臣下、儿子，如果不通晓《春秋》的大义，必然陷入篡位杀父的境地，落个死罪的名声。其实他们都是把这些当好事来做的，只是不知道礼义，人们凭空给他们加上罪名也不敢推辞。由于不通晓礼义的要旨，就会造成君王不像君王，臣子不像臣子，父亲不像父亲，儿子不像儿子；君不像君就容易被冒犯，臣不像臣就会被诛杀；父不像父，就没有道德规范；子不像子，就会成为不孝之徒。这四种行为是天下最大的过错。把天下最大的过错加给他们，也只好接受而不敢推辞。所以《春秋》是礼义的本源。礼是在坏事发生前加以防范，法是在坏事发生后加以惩处；法起的作用很容易被人看见，而礼的预防作用却不易被人了解。"

壶遂说："孔子的时代，上没有贤明的君主，下则不被重用，所以才作《春秋》，用文辞来判断礼义，当作一位帝王立的法。现在您上遇圣明的天子，下有固定的职位，万事齐备，都各自安排在适当的位置上。

你说的话，想用来说明什么呢？"太史公说："啊，不，不，不是这样。我听先父说过：'伏羲极其纯朴厚道，他作了《易》的八卦；尧、舜那样的盛德，《尚书》记载下来，礼、乐由此兴起；汤、周武功业兴隆，诗人加以歌颂。《春秋》称赞善良，贬斥邪恶，推崇三代的盛德，褒扬周室，不仅仅是讽刺讥笑而已。'汉朝兴起以来，到当今的圣明天子，得到了吉祥的符瑞，举行了祭天地的大典，改革历法，变更衣服器物的颜色，承受天命，恩泽无穷无尽，连海外不同风俗的国家都经过几重翻译，叩开边塞的大门请求贡献物品、拜见君主，这样的人多得数不清。臣下百官极力颂扬天子的明德，仍然不能完全表达自己的心意。况且，贤能的士人不被重用，是国君的耻辱；皇上圣明而他的盛德没有广泛传扬，这是官吏的过失。而我曾任过太史令，废弃圣明天子的盛德不去记载下来，磨灭功臣、诸侯、贤大夫的功业不加记述，背弃父亲的遗教，没有比这罪过更大的了。我所说的记述过去的事，只是整理、归纳他们的世系传记，算不上什么著作。而您把它和《春秋》对比，就不对了。"

于是我把有关资料加以编排，写成文章。过了七年，太史公因替李陵辩解而遭祸，被禁在监牢之中。于是喟然长叹道："这是我的罪过吗？这是我的罪过吗？身体遭到毁坏，没有什么用了。"平静下来深思道："大凡《诗》《书》隐约其词的地方，都是作者想实现自己的意志而必须深思的地方。当初西伯被拘禁在羑里，推演出了《周易》六十四卦；孔子在陈、蔡受到困厄，后来作了《春秋》；屈原遭到流放，写作了《离骚》；左丘明双目失明，后来著作了《国语》；孙膑被挖去膝盖骨，就研究兵法；吕不韦迁到蜀地，世上流传着他主持编写的《吕氏春秋》；韩非子被囚禁在秦国，写出了《说难》《孤愤》等文章。《诗》三百篇，大多是贤人圣人抒发内心的愤懑而创作出来的，这些人都是志向被压抑，不能实现他们的主张，所以记述过去的事，想作为后世的借鉴。"于是我终于记述完了从陶尧以来的事情，从黄帝开始，一直到当今皇帝猎获白麟的那一年为止。

【评析】

本文是作者为《史记》写的序言（节选）。文章开头揭示了作者的胸襟和使命，以继承周公、孔子为己任。接着极力赞颂《春秋》的巨大社会作用，从侧面阐述了自己写作《史记》的宗旨。最后说明自己在写作过程中，遭受到了身残的巨大不幸，曾一度灰心，但最终决心忍辱负重，发奋写作，实现自己终生的誓愿，终于完成了《史记》这部巨著。

这篇文章以另一种方式向人们传达了一种精神：只要持之以恒地做事，没有什么事情是做不到的。文中列举了众多的学者，他们发奋努力，最终取得了成功。文章寓意深刻，值得我们细细研读。

十三 报任安书（司马迁）

【原文】

太史公牛马走司马迁再拜言，少卿足下：

曩者辱赐书①，教以慎于接物，推贤进士为务，意气勤勤恳恳，若望仆不相师，而用流俗人之言。仆非敢如此也。仆虽罢驽，亦尝侧闻长者之遗风矣。顾自以为身残处秽，动而见尤，欲益反损，是以独抑郁而谁与语。谚曰："谁为为之？孰令听之？"盖钟子期死，伯牙终身不复鼓琴。何则？士为知己者用，女为说己者容。若仆大质已亏缺矣，虽才怀随、和，行若由、夷，终不可以为荣，适足以见笑而自点耳。书辞宜答，会东从上来，又迫贱事，相见日浅，卒卒无须臾之闲，得竭指意。今少卿抱不测之罪②，涉旬月，迫季冬，仆又薄从上雍，恐卒然不可为讳，是仆终已不得舒愤懑以晓左右，则长逝者魂魄私恨无穷，请略陈固陋。阙然久不报，幸勿为过！

仆闻之："修身者，智之符也；爱施者，仁之端也；取予者，义之表也；耻辱者，勇之决也；立名者，行之极也。"士有此五者，然后可以托于世，列于君子之林矣。故祸莫憯于欲利，悲莫痛于伤心，行莫丑于辱先，而诟莫大于宫刑。刑余之人，无所比数，非一世也，所从来远矣。昔卫灵公与雍渠同载，孔子适陈；商鞅因景监见，赵良寒心；同子③参乘，袁丝变色：自古而耻之。夫中材之人，事有关于宦竖，莫不伤气，而况于慷慨之士乎？如今朝庭虽乏人，奈何令刀锯之余，荐天下豪俊哉？仆赖先人绪业，得待罪辇毂下，二十余年矣。所以自惟：上之，不能纳忠效信，有奇策材力之誉，自结明主；次之，又不能拾遗补阙，招贤进能，显岩穴之士；外之，不能备行伍，攻城野战，有斩将搴旗之功；下之，不能积日累劳，取尊官厚禄，以为宗族交游光宠。四者无一遂，苟合取容，无所短长之效，可见于此矣。向者仆亦尝厕下大夫之列，陪奉外廷末议，不以此时引维纲，尽思虑，今已亏形，为扫除之隶，在阘茸之中，乃欲仰首伸眉，论列是非，不亦轻朝廷、羞当世之士邪？嗟乎！嗟乎！如仆尚何言哉！尚何言哉！

且事本末未易明也。仆少负不羁之才，长无乡曲之誉。主上幸以先人之故，使得奏薄伎，出入周卫之中。仆以为戴盆何以望天，故绝宾客之知，亡室家之业，日夜思竭其不肖之才力，务一心营职，以求亲媚于主上，而事乃有大谬不然者！

夫仆与李陵，俱居门下，素非能相善也。趣舍异路，未尝衔杯酒，接殷勤之余欢。然仆观其为人，自守奇士，事亲孝，与士信，临财廉，取与义，分别有让，恭俭下人，常思奋不顾身，以徇国家之急。其素所蓄积也，仆以为有国士之风。夫人臣出万死不顾一生之计，赴公家之难，斯已奇矣。今举事一不当，而全躯保妻子之臣，随而媒蘖其短，仆诚私心痛之！且李陵提步卒不满五千，深践戎马之地，足历王庭，垂饵虎口，横挑强胡，仰亿万之师，与单于连战十有余日，所杀过当，虏救死扶伤不给，旃裘之君长咸震怖，乃悉征其左右贤王，举引弓之人，一国共攻而围之。转斗千里，矢尽道穷，救兵不至，士卒死伤如积。然陵一呼劳军，士无不起，躬自流涕，沫血饮泣，张空弮，冒白刃，北向争死敌者。陵未没时，使有来报，汉公卿王侯皆奉觞上寿。后数日，陵败书闻，主上为之食不甘味，听朝不怡，大臣忧惧，不知所出。仆窃不自料其卑贱，见主上惨怆怛悼，诚欲效其款款之愚，以为李陵素与士大夫绝甘分少，能得人之死力，虽古之名将不能过也。身虽陷败彼，观其意，且欲得其当而报于汉；事已无可奈何，其所摧败，功亦足以暴于天下矣。仆怀欲陈之，而未有路，适会召问，即以此指，推言陵之功，欲以广主上之意，塞睚眦之辞。未能尽明，明主不深晓，以为仆沮贰师，而为李陵游说，遂下于理。拳拳之忠，终不能自列，因为诬上，卒从吏议。家贫，货赂不足以自赎。交游莫救视；左右亲近不为一言。身非木石，独与法吏为伍，深幽囹圄之中，谁可告愬者！此正少卿所亲见，仆行事岂不然乎？李陵既生降，颓其家声，而仆又佴之蚕室，重为天下观笑。悲夫！悲夫！事未易一二为俗人言也。

　　仆之先，非有剖符丹书之功，文史星历，近乎卜祝之间，固主上所戏弄，倡优所畜，流俗之所轻也。假令仆伏法受诛，若九牛亡一毛，与蝼蚁何以异？而世俗又不与能死节者次比，特以为智穷罪极，不为自免，卒就死耳。何也？素所自树立使然也。人固有一死，死或重于泰山，或轻于鸿毛，用之所趋异也。太上，不辱先；其次，不辱身；其次，不辱理色；其次，不辱辞令；其次，诎体受辱；其次，易服受辱；其次，关木索、被箠楚受辱④；其次，剔毛发、婴金铁受辱；其次，毁肌肤、断肢体受辱；最下，腐刑极矣。传曰："刑不上大夫。"此言士节不可不勉励也。猛虎在深山，百兽震恐，及在槛阱之中，摇尾而求食，积威约之渐也。故士有画地为牢，势不可入；削木为吏，议不可对：定计于鲜也。今交手足，受木索，暴肌肤，受榜箠，幽于圜墙之中。当此之时，见狱吏则头抢地，视徒隶则心惕息⑤。何者？积威约之势也。及以至是，言不辱者，所谓强颜耳，曷足贵乎！且西伯，伯也，拘于羑里；李斯，相也，具于五刑；淮阴，王也，受械于陈；彭越、张敖，南乡称孤，系狱抵罪；绛侯诛诸吕，权倾五伯，囚于请室；魏其，大将也，衣赭衣、关三木；季布为朱家钳奴；灌夫受辱于居室。此人皆身至王侯将相，声闻邻国，及罪至罔加，不能引决自裁，在尘埃之中。古今一体，安在其不辱也？由此言之，勇怯，势也；强弱，形也。审矣，何足怪乎？夫人不能蚤自裁绳墨之外，以稍陵迟⑥，至于鞭箠之间，乃欲引节，斯不亦远乎！古人所以重施刑于大夫者，殆为此也。

　　夫人情莫不贪生恶死，念父母，顾妻子，至激于义理者不然，乃有所不得已也。今仆不幸，蚤失父母，无兄弟之亲，独身孤立。少卿视仆于妻子何如哉？且勇者不必死节，怯夫慕义，何处不勉焉？仆虽怯懦，欲苟活，亦颇识去就之分矣，何至自沉溺累绁之辱哉？且夫臧获婢妾，犹能引决，况仆之不得已乎？所以隐忍苟活，幽于粪土之中而不辞者，恨私心有所不尽，鄙陋没世而文采不表于后世也。

　　古者富贵而名摩灭，不可胜记，唯倜傥非常之人称焉。盖文王拘，而演《周易》；仲尼厄，而作《春秋》；屈原放逐，乃赋《离骚》；左丘失明，厥有《国语》；孙子膑脚，《兵法》修列；不韦迁蜀，世传《吕览》；韩非囚秦，《说难》《孤愤》。《诗》三百篇，大抵贤圣发愤之所为作也。此人皆意有所郁结，不得通其道，故述往事，思来者。乃如左丘无目，孙子断足，终不可用，退而论书策，以舒其愤，思垂空文以自见。

仆窃不逊，近自托于无能之辞，网罗天下放失旧闻，略考其事，综其终始，稽其成败兴坏之理。上计轩辕，下至于兹，为十表、本纪十二、书八章、世家三十、列传七十，凡百三十篇。亦欲以究天人之际⑦，通古今之变，成一家之言。草创未就，会遭此祸，惜其不成，是以就极刑而无愠色。仆诚已著此书，藏之名山，传之其人，通邑大都，则仆偿前辱之责，虽万被戮，岂有悔哉！然此可为智者道，难为俗人言也。

且负下未易居，下流多谤议。仆以口语遇遭此祸，重为乡党所戮笑，以污辱先人，亦何面目复上父母之丘墓乎？虽累百世，垢弥甚耳。是以肠一日而九回，居则忽忽若有所亡，出则不知其所往。每念斯耻，汗未尝不发背沾衣也！身直为闺阁之臣，宁得自引深藏岩穴邪？故且从俗浮沉，与时俯仰，以通其狂惑。今少卿乃教之以推贤进士，无乃与仆私心剌谬乎！今虽欲自雕琢，曼辞以自饰，无益，于俗不信，适足取辱耳。要之死日，然后是非乃定。书不能悉意，略陈固陋。谨再拜。

【注释】

①曩：从前，过去。辱赐书：承您不以给我这样的人写信为羞耻。

②少卿抱不测之罪：指任安被判处腰斩。汉武帝晚年听信江充，江充诬太子谋反，太子起兵讨江。时任安为北军使者护军，接受了太子的命令，因被牵连判死刑。

③同子：汉文帝时的宦官赵谈，子是尊称。司马迁因父亲司马谈与赵谈同名。为避父讳，称他为"同子"。参乘：古时乘车陪坐在车子右边的人。

④理色：脸面颜色。讪体：指身体被捆绑。易服：改穿赭色的囚服。古时犯人穿红赭色的衣服。关：贯穿，指套上。木：木枷。索：绳索。箠：杖。楚：荆条。

⑤惕息：惧怕喘息。

⑥绳墨：法律。陵迟：衰颓，卑下。

⑦天人之际：自然现象与政治社会的关系。

【译文】

　　仆人太史公司马迁再次致敬并陈说，少卿足下：先前承蒙您屈尊写信给我，教导我待人接物要谨慎，并担负起向皇帝推荐贤才的责任，言辞诚挚恳切。如果抱怨我没有听从您的教导，反而听信了世俗人的话，我是不敢这样的。我虽然才能低劣，也曾经私下听德高望重的长者遗留下来的风尚。只是自己认为身体已经残废，处在可耻的地位，一行动就会受到责难，想对事情有所补益，反而会招来损害。因此独自忧愁烦闷，而又能跟谁诉说呢？谚语说："为谁去做？叫谁来听？"钟子期死后，伯牙终生不再弹琴。为什么呢？贤士为了解自己的人效力，女人为喜欢自己的人打扮。像我这样身体已经残废了，即使才能像随侯珠、和氏璧那样宝贵，品德像许由、伯夷那样高洁，终究不能把这当作荣耀，恰好足以被人耻笑而自己受污辱罢了。来信本该及时回复，但我恰好跟从皇帝从东方回来，又忙于烦琐的事务，能与您相见的日子很少，而我又匆匆忙忙没有片刻空闲来详尽地说明我的心意。现在您遭受到意外的罪祸，过一个月就接近十二月了，我又要跟从皇帝去雍地，恐怕您骤然之间遭到不幸，这样我就终生不能抒发心中的愤懑让你有所了解，那就会使您与世长辞的灵魂抱怨无穷。请允许我略略陈述固塞浅陋的意见。隔了很久没有回信，希望不要责怪。

　　我听说：善于修身，是智慧的象征；乐于施舍，是仁德的开端；不随便取予，是义的表现；懂得耻辱，是勇的标志；树立名声，是行的顶峰。一个士人有了这五种品德，然后才可以在社会上立足，而列入君子的行列。所以祸患没有比贪图私利更悲惨的了，悲哀没有比伤心更痛苦的了，行为没有比使祖先受辱更丑恶的了，耻辱没有比遭受宫刑更严重的了。受过宫刑的人，没有人肯和他相提并论，这种情况不是一个时代的事，长久以来就是这样了。从前卫灵公与雍渠同坐一辆车，孔子感到耻辱，离开卫国到陈国去了；商鞅见秦孝公是由于景监的推荐，赵良便感到寒心；赵谈陪坐在汉文帝的车上，袁丝看到了脸色骤变。自古以来人们就看不起宦官。就是只有一般才能的人，事情涉及宦官的，没有不挫伤意气的，何况那些激昂刚毅而又有志气的人呢？现在朝廷虽然缺乏人才，怎么能让受过刑罚的人推荐天下的豪杰俊士呢？我依赖父亲的余业，得以在京城任职，已经二十多年了。自己平时常想：上不能对皇帝尽忠效信，有策略卓越、才干突出的声誉，以取得圣明君主的信任；其次又不能替皇帝拾取遗漏、补正过失，招延、推荐贤能之人和隐居之士；对外又不能参与军队攻城野战，取得斩将夺旗的功劳；下不能逐日积累功劳，取得高官厚禄，使宗族、朋友增光得宠。四个方面没有一项成功，只能苟且迎合皇帝的心意，没有任何微小的贡献，可以从这里看出来。先前我也曾居于下大夫的行列，侍奉在朝堂上，发表些微不足道的议论，没能在当时整顿国家的纲常法纪，竭尽自己的思虑。现在身体已经残废，成了地位低下的人，处在地位卑贱的人中间，还想昂首扬眉，评论是非，不是轻蔑朝廷、羞辱当今的有识之士吗？唉，唉！像我这样的人还有什么话可说呢？还有什么话可说呢！

况且事情的原委是不容易明白的。我年轻时没有卓越非凡的才能，长大成人后也没有受到乡里的称誉。幸亏皇上因为我祖先的功勋，使得我能贡献自己微薄的才能，允许我在宫禁之中进出。我认为头上顶着盆子怎么还能望见天呢，于是就断绝了和宾客的交往，把家庭俗事抛在一边，日夜想着全部献出自己微薄的才力，务必专心尽职，以期取得皇上的信任和宠幸。然而往往事与愿违。

我和李陵都在宫廷做官，平常并没有很深的交情，各人走各人的路，不曾在一起饮过酒，没有互相表示过友好的感情。但是我观察他的为人，确是个能自守节操的出众人物，侍奉双亲很孝顺，同士人结交讲信用，处理财物能保持廉洁，对待取舍讲义气，能分别长幼尊卑，谦让有礼，恭敬节俭，甘居人下，经常想着奋不顾身，为国家的危难不惜牺牲。他平素所修养的品德，我认为具有国家杰出人才的风度。作为臣子，万死不辞，不顾惜自己的生命，奔赴国家的危难，这已经是个奇士了。如今他行事不当，那些只知保全自己和家庭的大臣们，随即夸大李陵的过失，我真是私下对此感到十分痛心。况且李陵率领的步兵不到五千，深入匈奴境内，到达单于居住的地方，在虎口边设下诱饵，勇敢地向强大的胡人挑战，向处在高处的几万敌军进攻，与单于的军队连战了十多天，杀掉的敌人超过自己兵士的数量。敌军连救死扶伤都顾不上。胡人的君王都震惊恐怖，于是全部征调他们的左右贤王，出动了所有拉弓射箭的人，用一国的兵力共同围攻他们。李陵转战千里，箭射完了，道路断绝了，而救兵却不到，士兵死伤严重，尸体堆积如山。但是李陵一声号唤，慰劳军队，士兵无不奋起，人人眼中流泪，脸上沾满血污，暗自抽泣，于是拉开空弓，冒着白光闪闪的刀剑奔向北方，与敌人决死搏斗。李陵的军队还没有覆没时，有使者送来捷报，朝廷的公卿王侯都向皇上举杯祝贺。过了几天李陵兵败的奏章报来，皇上为此茶饭不思，上朝处理政事也忧心忡忡，大臣们担忧害怕，不知如何是好。我私下里没有考虑自己的卑贱，见皇上极度悲痛伤心，实在想诚恳地献出自己愚昧的见解。我认为李陵对部下能做到有好吃的东西自己不吃、把仅有的少量物品分给别人，因而能得到部下的拼死出力。即使古代的名将，也不能超过他。李陵虽然失败被俘，但看他的心意，还是想找恰当的机会立功报效汉朝的。事已至此，无可奈何，但他摧败敌人的功劳已足以向天下表白了。我心里想把这些陈述给皇上但没有机会，恰好碰上皇上召见询问，我就把这些意见禀告皇上并陈说李陵的功劳，想以此来宽慰皇上的胸怀，堵塞那些诋毁诬陷李陵的言语。我没有完全表达明白，皇上不明白我的心意，以为我诋毁贰师将军而替李陵辩解，于是就把我交给大理寺问罪，我诚挚恳切的忠心，终于不能自我表白。因此被定为诬上的罪名，最后皇上同意了法吏的判决。我因为家里贫穷，钱财不够用来赎身，朋友中没有谁来援救看望，皇上身边的人没有谁替我说一句话。人身不是木石，单独同执法的官吏在一起，深深地拘禁在监狱之中，这痛苦能向谁去诉说呢？这些正是你亲眼看到的，我的遭遇难道不是这样的吗？李陵已经活着投降了匈奴，败坏了他家族的声誉，我又在监牢中蒙受耻辱，更加被天下人笑，可悲啊！可悲啊！这事是不容易跟俗人讲清楚的。

　　我的祖先并没有立下免死的功勋，只是掌管文献、历史、天文、历法，职位接近卜官和巫祝，本是被皇上戏弄，像乐师、优伶那样被豢养，而被世人所轻视的。假使我伏法被杀，就像九头牛身上失去一根毛，同蝼蛄、蚂蚁又有什么不同呢？而世俗的人又不把我同坚持气节而死的人相提并论，只是认为我智慧穷尽，罪恶极大，不能自己避免，终于被杀罢了。为什么呢？是平时自己所从事的职业和所处的地位造成的。人难免一死，有的比泰山还重，有的比鸿毛还轻，这是由于死的价值不相同啊。最上等的是不使祖先受污辱，其次是自身不受污辱，其次是不使脸面受辱，其次是不因别人的言辞而受污辱，其次是被捆绑而受污辱，其次是被换上囚服受污辱，其次是戴上刑具、遭受拷打受污辱，其次是剃光头发、戴上铁圈受污辱，其次是毁坏肌肤、截断肢体受污辱，最下等的是腐刑，受污辱到了极点。古书上说："刑罚不能加到大夫身上。"这话是说士人的节操不可不加以勉励。猛虎在深山的时候，百兽都震惊害怕，等到把它关在栅栏和陷阱里，便摇着尾巴向人求食，这是人用威力和约束而逐渐形成的状况。所以有的士人看见地上画个圈圈作监牢，他也坚决不进去；削个木头人作为狱吏，他也绝不同它对答，这是由于有见地、态度坚决鲜明的缘故，如今手脚被捆，压抑，心中有所郁结，不能实现他们的主张，因此才叙述过去的事迹，而寄希望于未来的人。就像左丘明双目失明，孙膑断掉双足，再也不能被世上任用了，于是退隐著书，以此来抒发心中的怨愤，希望自己的文章能流传，使自己的心意得以表白。我不自量力，运用拙劣的文暴露肌肤，遭受拷打，幽禁在牢狱之中。这个时候，见了狱吏就要叩头触地，见了狱卒就心里害怕。为什么呢？就是由于狱吏威势的逼迫而逐渐造成的。等到已经到了这个地步，还说自己没有受到污辱，就是常说的厚着脸皮罢了，还有什么值得尊重的呢？况且西伯是一方诸侯首领，被拘禁在羑里；李斯是丞相，受尽了五种酷刑；淮阴侯本是王，却在陈地被捆绑；彭越、张敖都是面向南方称孤道寡的王，被下狱定罪；绛侯诛杀诸吕，权势超过春秋五霸，被囚禁在请罪之室；魏其是员大将，却穿上赭色囚衣，手脚和颈上都套着刑具；季布卖身给朱家做带枷的奴隶；灌夫被拘禁在少府狱中受辱。这些人都身至王侯将相，名声传扬天下，等到犯罪落入法网，不能自尽，却被囚禁在监牢里面，在古今都是一样的，哪里有不受污辱的呢？照这样说来，勇怯强弱都是形势造成的，明白了这个道理，还有什么值得奇怪的呢？人不能早早地在法律制裁之前就自杀，因此逐渐志气衰颓，等到被鞭打杖责时，才想保全气节自杀，这不是已经太晚了吗？古人之所以对大夫施刑很慎重，就是由于这个原因吧。

按照人的常情，没有谁不贪生恶死，怀念父母，顾念妻室儿女的，至于被正义公理所激发的人就不是这样，他们是有不得已的缘故。现在我很不幸，父母过早死去，没有兄弟，独自一人孤立在世，少卿你看我对妻室儿女的感情怎么样呢？况且勇敢的人不一定为气节而死，怯懦的人如果仰慕节义，在什么情况下不能勉励自己呢？我虽然怯懦，想苟且活在世上，也稍微能识别舍生就义的道理，何至于自甘陷入监牢而受污辱呢？而且奴仆婢妾还能够自杀，何况我已经到了不得已的地步呢？我之所以暗自忍耐苟活下来，被拘禁在污浊的环境中不肯死的原因，是怨恨我心中想做的事还没有完成，在耻辱中离开人世，我的文章著述就不能留传给后世。

古时候富足尊贵而名声磨灭的人，多得不可胜数，只有才能卓越突出的人才受到后人的称赞。周文王被拘禁却推演出《周易》；孔子遭受困厄却著有《春秋》；屈原被放逐才写下了《离骚》；左丘明双目失明，写出了《国语》；孙膑被割去膝盖骨，编写出了一部兵法；吕不韦被贬谪到蜀地，《吕览》一书流传后世；韩非被囚禁在秦国，曾著《说难》《孤愤》。《诗》三百篇，大抵都是贤人、圣人抒发他们心中的愤懑而著作的。这些都是因为人们的思想被压抑，心中有所郁结，不能实现他们的主张，才叙述过去的事迹而寄希望于未来的人。就像左丘明双目失明，孙膑断掉双足，再也不能被世上任用了，于是退隐著书，以此来抒发心中的怨愤，希望自己的文章能流传，使自己的心意得以表白。我不自量力，运用拙劣的文辞，收集天下散失的传闻，略微考订它的事实，综合它的前后始末，考查它成功、失败、兴起、衰亡的原因，上从黄帝开始，下到今天，写成表十篇，本纪十二篇，书八篇，世家三十篇，列传七十篇，总共一百三十篇。也想用来探求自然现象与社会政治的关系，通晓从古到今的变化，形成一家独立的见解。草稿还没有完成，恰好遭遇到这场灾祸。我痛惜全书还没有完成，因此遭受极残酷的刑罚也没有怨恨的表示。我果真写完了这本书，就把它藏在名山之中，传给可信的人，使它传播到大都市里，那么我就以抵偿以前受到的屈辱，即使受刑被杀一万次，又有什么可以悔恨的呢？可是这些话只可以向有智慧的人去说，很难同世俗的人去讲。

况且背负着因犯罪受刑的坏名声在社会上不易安身，地位低贱的人容易受到诽谤议论。我因为说了几句话而遭遇这场灾祸，更加被乡里的人耻笑，又污辱了祖宗，还有什么脸面再到父母的坟上去呢？即使过了百代，耻辱会愈来愈深。所以我非常痛苦，每天肠子要在腹中搅动多次，平日在家里恍惚迷离，好像丢失了什么，出门却不知道要往哪里去，每当想到这件耻辱的事，没有不汗流浃背而沾湿衣服的。我是一个宦官，又怎能自行引退隐居深山岩穴中呢？所以只好跟着世俗沉浮，随着时势上下，来抒发自己狂乱迷惑之情。现在你叫我推贤进士，恐怕和我个人的想法相违背吧？现在即使用美好的言辞自我装饰也没有用，不会取得世人的信任，恰恰足以得到耻辱罢了。总之，人死之后是非才有定论。这封信不能完全表达我的心意，只是略略陈述我的固塞浅陋的意见。谨再拜。

【评析】

这是司马迁给他的朋友任安的信。在这封信中，司马迁以无比激动的心情向任安详细叙述了自己因李陵之祸所受的奇耻大辱，以及下狱受刑的经过，抒发了受刑后的痛苦和怨恨，道出了内心隐藏多时的痛苦和不满，说明了他忍辱苟活是为了完成《史记》这部著作，并且回答了他所以不能推荐贤才的原因，反映了当时社会的黑暗与残酷。

同时文中还可以看出司马迁积极的处世态度，他指出"人固有一死，死或重于泰山，或轻于鸿毛"的人生观，这就显示出了他为了完成《史记》已经下了很大的决心。

信中感情沉痛悲愤，言辞委婉深沉，文势起伏跌宕而呼应绵密，把作者的心思表现得淋漓尽致。后人评价这篇文章是"感慨啸歌，大有燕赵烈士之风；忧愁幽思，则又宜与《离骚》对参"。

十四 谏逐客书（李斯）

【原文】

秦宗室大臣皆言秦王曰："诸侯人来事秦者，大抵为其主游间于秦耳，请一切逐客。"李斯①议亦在逐中。斯乃上书曰：

"臣闻吏议逐客，窃以为过矣。

"昔穆公求士，西取由余于戎，东得百里奚于宛，迎蹇叔于宋，求丕豹、公孙支于晋。此五子者，不产于秦，而穆公用之，并国二十，遂霸西戎。孝公用商鞅之法，移风易俗，民以殷盛，国以富强，百姓乐用，诸侯亲服，获楚、魏之师，举地千里，至今治强。惠王用张仪之计，拔三川之地，西平巴蜀，北收上郡，南取汉中，包九夷，制鄢、郢，东据城皋之险，割膏腴之壤，遂散六国之从，使之西面事秦，功施到今。昭王得范睢，废穰侯，逐华阳，强公室，杜私门，蚕食诸侯，使秦成帝业。此四君者，皆以客之功。由此观之，客何负于秦哉！向使四君却客而不内②，疏士而不用，是使国无富利之实，而秦无强大之名也。

"今陛下致昆山之玉，有随、和之宝，垂明月之珠，服太阿之剑，乘纤离之马，建翠凤之旗，树灵鼍之鼓。此数宝者，秦不生一焉，而陛下说之，何也？必秦国之所生然后可，则是夜光之璧，不饰朝廷；犀象之器，不为玩好；郑、卫之女，不充后宫；而骏马駃騠，不实外厩；江南金锡不为用；西蜀丹青不为采。所以饰后宫、充下陈③、娱心意、说耳目者，必出于秦然后可，则是宛珠之簪，傅④玑之珥，阿缟之衣，锦绣之饰，不进于前；而随俗雅化，佳冶窈窕，赵女不立于侧也。夫击瓮叩缶，弹筝搏髀，而歌呼呜呜快耳目者，真秦之声也；郑、卫桑间，韶虞、武象者，异国之乐也。今弃击瓮而就郑、卫，退弹筝而取韶虞，若是者何也？快意当前，适观而已矣。今取人则不然，不问可否，不论曲直，非秦者去，为客者逐，然则是所重者在乎色乐珠玉，而所轻者在乎人民也。此非所以跨⑤海内、制诸侯之术也。

"臣闻地广者粟多，国大者人众，兵强则士勇。是以泰山不让土壤，故能成其大；河海不择细流，故能就其深；王者不却众庶，故能明其德。是以地无四方，民无异国，四时充美，鬼神降福，此五帝三王⑥之所以无敌也。今乃弃黔首⑦以资敌国，却宾客以业诸侯，使天下之士退而不敢西向，裹足不入秦，此所谓藉寇兵而赍盗粮者也。

"夫物不产于秦，可宝者多；士不产于秦，而愿忠者众。今逐客以资敌国，损民以益仇，内自虚而外树怨于诸侯⑧，求国之无危，不可得也。"

秦王乃除逐客之令，复李斯官。

【注释】

①李斯：楚国上蔡（今河南上蔡）人，荀卿的学生。他游说秦，秦王拜他为客卿。后来，帮助秦王（即秦始皇）统一天下，当了丞相。秦二世时，被赵高陷害腰斩于咸阳。谏：规劝君主、尊长或朋友，使改正错误。

②向使：假使。却：拒绝。内：同"纳"。

③下陈：台阶下面姬妾歌舞的地方。

④傅：同"附"，附着，玑：不圆的珠。珥：耳环。

⑤跨：凌驾。比喻统一。

⑥五帝：指黄帝、颛顼、帝喾、唐尧、虞舜。三王：指夏禹、商汤、周文王。

⑦黔首：秦称百姓为黔首。黔，黑色。

⑧外树怨于诸侯：意思是把客籍人赶回各国，这些人会怨恨秦国，极力辅佐诸侯攻秦。这等于秦王自己在外部树立了众多的仇敌。

【译文】

秦国宗室大臣们一起向秦王说："各诸侯国人来服事秦国的，大都是在替他们的君主进行游说、离间，请把所有的客籍人都赶走。"李斯也是在商议中要被驱逐的一个。李斯就写信给秦王说：

"听说官吏们商议赶走客籍人，我私下认为这样做是错误的。

"从前，穆公访求贤士，西边从戎族那里选拔了由余，东面从楚国的宛县得到了百里奚，从宋国迎来了蹇叔，从晋国来了邳豹和公孙友。这五个人，都不出生在秦国，可是穆公重用他们，因而兼并了二十个小国，于是称霸西戎。孝公采用了商鞅的新法，移风易俗，百姓因此兴旺富足，国家因此繁荣富强，百姓都乐意为国出力，各诸侯国都对秦国亲善归服，战胜了楚、魏的军队，攻取了上千里的土地，使得秦国至今还保持安定强盛，惠王采用张仪的计策，攻取了三川的土地，向西吞并了巴、蜀，向北收得了上郡，向南夺取了汉中，拿下了广大少数民族地区，控制着楚国的鄢、郢，向东占据了成皋的天险，取得了大片肥沃的土地。于是离散了韩、魏、赵、齐、楚、燕六国的合纵联盟，使他们都尊崇、侍奉秦国，这功劳一直延续到今天。昭王得到范雎，废除穰侯，驱逐华阳君，加强王室的权力，限制豪门贵族的势力。渐渐地吞并诸侯各国，帮助秦国建成帝王的事业。这四位君主，都凭借了客籍人的功劳。由此看来，客籍人哪里辜负了秦国呢！假使这四位君主拒绝不接纳客籍人，疏远贤士而不用，这就是使国家没有富足的实力，而秦国也没有强大的名声了。

"现在陛下得到了昆仑山的宝玉，有了随侯珠、和氏璧，悬挂着光如明月的珍珠，佩带着太阿宝剑，乘坐名叫纤离的骏马，竖着用翡翠取羽毛作装饰的彩旗，摆设着鳄鱼皮蒙的大鼓。这几种宝物秦国不出产一种，可是陛下非常喜爱它们，这是为什么呢？一定要秦国出产的才能用，那么夜光璧就不能装饰朝廷，犀牛角和象牙制的器物就不能做玩赏的东西，郑、卫两国的美女就不能住满后宫，而且骏马駃騠不该关满外面的马栏，江南的铜锡不该用作器物，西蜀的丹青不能用来做颜料。凡是装饰后宫的珠玉、充满台阶下面的姬妾、娱乐心意的器物、悦耳目的音乐图画等，如果一定要出产在秦国的才可用，那么，这些嵌着宛珠的簪子、镶着小珠的耳环、东阿白绢做成的衣服、锦绣的饰物，就不能进献到您面前，而且打扮时髦、艳丽苗条的赵国女子就不能待立在您的身边了。敲打着瓦瓮瓦钵，弹着竹筝，拍腿打拍子，唱着呜呜的歌曲来娱人耳目的，才真正是秦国的音乐呢！郑、卫桑间的音乐，以及韶虞、武象，都是别国的音乐呢！如今抛弃敲打瓦器而欣赏郑、卫的音乐，撤走竹筝而选择韶虞的乐曲，这样做是为了什么呢？还不是为了眼前的心情愉快，适合观赏罢了。如今您用人却不这样做，不问适宜不适宜，不论正确不正确，凡不是秦国人就要他离开，只要是客籍人就赶走。这样做就说明，你所重视的是女色、音乐、珍珠、宝玉，而所轻视的则是人才了，这可不是统一天下、制服诸侯的策略啊。

"我听说土地广大的粮食就丰富，国家大的人口就众多，武器精锐兵士就勇敢。因此泰山不拒绝土壤，所以能形成它的高大；河海不排除细流，所以能形成它的深广；君主不拒绝庶民，所以能显示他的厚德。因此说地不分东西南北，人民不分本国别国，能够四季都富庶美好，鬼神都来保佑。这就是五帝、三王无敌于天下的根本原因。现在您竟然抛弃百姓去资助敌国，驱逐客籍人去成就别国诸侯的事业，使天下的贤士都退缩畏惧，不敢向西，停住脚步不肯进入秦国，这就叫作借武器给敌人，送粮食给盗贼啊。

"物品不出产在秦国，可是珍贵的很多；贤士不出生在秦国，但愿意效忠秦国的很多。现在驱逐客籍人去资助敌国，损害百姓去增加对手的力量，使得国家内部空虚；而在对外又结怨于诸侯，想求得国家没有危险，是办不到的啊！"

秦王（看了李斯的书信）便撤销逐客的命令，恢复了李斯的官职。

【评析】

战国时很多客卿来到秦国，影响了秦国贵族的权势。适逢韩国派郑国来秦，劝秦王大规模兴修水利，企图消耗秦的国力，以免对韩用兵。此事泄露后，秦国贵族一味攻击客卿皆间谍，劝秦王驱逐所有客卿。李斯也在被逐之列，故写下这篇《谏逐客书》。

本文引用充足的历史事实，先正面立论，说明各客卿有功于秦国，又设妙喻，以不拒他国的珍宝器物与逐客相比，归结出逐客的危害性。行文中，多用排比，反复论证，很有说服力，使秦王不得不除逐客之令。

卷六　汉文

一　高帝求贤诏《汉书》

【原文】

盖闻王者莫高于周文，伯者莫高于齐桓①，皆待贤人而成名。今天下贤者智能岂特古之人乎？患在人主不交故也②，士奚由进？今吾以天之灵、贤士大夫定有天下，以为一家，欲其长久，世世奉宗庙亡绝也。贤人已与我共平之矣，而不与吾共安利之，可乎？贤士大夫有肯从我游者，吾能尊显之。布告天下，使明知朕意。御史大夫昌下相国，相国酂侯③下诸侯王，御史中执法下郡守，其有意称明德者，必身劝，为之驾，遣诣相国府，署行、义、年。有而弗言，觉免。年老癃病④，勿遣。

【注释】

①王者：称王的人。伯者，伯，通"霸"，称霸的人。

②患：只怕。

③酂侯：指萧何。

④年老癃病：年纪大了，年迈多病。

【译文】

听说自古以来能够称王的人，没有一个能比得上周文王，谋得宏图霸业的人，没有一个能比得上齐桓公，他们都是借助贤才的辅佐而成就功业。说到天下有才能的人，难道就只能在古代才有吗？只怕是君王不跟他们结交，贤才又怎么会为他们效力呢？现在我借助老天的保佑和贤才士大夫的帮助平定天下，完成大一统的功业，要想让权力稳固长久，祖孙后代都能继续在宗庙中被供奉。贤才们想要跟我一起平定天下，但是却不跟我一起共同治理，从而让天下稳定发展，怎么能行呢？贤才们愿意帮助我治理天下的，我会让他们获得尊贵的地位。所以我布告天下，想让天下所有人都明白我的意思。御史大夫周昌给相国看了我的求贤诏，相国酂侯萧何把它下发给各路诸侯，御史中丞要把它下达给各个县郡的地方官，要是发现有才能的贤才，地方官务必要亲自去劝说，为他准备车驾，把他送到相国府，登记他的表现、相貌和年龄。要是有贤才出现，官吏却不推荐，一经发现，这个地方官就要被免职，年纪大的或者是有病的就可以免受流放派遣的罪责。

【评析】

诏书以周文、齐桓自许，以古之贤士期待今之人，流露了刘邦希冀王霸之业的雄心以及渴求贤才的迫切。诏书云：不惟古之人有智慧有才能，今天下人亦然，只因人主不肯结交，致使贤者无由进升。如此归咎人君，便见高祖礼贤下士之意，显得顿挫而又警醒。高祖本意在于进用贤者以安定汉家，却云"与吾共安利之"。一个"利"字，巧妙地将自身的好处幻化成了贤人的利益。如此说来，高帝求贤便有了为贤者打算图谋的含义。诏书又云："贤士大夫有肯从我游者，吾能尊显之。"上文言"交"，此处言"游"，更表现出一种天子友匹夫的大度雍容的气度；尊之显之云云，则是直接诱之以势力。诏书结尾云：郡国若有贤者，"必身功为之驾"，"有而弗言，觉，免"；一个"必"字、一个"免"字，再次表现了高帝求贤的精诚。由此可见，《高帝求贤诏》不仅层次划然，而且用语极具艺术性。

二 文帝议佐百姓诏《汉书》

【原文】

间者数年比不登^①，又有水、旱、疾、疫之灾，朕甚忧之。愚而不明，未达其咎。意者朕之政有所失而行有过与？乃天道有不顺，地利或不得，人事多失和，鬼神废不享与？何以致此？将^②百官之奉养或费，无用之事或多与？何其民食之寡乏也？夫度田非益寡，而计民未加益，以口量地，其于古犹有余，而食之甚不足者，其咎安在？无乃百姓之从事于末，以害农者蕃？为酒醪③以靡谷者多，六畜之食焉者众与？细大之义，吾未能得其中，其与丞相、列侯、吏二千石、博士议之，有可以佐百姓者，率意④远思，无有所隐！

【注释】

①间：最近。比：多次。登：庄稼成熟。

②将：或者。

③酒醪：酿酒。

④率意：尽心。

【译文】

近年来粮食连年歉收，再加上水灾、旱灾和疾病、瘟疫等灾害，我非常担心。因为我愚笨不聪明，不知道是哪里出现了问题。想来应该是我政治上的失误或者是不恰当的行为吧？还是因为我不顺应天时，还是没有尽可能地利用地利，还是因为人事不和谐，还是因为鬼神抛弃我而放弃享用祭品呢？怎么会这样呢？可能是文武百官的俸禄太高？可能是在没用处的东西上花费太多了吧？为什么百姓的粮食会这么匮乏呢？经过考量，田地并没有变少。经过统计，人口也没有比以前更多，把土地按照人口平均分配，比以前还要多，但是粮食却很缺乏，问题出在哪里？难道是百姓中从事商业的人太多而耽误了农事？因为酿酒而浪费的粮食太多了？还是因为养了太多的家畜导致吃了太多的粮食？这些大大小小的原因，我还不知道问题出在哪儿？所以我和丞相、列侯以及那些俸禄两千石的官员和博士们商量，有可以帮助百姓的，要用心好好地去考量，不要有所隐瞒。

【评析】

本文讲的是汉文帝下诏让朝廷官员商议安民富民的办法，文中一连七八个设问，从行政和民情习俗方面寻找原因。还从自身寻找原因，反应了汉文帝重农忧民的思想。其担忧百姓疾苦的形象跃然纸上。

三 景帝令二千石修职诏《汉书》

【原文】

雕文刻镂，伤农事者也；锦绣纂组①，害女红者也。农事伤，则饥之本也；女红害，则寒之原也。夫饥寒并至，而能无为非者寡矣。朕亲耕，后亲桑，以奉宗庙粢盛②、祭服，为天下先。不受献，减太官，省繇赋③，欲天下务农蚕，素有畜积，以备灾害。强毋攘弱，众毋暴寡，老耆以寿终，幼孤得遂长。今岁或不登，民食颇寡，其咎安在？或诈伪为吏，吏以货赂为市，渔夺百姓，侵牟万民④。县丞，长吏也，奸法与盗盗，甚无谓也。其令二千石各修其职。不事官职，耗乱者⑤，丞相以闻，请其罪。布告天下，使明知朕意。

【注释】

　①纂组：红色的绶带。

　②粢盛：装在祭祀的器皿中用来祭祀的谷类。

　③省：减少、节省。

　④侵牟：贪图谋取。

　⑤耗乱者：糊涂昏乱的人。

【译文】

　　对器皿一味地彩绘装饰、精雕细刻的，是不利于农业生产的事情；为衣服刺绣花纹、编织丝带，是不利于妇女的纺织生产。农业的发展受到阻碍，就是老百姓为什么会遭受饥饿的最根本原因；妇女们不能专心从事纺织业，就是为什么老百姓会忍受寒冷的原因。又冷又饿，就会有很多人开始做坏事。我亲自耕种，皇后跟我一起采桑养蚕，为宗庙所需的祭品提供来源，为天下的百姓做表率。我不让百姓进献，节约日常的膳食，减少徭役和赋税，就是想让百姓们都全心全力地从事农桑，为生活留下点积蓄，能够预防荒年和灾年。要让强的人不要欺负弱的人，有势的人不要欺负势单力薄的人，老人能够寿终正寝，孤儿和幼儿能够健康地成长。有的时候没有好收成，百姓的口粮并不是十分宽裕，问题在哪里呢？可能是因为奸诈虚伪的人攀上了官位，他们受贿徇私，剥夺百姓的财产，迫害百姓。县丞本来是一个县之中最高的长官，但是却徇私舞弊，违反法纪，这就等于是助纣为虐，跟设立官吏的初衷背道而驰。现在命令每个地方俸禄为两千石的官吏们遵守自己的职责，监督那些官员。假如郡守们无法履行职责、糊涂昏乱，丞相一旦察觉就要及时上报，惩罚他们的罪责。把这个告诉天下的人，让百姓们和官吏们都能够明白我的意思。

【评析】

这篇文章全文共分四段：首段说明忧虑民生的日益困苦。二段从朝廷行正和官吏方面设想民困的原因。三段从民情习俗方面设想民困的原因。末段令丞相、列侯、吏二千石、博士等仔细讨论，不可以隐讳。通篇辞、意委婉，官式文书而如话家常，流露在字里行间的爱民之心，特别感人。汉文帝刘恒是封建社会中一位比较能体贴民间疾苦的皇帝。

四 武帝求茂材异等诏《汉书》

【原文】

盖有非常之功，必待非常之人。故马或奔踶①而致千里，士或有负俗之累②而立功名。夫泛③驾之马，跅弛④之士，亦在御之而已。其令州郡察吏民有茂材异等可为将相及使绝国者。

【注释】

①踶：踢。

②负俗之累：被世俗讥笑的错误。

③泛：通"覂"，是指奔放不羁很难驯服的马。

④跅弛：放荡不羁。

【译文】

想要成就不凡的事业，就一定要有不凡的人来完成。所以很难驯服的马却能够日行千里，被世俗的人嘲笑的人却能够建功立业。那些不遵循轨迹的骏马，行为放荡不被世俗约束的士人，也在于如何控制他们罢了。命令每个州郡负责考察的官吏挖掘民间表现优秀、能够担任将军、宰相以及那些能够到外国出使的人才。

【评析】

凡要建立不寻常的功业，必须依靠不寻常的人才。所以有些狂奔踢人的马，却是日行千里的良马；有些时常被世俗讥讽议论的人，却是能建功立业的奇才。那可能翻车的马，以及放荡不羁的人，关键在如何使用而已。现特责成全国各州县地方官，要留心考察推荐官民中有特殊才干，能做将相和出使外国的人。

这篇文章是汉武帝为建功立业发出的征求贤才的号召书。文章强调了建设国家与发掘人才的密切关系，提出了大行不避细节的选拔原则。这篇诏书文字精练，表现了大汉恢宏的风范和招揽贤良之急切，其爱才的胸襟令人景仰。

五 狱中上梁王书（邹阳）

【原文】

邹阳从梁孝王游①。阳为人有智略，忼慨不苟合，介于羊胜、公孙诡之间。胜等疾阳，恶之孝王。孝王怒，下阳吏，将杀之。阳乃从狱中上书曰：

【注释】

①梁孝王：西汉文帝的次子，刘武，被封为梁王。

【译文】

邹阳是梁王的门客。邹阳做人十分机智而且还有谋略，理想远大而不随便附和别人，跟羊胜、公孙诡一起都是梁王门客。羊胜等人十分嫉妒邹阳，总是在梁王面前说他的坏话。梁王就十分恼怒邹阳，把邹阳交给了狱吏，想要处死他。邹阳在坐牢的时候，写信给梁王说道：

【原文】

"臣闻'忠无不报，信不见疑'，臣常以为然，徒虚语耳。昔荆轲慕燕丹之义，白虹贯日，太子畏之。卫先生为秦画长平之事①，太白食昴②，昭王疑之。夫精变天地，而信不谕两主，岂不哀哉！今臣尽忠竭诚，毕议愿知，左右不明，卒从吏讯，为世所疑。是使荆轲、卫先生复起，而燕、秦不寤也！愿大王孰察之。

【注释】

①长平之事：长平之战，秦国将领白起讨伐赵国，在长平打败赵国军队。

②昴：星宿名。

【译文】

"我听说过'忠诚不会不受报答，诚实不会被怀疑'，我曾经认为这句话是正确的，但是现在想来这不过是一句不切实际的话罢了。以前荆轲倾慕燕国太子丹的仗义，他的诚心能够让白虹贯穿太阳，但是太子丹却忧心他。卫先生帮助秦国打赢了长平之战，他的忠诚能够让太白星入侵昴星，但是秦昭王还是不信任他。两个人的忠心都能够引起变异的星象，但是两位的君王还是怀疑他们，这难道不让人感到悲哀吗？今天我殚精竭虑地尽忠，把自己的看法全部都说出来，希望您能够理解我，但是您却不能保持清明，把我交到牢狱之中审讯，让我的忠心被世人怀疑。这就是让荆轲、卫先生再生而燕太子丹和秦昭王却不醒悟啊！希望大王能够仔细考虑一下。

【原文】

"昔玉人献宝，楚王诛之；李斯竭忠，胡亥极刑。是以箕子阳狂，接舆避世，恐遭此患也。愿大王察玉人、李斯之意①，而后楚王、胡亥之听，毋使臣为箕子、接舆所笑。臣闻比干剖心，子胥鸱夷②，臣始不信，乃今知之。愿大王熟察，少加怜焉！

【注释】

①玉人：这里指楚国人卞和，传说他曾经得到一块璞玉，两次进献给楚王，但是大家都认为那是石头，最后以欺君之罪惩罚他失去双脚，后来楚文王即位，才明白卞和的冤屈。

②鸱夷：皮袋子。相传伍子胥死后，吴王夫差让人用皮袋子装着他的尸体投入江中。

【译文】

"以前卞和为楚王进献宝物，却被楚王砍掉双脚；李斯为秦国尽忠，却被胡亥残忍杀死。所以箕子装疯卖傻，接舆逃离尘世选择隐居，他们全都害怕自己遭遇到那样的灾难啊。希望王上能够了解卞和跟李斯的忠心，不要学楚王和胡亥那样听信谗言，让我不被箕子和接舆讥讽。我听说比干的心被纣王挖去，伍子胥死后，吴王夫差命人用皮袋子装了他的尸体，扔到江中，开始的时候我并不相信，现在我才明白这是真的。希望王上您能够仔细审察，对我稍微怜惜。

【原文】

"语曰：'有白头如新，倾盖如故。'何则？知与不知也。故樊於期逃秦之燕，藉①荆轲首以奉丹事；王奢②去齐之魏，临城自刭，以却齐而存魏。夫王奢、樊於期非新于齐、秦而故于燕、魏也，所以去二国③死两君者，行合于志，慕义无穷也。是以苏秦不信于天下，为燕尾生；白圭战亡六城④，为魏取中山。何则？诚有以相知也。苏秦相燕，人恶之燕王，燕王按剑而怒，食以駃騠⑤；白圭显于中山，人恶之于魏文侯，文侯赐以夜光之璧。何则？两主二臣，剖心析肝相信，岂移于浮辞哉！

【注释】

①藉：通"借"，借着。

②王奢：本来是齐国的臣子，后来逃到了魏国，后来齐国讨伐魏国，王奢为了不连累魏国而自杀。

③去二国：离开两个国家。

④白圭：本来是中山国的大将，后来在战役中失掉六座城池被杀死，之后逃往魏国，之后就帮助魏国征讨中山国。

⑤駃騠：好的马驹。

【译文】

"俗话说：'有的人相处到老，彼此还是陌生的；有的人只是偶然相遇，却一见如故。'这是什么原因呢？这是因为彼此之间的了解和不了解啊。因此，樊於期逃离秦国到燕国，割下自己的脑袋给荆轲去帮助燕太子丹完成大事；王奢逃离齐国到魏国，在城头上自杀，使得齐国的军队退兵，只为保护魏国。王奢、樊於期跟齐国和秦国并不是刚刚才了解的，和燕国以及魏国也并不是有旧交情，他们离开齐国和秦国，愿意为了太子丹和魏文侯去死，只因为他们跟燕太子丹和魏文侯之间志趣相投，相互欣赏，并且心中十分倾慕道义。所以苏秦不能在天下的诸侯国之中取得威信，对燕国却成了像尾生一样忠实守信的人；白圭为中山国打仗的时候，曾经丢掉了六座城池，后来却帮助魏国夺取了中山国的土地。他们这么做的原因是什么呢？这是因为他们之间相互了解啊。苏秦在燕国做丞相的时候，有人到燕王那里去诋毁他，燕王听了之后握着宝剑生气，反而把好的马驹的肉赏赐给苏秦吃；白圭因为攻下了中山国的城池而在魏国享受尊敬，有的人到魏文侯那里说他的坏话，魏文侯听了之后，反而赏赐给他夜光的玉璧。这是什么原因呢？因为国君和臣子之间相互明志，而且又相互信任，他们之间的关系怎么会因为没有依据的流言蜚语就动摇呢！

【原文】

"故女无美恶，入宫见妒；士无贤不肖，入朝见嫉。昔司马喜膑脚于宋，卒相中山，范雎拉胁折齿于魏，卒为应侯。此二人者，皆信必然之画①，捐朋党之私，挟孤独之交，故不能自免于嫉妒之人也。是以申徒狄蹈雍之河，徐衍负石入海。不容于世，义不苟取比周②于朝，以移主上之心。故百里奚乞食于道路，缪公委之以政；宁戚饭牛车下，桓公任之以国。此二人者，岂素宦③于朝，借誉于左右，然后二主用之哉？感于心，合于行，坚如胶漆，昆弟不能离，岂惑于众口哉？故偏听生奸，独任成乱。昔鲁听季孙之说逐孔子，宋任子冉之计囚墨翟。夫以孔、墨之辩，不能自免于谗谀，而二国以危。何则？众口铄金，积毁销骨也。秦用戎人由余而伯中国，齐用越人子臧而强威、宣。此二国岂系于俗，牵于世，系奇偏之浮辞哉？公听并观，垂明当世。故意合则胡越为兄弟，由余、子臧是矣；不合则骨肉为仇敌，朱、象、管、蔡是矣。今人主诚能用齐、秦之明，后宋、鲁之听，则五伯不足侔④，而三王易为比。

【注释】

①画：通"划"，计划。

②比周：结党。

③素宦：一直为官。

④侔：相比。

【译文】

"女子不管是美是丑，一进入宫中就会被人妒忌；士子不管贤能与否，一进入朝廷就会被人嫉恨。以前司马喜在宋国遭受膑刑，最后到了中山国做丞相；范雎在魏国的时候被打断肋骨，打落牙齿，后来在秦国被封为应侯。这两个人都坚信能实现梦想，不结党营私，怀揣着孤独高傲的态度跟人交往，因而无法避免被人嫉妒。所以，申徒狄跳到雍水顺流到了黄河，徐衍背着石头跳进大海，他们不被世俗包容，却身怀大义，不愿跟朝中的其他人结党而谋取功名而蒙蔽君主的心。因此，百里奚在路上乞讨，秦穆公却把朝廷中的政事交给他打理；宁戚在车下喂牛却被齐桓公委以治国重任。这两个人难道是因为一直在朝廷中做官，凭借着同僚制造的声誉，然后才被两个君王重用的吗？只要相互了解，心意相通，彼此之间的关系就能够十分亲密，就算是亲兄弟也无法离间他们，又怎么会被别人的话所迷惑呢？所以，听信谣言就会产生奸诈邪恶的人，专宠一人就会产生混乱，以前鲁国的君王偏信季孙氏的谗言，把孔子赶走了，宋国的君王用了子冉的计策而囚禁了墨翟。凭借着孔子、墨翟的能言巧辩，还不能让自己免于被谗言中伤，使得鲁国、宋国两个国家处于危险的境地。这是什么原因呢？因为大家的传言能够让金子熔化，大量的诽谤和污蔑加在一起就能够让骨头销蚀啊。因此，秦国因为重用西戎人由余从而在中原地区称霸，齐国任用越国人子臧从而使得威王和宣王能够强国。这两个国家哪里是被世俗的情感所拘束，被世人所牵绊，被偏执的语言所左右的呢！只要公平地对待建议和意见，综合地观察，就能够建立适合当今发展的政策。彼此心意相通，吴国和越国就能够成为兄弟国家，由余、子臧就是例子；如果心意相背，那么就算是骨肉同胞也会成为敌人，丹朱、象、管叔、蔡叔就是例子。现在君王如果真的能够采用齐国和秦国的聪明做法，不像宋国和鲁国那样听信谣言，那么春秋五霸也不能跟您相提并论，三王的功业也是容易做到的。

【原文】

"是以圣王觉寤，捐子之之心①，而不说田常之贤，封比干之后，修孕妇之墓，故功业覆于天下。何则？欲善无厌也。夫晋文亲其仇，强伯诸侯；齐桓用其仇，而一匡天下。何则？慈仁殷勤，诚加于心，不可以虚辞借也。至夫秦用商鞅之法，东弱韩、魏，立强天下，卒车裂之；越用大夫种②之谋，禽劲吴而伯中国，遂诛其身。是以孙叔敖三去相而不悔，於陵子仲辞三公为人灌园。今人主诚能去骄傲之心，怀可报之意，披心腹，见情素，堕③肝胆，施德厚，终与之穷达，无爱于士，则桀之犬可使吠尧，跖之客可使刺由，何况因万乘之权、假圣王之资乎！然则荆轲湛七族，要离燔④妻子，岂足为大王道哉！"

【注释】

①子之之心：子之，曾经担任燕王哙的丞相，曾经想要骗哙把王位传给他。

②种：文种，春秋时期越王勾践的臣子，帮助勾践灭掉吴国，后来被勾践逼迫自杀。

③堕：毁坏。

④燔：烧。

【译文】

"所以，贤明的君主意识到这一点，抛弃子之那样的忠心，厌恶田常那样的贤臣，封赏比干的子孙，为被杀害的孕妇修坟墓，功业能够遍布天下。这是为什么呢？是因为他们做善事的心永远都没有办法满足，晋文公对自己以前的敌人亲近，最终成为天下霸主；齐桓公对自己以前的敌人委以重任，最终统一天下。这是为什么呢？因为他们心地善良，待人真诚，不用虚假的语言来欺骗别人。至于秦国任用商鞅进行变法，向东面削弱韩国、魏国的实力，很快就成了一个强大的国家，但是最后商鞅却落得个车裂而死的下场；越国采取大夫文种的意见，把强大的吴国消灭之后称霸中原，但是文种最终还是被逼自杀了。这就是孙叔敖三次被罢免丞相的职位却不怨恨，於陵陈仲子不愿意处在三公的高位上而去为别人浇水种菜的原因。现在君王要是真的能够去掉骄傲自大的心，怀着有功必赏的诚意，吐露心声，显出真情，肝胆相照，最终跟士人一起共进退，没有什么可以吝惜的，就能让夏桀的狗对着尧叫，可以让盗跖的刺客去刺杀许由。更何况现在还可以靠着君主的权力，借助帝王的资本呢！这样一来，荆轲的七族被杀，要离烧死自己的妻子儿女，还要对大王汇报吗？

【原文】

"臣闻明月之珠、夜光之璧，以暗投人于道，众莫不按剑相眄者。何则？无因而至前也。蟠木根柢，轮囷离奇①，而为万乘器者，以左右先为之容②也。故无因而至前，虽出随珠、和璧，只怨结而不见德；有人先游③，则枯木朽株，树功而不忘。今夫天下布衣穷居之士，身在贫羸，虽蒙尧、舜之术，挟伊、管之辩，怀龙逢、比干之意，而素无根柢之容，虽竭精神，欲开忠于当世之君，则人主必袭按剑相眄之迹矣。是使布衣之士不得为枯木朽株之资也。是以圣王制世御俗，独化于陶钧④之上，而不牵乎卑乱之语，不夺乎众多之口。故秦皇帝任中庶子蒙嘉之言以信荆轲，而匕首窃发；周文王猎泾、渭，载吕尚归，以王天下。秦信左右而亡，周用乌集而王。何则？以其能越牵拘之语，驰域外之议，独观乎昭旷之道也。今人主沉谄谀之辞，牵帷之制，使不羁之士与牛骥同皁⑤，此鲍焦所以愤于世也。

【注释】

①轮囷离奇：盘绕弯曲的样子。

②容：打扮。

③游：宣传推荐。

④陶钧：做陶器所用的转轮。

⑤皁：通"槽"，牛马吃食的器皿。

【译文】

"我听说把随侯珠、和氏璧在夜间的时候扔到大路上，大家没有不按着剑柄斜眼相看的。这是为什么呢？因为它们是无缘无故出现在眼前的。弯曲的树根模样曲折离奇，却成了君王的玩具，因为皇帝身边的人已经把它雕刻装饰过了。因此，无缘无故出现，就算是抛出去随侯珠、和氏璧，也只会让人结下仇怨而不是恩情；但是只要有人在前面游说，就算是干枯的树木，也能够建立功业让人铭记。现在天下的平民百姓，又穷又病，他们就算是有尧舜那样的治国之策，有伊尹和管仲那样的雄辩之才，有关龙逢和比干那样的赤胆忠心，但是没有经过精细雕琢，他们就算是绞尽脑汁，想要向君王表露忠心，君王也一定会握着宝剑斜视他们。这就让一般的人无法得到枯木那样的待遇了。因此，君王治理天下，就要像陶工转钧那样独立完成，不要受到混乱的言谈的干扰，不要被大家七嘴八舌的话所牵动。因此，秦始皇因为听信了中庶子蒙嘉的话而相信荆轲，但是突然就被匕首袭击；周文王在泾水和渭水之间打猎，邀请吕尚到朝中辅佐，最终称王。秦国因为信任左右的侍从而导致国家灭亡，周朝任用偶遇的人成就了霸业，原因是什么呢？因为周文王能够不被狭隘的言谈所干扰，突破任何局限的议论，独具慧眼地看到光明的前途。现在皇帝被周围的谗言蒙蔽，被妃子和近臣牵制，致使不为世俗约束的人与牛马同槽，这就是鲍焦愤世嫉俗的原因啊。

【原文】

"臣闻盛饰入朝者不以私污义，底厉名号者不以利伤行。故里名'胜母'，曾子不入；邑号'朝歌'，墨子回车。今欲使天下寥廓之士笼于威重之权，胁于位势之贵，回面污行，以事谄谀之人，而求亲近于左右，则士有伏死堀①穴岩薮之中耳，安有尽忠信而趋阙下②者哉！"

【注释】

①堀：通"窟"。

②阙下：宫墙之下，这里的意思是指君主。

【译文】

"我听闻盛装上朝的大臣，不会因为自己的私心而使道义受到玷污；磨炼品德注重名声的人，不会因为贪图利益就使自己的德行受损。因此，一个地方名字叫'胜母'，曾子就是不肯进去；一个城市叫'朝歌'，墨子乘车遇到掉转车头就走。现在要让天下心怀抱负之人，被权力所俘获，被地位高的人威胁，改变自己的态度，玷污自己的德行去奉承阿谀谄媚的人，以此得到亲近皇帝的机会，那么这些人才就只能够隐居在山川和窟窖之中，直到死去，哪里会有人想为君王尽忠而来面见君主呢！"

【评析】

邹阳被囚狱中，身罹杀身之祸，但并不迎合媚上，哀求乞怜，而在上书中继续谏诤，字里行间，还很有些"不逊"（司马迁语），充分显示了他的"抗直""不苟合"的性格，也是他"有智略"的表现。文章列举史实，借古喻今，雄辩地揭示了"人主沈谄谀则危，任忠信则兴"的道理。

六 上书谏猎（司马相如）

【原文】

相如从上至长杨猎。是时天子方好自击熊豕，驰逐埜兽。相如因上疏谏曰："臣闻物有同类而殊能者，故力称乌获①，捷言庆忌②，勇期贲、育③。

臣之愚，窃以为人诚有之，兽亦宜然。今陛下好陵阻险，射猛兽，卒然遇逸材之兽，骇不存之地，犯属车之清尘，舆不及还辕，人不暇施巧，虽有乌获、逢蒙④之技不得用，枯木朽株尽为难矣。是胡、越起于毂下，而羌、夷接轸也，岂不殆哉？虽万全而无患，然本非天子之所宜近也。

【注释】

①乌获：战国时期秦国的大力士。

②庆忌：春秋时期吴王僚的儿子，传说跑得很快。

③贲、育：指勇士孟贲和夏育。

④逢蒙：擅长射箭的人。

【译文】

司马相如跟着皇帝到长杨宫打猎。那个时候皇帝正喜欢亲自跟熊和野猪搏击，驾着车追击野兽。相如为此进谏说："我听说有些事物即使类别相同但能力却不同。因此，论力气，乌获的力气最大；论敏捷，非庆忌莫属；论勇猛无畏，要数孟贲和夏育。以臣愚见，人类有这种现象，野兽也应该是这样的。现在陛下喜欢做一些难度高且危险的事情，用弓箭射击野兽，如果遇到勇猛的野兽，让它在慌忙之中被惊吓而使陛下受惊，那个时候车乘还来不及调转方向，卫兵也来不及做出保护，就算是有乌获、逢蒙这样的人也没有用，就连干枯的老树和腐烂的杂草都要跟您作对了。这就像是胡人和越人突然从车轮下冒出来，羌人和夷人紧紧地跟着您的车子一样，难道这样不危险吗？即使是防护周全没有任何危险，但是那种地方根本就不是身为皇帝的您应该靠近的啊。

【原文】

"且夫清道而后行，中路而驰，犹时有衔橛之变①。况乎涉丰草，骋丘墟，前有利兽之乐，而内无存变之意，其为害也不亦难矣！夫轻万乘之重②，不以为安，乐出万有一危之涂以为娱，臣窃为陛下不取。

【注释】

①衔橛之变：是指马络头、车钩心等的断裂。

②万乘之重：指很重，这里的意思是指担负着治理天下的大任。

【译文】

"再说先清理道路而后出行，在大路之上行走，还可能会出现因为马络头、车钩心等断裂而产生的意外，更何况去那些荒林草莽之中，驰骋在丘陵山野之上。前面有获取禽兽的快乐，但是内心却没有一点儿应对变故的警惕，这种场合就可能出现灾难。不以天子身份为重，不安于此，却喜欢去外面游玩，在那里寻找快乐却不知危险，我个人认为陛下您这么做是不恰当的。

【原文】

"盖明者远见于未萌，而知者避危于无形，祸固多藏于隐微，而发于人之所忽者也。故鄙谚曰：'家累千金，坐不垂堂①。'此言虽小，可以喻大。臣愿陛下留意幸察。"

【注释】

①垂堂：是指接近屋檐的地方。

【译文】

"大多数聪明人都会在事情还萌芽前就已预知，智慧的人能够在危险还没有发生的时候就设法避免。灾难往往埋藏在细小而又隐秘的地方，发生于人们疏忽大意的时候。常言说得好：'家中富贵有千斤，不坐在靠近屋檐的地方，'这句话说的事情虽然不大，却能折射出大道理，我希望陛下能注意这一点。"

【评析】

这篇文章题名采自《史记》《汉书》版本传成句。汉武帝虽有雄才大略的一面，但在迷信神仙、奢靡侈费、贪恋女色、沉湎于游猎等方面，并不输于昏君。司马相如为郎时，曾作为武帝的随从行猎长杨宫，武帝不仅迷恋驰逐野兽的游戏，还喜欢亲自搏击熊和野猪。司马相如写了这篇谏猎书呈上，由于行文委婉，劝谏与奉承结合得相当得体，武帝看了也称"善"。

七 答苏武书（李陵）

【原文】

子卿足下：勤宣令德^①，策名^②清时，荣问^③休畅，幸甚，幸甚！远托异国，昔人所悲，望风怀想，能不依依！昔者不遗，远辱还答，慰诲勤勤，有逾骨肉，陵虽不敏，能不慨然！

【注释】

①令德：美好的品德。

②策名：把名字写在官府的简策上面。

③荣问：美好的名声。

【译文】

子卿足下：您努力发扬美德，在政治清明的时候做官，美名远扬，非常有幸，非常有幸！我离开家乡来到异国他乡，这是古人最悲伤的事情，遥望故土，心中怀念，怎能不让人留恋！过去多亏了您不嫌弃，从远方屈尊给我写信，教导我，安慰我，我们之间的情感已经超过了亲兄弟。我虽然不聪明，但是哪能不感慨万分呢！

【原文】

自从初降，以至今日，身之贫困，独坐愁苦。终日无睹，但见异类。韦毳幕^①，以御风雨；膻肉酪浆，以充饥渴；举目言笑，谁与为欢？胡地玄冰，边土惨裂，但闻悲风萧条之声。凉秋九月，塞外草衰，夜不能寐。侧耳远听，胡笳^②互动，牧马悲鸣，吟啸成群，边声四起。晨坐听之，不觉泪下。嗟乎，子卿！陵独何心，能不悲哉！

【注释】

①韦：指皮质的臂套。毳幕：毡帐。

②胡笳：匈奴族的管乐器。

【译文】

自从我归顺匈奴以来，一直到现在，身边到处都是危险和困难，常常一个人坐着，感到十分愁苦。一天到晚，只能见到异族人，其他的什么也看不到。戴着皮质的臂套，住在毡帐之中，只为了遮风挡雨，吃着带有膻味的羊肉和牛肉，喝着羊奶和牛奶，只是为了充饥解渴。四下看去，能跟谁一起谈笑风生呢？匈奴住的地方严寒异常，塞外的土地都已经冻裂了，只有寒风悲鸣的声音。秋天的时候，这里的草木都枯萎了，夜里就很难入睡。我侧着耳朵细听，远处匈奴人正奏着管乐器，牧马也在悲号，不同的声音交织在一起，回响在边塞的四方。早上起来坐着，听到这些声音，我忍不住流下眼泪。哎！子卿啊，我难道心肠跟别人不一样，感受不到悲伤吗？

【原文】

与子别后，益复无聊。上念老母，临年①被戮；妻子无辜，并为鲸鲵。身负国恩，为世所悲，子归受荣，我留受辱，命也何如！身出礼义之乡，而入无知之俗，违弃君亲之恩，长为蛮夷之域，伤已！令先君之嗣，更成戎狄之族，又自悲矣！功大罪小，不蒙明察，孤负陵心区区之意。每一念至，忽然忘生。陵不难刺心以自明，刎颈以见志，顾②国家于我已矣，杀身无益，适足增羞，故每攘臂忍辱，辄复苟活。左右之人，见陵如此，以为不入耳之欢，来相劝勉。异方之乐，祇令人悲，增忉怛③耳。

【注释】

①临年：到了暮年。

②顾：但是，然而。

③忉怛：担忧，忧伤。

【译文】

自从跟您分别以后，我更加觉得没有乐趣。上念老母，在暮年被杀，妻子和儿子本也无辜，却一起被杀。我辜负了国家恩情，被世人唾骂。您回到国家接受荣耀，我却留在这里接受羞辱，这都是命啊，我有什么办法呢！我在礼仪之邦出生，但是现在却在愚昧无知的国家里生活，抛弃了父母君长的恩情，一辈子都住在这个蛮夷的地方，真是难过啊！让父亲的子孙后代，成了戎狄的后人，我又为自己感到悲哀！功劳大，过错小，可是皇帝不明察，让我的一片苦心被糟蹋。每次想到这里，我就失去了活下去的勇气。我想自杀明志，但是国家已经对我没有任何恩情，自杀没有任何好处，反而让我这个人更加耻辱，每当我因为耻辱而生气的时候，又苟且地活了下来。身边的人看到我这个样子，就会用一些不中听的开心话来劝说、勉励我。异国的快乐，只会让人更加难过伤心，徒增忧愁罢了。

【原文】

嗟乎，子卿！人之相知，贵相知心。前书仓卒未尽所怀，故复略而言之。昔先帝授陵步卒五千，出征绝域，五将失道，陵独遇战，而裹万里之粮，帅徒步之师，出天汉之外，入强胡之域，以五千之众，对十万之军，策疲乏之兵，当新羁之马，然犹斩将搴①旗，追奔逐北，灭迹扫尘，斩其枭帅，使三军之士视死如归。陵也不才，希当大任，意谓此时，功难堪矣。

【注释】

①搴：拔掉。

【译文】

　　可叹呐，子卿！人跟人的相互了解，最珍贵的就是在于相知。上次慌忙去信，心中还有很多话没有说完，所以我再简单地说一下。以前先帝给我五千步兵，到遥远的地方出征，其他的五名将领都迷失了方向，唯独我遇到敌人发生了战斗。当时我军带着军粮，带着徒步行走的队伍，远出大汉边界之外，深入匈奴境内，以区区五千人抵御匈奴上万人的军队，指挥着疲惫的战士，抵挡着刚刚出营的轻骑。但是还是把敌军的将领给斩杀了，把敌军的旗帜拔掉了，追逐逃走的敌人就像是抹去足迹、扫掉灰尘一样，杀了敌人骁勇善战的将领，使得我军将士视死如归。我没有什么才能，承担的责任也比较少，那时候想到这样的功劳，也算是非常难得的了。

【原文】

匈奴既败，举国兴师，更练精兵，强逾十万，单于临阵，亲自合围。客主之形，既不相如；步马之势，又甚悬绝。疲兵再战，一以当千，然犹扶乘创痛，决命争首。死伤积野，余不满百，而皆扶①病，不任干戈。然陵振臂一呼，创病皆起，举刃指虏，胡马奔走；兵尽矢穷，人无尺铁，犹复徒首奋呼，争为先登。当此时也，天地为陵震怒，战士为陵饮血。单于谓陵不可复得，便欲引还，而贼臣教之，遂使复战，故陵不免耳。

【注释】

①扶：支撑。

【译文】

匈奴战败以后，全国出动，重新开始挑选士兵，人数有十万人那么多，匈奴的单于亲临督战，亲自指挥着匈奴的士兵把我们包围。我们两国的军队对阵形势不能够相比，步兵与骑兵的差距更是悬殊。我们的军队连日作战，还要应付那么多敌人，但是战士们仍旧不顾伤痛，拼命战斗。士兵们的尸体遍布，剩下不够一百人，而且都还带着伤病，连拿起武器的力气都没有了。但是，当我振臂高呼的时候，他们全部都站起来了，拿着刀刺向敌人，把匈奴的军队吓得连连后退，坚持到最后，我们的武器和弓箭都用完了，士兵们手中没有武器，仍旧高喊着杀敌，还争着向前厮杀。那个时候，天地为我们震怒，士兵为我痛哭流涕。单于觉得没有办法将我活捉，就打算退兵。但是叛徒管敢把我的境况说给单于听，使得他们又一次出兵，最终我只能被俘虏。

【原文】

昔高皇帝以三十万众，困于平城①。当此之时，猛将如云，谋臣如雨，然犹七日不食，仅乃得免。况当陵者，岂易为力哉？而执事者云云，苟怨陵以不死。然陵不死，罪也。子卿视陵，岂偷生之士而惜死之人哉？宁有背君亲、捐妻子，而反为利者乎？然陵不死，有所为也。故欲如前书之言，报恩于国主耳。诚以虚死不如立节，灭名不如报德也。昔范蠡不殉会稽之耻，曹沫不死三败之辱，卒复勾践之仇，报鲁国之羞。区区之心，窃慕此耳。何图志未立而怨已成，计未从而骨肉受刑。此陵所以仰天椎②心而泣血也！

【注释】

①平城：现在在山西大同东北的古城。

②椎：敲打。

【译文】

以前高祖皇帝有三十万军队，尚且还被困在平城。那个时候，他手下的将领多如云雨，他们还被困七天得不到食物，仅能免于被歼灭。何况像我这样，难道是很容易做到的吗？可是皇上身边的近臣那样议论，只是一股脑地抱怨我不为国捐躯。当然，我没有为国家而死，这是罪责。子卿您看我这个人，难道是那种苟且偷生的人吗？是那种宁可抛弃君主和国家，丢下妻子和儿子，去追逐私利的人吗？我之所以不死，自然是有我的计划，本来就是要跟前几次信中说的那样报答君主的恩情。实在是认为死的没有意义还不如树立名节，身死名灭还不如用实际的行动来报答恩情。往日范蠡不会为了会稽的国耻而自杀，曹沫虽然多次战败，但是也不愿死去，最后终于为勾践报仇，帮鲁国雪耻。我心中不过是想要仿效他们罢了，可是我的计划还没有实施，就听说我的亲人被诛杀。这是我仰望苍天捶胸痛恨而流下血泪的原因啊！

【原文】

足下又云："汉与功臣不薄。"子为汉臣，安得不云尔乎！昔萧、樊囚絷，韩、彭菹醢，晁错受戮，周、魏见辜①，其余佐命立功之士，贾谊、亚夫之徒，皆信命世之才，抱将相之具，而受小人之谗，并受祸败之辱，卒使怀才受谤，能不得展。彼二子之遐举②，谁不为之痛心哉！陵先将军，功略盖天地，义勇冠三军，徒失贵臣之意，刭身③绝域之表。此功臣义士所以负戟而长叹者也，何谓"不薄"哉？

【注释】

①辜：罪。

②遐举：远走。

③刭身：自杀。

【译文】

足下还说："汉朝对功臣很好。"您作为汉朝的臣子，怎能不这样说呢！以前萧何、樊哙被抓捕囚禁，韩信、彭越被剁成肉酱，晁错被杀，周勃、魏其侯窦婴遭罪；其他一些帮助天子的有功之臣，像贾谊、周亚夫等人，在当时都是非常杰出的人才，身上有着将相之才，但是却被小人的谣言中伤，全部都遭受灾祸和失败的侮辱，最终空怀抱负和才能而被排挤，无法施展自己的才能。他们两个人的死，谁能不感到痛惜呢！我的祖父李广，功劳和谋略能够比得过天下所有的人，对君王的忠心也是居于三军之首，只是因为不顺当朝权贵的心意，结果就只能在边远的塞外自杀。这就是对忠臣身背钩戟长铩而悲叹的原因啊！怎么能说汉朝对有功之臣不薄呢？

【原文】

且足下昔以单车之使，适万乘之虏，遭时不遇，至于伏剑不顾，流离辛苦，几死朔北之野。丁年奉使，皓首而归①，老母终堂，生妻去帷，此天下所希闻、古今所未有也。蛮貊之人尚犹嘉子之节，况为天下之主乎？陵谓足下当享茅土之荐②，受千乘之赏，闻子之归，赐不过二百万，位不过典属国，无尺土之封，加子之勤；而妒功害能之臣尽为万户侯，亲戚贪佞之类悉为廊庙③宰。子尚如此，陵复何望哉？

【注释】

①丁年：成年。皓首：白头。

②茅土之荐：受到分封土地的奖赏。

③廊庙：这里指朝廷。

【译文】

再说您以前只是以单车使者的身份出使匈奴，因为时机不对，所以就算是拔剑自刎也毫不在意，又经过了长时间的颠沛流离，历经千辛万苦，差点儿死在北方的荒漠中。壮年接受皇命出使，到了白发苍苍才回来，母亲在家中去世，年轻的妻子也已经改嫁。这样的事情在天下很少听到，由古至今都很少。蛮夷地方的人尚且还对您的节操感到赞许，更何况是身为天下之主的皇帝呢？我觉得您应该享有裂土为侯的奖赏，得到千乘车马，但是听说您回到汉朝以后，只得到了不过两百万钱，职位也仅仅是个典属国，没有封赏给你尺寸的土地。但是那些妨害功业、陷害贤才的人却都已经被封为了万户侯，皇亲国戚之中贪婪奸诈的人都做了朝廷上的高官。您尚且得到这样的待遇，我还能指望什么呢？

【原文】

且汉厚诛陵以不死，薄赏子以守节，欲使远听之臣望风驰命，此实难矣，所以每顾而不悔者也。陵虽孤恩，汉亦负德。昔人有言："虽忠不烈，视死如归。"陵诚能安，而主岂复能眷眷乎？男儿生以不成名，死则葬蛮夷中，谁复能屈身稽颡①，还向北阙，使刀笔之吏弄其文墨邪！愿足下勿复望陵②。

【注释】

①稽颡：弯膝下跪，用额头撞地行礼。

②勿复望陵：不要希望李陵回去了。

【译文】

汉朝用残忍的方式惩罚我没有以身殉国，对您的忠贞守节仅仅赐予了微薄的奖赏，还希望远方的臣子能够为国家卖命，这真是太苛刻了，所以我经常回想往事却并不后悔。我虽然辜负了汉朝的恩情，但是汉朝对我所做的也并不是大恩大德的事情。古人有句话说："虽然忠诚但是不能死节，也能够做到视死如归。"我要是能够心安理得地死节，难道皇帝还会挂念我吗？男人活着的时候不能够守住名节，死了以后就葬在这蛮夷的地方，谁还能够弯腰磕头再回到汉朝，让那些舞文弄墨的人来评论我呢？希望您不要再指望我回汉朝了。

【原文】

嗟乎，子卿！夫复何言？相去万里，人绝路殊。生为别世之人，死为异域之鬼，长与足下，生死辞矣！幸谢故人，勉事圣君。足下胤子①无恙，勿以为念。努力自爱。时因北风，复惠德音②。李陵顿首。

【注释】

①胤子：苏武在匈奴时曾经与匈奴女子成亲，并且育有一子。

②德音：对别人言辞的一种尊称。

【译文】

哎，子卿，还有什么好说的呢？咱们之间相隔万里，人们之间相互没有往来，走的道路并不相同。我活着的时候是另外一个世界的人，死了以后也是别的国家的鬼魂，永远都不能跟你相见了！希望向老朋友传达我的心意，勉励尽忠于贤明的君王。您的儿子没有什么问题，您不要挂念他。希望您多加保重。希望时不时能借助北风，惠赐您的教诲。李陵顿首。

【评析】

《答苏武书》是一篇创作于西汉时期的散文，作者李陵。天汉二年，李广利率军伐匈奴右贤王，武帝召李陵负责辎重。李陵请求自率一军，武帝不予增兵，只令路博德为其后援，而路按兵不动，致使李陵步卒五千，深入匈奴，面对数十倍于己的敌军。苦战之后，又逢管敢叛逃，暴露了李陵兵少无援的军情，单于遂集中兵力围攻，李陵兵尽粮绝，北面受虏。降匈奴后，曾与被匈奴扣留的苏武数次相见。始元六年（前81年），苏武得归，修书劝李陵归汉，李陵以此书作答。这封信的主旨是为自己的投降行为解脱。信中战斗场面写得极有声色，显然是要说明，当时因为双方兵力悬殊，己方将帅的不顾大局，武帝处置（诛陵全家）失当，所以，自己投降完全是出于不得已，进而使读者产生同情；此外，屡用强烈对比，如身处异域而怀念故土，以寡兵深入众敌而浴血奋战，苏武持节荣归而自己居人篱下，确实产生了强烈的艺术效果。这篇文章，学者多认为系后人伪作。但《文选》中收入，当系选自《李陵集》中，故其写作时间最迟不应晚于汉代。

八 尚德缓刑书（路温舒）

【原文】

昭帝崩，昌邑王贺废，宣帝初即位，路温舒上书，言宜尚德缓刑。其辞曰："臣闻齐有无知之祸，而桓公以兴；晋有骊姬之难，而文公用伯；近世赵王不终，诸吕作乱，而孝文为太宗。由是观之，祸乱之作，将以开圣人也。故桓、文扶微兴坏，尊文、武之业，泽加百姓，功润诸侯，虽不及三王①，天下归仁焉。文帝永思至德，以承天心，崇仁义，省刑罚，通关梁，一远近，敬贤如大宾，爱民如赤子，内恕情之所安，而施之于海内，是以囹圄空虚，天下太平。夫继变化之后，必有异旧之恩，此贤圣所以昭天命也。往者，昭帝即世而无嗣，大臣忧戚，焦心合谋，皆以昌邑尊亲，援而立之。然天不授命，淫乱其心，遂以自亡。深察祸变之故，乃皇天之所以开至圣也。故大将军②受命武帝，股肱汉国，披肝胆，决大计，黜亡义，立有德，辅天而行，然后宗庙以安，天下咸宁。

【注释】

①三王：指的是夏禹、商汤和周文王。

②大将军：指霍光。汉武帝临死之前让霍光担任大司马大将军，辅助小皇帝。

【译文】

汉昭帝驾崩，昌邑王刘贺被废黜，汉宣帝刚登上皇位没有多久。路温舒上书给皇帝，谈论要崇尚德治，减少刑罚。他在奏章里说："我听说，齐国遭遇公孙无知的灾祸，齐桓公才能够兴起；晋国有了骊姬的作乱，晋文公才能够称霸；近世赵王不得善终，吕氏家族造反，孝文帝才能够成为太宗皇帝。由此可知，灾难的产生，其实是为圣明的君王开创条件。所以齐桓公、晋文公都助弱小的国家，复兴衰落的事业，尊敬周文王、周武王的功业，把恩泽施加给百姓，功业惠赠给诸侯，就算是比不上三代的圣君，但是天下都因为他们的仁爱而归顺。文帝能够深谋远虑地思考崇高的道德，传承上天的意思，推行仁爱的政策，减少刑罚，把关卡和桥梁都开通，对待远近的人都一个态度，像对待贵宾一样对待贤臣，像爱护婴儿一样爱护百姓，自以为可以推行的好政策才会在天下实行，所以监狱之中几乎没有犯人，天下太平，四海安宁。经历过政治的动荡之后，一定能实行跟以往不一样的策略，这是英明圣明的君王用来显示君权神授的工具。从前昭帝仙逝之后没有子嗣，大臣们都为此发愁，着急地讨论这件事，都认为昌邑王刘贺地位尊贵而且是近亲，所以就拥他做皇帝。但是上天并不认为他能做好皇帝，所以就让他内心趋于淫乱，最终被废除。深入地了解发生祸患的原因，原来是上天用这次事件给贤明的君王开创条件啊。因此，大将军霍光在汉武帝驾崩前夕临危受命，辅佐汉朝，商议国家大事，把没有仁爱之心的昏君废除，拥立有道德的明君，帮助上天行事，从而使得朝廷能够稳定，天下也呈现出一片太平之象。

【原文】

"臣闻《春秋》正即位①，大一统而慎始也。陛下初登至尊，与天合符，宜改前世之失，正始受命之统，涤烦文，除民疾，存亡继绝，以应天意。

【注释】

①正即位：古代皇帝即位之初，要改变历法，也叫改正朔，正是一年

的开始，朔是一个月的开始。

【译文】

"我听说《春秋》上讲帝王即位之初要修改历法，也就是尊崇天下一统且严肃地对待新开始的事业。陛下您刚刚即位，跟上天的意愿吻合，应该改掉前朝的失误，重新建立起国家的纲纪法规，把那些烦琐的法律条文都一一废除，把百姓从水深火热之中解救出来，让那些已经消亡的家族得到生存的机会，已经断了的祭祀能够重新延续，能够顺应上天的意愿。

【原文】

"臣闻秦有十失，其一尚存，治狱之吏是也。秦之时，羞文学，好武勇，贱仁义之士，贵治狱之吏，正言者谓之诽谤，遏过者谓之妖言。故盛服先生①不用于世，忠良切言皆郁于胸，誉谀之声日满于耳，虚美熏心，实祸蔽塞。此乃秦之所以亡天下也！方今天下赖陛下恩厚，亡金革之危。饥寒之患，父子夫妻戮力安家，然太平未洽者，狱乱之也。夫狱者，天下之大命也，死者不可复生，者不可复属②。《书》曰：'与其杀不辜，宁失不经。'今治狱吏则不然，上下相驱，以刻为明，深者获公名，平者多后患。故治狱之吏皆欲人死，非憎人也，自安之道在人之死。是以死人之血流离于市，被刑之徒比肩而立，大辟③之计岁以万数，此仁圣之所以伤也。太平之未洽，凡以此也。

夫人情安则乐生，痛则思死。棰楚之下，何求而不得？故因人不胜痛，则饰辞以视之；吏治者利其然，则指道以明之；上奏畏却，则锻练而周内之。盖奏当之成，虽咎繇④听之，犹以为死有余辜。何则？成练者众，文致之罪明也。是以狱吏专为深刻，残贼而亡极，媮⑤为一切，不顾国患，此世之大贼也。故俗语曰：'画地为狱，议不入；刻木为吏，期不对。'此皆疾吏之风，悲痛之辞也。故天下之患，莫深于狱；败法乱正，离亲塞道，莫甚乎治狱之吏。此所谓一尚存者也。

【注释】

①盛服先生：因为儒者大都注重衣冠整齐，所以这里是指儒者。

②属：接上。

③大辟：古代的一种刑罚，死刑。

　　④咎繇：也可以叫作皋陶，传说是舜时期执掌刑法的官。

　　⑤媮：苟且。

【译文】

　　"我听闻秦朝有十大过失，其中有一条到现在还存在，那就是用司法来巩固统治。秦朝看轻儒术，崇尚蛮力，蔑视仁义，看重刑罚，正直的话在他们听来就是诽谤和污蔑，阻止错误发生的话在他们听来就是妖言惑众，所以穿戴整齐的儒者没有用武之地，忠实好心的言论都积聚在心中无法表达，君王的耳朵早就被谄媚的言语所充斥，但是实在的危险却已经被遮盖。这就是秦王朝灭亡的真正原因啊！现在天下百姓都依靠着陛下的仁爱，没有战争的破坏，也不会受到饥饿和寒冷的威胁，父子夫妻之间相互协作，一起治理家业，但是太平的国家之所以不十全十美，是因为刑罚和牢狱会让社会变得更加混乱罢了。说起刑罚，那是关乎天下百姓生命的大事，人被杀死之后不可能再活过来，肢体被砍掉了之后也不可能再接回来，所以《尚书》中说："宁可在不按照常规办事的情况下发生失误，也不要错杀无辜的人。"现在那些负责刑罚的官员却不是这样的，他们之间相互督促，把严苛当作是明察秋毫，凭借着严酷的刑罚获得美好的名声，那些手段平和的反而会有很多麻烦。所以掌管刑罚的官吏，都想把人置于死地。这不是因为他们对谁特别憎恶，而是为了保全自己才把别人的生命置之不理。所以死人的血在市场上抛洒，那些被判刑的人多到可以肩并着肩站立，每年被判死刑的人有上万，这是仁爱的君主感到悲伤的原因。太平的天下并不完美，大概都是因为这样的原因。

　　平安就乐于活着，痛苦就想着死去，这是人之常情。在严刑拷打之后，想要什么样的口供办不到呢？所以那些被囚禁的人熬不住痛苦的折磨，就用假话招供，负责审问的官员认为这样是对自己有好处的，就暗示囚犯承认自己的罪过；当案子了结的时候又担心被驳回，就开始找罪状让它更加周密使人定罪。一旦案件被落实，即便是皋陶来审讯，也会被告知犯人死有余辜，这是为什么呢？这是因为罗织的罪名很多，按照律法定下的罪名也十分明白。所以司法官吏专做一些严苛的事情，没有休止地陷害别人，只为了尽快地结案，不管这样做会给国家带来什么样的灾难，这是天下最大的灾害啊！所以俗话说："在地上画一个牢笼，人们也不会想要进去；就算是木头雕刻的狱官，人们也不会跟他对质。'这些都是人们嫉恨狱官编唱的歌谣，悲痛深刻的议论啊。所以天下的灾难，没有什么能够比得上刑罚的，败坏法律扰乱是非，让亲人离散让道义阻塞，没有什么能够比得上司法的官员。这就是前面说到的至今还存在的秦朝的十大过失之一。

【原文】

"臣闻乌鸢之卵不毁，而后凤皇集；诽谤之罪不诛，而后良言进。故古人有言：'山薮①藏疾，川泽纳污，瑾瑜②匿恶，国君含诟。'唯陛下除诽谤以招切言，开天下之口，广箴谏之路，扫亡秦之失，尊文、武之德，省法制，宽刑罚，以废治狱。则太平之风可兴于世，永履和乐，与天亡极，天下幸甚！"上善其言。

【注释】

①山薮：山林和湖泊。

②瑾瑜：美玉。

【译文】

"我听说，乌鸦和老鹰的蛋不被毁坏，然后凤凰才会飞过来；诽谤别人却不被处死，就会有人进献良言。所以古人说：'深山湖泊之中藏着有毒的脏东西，江河湖海容纳着污垢，美玉隐含着瑕疵，国君应能忍受辱骂。'希望陛下能够铲除诽谤的罪名，用来招揽忠实的言论，让天下百姓都敢于说真话，大开劝谏之路，改正亡秦的过失，尊重并崇拜周文王、周武王的德行，简化法律条文，减轻刑罚，达到废除刑狱的目的。这样一来，太平的气象就能够在天下兴盛起来，人民永远都会生活在安定和平的社会之中，和上天一样长久，天下的百姓将会十分荣幸！"皇上觉得路温舒的建议非常好。

【评析】

文章尖锐地揭露了封建法制运用"逼、供、信"的残忍手段，使人入罪。所谓"棰楚之下，何求而不可得"。靠刑讯来逼供，"囚人不胜痛，则饰辞以视之"，被迫造假。"吏治者利其然，则指道以明之"，名义上是利用假口供向犯人指出犯了什么罪，晓以利害，要他服罪，其实这中间无疑包含着"诱供"，以进一步陷人于罪。"上奏畏却，则锻练而周内之"，就是说：怕上级批不准，必须把上报材料和报告写好，使"言之成理，持之有故"。办法有二：一是进一步对"犯人"进行逼供、诱供，以便取得更多的"罪证"，使"成练者众"；一是组织材料班子、刀笔文吏对材料进行精心的加工，对报告进行周密的推敲，以便使"文致之罪明也"。如此，"虽咎繇听之，犹以为死有余辜"，铁案如山，不可覆翻矣。

九 报孙会宗书（杨恽）

【原文】

恽既失爵位家居，治产业，起室宅，以财自娱。岁余，其友人安定太守西河孙会宗，知略士也，与恽书谏戒之，为言大臣废退，当阖门惶惧，为可怜之意，不当治产业，通宾客，有称誉。恽宰相子，少显朝廷，一朝晻昧语言见废，内怀不服，报会宗书曰："恽材朽行秽，文质无所底，幸赖先人余业，得备宿卫。遭遇时变①，以获爵位，终非其任，卒与祸会。足下哀其愚蒙，赐书教督以所不及，殷勤甚厚。然窃恨足下不深惟其终始②，而猥随俗之毁誉也。言鄙陋之愚心，若逆指而文过；默而息乎，恐违孔氏'各言尔志'之义，故敢略陈③其愚，唯君子察焉。

【注释】

①遭遇时变：揭发霍光子孙谋反而被封为平通侯的事情。

②惟：考虑。

③略陈：粗略地陈述。

【译文】

杨恽的爵位没了，待在家里治理产业，建造房屋，经营自己家的财产，自娱自乐。过了一年多，他的朋友安定太守、西河人孙会宗，十分有智慧和谋略，他给杨恽写了一封信，信里对他劝勉有加，说大臣被罢官以后，应该关门悔过，才能够博得同情，而不是治理产业，广交朋友，得到称赞。杨恽是丞相的儿子，年轻的时候就在朝廷上很有名了，因为一时糊涂说错了话被免官，心里却十分不服，他在给孙会宗的回信里说道："我杨恽天生就不是块好材料，行为上也没有什么可取之处，外在的表现和内在的品格两个方面都没能达到水平，侥幸靠着祖先的庇佑，能够在朝廷中担任侍卫的职责。遇到朝廷中的变故，我才能够被封为平通侯。但最终我还是不能够胜任，所以最后还是遭遇了这次灾难。您怜惜我蠢钝糊涂，感谢您给我写信，对我没有做好的地方给予指正，情意十分诚恳。但是我心中却惋惜您没有深入思考事情的来龙去脉，而是轻易地随着世俗的眼光来看待我。我对您说说我的心里话吧，但是又显得是在违背您的意思而文过饰非；不说吧，又害怕违背了孔子要求弟子'各言尔志'的教导。所以大着胆子粗略地陈述一下我的意见，希望你能够明察。

【原文】

"恽家方隆盛时，乘朱轮者十人①，位在列卿，爵为通侯，总领从官，与闻政事。曾不能以此时有所建明，以宣德化，又不能与群僚同心并力，陪辅朝廷之遗忘，已负窃位素餐之责久矣。怀禄贪势，不能自退，遭遇变故，横被口语，身幽北阙②，妻子满狱。当此之时，自以夷灭不足以塞责，岂意得全首领，复奉先人之丘墓乎？伏惟圣主之恩，不可胜量。君子游道，乐以忘忧；小人全躯，说以忘罪。窃自私念，过已大矣，行已亏矣，长为农夫以没世矣。是故身率妻子，戮力③耕桑，灌园治产，以给公上，不意当复用此为讥议也。

【注释】

①朱轮：用丹漆涂的车轮，古代身份的象征。只有俸禄在两千石以上的官员或者是公卿列侯才能够乘坐这种朱轮车。

②北阙：古代皇帝召见大臣们在此处商议国事，指宫廷的北门楼。

③戮力：齐心协力。

【译文】

当初我家兴旺的时候，坐朱轮车的人就有十个，我的官位在九卿之中，爵位为通侯，率领着侍从官员，参与日常的政治事务。但我却不能在这个时候有所作为，宣扬道德教化，也不能跟同僚们一起努力，帮助朝廷做一些查漏补缺的事情，我已经背负着做官白拿俸禄的责备很久了。因为我留恋官职，贪慕权力，不能自己隐退，于是经历了变故，遭到指责，我自己被囚禁在北门，妻子儿女也都被关到监狱中去。

这个时候我就觉得，即使是自己全家被杀，也不能洗清我的罪责，怎么还能想到保全自己的性命，再去供奉祖先的灵位呢？英明的君王的恩情，真是没有办法考量。君子沉浸在道中，愉快地忘记了烦恼，小人保全了性命，高兴地忘记了罪责。我私下认为自己的罪过已经很大了，德行也不够完全，那就永远地当农民度过余生算了。所以我带着妻子儿女，共同努力干农活，浇灌田野，治理农业，用来缴纳官府的赋税。想不到因为这件事又被一些人谈论和嘲讽。

【原文】

"夫人情所不能止者，圣人弗禁，故君父至尊亲，送其终也，有时而既^①。臣之得罪，已三年矣。田家作苦，岁时伏腊，烹羊炰羔，斗酒自劳。家本秦也，能为秦声，妇赵女也，雅^②善鼓瑟，奴婢歌者数人，酒后耳热，仰天拊^③缶，而呼乌乌。其诗曰：'田彼南山，芜秽不治。种一顷豆，落而为萁。人生行乐耳，须富贵何时！'是日也，拂衣而喜，奋袖^④低昂，顿足起舞，诚淫荒无度，不知其不可也。恽幸有余禄，方籴贱贩贵，逐什一之利，此贾竖之事，污辱之处，恽亲行之。下流之人，众毁所归，不寒而栗。虽雅知恽者，犹随风而靡，尚何称誉之有？董生不云乎：'明明求仁义，常恐不能化民者，卿大夫意也；明明求财利，尚恐困乏者，庶人之事也。'故'道不同，不相为谋'。今子尚安得以卿大夫之制而责仆哉？

【注释】

①既：结束。

②雅：向来。

③拊：拍。

④襃：通"袖"。

【译文】

"凡是从人情的角度上来说不能禁止的事情，圣人也不会禁止。所以君王和父亲虽然是最尊敬和最亲近的，给他们送终服丧，也是有尽头的。我被判有罪已经三年了。种田的人家辛苦劳作，每到伏天或腊月的时候，我就烹杀羊肉，用来犒赏自己。我本是秦地人，善唱秦地歌曲，我的妻子是赵地人，善于鼓瑟，奴婢们之中能够唱歌的也有那么几个人。喝完酒之后耳朵发热，抬着头朝天拍打瓦缶，唱出呜呜的秦声来。歌词是：'南山坡上来种田，田地荒芜无人管。当初种下一顷豆，豆子掉了只剩茎。人生在世为行乐，富贵等待哪一天？’那一天，我拿起衣服心中很高兴，上下地挥动着衣袖，踮起脚跳起了舞蹈，的确是纵情欢乐没有节制，不知道这样是不被允许的。我恰巧有些闲钱，正在贱买贵卖，赚取那十分之一的利润。这是小贩们做的事情，是一种有辱斯文的工作，但我还是亲自去做了。地位低下的人，大家都对他进行诽谤，令人感到害怕。就算是向来了解我的人也跟风，怎么还会有人为我说上几句好话呢？董仲舒不是说过吗：‘急切地追求仁义，经常害怕不能够教化百姓，是卿大夫的想法；追求财富，担心贫困，是老百姓的事情。’所以，‘信仰的东西不同，就不能够在一起商量事情。’现在您为什么还要用卿大夫的标准来责备我呢？

【原文】

"夫西河魏土，文侯所兴，有段干木、田子方之遗风，漂然①皆有节概，知去就之分。顷者，足下离旧土，临安定，安定山谷之间，昆戎旧壤，子弟贪鄙，岂习俗之移人哉？于今乃睹子之志矣。方当盛汉之隆，愿勉旃，毋多谈。"

【注释】

①漂然：高远的样子。

【译文】

"西河郡原来是魏地，是魏文侯期间设立的，古代贤人段干木、田子方留下来的好风气也被传承下来，他们都有凛然的气节，明白进退取舍的道理。最近，您离开故土，来到安定郡，安定郡位于山谷之间，以前是昆戎族的地盘，那里的人性情贪婪鄙陋，难道是习俗让您有所改变吗？现在我明白了您的志向。现在正当大汉朝兴盛的时候，希望您好自为之，不要多说了。"

【评析】

《报孙会宗书》是西汉的杨恽写给孙会宗的一封著名书信。关于这封信的本事背景，《汉书·杨恽传》记载恽失爵位家居，以财自娱。友人安定太守西河孙会宗，与恽书谏戒。恽内怀不服，写了这封回书。在信中，他以嬉笑怒骂的口吻，逐点批驳孙的规劝，为自己狂放不羁的行为辩解。还赋诗讥刺朝政，明确表示"道不同，不相为谋"，与"卿大夫之制"决裂的意向。全信写得情怀勃郁，锋芒毕露，与司马迁《报任少卿书》桀骜不驯的风格如出一辙。

十 光武帝临淄劳耿弇《后汉书》

【原文】

车驾至临淄，自劳①军，群臣大会。帝谓弇曰："昔韩信破历下以开基，今将军攻祝阿以发迹。此皆齐之西界，功足相方。而韩信袭击已降，将军独拔勍敌②，其功乃难于信也。又田横烹郦生，及田横降，高帝诏卫尉不听为仇。张步③前亦杀伏隆，若步来归命，吾当诏大司徒释其怨。又事尤相类也。将军前在南阳建此大策，常以为落落难合，有志者事竟成也！"

【注释】

①劳：犒劳。

②勍敌：强大的敌人。

③张步：齐国琅琊人，曾经趁着刘秀起兵的时候拥兵自重。

【译文】

光武帝来到临淄，亲自犒劳军队，群臣都在这里聚集。光武帝对耿弇说："以前韩信打下了历下而奠定了汉朝基业，现在将军你攻克祝阿而成就功业。历下和祝阿都是齐国西面的边界，你的功劳完全能跟韩信相比。但是韩信偷袭的是已经投降的敌人，但是将军你却是独自战胜了强大的敌人。这个功劳的取得，比韩信还要困难啊。还有田横烹杀了郦生，到田横投降的时候，高祖皇帝昭告卫尉郦商，让他不要跟田横结怨。张步以前也杀了伏隆，要是张步来投降，我也要让大司徒伏湛不要跟张步结仇怨。这两件事情更加相像了。将军你以前在南阳的时候，已经说出了这个重要的决策，我以前还认为这件事情没有人会理解并且很难实行，现在看来，真的是有志者事竟成啊！"

【评析】

《光武帝临淄劳耿弇》是写光武帝刘秀表彰大将军耿弇的一段话。他先表彰耿弇的功劳，以淮阴侯韩信作衬托，再用"有志者事竟成"激励之。

十一 诫兄子严敦书《后汉书》

【原文】

援兄子严、敦并喜讥议，而通轻侠客。援前在交趾，还书诫之曰："吾欲汝曹①闻人过失，如闻父母之名，耳可得闻，口不可得言也。好议论人长短，妄是非正法，此吾所大恶也，宁死不愿闻子孙有此行也。汝曹知吾恶之甚矣，所以复言者，施衿结缡②，申父母之戒，欲使汝曹不忘之耳。"

【注释】

①曹：等。

②施衿结缡：父母在女儿出嫁的时候，要为她系上佩带和佩巾。

【译文】

马援的侄子马严、马敦都喜欢嘲讽和议论人事，而且喜欢结交轻浮的侠客。马援以前在交趾的时候，写信回来教导他们说："我希望你们听到别人的失误，就像是听到自己父母的名字一样，耳朵可以听，但是嘴里不能说。喜欢谈论别人的长短，随心所欲地褒贬国家的法律和制度，这是我最不喜欢的，我宁愿死去也不想听到我的子孙做出这样的事情。你们知道我是非常厌恶这种做法的，之所以再次跟你们说起，就像是女儿出嫁的时候，父母要亲自为她戴上带子和佩巾，而且还要多次叮嘱她到婆家去的时候一定不能够出差错，想让你们牢牢记住。

【原文】

"龙伯高敦厚周慎，口无择言，谦约节俭，廉公有威，吾爱之重之，愿汝曹效之。杜季良豪侠好义，忧人之忧，乐人之乐，清浊无所失，父丧致客，数郡毕至。吾爱之重之，不愿汝曹效也。效伯高不得，犹为谨敕之士，所谓刻鹄不成尚类鹜者也；效季良不得，陷为天下轻薄子，所谓画虎不成反类狗者也。讫今季良尚未可知，郡将下车辄切齿，州郡以为言，吾常为寒心，是以不愿子孙效也。"

【译文】

"龙伯高为人淳朴厚道，做事情严谨周密，不会口出恶言，谦虚谨慎，平易近人，生活简单，公平高洁，享有一定的威望。我喜欢他，尊敬他，希望你们向他学习。杜季良做人豪迈侠义，非常讲义气，因他人之忧而忧，因他人之乐而乐，不论是贫穷富有，高贵低贱，都能够与他成为朋友，他的父亲去世的时候，所有的人都去了。我喜欢他，尊敬他，但是却不希望你们向他学习。学习龙伯高没有成功，尚且还能够做一个严谨严肃的人，就是大家常说的画天鹅不成功的话还能像鸭子；学习杜季良不成功的话就会成为堕落的纨绔子弟，那就成了世人所说的画老虎不像反而成了狗。至今为止，杜季良以后会如何还不能够预料，新来的郡守刚到就表现出了对他的厌恶和痛恨，州郡的官员把这件事情告诉了我，我常常为他感到不值，因此，我不希望我的后代向他学习。"

【评析】

马援的侄子马严、马敦平时喜讥评时政、结交侠客，很令他担忧，虽远在交趾军中，还是写了这封情真意切的信。文章出语恳切，言词之中饱含长辈对晚辈的深情关怀和殷殷期待。

十二 过秦论上（贾谊）

【原文】

秦孝公据殽、函之固，拥雍州之地，君臣固守，以窥周室；有席卷天下、包举宇内、囊括四海之意，并吞八荒之心。当是时也，商君佐之，内立法度，务耕织，修守战之具；外连衡而斗诸侯。于是秦人拱手而取西河之外。

孝公既没，惠文、武、昭蒙故业，因遗策，南取汉中，西举巴蜀，东割膏腴之地，收要害之郡。诸侯恐惧，会盟而谋弱秦，不爱珍器、重宝、肥饶之地，以致天下之士，合从缔交，相与为一。当此之时，齐有孟尝，赵有平原，楚有春申，魏有信陵。此四君者，皆明智而忠信，宽厚而爱人，尊贤重士，约从离横，兼韩、魏、燕、楚、齐、赵、宋、卫、中山之众。于是六国之士，有宁越、徐尚、苏秦、杜赫之属为之谋，齐明、周最、陈轸、召滑、楼缓、翟景、苏厉、乐毅之徒通其意，吴起、孙膑、带佗、倪良、王廖、田忌、廉颇、赵奢之伦制其兵，尝以十倍之地，百万之众，叩关①而攻秦。秦人开关而延敌②，九国之师逡巡遁逃而不敢进。秦无亡矢遗镞之费，而天下诸侯已困矣。于是从散约解，争割地而赂秦。秦有余力而制其敝，追亡逐北，伏尸百万，流血漂橹。因利乘便，宰割天下，分裂河山，强国请服，弱国入朝。

延及孝文王、庄襄王，享国之日浅，国家无事。及至始皇，奋六世之余烈，振长策而御宇内，吞二周而亡诸侯，履至尊而制六合，执敲扑以鞭笞天下，威振四海。南取百越之地，以为桂林、象郡。百越之君，俯首系颈，委命下吏。乃使蒙恬北筑长城，而守藩篱，却匈奴七百余里。胡人不敢南下而牧马，士不敢弯弓而报怨。

于是废先王之道，燔百家之言，以愚黔首。隳名城，杀豪俊，收天下之兵聚之咸阳，销锋铸镝，以为金人十二，以弱黔首。然后斩华为城，因河为池，据亿丈之城，临不测之溪以为固。良将劲弩，守要害之处，信臣精卒，陈利兵而谁何！天下已定，秦王之心，自以为关中之固，金城千里③，子孙帝王万世之业也。

秦王既没，余威震于殊俗。然而陈涉，瓮牖绳枢之子，氓隶之人，而迁徙之徒也，才能不及中庸，非有仲尼、墨翟之贤，陶朱、猗顿之富，蹑足行伍之间，而倔起④阡陌之中，率罢弊之卒，将数百之众，而转攻秦。斩木为兵，揭竿为旗，天下云集而响应，赢⑤粮而景从，山东豪俊遂并起而亡秦族矣。

且夫天下非小弱也。雍州之地，崤、函之固，自若也。陈涉之位，非尊于齐、楚、燕、赵、韩、魏、宋、卫、中山之君也；鉏耰棘矜⑥，非铦于句戟长铩也；谪戍之众，非抗于九国之师也；深谋远虑，行军用兵之道，非及曩时之士也。然而成败异变，功业相反。试使山东之国与陈涉度长絜大，比权量力，则不可同年而语矣。然秦以区区之地，致万乘之权，招八州而朝同列，百有余年矣。然后以六合为家，崤、函为宫。一夫作难而七庙隳，身死人手⑦，为天下笑者，何也？仁义不施，而攻守之势异也。

【注释】

①叩关：直攻函谷关之意。叩：击、犯。

②延敌：这里是迎击敌人的意思。延：延纳。

③金城千里：铜墙铁壁般的城墙千里相连。

④倔起：奋起，倔通"崛"。

⑤赢：肩挑，背负。

⑥鉏：同"锄"。耰（yōu）：平整土地的一种农具，形如榔头。棘矜：棘木做的矛柄。

⑦身死人手：被人杀死。指秦二世被赵高所杀，子婴被项羽所杀。

【译文】

　　秦孝公凭借着崤山、函谷关的险固地势，占有雍州的土地，君臣牢固地守卫着，以便寻找机会夺取周王朝的政权。他们怀着席卷天下，征服列国，控制四海，吞并八方的雄心。在这个时候，商鞅辅佐孝公，对内建立法规制度，努力发展农业和纺织业，整治攻守的器械；对外进行连横的策略，使其他诸侯相争斗。这样，秦国轻而易举地取得了西河以外的大片土地。

　　秦孝公死后，惠文王、武王、昭襄王继承旧业，继续推行孝公的策略，向南攻占了汉中，向西夺取了巴蜀，向东割取了肥沃的土地，向北征服了地势险要的州郡。各国诸侯恐惧起来，他们集会订盟，图谋削弱秦国。不惜用珍贵的器具、财宝和肥沃的土地来招纳天下的士人。他们缔结盟约，互相支持，结为一体。在这个时候，齐国有孟尝君，赵国有平原君，楚国有春申君，魏国有信陵君。这四个人，都很明智，且正直有信义，宽厚又爱护百姓，尊敬且重用贤人。他们相约"合纵"而破坏"连横"，聚合起韩、魏、燕、楚、齐、赵、宋、卫、中山等国的众多人力。这时，六国的士人中，有宁越、徐尚、苏秦、杜赫这一类人出谋划策，有齐明、周最、陈轸、召滑、楼缓、翟景、苏厉、乐毅等一伙外交家往来沟通意见，有吴起、孙膑、带佗、倪良、王廖、田忌、廉颇、赵奢等一批人统率军队。他们曾经以十倍的土地和上百万的大军，直攻秦国的函谷关。秦国人开关迎敌，九国军队退的退、逃的逃，不敢前进。秦国没有一支箭、一个箭头的损失，可是天下的诸侯已经困苦不堪了。于是"合纵"拆散，盟约瓦解。各诸侯国争着割地贿赂秦国。秦国有了充分的力量利用诸侯的困难去制服他们，追逐败逃的敌人，击毙上百万的士兵，流的血多得可漂起大盾牌。秦国便依靠有利的条件，乘着大好形势，控制天下，分裂各国的土地。这样，强国请求臣服，弱国到秦国朝拜。

　　延续到孝文王、庄襄王的时候，他们在位的日子太短，国家没有发生重大事件。到了秦始皇，他发扬了六代祖先遗留下来的功业，挥动长鞭驾驭天下，吞并东、西二周，灭掉了各诸侯国，登上了至尊的皇帝宝座，统治着上下四方，用严刑镇压天下人民，声威震动四海。他向南攻取了百越的土地，设立桂林郡和象郡。百越的君主低着头，脖子上系着绳子，把性命交给秦国的下级官吏。于是派蒙恬在北方修筑长城并固守这道屏障，把匈奴击退七百多里。匈奴人不敢南下牧马，六国的勇士不敢张弓来报怨仇。

　　于是废弃了先王的法制，烧毁了诸子百家的书籍，以使百姓愚昧无知。毁掉著名的城池，杀掉六国的豪杰，收取天下的兵器，集中到咸阳，销熔刀箭，铸成十二个金人，用来削弱天下百姓的力量。然后以华山为城墙，以黄河为城壕，上据亿丈之高的城墙，下临深不可测的护城河，使它们成为坚固的屏障。派优秀的将领，用强劲的弓弩，守卫着要害的地方，让可靠的大臣，精锐的士兵，拿着锐利的武器，盘问来往行人。天下已经平定，秦始皇的心里以为关中地势险固，于是城郭犹如铜墙铁壁，已完成子子孙孙称帝称王的万世不败基业了。

　　秦始皇死后，遗留下来的威风仍然震慑着边远地区。但是，陈涉这个贫寒出身的子弟，是个没有土地的农民，而且是被征发去守边的士卒，论才能比不上一般人，没有孔子、墨翟那样的贤能，没有陶朱、猗顿那样的富有，夹杂在戍边队伍的中间，奋起于村野百姓里面，带领几百名疲惫不堪的士兵，却转过矛头向秦朝进攻。他们砍断树干当兵器，举起竹竿作旗帜，天下百姓像云彩一样汇集，像回声一样应声而起，农民们自己背着粮食如影随形。崤山以东六国的豪杰便一齐行动起来而灭亡了秦王朝。

　　再说，秦国的力量本来并不微弱，雍州的地势、崤函的险固，还是原来那样。陈涉的地位并不比齐、楚、燕、赵、韩、魏、宋、卫、中山等国的君主尊贵；锄、耙和木棍并不比钩、戟和长矛锋利；被征调去戍边的士卒，也抵不上九国军队的强大；他们深谋远虑、指挥作战的本领，也比不上从前六国的将领。可是成功和失败却发生了异常的变化，成就了完全相反的功业。假如叫各诸侯国和陈涉比较长短粗细，较量一下权势力量，根本不能相提并论。秦国凭借它很小的一块地盘，夺取了帝王的权力，使其他八州的诸侯来朝拜，已经一百多年了。然后秦国以天下为一家，把崤、函地区变成宫殿。可是一个普通人发难，秦王朝就灭亡了，皇子皇孙也死在别人手里，成为天下的笑柄。这是什么原因呢？因为不施行仁义，而攻守的局势就发生了根本变化！

【评析】

《过秦论》分上、中、下三篇，本文为上篇。总论秦得天下的形势及其失败的主要原因。文章开头极写秦国的强盛，铺张渲染，逐渐推进，"及至始皇"一段达到了极点。转而写陈涉，并同九国之师对比，九国的人才和庞大的武装力量所不能推翻的秦国，却被一群折木为兵的农民军给推翻了，写得波澜起伏，又步步紧逼，到结尾处点明中心论点，大有画龙点睛之笔。

文章的目的在于总结"仁义不施"而得到的教训。身为君王统治着数万之众，如果不实行仁政，势必会导致人民的反抗，而最终走向灭亡的道路。这篇文章也为汉文帝提供政治上的鉴戒。施仁政才能得天下，如果一味地由着自己的性子来，国家一定不会长盛不衰，相反还有可能很快就走向衰亡。

文章前后对照，铺张排比，气势磅礴，姿态横生，对汉代以后的散文创作产生了重要影响。

十三 治安策一（贾谊）

【原文】

夫树国固，必相疑①之势也，下数被其殃，上数爽其忧，甚非所以安上而全下也。今或亲弟谋为东帝，亲兄之子西乡②而击，今吴又见告矣。天子春秋鼎盛，行义未过，德泽有加焉，犹尚如是，况莫大诸侯，权力且十此者乎！

然而天下少安，何也？大国之王幼弱未壮，汉之所置傅相方握其事。数年之后，诸侯之王大抵皆冠，血气方刚，汉之傅相称病而赐罢，彼自丞尉以上遍置私人，如此，有异淮南、济北之为邪？此时而欲为治安，虽尧舜不治。

黄帝曰："日中必熭③，操刀必割。"今令此道顺而全安，甚易；不肯早为，已乃堕骨肉之属而抗刭④之，岂有异秦之季世乎！夫以天子之位，乘今之时，因天之助，尚惮以危为安，以乱为治。假设陛下居齐桓之处，将不合诸侯而匡天下乎？臣又以知陛下有所必不能矣。假设天下如曩时⑤，淮阴侯尚王楚，黥布王淮南，彭越王梁，韩信王韩，张敖王赵，贯高为相，卢绾王燕，陈豨在代，令此六七公者皆亡恙，当是时而陛下即天子位，能自安乎？臣有以知陛下之不能也。天下肴乱⑥，高皇帝与诸公并起，非有仄室之势以豫席之也⑦。诸公幸者乃为中涓⑧，其次仅得舍人，材之不逮至远也。高皇帝以明圣威武即天子位，割膏腴之地以王诸公，多者百余城，少者乃三四十县，德至渥⑨也，然其后七年之间，反者九起。陛下之与诸公，非亲角材而臣之也，又非身封王之也，自高皇帝不能以是一岁为安，故臣知陛下之不能也。

　　然尚有可诿者曰疏。臣请试言其亲者。假令悼惠王王齐，元王王楚，中子王赵，幽王王淮阳，共王王梁，灵王王燕，厉王王淮南，六七贵人皆亡恙，当是时陛下即位，能为治乎？臣又知陛下之不能也。若此诸王，虽名为臣，实皆有布衣昆弟之心，虑亡不帝制而天子自为者。擅爵人，赦死罪，甚者或戴黄屋⑩，汉法令非行也。虽行不轨如厉王者，令之不肯听，召之安可致乎！幸而来至，法安可得加！动一亲戚，天下圜视⑪而起，陛下之臣虽有悍如冯敬者，适启其口，匕首已陷其胸矣。陛下虽贤，谁与领此？故疏者必危，亲者必乱，已然之效也。其异姓负强而动者，汉已幸胜之矣，又不易其所以然。同姓袭是迹而动，既有征矣，其势尽又复然！殃祸之变，未知所移，明帝处之尚不能以安，后世将如之何！

　　屠牛坦一朝解十二牛，而芒刃不顿者，所排击剥割，皆众理解⑫也。至于髋髀⑬之所，非斤则斧。夫仁义恩厚，人主之芒刃也；权势法制，人主之斤斧也。今诸侯王皆众髋髀也，释斤斧之用，而欲婴以芒刃，臣以为不缺则折。胡不用之淮南、济北？势不可也。

　　臣窃迹前事⑭，大抵强者先反，淮阴王楚最强，则最先反；韩信倚胡，则又反；贯高因赵资，则又反；陈豨兵精，则又反；彭越用梁，则又反；黥布用淮南，则又反；卢绾最弱，最后反。长沙乃在二万五千户耳，功少而最完，势疏而最忠，非独性异人也，亦形势然也。曩令樊、郦、绛、灌据数十城而王，今虽已残，亡可也；令信、越之伦列为彻侯而居，虽至今存可也。

然则天下之大计可知已。欲诸王之皆忠附，则莫若令如长沙王；欲臣子之勿菹醢[15]，则莫若令如樊、郦等；欲天下之治安，莫若众建诸侯而少其力。力少则易使以义，国小则亡邪心。令海内之势，如身之使臂，臂之使指，莫不制从。诸侯之君不敢有异心，辐凑并进而归命天子，虽在细民，且知其安，故天下咸知陛下之明。割地定制，令齐、赵、楚各为若干国，使悼惠王、幽王、元王之子孙毕以次各受祖之分地，地尽而止，及燕、梁他国皆然。其分地众而子孙少者，建以为国，空而置之，须其子孙生者，举使君之。诸侯之地，其削颇入汉者，为徙其侯国，及封其子孙也，所以数偿之。一寸之地，一人之众，天子亡所利焉，诚以定治而已，故天下咸知陛下之廉。地制一定，宗室子孙莫虑不王，下无倍畔[16]之心，上无诛伐之志，故天下咸知陛下之仁。法立而不犯，令行而不逆，贯高、利几之谋不生，柴奇、开章之计不萌，细民乡善，大臣致顺，故天下咸知陛下之义。卧赤子天下之上而安，植遗腹，朝委裘[17]，而天下不乱。当时大治，后世诵圣。一动而五业附，陛下谁惮而久不为此？

天下之势方病大瘇，一胫之大几如要，一指之大几如股，平居不可屈信，一二指搐，身虑无聊[18]。失今不治，必为锢疾，后虽有扁鹊，不能为已。病非徒瘇也，又苦跖戾[19]。元王之子，帝之从弟也，今之王者，从弟之子也。惠王之子，亲兄子也，今之王者，兄子之子也。亲者或亡分地以安天下，疏者或制大权以偪[20]天子，臣故曰非徒病瘇也，又苦跖戾。可痛哭者，此病是也。

【注释】

①相疑：指诸侯国实力膨胀，在各方面都超过中央的规定而同中央政权相比拟、相对立。疑：通"拟"。

②乡：通"向"。

③暳（wèi）：晒。这两句话的意思是机不可失，失不再来。

④抗剄：这里指杀头。

⑤曩时：从前，以往。

⑥肴（xiáo）乱：混乱。

⑦仄室：即侧室，卿大夫的庶子。豫：预先。席：凭借。

⑧中涓：皇帝亲近的侍从官。

⑨渥（wò）：深厚。

⑩黄屋：皇帝专用的黄缯车盖。

⑪圜（huán）视：瞪眼怒视。

⑫理解：肌肉的纹理。

⑬髋（kuān）：胯骨。髀（bì）：大腿骨。

⑭窃：私下。迹：根据事实进行考察。

⑮菹醢（zū hǎi）：古时的一种酷刑，把人杀死剁成肉酱。

⑯倍畔：同"背叛"。

⑰委裘：贤君留下的衣冠。

⑱瘇（zhǒng）：两脚浮肿的病。比喻诸侯王的势力太大。屈信：弯曲伸展；信同"伸"。搐：抽搐、痉挛。比喻一二处诸侯反叛。身：全身；虑：大抵；无聊：没有依靠。比喻天下不安。

⑲跖盭（zhí）：脚掌向反面弯曲。

⑳偪：同"逼"，逼迫。

【译文】

建立的诸侯王国力量强大了，必然造成同朝廷对等的形势。各诸侯王常因朝廷的猜疑而遭受祸殃，朝廷也经常为诸侯王的叛乱而担忧。这实在不是安定朝廷、保全臣民的好办法。如今，陛下的亲弟弟有的曾图谋自立为东帝，亲侄子也向西面袭击朝廷，现在，吴王又被人告发要谋反。陛下正当壮年，行事合乎道义，没有什么差错，对他们又再三给以恩惠，他们尚且如此，更何况最强的诸侯国，权力比他们还大十倍的呢！

但是天下却还比以前稍为安宁，这是什么原因呢？因为目前各大诸侯国的国君还年幼，朝廷安置在那里的太傅、丞相正掌握着王国的大权。几年之后，诸侯王大都加冠成人。他们血气方刚，朝廷委派的太傅和丞相便不得不托病辞职归家，他们便会把县丞、县尉以上的官职统统安排上自己的亲信，这样一来，他们的行为和淮南王、济北王又有什么不同呢？到了那时，要想使天下太平安定，即使是唐尧、虞舜也办不到了。

黄帝说："要晒东西必须趁太阳正午，要宰割东西必须趁刀子在手。"现在按照这个道理行事，就很容易做到安上全下。假如不及早行动，以后就会发展到破坏骨肉之情，且拿起刀来互相残杀，这和秦朝末年又有什么不同呢？凭着天子的权位，乘着当今的大好形势，还靠着上天的保佑，尚且对转危为安、改乱为治的措施有所顾虑，假如陛下处于齐桓公那种情况，恐怕不会有联合诸侯而一匡天下的举动吧？我知道陛下一定不会这样做的。假如国家的形势还像从前那样，淮阴侯韩信还统治着楚国，黥布统治着淮南，彭越统治着梁，韩王信统治着韩国，张敖统治着赵国，贯高做赵国的相，卢绾统治着燕国，陈豨还在代国，假如这六七个王公都健在，在这个时候，陛下登上皇位，自己能觉得安全吗？我有理由认为这是不可能的。秦末天下混乱，高皇帝与上述诸公一同起事，当时并没有宗族的势力可以依靠，诸公中最幸运的也不过做了皇帝的近臣，甚至仅仅得到一个舍人的职位。这些人的才能比高皇帝差远了。高皇帝凭着他的圣明威武，即天子位，划出肥沃的土地分封诸公为侯王，多的一百多个城市，少的也有三四十个县，恩德是厚极了。可是在以后的七年当中，谋反的事发生了九起。陛下跟这些王公的关系，并非亲自同他们较量过方能而使他们甘心称臣，也不是亲自封他们当诸侯王的。高皇帝尚且不能因此而得到一年的安定，因而我知道陛下也必不能得到安定。

不过，还有可推托的借口，说是那些王公与刘氏关系疏远。那么，让我说说关系亲近的同姓王。假如让悼惠王还在齐国称王，元王还在楚国称王，中子还在赵国称王，幽王在淮阳称王，共王在梁国称王，灵王在燕国称王，厉王在淮南称王，这六七个贵人都健在，这时，陛下即天子位，能使国家太平吗？我又知道陛下是不可能的。像这些王，虽然名义上是臣子，实际上心里认为自己和天子是普通兄弟一样的关系，他们没有一个不想采用跟皇帝一样的制度而自己当天子的。他们擅自封给别人爵位，赦免有死罪的囚犯，甚至乘坐天子专用的华盖车。汉朝的法令在那里行不通。即使能推行法令，对于厉王那样不守法纪的人，命令都不肯听从，召见他又怎肯来呢！即使来了，法律又怎能施加到他身上？触动了一个亲戚，全国的诸侯王就瞪起眼睛，起来反抗了。陛下的臣子中，虽然不乏冯敬那样的勇敢者，但刚要开口，刺客的匕首已经刺进他的胸膛了。陛下虽然贤明，可谁能同您一起来治理这些诸侯王呢？所以，关系疏远的异姓王必然给国家带来危害，关系亲近的同姓王必定会发动叛乱，这已是事实所证明了的。那些自恃强大可发动叛乱的异姓王，朝廷已经侥幸战胜他们了，可并没有改变那种造成叛乱的条件。同姓王因袭先例发动叛乱，已经有征兆了，这种形势完全会使叛乱重演。这些突然发生的灾祸，不知道如何改变。英明的皇帝在这种情况下，尚且不能使国家安定，后世子孙又能拿它怎么样呢？

屠牛坦一个早晨宰十二头牛，但屠刀的芒刃并没有变钝，这是因为他排击剥割的地位都在肌肉和骨头的缝隙中间。遇到那胯骨和大腿骨，他不是用砍刀就是用斧子。仁义恩德好比君主的芒刃，权势和法制则是君主的砍刀和斧子。如今的诸侯王都像众多的胯骨和大腿骨，如果不用砍刀、斧子，而用芒刃去切割，我看不碰出缺口就会折断。为什么不用仁义恩德去对待淮南王、济北王呢？那是因为形势不允许这样。

我私自考察了一下从前发生的事，发现大都是势力强大的先反叛。淮阴侯韩信，称王于楚，势力最强，就最先反叛；韩王信依靠匈奴支持，接着反叛；贯高依靠赵国的力量，又反叛；陈豨因他的部队精良，又反叛；彭越利用梁国的力量，又起来反叛；黥布依靠淮南的力量又反叛；卢绾势力最弱，最后反叛。长沙王吴芮仅封有人口二万五千户，功劳很小却保存得最完善，关系疏远却对汉朝最忠诚，这不只是他的性情和别的诸侯王不同，而是形势使他这样的。如果从前让樊哙、郦商、周勃、灌婴占据几十个城市，做了诸侯王，到今天即使已经破败灭亡也是可能的。如果让韩信、彭越他们列为普通的彻侯，即使至今还存在也是可能的。

既然这样，那么天下大计就明白了。希望诸侯王都忠心依附汉朝，最好让他们像长沙王一样；希望臣子不被剁成肉酱，最好让他们像樊哙、郦商等人一样；希望天下安定，最好多多建立诸侯国，削弱他们的力量。势力小，就容易用法令来约束他们，国小，就不会有反叛之心。假使天下的形势，就如身体指挥手臂，手臂指挥手指一样，没有不服从的。诸侯王不敢有二心，像辐条凑向车轮轴一样，听命于天子。那么，即使是普通百姓，也知道国家安定，因此全天下都知道陛下的英明。分割土地，规定制度，使齐、赵、楚几个诸侯王国分成若干小国，悼惠王、幽王、元王的子孙，全部依次序得到祖先的一块分地，一直到分完为止。对于燕、梁和其他诸侯也都这样办。那些封地多而子孙小的王国，也先分建若干小国，可空着君位，等他们的子孙出生，全让他们做国君。某些诸侯的土地被大量削减而收归朝廷，用来调剂侯国的封地，或将来封给他们的子孙，并且如数补偿。一寸土地、一个百姓，天子都不贪图他们的，而只是为了国家的安定太平罢了，因此，天下都知道陛下的廉洁。分割封地的制度一经确定，宗室子弟没有谁担心不能封王的，诸侯就不会产生背叛的心思，朝廷也就不必有诛杀讨伐的意图，因此，天下都知道陛下的仁爱。法纪确立起来，没有人敢于触犯，命令通行了没有人对抗，贯高、利几之类的阴谋不会发生，柴奇、开章之类的诡计不再重演，民心向善，朝廷大臣个个效忠，因此，天下都知道陛下的恩义。那时，即使让一个婴儿统治天下也会安定太平，即使立遗腹子，让臣下朝拜先帝留下的衣裳，天下也不会混乱。当代得到大治，后世歌颂圣明。一项措施的采取，就能得到五种功业，陛下还有什么顾虑而长久地不这样做呢？

现在天下的形态，就像一个人患有严重的脚肿病。一条小腿肿得跟腰差不多大，一个脚趾头肿得差不多与大腿一样粗。平时不能屈伸，一两个脚趾抽搐，就担心整个身体支撑不住。现在不及时医治，必然成为不治之症。以后即使有扁鹊那样的名医，也不能够挽救了。病还不仅是两脚浮肿，又苦于脚掌扭折。元王的儿子是陛下的堂弟，现在继承王位的，是您堂弟的儿子，惠王的儿子是您亲哥哥的儿子，这一代的齐王，是陛下您的侄孙。近亲当中有的还没有封地来安定天下，而远亲有的却掌握大权，威逼天子。所以我说不只害了脚肿病，还苦于脚掌扭折。而使人痛哭的也正在于此病。

【评析】

西汉初年，天下初定。各诸侯王国封地大、势力强，同朝廷存在着尖锐的矛盾。为了解决这个矛盾，贾谊在文中向汉文帝提出"众建诸侯而少其力"的办法，建议把原来的诸侯国再分成若干个小国，以削弱诸侯的力量。文章罗列了许多论据，论据充分、条理清晰，从正反两方面论证了这样做的必要性，很有说服力。

综观贾谊对同姓王问题的分析和理解，表现了贾谊洞明天下大形势的远见卓识，而且也表现出他为国深忧远虑、不顾个人性命的胆识和勇气。历代忠君志士多是敢怒敢言的居多，他们为了国家的前途和命运不惜牺牲自己的生命，贾谊就是其中之一。他不顾念一己安危，竭忠尽智，努力进谏，为了国家的长治久安而无所惧。这种为了国家命运奋不顾身地贡献自己的生命精神，无疑是我们中华民族宝贵的精神财富。

十四 论贵粟疏（晁错）

【原文】

圣王在上而民不冻饥者，非能耕而食之，织而衣之也，为开其资财之道也。故尧、禹有九年之水，汤有七年之旱，而国无捐瘠者，以畜积多而备先具也①。今海内为一，土地人民之众不避②禹、汤，加以亡天灾数年之水旱，而畜积未及者，何也？地有遗利，民有余力③，生谷之土未尽垦，山泽之利未尽出也，游食之民未尽归农也。

民贫，则奸邪生。贫生于不足，不足生于不农，不农则不地著，不地著则离乡轻家，民如鸟兽，虽有高城深池，严法重刑，犹不能禁也。夫寒之于衣，不待轻暖；饥之于食，不待甘旨；饥寒至身，不顾廉耻。人情一日不再食则饥，终岁不制衣则寒。夫腹饥不得食，肤寒不得衣，虽慈母不能保其子，君安能以有其民哉？明主知其然也，故务民于农桑，薄赋敛，广畜积，以实仓廪，备水旱，故民可得而有也。

民者，在上所以牧之，趋利如水走下，四方无择也。夫珠玉金银，饥不可食，寒不可衣，然而众贵之者，以上用之故也。其为物轻微易藏，在于把握，可以周海内而无饥寒之患。此令臣轻背其主，而民易去其乡，盗贼有所劝，亡逃者得轻资也。粟米布帛生于地，长于时，聚于力，非可一日成也。数石之重，中人弗胜④，不为奸邪所利，一日弗得而饥寒至。是故明君贵五谷而贱金玉。

今农夫五口之家，其服役者不下二人，其能耕者不过百亩，百亩之收不过百石。春耕，夏耘，秋获，冬藏，伐薪樵，治官府，给徭役⑤。春不得避风尘，夏不得避暑热，秋不得避阴雨，冬不得避寒冻，四时之间，无日休息。又私自送往迎来，吊死问疾，养孤长幼在其中。勤苦如此，尚复被水旱之灾，急征暴虐，赋敛不时，朝令而暮改。当具，有者半贾而卖，亡者取倍称之息。于是有卖田宅、鬻子孙以偿债者矣！而商贾大者积贮倍息，小者坐列贩卖，操其奇赢，日游都市，乘上之急，所卖必倍。故其男不耕耘，女不蚕织，衣必文采，食必粱肉，亡农夫之苦，有阡陌之得。因其富厚，交通王侯，力过吏势，以利相倾，千里游敖，冠盖相望，乘坚策肥，履丝曳缟。此商人所以兼并农人，农人所以流亡者也。今法律贱商人，商人已富贵矣。尊农夫，农夫已贫贱矣。故俗之所贵，主之所贱也；吏之所卑，法之所尊也。上下相反，好恶乖迕，而欲国富法立，不可得也。

方今之务，莫若使民务农而已矣。欲民务农，在于贵粟。贵粟之道，在于使民以粟为赏罚。今募天下入粟县官⑥，得以拜爵，得以除罪。如此，富人有爵，农民有钱，粟有所渫。夫能入粟以受爵，皆有余者也。取于有余，以供上用，则贫民之赋可损，所谓损有余，补不足，令出而民利者也。顺于民心，所补者三：一曰主用足，二曰民赋少，三曰劝农功。今令民有车骑马匹者，复卒三人。车骑者，天下武备也，故为复卒。神农之教曰："有石城十仞⑦，汤池百步，带甲百万，而无粟，弗能守也。"以是观之，粟者，王者大用⑧，政之本务。令民入粟受爵，至五大夫以上，乃复一人耳，此其与骑马之功相去远矣。爵者，上之所擅，出于口而无穷；粟者，民之所种，生于地而不乏。夫得高爵与免罪，人之所甚欲也。使天下人入粟于边，以受爵免罪，不过三岁，塞下之粟必多矣。

【注释】

①捐：抛弃，指流离失所。瘠：瘦弱，指饿瘦。以：因。畜，同"蓄"。

②不避：不让，不次于。

③余利：也作"遗利"。

④中人：力量中等的人。胜：担负。

⑤伐薪樵：给官府砍木柴等燃料。薪樵：木柴。治官府：修理官府的房屋。给徭役：交公差。给：供给。

⑥县官：汉朝称皇帝为"县官"，这里指朝廷、政府。

⑦仞：古代以七尺或八尺为一仞。十仞，不是实数，形容很高。

⑧大用：最重大的资财。

【译文】

圣明的帝王统治时，百姓不会受冻挨饿的原因，并不是帝王能够亲自种粮食给百姓吃，亲自织布给百姓穿，只不过替他们开辟了获得财富的路子。所以尧、禹时有过连续九年的水灾，商汤时有过七年的大旱，可是国内没有流离失所和面黄肌瘦的人，是因为积蓄很多而且备灾的物资早就准备齐全了。现在全国统一了，土地广大，人口众多，不亚于汤、禹时代，加上又没有连续数年之久的水旱灾荒，可是积蓄的物资没有汤禹时代充足，这是为什么呢？是因为土地没有充分利用，民众的潜力没有充分发挥，生长粮食的荒地没有完全开垦，山林湖泽的资源还没有尽量开发，游手好闲的人还没有全部回乡务农。

百姓贫穷就产生奸诈邪恶。贫穷产生于物资不充足，物资不充足产生于不务农业，不务农业就不会定居一个地方，不定居一个地方就轻易离开家乡，百姓像飞禽走兽一样到处觅食，虽然有高高的城墙、深深的护城河，有严厉的法令、残酷的刑罚，还是不能禁止他们的。人受冻的时候，对于衣服的要求，不奢求质料轻暖的；饥饿的时候，对于食物的要求，不讲究甘口美味的；饥寒交迫时，就顾不得什么廉耻了。人通常是一天不吃上两餐饭就感到饥饿，冬天不做棉衣就会受冻。肚子饥饿却没有食物，身上寒冷而没有衣穿，即使是慈母也不能保佑她的儿女，君主又怎么能保佑他的百姓呢！英明的君主懂得这番道理，所以努力督促百姓播种粮食，栽桑养蚕，减轻赋税，增加粮食的积蓄，来充实仓库，防备水旱天灾，所以就可以保有百姓了。

当老百姓的，在于帝王怎样治理。他们追逐利益就像水往低处流，不选择东西南北。那些珍珠、宝玉、黄金、白银，饿了不能充饥，冷了不能保暖，可是大家珍惜看重它们，这是因为帝王重用它们的缘故。它们作为物品，重量轻、体积小，容易收藏，握在手中，可以走遍天下也不会有饥寒的顾虑。这就使得臣子轻易地背弃他的君主，使得百姓轻易地离开他们的家乡，使得盗贼受到鼓励，使得逃亡的人得到便于携带的财物。粟米布帛，从地里生出来，顺着节气长起来，聚集储藏要花费人力，这不是短时间内能够办到的。几石重的粮食，气力中等的人搬不动，不会成为坏人贪求的东西，但一天没有这些东西就会挨饿受冻。因此，英明的君主看重五谷而看轻金玉。

如今五口人的农民家庭，每户给官家服役的不少于二人，每户能耕种的土地不到一百亩，一百亩土地的收入不过一百石。他们春天耕种，夏天锄草，秋天收割，冬天保藏，还要砍柴，修理官府的房舍，应付各种官差。春天不能够躲避风尘，夏天不能够避开暑热，秋天不能够躲避阴雨，冬天不能够避开寒冷，一年四季没有一天休息，还有私人间的亲朋往来、吊唁死者、慰问病人、抚养孤老、养育幼儿，所需费用，都包括在这当中。农民勤劳辛苦到这般地步，还要遭受水旱灾害，急迫沉重的租税，加上官府收赋税不按季节，早晨的命令到了傍晚又更改，处境更加困苦。当交纳赋税的时候，有农产品的人家半价把产品卖掉换钱交税，没有农产品的人家按加倍的利息借债来交税。这样一来，就有卖田卖屋，卖儿卖女来偿还债务的人了。但是，那些商人们，资金多的就囤积居奇，收取加倍的利息，资金少的就开设店铺，经营买卖，投机取巧。每天在都市里钻来钻去，乘着朝廷急需这些物品的时机，所卖的物品一定要加倍提价。所以这些人家里男的不耕种土地，女的不养蚕织布，但穿的是绫罗绸缎，吃的是精米鲜肉。他们没有农民的辛苦，却能坐享田地里的收获。凭借着他们的雄厚财富，勾结王侯，势力超过了一般官吏。他们为争利互相排挤，奔走千里之外，来来往往，接连不断。他们乘着坚固的车子，赶着肥壮的马，脚穿丝靴，身拖绸袍。这就是商人之所以吞并农民，农民之所以四处流亡的原因啊。现在法律上轻视商人，可是商人已经富贵了。法律上尊重农民，可是农民已经贫贱了。因此，世俗所看重的，是君主所轻视的商人，官吏所瞧不起的，是法律上所尊重的农民。上下相反，好坏颠倒，而想使国家富强、法令建立，是不能办到的。

当前的任务，没有比使百姓努力从事农业生产更重要的事了，要想使百姓努力从事农业生产，在于重视粮食。重视粮食的办法，在于使百姓以粮食作为赏罚的标准。现在号召全国人民纳粮给政府，可以受封爵位，可以免除罪罚，这样，富人有了爵位，农民有了钱，粮食得到流通。那些能够纳粮受爵的，都是有余粮的人。从有多余粮食的人手里取出来，供应官府的需要，那么贫苦农民的赋税就可以减少。这就是所讲的拿有余补不足，命令一出而百姓可以得到利益。它符合百姓的愿望，好处有三条：一是使君主财政费用充足，二是使百姓赋税减轻，三是鼓励了农业生产。按照现行的法令：百姓出了驾战车的马一匹的，就可以免除三个人的兵役。战马是国家的武器装备，所以可以用来免除兵役。神农氏的书上说："有高达十仞的石头城墙，宽达百步的沸水护城河，披甲的军队上百万，可是没有粮食，也不能守住。"由此看来，粮食是帝王最重大的财物，是治理国家的根本条件。让百姓交纳粮食受封爵位，封一个五大夫以上的爵位，才免除一个人的兵役，这比出一匹战马受到的益处相差太远了。爵位是皇帝专有的，出于皇帝的口没有限制，粮食是农民种出来的，出产在地里，没有穷尽。求得高的爵位和免除罪罚，是人们最大的欲望。叫全国人民把粮食运到边境，用来受爵和免罪。不用三年，边塞地区的粮食就一定很充裕了。

【评析】

本文是晁错于公元前168年向汉文帝上呈的一封奏书。这篇文章的内容是建议汉皇要重视粮食生产，要采取具体的措施以打击国内的割据势力，还为反击匈奴做充分的准备。文章具体论述了农业对国计民生的重要性，提出了劝农务本、奖励粮食生产及发展农业生产的具体办法。汉文帝接纳了他的意见，促进了生产的发展和经济的繁荣，为维护和加强西汉的封建统治提供了物质条件。

全文围绕中心论点，用反复对比的手法进行论证，从历史的和现实的不同角度加以说明，说理透彻，条理清楚，逻辑严密，文笔犀利，于雄厚之中透出警示。

十五 前出师表（诸葛亮）

【原文】

臣亮言：先帝创业未半，而中道崩殂①。今天下三分，益州疲弊，此诚危急存亡之秋②也！然侍卫之臣，不懈于内，忠志之士，忘身于外者，盖追先帝之殊遇，欲报之于陛下也。诚宜开张圣听，以光先帝遗德，恢弘志士之气；不宜妄自菲薄，引喻失义，以塞忠谏之路也。

宫中、府中③，俱为一体，陟罚臧否④，不宜异同。若有作奸犯科及为忠善者，宜付有司，论其刑赏，以昭陛下平明之治，不宜偏私，使内外异法也。侍中、侍郎郭攸之、费祎、董允等，此皆良实，志虑忠纯，是以先帝简拔以遗陛下。愚以为宫中之事，事无大小，悉以咨之，然后施行，必能裨补阙漏，有所广益。将军向宠，性行淑均，晓畅军事，试用于昔日，先帝称之曰能，是以众议举宠以为督。愚以为营中之事，事无大小，悉以咨之，必能使行阵和睦，优劣得所。

亲贤臣，远小人，此先汉所以兴隆也；亲小人，远贤臣，此后汉所以倾颓也。先帝在时，每与臣论此事，未尝不叹息痛恨于桓、灵也！侍中、尚书、长史、参军，此悉贞亮死节之臣也，愿陛下亲之信之，则汉室之隆，可计日而待也。臣本布衣，躬耕于南阳，苟全性命于乱世，不求闻达于诸侯。先帝不以臣卑鄙，猥自枉屈，三顾臣于草庐之中，咨臣以当世之事。由是感激，遂许先帝以驱驰。后值倾覆，受任于败军之际，奉命于危难之间，尔来二十有一年矣！先帝知臣谨慎，故临崩寄臣以大事也。

受命以来，夙夜忧叹，恐托付不效，以伤先帝之明。故五月渡泸，深入不毛。今南方已定，兵甲已足，当奖帅三军，北定中原；庶竭驽钝，攘除奸凶，兴复汉室，还于旧都。此臣所以报先帝而忠陛下之职分也。至于斟酌损益⑤，进尽忠言，则攸之、祎、允之任也。

愿陛下托臣以讨贼兴复之效，不效，则治臣之罪，以告先帝之灵。若无兴德之言，则责攸之、祎、允之咎，以彰其慢。陛下亦宜自谋，以咨诹善道，察纳雅言，深追先帝遗诏，臣不胜受恩感激！今当远离，临表涕零，不知所云。

【注释】

①崩殂（cú）：天子死称崩，又称殂。

②秋：指紧要时刻。因为秋天是收获季节，农事繁忙，所以用秋天比喻紧要时刻。

③宫中：指皇帝的禁宫中的侍臣。府中：指丞相府所属官吏，也即政府中一般官吏。

④陟（zhì）：提升。臧（zāng）：善，引申为"表扬"、"奖励"。否（pǐ）：恶，引申为"批评"。

⑤斟酌损益：权衡得失，决定取舍。损：减少。益：增加。

【译文】

臣诸葛亮说：先帝开创统一天下的大业还没完成一半，却在中途去世了。现在天下分成三国，我们益州人疲物乏，这确实到了危急存亡的紧要时刻了。然而侍卫陛下的大臣在内毫不懈怠，忠心耿耿的将士在外奋不顾身，这是大家追念先帝对他们特别优厚的待遇，想要在陛下身上来报答啊。陛下实在应该广泛听取意见，弘扬先帝遗留下来的美德，激励将士们的志气，不应该随意看轻自己，说话不恰当，从而堵塞忠臣进谏的道路。

　　不论宫中的侍臣和府中官吏，都是蜀汉之臣，没有亲疏之别，对他们的提升、惩罚、表扬、批评不应该有所不同。如果有人作奸犯法，或有人忠诚善良，有了建树，都应该交给负责管理的部门，评定对他们的赏罚，以显示陛下公平而英明的法治，不应该有偏袒，使官中、府中有不同的赏罚办法。侍中、侍郎郭攸之、费祎、董允等人，都是忠良笃实的人，善良诚实，忠诚专一，所以先帝把他们选拔出来，留给陛下。我认为宫廷中的事务，不论大小，都去跟他们商量，然后施行，就一定能补救缺点和疏忽之处，获取更大的成效。将军向宠，和善公正，通晓军事，从前试用过，先帝称赞他能干，所以大家建议推荐他担任中部都督。我认为军营中的大小事情，都去征求他的意见，那一定能够使军队内部协调一致，才能大小之人都得到合理使用。

　　亲近贤臣，疏远小人，这就是西汉兴旺发达的原因；亲近小人，疏远贤臣，这是东汉覆亡衰败的原因。先帝健在时，每当跟我谈到这些事情，没有一次不对桓帝、灵帝的所作所为感到惋惜和痛心的。侍中郎攸之，尚书陈震，长史张裔、参军蒋琬，这都是坚贞忠良能以身报国的大臣，希望陛下亲近、信任他们，那么汉朝王室的兴隆，就指日可待了。我本来是个平民，在南阳耕田种地，只想在乱世中苟且保全性命，不想做官扬名。先帝不因为我见识浅陋、地位低微，不惜降低身份，委屈自己，三次到我的茅庐里访问我，拿当时天下大事来征询我的意见。我因此很感动并受到鼓舞，就答应为先帝奔走效劳。后来遭到军事失利，在战败之际我接受了重任，在危难的时刻奉命出使，从那时以来已经二十一年了。先帝知道我遇事谨慎，所以临终时把国家大事托付给我。

　　自我接受遗命以来，日夜忧虑，唯恐托付的事情不能办好，以致损伤先帝的英明。所以五月渡过泸水，深入到草木不生的荒凉之地。现在南方已经平定，武器盔甲都已经备足，应当奖励并统率全军，北上平定中原。希望能竭尽我的平庸才能，铲除奸诈凶恶的曹魏，复兴汉朝王室，回到原来的国都。这是我用来报答先帝，向陛下尽忠心的分内职责啊！至于对政事的斟酌处理，掌握分寸，提出忠直恳切的意见，那是郭攸之、费祎、董允等人的责任。

希望陛下把讨伐曹贼、复兴汉室的任务交付给我，如果不见成效，就治我的罪，以告先帝在天之灵。如果没有向您提出发扬德行的意见，就要责备郭攸之、费祎、董允等人的过错，揭露他们的怠慢。陛下自己也应多加考虑国家大事，征求正确的意见，审察采纳人们的建议，深切追念先帝的遗言。这样我对陛下的恩惠就感激不尽了。我现在就要远离陛下，对着这篇表文流泪哭泣，不知道说了些什么。

【评析】

本文写的是蜀汉后主刘禅建兴五年（227年），诸葛亮率诸军北定汉中，准备出师北伐，出发前，上此表给刘禅。表中详细陈述自己对蜀汉的忠诚和北取中原的坚定信心。主要意图还是在劝勉刘禅继承先帝的遗愿，保持蜀中政治的清明，广开言路，听信忠言，任用贤良，励志振奋，使他致力于北伐大业，以免除后顾之忧。"亲贤臣，远小人"是本文的中心句，就在现实也有十分重要的意义。

文章语言恳切周详，感情真挚，一片丹心，溢于言表。行文时叙中有议，议中有情。叙事周密，层次清楚，是章表中的突出代表作。

十六 后出师表①（诸葛亮）

【原文】

先帝虑汉、贼不两立，王业不偏安，故托臣以讨贼也。以先帝之明，量臣之才，固知臣伐贼，才弱敌强也。然不伐贼，王业亦亡，惟坐而待亡，孰与伐之？是故托臣而弗疑也。

臣受命之日，寝不安席，食不甘味。思惟北征，宜先入南。故五月渡泸，深入不毛，并日而食；臣非不自惜也，顾王业不可偏安于蜀都，故冒危难，以奉先帝之遗意也，而议者谓为非计。今贼适疲于西，又务于东，兵法乘劳②，此进趋之时也。谨陈其事如左：

高帝明并日月，谋臣渊深，然涉险被创，危然后安。今陛下未及高帝，谋臣不如良、平，而欲以长策取胜，坐定天下。此臣之未解一也。

刘繇、王朗各据州郡，论安言计，动引圣人，群疑满腹，众难塞胸，今岁不战，明年不征，使孙策坐大，遂并江东。此臣之未解二也。

曹操智计，殊绝于人，其用兵也，仿佛孙、吴，然困于南阳，险于乌巢，危于祁连，偪于黎阳，几败北山，殆死潼关，然后伪定一时尔。况臣才弱，而欲以不危而定之，此臣之未解三也。

曹操五攻昌霸不下，四越巢湖不成，任用李服而李服图之，委任夏侯而夏侯败亡，先帝每称操为能，犹有此失，况臣驽下，何能必胜？此臣之未解四也。

自臣到汉中③，中间期年耳，然丧赵云、阳群、马玉、阎芝、丁立、白寿、刘郃、邓铜等及曲长、屯将七十余人。突将、无前④、賨叟、青羌⑤、散骑、武骑一千余人。此皆数十年之内所纠合四方之精锐，非一州之所有；若复数年，则损三分之二也，当何以图⑥敌？此臣之未解五也。

今民穷兵疲，而事不可息。事不可息，则住与行，劳费正等⑦。而不及早图之，欲以一州之地，与贼持久。此臣之未解六也。

夫难平⑧者，事也。昔先帝败军于楚，当此时，曹操拊手，谓天下已定。然后先帝东连吴越，西取巴蜀，举兵北征，夏侯授首，此操之失计，而汉事将成也。然后吴更违盟，关羽毁败，秭归蹉跌，曹丕称帝。凡事如是，难可逆料⑨。臣鞠躬尽力，死而后已。至于成败利钝，非臣之明所能逆睹也。

【注释】

①《后出师表》：据裴松之注称："此表亮集所无，出张俨《默记》。"文中所涉史实多有矛盾，故人们怀疑不一定为诸葛亮所作。

②乘劳：乘敌人疲劳的时候。

③自臣到汉中：诸葛亮于蜀建兴五年（227年）率军北驻汉中。

④突将、无前：冲锋在前的勇将。

⑤賨叟、青羌：少数名族的部队。

⑥图：攻打、讨伐。

⑦住：指坐等敌人的进攻。行：指主动出击敌人。劳费：指消耗的人力物力。等：相等，一样。

⑧平：衡量，这里是"预测"的意思。

⑨逆料：预料，事先预测。逆：事先。

【译文】

先帝考虑到汉朝、魏贼不能并存，帝王的事业不能偏安于一隅之地，所以托付我去讨伐曹贼。凭着先帝的圣明，估量我的才能，本来知道我伐贼是力不胜敌的。但是不讨伐魏贼，汉朝的大业也要灭亡，与其坐以待毙，不如主动去讨伐魏贼。所以先帝就毫不犹豫地把伐贼的任务托付给我。

自从接受使命那日起，我寝食难安，考虑到要北征，应该先平定南方，所以五月间渡过泸水，深入草木不生的荒凉地区，两天才吃一天的饭。我并不是不爱惜自己，只是想到汉朝的大业不能偏安于益州这一角落，所以冒着危险去实现先帝的遗愿。但是，议论的人却说这是不正确的决策。如今曹贼在西边正打得疲惫不堪，又要在东方作战。兵法上说要乘敌人疲劳之时进攻，这正是讨伐魏贼的好时机。现在我把讨贼的事恭敬地陈述如下：

汉高祖的英明与日月同辉，他的谋臣都深谋远虑，但是他也是历尽艰险，受过创伤，经过了许多危险，然后才得到安定。现在陛下的圣明比不上汉高祖，出谋划策的臣子也不如张良、陈平，而您却想用长远的计策取得胜利，坐在这里等着天下的统一。这是我不理解的第一条。

刘繇、王朗各自占据着一个州郡，在那里空谈安危计策，动不动引用古代圣人的言论，疑心重重，畏首畏尾，今年不出兵，明年不打仗，使得孙策安然强大，于是并吞了江东。这是我不能理解的第二条。

曹操的智慧计谋超常出众，他用兵作战就像孙膑、吴起，但是他也曾在南阳被困，在乌巢遇险，在祁连遭难，在黎阳受逼，几乎败于北山，差点在潼关丧命，然后才取得了暂时的稳定。何况我才能低下，却想用十拿九稳的办法来平定天下。这是我不能理解的第三条。

曹操五次攻打昌霸不能取胜，四次渡过巢湖与孙权交战不利，任用李服而李服反而谋害他，委任夏侯渊镇守汉中而夏侯渊战败被杀。先帝常常称赞曹操能干，曹操还有这样的失败，何况我才能低下，哪里能够一定取胜？这是我不能理解的第四条。

从我出师到汉中来，至今只有一年的时间，但是已失去了赵云、阳群、马玉、阎芝、丁立、白寿、刘郃、邓铜等大将以及曲长、屯将七十多人，还有冲锋在前的勇士及賨叟、青羌的骑兵一千多人。这都是几十年间从四方召集来的精锐兵力，不是益州一州所能有的。如果再过几年，将要减少三分之二，到那个时候再凭什么去谋图伐敌呢？这是我不能理解的第五条。

现在百姓穷困，兵士疲累，而战事不能停息。战争不能停息，那么驻守和进攻，两者消耗的人力和物力是相等的。既然如此，却不及早攻打敌人，想凭一州之地，与魏贼长久相持。这是我不能理解的第六条。

难以预料的是事情的变化。从前先帝战败于长坂，曹操拍手称快，认为天下大局已定。可是后来先帝东面联合孙吴，西面攻取巴蜀，举兵北伐，夏侯渊被斩首，这是曹操的失算，而兴复汉朝王室的事业即将成功，但后来孙权违背了盟约，偷袭荆州，关羽失败被杀，先帝在秭归失误，曹丕灭汉自称皇帝。凡事都是这样，难以预料。我只有鞠躬尽瘁，死而后已。至于是成功还是失败，是顺利还是挫折，不是我的眼光所能预见的啊。

【评析】

《后出师表》是《前出师表》的姊妹篇，写于建兴六年。由于《三国志》本传中没有记载，《文选》中也没有选录，所以有人认为此表是伪作。但也有人认为从体例来看，后表和前表并无差别，但是这些都不会影响到文章的文学地位。

《后出师表》是作于第一次北伐失败后，大臣对再次北征颇有异议，本文就是在这种情况下提出了六个"未解"、六个诘难，论据充分，正反论证，力驳群议，说明出师伐魏刻不容缓。从前后《出师表》的对比中，可知因侧重点不同，行文殊异。前表针对刘禅，多正面劝谏，语言周至恳切，迂徐委曲；后表针对"议者"，多反面驳难，语言慷慨激昂，条理分明。但两表始终贯穿着忠贞爱国之情。其中"鞠躬尽力，死而后已"的名句，可谓是诸葛亮一生的评价。

卷七 六朝唐文

一 陈情表（李密）

【原文】

臣密言：臣以险衅，夙遭闵凶^①。生孩六月，慈父见背。行年四岁，舅夺母志^②。祖母刘愍^③臣孤弱，躬亲抚养。臣少多疾病，九岁不行；零丁孤苦，至于成立。既无叔伯，终鲜兄弟；门衰祚薄，晚有儿息。外无期功^④强近之亲，内无应门五尺之童；茕茕孑立，形影相吊。而刘夙婴疾病，常在床蓐；臣侍汤药，未尝废离。

逮奉圣朝，沐浴清化^⑤。前太守臣逵，察臣孝廉；后刺史臣荣，举臣秀才。臣以供养无主，辞不赴命。诏书特下，拜臣郎中；寻蒙国恩，除臣洗马。猥以微贱，当侍东宫，非臣陨首所能上报。臣具以表闻，辞不就职。诏书切峻，责臣逋慢^⑥。郡县逼迫，催臣上道；州司临门，急于星火。臣欲奉诏奔驰，则以刘病日笃；欲苟顺私情，则告诉不许。臣之进退，实为狼狈。

伏惟圣朝以孝治天下，凡在故老，犹蒙矜育；况臣孤苦，特为尤甚。且臣少事伪朝，历职郎署，本图宦达，不矜名节。今臣亡国贱俘，至微至陋，过蒙拔擢，岂敢盘桓，有所希冀^⑦？但以刘日薄西山，气息奄奄，人命危浅，朝不虑夕。臣无祖母，无以至今日；祖母无臣，无以终余年。母孙二人，更相为命；是以区区不能废远。

臣密今年四十有四，祖母刘今年九十有六，是臣尽节于陛下之日长，报刘之日短也。乌鸟私情，愿乞终养。臣之辛苦，非独蜀之人士及二州牧伯所见明知；皇天后土，实所共鉴。愿陛下矜愍愚诚，听臣微志；庶刘侥幸，卒保余年。臣生当陨首，死当结草⑧。臣不胜犬马怖惧之情，谨拜表以闻。

【注释】

①险衅：厄运和罪过。凤：早，指年幼时。闵：忧患。凶：凶险。

②见背：背我，弃我而去。夺：强行改变。母志：母亲守节抚孤的志愿。古代称妇女在丈夫死后不再嫁为"守志"。

③愍（mǐn）：通"悯"，怜悯。

④期（jī）功：古代丧服名。服丧一年为"期"，服丧九个月为"大功"，五个月为"小功"。

⑤沐浴：本指洗脸洗澡，这里比喻受到……的熏陶。清化：清明的政治教化。

⑥逋慢：回避怠慢。逋：逃。

⑦盘桓：徘徊，迟疑不决的样子。有所希冀：指有其他非分的希望。李密是蜀旧臣，现在因辞新职，怕被人指为标榜名节，所以反复说明。

⑧结草：春秋时，晋大夫魏颗的父亲魏武子临终遗嘱要将爱妾殉葬。魏颗没有照办，而是将她嫁了出去。后魏颗与秦将杜回交战，见一老人结草把杜回绊倒，因而将杜回擒获。夜间梦见老人，自称是魏武子爱妾的父亲，特来报恩。

【译文】

臣子李密启奏陛下：我因为命运坎坷，罪孽深重，所以幼年便遭不幸。生下来才六个月，父亲就逝世了；还不到四岁，舅舅就逼迫母亲改嫁。祖母刘氏，怜悯我没了父亲，身体又弱，因此亲自抚养我。我小时多病，到了九岁还不能走路。一个人孤孤单单，生活困苦，就这样一直到长大成人。我既没有叔叔伯伯，也没有哥哥弟弟。我的家门衰落，没有福分，到了晚年才有儿女。外面没有关系较亲近一点的亲戚，家里头也没有可以照管门户的僮仆。孤孤单单，形影相伴。而祖母刘氏多年疾病缠身，经常卧床不起。我侍奉汤药，从来没有间断和离开过。

等到当今事奉圣明的王朝，我承受着清明政治的教化，前次太守逵察举我为孝廉；后来刺史荣又推举我为秀才。我因为家中无人供养祖母，所以推辞了不去接受任命。陛下特地下了诏书，让我做郎中；不久又承蒙皇上恩典，授给我洗马的官职。我鄙陋微贱，却得到侍奉太子的殊荣，这是我死也难以报答皇上您的。我每次都把这些情况写在奏表上想让您知道，因此辞谢而不接受职务。如今诏书急切严厉，责怪我逃避怠慢；郡县的长官苦苦相逼，催我上路；州中的官员也亲自到我家中催促，情况非常急迫。我想接受诏命赶快赴任，可是祖母的病却一天比一天严重；我想留在家中照看，申诉了苦衷，但依然得不到允许。因此我的处境实在窘迫。

我想，圣朝用孝道治理天下，凡属年老的人，尚且都受到怜悯和赡养，何况我的祖母孤独苦楚更为厉害呢！再说我年轻的时候在蜀汉做官，担任过尚书郎的职务，本来所谋求的也就是高官厚禄，而不是名誉和节操。如今我的国家败亡，自己也成了一个卑贱的俘虏，十分渺小，十分鄙陋，却承蒙过分的提拔，恩宠如此丰厚，我怎么敢徘徊观望，有什么非分的想法呢？只是因为祖母已到了风烛残年，就像是太阳快要接近西方的山岭一样，气息微弱，生命垂危，早晨醒来，不知道晚上是否还能活着。我如果没有祖母，那我就活不到今天，祖母要是没有我，也就不能度过剩下的岁月。祖孙二人，相依为命。所以我不能放弃对祖母的奉养而到远方去做官。我今年四十四岁，祖母今年九十六岁。所以我向陛下尽忠的日子还多，但报答祖母养育之恩的日子却太短了。乌鸦尚且能够哺育它的父母，不忘养育之情，我也请求陛下能够让我为祖母刘氏养老送终。

我的辛酸苦楚，不仅仅蜀地的人士和二州的长官知晓，而且天地神明也都看得清清楚楚。希望陛下能怜悯我的忠诚，准许我实现这个小小的心愿。或许祖母可以侥幸地平安寿终。我活着应当为陛下献出生命，死后也应当像结草老人那样在暗中报答陛下的恩惠，我怀着惶恐畏惧的心情，恭恭敬敬地上表奏报陛下。

【评析】

这是李密向晋武帝司马炎上的一篇表文。文章详细申诉了自己不能出仕的原因在于要照顾年老多病的祖母。文中诉说了自己幼年的不幸，说明自己孤苦伶仃，全靠祖母辛辛苦苦一手拉扯长大，因此要报答祖母的养育之恩就必须留在家里直到为老人送终。又说自己侍奉君王的日子还长，不必念于一时。这样既阐明了自己终养祖母克尽孝道的决心，又表达了对晋武帝的感激之情。

文章陈辞委婉恳切，感情浓烈深厚，说理周密透彻，语言新颖贴切，脍炙人口，难怪晋武帝读后也深受感动，不再为难他。

俗话说"百善孝为先"，我们无论在什么时候都不能忘记自己应尽的孝道。李密这篇情词恳切的文章，向我们展示了一位孝子的故事。他为了自己的祖母而向皇上进言，这需要一种多么大的勇气。

在当今这个世界里，很多人都被利益冲昏了头脑，把孝道抛在了脑后，我想对于那些人来说这是一匙唤醒他们麻木心灵的汤药，可以带领他们重回到富有真情的世界里去。

二 兰亭集序（王羲之）

【原文】

永和九年，岁在癸丑，暮春之初，会于会稽山阴之兰亭，修禊①事也。群贤毕至，少长咸集。此地有崇山峻岭，茂林修竹；又有清流激湍，映带左右。引以为流觞曲水，列坐其次②；虽无丝竹管弦之盛，一觞一咏③，亦足以畅叙幽情。是日也，天朗气清，惠风和畅。仰观宇宙之大，俯察品类④之盛；所以游目骋怀，足以极视听之娱，信可乐也。

夫人之相与，俯仰⑤一世。或取诸怀抱，晤言一室之内；或因寄所托，放浪形骸之外。虽取舍万殊，静躁不同，当其欣于所遇，暂得于己，快然自足，曾不知老之将至。及其所之既倦，情随事迁，感慨系之矣。向之所欣，俯仰之间，已为陈迹，犹不能不以之兴怀⑥；况修短⑦随化，终期于尽？古人云："死生亦大矣。"岂不痛哉！

每览昔人兴感之由，若合一契，未尝不临文嗟悼，不能喻之于怀⑧。固知一死生为虚诞，齐彭殇为妄作。后之视今，亦犹今之视昔，悲夫！故列叙时人，录其所述。虽世殊事异，所以兴怀，其致一也。后之览者，亦将有感于斯文。

【注释】

①修禊（xì）：古代习俗每年阴历三月巳日，人们临水洗濯嬉游，以祛除不祥。

②流觞：把漆制的酒杯盛酒放到曲水上游，任其顺流而下，停在谁面前，谁就取而饮之。觞：酒杯。曲水：引水环曲为渠，用来放流酒杯。次：处所，地方，指曲水边。

③一觞一咏：一边饮酒一边咏诗。

④品类：指天地万物。

⑤俯仰：低头和抬头，比喻短暂的时间。这里有交往的意思。

⑥以：因，为。兴怀：发生感慨。

⑦修短：指人的寿命长短。化：造化，自然。

⑧喻之于怀：从心里理解明白。

【译文】

永和九年，是癸丑年，暮春三月之初，我们聚会在会稽郡山阴县的兰亭，在水边嬉游欢宴，祛除不祥。许多有名人物都到了，老老少少聚集在一起。这个地方有高峻的山岭，有茂盛的树木和修长的竹子，还有清水急流，像带子般辉映环绕在兰亭两侧。我们引来用作流觞的曲水，大家在曲水旁依次就座，虽然没有弦乐和管乐演奏的繁盛场面，但饮一杯酒咏一首诗，也足以欢畅表达幽雅深情。这一天，天气晴朗，空气清新，和风温暖舒适，抬头观看天地之广阔，低头审察万物之繁盛；这样放眼浏览，舒展胸怀，尽情享受眼观和耳听的乐趣，真是心旷神怡啊！

人们相处一起，很快地就度过一生。有的抒发自己的思想抱负，于室内相聚畅谈；有的把思想感情寄托在自己爱好的事物上，不受约束，放纵无羁地生活。虽然人们的追求、情趣很不相同，但当他们遇到自己喜好的事物，就高兴，得到暂时的满足。在感到高兴和满足时，竟然不知衰老到来。等到他们对所向往的事物已经厌倦，情绪随事物和环境的变迁而改变，感慨也随之而生了。曾经所喜好的事物，瞬时成为陈迹，还不能不因此激起心头万千感慨，何况人生长短全凭造化，最后终将走向死亡呢？古人说："死生也是人生一件大事啊！"难道不令人悲痛吗？

常见古人产生感慨，观察其原因，往往像符契一样相合。面对古人的文章，我总是悲叹，自己心里不明白为什么会这样。现在看来，把死和生等同起来是虚妄荒诞的，把生命的长短等同起来也是胡说八道。人总有一死，后代的人看今天的人，就像今天的我们看古人，都是看不到的，真是可悲啊！所以一一记录当时兰亭集会者并抄录他们所做的诗赋。虽然时代不同，事随境迁，但对生死问题所发的感慨，其情致则是一样的，后来的读者，也会从我这篇文章中引发出同样的感慨吧。

【评析】

公元353年农历三月三日，王羲之同当时的名士谢安、孙绰等四十一人，在会稽山阴的兰亭聚会，与会者饮酒赋诗并抄录成集，本文是诗集的序言。这篇序言生动地记叙了聚会的盛况，聚会于山林的欢快，在山水中领悟了山林的真谛，抒发了个人的感慨，在一定程度上批判了"一死生""齐寿殇"的虚无主义思想，但也透露出人生无常、人生易逝、终归于尽的消极情绪。本文体现了王羲之的散文风格，文笔清雅，朴实自然，这在骈文统治文坛的时代，是难能可贵的。这篇文章由当时王羲之以绝妙的行书书写，成为后人极为推崇的著名法帖。

三 归去来辞（陶渊明）

【原文】

归去来兮！田园将芜胡不归？既自以心为形役，奚惆怅而独悲？悟已往之不谏，知来者之可追；实迷途其未远，觉今是而昨非。

舟摇摇以轻扬，风飘飘而吹衣。问征夫以前路，恨晨光之熹微。乃瞻衡宇，载欣载奔。僮仆欢迎，稚子候门。三径①就荒，松菊犹存。携幼入室，有酒盈樽。引壶觞以自酌，眄庭柯以怡颜，倚南窗以寄傲，审容膝之易安②。园日涉以成趣，门虽设而常关③。策扶老以流憩，时矫首而遐观④。云无心以出岫，鸟倦飞而知还。景翳翳以将入，抚孤松而盘桓⑤。归去来兮！请息交以绝游。世与我而相违，复驾言兮焉求？悦亲戚之情话，乐琴书以消忧。农人告余以春及，将有事于西畴。或命巾车，或棹孤舟。既窈窕以寻壑，亦崎岖而经丘。木欣欣以向荣，泉涓涓而始流。羡万物之得时，感吾生之行休。

已乎矣！寓形宇内复几时，曷不委心任去留？胡为遑遑⑥欲何之？富贵非吾愿，帝乡不可期。怀良辰以孤往，或植杖而耘耔，登东皋以舒啸，临清流而赋诗⑦。聊乘化以归尽，乐夫天命复奚疑！

【注释】

①三径：这里借用汉朝蒋诩的典故。据说蒋诩归隐后，在院中开出三条小路，只和两个知己往来。

②眄（miǎn）：闲散地观看。柯：树枝。审：深知。容膝：形容屋小只容双膝。

③涉：徒步过水。这里指行走游玩。成趣：走成了一条小路。趣：小路。

④策：持，拿着。扶老：指拐杖。流憩：到了哪里就到哪里休息。憩：休息。矫：举。遐：远。

⑤岫（xiù）：山有穴叫岫。盘桓：徘徊、流连。

⑥遑遑：心神不定的样子。

⑦耘：除草。耔：培土。皋：水边高地。

【译文】

回去吧，田园将要荒芜了，为什么还不回去！既然是由于生计所迫，违背本心而出来做官，为什么要忧愁惆怅一个人独自悲哀呢！我已经明白过去的一切都已无法挽回，但未来的事情还可以补救。其实我迷路还不太远，已经懂得如今才是对的而以往是错误的。

小船轻快地行驶，清风徐徐地吹拂着衣服。向行人询问前方的道路，恨早晨的亮光太微弱。终于看到了我的房子，高兴得跑了起来。仆人们出来欢迎我，小儿子在门边等候。我的家园已快要荒芜了，但松树和菊花依然存在。拉着小孩进入内室，只见酒樽中已装满了酒。拿起酒壶酒杯自斟自饮，看到庭院中碧绿的松枝，这使我心情非常愉快。倚在南面的窗子上寄托傲世的情怀，深知狭小的房屋容易使人安心。每天在园中走一走因而形成了一条小路，房门虽然安在那里但常常是关闭的。挂着拐杖走到哪里就到哪里休息，不时抬头远望。只见白云自然地从山岩间飘出，而飞累了的鸟儿也懂得返回山林休息。阳光暗淡下来，太阳就要下山了，我抚摸着孤松而独自徘徊。

回去吧，和世人断绝交游。我和这个世界合不来，我还驾车出来追求什么！听到亲人含情脉脉的话，我感到高兴，喜欢弹琴和读书，这是为了忘掉忧愁。农夫告诉我春天到了，将要到西边的田里去耕作。我有时驾车游玩，有时划船开心。有时随着曲折的溪水进入幽深的山谷，有时沿着高低不平的道路经过小山。只见花草树木充满旺盛的生机，长得非常茂盛；只见泉水细小而又清澈，刚刚从山中流出来。我羡慕自然界的各种事物都得到春天的滋润，感叹我的生命即将完结。

算了吧！一个人在世上又能活多久呢，为什么不按照自己的心意决定去留？为什么这样急急忙忙想要到哪里去？富贵并不是我所希望得到的，长生不死成为神仙也不可能。希望能有一个好日子一个人出去走走，或者把拐杖插在田边，给庄稼除除草培培土。爬上东面的山冈，我仰天长啸；面对清澈的流水，我吟唱诗歌。姑且顺应自然的变化，以尽享天年吧，乐于上天命运的安排，又还有什么值得疑虑的呢！

【评析】

这是一篇抒情小赋，陶渊明不满当时官场的污浊黑暗，不愿为五斗米折腰，于是弃官回乡，赋中描写了他回乡路上的舒畅心情，回乡见到亲人的喜悦以及对田园生活和山川景物的赞美和热爱，最后感慨人生短促，应该乐天安命，尽享山林之趣。

文章表达了一种逍遥自适、返璞归真的人生追求，洋溢着豁达开朗、乐观向上的情感基调。但同时也潜藏着怀才不遇、功名未遂的深沉苦闷与怨愤。这篇小赋语言清新优美，音韵和谐悦耳，情感真挚浓烈，是一篇动人的抒情诗。

四 桃花源记（陶渊明）

【原文】

晋太元中，武陵人捕鱼为业。缘①溪行，忘路之远近。忽逢桃花林，夹岸数百步，中无杂树，芳草鲜美，落英缤纷。渔人甚异之，复前行，欲穷其林。林尽水源②，便得一山。山有小口，仿佛若有光，便舍船，从口入。初极狭，才通人③；复行数十步，豁然开朗。土地平旷，屋舍俨然④。有良田、美池、桑竹之属，阡陌交通，鸡犬相闻。其中往来种作，男女衣着，悉如外人；黄发垂髫⑤，并怡然自乐。见渔人，乃大惊，问所从来，具⑥答之。便要⑦还家，设酒杀鸡作食。村中闻有此人，咸来问讯。自云先世避秦时乱，率妻子邑人来此绝境，不复出焉；遂与外人间隔。问今是何世，乃不知有汉，无论⑧魏、晋。此人一一为具言所闻，皆叹惋。余人各复延至其家，皆出酒食。停数日，辞去。此中人语云："不足为外人道也。"

既出，得其船，便扶向路⑨，处处志之。及郡下，诣太守，说如此。太守即遣人随其往，寻向所志⑩，遂迷，不复得路。南阳刘子骥，高尚士也，闻之，欣然规往。未果，寻病终。后遂无问津者。

【注释】

①缘：沿。

②林尽水源：桃林的尽头就是溪水的源头。

③才通人：仅仅能容一个人行走。

④俨然：形容整齐。

⑤黄发垂髫（tiāo）：指黄白头发的老人与垂着头发的儿童。

⑥具：通"俱"。

⑦要：同"邀"。

⑧无论：更不用说。

⑨扶：沿着。向：以往。

⑩志：记，这里指做标记。

【译文】

晋太元年间，武陵郡有一个以捕鱼为业的人。一天，他沿着一条小溪行船，也不知道走了多远。忽然见到一片桃花林，桃林在溪流两岸延伸了几百步远，中间没有别的树，芳草鲜美，落花到处都是。渔夫感到非常惊异，于是继续划船前进，想看一看林子的尽头到底有什么。桃林的尽处，也就是溪水的源头，并在这里发现了一座山。山上有个小洞，好像有光线射出来。于是渔人把船停在岸边，从这个洞里走了进去。

开始，洞口非常狭窄，刚好能通过一个人。再往前走了几十步，豁然开朗。只见土地平整空旷，房屋整整齐齐。有肥沃的田地、美丽的池塘、桑树和竹子这一类东西。田间小道东西交错，鸡鸣狗叫的声音不时可以听见。这里头来往耕作的男男女女的衣着服饰，都和外面的人一模一样。老人和小孩，都非常快活，能自得其乐。其中有一个人看到了渔人，大吃了一惊。于是问渔人从哪里来，渔人详细地告诉了他。那人便邀渔人回家，摆了酒，杀了鸡款待他。村中听说来了这么一个人，都赶来向他问这问那。他们自己说他们的祖先为了逃避秦时的战乱，率领妻子儿女和邻居来到这个与外界隔绝的地方，从此不再出去，因此和外界的人没有往来。他们问渔人当今是什么朝代，竟连汉朝都不知道，更不要说魏、晋了。渔人一一为他们讲了他的所见所闻，一个个都惊叹惋惜。剩下的人分别请了渔人到他们家去作客，用酒菜热情招待。过了几天，渔人便告辞回家。村中人们嘱咐他说："您在这儿的见闻不要告诉外面的人。"

渔人出了洞口，找到了他的船。于是沿着先前的来路回去，并到处留下了记号。到了武陵郡下，渔人拜见太守，向他陈述了自己的见闻。太守马上派人跟他一起去，寻找原先做的记号，谁知却迷了路，再也找不到那条路了。南阳人刘子骥，是一个品行极高的隐士，听说了这件事，很高兴地打算亲自去寻找桃花源，但没有实现，不久就病死了。以后就再也没有寻访桃花源的人了。

【评析】

本文描绘了一个没有剥削、没有压迫，人人劳动、平等自由的理想社会。人们过着安定、和睦、自给自足的淳朴生活。虽然这只是作者的幻想，但这种理想深刻地反映了广大劳动人民渴望摆脱剥削压迫和频繁的战乱，追求幸福生活的强烈愿望。

文章运用小说笔法，进行了丰富的想象和大胆的虚构，情节曲折，描写逼真，结构完整；文字朴实流畅，具有极大的艺术魅力。

人人心中都需要有一个属于自己的"桃花源"，也许只要心存这么一个美好的幻想，就是很好的生活态度。我们无须去触摸到真正的桃花源，在我们心情烦闷的时候，自己静静地想一想"桃花源"，那个纯净得一尘不染的地方，就可以扫去我们心中的阴霾，这就足够了。

五 五柳先生传（陶渊明）

【原文】

先生不知何许人也，亦不详其姓字。宅边有五柳树，因以为号焉。闲静少言，不慕荣利。好读书，不求甚解①。每有会意，便欣然忘食。性嗜酒，家贫，不能常得。亲旧知其如此，或置酒而招之。造饮辄尽②，期在必醉，既醉而退，曾不吝情去留。环堵萧然^③，不蔽风日。短褐穿结，箪瓢屡空，晏如^④也。常著文章自娱，颇示己志。忘怀得失，以此自终。

赞曰：黔娄^⑤有言："不戚戚于贫贱，不汲汲^⑥于富贵。"其言兹若人之俦乎？衔觞^⑦赋诗，以乐其志，无怀氏之民欤？葛天氏^⑧之民欤？

【注释】

①不求甚解：不追求深奥的理解。

②造：到。辄：每每。

③环堵：四面的墙壁。萧然：空空的样子。指穷困无物。

④短褐：粗布短衣。穿：破。结：打结，打补丁。晏如：安然自得的样子。

⑤赞：史传的一种评论文字的名称。本文是仿史传写的，所以用"赞"来对自己作评论。黔（qián）娄：春秋鲁国的清高名士。

⑥汲汲：形容竭力求取。

⑦衔觞：口含酒杯，指饮酒。觞是古时一种酒杯。

⑧无怀氏、葛天氏：都是传说中上古时代的氏族首领。据说在他们的时代，风俗淳厚朴实。

【译文】

先生不知道是什么地方的人，也不知道他的姓名字名。他的屋边有五棵柳树，因此就自号五柳先生。他安闲好静，不喜欢多说话，不美慕荣华富贵。喜欢读书，不追求深奥的理解，每当读到会心之处，就高兴得忘了吃饭。喜好喝酒，因为家里穷，不可能经常喝。亲戚朋友知道这种情况，有时便摆下酒席去请他。他一去就喝个痛快，一定要使自己醉倒。醉了就回去，一点也不留恋。他家里空空荡荡，非常破旧，不避风雨；穿的粗布短衣到处都是破洞和补丁，箪和瓢常常是空着的，但他却安然自在。先生常常写文章自娱自乐，很能表达自己的志向。他忘却了世俗的得失，愿意用这种超然世外的态度过一生。

赞论说：黔娄说过，不因为贫贱而忧伤，不贪图富贵而奔走。这就是说五柳先生这一类人吧。他饮酒作诗，使自己的内心得到快乐，他是无怀氏时代的人呢？还是葛天氏时代的人呢？

【评析】

这是陶渊明给自己作的一篇传文。传中写了自己少言、好读书、嗜酒、脱略形迹、安于贫贱、以文自娱七条个性特点。其中有的轻描淡写，一笔带过，但余味无穷；有的笔墨稍多，刻文精工，形象生动。

文章借用他人口吻抒写自我，别有风味。文字不多，但由于能虚实相生，点面结合，再加上语言朴实厚重、斩截利落，因此使五柳先生的形象生动丰满，让人难以忘怀。

人生最宝贵的东西无外乎自得其乐，这样乐观的处世态度是我们每个人都向往的一种生活境界。有些人整天争名逐利，可是自己却很辛苦地去生活，何不放下太多的要求，像五柳先生一样生活呢？这样你会发现没有那么多的金钱和名利，一样可以生活得很幸福。

六 北山移文（孔稚珪）

【原文】

钟山之英，草堂之灵，驰烟驿路，勒移山庭①。

夫以耿介拔俗之标，潇洒出尘之想，度白雪以方洁，干青云而直上，吾方知之矣。若其亭亭物表，皎皎霞外，芥千金而不盼，屣万乘其如脱。闻凤吹于洛浦②，值薪歌于延濑③，固亦有焉。岂期终始参差，苍黄反复，泪翟子之悲，恸朱公之哭。乍回迹以心染，或先贞而后黩，何其谬哉！呜呼，尚生不存，仲氏既往；山阿寂寥，千载谁赏？

世有周子，俊俗之士，既文既博，亦玄亦史。然而，学遁东鲁，习隐南郭；窃吹草堂④，滥巾北岳。诱我松桂，欺我云壑。虽假容于江皋⑤，乃缨情于好爵。

其始至也，将欲排巢父、拉许由、傲百氏、蔑王侯。风情张日，霜气横秋。或叹幽人长往，或怨王孙不游。谈空空于释部，核玄玄于道流。务光何足比，涓子不能俦。

及其鸣驺入谷，鹤书赴陇；形驰魄散，志变神动。尔乃眉轩席次，袂耸筵上，焚芰制而裂荷衣，抗尘容而走俗状。风云凄其带愤，石泉咽而下怆。望林峦而有失，顾草木而如丧。

至其纽金章，绾墨绶，跨属城之雄，冠百里之首。张英风于海甸，驰妙誉于浙右。道帙长摈，法筵久埋。敲扑喧嚣犯其虑，牒诉倥偬装其怀。琴歌既断，酒赋无续。常绸缪于结课，每纷纶于折狱。笼张、赵于往图，架卓、鲁于前录。希踪三辅豪，驰声九州牧。使其高霞孤映，明月独举，青松落荫，白云谁侣？涧户摧绝无与归，石径荒凉徒延伫。至于还飙入幕，写雾出楹，蕙帐空兮夜鹤怨，山人去兮晓猿惊。昔闻投簪逸海岸，今见解兰缚尘缨。

于是，南岳献嘲，北陇腾笑，列壑争讥，攒峰竦诮。慨游子之我欺，悲无人以赴吊。故其林惭无尽，涧愧不歇，秋桂遣风，春萝罢月，骋西山之逸议，驰东皋之素谒。

今又促装下邑，浪栧上京。虽情投于魏阙，或假步于山扃。岂可使芳杜厚颜，薜荔蒙耻，碧岭再辱，丹崖重滓⑥。尘游躅于蕙路，污渌池以洗耳。宜扃岫幌⑦，掩云关，敛轻雾，藏鸣湍，截来辕于谷口，杜妄辔于郊端。于是丛条瞋胆，叠颖怒魄。或飞柯以折轮，乍低枝而扫迹。请回俗士驾，为君谢逋客。

【注释】

①勒：刻。移：移文，与檄文相类的文体，用以晓谕。庭：指山前。

②闻凤吹于洛浦：相传周灵王太子晋，即王子乔，不愿继王位，常漫游于伊水与洛水之间，好吹笙，声如凤鸣。洛浦：洛水边。

③值薪歌于延濑：晋人孙登在延濑遇见一位砍柴人，问他："你就这样度过一生吗？"砍柴人说："我听说圣人没有什么企求，只是以道德为本，对于砍柴为生，有什么值得奇怪而表示悲哀的呢？"于是听歌两章而去。

④窃吹草堂：借用南郭先生滥竽充数的典故，说明周子是伪装的隐士。

⑤假容：指假者的模样。江皋：江岸，这里借指隐士所居之处。

⑥重滓：重新蒙上污浊。

⑦扃：关闭。岫幌：山穴的帷幔。岫：山穴。幌：帷幔、窗帘。

【译文】

钟山的山神，草堂的神灵，从路上腾云驾雾地驰骋而来，在山前刻下这篇移文。

凭着耿直磊落、超尘脱俗的风度，怀着潇洒从容、与世俗不同的理想，品行可以与白雪比纯洁，可以与青云比高逸的人，我现在是了解他了。像那超然于世俗之外，品格高洁如云霞一般，把千金看作草芥而不予顾盼，把万乘之位视如草鞋而可随意脱去，在洛浦吹奏凤鸣般的音乐，在延濑唱樵歌的隐士，本来也是有的。可是，谁能料想到竟会有人前后不一，反复无常。真令人为墨翟的悲痛而流泪，为杨朱的哭泣而哀号。这种人虽然暂时隐居山林，而内心深深地被俗气所污染，或许开始还是纯洁的，可后来却变得污浊不堪，这是多么荒唐的事！唉，尚长不在人间，仲长统也已逝去。山林寂寞冷落，千载以来，谁人赏识？

世间有位周先生，是个才智出众的人，能文博学，既懂玄学，又通史书。可是他仿效颜阖逃遁，学作南郭归隐；在草堂冒充隐士，在北山伪装清高。诱惑我的青松丹桂，欺骗我的云霞涧壑。他虽然在江边上装作隐士，内心却始终惦记着封官晋爵。

他刚来的时候，就像要超过巢父，抑服许由，藐视百家，轻蔑王侯。那风度清致，遮天蔽日；气概凛冽，胜过秋霜。时而慨叹隐士长去不归，时而埋怨王孙不来交游。高谈一切皆空的佛经，深究玄而又玄的道家学派。务光哪能同他相比，涓子更不能与他匹敌。

等到朝廷的使臣带着前呼后拥的随从来到山里，皇帝征召的诏书送到山中，他就得意忘形，神魂颠倒，志向变化，心旌动摇。于是在征召的筵席上眉飞色舞，举袖伸手，焚毁了衣裳，撕破了荷衣，露出尘世的面目，表现出世俗的举止。因此，北山的风云哀愁含恨，石上的清泉鸣咽悲伤。遥望层林山峦，它们怅然若有所失，环顾花草树木，它们也似乎黯然神伤。

等到他佩着铜印，系着黑色绶带，掌管一郡中的大县，成了首屈一指的县令，英名炫耀于东海之滨，声誉远播于浙东。从此，永远摒弃了道家经典，长期尘封了佛法讲坊，鞭打、审讯的喧嚣扰乱着他的心思，忙碌的公文诉状装满了他的胸怀。中断了抚琴吟唱，停止了饮酒赋诗。常常纠缠于应付考课杂事，每每忙碌于处理诉讼案件。想兼有往日张敞、赵广汉那样的政绩，超过旧时卓茂、鲁恭那样的功德。企图追随三辅贤豪的足迹，在天下官吏中传播自己的盛名。他使得云霞明月无人玩赏，青松白云无人相伴，岩穴崩塌无人回还，石径荒凉白白等候；以致旋风吹入帐幕，云雾飘出堂前，香草帐幔空悬，夜间白鹤悲怨，山中隐士已去，早晨猿猴惊叫，以前只听说有人弃官逃到海边隐居，今天却见到有人解下兰佩戴上世俗的缨冠。

于是，引起南山嘲讽，北岭讥笑。沟沟谷谷争相讽刺，峰峰岭岭伸长脖子讥诮。既慨叹周先生欺侮了我，又感伤没人前来慰问。因此，林木羞惭不已，涧水愧悔无及，桂花在秋风中飘落，女萝在月光下摇映。彼此传播着伯夷叔齐的佳话，宣扬着东皋隐者的真情。

如今，周先生又在急整行装，赶赴京师。他虽然心向朝廷，却想借机再游北山。怎能让杜若厚颜相陪，薛荔遭受耻辱，碧岭再受羞耻，丹崖重遭玷污呢？他的脚会踩脏芬草小路上隐士的足迹，他洗手会玷污清澈的池水。应该关上山的窗帘，掩闭云霞封锁的山路，收起轻雾，藏起鸣泉，把他的车子挡在谷中，把他的马匹拦在山外。于是，簇簇枝条震怒，层层野草含愤，有的扬起树枝打断车轮，忽然又垂下桑枝扫去辙痕。请俗士的车驾赶快转回，我代表北山山神，谢绝你这个逃客。

【评析】

这是一篇揭露假隐士面目的文章。"移文"是一种与檄文相似的文体，多用于晓喻或责备。作者假托"北山"山神之意，对那些利禄熏心的假隐士，讽刺得入木三分，表现了作者对这种人深恶痛绝的感情。文章从表彰真隐士开始，接着点出假隐士"周子"的名字，并将其在隐居时的"清高"和后来接奉诏书迫不及待地出仕相比较，把他隐居和出仕后判若两人的行为作了鲜明对比，层层揭露他的虚伪，描绘他的丑恶。

本文通篇用赋的形式写成。作者以丰富的想象力，通过拟人化的手法，把山林草木描绘得富于情感，有声有色。

七 谏太宗十思疏（魏征）

【原文】

臣闻：求木之长者，必固其根本；欲流之远者，必浚其泉源；思国之安者，必积其德义。源不深而望流之远，根不固而求木之长，德不厚而思国之安，臣虽下愚，知其不可，而况于明哲乎？人君当神器之重，居域中之大^①，不念居安思危，戒奢以俭，斯亦伐根以求木茂，塞源而欲流长也。

凡昔元首，承天景^②命，善始者实繁，克终者盖寡。岂取之易，守之难乎？盖在殷忧^③，必竭诚以待下；既得志，则纵情以傲物。竭诚，则吴越为一体；傲物，则骨肉为行路。虽董^④之以严刑，振之以威怒，终苟免而不怀仁，貌恭而不心服。怨不在大，可畏惟人。载舟覆舟，所宜深慎。

诚能见可欲，则思知足以自戒；将有作，则思知止以安人；念高危，则思谦冲而自牧^⑤；惧满盈，则思江海下百川；乐盘游，则思三驱以为度；忧懈怠，则思慎始而敬终；虑壅蔽，则思虚心以纳下；惧谗邪，则思正身以黜恶；恩所加，则思无因喜以谬赏；罚所及，则思无以怒而滥刑。总此十思，宏兹九德。简^⑥能而任之，择善而从之，则智者尽其谋，勇者竭其力，仁者播其惠，信者效其忠。文武并用，垂拱而治^⑦。何必劳神苦思，代百司之职役哉？

【注释】

①神器：指帝位。域中之大：天地间的重要位置。

②景：明、大。

③殷忧：深重的忧患。殷：深。

④董：督责。

⑤冲：谦和。牧：这里指修养。

⑥简：选择。

⑦垂拱而治：天子垂衣拱手，无为而治。

【译文】

我听说要想使树木长得高大，一定要巩固它的根本；要想使水流得长远，一定要深挖它的源头；要想使国家得到安定，君王必须要多施恩德，多行仁义。源泉不深却希望水流能够长远，根本不巩固却希望树木长得高大，恩德不深厚却希望国家安定，我虽然十分愚蠢，但也知道这是不可能的，更何况深明事理的聪明人呢！帝王担当统治天下的重任，占据天地间的大位，不在安定的时候想到危难，不戒除奢侈，力行节俭，这也就是砍断树根而想使树木枝繁叶茂，堵塞源泉而想使水流得长远啊。

所有过去的帝王，承受上天的大命，没有不在艰苦的时候道德显著，功成名就之后道德衰落，善于创业的多，善于守成的却很少。难道夺取天下容易而守住天下就很难吗？原因在于处于创业的艰难困苦之中时，一定竭尽诚心来对待部下；夺取天下之后，就放纵情欲而傲视他人。竭尽诚心，就是吴、越这样彼此敌视的国家也会团结一致；傲视他人，那么即使是亲人也会疏远成为过路人。即使用严刑来督责他们，用威势来吓唬他们，结果大家也只图免去刑罚和威吓而不会怀念恩德，表面上恭敬但内心并不服气。臣民的怨恨不在事情的大小，凡是使他们怨恨的事都不能做，可怕的是臣民不拥护。百姓像水一样，可以载船，也可以翻船。这是应当特别谨慎的。

果真能够做到：见到可爱的东西，就想到要知足，以便警诫自己；将要大兴土木，就想到要适可而止，以便使人民安定；考虑到地位高随时会有危险，就想到要谦虚，并加强自我修养；怕自己会骄傲自满，就想到要像江海一样，处在河流的下游；喜欢游乐，就想到国君每年最多只能打三次猎的规定；担心意志松懈，就想到始终都要谨慎；害怕受蒙蔽，就想到要虚心接受臣下的意见；担心听信谗言，就想到要端正自己，斥退小人；有所赏赐时，就想到不要因一时高兴而赏赐不当；施行刑罚时，就想到不要因为一时恼怒而滥用刑罚。要完全做到这十个"想到"，发扬九种美德，选择有才能的人而任用他们，选择好的意见而采纳它，那么，聪明的人就能竭尽他的智谋，勇敢的人就会竭尽他的气力，仁义的人就能传播他的美德，诚实的人就会贡献他的忠心。这样文武同时发挥作用，君主就可以垂衣拱手，不用操劳就能使天下太平，人民幸福美满了。何必要国君来劳神费力，代替百官的职事呢！

【评析】

这是贞观十一年（637年）魏征写给唐太宗李世民的一篇疏文。本文是针砭唐太宗登基后"纵情以傲物"之弊而作的，发出了"载舟覆舟，所宜深慎"的警告。太宗初年，鉴于隋亡的教训，励精图治，取得了一个国富民强、人民安居乐业的太平盛世，即史书所谓"贞观之治"。但后来太宗却逐渐骄奢淫逸，过分贪图享乐。于是魏征写了这篇文章劝谏太宗。文中提醒太宗要"居安思危、戒奢以俭"，并十分具体地提出了十个要经常考虑的问题，指出国君应当如何正确处理眼前的各种事情。一片忠心，尽于言表。

文章用比喻开篇，既委婉迂徐，便于人主接受，又将抽象的道理化为生动的形象，加深人主的印象。最后一段用排比手法列出"十思"的内容，有如警句格言，令人刻骨铭心。

"居安思危，戒奢以俭"在本文中出现，不仅仅是对唐太宗的直谏，也是值得现代人借鉴的一句名言。它时时刻刻警示着我们，要知道自己的美好生活来之不易，要勤于节俭，这样才能制订更长远的计划，让自己的生活更美好。

八 为徐敬业讨武曌檄（骆宾王）

【原文】

伪临朝武氏者，性非和顺，地实寒微。昔充太宗下陈，曾以更衣入侍。洎①乎晚节，秽乱春宫。潜隐先帝之私，阴图后房之嬖。入门见嫉②，蛾眉不肯让人；掩袖工谗，狐媚偏能惑主③。践元后于翚翟④，陷吾君于聚麀⑤。加以虺⑥蜴为心，豺狼成性。近狎邪僻，残害忠良。杀姊屠兄，弑君鸩⑦母。神人之所同嫉，天地之所不容。犹复包藏祸心，窥窃神器。君之爱子，幽之于别宫；贼之宗盟，委之以重任。呜呼！霍子孟之不作，朱虚侯之已亡。燕啄皇孙⑧，知汉祚之将尽；龙漦帝后⑨，识夏庭之遽衰。

敬业，皇唐旧臣，公侯冢子，奉先君之成业，荷本朝之厚恩。宋微子之兴悲，良有以也；袁君山之流涕，岂徒然哉！是用气愤风云，志安社稷。因天下之失望，顺宇内之推心。爰举义旗，以清妖孽。南连百越，北尽三河；铁骑成群，玉轴相接。海陵红粟，仓储之积靡穷；江浦黄旗，匡复之功何远！班声动而北风起，剑气冲而南斗平。暗呜则山岳崩颓，叱咤则风云变色。以此制敌，何敌不摧？以此图功，何功不克？

公等或居汉地，或叶⑩周亲；或膺重寄于话言，或受顾命于宣室⑪。言犹在耳，忠岂忘心？一抔之土未干，六尺之孤何托⑫？倘能转祸为福，送往事居，共立勤王之勋，无废大君之命，凡诸爵赏，同指山河⑬。若其眷恋穷城，徘徊歧路，坐昧先几之兆，必贻后至之诛⑭。请看今日之域中，竟是谁家之天下！

【注释】

①洎（jī）：及，到。

②私：爱。嬖：宠幸。入门见嫉：选进后宫的妃嫔，都遭到她的嫉妒。

③蛾眉：形容女子的美貌。掩袖：以袖掩面，故作娇态。

④翚翟：有彩色羽毛的野鸡。

⑤聚麀（yōu）：是指多头公鹿共有一母鹿。

⑥虺（huǐ）：毒蛇。

⑦鸩（zhèn）：鸟名，羽毛有毒，浸酒饮之即死。

⑧燕啄皇孙：西汉成帝，赵飞燕入宫为皇后，自己无子而妒嫉别人，暗害了许多皇子，使成帝无嗣。

⑨龙漦（lí）帝后：传说夏朝有二龙落于宫廷，留下涎沫，夏帝用木盒收藏之。到周后王末年，涎沫流出，变成黑鼋，一个宫女遇上而怀孕，生下一女即褒姒。褒姒后为周幽王妃子，周幽王宠爱她，于是废申后及太子，申后的父亲引犬戎入侵，杀死幽王灭亡西周。此以褒姒喻武则天。

⑩叶（xié）：合于。

⑪膺：接受。话言：即爪牙之臣。顾命：皇帝临死的遗令。宣室：指受顾命的地方。

⑫抔：捧。六尺之孤：指中宗李显，当时已被废，软禁在房州。

⑬往：死者，指高宗。居：生者，指中宗。勤王：古代天子有难，臣下起兵救援，叫作勤王。大君：即天子，指高宗。

⑭坐：白白地，徒然。昧：看不清楚。几：同"机"。贻：招致。

【译文】

窃据帝位的武氏，她本性不温和善良，出身贫寒低贱。她从前是唐太宗的才人，曾利用服侍皇帝的机会得到宠幸。等到年事稍长，又与太子关系暧昧，她隐瞒了自己和先帝的私情，阴谋获得皇上的宠幸。她嫉妒后宫的所有佳丽，总想以自己的美貌压倒别人；她掩袖作态，卖弄姿色，谗毁他人，阴险毒辣，迷惑君主，谋取了皇后的地位，致使我们的君王乱了人伦。加上她心如蛇蝎，性如豺狼，亲近邪恶的小人，残害忠直善良的贤臣，杀害哥哥、姐姐，害死高宗，毒死亲母，使得人神所共恨，天地所不容。她还包藏祸心，想篡夺帝位。高宗心爱的儿子被她软禁起来，对武氏宗族委以重任。哎！能扭转乾坤的霍光不在了，诛杀奸臣贼党的朱虚侯已经亡故了。赵飞燕残害皇子，预示着汉朝快完了；龙涎生为褒姒，标志着西周即将灭亡。

徐敬业是唐朝皇帝的老臣，是公侯的直系子孙。他继承先君的事业，担负国家的重任。宋微子见到殷墟荒凉而大兴悲叹，真有道理啊！袁君山痛哭流涕，难道是平白无故的感伤吗？因此正气可叫风云愤怒，壮志足使国家安定。趁着天下百姓对武氏的失望情绪，顺应海内民心的背向，于是举起义旗，决心铲除妖孽。南至百越，北达三河。战马成群结队，战车前后相运。海陵的红粟，粮仓的储积，无穷无尽；江浦一带，黄旗遍野，匡复天下的大功，指日可待！战马长嘶，似北风卷起；剑气冲天，与南斗相齐。怒气勃发，可使山岳崩摧；气愤号呼，能让风云变色。用这样的军队对付敌人，什么样的敌人不能消灭？用这样的军队建立功业，什么样的功业不能完成？

你们有的享有国家的封地，有的身为皇室的至亲，有的在外拥兵自重，有的在朝接受遗命。君王的话语还在耳边，怎能就忘恩负义？一捧坟土还未全干，六尺孤儿交托何人？倘若你们能转祸为福，送别去世的先帝，扶持继位的幼主，共同创建挽救王室的功业，不废弃先王的遗命，那么事成之后论功行赏，爵封王侯，可以指着山河起誓。如果还留恋一座四面受围的孤城，犹豫观望，坐失起义的良机，那么一定会招致杀身之祸。请放眼看看吧，今天全国之内，究竟是谁家的天下！

【评析】

此文作于唐弘道二年（684年）九月。当时，武则天掌握政权，正在积极准备建立大周王朝，统治集团内部新旧势力的斗争非常尖锐。徐敬业是唐朝开国功臣英国公李勣（本姓徐，有功，赐姓李）的长孙，曾任太仆少卿，眉州刺史，后因事谪柳州司马。这年七月，他以扬州为根据地，起兵反对武则天。自称匡复府上将、扬州大都督，以骆宾王为艺文令。这篇檄文就是骆宾王代写的。檄，军用文书。刘勰《文心雕龙·檄移》云："檄者，皦也。宜露于外，皦然明白也……必事昭而理辨，气盛而词断，此其要也。"本文以封建君臣之义为依据，前半篇斥责武则天的罪行，后半篇号召各方面起来响应，当时为人所传诵。《新唐书》本传说，武则天初读此文，"但嘻笑。至'一抔之土未干，六尺之孤何托？'，矍然曰：'谁为之？'或以宾王对。后曰：'宰相安得失此人！'"可见他的文才，连敌对方面也不得不折服。

九 滕王阁序（王勃）

【原文】

南昌故郡，洪都新府。星分翼、轸，地接衡、庐。襟三江而带五湖，控蛮荆而引瓯越。物华天宝，龙光射牛斗之墟；人杰地灵，徐孺下陈蕃之榻。雄州雾列，俊彩星驰。台隍枕夷夏之交，宾主尽东南之美。都督阎公之雅望，棨戟遥临；宇文新州之懿范，襜帷暂驻。十旬休暇，胜友如云；千里逢迎，高朋满座。腾蛟起凤，孟学士之词宗；紫电清霜，王将军之武库。家君作宰，路出名区；童子何知，躬逢胜饯。

时维九月，序属三秋。潦水尽而寒潭清，烟光凝而暮山紫。俨骖𬴂于上路，访风景于崇阿。临帝子之长洲，得仙人之旧馆。层峦耸翠，上出重霄；飞阁流丹，下临无地。鹤汀凫渚，穷岛屿之萦回；桂殿兰宫，列冈峦之体势。披绣闼，俯雕甍，山原旷其盈视，川泽盱其骇瞩。闾阎扑地，钟鸣鼎食之家；舸舰迷津，青雀黄龙之轴。虹销雨霁，彩彻云衢。落霞与孤鹜齐飞，秋水共长天一色。渔舟唱晚，响穷彭蠡之滨；雁阵惊寒，声断衡阳之浦。

遥吟俯畅[1]，逸兴遄飞。爽籁发而清风生，纤歌凝而白云遏[2]。睢园绿竹，气凌彭泽之樽；邺水朱华，光照临川之笔。四美俱，二难并。穷睇眄[3]于中天，极娱游于暇日。

天高地迥，觉宇宙之无穷；兴尽悲来，识盈虚[4]之有数。望长安于日下，指吴会于云间。地势极而南溟深，天柱高而北辰远。关山难越，谁悲失路之人？萍水相逢，尽是他乡之客。怀帝阍而不见，奉宣室以何年？

嗟乎！时运不齐，命途多舛。冯唐易老，李广难封。屈贾谊于长沙，非无圣主；窜梁鸿于海曲，岂乏明时？所赖君子安贫，达人知命。老当益壮，宁移白首之心？穷且益坚，不坠青云之志。酌贪泉而觉爽，处涸辙以犹欢。北海虽赊，扶摇[5]可接；东隅已逝，桑榆非晚。孟尝高洁，空怀报国之心；阮籍猖狂，岂效穷途之哭！

勃，三尺微命，一介书生。无路请缨，等终军之弱冠；有怀投笔，慕宗悫之长风。舍簪笏于百龄，奉晨昏于万里⑥。非谢家之宝树⑦，接孟氏之芳邻。他日趋庭，叨陪鲤对；今晨捧袂，喜托龙门。杨意不逢，抚凌云而自惜；钟期既遇，奏流水以何惭？

呜呼！胜地不常，盛筵难再。兰亭已矣，梓泽丘墟。临别赠言，幸承恩于伟饯；登高作赋，是所望于群公。敢竭鄙诚，恭疏短引⑧，一言均赋，四韵俱成⑨：

滕王高阁临江渚，佩玉鸣鸾罢歌舞。画栋朝飞南浦云，朱帘暮卷西山雨。闲云潭影日悠悠，物换星移几度秋。阁中帝子今何在？槛外长江空自流。

【注释】

　①遥吟俯畅：一作"遥襟甫畅"，意即开阔的胸怀刚刚畅快。

　②爽籁：参差不齐的排箫。白云遏：形容歌声的美妙。

　③睇、眄：意思都是斜视。这里指放眼上下左右，尽情观赏。

　④盈虚：这里指兴衰、贵贱、穷通等。数：命运。

　⑤赊：远。扶摇：旋风。

　⑥奉晨昏：这里指侍奉父亲。古人早晚要向父母请安，故称。万里：指交趾。

　⑦谢家之宝树：东晋谢安曾称其侄谢玄为"吾家之宝树"。意为贤能子弟。

　⑧疏：分条陈述。这里指写作。引：引言，即序文。

　⑨一言均赋，四韵俱成：即"均赋一言，俱成四韵"的倒装。意即与会的人，各分一言（字）为韵，以四韵（八句）成篇。

【译文】

　　南昌是汉代豫章郡的古城，如今已成新设的洪州都府。它在天上属于翼、轸两星宿的分野，在地下连接着衡、庐两山的峰峦。前面连带着三江，周围环绕着五湖，西连荆楚，东接闽浙。物类有光华，天上有宝气，宝剑的光芒直射牛、斗两个星区；人中有俊杰，大地有灵气，陈蕃专为徐孺设下榻几。雄伟的州城，在烟雾中若隐若现；英俊的人才，像繁星一般活跃异常。城池坐落在夷夏交界的地方，主客都是东南地区的俊才。都督阎公，德高望重，远道来洪州坐镇；宇文州牧，品行高洁，赴任途中在此暂留。正逢十日休假的一天，杰出的友人像云一样汇聚于此；千里之远来相集会，高贵的宾客坐满席位。文笔能使蛟龙腾飞，凤凰起舞，孟学士是文学大师；兵器寒光闪闪，如电如霜，王将军武略超群。我父亲做交趾令，我由于省亲而路过这个闻名的地方，尚且年幼无知，竟有幸参加这个盛大的宴会。

时间正是九月，刚是秋天季节，雨后的积水已经消尽，寒潭清澈，烟雾弥漫，霞光灿烂，周围的重山在暮色中呈现紫色。整整齐齐驾着马车出游，在崇山峻岭中欣赏美景。来到昔日帝子到过的长洲，发现了仙人居住过的殿阁，这里山峦重叠，青翠的山峰高耸入云；高高的阁宇鲜红欲滴，下临深潭。仙鹤野鸭栖息的沙滩小洲，岛屿迂曲回绕，没有尽头；桂树兰木建造的宫殿，随着山势起伏而排列；推开彩绘的大门，俯视雕饰的屋脊，极目远眺，山峰平原尽收眼底；河流湖泊，浩瀚迷茫，令人惊骇。房屋遍地，这是享不尽荣华富贵的人家，船只塞满渡口，上面雕刻着青雀或黄龙的图案。彩虹消散，雨过天晴，阳光普照，满天霞云。空中的晚霞和孤寂的野鸟，仿佛齐在飞行；清碧的秋水和蔚蓝的长空，好像溶为一色。渔人划着小船，唱着欢歌满载而归，歌声在整个彭蠡湖上空回荡；雁儿在寒气中惊叫，向南飞翔，停落在衡阳的水边。

放声长吟，登高俯视，十分舒畅，兴致也十分高昂。排箫吹来阵阵清风，歌声响起，遏止了浮云。个个都像当年梁孝王睢园中的嘉宾，酒量如海，豪气远远超过了彭泽县令陶渊明，又如当年邺下曹操父子和建安七子，文采风流，可以和谢灵运媲美。良辰美景，赏心乐事，自古难全，而如今却齐备，贤主、嘉宾，千载不遇，而如今却欢聚一堂。在阁上四处观望美景，在假日里尽情享受游览之乐。

天高地远，我觉察到了时空的无穷无尽；欢乐逝去，悲哀袭来，我明白了兴衰贵贱都由命中注定。在夕阳西下时，遥望都城长安；在云雾苍茫中，指点江浙。地势倾斜，到尽头是极深的南海，天柱高耸，北斗星非常遥远。吴山难以翻越，谁会为不得志的人悲伤？今天偶尔聚在一起的，全都是来自他乡的宾客，怀念京都却难以望见，到什么时候才能被君王召见呢？

　　唉，命运是那样的不好，前途多么坎坷！冯唐容易衰老，李广难得封侯。使贾谊蒙受委屈，被贬谪到长沙，并不是没有圣明的君主；使梁鸿逃亡到海边，难道是当时的政治不清明？幸好君子能够安于贫困，通达的人能够知道自身的命运。年纪虽大，但志气应更加旺盛，怎能在白头时改变心愿？虽然穷困，但应更加坚强，不抛弃远大的志向。君子喝了贪泉的水也觉得凉爽，鱼儿处在干涸的车辙中也要开心。北海虽然很远，但是乘着风也能到达，少年的美好时光虽已消逝，但暮年努力也不算太晚。孟尝是高洁之士，可他一辈子白白地怀抱报效国家的热情；阮籍疯疯癫癫，我们怎能学他那种穷途的哭泣？

　　我地位卑微，只是一个书生。虽然和终军一样都是二十来岁，却无处请缨杀敌，我也怀有投笔从戎之志，羡慕宗悫那种"乘长风破万里浪"的英雄气概。如今，我舍弃了一生的功名，不远万里前去朝夕侍奉我的父亲。我不是谢玄那样的俊才，却有幸和在座诸君会面。不久我将聆听父亲的教诲，今天我能恭敬地拜见各位，高兴得如同登上龙门。如果碰不到杨得意那样的人，就只好抚摸着自己的锦绣文章而叹息。既然遇到了钟子期这样的知音，就是弹奏一曲流水，又有什么羞愧呢？

　　唉！名胜之地不能常游，盛大的宴会也再难碰上。兰亭宴集已成陈迹，金谷园也已变成废墟。侥幸在盛大的宴会上承受厚爱，临别时作这一篇序文，至于登高作赋，只有指望在座诸公。我只是冒昧地尽我微薄的诚意，作了短短的序言，在座诸位都按各自分到的韵字作诗，我已写成了四韵八句：

　　高高的滕王阁，耸立在大江边，佩玉叮当，车铃响起，歌舞已经结束。南浦的云霞，早晨时飞过雕梁画栋，西山的风雨起落，黄昏时珠帘卷起。闲静的白云，在清潭中留下倒影。日子就这样悠然而过，物换星移，谁知经过了多少春秋。当年建筑楼阁的滕王，如今到哪里去了呢？只有门外的江水，默默地向前奔流。

【评析】

本文的题目原为《秋日登洪府滕王阁饯别序》，是《滕王阁诗》之序，但名声及影响远在诗作之上。滕王阁为我国江南三大名楼之一，故址在今江西省南昌市赣江之畔。唐高祖李渊的第二十二子李元婴任洪州都督时所建，后元婴封为滕王，故称滕王阁。

本文是宴会应酬之作。文中描绘了滕王阁四周景物和宴会盛况，皆为游乐之笔。然而笔锋一转，由壮而生悲，转而慨叹古今失志者之不幸，其主旨是抒发个人怀才不遇的悲凉，以及自惜自负之意。最后以感叹盛衰无常收笔。

这是一篇骈体文，辞藻华丽但不空洞，文雅而不艰深，属对工整而精巧，气势奔放而自然。其中清词佳句，至今流传，像"落霞与孤鹜齐飞，秋水共长天一色""冯唐易老，李广难封"等，受到了历代人民的喜爱，不愧是一首"绝妙好辞"。

十 春夜宴桃李园序（李白）

【原文】

夫天地者，万物之逆旅①；光阴者，百代之过客。而浮生若梦②，为欢几何？古人秉烛夜游③，良有以也④。况阳春召我以烟景，大块假我以文章⑤。会桃李之芳园，序天伦之乐事。群季俊秀，皆为惠连。吾人咏歌，独惭康乐。幽赏未已，高谈转清。开琼筵以坐花，飞羽觞⑥而醉月。不有佳作，何伸雅怀？如诗不成，罚依金谷酒数⑦。

【注释】

①逆旅：旅馆，客舍。

②浮生：一种消极的人生观，以为世事无定，生命短促，好像浮萍生活在水面上一样。

③秉烛夜游：指人生短促，应及时行乐。

④良：确实。以：原因。

⑤大块：指大地，大自然。假：借。文章：指锦绣河山。

⑥飞羽觞：比喻杯盏交错，开怀痛饮。

⑦罚依金谷酒数：晋人石崇家有金谷园，经常宴客于园中，当筵赋诗，没有写成的就罚酒三杯。

【译文】

天地是万物的客舍，时间是百代的过客。人生漂浮不定，好似梦幻一般，欢乐的日子又有多少呢？古代的人夜晚拿着蜡烛游玩，实在有道理啊！何况正逢温暖的春天，那烟雨迷蒙的美好景色在召唤我，大自然在我面前显示出一派锦绣风光。相会在桃李花开、香气馥郁的花园，畅谈兄弟们之间的乐事。诸位弟弟俊美才秀，都有谢惠连的风采。而我吟咏诗篇，独自以为不能和谢灵运相比而感到惭愧。幽美的景色还没欣赏完，大家纵情的言谈开始变得清雅。坐在花丛中间，摆开丰盛的宴席，酒杯频频高举，在月光下开怀痛饮，醉又何妨？没有出色的作品，怎能抒发高雅的情怀？如果作诗不成，那就只好按照金谷园的先例，罚酒三杯。

【评析】

这是李白的一篇骈体抒情小品。

在春意融融、桃李芬芳的花园中，与兄弟们饮酒赋诗，海阔天空畅谈世事人生，尽情抒发和享受融融的亲情，这确实是一件赏心乐事，怎不令人兴致盎然，一饮千盏呢？因此，作者在发出"浮生若梦，人生几何"的感慨之后，又笔锋一转写飞觞吟诗，表现人生之乐，从中可以看出欢欣喜悦是这篇小品的感情基调。

文章虽短，但脉络分明，层次井然。末尾以"如诗不成，罚依金谷酒数"作结，戛然而止，言有尽而意无穷，令人浮想联翩。通篇感情真挚强烈，语言清新俊逸，可谓"清水出芙蓉，天然去雕饰"。

十一 与韩荆州书（李白）

【原文】

白闻天下谈士①相聚而言曰："生不用封万户侯，但愿一识韩荆州。"何令人之景慕一至于此！岂不以周公之风，躬②吐握之事，使海内豪俊，奔走而归之，一登龙门，则声价十倍！所以龙蟠凤逸③之士，皆欲收名定价于君侯。君侯不以富贵而骄④之，寒贱而忽⑤之、则三千之中有毛遂，使白得脱颖而出，即其人焉。

【注释】

①谈士：善谈时事之人。

②躬：亲自。

③龙蟠凤逸：怀才不遇者。

④骄：重视。

⑤忽：忽视、轻视。

【译文】

我听说善谈时事者聚会时曾说过："人生在世，宁愿不获得万户侯的封赏，也要与韩荆州结识一番。"韩荆州您怎能让人景仰敬慕到如此程度呢？还不是因为您拥有周公的风范，吐哺握发，礼贤下士，才使得天下的有识之士纷纷投奔至您的门下。一旦得到您的接待和赏识，他们便如同登龙门般，顿时身价倍增。所以，天下怀才不遇者都想得到您的评价和赏识。但愿您不因自身的高贵而骄傲自大，也不因学子的贫贱而对他们视而不见，那么您将在众多的门客中发现像毛遂那般杰出的人才。假使我能得到脱颖而出的机会，那我就是像毛遂那样的人才。

【原文】

白，陇西布衣，流落楚、汉。十五好剑术，遍干①诸侯②。三十成文章，历抵③卿相。虽长不满七尺，而心雄万夫。皆王公大人许与④气义。此畴曩⑤心迹，安敢不尽于君侯哉？君侯制作⑥侔⑦神明，德行动天地，笔参⑧造化，学究天人。幸愿⑨开张心颜，不以长揖见拒。必若⑩接之以高宴，纵之以清谈，请日试万言，倚马可待。今天下以君侯为文章之司命⑪，人物之权衡，一经品题，便作佳士。而今君侯何惜阶前盈尺之地，不使白扬眉吐气、激昂青云耶？

【注释】

①干：拜访。

②诸侯：文中指各地的长官。

③抵：接触。

④许与：赞许。

⑤畴曩：从前、往日。

⑥制作：功业、政绩。

⑦侔：相同、相当。

⑧参：阐述。

⑨幸愿：但愿、希望。

⑩必若：如果。

⑪司命：文曲星。

【译文】

我是平民出身，祖籍陇西，如今流落于楚汉之地。我十五岁即喜好剑术武功，三十岁便精通写诗作赋，曾多次拜访各地的官员，与朝中公卿有过接触。我身高虽不满七尺，但雄心壮志在心，远胜过其他人。王侯与大臣们都夸赞我，说我气度过人，道德高尚。这些往日的抱负和行迹，我怎敢不悉数告知您呢？您的功劳可与神明媲美，您的德行感天动地，您的文章阐述了天地间的法则，您的学识研究了天人之间的深奥规律。希望您胸怀开阔，不因为我以长揖之礼相见而将我拒之门外。假使您能设宴招待我，我将纵情地道出我的看法和观点。假使您以万言书来测试我，那我也可以提笔一挥而就。当今天下将您视为文曲星下凡，也将您当作是衡量人才的权威人士，任何人得到您的评点和赏识后，就成了德才兼备的人才。您何必吝啬庭阶前那方寸之地，不让我李白扬眉吐气，昂扬于青云之上呢？

【原文】

昔王子师为豫州，未下车①即辟②荀慈明，既下车又辟孔文举。山涛作冀州，甄拔三十余人，或为侍中、尚书，先代③所美④。而君侯亦一荐严协律，入⑤为秘书郎，中间崔宗之、房习祖、黎昕、许莹之徒，或以才名见知，或以清白见赏。白每观其衔恩抚躬，忠义奋发，白以此感激⑥，知君侯推赤心于诸贤之腹中，所以不归他人而愿委身国士。倘急难有用，敢效微躯。

【注释】

①下车：指官员初到任。

②辟：任用，聘用。

③先代：前朝。

④美：赞美、赞颂。

⑤入：入朝。

⑥感激：鼓舞、感动。

【译文】

从前，王允出任豫州刺史，他还未到任，就聘用了荀慈明，上任后，又重用了孔文举。前朝的山涛任冀州刺史时，先后选拔了三十多名人才，分别任用他们为侍中或尚书，他爱惜人才的举动博得了大家的赞颂。您也是爱才之人，先是推荐严协律入朝作了秘书郎，之后又举荐了崔宗之、房习祖、黎昕以及许莹等人，这些人或是因才华或是因德行而得到您的赏识和推荐。每当我看到他们出于对您的感激而自我反省并发奋图强时，我的内心便激动不已，深深认识到您是如何与他们推心置腹，如何对他们以诚相待的，所以我不归依其他人，而是将身家性命交付到您的手中。假使您在危难之时有用得到我的地方，我必定竭尽所能地为您效命。

【原文】

且人非尧、舜，谁能尽善？白谟猷①筹画，安能自矜②？至于制作③，积成卷轴，则欲尘秽视听，恐雕虫小技，不合大人。若赐观刍荛④，请给纸笔，兼之书人⑤，然后退扫闲轩⑥，缮写⑦呈上。庶⑧青萍、结绿，长价⑨于薛、卞之门。幸推下流⑩，大开奖饰⑪。唯君侯图之⑫。

【注释】

①谟猷：运筹、谋划。

②自矜：自夸。

③制作：指文章诗赋。

④刍荛：草野之民。

⑤书人：抄写文章之人。

⑥闲轩：安静的房间。

⑦缮写：抄写。

⑧庶：或许。

⑨长价：抬高身价。

⑩下流：低贱之人，文中指作者，表自谦。

⑪奖饰：奖励。

⑫图之：考虑。

【译文】

再说，我们都不是圣人，怎能十全十美，没有缺点呢？我在从政、治国方面，绝不敢自夸。至于写诗作赋方面，本人的作品已经积累成册，本想请您过目，又怕这些雕虫小技，不合乎您的品味。如果您愿意看看鄙人的拙作，那请您赐予我纸笔以及抄写之人，那么我将准备一间清静的房间，并将作品抄写下来呈给您看。青萍宝剑和结绿美玉在得到赏识后身价倍增，我希望我的作品也能得到您的赏识，也希望我本人能得到您的举荐。请君侯您考虑我的请求吧！

【评析】

李白《与韩荆州书》是他初见韩时的一封自荐书。文章开头借用天下谈士的话——"生不用封万户侯，但愿一识韩荆州"，赞美韩朝宗谦恭下士，识拔人才。接着毛遂自荐，介绍自己的经历、才能和气节。文章表现了李白"虽长不满七尺，而心雄万夫"的气概和"日试万言，倚马可待"的自负，以及他不卑不亢，"平交王侯"的性格。文章写得气势雄壮，广为传诵。

十二 陋室铭（刘禹锡）

【原文】

山不在高，有仙则名。水不在深，有龙则灵。斯是陋室，惟吾德馨①。苔痕上阶绿，草色入帘青。谈笑有鸿儒②，往来无白丁③。可以调素琴，阅金经。无丝竹之乱耳，无案牍④之劳形。南阳诸葛庐，西蜀子云亭。孔子云："何陋之有？"

【注释】

①馨：能散布到远处去的芳香。

②鸿儒：大学者。鸿。大。

③白丁：无官职的平民。这里指缺乏文化的人。

④案牍：指官府的文书。形：身体。

【译文】

山不在于高，有神仙住着就会出名；水不在于深，有蛟龙潜藏就会显灵。这虽是一间简陋的小室，但我的德行却远近闻名。青苔爬满台阶，翠绿可嘉；芳草映入窗帘，青碧怡人。平时谈笑，有饱学之士；来往结交，无鄙陋之人。可以弹琴，可以观经。没有管弦乐曲扰乱心境，没有官府文书劳神伤身。南阳有诸葛亮的茅庐，西蜀有扬雄的方亭。孔子说："这有什么简陋的呢？"

【评析】

铭体多为自警，此文却是自誉之作。文章写"陋室"，实写"何陋之有？"表现了诗人清高孤傲的性格特征。

这篇铭文生动地描写了陋室的美景、陋室主人的高雅闲散，充分显示了刘禹锡自负、自得而又知足当乐的乐天派风采。全文短小精悍，音韵铿锵，朗朗上口。开篇模拟，微露主旨；结尾引言，画龙点睛。

人活一世，为的是什么？也许你家财万贯但是生活并不幸福；也许你一贫如洗但是整天自得其乐。这样两种方式你会选择哪一种呢？这就需要看自己是一种什么样的生活态度。名利和金钱是身外之物，保持一种快乐的生活态度才是最重要的。读了这篇文章，或许你可以从中得到一些启示。

十三 阿房宫赋（杜牧）

【原文】

六王毕，四海一。蜀山兀，阿房出。覆压三百余里，隔离天日。骊山北构而西折，直走咸阳。二川溶溶，流入宫墙。五步一楼，十步一阁。廊腰缦回，檐牙高啄。各抱地势，钩心斗角①。盘盘焉，囷囷焉，蜂房水涡，矗不知其几千万落。长桥卧波，未云何龙②？复道行空，不霁③何虹？高低冥迷，不知西东。歌台暖响，春光融融。舞殿冷袖，风雨凄凄。一日之内，一宫之间，而气候不齐。

妃嫔媵嫱，王子皇孙，辞楼下殿，辇来于秦。朝歌夜弦，为秦宫人。明星荧荧，开妆镜也；绿云扰扰④，梳晓鬟也。渭流涨腻，弃脂水也；烟斜雾横，焚椒兰也；雷霆乍惊，宫车过也；辘辘远听，杳不知其所之也。一肌一容，尽态极妍。缦立远视，而望幸⑤焉，有不得见者三十六年。燕、赵之收藏，韩、魏之经营，齐、楚之精英，几世几年，取掠其人，倚叠如山。一旦不能有，输来其间。鼎铛玉石，金块珠砾，弃掷逦迤。秦人视之，亦不甚惜。

嗟乎！一人之心，千万人之心也。秦爱纷奢，人亦念其家。奈何取之尽锱铢⑥，用之如泥沙！使负栋之柱，多于南亩之农夫；架梁之椽，多于机上之工女；钉头磷磷，多于在庾⑦之粟粒；瓦缝参差，多于周身之帛缕；直栏横槛，多于九土之城郭；管弦呕哑，多于市人之言语。使天下之人，不敢言而敢怒。独夫之心，日益骄固。戍卒叫，函谷举。楚人一炬，可怜焦土。

呜呼！灭六国者，六国也，非秦也。族⑧秦者，秦也，非天下也。嗟夫！使六国各爱其人，则足以拒秦。秦复爱六国之人，则递三世，可至万世而为君，谁得而族灭也？秦人不暇自哀，而后人哀之。后人哀之而不鉴之，亦使后人而复哀后人也！

【注释】

①钩心斗角：房屋和中心区相勾连即勾心。屋角对凑，状如相斗，故称"斗角"。

②未云何龙：古人认为云从龙，有龙必有云。

③复道：楼阁间架木构成的空中通道。霁（jì）：雨或雪后转晴。

④绿云：比喻妇女黑润而稠密的头发。扰扰：纷纷扬扬。

⑤幸：古代指天子车驾到达某地。

⑥锱铢：古代极小的重量单位。二十四铢为一两，六铢为一锱。

⑦磷磷：水里的石头密集，这里是形容密集的样子。庾：露天谷仓。

⑧族：古代的一种酷刑，多至诛灭九族。

【译文】

六国灭亡，天下统一。蜀山的树木被砍伐一空，阿房宫得以建成。它覆盖了三百多里的地面，遮天蔽日。它从骊山北面开始修建再折向西面，一直到咸阳。渭水和樊川的水缓缓流动，一直流进宫内。五步一楼，十步一阁。走廊迂回曲折，屋檐高高耸起，如同鸟雀啄食，亭台楼阁随着地势起伏，向中心区靠拢，屋角相向，宛如互相争斗。宫室盘旋起伏，曲折环绕，既像蜂房，又似水涡，高高耸立在那里，不知道有几千万座。长桥横卧波面，天空无云，哪里会飞来"苍龙"？复道架设在空中，并非雨过天晴，怎么会出现"彩虹"？房屋高高低低，到处都是，让人眼花缭乱，分不出东南西北。台上歌声温柔，让人感到春天一样的温暖；舞殿上彩袖飘飞，仿佛是风雨交加，让人感到阵阵寒意。一天之内，一宫之间，气候各异。

六国的后宫佳丽、王子皇孙，离开自己的楼阁宫殿，乘坐华车来到秦朝，早晨唱歌，夜晚弹琴，成了秦王后宫的侍妾。明星闪闪，原来是打开了梳妆的镜子；黑云弥漫，原来是早晨梳理头发；渭水上漂满了油腻，原来是倒掉的带有胭脂香粉的洗脸水；烟雾缭绕，原来是在焚烧香料；雷声突然响起，原来是宫车经过；车轮辘辘作响，声音越来越小，不知它最终到了哪里。佳丽们的全身上下，都打扮得非常光鲜诱人，她们久久地站立着，目视远方，希望君王能够驾临。有人就这样等了三十六年，也没见过始皇一面。

燕、赵、韩、魏、齐、楚收藏的金银珠宝，是他们几代人从他们的国民手中掠夺搜刮得来的，堆在库房里像山一样高。一旦不能继续占有，就被秦王运到阿房宫。秦王把宝鼎当作平底锅，把美玉当作顽石，把黄金当作土块，把珍珠当作沙砾，丢得到处都是，秦人对待这些金银财宝并不怎么爱惜。

唉！一个人的心愿，也就是千万个人的心愿。秦王喜欢奢侈浪费，人们也顾念自己的家。为什么搜刮它们的时候一丝一毫都不放过，但用起来却像泥沙一样呢？使承受栋梁的柱子，比田野中的农民还多；架在梁上的椽条，比织机上工作的妇女还多；钉头密密麻麻，比仓中的粟米还多；瓦缝参差不齐，比身上帛布的丝缕还多；直的栏杆，横的门槛，比全国的城池还多；乐器演奏发声，比集市上的人声还要嘈杂。这就让全国的人，敢怒而不敢言，而众叛亲离的帝王心里，却日益骄横顽固。陈胜、吴广率先起义，函谷关被刘邦攻下，项羽一把火把阿房宫烧成一片灰烬。

唉！使六国灭亡的，是六国自己，并不是秦国。使秦朝灭亡的，是秦王朝自己，并不是天下人。唉！假使六国各自爱护自己的人民，那么就足以抵抗秦国；假使秦又爱护六国的人民，那么就可以传递三世甚至万世都做皇帝，谁能够消灭他们的家族呢？秦人来不及痛惜自己的亡国，后人却替他们伤心；后人虽替他们哀伤，但没有吸取教训，这就会使更后来的人来哀叹他们啊！

【评析】

阿房宫，秦始皇所建，故址在今陕西省西安市西南阿房村。据史载，阿房宫建制华丽，为古今所罕见。此文作于唐敬宗李湛宝历元年（825年）。敬宗荒淫失德，自即位以来，即广征声色，大兴土木，修建宫殿。文章借秦建阿房宫为题材，运用赋的传统手法，铺陈排比，极尽夸张形容之能事，而其用意所在，则是针对现实，提出历史教训，把统治者穷奢极欲的罪行和人民所遭受的残酷剥削和繁重徭役紧密联系起来，指出由于骄奢浪费，失去民心，最终将会国破家亡。

通篇以散文为赋，融叙事、抒情、议论为一体，想象丰富，比喻新颖，语言瑰丽，音韵和谐，不愧为千古传唱之名篇！

十四 吊古战场文（李华）

【原文】

浩浩①乎平沙②无垠，夐③不见人，河水萦带，群山纠纷④。黯兮惨悴，风悲日曛⑤。蓬⑥断草枯，凛若霜晨。鸟飞不下，兽铤⑦亡群。亭长告余曰："此古战场也。尝覆三军。往往鬼哭，天阴则闻。"伤心哉！秦欤？汉欤？将⑧近代欤？

【注释】

①浩浩：广大的样子。

②平沙：平旷的沙漠，文中指旷野。

③夐：遥远。

④纠纷：错落连绵。

⑤曛：昏暗。

⑥蓬：飞蓬，草的一种。

⑦铤：快走、快跑。

⑧将：还是。

【译文】

广阔啊！空旷的沙漠无边无际，没有人烟。黄河像衣带般蜿蜒曲折，群山连绵起伏。天空暗沉压抑，寒风悲号，天色昏暗。飞蓬断根，野草枯萎，寒气逼人，像下霜的早晨一般。飞鸟在天空盘旋着不敢落脚，野兽在仓皇地奔走中与同伴失散。亭长告诉我："这里曾是古代的战场，传说有军队在这里全军覆没，所以常常有人在阴雨天听到鬼哭声。"伤心啊！这是哪个朝代的战场呢？秦朝？汉朝？还是近代？

【原文】

吾闻夫齐、魏徭戍，荆、韩召募。万里奔走，连年暴露①。沙草晨牧，河冰夜渡。地阔天长，不知归路。寄身锋刃，脂臆②谁诉？秦、汉而还③，多事④四夷。中州耗⑤，无世无之。古称戎、夏，不抗王师。文教⑥失宣⑦，武臣用奇。奇兵有异于仁义，王道⑧迂阔⑨而莫为⑩。呜呼噫嘻！

【注释】

①暴露：置身于野地露天之下。

②脂臆：烦闷的心情。

③而还：以后，以来。

④事：战事。

⑤：破坏，毁坏。

⑥文教：文明教化，礼仪教化。

⑦失宣：指未能得到提倡。

⑧王道：指仁义礼乐之道。

⑨迂阔：不切实际。

⑩莫为：没有人遵守。

【译文】

我听闻战国时期的齐、魏、楚、韩招募士兵去守边打仗。这些士兵长途跋涉奔赴战场，常年过着日晒雨淋的生活。清晨，他们在沙漠的草地上放牧；深夜，他们趁着河面结冰抢渡过河。天地如此辽阔，他们却不知回家的路在何方。他们将全部的身家性命寄托在手中的刀剑之上，他们心中的苦闷又该向谁诉说呢？秦汉之后，所有朝代的边境都战乱频繁，中原地区因此日益凋敝。古人说，无论是少数民族还是华夏民族，都不会与仁义之师相对抗。后来，礼义教化开始废弛，而武将们则热衷于奇兵妙计的施展。奇兵妙计不同于礼义教化，后者被认为是迂腐而不切实际的说教，所以被弃之不用。唉！可叹啊！

【原文】

吾想夫北风振漠，胡兵伺便①，主将骄敌，期门受战。野竖旄旗，川回组练②。法重心骇，威尊命贱。利镞穿骨，惊沙入面。主客相搏，山川震眩。声析③江河，势崩雷电。至若穷阴凝闭，凛冽海隅，积雪没胫，坚冰在须，鸷鸟休巢④，征马踟蹰；缯纩⑤无温，堕指裂肤。当此苦寒，天假强胡，凭陵⑥杀气⑦，以相剪屠。径截⑧辎重，横攻士卒。都尉新降，将军覆没。尸填巨港之岸，血满长城之窟。无贵无贱，同为枯骨。可胜言哉！鼓衰兮力尽，矢竭兮弦绝，白刃交兮宝刀折，两军蹙⑨兮生死决。降矣哉？终身夷狄。战矣哉？骨暴沙砾。鸟无声兮山寂寂，夜正长兮风淅淅。魂魄结兮天沉沉，鬼神聚兮云幂幂。日光寒兮草短，月色苦兮霜白。伤心惨目，有如是耶？

【注释】

①伺便：乘机。

②组练：指军队。

③析：崩裂。

④休巢：歇巢不出。

⑤缯纩：指冬衣。

⑥凭陵：凭借。

⑦杀气：指寒冷的天气。

⑧径截：恣意截击。

⑨蹙：迫近。

【译文】

我想象出这样的场景：北风呼啸着席卷了沙漠，胡兵伺机偷袭军营。主将骄傲而轻敌，等敌军杀到军营门口时，他们才仓促应战。军旗高高竖立在原野之上，士兵身着战袍在河岸边来回奔跑。军法严厉苛刻，士兵心中惊骇，主帅威严，士兵卑贱。锋利的箭头穿筋透骨，风卷起沙子直扑人的脸面。两军杀得昏天黑地，使群山震动，使江河崩裂，使雷电崩发。天气阴沉乌云密布，凛冽的寒气侵袭了边塞之地，地上的积雪没过了小腿，连脸上的胡须都结了冰，再凶猛的飞禽也躲回了巢穴，战马因寒冷而徘徊不前，士兵的冬衣单薄，根本无法抵御严寒，他们的皮肤被冻裂，手脚被冻断。这样酷寒的天气，却给偷袭的胡人提供了便利，他们趁着这样恶劣的天气前来烧杀抢掠。他们截断了我们的粮草和物资，拦腰里向我们的军队袭来。都尉刚刚投降，将军接着战死于沙场。江河两岸堆满了尸体，鲜血填满了长城的洞窟。死去的人没有贵贱之分，最终都要化为枯骨。这样惨绝人寰的场景说得尽吗？鼓声衰竭啊力气渐弱，利箭用尽啊弓弦断绝，白刃相接啊宝刀折断，两军对垒啊生死决战。降敌？将一辈子沦为夷狄；战斗？将暴尸于黄沙之上。雀鸟噤声啊山野无声，寒夜漫长啊风声凄厉。魂魄凝聚啊天色暗沉，鬼神聚集啊云层厚重。天光暗淡啊百草枯萎，月色凄苦啊冰霜惨白。世上还有比这更凄惨的场景吗？

【原文】

吾闻之：牧用赵卒，大破林胡，开地千里，遁逃匈奴。汉倾天下，财殚力痡①。任人而已，其在多乎？周逐猃狁，北至太原，既城②朔方③，全师而还。饮至策勋，和乐且闲，穆穆棣棣，君臣之间。秦起长城，竟海④为关，荼毒生灵，万里朱殷⑤。汉击匈奴，虽得阴山，枕骸⑥遍野，功不补患。

【注释】

①痡：疲惫，病。

②城：筑城，建城。

③朔方：北方。

④竟海：一直到海。

⑤朱殷：深红色，文中指流血死亡。

⑥枕骸：尸骨相枕。

【译文】

我听闻，李牧这位战国时期的名将曾大败匈奴军队，将他们驱逐出境，为赵国开辟了大片的疆土。汉朝的皇帝倾尽全国之力攻打匈奴，结果导致国内财政空虚国力虚弱。边疆是否安定，关键在于是否用对了人，岂在士兵的多寡？周朝曾将猃狁驱逐到北方的太原，在北方建城后，周朝的军队凯旋而回。军队回到京城后，前去宗庙进行祭祀，并设宴庆功授勋，君臣之间其乐融融。秦始皇征调百姓修长城，一直修到东面的海滨，并在此设立关塞。为了修建长城，秦始皇不惜残害百姓，导致血流成河，民不聊生。汉朝北击匈奴，虽然将阴山纳入了汉朝的版图之中，但代价是军民死伤无数，骸骨堆满了战场。由此可见，战争带来的好处和功劳抵不过由此而产生的祸患。

【原文】

苍苍蒸民①，谁无父母？提携捧负，畏其不寿。谁无兄弟，如足如手？谁无夫妇，如宾如友？生也何恩？杀之何咎？其存其没，家莫闻知。人或有言，将信将疑。悁悁②心目，寝寐③见之。布奠倾觞，哭望天涯。天地为愁，草木凄悲。吊祭不至，精魂何依？必有凶年④，人其流离。呜呼噫嘻！时耶？命耶？从古如斯。为之奈何？守在四夷。

【注释】

①蒸民：广大百姓。

②悁悁：忧苦，忧闷。

③寝寐：睡梦中。

④凶年：出现灾荒的年景。

【译文】

苍苍众生，谁没有父母？谁不是尽心尽力地奉养父母，生怕他们不能寿终正寝？谁没有情谊深厚的兄弟？谁没有相互敬重的伴侣？他们在世时，得到过国家的什么好处？又是因为什么要惨遭杀害？他们上战场后，家里人就失去了他们的音信，连是生是死都不清楚，偶尔听到死亡的传言，心中却是将信将疑。亲人们内心痛苦，只能与他们在梦中相聚，家人设祭洒酒，遥望着天边，伤心得泪流满面。此情此景，天地为之动容，草木为之悲泣。路途如此遥远，亲人们的吊祭之情难以到达，那他们的魂魄又将依附在哪里呢？大战过后，灾荒之年必将出现，百姓又将流离失所。唉！多可悲啊！这样的悲剧到底是什么原因造成的？是时势？还是命运？从古至今，这样的灾祸一直存在，该怎样杜绝灾祸的出现呢？只有实施仁政，让四夷来给天子守卫边疆才是真正的解决之道。

【评析】

《吊古战场文》虽以骈体为宗，但与六朝以来流行的讲求偶辞俪句，铺陈事典，注重形式美，内容空洞贫乏的骈文有很大的不同。《吊古战场文》作者是唐代古文运动的先驱者之一。他提倡古文，力求克服齐、梁靡丽之习，于骈俪之中寓古文之气，以散驭俳，崇雅去浮，使文章显示了清新质朴和刚劲有力的格调，充分表现了盛唐新体文赋的特色。